Performativität und Medialität Populärer Kulturen

Marcus S. Kleiner • Thomas Wilke (Hrsg.)

Performativität und Medialität Populärer Kulturen

Theorien, Ästhetiken, Praktiken

 Springer VS

Herausgeber
Marcus S. Kleiner
Universität Siegen,
Siegen, Deutschland

Thomas Wilke
Universität Halle,
Halle/Saale, Deutschland

ISBN 978-3-531-18357-2   ISBN 978-3-531-19023-5 (eBook)
DOI 10.1007/978-3-531-19023-5

Die Deutsche Nationalbibliothek verzeichnet diese Publikation in der Deutschen Nationalbibliografie;
detaillierte bibliografische Daten sind im Internet über http://dnb.d-nb.de abrufbar.

Springer VS
© Springer Fachmedien Wiesbaden 2013

Satz: Satz & Bild Kubicek GmbH, Hofheim-Diedenbergen

Gedruckt auf säurefreiem und chlorfrei gebleichtem Papier

Springer VS ist eine Marke von Springer DE. Springer DE ist Teil der Fachverlagsgruppe Springer
Science+Business Media
www.springer-vs.de

Inhalt

Vorwort

Performativität und Medialität als eine Forschungsperspektive zu betrachten, die das Eigensinnige und Grundcharakteristika Populärer Kulturen hervorhebt, war die Idee und schließlich der Gegenstand einer Tagung, die die Herausgeber gemeinsam organisierten und die im Dezember 2010 in Halle/Saale stattfand. Die Tagung liefert einen Beitrag zum formulierten Anliegen der »AG Populärkultur und Medien« in der Gesellschaft für Medienwissenschaft (GfM), deren (Mit-)Sprecher Marcus S. Kleiner ist, eine systematische Konturierung und eine grundlegende Verankerung der Populärkulturforschung im Kontext der Medien- und Kulturwissenschaften zu leisten.

Das Hallesche Institut für Medien e.V. in Person von Prof. Dr. Reinhold Viehoff und die Fachschaft der Martin-Luther-Universität waren durch ihre finanzielle Unterstützung maßgeblich an der Realisierung der Tagung beteiligt gewesen, wofür wir ihnen an dieser Stelle herzlich danken. Ebenso bedanken wir uns bei Jana Horn, Stefanie Sachsenröder, Christiane Rasch für ihre personelle Unterstützung während der Tagung. Schließlich möchten die Herausgeber Henriett Wilke für die redaktionelle Bearbeitung der Beiträge danken.

Der vorliegende Band dokumentiert nun nicht nur die Tagung selbst, sondern zeigt durch eine materialreiche Einarbeitung weiterer Beiträge ein anschlussfähiges und trotzdem heterogenes popkulturelles Forschungsprogramm. Alle Beiträge eint eine Problematisierung ihrer Gegenstände, so dass hier weder der Versuch eines Gesamtbildes unternommen wurde, noch eine additive Reihung populärkultureller Themen und Gegenstände.

Auch unserer Lektorin, Frau Barbara Emig-Roller, danken wir ganz herzlich für ihr Vertrauen und ihre Unterstützung bei der Realisierung des vorliegenden Bandes.

Die Herausgeber
Marcus S. Kleiner & Thomas Wilke

„They're forming in a straight line |
They're goin through a tight wind |
The kids are losing their minds | Blitzkrieg Bop |
They're piling in the backseat |
They're generation steam heat |
Pulsating to the back seat | Blitzkrieg Bop |
Hey Ho Lets Go | Shoot em' in the back now |
What they want, I don't know |
They're all reved up and ready to go |
Hey Ho, Lets Go."

The Ramones – Blitzkrieg Bop.
Auf: Ramones. Sire (UK/USA) & Philips (Europa)
1976

Populäre Kulturen, Popkulturen, Populäre Medienkulturen als *missing link* im Diskurs zur Performativität von Kulturen und Kulturen des Performativen

Einleitung

Marcus S. Kleiner

1. Performativität, Performanz, Performance

Mit dem Ausruf der *Ramones Hey! Ho! Let's go!*[1] endete meine Einleitung zum Band „Methoden der Populärkulturforschung" (Kleiner 2012a: 35). An diesem Ende setze ich an, um einen Einstieg in die Auseinandersetzung mit der Performativität und Medialität Populärer Kulturen, von Popkulturen und Populären Medienkulturen zu finden. Gleichwohl, um den forschungslogischen Zusammenhang zwischen beiden Bänden hervorzuheben.

Bei *Ramones*-Konzerten wurde aus dieser Aufforderung eine *Sprachhandlung*, eine Aufführung und Ausführung zugleich, in der Sprechen und Handeln zusammenfallen. Hiermit kann die sprachtheoretische Herkunft des Performativitätskonzepts angezeigt werden, das auf Austins (1962) Sprechakttheorie zurückgeht. Diese geht davon aus, dass das Sprechen einer Sprache einerseits ein regelgeleitetes Verhalten bedeutet und andererseits der Vollzug eines Sprechaktes die Grundeinheit der sprachlichen Kommunikation darstellt, nicht aber das Wort oder der Satz.

---

1 Bei der japanischen Pop-Punk Band Shonen Knife, die bekennende *Ramones*-Fans sind, wird daraus im Song „Riding On The Rocket (auf Let's Knife, 1992, Virgin)": „Iko, iko everybody let's go." Dieses Zitat überführt, auch in der und gerade durch die spezifische Transformation, bei Konzerten der Band, v.a., weil es vom Publikum als *Ramones*-Zitat erkannt wird, die Performativität des *Ramones*-Songs und seine Live-Präsentation in die Musik und Konzertwirklichkeit von *Shonen Knife*. Hieran lässt sich die spezifische Performativität einer anderen Qualität von Popkulturen anzeigen: die Bedeutung von Zitation bzw. Pop als Zitat-Pop. Für Austin (1962) hingegen sind performative Akte, auch wenn er dies selbst in gewisser Hinsicht modifiziert, nicht wiederholbar, Wiederholung in Form von Zitation ist parasitär und unernst. Vgl. zur Kritik an Austins Ausschluss der Iterabilität und der These, dass Iterabilität die Voraussetzung für gelingende Performativität ist, Derrida (2001: 39f.). In den bisherigen Performativitätsforschungen hat keine Auseinandersetzung mit dem Zusammenhang von Iterabilität, Zitat und Performativität im Feld von Populären Kulturen, Popkulturen und Populären Medienkulturen stattgefunden. Ebenso wenig im Kontext populär- und popkulturwissenschaftlich orientierter Studien, obwohl Zitat und Wiederholung Leitbegriffe wissenschaftlicher Popanalysen, aber auch journalistischer Popbetrachtungen sind.

Austin führt den Begriff des Performativen als Neologismus ein – weiterentwickelt wird er u.a. von Searle (1969, 1989, 1995) und Habermas (1971, 1984).[2] Austin (1962) unterscheidet zwischen konstativen Äußerungen („Das ist eine Schallplatte.") und performativen Äußerungen („Hiermit erkläre ich Sie zu Mann und Frau.").[3] Sprachliche Äußerungen dienen für Austin nicht nur dem Zweck, einen Sachverhalt zu beschreiben oder eine Tatsache zu behaupten, sondern mit ihnen werden Handlungen vollzogen. Performatives Sprechen vollzieht das, was es sagt, vorausgesetzt, der Sprecher ist dazu autorisiert – wie etwa *Joey Ramone* als Musikstar und Frontmann der Band *Ramones*, also als exklusives, vorbildliches soziales Subjekt, auf das man, etwa als Fan, in Konzertsituationen *hört* und an dem man sein Verhalten *orientiert*. Sprache ist „selbstreferentiell, insofern sie das bedeute[t], was sie tu[t], und sie [ist] wirklichkeitskonstituierend, indem sie die soziale Wirklichkeit herstell[t], von der sie sprich[t]" (Fischer-Lichte 2004: 32). Sprache besitzt hierbei ein transformatorisches Potential. Austin (1962) fokussiert somit nicht den möglichen Sprachgebrauch, sondern das wirkliche Sprechen (vgl. Krämer 2001: 148). Das Performativitätskonzept von Austin übt Kritik am Repräsentationsmodell der Sprache, denn Sprache bezieht sich für ihn „nicht einfach *auf* die Welt, sondern ist ein Geschehen *in* der Welt [Hervorhebung im Original – MSK]" (ebd.: 131). Dieser repräsentationskritische Ansatz intendiert, die kategorische Trennung zwischen Zeichen und Bezeichnetem zu *subvertieren*.[4]

---

2   Vgl. hierzu Krämer (2001, 2002); Krämer/Stahlhut (2001); Wirth (2002a/b); Hempfer (2011).

3   Im Kontext meiner Einleitung, die keine linguistische und sprachphilosophische Diskussion des Performativitätskonzepts führt, ist die vergleichende Auseinandersetzung zwischen der Dichotomie konstativ/performativ und der Trias lokutionärer/illokutionärer/perlokutionärer Sprechakt bei Austin (1962) nicht relevant (vgl. Hempfer 2011). Ebenso wenig eine vergleichende Diskussion des Ansatzes von Austin mit der linguistischen Unterscheidung von Kompetenz und Performanz, die Chomsky (1965) eingeführt hat, um die zwei für ihn grundlegenden Dimensionen der Sprache differenziert zu analysieren (vgl. hierzu und zu ihrer Modifikation Lehmann 2007). Mit dem Kompetenzbegriff bezeichnet Chomsky die Kenntnis des Sprecher-Hörers von seiner Sprache, also das Sprachvermögen, wie es allen Personen einer Sprachgemeinschaft zu eigen ist. Performanz meint die Aktualisierung dieses Vermögens in konkreten Sprachhandlungen und Sprechsituationen (vgl. zur Kritik an Chomsky Krämer 2001, 2002; vgl. zur Kritik an der Kritik von Krämer Hempfer 2011). Zudem kann an dieser Stelle auch nicht auf Derridas (2001) Austin-Lektüre und Butlers (1991, 1995, 1998, 2002) von dieser beeinflussten gendertheoretischen Weiterentwicklung, mit dem Fokus auf Macht, Identität und Körper, des Performativitätskonzepts eingegangen werden (vgl. zum Themenfeld Gender, Medien, Performativität etwa Seier 2007).

4   Krämer (2009: 3f.) erläutert die repräsentationskritische Bedeutung der Sprechakttheorie von Austin wie folgt: „Wo immer wir Zeichen gebrauchen, diese hervorbringen, umformen, löschen oder deuten, vollzieht sich mehr als ‚nur' ein Zeichenprozess. Es gibt keine reinen Zeichenhandlungen. Wohlgemerkt, es geht hier nicht um die Auswirkungen von Zeichenprozessen: Gerade die sprachtheoretische Unterscheidung zwischen der Perlokution, verstanden als den außersprachlichen Wirkungen des Sprechens, und der Illokution, verstanden als eine Wirkungsmacht, die dem Sprechen unmittelbar im Akt seines Vollzuges zukommt, erinnert daran, dass es beim Performativen nicht um ‚Effekte' zu tun ist, die eine symbolische Handlung nach sich zieht, sondern um eine Kraft, die im Augenblick der Rede wirksam wird. [...] [D]

Performative Aussagen, die weder Beschreibungen oder Feststellungen sind, also keine referentielle Funktion besitzen wie konstative Äußerungen („Joey Ramone war Sänger der Band *The Ramones.*"), sind, im Unterschied zu diesen, weder wahr noch falsch, sie erlangen ihren Sinn durch die Handlungen, die mit ihnen vollzogen werden, nicht durch ihre Funktion, Aussagen über Sachverhalte zu treffen, die entweder wahr oder falsch sein müssen, um sinnvoll zu sein. Die Beurteilung des Ausrufs *Hey! Ho! Let's go!* als wahr oder falsch ist unmöglich und sinnlos. Bei nicht performativen Äußerungen existiert keine strukturelle Kopplung von Sprechen und Handeln. Für sie gilt die Beurteilung ihres Sinngehalts durch die Unterscheidung von wahr und falsch.

Die „Gelingensbedingungen" für performative Äußerungen sind somit nicht nur „sprachliche, sondern vor allem [...] institutionelle [und] [...] soziale Bedingungen", d.h. die Kontexte, in denen sie geäußert und vollzogen werden. Performative Äußerungen stehen im Bezug zu diesen institutionellen und sozialen Kontexten: „Die performative Äußerung richtet sich immer an eine Gemeinschaft, die durch die jeweils Anwesenden vertreten wird" (Fischer-Lichte 2004: 32). Diese Kontexte sind niemals absolut und geschlossen, vielmehr stellen sie durchlässige, lose gekoppelte und zeitpunktjustierte Kontingenzgemeinschaften dar – wie etwa bei Konzerten.

Performative Äußerungen können nur *glücken* oder *missglücken*. Hiermit zeigt Austin an, dass Sprechen und Handeln immer mit der Möglichkeit des Scheiterns konfrontiert und damit nicht sicher oder definitiv kalkulierbar sind, sondern riskant, weil sie, wie Krämer und Stahlhut (2001: 45) betonen, „die Anfälligkeit aller Kriterien und das Ausgesetztsein aller definitiven Begriffe für die Unentscheidbarkeiten, die Unwägbarkeiten und Vieldeutigkeiten, die mit dem wirklichen Leben verbunden sind", veranschaulichen.[5]

Die performative Äußerung bedeutet immer die Auf- und Ausführung eines „sozialen Aktes" (vgl. ebd.). Die performative Äußerung *Hey! Ho! Let's go* erzeugt konstitutiv andere Effekte in einer universitären Seminar- oder Vorlesungssituation oder bei einer Bundestagsdebatte (*unpassend*), als bei einem *Ramones*-Konzert (*passend*). Sie würde im universitären und parlamentarischen Kontext missglücken, im Unterschied zur Konzertsituation, weil performative Äußerungen für Austin (1962) immer von den *passenden Umständen* abhängen und sozial akzeptiert sein müssen.[6] „Der Ort der Aufführung"

---

ie Kraft der Rede, in der diese sich als mehr erweist, denn bloße Rede zu sein, ist eine den Sprechern in ihrer sozialen Situierung zukommende Handlungsmacht, auch wenn deren Gelingen jeweils angewiesen bleibt auf das Wechselspiel zwischen historisch sedimentierten Sprachgebräuchen, kulturellen Kontexten und Anerkennungsverhältnissen. [...] [D]as menschliche Tun genau dann angemessen begriffen ist, wenn es in den Termini des Erzeugens, Machens, Produzierens, Hervorbringens beschrieben wird: und eben diese Emphase des Hervorbringens greift nun über auf die Domäne der symbolische Handlungen."

5   Konsequenterweise bringt Austin (1962) sein dichotomisches Begriffspaar konstativ/performativ selbst (bedingt) zum Scheitern durch ihre Ersetzung durch die Trias lokutionärer/illokutionärer/perlokutionärer Sprechakt.

6   An dieser Stelle ließen sich Austins Überlegungen mit denen von Goffman (vgl. u.a. 1971a/b, 1983) zum Theatermodell bzw. zur Theatralität des Sozialen, zur Bedeutung von Interaktionsritualen, zu sozialen Situationsdefinitionen usw. konstruktiv verbinden, um der performativen

weist, wie Fischer-Lichte (2004: 34) am Beispiel einer Performance in einer Kunstgalerie herausstellt, „ausdrücklich auf die Institution" hin, „die [...] als Rahmen fungiert, innerhalb dessen die Aufführung von allen Beteiligten vollzogen wird." Das Gleiche gilt für Konzerte und alle anderen Orte, an denen Populäre Kulturen, Popkulturen und Populäre Medienkulturen aufgeführt werden und performativ wirklichkeitskonstituierend sind. Performativität ist immer räumlich und zeitlich situiert, kann dabei aber konkrete Raum- und Zeitverhältnisse transformieren – wie etwa die Zitation der *Ramones* durch die japanische Band *Shonen Knife*.

Performative Äußerungen sind somit keine ausschließlich sprachlichen Ereignisse, sondern vielmehr grundlegend soziale Handlungen.[7] Bedeutung erlangen performative Äußerungen durch diese soziale Handlungen, in dem in den „ursprünglichen Performativa [...] nicht einfach gesprochen, sondern im Sprechen etwas inszeniert [wird]" (ebd.:

Produktion und Reproduktion gesellschaftlicher Wirklichkeit sowie deren Konstruktion und Rekonstruktion in den sowie durch die Medien nachzuspüren. Die Nähe zwischen Austin und Goffman besteht auch darin, dass Austin „den Vollzug performativer Akte als ritualisierte öffentliche Aufführung" (Fischer-Lichte 2004: 41) auffaßt. Dieser Spur folge ich in meinem Beitrag „Apocalypse (not) now? Performative Bildungsprozesse in Populären Medienkulturen – am Beispiel der US-amerikanischen TV-Serie ‚The Walking Dead'". Darüber hinaus werde ich hier fallanalytisch das von Fischer-Lichte (2004: 356ff.) herausgestellte Verhältnis von Performativität, Grenze, Schwelle und Grenzüberschreitung diskutieren. Pilz (2000: 405) hebt hervor, dass künstlerische Performances wesentlich Grenzen und Grenzerfahrungen adressieren: „Die P. sucht die Grenzen von Kunst und Leben, Kunst und Politik, Kunst und Natur aufzusprengen und als Grenzen in Erfahrung zu bringen. Solcherart Grenz- und Übergangserfahrungen, die mit dem Begriff der Liminalität belegt wurden, sind strukturbildendes Moment aller Performances [...] und [zielen] auf die Reaktivierung existentieller Erfahrungen". In meinem Beitrag werde ich die Bedeutung der Inszenierung von Grenzen und Grenzerfahrungen am Beispiel Populärer Medienkulturen diskutieren.

7 Im Kontext *der* Popmusik etwa wird immer wieder das Verhältnis von Musik, Sprache und Handeln thematisiert, so etwa im Song *Science* (1997, auf: *Heavy Soul*, Island Records) von *Paul Weller*: „And I've got my thoughts to position | But do I know how to act? [...] And all the study in the world | Doesn't make it science [...] Words can't do. What action does louder [...]." Einerseits wird hierbei implizit die Auffassung von Kultur als Text zurückgewiesen, andererseits aber auch der performative Aspekt der Sprache, also das Sprachhandeln, den Austin betont, zugunsten des Primats der vermeintlich sprachfreien Handlungen relativiert. Allerdings geschieht dies wiederum in der Sprache des Songtextes, stellt also einen performativen Selbstwiderspruch dar, kann andererseits aber auch eine Sprachhandlung erzeugen, wenn der Songtext als Appell aufgefasst und umgesetzt wird: „Musik wird Sprache wird Musik. Sprachähnlichkeit der Musik und Musikalisierung der Sprache" (Brandstätter 2008: 161), kann Handlung werden, müsste man ergänzen. Brandstätter (ebd.) fährt fort, bezieht sich hierbei aber ausschließlich auf klassische Musik und die Musikalität der Sprache, etwa am Beispiel der Lyrik, wenngleich ihre Aussage auch auf Popmusik angewendet werden kann: „Musik spricht zu uns, sie vermag uns Botschaften zu übermitteln. Der sprachähnliche Charakter ist jedoch nicht in jeder Art von Musik gleich wirksam. Es gibt Musik, die stärker unser körperliches Empfinden aktiviert und andere, die uns geradezu sprachlich fassbare Botschaften zu vermitteln scheint." Die Handlungsdimension spielt in ihren Überlegungen zur Ästhetik der Transformation allerdings keine Rolle, ist aber der für den hier diskutierten Kontexten entscheidende.

143). Entscheidend für das *Glücken* performativer Äußerungen ist die Wiederholung und Aktualisierung der sozialen Kontexte, die sie adressieren, der Handlungen, die sie hervorrufen, ebenso wie der sozialen Gewohnheiten, die sie repräsentieren bzw. intendieren. Der Ausruf *Hey! Ho! Let's go* wurde nur durch seine permanente Wiederholung sowie Aktualisierung bei Konzerten und v.a. durch die Annahme des Publikums, aber auch durch ihre Zitation und Diskussion im Popmusikjournalismus, zu einer ritualisiert performativen Sprachhandlung, die kontinuierlich glückt, gerade durch die „Abhängigkeit der Präsenz von der Wiederholung" (Seier 2007: 61).

Das Publikum verstand, um das Vorausgehende auf das Eingangsbeispiel zu beziehen, den Ausruf des Sängers *Joey Ramone* entsprechend als unmittelbare Aufforderung, die Arme zu heben, sie der Band entgegen zu strecken und ihre Körper zum Rhythmus der Musik in Bewegung zu setzen – führte diese Aufforderung (zumeist) unmittelbar aus.[8] *Sprachhandlungen* und körperliche Handlungen durchdringen sich hierbei, Sprache wird inkorporiert und schafft Handlungskörper.[9] Wahrnehmung und Körper, Medialität und Performativität sind „reziproke Vollzugsformen" (Arbeitsgruppe „Medien" 2004: 130). Performative Äußerungen stellen, wie Seier (2007: 42) betont, eine „Übereinstimmung von Welt und Wort" her. Zudem war die mehrfache Wiederholung dieses Ausrufs ein wiederkehrendes Ritual bei *Ramones*-Konzerten. Diese *Sprachhandlung* schaffte eigensinnige Konzert-Wirklichkeiten.[10]

Performativität wurde, ausgehend von diesen linguistischen und sprachphilosophischen Grundlegungen, zu einem kulturellen Leitbegriff und zu einem der Schlüsselbegriffe für alle Disziplinen, für die die Gleichsetzung von Kultur mit Text und von Zeichen mit Repräsentation fraglich geworden ist.

Aber nicht nur Sprechhandeln ließ sich bei ihren Konzerten beobachten, sondern auch die Aufführung sowie Inszenierung von Popmusik und Popkultur selbst: Pop als Performance und Performance-Pop. Hiermit wird die kunst- und theaterwissenschaftliche Herkunft des Performativitätskonzepts adressiert.[11] Für Austin (1962) hat Performativität

---

8 Das Verhältnis von Musik und Körper spielt in der Pomusik eine konstitutive Rolle. Musik ist immer zugleich ein Appell, sich in Bewegung zu setzen, die Musik zu inkorporieren, die ästhetische Distanz beim Hören aufzulösen – so etwa im Song *Let's Dance* von *David Bowie* (1983, auf: *Let's Dance*, EMI America Records). Bei Konzerten verdoppelt sich dieser Appell, denn Bowie führt ihn selbst auf bzw. setzt ihn demonstrativ um, fordert damit mit dem Song und mit seiner Inkorporation des Songs, das Publikum auf, zu tanzen, wodurch gleichzeitig eine Sprechhandlung mit aufgeführt wird. „Musik wird Körper wird Musik: Transformation von Musik in Bewegung, körperhafte Musik und musikalisierte Körper" (Brandstätter 2008: 172ff.).

9 Vgl. hierzu, mit gendertheoretischer Akzentuierung, Butler (1990, 1991). Vgl. Fischer-Lichte (2004: 9-30, 63-126, 129-186).

10 Eine Reflexion und Ausdehnung seiner Überlegungen auf Ton, Laut, Klang, Geräusch, Stimme, Bild usw. findet bei Austin allerdings nicht statt.

11 Vgl. u.a. Féral (1982); Phelan (1993); Carlson (1996); Fischer-Lichte (1998, 2001, 2004); Mersch (2002). Auch in diesem Kontext ist eine Verbindung zu den Arbeiten von Goffman möglich, denn in beiden Fällen steht die Erforschung der „Inszenierung von Kultur" (und Gesellschaft)

mit theatraler Performance nichts zu tun. Aus der Perspektive von Fischer-Lichte (2002: 291) hingegen ist das performative, konkret das postdramatische Theater, im Gegensatz zum Sprechtheater, die „performative Kunst schlechthin" (vgl. Lehmann 1999). Sie betont hierbei, mit Bezug auf die Arbeiten von Max Hermann (u.a. 1914, 1981), die zentrale Bedeutung der Aufführung, bei der die leibliche Ko-Präsenz von Akteuren und Zuschauern entscheidend ist, durch die eine Simultaneität von Produktion und Rezeption entsteht, die Zuschauer an der Bedeutungsproduktion beteiligt sind: „Unmittelbare Konsequenz ist die Plurimedialität des Theaters [...], die eine Handlungs- und Geschehenskonstitution über mehrere ‚Medien', semiotische Systeme und/oder ‚Kanäle' ermöglicht, die jeweils eine Simultaneität von Produktion und Rezeption voraussetzen wie etwa Gestik, Mimik, Bühnenbild und Beleuchtung, Klangeffekte, Gerüche bis hin zum wechselseitgen ‚Anfassen' von Schauspielern und Publikum als Nutzung des haptischen Kanals" (Hempfer 2011: 24f.). „Plurimedialität" ist auch in jeder Konzertsituation gegeben: mit Blick auf die Präsentation der Band, der Musik und des Bühnengeschehens; hinsichtlich der akustisch-visuellen Vergemeinschaftung, also der Interaktion von Band und Zuschauern; hinsichtlich des Photographieren und Filmens mit Handys und Digital Kameras durch die Fans oder die professionelle Bild- und Filmdokumentation durch Medienvertreter; nicht zuletzt durch die Rezeption durch Journalisten. Durch den Aufführungsbegriff soll, wie Fischer-Lichte (2004: 41ff.) erklärt, eine Ästhetik des Performativen fundiert werden – der vorliegend Band präsentiert zahlreiche Beiträge zu einer Ästhetik des Performativen im Feld Populärer Kulturen, von Popkulturen und Populären Medienkulturen, die in Fischer-Lichtes Entwurf einer Ästhetik des Performativen, aber auch in der Konzeption von Mersch (2002), keine Beachtung finden. Ausgehend vom Performance-Konzept und dem Fokus auf Theater sowie Kunst, wird Performativität, als zunächst linguistisches und sprachphilosophisches situiertes Modell, inter- und transmedial generalisiert.

Die Fokussierung des Performance-Modells ist ebenso repräsentationskritisch wie das Performativitätskonzept, weil mit einer Performance nicht intendiert wird, etwas zu repräsentieren, sondern die Performance und ihre Gegenstände im Status der Präsenz zu präsentieren, auf sich selbst als „ein spezifisches Raum- und Zeiterlebnis [...] im flüchtigen Moment seiner Aufführung" (Seier 2007: 59) zu verweisen, dabei den Betrachter aktiv zu involvieren und aus seiner ästhetischen Distanz zu lösen. Darüber hinaus wird mit dem Performance-Modell ein Werkbegriff zurückgewiesen, der das Kunstwerk als geschlossen und abgeschlossen begreift.

---

und die „Kultur der Inszenierung" (Fischer-Lichte 1998: 24) im Zentrum des Erkenntnisinteresses, sowie die Analyse der fließenden Grenzen zwischen Fiktion und Wirklichkeit. Besonders die Ausweitung des Performance-Konzepts vom Theater und der Kunst auf außertheatrale und außerkünstlerische Kommunikationen, Interaktionen, Identitätsbildungen, Wirklichkeitskonstruktionen usw. ist durch den Ansatz von Goffman möglich. Die Studien von Goffman spielen bisher im Kontext der Performativitätsforschung allerdings kaum eine Rolle.

Der Modell der Performance, d.h. Kultur als Inszenierung[12], ebenso wie der Begriff Performativität, also Sprache als Handlung, zeigen nicht einfach an, dass etwas getan wird, sondern alles Tun aufgeführt und wiederaufgeführt wird, die Herstellung kultureller Bedeutungen und Erfahrungen praktisch erfolgt.[13] Die Wiederholung in der Wiederaufführung ist immer auch transformatorisch, impliziert ein Anderswerden(-können): „Die Grenzen zwischen avancierter Theaterkunst und performance art werden fließend, so dass also Theateraufführungen im jeweils inszenierten Text nicht länger ihren organisierenden Fluchtpunkt und ästhetischen Maßstab finden. Worauf es im Ereignis der performance ankommt, ist die Bipolarität von Agieren und Zuschauen, die sich auf der ‚Oberfläche' dessen vollzieht, was sich zeigt, ohne dass dieses Zeigen auf die Tiefenstruktur eines jeweils unterzulegenden Skripts zurückführbar wäre. Aufführen und Wahrnehmen greifen also ineinander und mit diesem Wechselspiel stiftet ‚Theatralität' ein auch außerhalb der Künste wirksames ‚kulturalistisches' Modell, welches nahezu alle menschlichen Handlungen grundiert. Der archimedische Punkt hierbei ist die Einsicht in die grundständige Körperlichkeit dessen, was sich zwischen dem Wahrnehmbarmachen durch Akteure und dem Wahrgenommenwerden seitens der Zuschauer vollzieht. Eine Körperlichkeit überdies, die nicht nur das Regime des Interpretierens und der Reflexion, sondern auch die Matrix des bloßen Wahrnehmens überschreitet und dabei die Dimension eines Übertragungsprozesses annimmt, der nicht zufällig in den Termini der ‚ästhetischen Ansteckung' beschrieben wird, mithin den Charakter eines Geschehens hat, welches dem Zuschauer widerfährt" (Krämer 2009: 1f.).

Die Performance von Popkultur bedeutete bei *Ramomes*-Konzerten u.a. die Aufführung von Stil und die „ästhetisch[e] Ansteckung" mit Stil. Der spezifisch einheitliche, minimalistische Stil der *Ramones*, d.h. Röhrenjeans, T-Shirts, Lederjacken, Sneaker und fast identische Frisuren, der die Simplizität ihrer Songs modisch spiegelte, war für die Punk-Rock-, Indie- und Alternative-Szenen äußerst einflussreich und ist es bis heute. Bei Konzerten wurde diese ästhetische Prägekraft durch die Bühnensituation exklusiv hervorgehoben und fand zahlreiche performative *Nachahmungen* bzw. Aneignungen im Publikum, regte Formen der popkulturellen Selbstgestaltung an und (Wieder-)Aufführungen in Clubs oder in der Alltagswelt. Zugleich wurden die *Ramones* von der Populär- und Popkultur ihrer Zeit nachhaltig geprägt, etwa von Comics oder vom Populären Film, und integrierten diese in ihre Musik und Bandpräsentation. Im Fan-Kontext der *Ramones* wurden diese wiederum als signifikante Zeichensysteme angeeignet. Dieser Aspekt verdeutlicht, dass popkulturelle Akteure *per se* eine performative Lebenshaltung einnehmen, ebenso wie Popkulturen grundsätzlich performativ sind – dies verbindet sie grundlegend mit Populären Kulturen und Populären Medienkulturen, allerdings nicht

---

12 Vgl. zum Zusammenhang von Gesellschaft, Inszenierung, Theatralisierung Willems/Jurga (1998); Willems (2008a/b); vgl. zur Ästhetik der Inszenierung die Beiträge in Früchtl (2001).

13 Den Zusammenhang von Performance und Performativität beschreibt Wirth (2002b: 39) wie folgt: „Die kulturwissenschaftliche ‚Entdeckung des Performativen' liegt demnach darin, dass sich alle Äußerungen immer auch als Inszenierung, das heißt *als Performances* betrachten lassen [Hervorhebung im Original – MSK]".

zwingend auf der Akteursebene, weil Popkulturen eine stärkere lebensweltlich-demonstrative Identifikation fordern, v.a. hinsichtlich des Lebensstils, als Populäre Kulturen und Populäre Medienkulturen (vgl. u.a. Kleiner 2009).

Die besonderen medialen Bedingungen von Konzerten, die leibliche Ko-Präsenz von Musikern und Zuschauern, die Unmittelbarkeit und Ereignishaftigkeit der Konzertsituation, ihre *Liveness* (vgl. Auslander 1999: 51ff.), sind zu unterscheiden von der Medialisierung der hier stattfindenden *Sprechhandlung* und *Performance* durch die Aufzeichnung des Konzerts und ihre reproduzierte bzw. *konservierte* Präsentation im Medium DVD: „Musik wird Bild wird Musik. Bildhafte Musik [...]" (Brandstätter 2008: 168ff.).[14] Als Beispiel von *Ramones*-Konzerten auf DVD können etwa „It's Alive 1974-1996" (2007) oder „*Ramones* – Live in Argentina 1996" (2011) genannt werden.[15] Die Unterscheidung zwischen dem *wirklichen* Konzert, dem *wirklichen* Raum, dem *wirklichen* Körper einerseits und seiner (technisch-elektronisch) medialisierten Form andererseits, verbunden mit denen dadurch veränderten Aufführungs- und Rezeptionssituationen, gibt, wie Auslander (ebd.) betont, der Rede von Live-Performances allererst einen Sinn. Sie ist Resultat einer spezifischen medientechnischen Entwicklung, durch die Produktion und Rezeption getrennt werden und die *feedback*-Schleife außer Kraft gesetzt wird[16.]

Die Medialisierung des Konzerts im Medium DVD eröffnet, neben den linguistischen und sprachphilosophischen sowie kunst- und theaterwissenschaftlichen Dimensionen

---

14 Die Zitation des *Ramones*-Stils, als Stil deviant-widerständig-selbstbestimmter Jugendlichkeit und als Distinktionsmittel gegenüber allen Formen der Normierung durch die bürgerliche Gesellschaft oder die Eltern, findet sich prominent im Film „Wassup Rockers" (USA 2005) von Larry Clark.

15 Diesen unterscheide ich u.a. vom ‚Autorenfilm' (vgl. Grob 2002) und ‚Avantgardefilm/ Experimentalfilm/Undergroundfilm' (vgl. Fuchs 2002). Populärer Film ist, als Bestandteil der Unterhaltungsindustrie, an ein Massenpublikum gerichtet, weil er populäre bzw. alltagsnahe Themen zumeist unmittelbar anschlussfähig vermittelt, ohne dabei banal oder ausschließlich stereotyp sein zu müssen, und wird hauptsächlich in Multiplex-Kinos vorgeführt. Die gebräuchliche Bezeichnung dieser Art von Film als Mainstreamfilm (vgl. hierzu Kiefer/Stiglegger 2003) ist nicht differenziert genug, weil sie klassisch Filmkanon-fokussiert ist (vgl. Kleiner 2008, 2012b). Weiterhin adressiert der Begriff Mainstreamfilm eine binäre Unterscheidung zwischen mehr oder weniger anspruchslosen Filmen und Filmen mit Anspruch, zwischen Unterhaltungskultur und Hochkultur, die für mich zu eingeschränkt ist (vgl. ebd.).

16 Im Populären Kino seit den 1950er Jahren wird die Performance von popkulturellem Stil und popkulturellen Stilgemeinschaften eindrucksvoll aufgeführt: etwa 1953 in *The Wild One* (USA, Regie: László Benedek) *die* frühe Rocker- und Motorradkultur; 1979 in *Quadrophenia* (GB, Regie: Franc Roddam) *die* Mod- und Rockerszene sowie deren musikalischen, ideologischen und stilistischen Differenzen; 1986 *die* Punkkultur am Beispiel der *Sex Pistols* in *Sid & Nancy* (GB, Regie: Alex Cox); 1991 *die* Hippie- und Psychodelickultur in *The Doors* (USA, Regie: Oliver Stone) am Beispiel der gleichnamigen Band und ihres Umfeldes bzw. ihrer Zeitgeschichte; 2006 in *This Is England* die britische Skinhead-, Mod- und Brit-Pop-Szene (GB, Regie: Shane Meadows). Vgl. zum Thema Pop und Kino grundsätzlich Kiefer/Stiglegger (2004) sowie die Beiträge der seit September 2011 halbjährlich erscheinenden Zeitschrift „Rock and Pop in the Movies" (www.rockpopmovies.de). Hinzu kommen etwa Dokumentationen über Festivals, Konzertfilme, Banddokumentationen oder Musikerportraits.

des Performativitätskonzepts, eine medienkulturwissenschaftliche Perspektive, die sich auf das Spannungsfeld der *Performance in den Medien* und der *Performativität der Medien* fokussiert – hinsichtlich ihrer Ästhetiken, Technologien, Inhalte sowie ihrer Sozialität, Kulturalität und Fragen der Identität und Körperlichkeit.

In diesem Kontext kann Luhmanns These (1996, 1997), dass Medien zur Selbstbeobachtung und Selbstbeschreibung der Gesellschaft beitragen, aus der Perspektive des Performativen und der Performance problematisiert werden, weil die Bedeutung und Funktion von Medien hier v.a., abgesehen von ihrem Gebrauch, nicht die Beschreibung von Gesellschaft und Kultur ist, also letztlich ein semiotischer Prozess, sondern vielmehr die Aufführung von Gesellschaft und Kultur, ihre theatrale Inszenierung, die sich einer Bewertung von wahr und falsch entzieht, ebenso so wie der Rede von der manipulativen Kraft der Medien, wohingegen Selbstbeobachtungen und Selbstbeschreibungen letztlich immer ein Wahrheitsverlangen artikulieren bzw. dieses in ihnen latent enthalten ist. Insofern wird auch fraglich, ob Selbstbeobachtung und Selbstbeschreibung geeignete Analysekategorien sind, um das Performative und die Performance von Gesellschaft und Kultur in den Medien und durch die Medien, adäquat zu beschreiben. Das Gleiche gilt für die inszenierte Re-Inszenierung gesellschaftlicher und kultureller Inszenierungen in Populären Medienkulturen und ihren unterschiedlichen Medien sowie Medialisierungsformen.

Alle drei zuvor kurz skizzierten Bedeutungsdimensionen des Zusammenhangs von Performativität und Medialität, *Sprachhandlung, Performance* und medialisierte *Liveness*, als Beispiel für die Medialität sowie Technizität des Performativen und die Performativität des Medialen sowie Technischen bzw. die Performance in den Medien sowie der Technik und die Performance der Medien sowie der Technik, aber auch ihre Binnendifferenzierungen und Interpenetrationen, diskutiert der vorliegende Band.[17]

Performativität, Medialität, Populäre Kulturen, Popkulturen und Populären Medienkulturen sind einerseits Begriffe mit eigenen Diskurstraditionen, die häufig in Bezug aufeinander verwendet werden, dabei aber in den Relationen zumeist hinreichend unklar bleiben. Andererseits ist im Feld populär-, pop- und medienkulturwissenschaftlicher Forschung kaum systematisch über die Performativität und Medialität Populärer Kulturen, von Popkulturen und Populären Medienkulturen nachgedacht worden – bedingt mit Ausnahme der vielfältigen Ansätze der Cultural Studies.

Die für die Medien- und Kulturwissenschaften in den 1990er Jahren nachhaltige Diagnose eines *performative turn* (vgl. Bachmann-Medick 2009: 104-141), hat in der wissenschaftlichen Auseinandersetzung mit Populären Kulturen, Popkulturen und Populären Medienkulturen nur wenig Resonanz gefunden, wie etwa ein Blick in das *Handbuch Populäre Kultur* (Hügel 2003a) verdeutlicht. Hier findet sich kein eigenständiger Eintrag zu den Stichworten Performativität und Medialität; ebenso wenig wird im Artikel „Medien" (Ernst 2003b) das Performative Populärer Kulturen, von Popkulturen und Popu-

---

17 Vgl. zur Performativität und Performance von Bildern u.a. die Beiträge in Janecke (2004) und Wulf/Zirfas (2005).

lären Medienkulturen als eigensinnige Kategorie heraus gestellt. Das Gleiche gilt auch für die Bände „Mediale Performanzen: Historische Konzepte und Perspektiven" (Eming/ Lehmann/Maasen 2002) und „Performativität und Medialität" (Krämer 2004), die zwar das Verhältnis von Performativität und Medialität in systematischer wie in historischer Absicht systematisch untersuchen, einen Zusammenhang zu Populären Kulturen, Popkulturen und Populären Medienkulturen jedoch kaum herstellen.

Im Kontext umfassender Forschungsprojekte, wie z.B. dem *SFB Kulturen des Performativen* (FU Berlin)[18], und den aus ihnen resultierenden Publikationen (vgl. aktuell etwa Hempfer/Volbers 2011)[19], spielt eine grundlegende Reflexion auf Populäre Kulturen, Popkulturen und Populäre Medienkulturen ebenfalls keine (bedeutende) Rolle.

Die *Ursprungsszenen* für die Erforschung von Performativität und Medialität sind hier v.a. Kunst und Theater. Die performative Wende in der Kunst seit den 1960er Jahren wendet sich, wie Fischer-Lichte (2004) herausstellt, gegen alle Formen semiotischer und hermeneutischer Ästhetik. Erfahrung und Ereignishaftigkeit werden hier wichtiger als Verstehen, Interpretation und der Werkcharakter der Kunst – das Gleiche gilt, ohne das Fischer-Lichte dies perspektiviert, für Populäre Kulturen, Popkulturen und Populäre Medienkulturen. Kunst wird nicht mehr ausschließlich als ein System von Zeichen verstanden, das es zu deuten gilt. Im Zentrum künstlerischen Schaffens steht vielmehr der Versuch, Kunst zu erfahren und, etwa in der Performance-Kunst, die Betrachter bzw. Zuschauer an ihr mitwirken zu lassen.

Entscheidend für Populäre Kulturen, Popkulturen und Populäre Medienkulturen ist ihr Gegenwartsbezug. Dieser Gegenwartsbezug bedeutet Alltagsbezug und macht aus Populären Kulturen, Popkulturen und Populären Medienkulturen Alltagskulturen und daher gerade keine Kunst bzw. ausschließlich künstlerische Phänomene. Vielmehr han-

---

18 Für Phelan (1993: 146) stellt diese Medialisierung der Konzert-Performance keine Performance dar, Performances können nicht technisch-apparativ archiviert, gespeichert, wiederholt oder reproduziert werden: „Performance's only life is the present. Performance cannot be saved, recorded, documented, or otherwise participate in the circulation of representations *of* representations: once it does so, it becomes something other than performance. [...] Performance's being, like the ontology of subjectivity proposed here, becomes itself through disappeareance [Hervorhebung im Original – MSK]".

19 Der Konzert-DVD-Markt gehört mittlerweile zu einem äußerst erfolgreichen Segment der Popmusikkulturindustrie. Die Bewertung der Unterscheidung zwischen *Liveness* und medialisierter *Liveness* erfolgt zumeist ideologisch und pendelt zwischen der Kritik am vermeintlichen Aura- und Authentizitätsverlust der medialisierten *Liveness* als Produkt der Kulturindustrie (vgl. u.a. Phelan 1993) und dem *Lob* der wirklichkeitsverändernden Eigensinnigkeit der *neuen* Reproduktionsmedien (vgl. etwa Auslander 1999). Auslander (ebd.: 158) führt darüber hinaus aber einen Aspekt an, der bei vielen Konzerten der letzten Jahre von großer Bedeutung ist, die Medialisierung der Konzert-*Liveness* selbst: „[...] the live event itself is shaped to the demands of mediatization. [...] To the extent that live performances now emulate mediatized representations, they have become second-hand recreations of themselves as refracted through mediatization. [...] Almost all live performances now incorporate the technology of reproduction, at the very least in the use of electric amplification, and sometimes to the point where they are hardly live at all."

delt es sich bei ihnen um *aisthetische* Alltagskulturen, die kontinuierliche Sinn(es)bildungen betreiben, Gesellschaft, Kultur und Individuen medienästhetisch in Form bringen (*in-formieren*). Auf diese Bedeutung alltäglicher Sinn(es)bildungen im Kontext der Einführung und Popularisierung historisch neuer Medien bzw. von populären Medien hat bereits Benjamin (2002: 378) am Beispiel der „Chockwirkung des Films" hingewiesen, durch den, dem Beispiel von Benjamin folgend, (neue) Stadtbewohner bildend in das Stadtleben und -erleben eingeführt werden könnten. Dieser produktiv bildenden Funktion neuer bzw. populärer Medien steht Benjamin allerdings grundlegend ambivalent gegenüber.

Im Unterschied zur Kunst sind Populäre Kulturen, v.a aber Popkulturen und Populäre Medienkulturen seit den 1950er Jahren grundlegend performative Kulturen bzw. Kulturen der Performance. Sie brauchten keine Befreiungskämpfe, wie die künstlerischen Avantgarden des 20. Jahrhunderts, um performativ bzw. Kulturen der Performance zu werden. Sie stellen unmittelbare Beispiele für neue Relationen zwischen Subjekt/Objekt, Zuschauer/Darsteller und der Körper-/Material-/Zeichenhaftigkeit kultureller Artefakte dar.

Diesem *Mangel* der Vernachlässigung der Erforschung von Populären Kulturen, Popkulturen und Populären Medienkulturen im Forschungsfeld Performativität und Medialität von Kulturen zu begegnen, ist Zielsetzung des vorliegenden Bandes. Ausgangspunkt hierbei ist die These, dass die Bedeutung von Populären Kulturen, Popkulturen und Populären Medienkulturen nicht ohne einen Bezug auf Performativität und Medialität begriffen werden kann. Populäre Kulturen und Popkulturen sind konstitutiv performative Medienkulturen. Mit diesem Bezug zum Populären und zu Pop bilden sich zugleich eigensinnige Kulturen des Performativen und Medialen heraus.[20] Hierbei diskutiert der Band auch die Frage, ob Populäre Kulturen, Popkulturen und Populäre Medienkulturen *von sich aus* performativ sind, es sich also um eine Zustandsbeschreibung von Kulturen und ihrer Aufführungspraktiken handelt, oder der Fokus auf Performativität und Medialität lediglich eine performative Perspektive auf Populäre Kulturen, Popkulturen und Populäre Medienkulturen darstellt, diese Kulturen *von sich aus* nicht performativ sind.[21]

---

20 Hiermit teilen wir die Forschungsperspektive auf Performativität und Medialität mit der „Arbeitsgruppe ‚Medien'" (2004: 129) aus dem *SFB Kulturen des Performativen* (FU Berlin), liefern in den unterschiedlichen Beiträgen unseres Bandes eine vergleichbare „‚Doppelbelichtung'": „Sachverhalte also, die ein Licht werfen zugleich auf die Frage nach Rolle und Wirkungsweise von Medien wie auch auf die Frage nach Bedeutung und Reichweite des Performativen." Ebenso liefert der vorliegende Band keine Antwort auf die Frage, was Medien sind, sondern fokussiert die Funktionen und den Gebrauch von Medien im Feld Populärer Kulturen, von Popkulturen und Populären Medienkulturen.

21 Seier (2007: 14) wählt in ihrer (theoretischen und fallanalytischen) Auseinandersetzung mit der performativen Konstitution von Gender und Geschlecht am Beispiel des Films, etwa mit Blick auf das Populäre Kino und den Film *Jackie Brown* (USA 1997) von Quentin Tarantino, eine dezidiert andere Perspektive ein: „Mit dem hier vorgeschlagenen Einsatz des Performativitätsbegriffs geht zugleich eine Öffnung und Verengung einher. Die Öffnung liegt darin, die Konzeption der Performativität nicht nur im Hinblick auf den erprobten Bereich der Gender-Problematik, son-

Im vorliegenden Band wird Performativität einerseits als Basisphänomen aufgefasst und andererseits als Beschreibungs- und Analysekategorie für konkrete Phänomene.

Mit dem vorliegenden Band soll darüber hinaus ein Beitrag zur weiteren systematischen Konturierung und grundlegenden Verankerung der Populär- und Popkulturkulturforschungen im Kontext der Medien- und Kulturwissenschaften geleistet werden. Dies stellt auch eines der grundlegenden Arbeitsziele der *GfM*-AG „Populärkultur und Medien"22 dar. Die Ergebnisse des vorliegenden Bandes gehen auf eine mit der AG assoziierten Tagung zum Thema „Performativität und Medialität Populärer Kulturen" zurück, die am 03./04.12.2010 an der Universität Halle/Saale stattfand und von Thomas Wilke und mir konzipiert sowie organisiert wurde.

2. Populäre Kultur, Popkultur, Populäre Medienkultur

Die Begriffe Pop und Popkultur sowie die mit ihnen assoziierten Diskurs- und Lebenswirklichkeiten nehmen spätestens seit Ende der 1960er Jahre einen konstitutiven Einfluss auf gesellschaftliche *Selbstverständigungsdiskurse* und *Selbstbeschreibungen*.[23] Grundsätzlich wird die Auseinandersetzung mit Pop und Popkultur von zwei Perspektiven bestimmt, in denen sich die grundlegende Ambivalenz *aller* Popkultur bzw. popkulturindustrieller Güter, in Diskursen und als lebensweltliches Phänomen, widerspiegelt: *Pop als Rebellion* und *Pop als Markt*. Aus dieser Perspektive lassen sich zwei semantische Felder, mit denen das Phänomen Pop belegt wird, unterscheiden: Einerseits wird Pop als authentisch, grenzüberschreitend, umstürzlerisch, subkulturell, provokant, sozial- und sprachkritisch bezeichnet und ist in diesem Sinne ein Medium der Rebellion, der Revolution, des Widerstandes und des Protests. Letztlich gelebte Aufklärung und autonome Selbstkonstitution, ein programmatisches Konzept für kulturellen Wandel sowie ein Einspruch gegen die Ordnungs- und Ausschlusssysteme der Dominanzkultur. Andererseits wird Pop mit Konsum, Party, Profit, Unterhaltung, Lifestyle, Mainstream assoziiert und

---

dern auch im Hinblick auf Medien zum Einsatz zu bringen. Um eine Verengung der Perspektive geht es dabei wiederum, insofern davon Abstand genommen wird, den Begriff der Performativität als eine Zustandsbeschreibung der Kultur im Allgemeinen oder als Charakterisierung bestimmter Aufführungspraktiken zu verwenden. Mit dem Begriff der Performativität wird in der vorliegenden Arbeit nicht etwas beschrieben, das Medien charakterisiert. Medien *sind* demnach ebenso wenig performativ wie Geschlechter. Sie geraten lediglich aus einer performativen Perspektive auf eine spezifische Weise in den Blick [Hervorhebung im Original – MSK]."

22 Vgl. http://www.gfmedienwissenschaft.de/gfm/ag_populaerkultur_und_medien/index.html [abgerufen am 08.03.2012].

23 Eine heuristische Eingrenzung der Begriffe Populär, Pop, Popkultur und Populäre Kultur kann ich an dieser Stelle nicht leisten. Ich verweise exemplarisch auf die folgenden Arbeiten: Hügel (2003a; 2007); Blaseio/Pompe/Ruchatz (2005); Kleiner (2008); Jacke (2009) und v.a. auf die aus meiner Perspektive bedeutendste (deutsche) Studie zur Begriffsbestimmung und zur Unterscheidung der unterschiedlichen Konzepte von Populär, Pop, Popkultur und Populärer Kultur, die Hecken (2009) vorgelegt hat (vgl. auch Hecken 2007).

als Marken- bzw. Warenartikel deklariert. Pop wird in diesem Verständnis als Affirmation aufgefasst.

Die Selbstbeschreibung von Pop im Spannungsfeld von *Affirmation* und *Subversion* ist bereits in der Wortbedeutung von Pop enthalten: In der Herkunft des Wortes Pop aus dem Englischen bedeutet Pop einerseits *populär* und könnte im Sinne dieser binären Opposition auf seine konsumistischen, affirmativen Tendenzen verweisen. Andererseits bedeutet Pop *Stoß* und *Knall*, womit seine subversiven Tendenzen angedeutet werden könnten.

Pop, Popkultur und Populäre Kultur dürfen nicht synonym verwendet werden, eben so wenig, wie Populäre Kultur mit der Gesamtkultur gleichgesetzt werden kann. Pop und Popkultur sind Bestandteile Populärer Kultur. Unter Pop verstehe ich im Wesentlichen einen *weit gefassten musikzentrierten Traditionsbegriff*: „Als Pop soll hier also schlicht gesagt einfach alles das gelten, was sich aus dem ursprünglichen Pop, dessen Wiege als Jugendkultur irgendwo in den frühen 50er Jahren stand, genetisch herleiten lässt" (Ullmaier 1995: 9; vgl. u.a. auch Cohn 1969; Büsser 2000: 12ff.; Büsser 2004; Büscher 2005: 7) [...]." Hiervon ausgehend kann Pop als offenes Feld bzw. als spezifische kulturelle Formation beschrieben werden, „die ein labiles Konglomerat aus Musik, Kleidung, Filmen, Medien, Konzernen, Ideologien, Politiken, Szenebildungen usw. darstellt. Und so diffuse Inhalte wie Jungsein, Marginalisiertsein, alltägliche Machtkämpfe [...], schließlich die ganze Palette von Pubertäts-, Jugend- und Lebensbewältigung bearbeitet" (Höller 1996: 56f.).[24] Mit Popkultur bezeichne ich ausgehend hiervon alle Formen der Vergemeinschaftung, die von diesem Pop-Verständnis ausgehen. Programmatisch formuliert: Als es Pop und Popkultur noch nicht gab, gab es schon die Populäre Kultur. Populäre Kultur kann, um eine Überlegung von Jacke (2004: 21) aufzugreifen, „insgesamt als der kommerzialisierte, gesellschaftliche Bereich verstanden werden, der Themen industriell produziert, massenmedial vermittelt und durch zahlenmäßig überwiegende Bevölkerungsgruppen mit Vergnügen (als Informations- und Unterhaltungsangebote) genutzt und weiterverarbeitet wird."

Populäre Kultur wird hierbei wesentlich als Unterhaltungskultur aufgefasst, wobei zwischen Unterhaltung als Kommunikationsweise, als Funktion der Massenmedien, als soziale Institution und als ästhetische Kategorie unterschieden werden kann (vgl. Hügel 2003b). Die *Epoche* des Populären beginnt ab Mitte des 19. Jahrhunderts, ist ein kultureller Zusammenhang moderner Gesellschaften und wird durch die *Verbürgerlichung der Unterhaltung* bestimmt: „Generell hatte die traditionale, die vormoderne Gesellschaft keine Möglichkeit, Populäre Kultur auszubilden. Solange feste soziale, kirchliche und

---

24 Poschardt (2001: 51) erklärt die Entstehung der Popkultur in den 1950er Jahren aus einer sozialstrukturell-ökonomischen Perspektive: „Pop-Kultur entstand nach dem Ende des Zweiten Weltkrieges, weil in den fünfziger Jahren arbeitende junge Menschen so kaufkräftig wurden, dass sie als Zielgruppe für die Industrie wichtig waren. Gleichzeitig wollten die Jugendlichen eine andere Form des Konsums, als sie ihn von ihren Eltern kannten. [...] Pop-Musik sozialisiert seine Konsumenten zwangsläufig in der Kontinuität eines kapitalistischen Realitäts- und Warenverhältnisses [...]."

ständische Ordnungen vorherrschen, geht den kulturellen Phänomenen jener Deutungs-spielraum ab, der für Populäre Kultur charakteristisch ist. [...] Ohne Rezeptionsfreiheit, verstanden sowohl als Freiheit, das zu Rezipierende auszuwählen, als auch den Bedeu-tungs- und Anwendungsprozess mitzubestimmen – also ohne ein bestimmtes Maß an bürgerlichen Freiheiten –, gibt es keine Populäre Kultur" (ebd.: 3, 6). An anderer Stelle ergänzt Hügel: „Historizität der Unterhaltung bedeutet [...] aber nicht nur, dass sie über andere soziale Institutionen (vor allem solche der Medien) am geschichtlichen Prozess beteiligt ist, sondern dass sie selbst eine eigene institutionelle Tradition ausbildet. Und es ist die von dieser Tradition gestiftete Kultur, die wir als populär bezeichnen" (Hügel 2003c: 81).

Bis heute gibt es, so Hügel (2003a: 1) weiter, „weder eine allgemein anerkannte Theorie Populärer Kultur [...] noch ist verbindlich geklärt, welche Gegenstände und/oder welche Aktivitäten zur Populären Kultur gehören." Aufgabe einer wissenschaftlichen Auseinan-dersetzung ist es daher, die vielfältigen Erscheinungsweisen und Diskurse zur Populären Kultur und zur Popkultur zunächst zu systematisieren, ein originäres Forschungsfeld mit eigenen Fragestellungen und operationalen Begrifflichkeiten zu erarbeiten, um die Ge-schichte der Populären Kulturen und Popkulturen aus sich selbst heraus beschreibbar zu machen (vgl. ebd.: 18).

Populäre Medienkulturen sind Medialisierungen von materiellen, körperlichen sowie diskursiven Phänomenen Populärer Kulturen und von Popkulturen. Populäre Kulturen und Popkulturen sind keine Wesenheiten, d.h. nichts ist *an sich* Populär und/oder Pop, sondern erst in medienkulturellen Bildungsprozessen entstehen eigensinnige kulturel-le Gegenstände und Wirklichkeiten. Mit Wittgenstein (1995: 262) kann man in diesem Kontext behaupten: „Die Bedeutung eines Wortes ist sein Gebrauch in der Sprache." Der Fokus auf den Gebrauch der Sprache und ihre Handlungsdimensionen steht im Zentrum der unterschiedlichen Performativitätskonzepte.

3. Medium, Medien, Medialität

Medien sind, wie Leschke (2003: 10) betont, „sprachlich ein Pluraletantum. Der Singular, also der Begriff ‚das Medium', meinte zumindest traditionell etwas anderes als der Plural ‚die Medien' nämlich – wenigstens sofern der keiner Wissenschaftsdisziplin zugeordnet war – schlicht etwas Vermittelndes." Man spricht von Massenmedien, Medialisierung, Medienaufsicht/-regulierung, Medienästhetik, Media Design, Medienethik, Mediene-vents, Medienfreiheit, Mediengeschichte, Mediengesellschaft, Medieninformatik, Me-dienjournalismus, Medienkompetenz, Medienkontrolle, Medienkritik, Medienkultur, Medienspektakeln, Medienökonomie, Medienpädagogik, Medienpolitik, Medienpsy-chologie, Medienrecht, Mediensprache, Medienstars, Mediensystem, Medientechnik, Medientheorie, Medienumbrüchen, Medienwirklichkeit, Medienwirkungen, Medien-wissenschaft und vielem mehr. Zudem wird über Medien *in* Medien *mit* Medien *durch* Medien und *über* Medien *in* Medien gesprochen. Entsprechend hebt Mersch (2006: 10) hervor, „dass das Mediale selber nicht ‚Eines' ist, das eine bestimmte Identität aufweise, sondern sich als Pluralismus entpuppt, der von Fall zu Fall dechiffriert werden muss."

Mit Blick auf die medientheoretischen Konzepte von Parsons, Luhmann und Habermas, weist Künzler (1989: 1) auf die vieldeutigen und heterogenen Möglichkeiten hin, den Medienbegriff zu verwenden bzw. auf Verallgemeinerungen von Eigenschaften konkreter Medien. Medien sind für diese Autoren: „Sprachen, symbolische Bedeutung, Definition der Situation, Affekt, Intelligenz, ‚Performance capacity', Wertverbindung, Einfluss, Macht, Geld, Recht, Wahrheit, Liebe, Freude, Kunst, Glaube, Reputation, transzendentale Ordnungsbildung, Gesundheit, empirische Ordnungsbildung […]." Aber auch Waffen, Kleidung oder Uhren (vgl. McLuhan 1992); die Straße (vgl. Baudrillard 1978); Fahrzeuge (vgl. Virilio 1997); oder Licht, Luft und Wasser (vgl. Heider 2005) werden als Medien aufgefasst. Es drängt sich bei diesen Aufzählungen der Verdacht auf, „wenn schlicht Alles Medium wäre, dann wäre Medium nichts" (Engell 1999: 127). Differenzierung ergeben sich allerdings immer aus Perspektivierungen, die wiederum, etwa disziplinäre oder theoretische, Vereinseitigungen erzeugen, und von denen ausgehend es niemals zu einer allgemein verbindlichen sowie konsensfähigen Mediendefinition kommen kann.

Je nachdem, ob man von *Medien* (ohne Artikel), *den* Medien (als universalem Phänomen), oder *einem* (bestimmten) Medium spricht, jedes Mal wird dem Ausdruck andere Bedeutungsdimensionen zugeschrieben – ebenfalls dadurch, in welcher wissenschaftlichen er verwendet wird oder aus welcher philosophischen sowie theoretischen Hinsicht.

Dieser *inflationäre* Gebrauch des Begriffs Medien bzw. die Vielfalt von Sachverhalten und Hinsichten, die unter dem Medienbegriff verhandelt werden, deuten auf seine bedeutungsgeladene Diffusität hin sowie auf das begriffliche Chaos, das dieser Begriff auslöst. Ein allgemeiner und tragfähiger Medienbegriff steht bis heute nicht zur Verfügung. Medien lassen keine Eindeutigkeiten zu, sie sind grundsätzlich mehrdeutig, ubiquitär und äquivok. Mediendefinitionen können hierbei nur verschiedene Aspekte *der* Medien akzentuieren, nicht aber eine verbindliche, transdisziplinär akzeptierte Definition anbieten (vgl. Leschke 2003: 15). Die Gründe hierfür sind einerseits die Mehrdimensionalität sowie Komplexität der Gegenstandsbereiche, die als *medial* bezeichnet werden, und andererseits die verschiedenen Hinsichtnahmen auf den Begriff, die es im Alltag, der Medienpraxis und in den Wissenschaften gibt. So bestimmen bei bisherigen wissenschaftlichen Auseinandersetzungen mit den Medien zumeist bereits *etablierte* theoretische und/oder semantische Referenzsysteme, die Definitionsversuche, Medienbegriffsbestimmungen und -theorien besitzen somit wesentlich eine subsidiäre Funktion im Rahmen vorgegebener theoretischer Intentionen. Dies führt zu der Konsequenz, dass auf die spezifische Medialität bzw. Technizität *der* Medien einerseits kaum eingegangen wird oder andererseits gerade diese Aspekte ins Zentrum der Definitionsversuche gestellt werden, um die Auseinandersetzung mit den Medien auf der Grundlage einer grundbegrifflich eigenständigen Theorie der Medien zu führen.[25] Tholen (2002: 8) formuliert

---

25 Die Beiträge im vorliegenden Band adressieren unterschiedliche Medienbegriffe bzw. -konzepte, die hier nicht vereinheitlicht werden sollen – der Schwerpunkt des Bandes liegt auf der Analyse von Massenmedien, wie etwa Film und Fernsehen. Die Heterogenität der Medien-

aus diesem inflationärem Gebrauch des Medienbegriffs und seiner Definitionsfluten die Konsequenz, dass sich Medien nur noch metaphorisch beschreiben lassen und entwickelt im Anschluss daran Bausteine für eine „Metaphorologie der Medien" (vgl. ebd.: 19-60).[26]

Im Folgenden wird eine heuristische Bestimmung des Medien-Begriffs präsentiert, die die vielfältigen Überlegungen des vorliegenden Bandes rahmt. Das lateinische Wort *medium* bedeutet Mitte, in der Mitte Befindliches und erhält ab etwa dem 17. Jahrhundert die neulateinische Bedeutung Mittel bzw. vermittelndes Element. Es wird abgeleitet vom griechischen Begriff *méson*, dessen Bedeutungsgehalt, neben der Mittlerfunktion, auch u.a. Öffentlichkeit, Gemeinwohl und öffentlicher Weg umfasst (vgl. zum Medienbegriff Hoffmann 2000).

In diesen Facetten der Wortbedeutung von Medium und Medien sind fünf Funktionsbereiche und Gebrauchsweisen latent enthalten: *Boten*[27], Transport, Alterität, Gesellschaft und Nutzen. Medien als *Boten* vermitteln zwischen Mensch und Welt, physikalisch, semantisch, kommunikativ und materiell.[28] Hierbei sind sie Welt stiftend, Welt erschließend und Welt konstituierend – stellen das, was sie stiften, erschließen, konstituieren und vermitteln unter die Bedingungen, die sie selbst geschaffen haben.[29] Medien machen sichtbar, hörbar, lesbar, erfahrbar, erlebbar, verstehbar und vieles mehr. „Medien ‚vermitteln'" daher, wie Mersch (2006: 219) betont, „ohne selbst ‚unmittelbar' zu sein." Diese Mittel nehmen einen entscheidenden Einfluss auf die Wahrnehmung und

---

begriffe bzw. -konzepte, die Spannung zwischen dem Fokus auf einem hauptsächlich sozialanthropologischen und einen primär technisch-apparativen Medienbegriff, ist konstruktiv. Münker (2008: 337) bemerkt hierzu: „Sinn und Bedeutung sind uns nur medial gegeben – vermittelt über technische Artefakte, deren medialer Eigensinn unserer Kontrolle entzogen bleibt. Das heißt auch: Ohne dass wir Medien verwenden, die wir nie ganz verstehen werden, könnten wir am Ende nicht einmal uns selbst verstehen. Allerdings gilt zugleich: Ohne uns und die Art und Weise, wie wir Medien verwenden, macht die Rede vom Sinn keinen Sinn. Auch nicht die vom Begriff ‚Medium'." Wilke wird in seinem abschließenden Beitrag diese Spannung mit Blick auf das Leitthema dieses Bandes, die Performativität und Medialität Populärer Kulturen, von Popkulturen und Populären Medienkulturen, in einen *möglichen* Dialog bringen, also gerade nicht, wie es häufig der Fall ist, diese Vermittlung ausschließen. Vielmehr wird hier ein relativ allgemeiner Rahmen zum Verständnis von Medien und Medialität entworfen, in dem sich die Medien- und Medialitätsbegriffe der Beiträge wiederfinden können bzw. der für diese auf allgemeiner Ebene (mehr oder weniger) *repräsentativ* ist.

26 Meyrowitz (1999) unterscheidet drei Medien-Kernmetaphern, die zumeist ohne Bezug aufeinander verwendet werden: *„medium-as-vessel/conduit, medium-as-language; medium-as-enviromment"*.

27 Mein Verständnis von Medien als *Boten* weicht von Krämer (2008: 103-121) ab.

28 Vgl. Wirth (2008) zur Vermittlungsfunktion der Medien – mein Vermittlungsverständnis weicht von diesem ab.

29 Dabei ist den Medien, wie Münker (2008: 327) betont, „ein Bedeutungs- und Effektüberschuss eigen [...], der dazu führt, dass Medien zumeist mehr sind, als sie zunächst scheinen; dass sie meist (auch) anderes tun, als sie eigentlich sollen – und dass sie das tun, was sie tun, immer anders tun, als wir es zunächst erwarten. Medien sind Dinge, die in ihrer Dinglichkeit nicht aufgehen; ihre mediale Idee transzendiert immer wieder die eigenen Gegenständlichkeit – und überrascht, enttäuscht oder übertrifft die Erwartungen ihrer Nutzer."

Formung von Wirklichkeit, prägen das zu Vermittelnde, sie stiften Beziehungen bzw. lassen in ihren Vermittlungen und als Mittel der Vermittlung das zu Vermittelnde miteinander in Beziehung treten.[30] Die Vermittlungsleistung[31] erfordert eigensinnige und vielfältige mediale Mittel, spezifische mediale (ästhetische) Eigenschaften, die im Begriff der Medialität zusammengefasst werden, und den Blick auf die unterschiedlichen Kulturtechniken und Technologien dieser vermittelnden Medialitäten.[32] Mittel sind zugleich immer Werkzeuge, die zu Vermittlungen verwendet werden – Werkzeuge der Erfahrung, Produktion und Transformation von sozialen, kulturellen sowie individuellen (Um-) Welten. Alle Vermittlungen sind nicht nur indifferente, technische Mittel, sondern die Vermittlungsleistungen sind von den soziokulturellen Informationen und Kommunikationen, die sie vermitteln, mitbestimmt, ebenso so wie diese durch jene. Zur vermittelten Vermittlung gehört auch die Übertragung, der *Transport* von Informationen und Daten, also die Übermittlung.[33] Die *Alterität* der Medien bedeutet für Mersch (2006: 9): „Es gibt

---

30 Zum Verhältnis von Wahrnehmung und Medien betont Mersch (2002: 53f.): „Alles Wahrnehmungsgeschehen wurzelt in *Aisthesis*. *Aisthesis* bezeichnet die Empfänglichkeit für Anderes, deren Struktur nicht intentional, sondern responsiv bestimmt ist. Das Responsive er-*gibt* sich nicht im Medialen; *das Mediale ergibt sich erst von ihm her*. Das Verhältnis von Wahrnehmung und Medialität wird dadurch neu geordnet. Zwar beruhen Visualisierungen und akustische Phänomene in hohem Maße auf Strategien der Mediatisierung, doch kann keineswegs davon ausgegangen werden, dass *alle* Wahrnehmung mediatisiert oder gar die Wahrnehmung selbst ein Medium sei – ein Umstand, der schon deswegen unmöglich ist, weil er selbst wahrgenommen werden müsste. Das Mediale steht deshalb nicht schon *vor* der Wahrnehmung, indem es diese bedingt, sondern umgekehrt erfordert das Medium die Wahrnehmung, so dass diese wiederum *vor* dem Medium kommt, ihm buchstäblich ‚zuvorkommt'. Auffindbar im Begriff von *Aisthesis*, der gegenüber den Techniken der Sensibilisierung, der Schärfung und Überschärfung der Sinne sowie den Inszenierungen und Gestaltungen von Sichtbarkeit und Hörbarkeit abzugrenzen ist, hebt das Zuvorkommende gerade das Nichtvermittelte wie Unvermittelbare oder Plötzliche hervor – mit einem Wort: die *Amedialität von Wahrnehmungen* [Hervorhebung im Orignal – MSK]." Medien selbst können nicht wahrnehmen und erkennen.

31 Die Betonung der Vermittlungsfunktion markiert als den grundlegenden *Ort* der Medien das Dazwischen, versteht sie als „Dazwischenkunft der Medialität", von dem bzw. der „ein Spektrum von Differenzen" eröffnet wird (Tholen 2005: 153; vgl. Tholen 2002: 169-203; vgl. Roesler 2003: 39). „Medien sind", wie Tholen (ebd.) weiter betont, Unterscheidungen, die einen Unterschied machen. Wo es Medien gibt, muss es Distanz geben." Das Dazwischen der Medien, verstanden als „eine in den Medienumbrüchen sich markierende und doch unverfügbare Dazwischenkunft der Medialität", weist „den alten und neuen Medien intermedial sich verkreuzende" (ebd.) Plätze zuweisen.

32 Mit Schanze (2002: 1999) verstehe ich unter Medialisierung „Prozesse des Übergangs von Formen direkter Kommunikation in Formen indirekter Kommunikation über Medien. Zu unterscheiden sind Prozesse der Entzeitlichung, Enträumlichung und Vervielfältigung von Kommunikation einerseits und basalen Typen der M., wie Verschriftlichung, Verbildlichung, Vertonung und andererseits von technischen Formen der M. in darstellenden Medien, wie Theatralisierung und Verfilmung. Da der Übergang stets vom gewählten Medium abhängt und dieses […] in die ‚Invention selber' eingreift, ist M. nie ein unidirektionaler Prozess."

33 Tholen (2005: 166) bemerkt zum Zusammenhang von Medien, Vermittlung und Transport: „Medien übertragen Botschaften, Sichtweisen, Ästhetiken, sind aber definitionsgemäß – als

Medien, weil es Alterität gibt. Alterität meint ein ‚Anderes', das sich dem Zugriff zunächst verweigert, das eines Dritten bedarf, um seine Vermittlung, seine Symbolisierung, Aufbewahrung, Übertragung oder Kommunizierung zu garantieren. Das, was derart weder Zeichen noch Erfahrung, weder Wahrnehmung noch Repräsentation ist, muss als solches erst vorgestellt und ausgedrückt oder interpretiert werden, so dass Medien buchstäblich ‚dazwischen' treten und Instanzen der Übermittlung, Darstellung, Verbreitung, des Austausches" (vgl. Schröter 2004). Medien *produzieren* bzw. formen öffentlich *Öffentlichkeit*, also Gesellschaft im Weitesten Sinne (mit), d.h. Medien können niemals ohne einen Bezug auf Gesellschaft und damit auf Kultur, ihren Gebrauch in der Gesellschaft und die mit dem Gebrauch einhergehende Institutionalisierung innerhalb der Gesellschaft, gedacht und analysiert werden. Der Gebraucht stiftet einen (gesellschaftlichen, kulturellen, individuellen) Nutzen bzw. einen Mehrwert, der zwar nicht notwendig Gemeinwohl erzeugt und auch manipulativ oder hegemonial instrumentalisiert werden kann, aber in der Fokussierung der Positivität der Medien bzw. ihres produktiven Beitrags zur Formung gesellschaftlicher, kultureller und individueller Wirklichkeit gründet bzw. in einer so orientierten Erwartungshaltung.[34]

Diese fünf Facetten des Medienbegriffs entfalten sich im Spannungsfeld von Sichtbarkeit und Unsichtbarkeit, Anwesenheit und Abwesenheit, Entbergung und Verbergung, Akzentuierung und Neutralisierung, Selbstbekenntnis und Selbstverleugnung, Auftritt und Rücktritt. Medien sind immer beides zugleich und zugleich nichts von beidem.

Eine technischere Definition von Medien bietet u.a. Hiebel (1998: 12): „Unter Medien werden [...] materiell-mechanische oder energetische (elektrische, elektromagnetische, elektronische, opto-elektronische) Träger und Übermittler von Daten bzw. Informationseinheiten und mechanische sowie elektronische Mittel der Datenverarbeitung verstanden". Hierbei lassen sich generell sechs medienlogische Grundphänomene bzw.

Bote und Bedeutungsträger – nicht die Botschaft selbst. Eben diese ‚Eigenschaft' der Medien wiederum, nämlich Botschaften übertragen zu können, ohne ihren Sinn zu beeinflussen oder zu bestimmen, markiert den Ansatzpunkt einer Metaphorologie der Medien, die in diesem Sinnvorbehalt und Sinnaufschub der Medien eine grundlegende Bestimmung von Medialität als Mit-Teilbarkeit situiert."

34 Eine Auseinandersetzung mit Medien erfordert prinzipiell auch eine differenzierende Diskussion des Verhältnisses von Medien, Information und Kommunikation: Medien und Kommunikation sind ein spannungsreiches Interdependenzgeflecht, die jeweils erst durch ihre konstitutive Wechselseitigkeit eine originäre Form erhalten. Kommunikation ist stets medienvermittelt – zunächst und zumeist durch Sprache (Wort), Schrift (Text), nicht-verbale Kommunikationsmedien (Mimik, Gestik, Gebärdensprache usw.) und Bilder bzw. bildliche Darstellungen (Fernsehen, Film, Malerei, Graffiti etc.). Medien sind die Formen bzw. der Rahmen, in denen und durch die sich Kommunikationen, als ihre *Inhalte*, verbreiten, äußern, darstellen. Im Wechselspiel zwischen Medien und Kommunikation, die jeweils konstitutiv an den Menschen rückgebunden sind, entstehen Sinn und Bedeutung sowie gesellschaftliche, kulturelle, mediale und individuelle Wirklichkeit(en) sowie Welterschließungen. Die Art und Weise, *in* der *mit*, *durch* und *über* Medien gesprochen sowie geschrieben wird, kann als Kommunikation beschrieben werden. Die Inhalte der Medien sind hingegen Informationen, gleich welcher Art, ob als Unterhaltung, Wissen, Irritation usw.

Medienfunktionen unterscheiden: „1. Aufnahme, 2. Speicherung, 3. Übertragung, 4. Vervielfachung und Reproduktion, 5. Wiedergabe und 6. Ver- bzw. Bearbeitung" (ebd.: 17). Medien bzw. ein Medium werden in dieser Definition wesentlich als der Ort bezeichnet, an dem Daten in kodierter Form kanalisiert, übertragen, ver- bzw. bearbeitet und gespeichert werden. Sie sind zunächst indifferent gegenüber dem semantischen oder qualitativen Inhalt seiner Botschaft.

So präzise diese Definition von Hiebel im technisch-apparativen Sinne auch sein mag, so wenig ist sie in der Lage, die soziale Wirklichkeit der Massenmedien, gerade im Hinblick auf ihre Nutzung und Aneignung zu beschreiben. Erst durch den Bezug zum Mediennutzer und seiner *Medien-Vereinnahmung*, also der Aneignung von Medien und deren *Sendungen*, erlangt die Auseinandersetzung mit Medien einen konkreten sozialen Sinn und eine konkrete soziale Bedeutung.

Diese definitorische Einseitigkeit findet sich auch in dem, aus technisch-apparativer Perspektive äußerst instruktiven Bestimmung der Begriffe Medium und Medien, Konzept des *Medien-Werdens*, das Engell und Vogl (1999: 10) vorgeschlagen haben, um anzuzeigen, dass es keine Medien *an sich*, also „in einem substanziellen und historisch stabilen Sinn" gibt: „Medien sind nicht auf Repräsentationsformen wie Theater und Film, nicht auf Techniken wie Buchdruck oder Fernmeldewesen, nicht auf Symboliken wie Schrift, Bild oder Zahl reduzierbar und doch in all dem virulent. Weder materielle Träger noch Symbolsysteme oder Techniken der Distribution reichen hin, für sich allein den Begriff Medium zu absorbieren. [...] [I]n den Medien [muss man] nicht bloß Verfahren zur Speicherung und Verarbeitung von Information, zur räumlichen und zeitlichen Übertragung von Daten erkennen; sie gewinnen ihren Status als wissenschaftliches, d.h. systematisierbares Objekt gerade dadurch, dass sie das, was sie speichern, verarbeiten und vermitteln, jeweils unter Bedingungen stellen, die sie selbst schaffen und sind." Diese These übersieht aber den Aspekt, dass *Medien-Werden* konstitutiv Resultat sozialen Handelns, Medientechnik das Ergebnis von Diskursen ist. Nur wenn man diesen Primat von Diskurs und Handlung, ohne dabei allerdings die Medialität und Technizität von Medien sowie die Eigenlogik ihrer spezifischen Kommunikations- und Wahrnehmungspotenzen außer Acht lässt, ist man in der Lage, diese Definition von Medium und Medien produktiv zu nutzen.

Die Definition der Begriffe Medium und Medien ergibt sich daher an der Schnittstelle von Medium bzw. Medien und Menschen, d.h. die Bedeutung eines Mediums bzw. von Medien ist ihr historisch und kulturell variierender Gebrauch in der Gesellschaft. Die Beantwortung der Frage, was ein Medium ist bzw. was Medien sind, muss zur Frage reformuliert werden, wie Medien gebraucht werden und welche ästhetischen sowie *aisthetischen* Formen hierbei was für Effekte erzeugen und Nutzungsweisen adressieren bzw. (mit-)formen. Dieses Verständnis von Medium und Medien verweist unmittelbar auf das zentrale Untersuchungsfeld des vorliegenden Bandes, die Analyse der *Performance in den Medien* und der *Performativität* sowie *Performance der Medien* – diskutiert am Beispiel Populärer Kulturen, von Popkulturen und Populären Medienkulturen.

In diesem Spannungsfeld wird der Fokus auf die Intermedialität der Medien konstitutiv, zur der sich zahlreiche Beispiel in diesem Band finden, denn Medien verweisen immer auf andere Medien, sind in ihrer Medialität mit anderen Medien und deren Medialität verbunden, historisch jeweils neue Medien besitzen *in sich* die *Spur* historisch älterer Medien und sind zugleich die Vorboten zukünftiger Medienentwicklungen. Krämer (2003: 82) betont daher zurecht, dass „Intermedialität [...] eine epistemische Bedingung der Medienerkenntnis" ist.[35]

Die AG Medien (2004: 130f.) stellt in ihrer Auseinandersetzung mit dem Zusammenhang von Performativität und Medialität die Gebrauchsfunktion bzw. die Bedeutung der kulturellen Praxis der Mediennutzung ins Zentrum ihrer Mediendefinition: *„Ein Medium ist, was als Medium gebraucht wird.* [...] Es sind also die Praktiken, in denen (und nicht: durch die) Medien entstehen und wirksam werden. [...] ‚Gebrauch' sei hier im Anschluss an Michel de Certeau verstanden. Etwas zu ‚gebrauchen' heisst: mit etwas, das wir nicht selbst erzeugt haben, so umzugehen, dass es in diesem Umgang zugleich verändert wird. Wiederholung und Veränderung gehen im Gebrauch Hand in Hand. Praktiken eignet die Kraft, Programmen, Mustern, Regeln, Skripten dadurch zu ‚folgen', dass diese im Tun zugleich modifiziert werden. Im Vollzug ereignet sich immer auch ein ‚Überschuss' gegenüber demjenigen, was dabei vollzogen wird. [...] Im alltäglichen Umgang bleiben die Medien unterhalb der Schwelle unseres (bewussten) Wahrnehmens: In ihrem reibungslosen Funktionieren scheint das Medium hinter die Botschaft zurückzutreten. *Der Vollzug von Medien realisiert sich als ihr Entzug.* In den Künsten allerdings werden die Medien dann selbst zum Thema. [Hervorhebung im Original – MSK] (vgl. Münker 2008: 335)" – auch in diesem Kontext liegt der Gegenstandsfokus ausschließlich auf der Kunst bzw. künstlerischen Medien, Populäre Kulturen, Popkulturen und Populäre Medienkulturen spielen keine Rolle.

Ein grundsätzliche Kritik der Analyse von Medien mit dem Primat auf ihrem Gebrauch, übt Ernst, der v.a. die sozialwissenschaftliche Medienforschung hierbei im Blick hat, die keine Medien-, sondern Massenmedienforschung betreiben (vgl. Ernst 2004: 23; Ernst 2003a: 6f., 9f.). Hierbei lenkt die vorschnelle Frage nach der gesellschaftlichen Verwendung der Medien bzw. ihre umgehende Einbettung der Medienanalysen in gesamtgesellschaftliche Diskurse, sowie ihre Diskussion der Medien in Kategorien, wie z.B. Sinn, Wirkung, Identität oder Manipulation, den Blick ab von der Analyse der Eigensinnigkeiten sowie der Medialität bzw. Technizität von Medien, ihrer Prozesshaftigkeit und tatsächlichen Operativität. Andererseits liegt eine der Grenzen dieser Kritik wiederum darin, dass sie keine Einbettung ihrer Medienanalysen in gesellschaftliche Diskurse leisten kann bzw. will. Eine für Ernst (2002: 155) adäquate Mediendefinition endet dort, „wo Techniken zu Massenmedien werden, sprich: sich technisch nicht mehr wesentlich ändern, dafür aber so genannte Inhalte zu transportieren beginnen."

Ausgehend von dieser nach *außen* gerichteten Grenzziehung kartographiert Ernst programmatisch das Territorium einer *wohldefinierten Medienbegriffsdefinition.* „Ein

---

35 Vgl. zum Thema Intermedialität aus medienwissenschaftlicher Perspektive grundlegend die Beiträge in Paech/Schröter (2007); zum Zusammenhang von Performativität, Medialität und Intermedialität die AG Medien (2004); aktuell zum Zusammenhang von Performance und Intermedialität die Beiträge in Bay-Cheng/Kattenbelt/Lavender (2011).

,Medium' bezeichnet den Ort, an dem Daten in kodierter Form kanalisiert, übertragen, verarbeitet und gespeichert werden. Es ist zunächst indifferent gegenüber dem semantischen oder qualitativen Inhalt seiner Botschaften" (Ernst 2003b: 305). In seiner Antrittsvorlesung differenziert Ernst (2003a: 5f.) diese Definition aus: „Medien meinen sowohl physische wie logische Artefakte, doch damit gerinnt nicht schon jede Form der Wirklichkeitserzeugung zu einer medialen Performanz. Medien sind der Ort, wo sich Technologien, Operativität und kulturelle Semantik treffen. Kultur sei hier definiert als negentropische Operation, die mit hohem Energieaufwand unwahrscheinliche Ordnungen aufrechterhält oder baut. Medientheorie ist der Ort, Definitionen des Mediums und der Medialität, konkret die drei kulturpoetischen Wellen von Symbolerfindung, ihre mechanischen Reproduzierbarkeit und ihrer mathematisch augmentierte universale Berechenbarkeit zu reflektieren; nicht, um in Angleichung an die Objekte selbst technoid zu werden, sondern um die Analyse medialer Übertragungsprozesse [...] um die Dimension einer kulturtechnischen Epistemologie zu erweitern [...]." Das kulturbestimmende (Leit) Medium dieser Mediendefinition, durch das eine bisher nicht da gewesene *Medienzäsur* bewirkt wurde, ist der Computer (vgl. u.a. Ernst 2000: 17; Ernst 2003a: 3; Ernst 2004: 27).

Zentral ist hierbei der nicht-inhaltistische, nicht-diskursive bzw. nicht-narrative Zugriff auf ihre Gegenstände. Medien sind daher nicht immer schon diskursive Effekte. Es kommt auf die Erarbeitung von Wissen technischer, apparativer, historischer, mathematischer, kybernetischer oder ingenieurswissenschaftlicher Art. So interessiert am Medium Fernsehen z.B. nicht die Unterhaltungsinhalte, Erzähl- und Darstellungsweisen in Spielfilmen oder eine Kritik an der Informationsvermittlung in Nachrichtensendungen, sondern vielmehr etwa das Zeilenschreiben des Kathodenstrahls. Ein anderes Beispiel, das Ernst (2003c: 3) nennt, ist die *DDR-Ostalgie-Welle* im deutschen Fernsehen 2003, die v.a. durch den Film *Good Bye, Lenin!* (D 2003, Regie: Wolfgang Becker) hervorgerufen wurde. Das Zeigen von Archivmaterial aus den Zeiten des DDR-Fernsehens war in diesen Kontexten nur möglich, weil die Sendungen auf Magnetband aufzeichenbar waren und nach der Wende von 1989/90 an das Deutsche Rundfunkarchiv gefallen sind. Interessant sind für Ernst bei der *Ostalgie-Welle*, die medientechnischen Bedingungen des *Ostalgie-Diskurses*.

Ein instruktives Argument gegen eine ausschließlich inhalts- und sinnzentrierte Auseinandersetzung mit den Medien nennt Ernst (2004: 27f.; vgl. Ernst 2003a: 18) in Bezug auf ein Buchprojekt des Medien- und Kulturwissenschaftlers Claus Pias (2011), das den Titel *Kulturfreie Bilder* trägt. Es geht Pias hierbei um das Phänomen, dass es immer mehr Computer und nicht Menschen sind, die die Bilder von Satelliten oder Überwachungskameras, die permanent unsere Erde oder unsere Erdoberfläche zeigen, interpretieren: „Die Radikalität, mit der Bilder, elektronische Bilder, durch elektronische Medien selbst interpretiert werden, macht uns darauf aufmerksam, dass wir uns daran gewöhnen müssen, dass neben unserer immer nach Sinn suchenden und interpretierenden Betrachtungsweise und unseren Beobachtungstechniken längst eine andere Realität von Beobachtung existiert, die frei davon ist, die anderen Gesetzen unterliegt – Gesetzen, die wir mit gemacht haben. Wir haben diese Maschinen gebaut, keine Frage; es sind immer noch Menschen, die diese Maschinen programmieren, zumeist, auch das ändert sich gerade, aber es gibt eine Realität von Beobachtung, die nicht mehr exklusiv in Begriffen der menschlichen Beobachtung oder der menschlichen Beobachtung zweiter Ordnung zu beschreiben ist."

Das Ziel der Medienbegriffsarbeit von Ernst besteht darin, gegen das Unsichtbarwerden der Medien im alltäglichen (Oberflächen)Gebrauch und dem daraus resultierenden Vergessen der technischen Medialität, die „nackten Medienoperationen hinter kommunikativen oder diskursiven oder dialogischen Oberflächen" (Ernst 2003a: 4; vgl. Ernst 2002a: 144) freizulegen.

Die Definition eines Mediums oder von Medien *an sich*, ohne dabei die jeweils konkrete Verwendung zu berücksichtigen, kann nicht gelingen bzw. produziert eine vielleicht technisch eindeutige und diskursiv einleuchtende, aber sozial irrelevante Phänomenerklärung. Insofern bleibt auch eine Mediengeschichte, die sich nur als Technikgeschichte versteht, *blind* gegenüber der Wirklichkeit der Medien in der Gesellschaft und durch sowie für den Menschen.

Diese Verwendung bzw. dieser *Gebrauch* der Medien konfrontiert im Feld Populärer Medien(-technologien), wie z.B. bei Smart-Phones, und Populärer Medienkulturen, etwa in aktuelle US-amerikanischen Serien, wie *Dexter* oder *Breaking Bad*, die unter dem Label *Quality TV* firmieren, permanent mit der Aktualität und Anwesenheit von Medien. Populäre Medien(-technologie) und Populäre Medienkulturen *strotzen* vor demonstrativer Medialität und Technizität, führen eine Selbstinszenierung als Medien und Technologien permanent auf, multiplizieren ihre Sichtbarkeit.[36] Populäre Medien(-technologie) und Populäre Medienkulturen verbergen bzw. entziehen sich dieser Aktualität nicht, sondern offenbaren sich in einer kontinuierlichen Bezugnahme auf sich selbst. Die Auseinandersetzung mit Populären Kulturen, Popkulturen und Populäre Medienkulturen fokussiert insofern die Präsenz der Medien, nicht ihre Abwesenheit bzw. anhand dieser drei Kulturen kann die These von der grundsätzlichen Abwesenheit der Medien problematisiert werden (vgl. zum Abwesenheitsargument aktuell etwa Engell 2011).

4. Beiträge

Dieser Band gliedert sich in drei Kapitel: erstens *Theorien*, zweitens *Ästhetiken* und drittens *Praktiken*. Die interdisziplinären Perspektiven des Bandes stammen aus den Medien-, Kultur-, Literatur-, Theater-, Musik- und Erziehungswissenschaften. In allen

---

36 Bolter und Grusin (2000: 34) verwenden in diesem Kontext den Begriff der Hypermedialität, um jene Prozesse der Mediatisierung zu betonen, in denen Medien nicht durch ihre Unsichtbarkeit auszeichnen: „Where immediacy suggests visual space, contemporary hypermediacy offers a heterogenous space, in which representation is conceived of not as a window on to the world, but rather as ‚windowed' itself – with windows that open to other representations or other media. The logic of hypermediacy multiplies the signs of mediation and in this way tries to reproduce the rich sensorium of human experience."

Beiträgen findet sich eine heuristische Bestimmung der zugrunde liegenden Konzepte von Performativität und Medialität, um den forschungslogischen Zusammenhang der Beiträge anzuzeigen.

Die Autorinnen und Autoren wurden zudem gebeten, folgende Leitfragen in der ein oder anderen Art in ihren Artikeln zu beantworten bzw. die Kontextualisierung ihrer Beiträge hiervon anregen zu lassen: Erstens, welches Verständnis von Populärer Kultur und/oder Popkultur liegt den Überlegungen zugrunde? Zweitens, welches Konzept von Performativität und Medialität wird verwendet? Drittens, welchen konkreten Forschungsbeitrag liefert der jeweiligen Artikel für das Forschungsfeld Performativität und Medialität Populärer Kulturen, von Popkulturen und Populären Medienkulturen? Viertens, wo liegen die Grenzen der Konzepte Performativität und Medialität hinsichtlich der Erforschung von Populären Kulturen, Popkulturen und Populären Medienkulturen? Diese Frage wird v.a. Wilke in seinem abschließenden Beitrag diskutieren. Weiterhin wird sich Wilke mit der Frage beschäftigen, ob die Erforschung von Performativität und Medialität Populärer Kulturen, von Popkulturen und Populären Medienkulturen, abgesehen von den Cultural Studies, letztlich ein deutscher Sonderweg ist, und welche internationalen Positionen hierbei relevant wären. Leitfragen fordern und fördern Verbindungen, aber auch Redundanzen. Diese werden im vorliegenden Band in Kauf genommen, weil die Anzeige des forschungslogischen Zusammenhangs für das Erkenntnisinteresse des Bandes wichtiger ist. Darüber hinaus wird es als nicht produktiv und legitim erachtet, in einer Einleitung zu einem Band mit einundzwanzig unterschiedlichen Positionen, ein verbindliches Verständnis der Grundbegriffe für alle Beiträge zu definieren. Ein Leitverständnis der Bedeutung der Konzepte von Performativität und Medialität gibt es im Feld der interdisziplinären Auseinandersetzung mit Populären Kulturen, Popkulturen und Populären Medienkulturen bisher nicht. Das Ziel dieser Einleitung besteht vielmehr darin, eine Kontextualisierung und einen Rahmen für die interdisziplinäre Erforschung dieses Themas zu leisten bzw. zu entwerfen, um ihre Bedeutung im Feld der Medien- und Kulturwissenschaften anzuzeigen und ihre Marginalisierung zu problematisieren. Entsprechend entwickeln weder diese Einleitung noch die einzelnen Beiträge einen allgemein-verbindlichen Begriff des Performativen und des Medialen, ebenso wenig des Populären und von Pop. Hingegen erfolgt die Diskussion dieser Grundthemen in den hier und in den Beiträgen entwickelten Rahmen bzw. Kontexten.

Mit Blick auf Austin (1962) und dessen Interpretation von Krämer (2001: 153), kann diese Zurückweisung verbindlicher, legitimer[37] Definitionen so begründet werden, das der Anspruch auf wissenschaftliche Objektivität eine „Parabel für [...] das Ausgesetztsein aller definitiven Begriffe für die Ambiguitäten, die mit dem wirklichen Leben verbunden sind", ist. Die soziale Kontextualisierung von Aussagen, ihre spezifische Räumlichkeit und Zeitlichkeit, aber auch ihre situative Kontingenz, entscheidet über ihr Glücken oder Missglücken. Sie können hierbei nicht einfach als definitiv wahr oder falsch beurteilt

---

37 Mit dem Begriff *offiziell* bezeichne ich die etablierten, allgemein anerkannten und institutionalisierten wissenschaftlichen bzw. wissenschaftstheoretischen sowie erkenntnistheoretischen *Standards*, als Produkte kontingenter und sich wandelnder sozio-historischer Diskurse.

werden. Insofern sind performative Äußerungen niemals a-historisch – im Unterschied zu der hier a-historisch erscheinenden Form der Formulierung dieser These und ihrem vermeintlichen formallogisch Gültigkeitsanspruch, also dem mit ihr getätigten performativen Selbstwiderspruch.

Theorien

Jochen Venus fragt in *Die Erfahrung des Populären. Perspektiven einer kritischen Phänomenologie* nach dem besonderen Erfahrungsgehalt Populärer Kulturen. Ausgehend von einer Kritik des traditionellen Kulturbegriffs beschreibt er die historischen und systematischen Maßgaben aktueller Kulturpraktiken und ihrer Reflexion, um dann in drei vergleichenden Bildanalysen die Spezifik populärer Ästhetik zu bestimmen, die er in dem Begriff der *spektakulären Selbstreferenz* zusammenfasst: *Spektakuläre Selbstreferenz* wird durch Darstellungsweisen vermittelt, die sich ganz in den Dienst ihres möglichst universellen Aufmerksamkeitseffekts stellen. Populäre Kulturen erscheinen in dieser Perspektive als konkurrierende Aufmerksamkeitskulte, deren sozialer Verpflichtungsgehalt sich allein auf die kultische Imitation der jeweiligen Stilvorgabe beschränkt.

Jens Schröter zeigt in *Die Performativität der Mediatisierung – mit The Wire*, dass Fernsehserien serielle zeitliche Ausdehnung besitzen. Insofern sind sie besonders interessante Beispiele für die Repräsentation von Performativität. Zugleich sind sie durch ihre serielle Form aber auch selber performativ und Teil von Alltagsvollzügen. Massenmediale Produkte wie Fernsehserien sind nach Luhmann überdies Weisen der Selbstbeschreibung der Gesellschaft. Also wären Fernsehserien durch ihre bloße Form bereits Weisen, in denen sich die Gesellschaft als performativ beschreibt. Dieser These soll an einem Beispiel nachgegangen werden: Der HBO-Serien *The Wire*. Diese soll verstanden werden als eine Serie, in der sich die Gesellschaft als performativ mediatisierte selbst beschreibt. Die Serie ist eine Weise, in der die Gesellschaft versucht, ihre ständig sich wandelnde Durchdringung mit Medien selbst seriell zu beobachten.

Susanne Binas-Preisendörfer fragt in *Wo Medien sind, da ist Performance! Zur Bedeutung von Performativität und Medialität in der Produktion und Aneignung populärer Musikformen* nach den Gründen, warum im Diskurs zur Performativität und Medialität populäre Kultur- bzw. Musikformen nicht einmal am Rande vorkommen, obwohl es doch gerade die populären Praktiken sind, in denen nicht die Position der Sprecher, sondern die Akteure des *Machens* von so zentraler Bedeutung für das Verständnis und die Analyse entsprechender Kulturformen sind. Anhand historischer und aktueller Beispiele wird dabei dem Zusammenhang von Performativität und Medialität in ihrer gegenseitigen Abhängigkeit und Widersprüchlichkeit nachgegangen.

Herbert Schwaab beschäftigt sich in *Imitation of Life. Theoretische Anmerkungen zum Aspekt der Performance und Improvisation in der Filmkomödie und der Sitcom*, vor dem Hintergrund der Film- und Sprachphilosophie Stanley Cavells und der Kunstkritik Michael Frieds, mit Elementen der Improvisation, die in Formaten der Populärkultur wie der klassischen Hollywoodkomödie und der Sitcom Momente von Präsenz und Authentizität erzeugen. Er kontrastiert diesen besonderen Weltbezug einer *Performance in den Medien* mit einer *Performativität der Medien*, einer stilisierten Repräsentation von Welt in neueren Formaten der Populärkultur.

Ästhetiken

Marcus Stiglegger zeigt in *Fetisch und Tabu. Provokative Kulturtechniken in schwarzromantischen Subkulturen*, dass die schwarzromantischen Subkulturen sich als weltweites Phänomen mit einem Schwerpunkt in Deutschland und Westeuropa zwischen den frühen 1980er Jahren bis heute in unterschiedlichen Phasen und Strömungen etablierten. Obwohl sie sich von Beginn an alternativ zum gesellschaftlichen Mainstream verorteten, sind sie ein Teil der Popkultur, indem sie ihre Identität weitgehend über traditionelle Varianten von Rock- und Popmusik und einer damit assoziierten Mode konstituierten. Im Beitrag werden die provokativen Kulturtechniken schwarzromantischer Subkulturen in deren medialer Repräsentation und Selbstdarstellung unter performativen Aspekten untersucht. Besondere Beachtung erfährt dabei die Selbstpräsentation einiger subkultureller Musikerinnen und Musiker, die zugleich zu *role models* für ihre Fans wurden. Die Performance, um die es hier geht, ereignet sich also nicht nur auf der Bühne vor einem passiv konsumierenden Publikum, sondern wird zur eigenen Lebenspraxis erkoren. Die dabei präsenten Aspekte des Interaktiven und Unvorhersehbaren formieren eine Ästhetik des Performativen und führen, wie Fischer-Lichte (2004: 318f.) es ausdrückt, zu einer »Wiederverzauberung der Welt«, denn sie re-auratisieren den Akt und die Rezeption der Kunst mit einem radikalen Ziel: die »Ästhetik des Performativen zielt auf die Kunst der Grenzüberschreitung« (ebd.: 356). Die schwarzromantischen Performanz-Phänomen wird hier also als Phänomen der Popkultur im engeren Sinne gesehen. Die Überlegungen zeigen, dass sich die Eigensinnigkeit der Popkultur speziell in deren Nischen ausformt.

Christofer Jost und lisa huwyler zeigen in *Live-Performance und Staridentität. Am Beispiel der Band Muse*, dass es im Rahmen von Live-Veranstaltungen Musikstars vermögen, sich einem Publikum als *berührbar* nahezubringen und ein Gefühl der Gemeinschaftlichkeit zu erzeugen. Dabei agieren sie im stilistischen Spektrum ihrer medienbiographisch erworbenen Identität. Ihr In-Erscheinung-Treten wird zusätzlich von einem aufwendigen Bühnenapparat bestimmt. Der Beitrag widmet sich in einem Zweischritt von theoretisch-methodologischen Betrachtungen und Fallanalyse dem komplexen Phänomen der Live-Performance und stellt Perspektiven einer Popmusikanalyse vor, mit deren Hilfe musikalisches Handeln als (Re-)Präsentation von Identitätskonzepten rekonstruiert werden kann.

Olaf Sanders fragt in *Aufbruch und Tod im Hamburger Hafen. Über Performativität, Medialität und Bildung am Beispiel zweier ästhetischer Figuren des Darstellers Dschingis Bowakow* allgemein, was Perfomativität für das Medium Kinofilm bedeutet, das nur in der Projektion wird und vergeht, und im Besonderen, ob sich Performativität in den beiden untersuchten Filmen *Nordsee ist Mordsee* und *Hölle Hamburg* auf die ästhetischen Figuren im engeren Sinn beschränkt oder z.B. auch den Hamburger Hafen hervorbringt. Der Beitrag eröffnet zudem eine Deleuze'sche Perspektive, also aus der Mitte oder dem Medium, auf den Begriff Medialität.

Marcus S. Kleiner untersucht in *Apocalypse (not) now? Performative Bildungsprozesse in Populären Medienkulturen – am Beispiel der US-amerikanischen TV-Serie „The Walking Dead"* die Performativität und Performance von Sozialität und Humanität in Anbetracht der Apokalypse, also nach dem Untergang von Sozialität und Humanität. Vom inszenierten Ende der Welt aus, verkörpert durch die ästhetische Figur des Zombies (Untoten) und seinem Hunger auf Menschenfleisch, also auf das Leben, das ihm genommen wurde, an dem er Virus-bedingt zugrunde gegangen ist, das er post-apokalyptisch aber durch seine Existenz bestimmt, werden einerseits die Substanzialität gesellschaftlicher Werte und Normen, andererseits das soziale Band von Gemeinschaften, hier hinsichtlich der kleinen Gruppe von Überlebenden, ihren Interaktionen, ihrem Überlebenskampf, ohne zu wissen, zu welchem Zweck, und ihrer Sinnsuche, problematisiert – dies unter der Leitperspektive von Grenze und Grenzsituation. Nach der Zerstörung der Außenwelt droht ihnen auch die Zerstörung ihrer Innenwelt, eine Umwertung aller Werte, an der sie zu scheitern drohen. Im Beitrag wird die performative Produktion, (Re)Konstruktion und Dekonstruktion von Sozialität und Humanität analysiert, in einer Welt, in der traditionelle Formen von Sozialität und Humanität nicht mehr existieren bzw. riskant geworden sind – die Analyse erfolgt anhand einer selbst entworfenen Konzeption strukturaler Kultur- und Medienbildung. Im Zentrum stehen hierbei Unschärfen, Verunsicherungen und Transformationen. „They're us", wie George A. Romero in *Day Of The Dead* (USA 1985) seine Zuschauer wissen lässt – Leben und Tod, Zivilisation und Barbarei sind nicht von einander zu trennen.

Patricia Feise-Mahnkopp arbeitet in *Meta-Pop, religioide Kunst und Kult: Zur Sozio-Ästhetik der MATRIX-Filmtrilogie* die polysemen, intertextuellen und selbstreflexiven Ebenen der Trilogie heraus sowie deren stilbildenden *special effects* aus der *virtual cinematography*. Darüber hinaus werden von Feise-Mahnkopp auch einige am vorkritischen Immanuel Kant orientierte ästhetikphilosophische Kategorien, namentlich das Schöne und das Erhabene, sowie an Georges Bataille und Rudolf Otto orientierte religionsphilosophische Kategorien, namentlich das immanent und das transzendent Heilige, in die Filmanalyse einbezogen. Auf diese Weise kann nicht nur die anspruchsvolle forminhaltliche Gestaltung der Trilogie, sondern auch ihre von vielen Fans als existentiell aufrüttelnd und/oder inspirierend erlebte Wirkung näher definiert werden. Konkret heißt dies, dass die Trilogie das Schöne, das Erhabene und das Heilige zu evozieren vermag. Auf performativer Ebene hingegen sind, wie die Autorin zeigt, medienhandlungs-/ritualtheoretisch informierte Verfahren *der* Cultural Studies besonders dazu geeignet, die *MATRIX*-gebundene Fankultur im Netz analysieren und reflektieren zu können.

Stefan Meier verbindet in *Das essende Auge: Visuelle Stile des Kochens als performative und popkulturelle Praxis* die Begriffe Performativität, Medialität und Populärkultur über den Begriff des (visuellen) Stils. Am Beispiel des Kochens wird dabei gezeigt, inwiefern massenmediale Präsentations- und Distributionspraktiken die Essensproduktion als populärkuturelle Aufführung mit Wettbewerbscharakter und die Essensproduzenten als *Pop*-Stars visuell stilisieren.

Moritz Baßler und Martin Butler entwickeln in *Doubt to Stand. Die Stimme von Marcus Wiebusch* anhand der Untersuchung des Gesangs von Marcus Wiebusch, dem Sänger der Punk- und Skabands *...But Alive* und *Rantanplan* sowie des seit 2001 bestehenden Nachfolgeprojekts *Kettcar*, Bausteine eines semiotisch fundierten und interpretatorisch fruchtbaren Konzept von Stimme. Es wird aufgezeigt, dass die Stimme von Wiebusch wesentlich zum Gestus und damit zum semantischen Gehalt der Songs und letztlich zur ideologischen Selbstpositionierung der Bands beiträgt und dass sich über die Zeit eine durch veränderte Artikulationsstrategien und Aufnahmetechniken gewandelte Stimme als Ausdruck einer ideologischen und musikalischen Um- bzw. Neuorientierung verstehen und beschreiben lässt.

Rolf Großmann zeigt in *303, MPC, A/D. Popmusik und die Ästhetik digitaler Gestaltung*, dass Instrumente wie die TB-303 oder die Sampler der MPC-Serie für eine spezifische musikalische Praxis (Techno, Acid House, Hiphop) im Übergang von der analogen zur digitalen Musiktechnologie stehen. Popmusikalische Charakteristika bei der technikkulturellen Aneignung digitaler Medien treten hier – ebenso wie eine an diesen Kontext anschließende digitale Ästhetik – besonders klar hervor. Der Beitrag skizziert zunächst den Wandel musikalischer Schriftlichkeit und ihre Ausformung in musikinstrumentalen Settings. Darauf aufbauend werden die genannten Instrumente sowie schließlich auch Software-Instrumente als popmusikalisch-performative Konfigurationen digitaler Medienschrift untersucht.

Benjamin Beil veranschaulicht in *Die Sehnsucht nach dem Pixelklumpen. Retro-Gaming und das populärkulturelle Gedächtnis des Computerspiels*, dass die Geschichte der populären Computerspielkultur durch eine rasante (technische) Weiterentwicklung und einen grafischen Überbietungsgestus geprägt ist. Vor diesem Hintergrund verwundert es, das sich gerade in den letzten Jahren ein stetig wachsender Trend zum *Retro-Gaming* beobachten lässt. Der Beitrag widmet sich daher der Frage, wie sich dieser scheinbare Widerspruch zwischen Gegenwartsfixierung und nostalgisch geprägter Sehnsucht nach den Pixelgrafiken älterer Spiele erklären lässt und wie sowohl diese Sehnsucht als auch diese spezifische Game-Ästhetik im Spannungsfeld von Performativität und Medialität erläutert werden kann.

Praktiken

Ivo Ritzer diskutiert in *Bubblegum and Beer. Zur Inszenierung und Performativität des Neo-Rock'n'Roll* performativ-inszenatorische Praktiken des Neo-Rock'n'Roll mit Blick auf den jeweiligen Darstellungsakt und dessen Mobilisierung semantischer Potentiale. Er situiert die Performanz des Gegenstands im Prozess der Ausbildung spezifischer Rollenmodelle, durch die sich seine Akteure in Opposition zu dominanten Machstrukturen situieren. Den Fokus der Überlegungen bildet die komplexe Relation zwischen Rock'n'Roll und Rebellion, wobei für den Autor dynamische Strategien zur Konstruktion resistiver Bilder von besonderem Interesse sind. Ritzer eröffnet zunächst eine historische Perspektive auf den *klassischen* Rock'n'Roll, um dann sowohl erkenntniskritische als auch surrealistische Strategien zu thematisieren, durch die potentiell neue Formen popkultureller Devianz entstehen können. Entlang kultur- und medientheoretischer Modelle sowohl neomarxistischer wie poststrukturalistischer Couleur wird Neo-Rock'n'Roll als multidimensionale Kulturtechnik verstanden, die sich im permanenten Spannungsfeld zwischen der Möglichkeit und Unmöglichkeit gegenkultureller Agitation bewegt.

Franziska Buhre widmet sich in *Im Schauen tanzen. Wie im Lindy Hop Performativität und Medialität ausgehandelt werden* Aushandlungen von Medialität und Performativität im populären Paartanz *Lindy Hop*. In Bewegungsanalysen verdeutlicht sie, dass mediale Blickkonfigurationen in die Tanzpraxis eingelassen sind und die Performativität des *Lindy Hop* begründen. Die im Tanzen praktizierte Vorführung und Selbstausstellung ermöglicht einen Moment der Affektion, sowohl für Tanzende als auch für Zuschauende. Am Beispiel eines kurzen Musikfilms von 1941 wird aufgezeigt, wie die Tanzbewegung ihre Sensation angesichts des Erscheinens auf der Bildfläche steigert und wie dieses Medium die Bewegung nutzt, um das Medium Ton in Bewegung transformiert erscheinen zu lassen.

Annemarie Matzke beschäftigt sich in ihrem Beitrag *‚Das Theater wird Pop nicht finden' – Medialität und Popkultur am Beispiel des Performance-Kollektivs She She Pop* mit dem Zusammenhang von Populärer Kultur und der Theaterpraxis aus der Sicht der Theaterwissenschaft. Ihre Überlegungen kreisen um die Frage: Was sucht das Theater in der Popkultur? Das Theater dient oft als Modell für die Beschreibung performativer Prozesse in der Populären Kultur, indem über das Spiel mit Formen der Populären Kultur auf der Bühne und in den Inszenierungen die besondere Performativität theatraler Prozesse ausgestellt wird. Für Matzke resultiert daraus die Frage, wie das Verhältnis von Populärer Kultur und Performativität im Kontext der theaterwissenschaftlichen Forschung zu bestimmen ist. Dies bestimmt sie zentral über die Analyse einer konkreten Inszenierung der Gruppe *She She Pop*, in der es um die Diskrepanzen und Schnittmengen popmusikalisch sozialisierter Väter und Töchter geht, um schließlich den Begriff des so genannten Pop-Theaters einzuführen und kritisch zu diskutieren.

Malte Pelleter hebt in *Chop that record up! Zum Sampling als performative Medienpraxis* hervor, dass in populärer Musik noch immer digitales Sampling zumeist als eine Form des Verweisens, des Bedeutens verhandelt wird. Der Beitrag möchte eine alternative Perspektive vorschlagen, die Sampling stattdessen als ein materielles Umgehen mit Medien-Sounds hört, als ein performatives Erproben und Inszenieren von Medialitäten, als Effekt technikkultureller Dispositive. Anhand mehrerer konkreter Fallbeispiele soll diese Perspektive entwickelt werden.

Thomas Wilke beschäftigt sich in *Put the needle on the record! Zur Performativität und Medialität des Scratchens* mit dem Scratchen als einer Praxis spezifischen medialen Handelns in Popkulturen. Grundvoraussetzungen für das Scratchen sind die Medialität der Schallplatte, die Technik im technischen und kulturellen Sinne sowie das dazugehörige

Wissen. Scratchen steigert als eine produktive Störung in einem laufenden Prozess die Komplexität vertikal durch Schichtung und horizontal durch Referenzen. Dabei unterliegt das Scratchen einem Normalisierungsprozess, der sich nicht mehr nur auf die unmittelbare Live-Situation und die Wahrnehmung des Scratches als Bestandteil populärer Musik beschränkt, sondern sich diese Praxis auch in anderen Bereichen, wie dem Rundfunk und dem Film, wiederfinden lässt. Im Scratchen, so zeigt der Beitrag anschaulich, lässt sich die Realisation einer spezifischen Wirklichkeitskonstitution beobachten, die sich im Augenblick des Tuns und nur durch ihr Tun sowie die besonderen (technischen) Umstände realisiert. Das Besondere dieser Praxis besteht darin, dass analoge und digitale Tonträger, verstanden als manifeste Gegenstände der Kulturproduktion, keinen Abschluss finden und autonom für sich stehen, sondern in einer Perspektive der produktiven Weiterverarbeitung gesehen werden müssen.

Ramón Reichert untersucht in *Die Macht der Vielen. Eine performative Perspektivierung der kollaborativen Kommunikationskultur im Web 2.0*, in Anlehnung an die kulturalistische Ausrichtung der rezenten Performativitätsforschung, die digital-basierten Anwendungsressourcen und Medienpraktiken in Peer-to-Peer-Netzwerken des Web 2.0 als Aufführungsräume intertextueller und intermedialer Bedeutungsproduktion. In diesen symbolischen Spielräumen haben sich kollektiv und kollaborativ organisierte Medienpraktiken herausgebildet, die sämtliche Bereiche der Herstellung, Verbreitung, Nutzung und Bewertung von Medieninhalten umfassen. Am Beispiel der Peer-to-Peer-Kommunikation im Social Net versucht Reichert, die maßgeblichen Bruchlinien einer sich transformierenden Rezeptionsästhetik aufzuzeigen.

Fazit

In einem Fazit werden von Thomas Wilke die hier versammelten Beiträge zueinander in Beziehung gesetzt, Gemeinsamkeiten, Schnittmengen und Berührungspunkte herausgestellt, um *Interdisziplinäre Wege und Grenzen der Forschungen zur Performativität und Medialität Populärer Kulturen* nicht nur zusammenfassend aufzuzeigen, sondern für weitere Forschungen anschlussfähig zu machen.

5. Ausblick

Mit der Leitperspektive von Performativität und Performance wird, wie im Vorausgehenden verdeutlicht, der Ereignis-, Aufführungs- und Vollzugscharakter von Kulturen betont. Performative Handlungen bringen einerseits soziale, kulturelle und individuelle Wirklichkeiten hervor, können diese aber auch andererseits verändern bzw. transformieren.[38] „Performative Prozesse sind", hier schließe ich mich der Grundlegung des

---

38 Vgl. zur sozialen und medialen Konstruktion von Wirklichkeit Kleiner (2006).

SFB Kulturen des Performativen an, „Transformationsprozesse, die prinzipiell nicht vollkommen planbar, kontrollierbar und verfügbar sind. Sie eröffnen Spiel- und Freiräume, immer wieder taucht in ihnen Ungeplantes, Nicht-Vorhersagbares auf, das den Prozess der Transformation wesentlich mitbestimmt. Intention und Kontingenz, Planung und Emergenz sind in ihnen untrennbar miteinander verbunden."[39]

Populäre Kulturen, Popkulturen und Populäre Medienkulturen verstehe ich grundsätzlichen als Transformationskulturen, die einerseits unterschiedliche Kulturen und Medien, ebenso wie Aneignungs- und Gebrauchsformen, kontinuierlich verändern, andererseits die Wahrnehmung der vielfältigen Möglichkeiten der Transformation zwischen Kulturen und Medien schärfen. Insofern eröffnet sich hier eine Perspektive auf diese drei populären Kulturen, die als *Ästhetik der Transformation* bezeichnet werden kann, wenn man Ästhetik nicht mit Kunst gleichsetzt, sondern unter Ästhetik zunächst *aisthesis* versteht, also etymologisch die *Lehre von der Wahrnehmung*, und daran anschließend untersucht, wie verschiedene Kulturen und Medien die Wahrnehmung auf die Welt und sich selbst formen sowie verändern (vgl. mit Blick auf die Künste bzw. Kunst als *Ästhetik der Transformation* Brandtstätter 2008).

Die Frage, was das Performative an Darstellungsformen - sei es in Text, Film, Fernsehen, in der Musik oder beim Computer – ausmacht, ist zugleich die Frage danach, welchen Anteil die medialen Vermittlungen an ihnen haben: „Medien bilden die historische Grammatik des Performativen. Kulturphänomene werden nicht nur realisiert, vielmehr konstituiert durch die Medien, in denen sie auf uns überkommen sind und in denen sie für uns zugänglich werden. Performativität ist daher als Medialität zu rekonstruieren" (Krämer 2002: 338).[40]

Vor diesem Hintergrund geht es im vorliegenden Band auch um die Beantwortung der Frage, inwieweit sich in Populären Kulturen, Popkulturen und Populären Medienkulturen Aspekte, Prozesse, Transformationen, Manifestationen von Kulturalität, Medialität und Performativität niederschlagen, beobachten und beschreiben lassen, sie diese Kulturen und Medien mit formen bzw. allererst durch Erscheinungen dieser Kulturen und Medien eine spezifische Bedeutung erhalten. Die Aufgabe besteht darin, nicht einfach bereits etablierte Konzepte zur Performativität und Medialität in ihrer Tragkraft am Beispiel Populärer Kulturen, von Popkulturen und Populären Medienkulturen zu veranschaulichen, sondern im Gegenteil, gegenstandsorientierte Konzepte von Performativität

---

39 Vgl. http://www.sfb-performativ.de/seiten/frame_gesa.html [abgerufen am 08.03.2012]. Diese Nicht-Kalkulierbarkeit, das Kontingente und Riskante korrespondiert mit dem Verständnis von Wahrnehmung, das Tholen (2002: 13), orientiert an Merleau-Ponty (1966), vorschlägt: „Nicht erst die neuen Medien, sondern bereits die Phänomenologie der Wahrnehmung enthüllt, dass wir der Dinge nie sicher sein können, d.h. dass sie nie vollständig oder ganzheitlich in unser perzeptives Feld Eingang finden. Das Sichtbare entspringt als Sichtbares einem Horizont, an dem sich das Unsichtbare zurückgezogen hat."

40 Eine wegweisende Studie, die dieser Anforderung mit Blick auf die Performativität und Medialität von Popkultur entspricht, hat aktuell Rappe (2010) vorgelegt. An dieser Studie könnte die deutsche Populär- und Popkulturforschung viel lernen und ausgehend von ihr über eine partielle Neuausrichtung ihres Forschungsprofils diskutieren.

und Medialität durch ein *close reading* dieser Kulturen zu erarbeiten. Kultur und Medien werden hierbei als prozesshaft und produktiv aufgefasst.[41]

Literatur

Arbeitsgruppe Medien (2004): Über das Zusammenspiel von „Medialität" und „Performativität". In: Fischer-Lichte, Erika; Wulf, Christian (Hrsg.): Praktiken des Performtiven. Berlin: Akademie Verlag, S. 129-185. (= Paragrana. Internationale Zeitschrift für Historische Zeitschrift für Anthropologie, Bd. 13, Heft 1.)

Auslander, Philip (1999): Liveness. Performance in a mediatized culture. New York/London: Routledge.

Auslander, Philip (2002): Live from Cyberspace: Performance on the Internet. In: Eming, Jutta; Lehmann, Annette Jael; Maassen, Irmgard (Hrsg.) (2002): Mediale Performanzen: Historische Konzepte und Perspektiven. Freiburg: Rombach, S. 321-337.

Austin, John L. (1998): Zur Theorie der Sprechakte. Stuttgart: Reclam.

Bachmann-Medick, Doris (2010): Cultural Turns. Neuorientierungen in den Kulturwissenschaften. Reinbek: Rowohlt.

Baudrillard, Jean (1978): Agonie des Realen. Berlin: Merve.

Bay-Cheng, Sarah; Kattenbelt, Chiel; Lavender, Andy (Hrsg.) (2011): Mapping Intermediality in Performance. Amsterdam: Amsterdam University Press.

Benjamin, Walter (2002): Das Kunstwerk im Zeitalter seiner technischen Reproduzierbarkeit. In: Ders.: Medienästhetische Schriften. Frankfurt/M.: Suhrkamp, S. 351-383.

Blaseio, Gereon; Pompe, Hedwig; Ruchatz, Jens (Hrsg.) (2005): Popularisierung und Popularität. Köln: Dumont.

Bolter, Jay David/Grusin, Richard (2000): Remediation. Understanding New Media. Cambridge, MA: MIT Press.

Brandstätter, Ursula (2008): Grundfragen der Ästhetik. Bild – Musik – Sprache – Körper. Köln/Weimar/Wien: Böhlau.

Büsser, Martin (2000): Popmusik. Hamburg: Europäische Verlagsanstalt.

Büsser, Martin (2004): On the Wilde Side. Die wahre Geschichte der Popmusik. Hamburg: Europäische Verlagsanstalt.

---

41 Eine äußerst instruktive Perspektive auf diesen Zusammenhang, im Kontext der Untersuchung des Verhältnisses von Performativität und Medialität, entwickelt Seier (2007: 70f.) durch die Anwendung des Konzeptes der „Remediatisierung" von Bolter und Grusin (2000): „[...] Medien [konstituieren sich] nicht als abgeschlossene Entitäten, sondern in anhaltenden, nicht zum Abschluss kommenden Prozessen [...]. Neue Medien lösen alte nicht ab, aber sie beeinflussen sich wechselseitig und bringen sich auf diese Weise immer wieder – sei es im technisch-apparativen oder ästhetischen Sinne – neu hervor. [...] Ein Medium konstituiert sich in diesem Sinne überhaupt nur als solches, insofern es eine Wiederholung von Medien darstellt. Medien lassen sich in diesem Sinne als performative Akte der Mediatisierung auffassen. Insofern jeder Mediatisierung bereits eine Mediatisierung vorausgeht und es keinen ursprünglichen Akt der Mediatisierung gibt, ist jeder dieser Akte als *Remediatisierung* zu begreifen. [...] Eine theoretische Zuspitzung der Konzeption erscheint u.a. in dem Sinne erforderlich, dass Remediatisierungsprozesse hier nicht als individualistische Entscheidungen von ProduzentInnen, FilmemacherInnen oder anderen MediengestalterInnen begriffen werden, sondern als ,Akte', die [...] schon eingesetzt haben, bevor diese die Bühne betreten [...] [Hervorhebung im Original – MSK]" (vgl. Bolter/Grusin 2000: 5, 15, 65, 70).

Butler, Judith (1990): Performative Acts and Gender Constitution: An Essay in Phenomenology and Feminist Theory. In: Case, Sue-Ellen (Hrsg.): Performing Feminism. Feminist Critical Theory and Theatre. Baltimore/London: The Johns Hopkins University Press, S. 270-282.

Butler, Judith (1991): Das Unbehagen der Geschlechter. Frankfurt/M.: Suhrkamp.

Butler, Judith (1995): Körper von Gewicht. Die diskursiven Grenzen des Geschlechts. Frankfurt/M.: Suhrkamp.

Butler, Judith (1998): Haß spricht. Zur Politik des Performativen. Frankfurt/M.: Suhrkamp.

Butler, Judith (2002): Performative Akte und Geschlechterkonstitution. Phänomenologie und feministische Theorie. In: Wirth, Uwe (Hrsg.): Performanz. Zwischen Sprachphilosophie und Kulturwissenschaften. Frankfurt/M.: Suhrkamp, S. 301-322.

Carlson, Marvin (1996): Performance – A critical introduction. London: Routledge.

Chomsky, Noam (1965): Aspects of the Theory of Syntax. Cambridge: The MIT Press.

Cohn, Nick (1969): A WopBopaLooBopAlopBamBoom. Pop from the Beginning. London: Weidenfeld and Nicolson.

Derrida, Jacques (2001): Signatur Ereignis Kontext. In: Ders.: Limited Inc. Wien: Passagen, S. 15-45.

Eming, Jutta; Lehmann, Annette Jael; Maassen, Irmgard (Hrsg.) (2002): Mediale Performanzen: Historische Konzepte und Perspektiven. Freiburg: Rombach.

Engell, Lorenz (1999): Wege, Kanäle, Übertragungen – Zur Einführung. In: Pias, Claus; Vogl, Joseph; Ders.; Fahle, Oliver; Neitzel, Britta (Hrsg.): Kursbuch Medienkultur. Die maßgeblichen Theorien von Brecht bis Baudrillard. Stuttgart: DVA, S. 127-133.

Engell, Lorenz (2011): Medien waren: möglich. Eine Polemik. In: Pias, Claus (Hrsg.): Was waren Medien? Zürich: diaphanes, S. 103-128.

Engell, Lorenz; Vogl, Joseph (1999): Vorwort. In: Pias, Claus;Vogl, Joseph;Engell, Lorenz; Fahle, Oliver;Neitzel, Britta (Hrsg.): Kursbuch Medienkultur. Die maßgeblichen Theorien von Brecht bis Baudrillard. Stuttgart: DVA, S. 8-11.

Ernst, Wolfgang (2000): Umbrella World oder wohldefinierte Disziplin? Perspektiven der Medienwissenschaft. In: Medienwissenschaft. Heft 1, S. 14-24.

Ernst, Wolfgang (2002): Medienanatomie statt Kulturkritik. In: Fohrmann, Jürgen;Orzessek, Arno (Hrsg.): Zerstreute Öffentlichkeiten: Zur Programmierung des Gemeinsinns. München: Fink, S. 143-160.

Ernst, Wolfgang (2003a): Medienwissen(schaft) zeitkritisch. Ein Programm aus der Sophienstraße. Antrittsvorlesung 21. Oktober 2003. Berlin: Humboldt Universität.

Ernst, Wolfgang (2003b): Medien. In: Hügel, Hans-Otto (Hrsg.): Handbuch Populäre Kultur. Stuttgart/Weinheim: Metzler, S. 305-312.

Ernst, Wolfgang (2003c): Medien, die wir meinen. Aufgaben der Medientheorie (unveröffentlichtes Manuskript).

Féral, Josette (1982): Performance and Theatricality: The Subject Demystified. In: Modern Drama, 25, S. 170-181.

Fischer-Lichte, Erika (1998): Auf dem Weg zu einer performativen Kultur. In: Dies.; Kolesch, Doris (Hrsg.): Kulturen des Performativen. Berlin: Akademie Verlag, S. 13-29. (= Paragrana. Internationale Zeitschrift für Historische Zeitschrift für Anthropologie, Bd. 7, Heft 1.)

Fischer-Lichte, Erika (2001): Attraktion des Augenblicks – Aufführung, Performance, performativ und Performativität als theaterwissenschaftliche Begriffe. In: Dies.; Wulf, Christoph (Hrsg.): Theorien des Performativen. Berlin: Akademie Verlag, S. 237-255.

Fischer-Lichte, Erika (2004): Ästhetik des Performativen. Frankfurt/M.: Suhrkamp.

Fischer-Lichte, Erika; Kolesch, Doris (Hrsg.) (1998): Kulturen des Performativen. Sonderheft der Zeitschrift Paragrana. Zeitschrift für Historische Anthropologie. Berlin: Akademie Verlag.

Fischer-Lichte, Erika; Wulf, Christoph (Hrsg.) (2001a): Theorien des Performativen. Sonderheft der Zeitschrift Paragrana. Zeitschrift für Historische Anthropologie. Berlin: Akademie Verlag.

Fischer-Lichte, Erika; Wulf, Christoph (Hrsg.) (2001b): Praktiken des Performativen. Sonderheft der Zeitschrift Paragrana. Zeitschrift für Historische Anthropologie. Berlin: Akademie Verlag.

Früchtl, Josef (Hrsg.) (2001): Ästhetik der Inszenierung. Dimensionen eines künstlerischen, kulturellen und gesellschaftlichen Phänomens. Frankfurt/M.: Suhrkamp.

Fuchs, Miriam (2002): Avantgardefilm/Experimentalfilm/Undergroundfilm. In: Koebner, Thomas (Hrsg.): Reclams Sachlexikon des Films. Stuttgart: Reclam, S. 50-53.

Goffman, Erving (1971a): Verhalten in sozialen Situationen. Strukturen und Regeln der Interaktion im öffentlichen Raum. Gütersloh: Bertelsmann.

Goffman, Erving (1971b): Interaktionsrituale. Über Verhalten in direkter Kommunikation. Frankfurt/M.: Suhrkamp.

Goffman, Erving (1983): Wir alle spielen Theater. Die Selbstdarstellung im Alltag. München/Zürich: Pieper.

Göttlich, Udo; Gebhardt, Winfried; Albrecht, Clemens (Hrsg.) (2002): Populäre Kultur als repräsentative Kultur. Die Herausforderung der Cultural Studies. Köln: Herbert von Halem.

Grob, Norbert (2002): Autorenfilm. In: Koebner, Thomas (Hrsg.): Reclams Sachlexikon des Films. Stuttgart: Reclam, S. 46-50.

Habermas, Jürgen (1971): Vorbereitende Bemerkungen zu einer Theorie der kommunikativen Kompetenz. In: Ders.; Luhmann, Niklas: Theorie der Gesellschaft oder Sozialtechnologie. Was leistet die Systemforschung. Frankfurt/M.: Suhrkamp, S. 101-141.

Habermas, Jürgen (1984): Was heißt Universalpragmatik? In: Ders.: Vorstudien und Ergänzungen zur Theorie des kommunikativen Handelns. Frankfurt/M.: Suhrkamp, S. 353-440.

Hecken, Thomas (2007): Theorien der Populärkultur. Dreißig Theorien von Schiller bis zu den Cultural Studies. Bielefeld: Transcript.

Hecken, Thomas (2009): Pop. Geschichte eines Konzepts 1955-2009. Bielefeld: Transcript.

Heider, Fritz (2005): Ding und Medium. Berlin: Kadmos.

Hempfer, Klaus W. (2011): Performance, Performanz, Performativität. Einige Unterscheidungen und Ausdifferenzierungen eines Theoriefeldes. In: Ders.; Volbers, Jörg (Hrsg.): Theorien des Performativen. Sprache – Wissen – Praxis. Eine kritische Bestandsaufnahme. Bielefeld: transcript, S. 13-41.

Hempfer, Klaus W.; Volbers, Jörg (Hrsg.): Theorien des Performativen. Sprache – Wissen – Praxis. Eine kritische Bestandsaufnahme. Bielefeld: transcript.

Hermann, Max (1914): Forschungen zur deutschen Theatergeschichte des Mittelalters und der Renaissance. Berlin: Weidmannsche Buchhandlung.

Hermann, Max (1981): Über die Aufgaben eines theaterwissenschaftlichen Instituts. Vortrag vom 27. Juni 1920. In: Klier, Helmar (Hrsg.): Theaterwissenschaften im deutschsprachigen Raum. Darmstadt: Wissenschaftliche Buchgesellschaft, S. 15-24.

Hiebel, Hans H. (1998): Vorwort. Logik, Leistung und Geschichte neuzeitlicher Medien. Zu den Verfahren der Speicherung und Übertragung von Schrift, Bild und Ton. In: Ders.;Hiebler, Heinz;Kogler, Karl;Walitsch, Herwig: Die Medien. Logik – Leistung – Geschichte. München: UTB, S. 9-29.

Hoffmann, Stefan (2002): Geschichte des Medienbegriffs. Hamburg: Meiner.

Höller, Christian (1996): Widerstandsrituale und Pop-Plateaus. Birmingham School, Deleuze/Guattrai und Popkultur heute. In: Holert, Tom; Terkessidis, Mark (Hrsg.): Mainstream der Minderheiten. Pop in der Kontrollgesellschaft. Berlin/Amsterdam: ID Verlag, S. 55-71.

Hügel, Hans-Otto (Hrsg.) (2003a): Handbuch Populäre Kultur. Begriffe, Theorien und Diskussionen. Stuttgart/Weimar: Metzler.

Hügel, Hans-Otto (2003b): Einführung. In: Ders. (Hrsg.): Handbuch Populäre Kultur. Begriffe, Theorien und Diskussionen. Stuttgart/Weimar: Metzler, S. 1-22.

Hügel, Hans-Otto (2003c): Unterhaltung. In: Ders. (Hrsg.): Handbuch Populäre Kultur. Begriffe, Theorien und Diskussionen. Stuttgart/Weimar: Metzler, S. 73-82.

Hügel, Hans-Otto (2007): Lob des Mainstreams. Zu Begriff und Geschichte von Unterhaltung und Populärer Kultur. Köln: Herbert von Halem.

Jacke, Christoph (2004): Medien(sub)kultur. Geschichten, Diskurse, Entwürfe. Bielefeld: transcript.

Jacke, Christoph (2009): Einführung Populäre Musik und Medien. Münster: Lit.

Janecke, Christian (Hrsg.) (2004): Performance und Bild. Performance als Bild. Berlin: Philo & Philo Fine Arts.

Kiefer, Bernd/Stiglegger, Marcus (2003): Kino. In: Hügel, Hans-Otto (Hrsg.): Handbuch Populäre Kultur. Stuttgart/Weimar: Metzler, S. 278-281.

Kiefer, Bernd/Stiglegger, Marcus (Hrsg.) (2004): Pop & Kino: Von Elvis bis Eminem. Mainz: Bender.

Kleiner, Marcus S. (2006): Medien-Heterotopien. Diskursräume einer gesellschaftskritischen Medientheorie. Bielefeld: transcript.

Kleiner, Marcus S. (2009): Life is but a memory – Popmusik als Medium biographischer Selbstverständigung. In: Kimminich, Eva (Hrsg.): Utopien, Jugendkulturen und Lebenswirklichkeiten. Ästhetische Praxis als politisches Handeln. Frankfurt/M.: Peter Lang, S. 95-115.

Kleiner, Marcus S. (2008): Pop fight Pop. Leben und Theorie im Widerstreit. In: Matejovski, Dirk; Kleiner, Marcus S.; Stahl, Enno (Hrsg.): Pop in R(h)einkultur. Oberflächenästhetik und Alltagskultur in der Region. Essen: Klartext, S. 11-42.

Kleiner, Marcus S. (2012a): Die Methodendebatte als ,blinder Fleck' der Populär- und Popkulturforschungen. In: Kleiner, Marcus S.; Rappe, Michael (Hrsg.): Methoden der Populärkulturforschung. Interdisziplinäre Perspektiven auf Film, Fernsehen, Musik, Internet und Computerspiele. Münster: Lit, S. 11-42.

Kleiner, Marcus S. (2012b): You can see me aging! Altersbilder im Populären Film – *The Wrestler*. In: Niedlich, Florian (Hrsg.): Facetten der Popkultur. Über die ästhetische und politische Kraft des Populären. Bielefeld: transcript, S. 15-49.

Krämer, Sybille (2001): Sprache, Sprechakt, Kommunikation. Sprachtheoretische Positionen des 20. Jahrhunderts. Frankfurt/M.: Suhrkamp.

Krämer, Sybille (2002): Sprache – Stimme – Schrift: Sieben Gedanken über Performativität als Medialität. In: Wirth, Uwe (Hrsg.): Performanz. Zwischen Sprachphilosophie und Kulturwissenschaften. Frankfurt/M.: Suhrkamp, S. 323-346.

Krämer, Sybille (Hrsg.) (2004a): Performativität und Medialität. München: Fink.

Krämer, Sybille (2004b): Was haben ,Performativität' und ,Medialität' miteinander zu tun? Plädoyer für eine in der ,Aisthetisierung' gründende Konzeption des Performativen. In: Krämer, Sybille (Hrsg.): Performativität und Medialität. München: Fink, S. 13-32.

Krämer, Sybille (2008): Medium, Bote, Übertragung. Kleine Metaphysik der Medialität. Frankfurt/M.: Suhrkamp.

Krämer, Sybille (2009): Gibt es eine Performanz des Bildlichen? Reflexionen über ,Blickakte'. Unter: http://userpage.fu-berlin.de/~sybkram/media/downloads/Performanz_des_Bildlichen.pdf [Aufgerufen am 08.03.2012].

Krämer, Sybille/Stahlhut, Marco (2001): ,Das Performative' als Thema der Sprach- und Kulturphilosophie. In: Fischer-Lichte, Erika; Wulf, Christian (Hrsg.): Theorien des Performativen. Berlin: Akademie Verlag, S. 35-64. (= Paragrana. Internationale Zeitschrift für Historische Anthropologie, Bd. 10, Heft 1.)

Künzler, Jan (1989): Medien und Gesellschaft. Die Medienkonzepte von Talcott Parsons, Jürgen Habermas und Niklas Luhmann. Stuttgart: Enke.

Lehmann, Hans-Thies (1999): Postdramatisches Theater. Frankfurt/M.: Verlag der Autoren.

Leschke, Rainer (2003): Einführung in die Medientheorie. München: W. Fink.

Luhmann, Niklas (1996): Die Realität der Massenmedien. Opladen: Westdeutscher Verlag.

Luhmann, Niklas (1997): Die Gesellschaft der Gesellschaft. 2. Bde. Frankfurt/M.: Suhrkamp.

McLuhan, Herbert Marshall (1992): Die magischen Kanäle – Understanding Media. Düsseldorf: Econ.

Meyrowitz, Joshua (1999): Understandings of media. In: Et Cetera, 56 (1), S. 44-53.

Mersch, Dieter (2002): Ereignis und Aura. Untersuchungen zu einer Ästhetik des Performativen. Frankfurt/M.: Suhrkamp.

Mersch, Dieter (2006): Medientheorien zur Einführung. Hamburg: Junius.

Münker, Stefan (2005): Was ist ein Medium? Ein philosophischer Beitrag zu einer medienwissenschaftlichen Debatte. In: Ders.; Roesler, Alexander (Hrsg.): Was ist ein Medium? Frankfurt/M.: Suhrkamp, S. 322-337.

Nestler, Sebastian (2011): Performative Kritik. Eine philosophische Intervention in den Begriffsapparat der Cultural Studies. Bielefeld: transcript.

Paech, Joachim; Schröter, Jens (Hrsg.) (2007): Intermedialität – Analog/Digital: Theorien, Methoden, Analysen. München: Fink.

Phelan, Peggy (1993): Unmarked. The Politics of Performance. London/New York: Routledge.

Pias, Claus (Hrsg.) (2011): Kulturfreie Bilder: Erfindungen der Voraussetzungslosigkeit. Berlin: Kadmos.

Pilz, Dieter (2000): Performance. In: Schnell, Ralf (Hrsg.): Metzler Lexikon Kultur der Zeit. Stuttgart/Weimar: J.B. Metzler, S. 405.

Poschardt, Ulf (2001): Money, Money, Money. In: Jochen Bonz (Hrsg.): Sound Signatures. Pop-Splitter. Frankfurt/M.: Suhrkamp, S. 40-54.

Rappe, Michael (2010): Under Construction. Kontextbezogene Analyse afroamerikanischer Popmusik. 2. Bde. Köln: Dohr.

Roesler, Alexander (2003): Medienphilosophie und Zeichentheorie. In: Münker, Stefan; Ders.; Sandbothe, Mike (Hrsg.): Medienphilosophie. Beiträge zur Klärung eines Begriffs, Frankfurt/M.: S. Fischer, S. 34-52.

Schanze, Helmut (2002): Medialisierung. In: Ders. (Hrsg.): Metzler Lexikon Medientheorie Medienwissenschaft. Ansätze – Personen – Grundbegriffe. Stuttgart/Weimar: Metzler, S. 199.

Schröter, Jens (2004): Alterität und Medialität. Ein Versuch zwischen transzendentaler Phänomenologie und Medientheorie. In: Navigationen. Siegener Beiträge zur Medienwissenschaft. Heft 1/2, S. 11-26.

Searle, John (1969): Speech Acts. An Essay in the Philosophy of Language. London: Cambridge University Press.

Searle, John (1989): How Performatives Work. In: Linguistics and Philosophy, 12, S. 535-558.

Searle, John (1995): The Construction of Social Reality. New York: Free Press.

Seier, Andrea (2007): Remediatisierung. Die performative Konstitution von Gender und Medien. Münster: Lit.

Tholen, Georg Christoph (2002): Die Zäsur der Medien. Kulturphilosophische Konturen. Frankfurt/M.: Suhrkamp.

Tholen, Georg Christoph (2005): Medium/Medien. In: Roesler, Alexander; Stiegler, Bernd (Hrsg.): Grundbegriffe der Medientheorie. Paderborn: W. Fink, , S. -150-172.

Ullmaier, Johannes (1995): Pop und Destruktion. Einleitende Bemerkungen zur Kategorie der Destruktion und zum Vitalismusproblem. In: Testcard. Beiträge zur Pop-Geschichte. Nr. 1: Pop und Destruktion. Mainz: Ventil, S. 9-21.

Virilio, Paul (1997): Rassender Stillstand. Essay. Frankfurt/M.: S. Fischer.

Willems, Herbert (Hrsg.) (2008a): Theatralisierung der Gesellschaft. Bd. 1: Soziologische Theorie und Zeitdiagnose. Wiesbaden: VS Verlag.

Willems, Herbert (Hrsg.) (2008b): Theatralisierung der Gesellschaft. Bd. 2: Medientheatralität und Medientheatralisierung. Wiesbaden: VS Verlag.

Willems, Herbert; Jurga, Martin (Hrsg.) (1998): Inszenierungsgesellschaft. Ein einführendes Handbuch. Opladen: Westdeutscher Verlag.

Wirth, Uwe (Hrsg.) (2002a): Performanz. Zwischen Sprachphilosophie und Kulturwissenschaft. Frankfurt/M.: Suhrkamp.

Wirth, Uwe (2002b): Der Performanzbegriff im Spannungsfeld von Illokution, Iteration und Inde-xikalität. In: Ders. (Hrsg.): Performanz. Zwischen Sprachphilosophie und Kulturwissenschaft. Frankfurt/M.: Suhrkamp, S. 9-62.

Wirth, Uwe (2008): Die Frage nach dem Medium als Frage nach der Vermittlung. In: Münker, Stefan; Roesler, Alexander (Hrsg.): Was ist ein Medium? Frankfurt/M.: Suhrkamp, S. 222-234.

Wulf, Christoph; Zirfas, Jörg (Hrsg.) (2005): Ikonologie des Performativen. München: Fink.

Die Erfahrung des Populären

Perspektiven einer kritischen Phänomenologie

Jochen Venus

Was sind populäre Kulturen? Wie zeigen sie sich in der Lebenswelt? Welche Folgen haben populäre Kulturen im Kontext lebensweltlicher Erfahrung? – Im Folgenden möchte ich einen Antwortversuch auf diese Fragen zur Diskussion stellen und zeigen, dass eine Phänomenologie populärer Kulturen eine empfindlich klaffende Lücke zwischen der individuellen Erfahrung populärer Kulturen und den laufenden kulturkritischen Diskursen schließen könnte.

Allerdings kann ich der typischen Sachorientierung phänomenologischer Untersuchungen nicht umstandslos folgen, denn die Sache, um die es geht: *Kultur*, ist derart überladen mit Vorurteilen[1], dass die phänomenologische Epoché in mehreren Schritten entwickelt werden muss.

Der moderne Kulturbegriff ist eng an die Idee des Fortschritts geknüpft. Die Idee des Fortschritts aber ist heute unplausibel geworden. Zwar mögen Einzelne noch glauben, dass die menschliche Strebsamkeit und die menschliche Vernunft trotz aller individuellen Verfehlungen, aktuellen Missstände und temporären Rückschläge eine gesellschaftliche Fortschrittsgeschichte begründen könnten (wie schon Kant es gleichsam trotzig konstatierte, vgl. Kant 1798, S. 108) – aber die heute kollektiv verfügbaren Wissensbestände über das, was war, was ist und was kommen könnte, desavouieren diesen Glauben, und zwar umso nachhaltiger, je differenzierter diese Wissensbestände werden.

Freilich ist kein gesellschaftlicher Stillstand zu beobachten. Im Gegenteil vollzieht sich überall in der Gesellschaft mehr oder weniger rapider Wandel. Entscheidende Bereiche der Gesellschaft wie die Wirtschaftstätigkeit sind geradezu durch exponentielle Entwicklungen geprägt. Diese sind aber hinsichtlich ihres allgemeinen Nutzens und Schadens kaum allgemeinverbindlich zu beurteilen. Insgesamt scheint heute, im Kontext weltumspannender gesellschaftlicher Prozesse, nach einem Wort Niklas Luhmanns, „gleichzeitig immer alles besser und immer alles schlechter [zu werden]" (vgl. Luhmann/Hagen 2004, S. 38).

---

1 Raymond Williams schreibt in seinem klassischen Kurzessay zum Kulturbegriff: „Culture is one of the two or three most complicated words of the English language" (Williams 1976, S. 76).

Diese Lage lässt die traditionellen gesellschaftlichen Fortschritts- und Aspirationsbegriffe problematisch werden. Als wissenschaftliche Beschreibungskategorie gesellschaftlicher Sachverhalte scheint der Kulturbegriff nicht mehr zu halten zu sein. Ursprünglich entwickelte er sich aus agrarischen Erfahrungen der Naturbearbeitung, des sorgsam pflanzenden, demütig hoffenden und rituell dankbar erntenden Ackerbauers. Der Kulturbegriff subsumierte in metaphorischer Überschreitung dieser Erfahrungsquelle alle Praktiken und Kräfte, die das in der jeweiligen Vorperiode kulturell Erreichte wahren und die Gesellschaft über sich selbst hinaus ‚nach vorne' und ‚nach oben' zu treiben versprachen (vgl. Williams 1976, S. 76f.). Wenn es nach dem besten heutigen Wissen aber keine allgemein und eindeutig ‚nach vorne' und ‚nach oben' treibenden Kräfte mehr gibt, dann lässt sich auch ihr Inbegriff ‚Kultur' nicht mehr als wissenschaftliche Beschreibungskategorie verwenden, es sei denn, man gibt dem Kulturbegriff explizit einen anderen, eventuell reduzierten Inhalt.

Zunächst fällt auf, dass es für Sachverhalte, die in den Bereich des klassischen Kulturbegriffs fallen, keine angemessene terminologische Alternative zu geben scheint. Denn wie sollte man die vage begrenzten Cluster von gesellschaftlichen Formen und Praktiken bezeichnen, die als zusammengehörig erlebt werden und Leute dazu bewegen, sich jenseits staatsbürgerlicher und religiöser Registraturen, jenseits konkreter Mediengenres und Hobbies etwa als Ungar, als Moslem oder als Hippie zu verstehen? Es gibt ganz offenkundig Gruppenzugehörigkeiten, die weder demographisch noch ökonomisch eindeutig korrelieren, die von keiner formalen Organisation abhängen, die nicht auf wechselseitiger Bekanntheit der Gruppenmitglieder beruhen und die auch nicht, wie Tischtennisspielen oder Briefmarkensammeln, auf eine klar umgrenzte gemeinsame Tätigkeit reduzierbar sind. Wie aber wäre ein sinnvoller Inhalt des Kulturbegriffs zu modellieren, so dass man diese Cluster hinreichend trennscharf beobachten kann?

Konstruktivistisch inspirierte Analysen plädieren dafür, Kultur nicht mehr als eine theoretisch begründbare Kategorie zu verwenden, sondern als *historische Semantik* zu beobachten, also nicht mehr durch die direkte Beobachtung von Gegenständen und Praktiken die kulturellen Lebensformen zu rekonstruieren, sondern zu untersuchen, seit wann und in welchen Bedeutungsdimensionen bestimmte Sachverhalte als kulturell bedeutsam *bezeichnet* wurden. Für eine solche Option spricht, dass der überkommene Kulturbegriff jenseits seiner fortschrittsoptimistischen Orientierungsleistung kaum in der Lage ist, einen besonderen Gegenstandsbereich zu markieren.

Vier historische Grundbedeutungen des Kulturbegriffs lassen sich erkennen: eine individuell gelebte Kultur, eine individuell erworbene Kultur, eine kollektiv institutionalisierte Kultur und eine an anderen Kollektiven beobachtbare Kultur (vgl. Busche 2001). Diese vier Grundbedeutungen werden im Kulturbegriff kompakt, d.h. undifferenziert kommuniziert und fließen in jeder Beschreibung kultureller Tatbestände unbegriffen ineinander. Auf diese Weise „tritt die Spannweite des Begriffs in Widerspruch zu der für wissenschaftliche Begriffe erforderlichen Prägnanz" (Luhmann 1999, S. 32). Eine wissenschaftliche Untersuchung kultureller Gegenstände hätte also zu untersuchen, welche kontingenten historischen Definitionsmächte jeweils regulieren, wie der systematisch unprägnante und unpräzise Begriff der Kultur historisch operationalisiert wird.

Gegen dieses konstruktivistische Verständnis von Kultur spricht, dass mit ihm lediglich in den Blick genommen wird, was zeitgenössisch explizit als kulturell signifikant bezeichnet wird. Dadurch aber werden die kulturkritischen Diskurse überwertig. Die Definitionsbegehren, die sich in ihnen artikulieren, werden methodologisch von vornherein ratifiziert, während die Praktiken und Gegenstände, die in den Diskursen als kulturell bedeutsam auftauchen, als Determinanten des kulturellen Feldes ignoriert werden. So nachvollziehbar die wissenschaftstheoretischen Einwände gegen den Begriff der Kultur sind, dürfen sie doch nicht einem semantischen Reduktionismus Vorschub leisten, der die historisch nachweisbaren kulturellen Normierungsdiskurse mit der gesellschaftlichen Geltung der in ihnen behaupteten Normen verwechselt.

Die systematische Unschärfe des Kulturbegriffs lässt sich konstruktivistisch nicht aufheben. Vielmehr sind die kulturellen Semantiken, die den historischen Diskursen zu entnehmen sind, und die in ihnen thematisierten Artefakte und Praktiken durch diskursanalytische und phänomenologische Verfahren in ein Verhältnis wechselseitiger Erhellung zu bringen.

Wenn also der Kulturbegriff nicht mehr als Fortschritts- und Aspirationsbegriff taugt, weil die gesellschaftliche Entwicklung keine eindeutige kulturelle Bilanz zu ziehen erlaubt, dann wird man sich analytisch nicht, wie die Luhmannsche Systemtheorie vorschlägt, auf die Beobachtung vermeintlich eindeutiger kultureller Semantiken zurückziehen können (vgl. Luhmann 1999), sondern wird konstatieren müssen, dass auch die kulturellen Lebensformen in der modernen Gesellschaft ambivalent geworden sind: So wie nach Luhmann in der modernen Gesellschaft gleichzeitig immer alles besser und immer alles schlechter wird, so werden die kulturellen Lebensformen in ihr gleichzeitig immer gröber und immer raffinierter.

Die kulturellen Lebensformen der gegenwärtigen Gesellschaft, jene gruppenbildenden Lebensformen, die in den urbanen Zentren der modernen Gesellschaft als maßgeblich erlebt werden, drängen sich heute aggressiver auf und werden zugleich in vielfältigeren, komplexeren und voraussetzungsreicheren sozialen Praktiken gepflegt. Wir leben heute nicht mehr in *einer* Kultur, sondern im Einzugsbereich einer Vielzahl uns umwerbender, konfrontierender oder schroff exkludierender *populärer Kulturen.*

Diese populären Kulturen haben die traditionellen kulturellen Selbstverständnisse fragwürdig werden lassen. Und die moderne Kulturkritik versucht seit der gesellschaftlichen Etablierung der modernen populären Kulturen diese neue Lage zu modellieren. In der zweiten Hälfte des 20. Jahrhunderts haben von Theodor W. Adorno bis Slavoj Žižek, von Arnold Gehlen bis Jean Baudrillard alle maßgeblichen Kulturkritiker die anthropologischen, sozialpsychologischen, semiotischen und politischen Hintergründe populärer Kulturen facettenreich ausgeleuchtet.

Bis heute ist allerdings unklar geblieben, was eigentlich das entscheidende Erfahrungskriterium populärer Kulturen ist. *Wie zeigen sich populäre Kulturen im Unterschied zu traditionellen Kulturen?* Welche erfahrbaren, erlebbaren, wahrnehmbaren Eigenschaften haben kulturelle Gegenstände und kulturelle Praktiken, *weil* sie Gegenstände und Praktiken populärer Kulturen sind? Diese Fragen werden in den kulturellen Gegenwartsdiagnosen nur andeutungsweise beantwortet. Entweder wird die Gegenstandserfahrung wie selbstverständlich vorausgesetzt oder einzelne Beispiele populärer Kulturen werden unter bestimmten Fragestellungen thematisiert, ohne dass begründet würde, warum und inwiefern die thematisierten Sachverhalte Beispiele für populäre Kulturen sind. Das ästhetische und praxeologische Spezifikum populärer Kulturen bleibt implizit. Dadurch aber leidet empfindlich die diagnostische Verbindlichkeit der kulturkritischen Beiträge.

Im Folgenden möchte ich das *phänomenologische Spezifikum* populärer Kulturen thematisieren, und dabei zeigen, dass und wie man mittels eines solchen Kriteriums die kulturkritische Modellierungen der Gegenwart mit differenzierteren Beschreibungen als bisher üblich inspirieren könnte.

Ausgangspunkt meiner Überlegungen sind die negativen vortheoretischen Intuitionen, die sich in den modernen Gegenwartsdiagnosen populärer Kulturen relativ gleichartig artikulieren. Populäre Kulturen unterscheiden sich von traditionellen Kulturen offenbar dadurch, dass sie drei Prinzipien überschreiten. Sie überschreiten das *kulturelle Lokalitätsprinzip*, nach dem Kulturen *Kulturräume* sind. Sie überschreiten das *kulturelle Stratifikationsprinzip*, nach dem Kulturen entlang sozialer Ungleichheit in ‚höhere' und ‚niedere' Kulturen getrennt sind. Und sie überschreiten das *Prinzip der hermeneutischen Differenz*, nach dem kulturelle Artefakte *deutungsfähige und deutungsbedürftige Objekte* sind, die als Vehikel einer hinter den Objekten liegenden Bedeutung fungieren. Im Unterschied zu traditionellen Kulturen sind populäre Kulturen tendenziell *globale*, tendenziell *egalitäre* und tendenziell *selbstexplikative* Formen des sozialen Zusammenlebens, *deren Sinn in ihrer Performanz liegt und sich in ihrer Performanz erfüllt*.[2]

Diese negativen Intuitionen, die lediglich die Andersartigkeit populärer Kulturen registrieren, ohne sie positiv festzuhalten, möchte ich im Folgenden zunächst etwas stärker entfalten um plausibel zu machen, dass populäre Kulturen prinzipiell andere Fragen aufwerfen als die historisch überlieferten kulturellen Lebensformen. Unter dem Stichwort *Kultur und Performanz* referiere ich eine grobe systematische Skizze der Kulturgeschichte, um die Situation verständlich zu machen, in der populäre Kulturen bedeutsam werden. Diese rahmende Skizze präsentiert eine äußerste Komplexitätsreduktion der Kulturgeschichte und ist daher angreifbar. Sie trägt den Ungleichzeitigkeiten der Kulturgeschichte und ihren paradoxen und eigensinnigen Rück- und Vorgriffen, wie sie in Avantgarden und Renaissancen immer wieder zu beobachten sind, keine Rechnung. Zu rechtfertigen ist eine solche Reduktion, wie im Grunde alle historischen Periodisierun-

---

2   Dass diese Synopse einen gemeinsamen Nenner der kulturellen Gegenwartsdiagnostik trifft, wäre im Einzelnen nachzuweisen. Im Rahmen dieses Aufsatzes kann ich nur summarisch auf den kulturkritischen Diskurs verweisen. Vgl. neben den schon genannten Klassikern der modernen Gegenwartsdiagnostik auch die Überblicksdarstellungen in Konersmann (Hg.) 1994; Hecken 2007; Maase 1997; Hügel (Hg.) 2003.

gen, nur durch ihre kommunikative Funktion: Sie erlaubt, die kulturkritische Herausforderung populärer Kulturen bedeutungsfest zur Diskussion zu stellen (1.).

Sodann möchte ich das Erfahrungskriterium populärer Kulturen anschaulich machen. Am anschaulichsten aber sind Bilder. Daher werde ich an drei verschiedenen Bildtypen die phänomenologische Grundstruktur des Populären herausarbeiten, die darin besteht, *spektakuläre Selbstreferenz* zu vergegenwärtigen. Spektakuläre Selbstreferenz konstituiert sich in der Erfahrung einer figurativen Praxis, die unausweichlich anziehend, also spektakulär sein soll, dabei aber nur ihresgleichen darstellt und in diesem Sinne selbstreferenziell ist (2).

Abschließend möchte ich – skizzenhaft – eine zentrale These über die gesellschaftlichen Folgen populärer Kulturen zur Diskussion stellen: Durch ihre spektakuläre Selbstreferenz, die auf höchst attraktive Weise keine andere soziale Wirklichkeit darstellt als die soziale Wirklichkeit ihresgleichen, sind populäre Kulturen sozial ohne besonderen Kontext und daher sozial universell anschlussfähig (das erklärt ihre transgressive Tendenz), andererseits bilden sie in ihrer Vielheit eine Vielheit von *Stilgemeinschaften*; auf diese Weise ermöglichen sie ebenso vorläufige wie schichten-, milieu- und interessenübergreifende *Quasivergesellschaftungen,* welche die sozioökonomischen Differenzen in einem ambivalenten Sinn subvertieren (3.). Im Kontext dieser Ambivalenz lässt sich der Sinn einer *kritischen Phänomenologie populärer Kulturen* wenn auch nicht ein für alle Mal festzurren, so doch derart andeuten, dass ihre unvermeidliche Verstrickteit in ihren Gegenstand und ihr spezifisches Interesse an ihm erkennbar wird (4.).

1. Kultur und Performanz

Der Mensch ist eine *physiologische Frühgeburt*, unreif, instinktunsicher, hochsensibel, irritierbar und gefährdet, ein Lebewesen, das nach seiner Geburt noch viele Jahre auf den *sozialen Uterus* seiner nachgeburtlichen Reifung angewiesen ist und in den allermeisten Fällen lebenslang angewiesen bleibt. Der Mensch kann ohne eine ihn bergende Gruppe von Artgenossen nicht überleben. Der Mensch ist also nicht nur deshalb ein soziales Lebewesen, weil er ein mehr oder weniger ausgeprägtes soziales Interesse hat (etwa im Sinne eines individuellen Anerkennungs- und Selbstvergewisserungsmotivs), sondern *weil die zusammenlebende und ihr Verhalten koordinierende Menschengruppe eine Voraussetzung des individuellen Überlebens ist* (vgl. Claessens 1993).

Das einzelne menschliche Lebewesen erlebt sich daher nicht in unmittelbarer Konfrontation mit einer nichtmenschlichen Umwelt, es erlebt sich vielmehr zunächst und zumeist zusammen mit anderen, aber gleichartigen Lebewesen *in einem besonderen Gruppenzusammenhang,* der ihm je schon vorgegeben ist. Dieser besondere, d.h. ebenso kontingente wie feste Gruppenzusammenhang bringt sich im einzelmenschlichen Erleben zur Geltung, noch bevor es einen Begriff seiner persönlichen Individualität entwickelt. Der konkrete Gruppenzusammenhang ist die feste Form, die dem hochsensiblen und irritierbaren Menschen Halt und Unterhalt, Erwartungssicherheit und, im Zuge seiner Sozialisation, eigenständige Handlungskompetenz verleiht.

Die Reproduktion dieses Gruppenzusammenhangs, ohne den Menschen nicht überleben können, ist allerdings alles andere als selbstverständlich, denn die Menschen, die ihn reproduzieren und als Gruppe einander Halt geben sollen, bleiben ja qua ihrer biologischen Ausstattung lebenslang hochsensibel und irritierbar. Menschen bleiben zeit ihres Lebens ,unberechenbar'. Weil Menschen also von jeder Verhaltensvorgabe abweichen *können* und daher die Reproduktion ihres Gruppenzusammenhangs nicht selbstverständlich ist, *müssen* Menschen die Verbindlichkeit ihres besonderen Zusammenlebens deutlich exponieren. Die soziale Struktur, in die jedes Individuum eingebettet ist, muss dargestellt, vorgeführt, gezeigt werden. Ihr verpflichtender Charakter muss sichtbar, hörbar, tastbar und performativ nachvollziehbar sein, damit sich der Gruppenzusammenhang reproduziert.

Das aber bedeutet: Insofern es überhaupt Menschen gibt und geben kann, leben sie in sozialen Strukturen, die sich durch *Praktiken der Popularisierung* remotivieren – durch attraktive, öffentlich und regelmäßig vollzogene Musterpraktiken, die zeigen, wie gruppenkonform zu leben sei. Wenn soziale Strukturen zur Schau gestellt und stilisiert werden, dann handelt es sich also keineswegs um luxurierende Ornamente der Gesellschaft, sondern um fundamentale Überlebensbedingungen der menschlichen Gattung.

Kulturgeschichtlich werden drei markante Stadien der kulturellen Selbststilisierung von Kollektiven unterschieden: *Stammeskulturen, Hochkulturen* und *die Kultur der technisch-wissenschaftlichen Moderne.* Diese Trias ist die gemeinsame Grundlage aller Modernisierungstheorien, wie immer unterschiedlich sie auch begründet und entfaltet worden sind, zuletzt und mit erheblichem Theorieaufwand durch Niklas Luhmann, der in dieser Trias drei wesentlich verschiedene Formen gesellschaftlicher Differenzierung erkennt, nämlich *segmentär differenzierte* Stammesgesellschaften, *stratifikatorisch differenzierte* Hochkulturen und die *funktional differenzierte* moderne Weltgesellschaft (vgl. Luhmann 1997, S. 595-866).[3]

In *Stammeskulturen* wird die gesellschaftliche Selbststilisierung durch Mythen und Riten besorgt, durch packende Praktiken kollektiven Erzählens, Beschwörens, Initi-

---

3   Wenn mindestens einhunderttausend Jahre Kulturgeschichte in drei Phasen eingeteilt werden, drängt sich der Verdacht auf, es weniger mit Differenzen in der Sache zu tun zu haben, sondern mit einem theoretisch-rhetorischen Artefakt, und tatsächlich ist ja die Trias neben dem abstrakten Gegensatz eine häufig benutzte Denkform, um in einem ungeklärten Objektbereich Ordnung zu stiften. Gleichwohl bleibt bemerkenswert, dass die kulturhistorischen Zäsuren von Ackerbau und Viehzucht (die sogenannte neolithische Revolution) und der fabrikmäßigen Rationalisierung der Produktionsweise (die sogenannte industrielle Revolution) denkstilübergreifend in allen Modernisierungstheorien als markanteste Wendepunkte der Menschheitsgeschichte vorausgesetzt werden. Offenkundig ist jedenfalls für das Gegenwartsverständnis der Moderne (im doppelten Verständnis des Genitivs) genau diese Dreiteilung aufschlussreich. In diesem Sinne schließen die folgenden Überlegungen an sie an.

ierens, Heilens, Streitens und Versöhnens (vgl. Van Gennep 1981, Turner 1989, Mader 2008).

In *Hochkulturen* wächst sich die selbstschreibende und -vorschreibende Mythologie und Ritualistik der Kultur zu ungeheuer komplexen Systemen von öffentlichen Festen und Kundgaben aus. Die Hochkulturen reproduzieren ihre ständische Form, ihre *Stratifizierung*, einerseits durch die rituelle Bestätigung in der Mythologie und Ritualistik der allgemeinen Herrschaft sowie andererseits durch die Mythologie und Ritualistik innerhalb der einzelnen Strata (vgl. Stollberger-Rillinger et. al. 2008.).

In der Moderne bricht dies auf eigentümliche Weise auf: Die allgemeinverbindliche Hierarchie der Hochkultur löst sich peu à peu auf zu Gunsten bereichsspezifischer Semantiken. Die Gesellschaft zeigt sich nicht mehr als eine mythologisch-metaphysisch begründete allgemeine Hierarchie, sondern zusehends als eine uneindeutige Gemengelage politischer, wirtschaftlicher, wissenschaftlicher, ästhetischer, intimer Interessen und Prinzipien. Im Kontext dieser auseinanderdriftenden *Wertsphären der Gesellschaft* (Max Weber), die sich als *Funktionssysteme* (Niklas Luhmann) verselbständigen, werden Personen nicht mehr als Angehörige eines Standes, sondern als prinzipiell gleichwertige (man könnte auch negativ sagen: gleichgültige) individuelle Rollenträger adressiert (Luhmann 1997).

In dem Maße, in dem dabei der einzelne Mensch gesellschaftlich gleichwertig bzw. gleichgültig wird, nimmt die Notwendigkeit der öffentlichen Selbststilisierung der Gesellschaft eine neue Form an. Nach wie vor bleibt notwendig, dass die Sozialstrukturen ihre Verbindlichkeit in bestimmten stilisierten Formen darstellen. Wie diese Formen aber aufgefasst werden, wird der Kontingenz individuellen Dafürhaltens überlassen – analog zur Depersonalisierung gesellschaftlicher Funktionserwartungen. Diese Kontingenz individuellen Dafürhaltens wird ihrerseits in einem kulturell gepflegten Diskurs ausgestellt: dem kritischen Meinungsaustausch über Kultur und Kulturen, in dem sich Individuen nach Maßgabe ihrer Überzeugungen und Interessen kontrovers zur Geltung bringen können.

Die moderne Gesellschaft verdeutlicht ihre Form nicht mehr der konkreten, sie tragenden Gruppe von Menschen, sie zeigt nur mehr dem Individuum seine individuelle Freiheit in Differenz zu funktionsspezifischen Rollenerwartungen, indem sie einen Kanon kultureller Werke zur Pflichtlektüre erhebt, deren Interpretation aber systematisch unentschieden lässt. Kultur wird auf diese Weise zur Angelegenheit privater, freier, *interesseloser* Interpretation.

Neben die hochkulturellen Spektakel der Macht – und diese relativierend – treten die fortlaufend aktualisierten Kanones der freien Unterhaltungskünste: Repertoires eminenter Bildtexte, Klangtexte und Sprachtexte. Die Kultur mutiert tendenziell zum individualhermeneutisch zu bewältigenden Text. Bilder muss man als kultivierter Bürger vermöge der Kompetenz über ikonographische Formeln lesen, Klänge muss man vermöge der Kompetenz über den musikalischen Satz lesen (das Partiturstudium wird zur entscheidenden Praxis musikalischer Kultur, ihr unübertrefflicher Heros ist der taube Beethoven), Sprachtexte muss man vermöge kritischer Philologie verstehen.

Diese Intellektualisierung der Kultur führt zu einem Kult hermeneutischer Tiefen-
bohrungen in Bildern, Klängen und Texten; ein Kult, der die sinnlichen Wirkungen von
Bild-, Klang- und Textoberflächen tendenziell verdrängt und verächtlich macht. Kulturelle Artefakte, deren sinnliche Oberflächenwirkungen allzu packend oder allzu heftig
sind, um ein reflexives Abtauchen in die Tiefen und Weiten transzendenter Sinnhorizon-
te zu erlauben, bilden denn auch das negative Korrelat des Kulturkanons. Der Diskurs
der Kunst- und Kulturkritik muss sich in der Moderne auch darum kümmern, die sinnlich faszinierenden, aber sinnfernen und sinnverweigernden Bilder, Klänge und Texte als
niedere Kultur abzuqualifizieren, als bloßes Amüsement, als sinnliche Verweichlichung,
sittliche Verrohung, inhumane Vermassung, zynische Bestialisierung. Die bürgerliche
Kultur der Moderne stabilisiert ihren Kanon unbeschreiblich großartiger Kunstwerke
durch die scharfe Abqualifizierung kaum deutungsbedürftiger, nahezu selbstverständli-
cher Attraktionen, wie sie in aristokratischen oder volkstümlichen Festkulturen gepflegt
werden und seit der zweiten Hälfte des 19. Jahrhundert in Gestalt routiniert verfertigter
Massenattraktionen mehr und mehr die Gesellschaft durchdringen.

Die bürgerliche Kultur aber hat sich, spätestens in den politischen Katastrophen des
20. Jahrhunderts, als unfähig erwiesen, ihre liberalen, sozialen und solidargemeinschaft-
lichen Maßgaben hinreichend verbindlich zu behaupten. Unabweisbar ist geworden, dass
sittliche Verrohung, Vermassung, Bestialisierung sich noch nie in der Geschichte derart massiv zur Geltung bringen konnten wie im Kontext der bürgerlich konstituierten
technisch-wissenschaftlichen Moderne. Die scharfe Distinktion, auf der die bürgerliche
Kultur beruhte: die Entgegensetzung eines traditionswürdigen Kulturkanons einerseits
und eines unwürdigen Amüsierbetriebs andererseits (der allenfalls unter dem Gesichts-
punkt sozialpathologischer Gefahren Gegenstand der Reflexion werden konnte), ist un-
überzeugend geworden.

Seither bemühen sich die kulturkritischen Diskurse um eine Neubestimmung ihres
Gegenstandes und versuchen einen Begriff kultureller Sachverhalte zu etablieren, der
nicht mehr die bürgerlichen Bildungsgüter und ihre hermeneutische Lektüre privilegiert,
sondern auch die performativ engagierenden Künste unbürgerlicher Kultur als respekta-
ble, kommentar- und erklärungsbedürftige Gegenstände begreifbar macht.

Allerdings fällt es den kulturkritischen Diskursen offenkundig schwer, sich von den
logischen Formen zu lösen, die sich im 18. Jahrhundert, im Zuge der entstehenden Kunstkritik (vgl. Dresdner 1915), semantisch etabliert haben. Diese logischen Formen bilden
gemeinsam die Verfassung des modernen Kunstsystems; sie markierten die allgemeinen Bewegungsnormen der Kunst und damit die Gesichtspunkte ihrer sachdienlichen
Beurteilung. Es handelt sich bei diesen logischen Formen insbesondere um die Norm
der *Kontrolle und Reflexion der ästhetischen Produktionsmittel* (wonach die Aufgabe
der Kunst darin besteht, *Vorfindliches* zur Erzeugung *durchdachter* ästhetischer Zwecke
zu bearbeiten), die Norm einer *expressiven Intention ästhetischer Gegenstände* (wonach
Kunstgegenstände etwas zu sagen haben müssen; bleibt ein Kunstgegenstand ohne sinn-
volle Aussage, scheitert er an seinem Kunstanspruch) und die Norm der *individuellen
hermeneutischen Aneignung ästhetischer Gegenstände* (wonach der Kunstgegenstand

solange gedanklich zu *vergeistigen* ist, bis sich die allgemeine *logische* Form der Kunst derart individuiert, dass die Evidenz eines konkreten Kunstwerks unabweisbar wird; die individuelle hermeneutische Aneignung ist also der modus operandi der Kunst, der die beiden erstgenannten Formen integriert und vermittelt).

Die kulturkritischen Diskurse, die das bürgerliche Kunstideal hinter sich lassen wollen, können aber das genealogische Band, das sie mit dem bürgerlichen Kunstdiskurs verbindet, nicht mutwillig zerschneiden (vgl. Hecken 1997a u. 1997b). So zeigt sich die Verfassung des Kunstsystems in ihnen wie in Metamorphose begriffen. Die Norm der *Kontrolle und Reflexion ästhetischer Produktionsmittel* verpuppt sich in dem Erkenntnisinteresse, wie sich (medien)technische Gegebenheiten in populäre Kulturen einschreiben bzw. inwiefern populäre Kulturen eine nichtdiskursive Form der Technikreflexion darstellen. Vor allem medienarchäologische Arbeiten widmen sich diesem Erkenntnisinteresse. Nahezu klassisch zu nennen ist in diesem Zusammenhang Friedrich Kittlers These: „Unterhaltungsindustrie ist in jedem Wortsinn Missbrauch von Heeresgerät." (Kittler 1986, S. 149, vgl. als weiteres eindrucksvolles monographisches Beispiel: Pias 2002). Nach dieser Vorstellung konstituiert die technische Materialität des Kinos, des Hörfunks, des Fernsehens und anderer populärer Praktiken spezifische Wahrnehmungsdispositive, eine technisch präformierte Organisation der Sinne. Wie populäre Kulturen erlebt und beurteilt werden, wird auf die technischen Bedingungen kultureller Apparate zurückgeführt.

Die Norm der *expressiven Intention ästhetischer Gegenstände* verpuppt sich in dem analytischen Bemühen, einzelne populärkulturelle Objekte als Dokumente spezifischer sozialer Geltungsansprüche zu lesen. Besonders einschlägig ist in diesem Zusammenhang die Praxis der Einzelmedienphilologien, populäre Genres als Artikulationsagenturen zeitgenössischer und gruppenspezifischer Problemlagen zu erklären. Geradezu programmatisch ist diese Perspektive in den Beiträgen zur Erforschung populärer Kulturen, die aus den *Cultural Studies* und ihren disziplinären Ausdifferenzierungen wie u.a. *Gender Studies, Queer Studies, African American Studies* und *Postcolonian Studies* stammen. Ihnen gemeinsam ist die auf Antonio Gramsci zurückgehende Auffassung, dass sich gesellschaftliche Herrschaftsverhältnisse durch hegemoniale kulturelle Praktiken befestigten und die Veränderung dieser Verhältnisse im Sinne unterprivilegierter Gruppen auch auf dem Feld kultureller Praktiken zu erkämpfen sei. Populäre Kulturen werden in diesem Kontext zu einem Kampfplatz, auf dem sich die herrschenden Verhältnisse in ihrer ganzen Widersprüchlichkeit manifestieren: Einerseits als Konformitätsdruck eines massenkulturellen Mainstream, andererseits als subkulturelle Artikulation von proletarischen Jugendlichen, Frauen, Schwulen und marginalisierten Ethnien (vgl. etwa die klassische Studie Stuart Halls zur Hippie-Kultur: Hall 1969).

Die Norm der *hermeneutischen Aneignung* schließlich verpuppt sich in der stillschweigenden Annahme, dass die entscheidenden Produktionsmotive und Wirkmomente populärer Kulturen in ihren paraphrasierbaren thematischen Gehalten lägen. Die Erforschung populärer Kulturen steht noch ganz im Zeichen der Metapher von der ‚Kultur als Text'; Intuitionen, dass es nichtdiskursive, nämlich performativ-mimetische Funktionen und Anschlüsse an populärkulturelle Praktiken geben könnte, sind abgeschattet und nahezu untheoretisiert. Die gegenwärtig dominanten Beschreibungen und Analysen populärer Kulturen folgen im Wesentlichen noch den Maßgaben des bürgerlichen Kunstbegriffs, sie perspektivieren populäre Kulturen *als* Kunst. Das deutlichste Indiz dafür findet sich in den spezifisch deutschen Nobilitierungsdiskursen populärer Kulturen, die – uneingestanden – ganz in der Folge der Kunstemphase des deutschen Bildungsbürgertums stehen, so dass Marcus S. Kleiner mit Blick auf eine Reihe deutscher Autorinnen und Autoren, die im Übergangsfeld von Journalismus und Kulturwissenschaft publizieren, und einschlägiger deutscher Zeitschriften wie *Spex* und *testcard* geradezu von einem „deutschen Sonderweg" der populärkulturellen Debatte spricht (vgl. Kleiner 2011).

Der Grund für diese Übertragungen denkstilistischer Maßgaben liegt in der institutionellen Tradition der kulturkritischen Diskurse: Institutionengeschichtlich steht die kritische Auseinandersetzung mit populären Kulturen, ob kulturwissenschaftlich oder journalistisch gerahmt, ganz in der Tradition der Kunstkritik, und so ist es durchaus verständlich, dass auch dort, wo programmatisch anderes beabsichtigt wird bzw. die Bewegung des Reflexionsgegenstands ganz offenkundig anderen logischen Formen folgt, die logischen Formen der Kunst auf leicht modifizierte Weise weiterhin entscheidende Orientierungsmaßgaben darstellen.

Nun sind aber aus der Perspektive der Kunstverfassung, die sich im ausgehenden 18. Jahrhundert bildete, die Artefakte populärer Kulturen zunächst als unwürdige Reflexionsgegenstände markiert. Ihre Beobachtung *als* Kunst kann daher systematisch nur die Form der *Umwertung* annehmen. Und tatsächlich haben sich die kulturkritischen Diskurse, nachdem die bürgerliche Kultur fadenscheinig geworden ist, vor allem um ein allgemeines Umwertungsmotiv gedreht: Einstmals verfemte Unterhaltungskünste wurden zur Kunst erhoben, indem latenten Gehalten und Gestaltungsweisen nachgespürt wurde, die sie als heimliche Kunstavantgarde auswiesen; umgekehrt wurden an kanonischen, klassischen Sujets und Formsprachen der Kunst Momente des Seriellen, Trivialen und Zeitbedingten entdeckt.

Indem so die konstitutive Differenz bürgerlicher Kunst, nämlich der Gegensatz zwischen dem Kanon unvergleichlich großartiger Kunstwerke und den vordergründig faszinierenden Unterhaltungskünsten, im modus operandi der bürgerlichen Kunstkritik aufgehoben wird, ratifiziert der kulturkritische Diskurs die transgressive Logik populärer Kulturen – allerdings bringt er sie nicht auf ihren Begriff. Er verfehlt durch seine Konzentration auf die hinter den unmittelbaren Faszinationsmomenten liegenden Produktions- und Rezeptionsmotiven das Spezifikum populärer Kulturen, ihren transgressiven Impetus und dessen Effekte. Der kulturkritische Diskurs fällt gleichsam vom Regen in die Traufe, wenn er den fadenscheinig gewordenen Kunstkanon dekonstruiert, dabei aber eine unkritische Nobilitierung populärer Kulturen betreibt.

Denn dass die Artefakte und Praktiken populärer Kulturen einen Rahmen gesellschaftlicher Selbststilisierung zu konstituieren in der Lage wären, der – anders als die bürgerliche Kunst – gesellschaftlich betriebene Katastrophen ausschlösse, ist alles andere als naheliegend. Zwar scheint die tendenziell globale, tendenziell egalitäre und tendenziell selbstexplikative Form populärer Kulturen auf den ersten Blick das zu verwirklichen, was die bürgerliche Kunst nur versprach, nämlich die freie Entfaltung der Urteilskraft eines jeden Individuums im Rahmen eines festen ästhetischen Bezugssystems, allerdings ist gerade dies, die freie Entfaltung der individuellen Urteilskraft, durch den tendenziell selbstexplikativen Charakter populärer Kulturen systematisch begrenzt.

Die Artefakte und Praktiken populärer Kulturen wären in die Skepsis gegenüber den Funktionsversprechen der intellektualisierten Kultur einzubeziehen. Dass die intellektualisierte Kultur ihre integrative Funktion gesamtgesellschaftlich nicht erfüllt, ist kein hinreichender Grund, ihre negatives Korrelat, die sinnlich-sinnfernen populären Kulturen, zu affirmieren. Und wenn diese Affirmation sich auch noch in einer sekundären Intellektualisierung artikuliert, hat man es geradezu mit einem potenzierten Missverständnis dessen zu tun, was der kulturkritische Diskurs gegenüber populären Kulturen zu leisten hätte.

Zunächst einmal muss es darum gehen, die Signatur populärer Kulturen nicht in ihrer Funktion als eine Negativfolie für das Kunstsystem, sondern in ihrer *ästhetischen Positivität*, als ein spezifisches Phänomen, phänomenologisch zu bestimmen.

2. Spektakuläre Selbstreferenz

Populäre Kulturen verfahren typischerweise nach einem ästhetischen Programm *spektakulärer Selbstreferenz*. Worum es sich dabei handelt, lässt sich anhand dreier Bilder veranschaulichen, die das Möglichkeitsspektrum bildlicher Referenz profilieren können und den Sonderfall spektakulärer Selbstreferenz prägnant exponieren: Norman Rockwells *Freedom of Want* (vgl. Abb. 1), Piet Mondrians *Komposition mit zwei Linien* (vgl. Abb. 2 u. 2a) und ein *Donald Duck*-Panel[4] (vgl. Abb. 3). Norman Rockwells *Freedom of Want* kann die Strategie ästhetischer Referenz exemplifizieren. Piet Mondrians *Komposition mit zwei Linien* verdeutlicht beispielhaft die Strategie ästhetischer Referenzlosigkeit. Und schließlich lässt sich vor dem Hintergrund dieser exemplarischen Klärung ästhetischer Bezugnahmen und am Beispiel von *Donald Duck* der eigentümliche Typ der Referenzialisierung beschreiben, der in populären Kulturen offenbar dominiert und der sich als *spektakuläre Selbstreferenz* auf den Begriff bringen lässt.[5]

---

4 Der Zeichner dieses Panels ließ sich leider nicht eruieren. Carl Barks, der Autor und Zeichner, der die Comicfigur Donald Duck am stärksten geprägt hat, scheidet auf Grund der rundlichen und gedrungenen Anmutung Donalds, die Barks Zeichenstil nicht entspricht, aus. Vermutlich stammt diese Zeichnung von einem der italienischen Comiczeichner, die seit den 1960er Jahren Donaldgeschichten für den europäischen Markt schrieben und zeichneten (ich danke Achim Hölter für diesen Hinweis).

5 Die Auswahl der Beispiele ist, wie immer, wenn man ein systematisches Argument mit historischen Beispielen zu illustrieren versucht, prekär. Moritz Baßler hat mich darauf aufmerksam gemacht, dass Norman Rockwells Bildstrategie schon ganz im Kontext populärer Kultur funk-

Bevor die drei Bildbeispiele zur Sprache kommen, soll aber kurz das formalästhetische Prinzip erläutert werden, das in meinem Argument die tragende Rolle spielt, das *Prinzip ästhetischer Referenz*. Die Behauptung, dass das Besondere populärer Kulturen in ihrer spektakulären Selbstreferenz liege, impliziert, *dass es eine vorkulturelle Basis ästhetischer Referenz gibt*, mit anderen Worten: dass sich wahrnehmbare Objekte *durch ihre wahrnehmbaren Eigenschaften* (und nur durch sie!) entweder auf andere wahrnehmbare Objekte beziehen (ästhetische Referenz), oder auf *kein* anderes Objekt beziehen (ästhetische Referenzlosigkeit) oder auf die eigene Objektklasse beziehen (ästhetische Selbstreferenz).

Spektakuläre Selbstreferenz kann nur dann das Kriterium populärer Kulturen sein, wenn ästhetische Referenz ganz allgemein *kein* kulturrelatives Phänomen ist. Denn wäre ästhetische Referenz eine Frage kultureller Konvention, dann könnte keine spezifische Form ästhetischer Referenz als Kriterium postuliert werden, das eine bestimmte Kultur *begründet*, sondern man müsste umgekehrt davon ausgehen, dass alle spezifischen Formen ästhetischer Referenz in kulturellen Settings unterschieden würden und jenseits des je kontingenten kulturellen Settings keinerlei diskriminierende Valenz hätten; ein *allgemeiner* Begriff populärer Kulturen ließe sich so nicht durch ein besonderes *Prinzip* ästhetischer Referenz begründen.

Ästhetische Referenz hat aber nach der derzeit herrschenden kulturtheoretischen Auffassung gar kein Prinzip, also eine logisch rekonstruierbare Grundlage, sondern beruht auf *relativen* Ähnlichkeiten, die kulturell als *signifikante* Ähnlichkeiten *codiert* werden müssen, um sinnfällig zu sein. Diese Auffassung einer konventionellen (und nicht prinzipiellen) Fundierung ikonischer Effekte hat ihren klarsten theoretischen Ausdruck wohl in Umberto Ecos Analytik visueller Codes erfahren (vgl. Eco 1972, S.195-293). Dass sich wahrnehmbare Objekte durch ihre wahrnehmbaren Eigenschaften auf andere wahrnehmbare Objekte beziehen können, beruht nach dem herrschenden kulturwissenschaftlichen Konsens auf kultureller Konvention.

---

tioniert und die klassische Form realistischer Bildlichkeit deutlich sichtbar hyperrealistisch überschreitet. Norbert Schmitz hat mich auf die Tendenz in Piet Mondrians Oeuvre hingewiesen, die außerbildliche Referenz des bildlich Gezeigten immer weiter an die Grenze der Referenzlosigkeit zu treiben – die Referenzlosigkeit selbst könne nicht als das strategische Ziel bildnerischen Gestaltens bei Mondrian angesehen werden. – In ähnlicher Weise könnte man auch die Donald-Zeichnung in einen anderen Funktionskontext als den von mir vorgeschlagenen stellen: Dadurch, dass in dem gezeigten Fall die Comicfigur Donald aus dem narrativen Zusammenhang eines bestimmten Comic-Strips gelöst erscheint, ließe sich das Bild in den Kontext der verschiedenen Kunstporträts der Comicfigur Donald Duck rücken, die von Carl Barks bis Helnwein die selbstreferenzielle Comicfigur *Donald Duck* zum Gegenstand eines referenziellen Bildes gemacht haben. – Diese Argumente leuchten ein. Ich möchte die Beispielbilder auch nicht als *historische* Belegstellen verstehen oder gar in der Überzeugung diskutieren, die Intentionen Norman Rockwells, Piet Mondrians und des unbekannten Comiczeichners angemessen zu berücksichtigen; die Bilder sollen durch ihr kontrastives Arrangement bestimmte Aspekte ästhetischen Gestaltens *evident* werden lassen, die ohne geeignete Beispiele lediglich *behauptet* werden könnten.

Phänomenologisch lässt sich aber argumentieren, dass die These vom kulturellen Konventionalismus eine bestimmte, *denkmögliche* Funktionalisierung ästhetischer Referenz mit dem *Inbegriff* ästhetischer Referenz gleichsetzt bzw. verwechselt. Die Konventionalismusthese behauptet, dass z.B. die Ähnlichkeit eines Bildes von einem Stuhl mit einem wirklich existierenden Stuhl auf keine objektive Übereinstimmung zwischen Stuhlbild und Stuhl zurückgeführt werden kann. Also müsse die Tatsache, dass sich das Stuhlbild auf den Stuhl bezieht, auf kulturellen Konventionen beruhen. Diesem Argument kann man nur zustimmen. In der Tat ist die Tatsache, dass ein im Bildraum erscheinendes Bildobjekt als Repräsentation eines wirklichen Objekts aufgefasst wird, durch kulturelle Konventionen begründet. Allerdings ist *diese* Art der Bezugnahme nur *eine* mögliche Funktionalisierung ästhetischer Referenz, schöpft sie aber keineswegs aus.

Denn Bilder sind in erster Linie gar keine Objektrepräsentationen, sondern *artifizielle Sichtbarkeiten*. Der Begriff artifizieller Sichtbarkeit steht im Zentrum der phänomenologischen Bildtheorie Lambert Wiesings, welche die Nichtkonventionalität bildhafter Geltung äußerst robust, ja geradezu zweifelsresistent begründet und an welche die folgenden Überlegungen locker anschließen (vgl. Wiesing 2005 sowie Wiesing 2008). Bilder sind relativ aufwendig bearbeitete Gegenstände, die zu kaum etwas anderem dienen können als angeschaut zu werden. Objekte, die Bilder sind, zeigen, indem sie eine aufwendig hergestellte Sichtbarkeit zeigen, vor allem die Willkürlichkeit dieser Sichtbarkeit. Die artifizielle Sichtbarkeit des Bildes *soll* in der Weise, wie sie sich zeigt, gesehen werden. Das Bild unterwirft alle potenziellen Betrachter demselben *Sichtbarkeitsimperativ*, so dass allen Betrachtern eines Bildes im Akt des Sehens evident wird, dass sie dasselbe sehen sollen. Bilder haben dadurch zunächst, vor allen weiteren spezifischen Verwendungsweisen, eine kollektivierende, Kultur *stiftende* Funktion.

Bilder zeigen keine Objekte, sondern veranlassen den Betrachter zur reflexiven Aktualisierung einer bestimmten, vom Bild geforderten Möglichkeit des Sehens. Ein Bild zu sehen heißt, eine bestimmte allgemeine Möglichkeit des Sehens vorgeführt zu bekommen. Und diese bestimmte Möglichkeit des Sehens, die durch ein konkretes Bild vorgeführt wird, kann entweder an vorhandene Sichtbarkeiten erinnern (ästhetische Referenz), nicht vorhandene Sichtbarkeit etablieren (ästhetische Referenzlosigkeit) oder *bildlich* etablierte Sichtbarkeiten *als solche* wiederholen (ästhetische Selbstreferenz). Und *diese* Arten der bildlichen Bezugnahme sind nicht von kulturellen Konventionen abhängig, sondern beruhen auf der Sichtbarkeit der Welt und der Sichtbarkeit von Bildern in der Welt. In diesem Sinn bezieht sich das Bild eines Stuhls denn auch nicht auf einen konkreten Stuhl, sondern auf die *konkrete Ansicht eines stuhlförmigen Körpers* (den man bei kulturell vermittelter Funktionskenntnis als Sitzmöbel identifizieren kann). Dass ein Bild die Ansicht eines spezifischen Körpers zeigen kann, ist eine transkulturelle, allgemeine Bedingung der Möglichkeit dafür, Bilder von Stühlen als Repräsentationen von Stühlen verwenden zu können, z.B. im Kontext des Werbeprospekts eines Möbelhauses. Dass das Bild eines Stuhls einen konkreten Stuhl intendiert – z.B. als Kaufangebot – setzt kulturelles Wissen voraus. Aber dass ein Bild eine bestimmte Ansicht eines physischen Körpers zeigen kann, ist durch die Natur der menschlichen Wahrnehmung begründet, uns die Welt als eine körperliche Welt und uns als wahrnehmende Körper inmitten dieser körperlichen Welt zu zeigen.

Dabei ist zu beachten, dass die bildliche Aktualisierung einer bestimmten Möglichkeit des Sehens von der Wirklichkeit dieses Sehens deutlich abgehoben ist. Wir bemerken in nahezu allen Fällen der bildlichen Präsenz einer Ansicht die Artifizialität dieser Präsenz; wir sehen, dass es sich *nicht* um die Sichtbarkeit wirklicher Umstände handelt, sondern allenfalls um den sichtbaren Verweis auf eine solche Sichtbarkeit wirklicher Umstände. Dies leisten vor allem die sichtbaren Bildfeldgrenzen, welche die Artifizialität der bildlich gezeigten Sichtbarkeit prägnant vor Augen führen. Denn die Sichtbarkeit wirklicher Umstände hat keine sichtbaren Bildfeldgrenzen. Die sichtbaren Bildfeldgrenzen des Bildes ermöglichen darüber hinaus die Konstruktion einer synthetischen, referenzlosen Sichtbarkeit, denn sie spannen einen artifiziellen Sichtbarkeitsraum auf, der auf beliebige Weise strukturiert werden kann, so dass sich im Bild Sichtbarkeitsmöglichkeiten zeigen können, für die es in der Wirklichkeit sichtbarer Umstände kein Korrelat gibt. Es gibt daher Sichtbarkeiten, die wir nur sehen können, weil es Bilder gibt, die sie uns zeigen. Da aber die Plastizität des Physischen nahezu grenzenlos ist und die Bildfeldgrenzen noch der illusionistischsten Wiedergabe einer Ansicht ein konstruktivistisches Moment verleihen, sind ästhetische Referenz und ästhetische Referenzlosigkeit nicht einander ausschließende Modi der ästhetischen Gestaltung, sondern polare Gegensätze, die das Feld ästhetischer Gestaltung aufspannen. In der Polarität zwischen bildlicher Referenzialität (bzw. dem bildlich *Figurativen*) und bildlicher Referenzlosigkeit (bzw. dem bildlich *Ornamentalen*) zeigt sich das Universum der konkret beobachtbaren Bilder und Bildstrategien.

Idealtypisch lassen sich angesichts dieser Polarität drei prominente Bildtypen der neueren Kulturgeschichte rekonstruieren:

- Die referenzielle Ansicht des *realistischen* Bildes, das ganz im Dienst wirklich bestehender oder wirklich herbeizuführender Umstände steht.
- Die referenzlose Ansicht des *abstrakten* Bildes, das ganz im Dienst einer autonomen Sichtbarkeit steht, welche die Eigenständigkeit des sehenden Subjekts erweist.
- Die selbstreferenzielle Ansicht des *populären* Bildes, das ganz im Dienst der Etablierung einer möglichst aufmerksamkeitsträchtigen Sichtbarkeit steht. Dabei macht sich das populäre Bild die aufmerksamkeitsträchtigen Momente sowohl des realistischen Bildes als auch des abstrakten Bildes zunutze und führt darüber hinaus weitere Aufmerksamkeitsfaktoren ins bildliche Gestalten ein: Kindchenschemata, Sexschemata, Kraft- und Gewaltschemata, ikonische Isotopiebrüche sowie ikonische Hybridisierungen.

Abbildung 1: Norman Rockwell: Freedom of Want, 1943

An Norman Rockwells *Freedom of Want* aus dem Jahr 1943 lässt sich prototypisch die referenzielle Gestaltungslogik des realistischen Bildes verdeutlichen: Das Bild präsentiert die Ansicht eines Thanksgiving-Dinners. Thanksgiving ist in der Kultur der USA das bedeutendste Familienfest im Jahr, das den Familienzusammenhalt und die Gastfreundschaft als entscheidende Tugenden des gesellschaftlichen Zusammenhangs stilisiert. Mittelpunkt des Festes ist das große Thanksgiving-Dinner, zu dem sich die Generationen einer Familie versammeln und von weither anreisen. Ein gebratener Truthahn bildet das Zentrum dieses Mahls. Rockwell amplifiziert die Elemente des rituellen Thanksgiving-Festes, indem er das Ordnung stiftende Potenzial bildlicher Ornamentik dazu benutzt, die Ordnung des Rituals zu verdeutlichen. Die Ansicht der Thanksgiving-Tafel, die das Bild zeigt, ist so gewählt, dass die Gegenstands- und Personenansichten, die in der Szenenansicht zu sehen sind, derart angeordnet sind, dass die Topografie des Bildes die metaphorische Topografie der familiären Ordnung präzise wiederholt. Die allgemein sichtbare Ordnung des Bildes wird so – vor dem Hintergrund des kulturellen Wissens um die Bedeutung des Thanksgiving-Festes und diese bestätigend – als Bildsymbol lesbar. Oben im Bild und im hintersten Grund der sichtbaren Ordnung der Körper sehen wir das Oberhaupt und den partriarchalen Grund der Familie: den Vater. Ihm zur Seite, leicht gebeugt und geschäftig, die nährende Mutter, die das zentrale Objekt des Thanksgiving-Dinners, den gebratenen Truthahn, gerade aufträgt, und zwar so, dass er exakt in der Bildmitte zu sehen ist, über der Tischmitte der Tafel, an deren rechter und linker Seite und in der unteren Bildhälfte, eine Vielzahl von Köpfen erscheint, welche die generationenübergreifende Gruppe darstellen, die zu diesem Fest zusammengekommen ist. Das Bild ist nahezu vollständig achsensymmetrisch komponiert, dabei aber so deutlich und leicht fassbar in der Symmetrie gebrochen, dass das Naturprinzip deutlich gebrochener Symmetrie anschaulich wird. Auf diese Weise entfaltet Rockwells Gemälde eine rhetorische Wirkung, die mit dem imperativischen Gebrauch des Indikativs zu vergleichen ist. So wie der Lehrer sagt: „Wir treffen uns morgen um zehn Uhr an der Turnhalle," um dem Sollen seiner Aufforderung durch seine sprachliche Nichtmitteilung desto schärfer Ausdruck zu verleihen, so zeigt auch Rockwells Gemälde durch die formal gleichsam abgezirkelte Wiedergabe der möglichen Ansicht eines Thanksgiving-Dinners mehr als nur eine mögliche Ansicht, nämlich die normative Ordnung des Thanksgiving-Rituals.[6]

---

6   Man könnte die perfekte Übereinstimmung zwischen Bildform und realistischer Ansicht auch als eine Form der Ironie werten, als offenkundige Überidentifikation, die das alljährliche Thanksgiving-Ritual auch als etwas Belächelnswertes erscheinen lässt. Aber das scheint mir kein Widerspruch zur Beschreibung zu sein, die den normativ realistischen Anspruch der bildlichen Gestaltung hervorhebt, vielmehr beruht die ironische, uneigentliche Wirkung des Bildes, die durch den Bildkontext aufgerufen wird auf der nichtironischen Bildlichkeit per se. Norman Rockwell selbst hat seine Gemälde und Illustrationen übrigens durchaus unironisch intendiert: „I paint life as I would like it to be.", (zit. n. Wright 2007, S. 123).

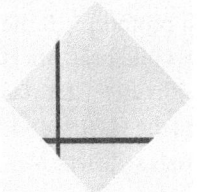

Abbildung 2: Piet Mondrian: Komposition mit zwei Linien, 1931

So wie sich das Prinzip bildlicher Referenzialität an Rockwells *Freedom of Want* veranschaulichen lässt, kann Piet Mondrians *Komposition mit zwei Linien* dazu dienen, bildliche Referenzlosigkeit zu verdeutlichen. Mondrians Bild zeigt keine mögliche Ansicht eines bekannten sichtbaren körperlichen Gegenstandes. Wir sehen das daran, dass wir uns keine verbindliche Vorstellung von der unsichtbaren Seite des Gegenstandes machen können, den das Bild intendieren könnte. Mondrians Bild stellt keinen sichtbaren Körper im Raum dar. Was aber zeigt das Bild, wenn nicht die Ansicht eines körperlichen Gegenstands? Was kann ein Bild überhaupt zeigen, wenn nicht Ansichten körperlicher Gegenstände? Was ist sichtbar außer Körpern? – Dasjenige, was Körpern ihre Sichtbarkeit verleiht: Licht, Farbe und räumliche Relationen. Oben/unten, links/rechts, vorne/hinten, innen/außen, Zentrum/Peripherie. Im Unterschied zum bildlichen Zeigen körperlicher Gegenstände hat das bildliche Zeigen von Farbwahrnehmungen und räumlichen Relationen eine deutliche Unbestimmtheit der Referenz. Bilder, die von den körperlichen Bedingungen ihrer Referenz erkennbar absehen, sind hinsichtlich ihrer Referenz erkennbar unbestimmt.

Es sind in der Tat die beiden titelgebenden Linien, die im Zentrum der Darstellung stehen. Ohne diese wäre das Gezeigte, die gestaltete Regelmäßigkeit der Quadrate, uninteressant, weder als Produzenten noch als Rezipienten wären wir motiviert, sie näher in Betracht zu ziehen.

Wenn man die Raute des Mondrian-Bildes gegen den Uhrzeigersinn um 90° dreht, wird sofort augenfällig, dass die achsensymmetrische Anordnung der Linien in diesem Quadrat ein bildliches Ungleichgewicht erzeugt: Die obere Hälfte scheint auf der unteren Bildhälfte zu lasten. Oder anders perspektiviert: Die sich kreuzenden Linien scheinen wie ein nach unten verrutschtes Diagonalenkreuz. Kehren wir nun aber zum integralen Bild zurück, bemerken wir, wie die rautenförmige Positionierung der grauen Quadratfläche vor dem Hintergrund der blassgelben Quadratfläche dieses Ungleichgewicht aufhebt und zur Anmutung visueller Balance führt. Die uninteressante Regelmäßigkeit der Quadratflächen wird durch die ungleichgewichtige aber symmetrische Linienkomposition im inneren, grauen Quadrat unterbrochen, und zwar so, dass die Unterbrechung der Symmetrie zugleich ein neues Gleichgewicht visueller Kräfte konstituiert.

Auf diese Weise zeigt Mondrians *Komposition mit zwei Linien*, losgelöst von allen wiedererkennbaren Ansichten äußerer Gegenstände, ein Beispiel für die *Autonomie des Sehens*: Nicht die sichtbaren Objekte konstituieren als solche den Zustand des Sehenden *als Sehenden* – die besondere *Befindlichkeit des Sehens* – sondern die Sichtbarkeitsverhältnisse, die sich zwischen sichtbaren Objekten und sehenden Subjekten aufspannen und die – qua Bild – ohne Rücksicht auf die Natur irgendwelcher Objekte gestaltet und synthetisiert werden können.

Abbildung 3: Donald Duck

Gegenüber der referenziellen Bildstrategie, die man an Rockwells *Freedom of Want* beobachten kann, und der referenzlosen Bildstrategie, die Mondrians *Komposition mit zwei Linien* prägt, lässt sich die Zeichnung der Comicfigur *Donald Duck* als ein Beispiel *spektakulärer Selbstreferenz* analysieren, wie sie für populäre Kulturen typisch ist. Einerseits folgt das Donaldbild durchaus dem Prinzip referenzieller Bildstrategie, nämlich die Ornamentik des Bildes konsequent in den Dienst der Figuration zu stellen: Das zentrale Bildmotiv, die Ansicht eines rasant fahrenden Autos, ist in der Bildmitte platziert. Die Ungleichgewichte des Bildes, das einseitige Anstoßen des Hauptbildobjektes oben und rechts, stehen in konsequentem Dienst der szenischen Dynamik, der rasanten Fahrt. Wir sehen das Auto aus dem Bildfeld gleichsam hinausschießen.

Allerdings ist dieses Prinzip der figurativ funktionalisierten Ornamentik in dem Donaldbild auch eigentümlich invertiert. Die referenzielle Ansicht und die darstellerischen Mittel wechseln ihren darstellungslogischen Ort. Die referenzielle Ansicht rückt an die Stelle, die eigentlich die darstellerischen Mittel besetzen sollen: Sie wird Mittel zum Zweck. Die darstellerischen Mittel werden dagegen im Duktus einer selbstgenügsamen spektakulären Artistik ausgestellt: Sie werden Zweck des bildnerischen Verfahrens. Durch diese Inversion der Darstellungslogik bleibt das Bild zwar referenziell, wir können unzweideutig zwischen den darstellerischen Mitteln, insbesondere der Linienführung (dem *Strich*), und der dargestellten Ansicht eines dahinrasenden Autos, unterscheiden. Allerdings zeigt das Bild die dargestellte Ansicht derart stilisiert, dass ihre vorgängige Kenntnis tendenziell zur Möglichkeitsbedingung dafür wird, überhaupt irgendeine Darstellungsreferenz zu erkennen. Während die Betrachtung des Rockwellgemäldes uns befähigen würde, ihre wirkliche Ansichtsreferenz zu erkennen, wenn sie sich uns wirklich zeigen würde, so würden wir *allein* auf der Basis des Donaldbildes kein dahinrasendes Auto erkennen. Das Donaldbild parasitiert an unserer visuellen Erfahrung, während Rockwells *Freedom of Want* unserer visuellen Erfahrung – wie immer ideologisch – Orientierung gibt. Indem auf diese Weise das Donaldbild seine Ansichtsreferenz zum bloßen Gestaltungsmittel macht, weist seine Referenzialität auf die Bildlichkeit selbst zurück. Die Bildlichkeit wird selbstreferenziell.

Diese Inversion bildlicher Referenz wird im Wesentlichen durch drei ineinandergreifende Verfahren erreicht:

Die identifizierbaren Elemente der bildlich präsentierten Objektansicht *verlieren ihre eigenständige Teilansichtigkeit*: Die durch die Ornamentik prägnant ins Blickfeld gerückten Ansichten weisen keine eigene gegenständliche Valenz auf, sondern wirken für sich genommen so abstrakt und synthetisch konzipiert wie Mondrians Konstruktionen. Einerseits amplifiziert die ornamentale Organisation des Donaldbildes den Kotflügel des Autos, die Reifen, Donalds Kopf, seine Augen, seinen Schnabel. Alle diese Gegenstandsansichten erscheinen aber andererseits, wenn man sie isoliert, überhaupt nicht als erkennbare Ansichten von Gegenständen. Dass es sich um die Ansichten von Kotflügel, Reifen, Kopf, Augen, Schnabel usw. handelt, wird ausschließlich im Zusammenspiel mit anderen Bildteilen erkennbar. Dies steht in deutlichem Gegensatz zur nach außen gerichteten Referenzialität des realistischen Bildes. So wäre etwa das zentrale Bildmotiv von Rockwells *Freedom of Want*, der gebratene Truthahn, auch dann noch als gebratener Truthahn zu erkennen, wenn man den Teil des Bildes, der die Ansicht des Truthahns zeigt, isolieren würde. Das ist in der Comiczeichnung nicht der Fall. In ihr gibt *allein* die Gesamtansicht des Gezeigten den Teilansichten ihre referenzielle Geltung. Sie etabliert eine rigide Parallelität von Gestaltungsmittel und dargestelltem Objekt. Wie als würden sie Dekrete verkünden, zeigen die Gestaltungsmittel, was etwas ist. Sie schmiegen sich den gezeigten Ansichten nicht an, sondern machen sie zu Gelegenheiten ihrer Selbstbehauptung. Ein Auto kann rot sein, es kann aber nicht durchweg so rot sein, wie es im Donaldbild erscheint. Die Autodarstellung im Bild abstrahiert von Faktoren des Farbverlaufs und der Lichtverhältnisse. Die Szene erscheint qua Farbe unausgeleuchtet, zugleich aber werfen die Objekte Schatten. Objekt und Farbe werden – antirealistisch – vollständig parallel geführt. Die referenzlose Farbe definiert die Objektintentionalität der Darstellung. Man würde die Pointe dieser Bildstrategie verfehlen, wenn man sie als ‚Simplifizierung‘ begreifen wollte; die Darstellung wird durch sie keineswegs ‚einfacher‘ – sie wird durch sie nur sehr viel prägnanter!

Die bildlich gezeigte Ansicht wird durch *ästhetische Isotopiebrüche* und *Hybridisierungen* radikal derealisiert: Die identifizierbaren Elemente der bildlich präsentierten Objektansicht stehen in einem eklatanten Unmöglichkeitsverhältnis zueinander: Enten fahren keine Autos; Männer haben keine Entenschnäbel; weder Männer noch Enten tragen normalerweise Matrosenanzüge; das Bild ist ein einziger ästhetischer Isotopiebruch, der jeglichen Realismusanspruch ad absurdum führt. Gleichwohl stiftet der Matrosenanzug durch die Nähe zur Semantik des Wassers gleichsam den missing link zwischen Mensch und Ente und hybridisiert auf diese Weise das eigentlich Unvereinbare.

Die Gesamtansicht der Szene setzt ihre Integrität gegen die ästhetischen Isotopiebrüche mittels überschießender Schematismen durch. Sie wirken wie eine Art Ausgleichsmechanismus, der die Isotopiebrüche und ihre gleichsam kalauernde Vermittlung und Hybridisierung auffängt. Im Fall des Donaldbildes handelt es sich bei dem überschießenden Mechanismus um das *Kindchenschema*, dem zuerst von Konrad Lorenz beschriebenen, verhaltensbiologisch verankerten und naturgeschichtlich offenbar recht alten Cluster von Schlüsselreizen, die von der Physiognomie noch pflegebedürftiger junger Tiere ausgehen. Das Kindchenschema umfasst u.a. folgende Formen: großer Kopf; große Augen; kurze, dicke Extremitäten; rundliche Körperformen; weich-elastische Oberflächenbeschaffenheit (vgl. Eibl-Eibesfeld 1969, S. 445ff.). Dieses Kindchenschema wird im Donaldbild nun nicht lediglich als Stilisierungsprinzip der gezeigten Figuren verwendet, sondern unterschiedslos auch auf das Auto übertragen. Das Kindchenschema durchtränkt das gesamte Arrangement mit einer ideellen Gesamtniedlichkeit.

Die ornamentale Organisation des Donaldbildes setzt weder – wie das realistische Bild – isolierbare Objektansichten in ein symbolisch deutbares Verhältnis, noch zeigt es – wie das abstrakte Bild – eine autonome Sichtbarkeit. Etwas ganz anderes gerät in den Blickpunkt der Aufmerksamkeit: nämlich die Beherrschung dessen, was im Rahmen zeichnerischen Gestaltens tendenziell unverfügbar ist – *die zeichnerische Geste*. Ist in der traditionellen realistischen Zeichnung die zeichnerische Geste vor allem das Medium der Referenzbildung, wird sie in der Comiczeichnung tendenziell zum Gegenstand der Darstellung. Das Virtuosentum des fehlerlosen, gestisch vollständig beherrschten Zeichnens, das offenbar ohne Korrekturbedarf eine Szene lässig aufs Papier wirft, steigert die spektakuläre Anmutung. War aber im traditionellen Virtuosentum die ins Äußerste getriebene Könnerschaft zumeist das ästhetische Alleinstellungsmerkmal, geht es in populären Kulturen um diese Könnerschaft nur als Ingredienz zur Erzeugung des packenden Effekts. Es geht in populären Kulturen um das Packende per se, was immer seine Produktionsmittel sein mögen: Figurationen des Erregenden, des Schockierenden, des Tabuisierten, des Niedlichen, des Virtuosen. Oder in Geschmacksbegriffen gesprochen: Das Scharfe, Salzige, Süße, Bittere, Kalte und Heiße – alle Qualia werden hochgetrieben. Die Rezeption populärer Kulturen geht immer knapp an der Schwelle zur Mutprobe entlang. Was immer an latenten Bereitschaften, sich packen und herausfordern zu lassen, auf seine Aktualisierung wartet: Populäre Kulturen beackern dieses Feld mit allen nötigen und verfügbaren Mitteln.

Eine bemerkenswerte Folge dieser ästhetischen Strategie ist die Konstitution eines virtuellen Systems spektakulärer Selbstreferenz, wie sich beispielhaft am Donaldbild zeigen lässt. Das Donaldbild mutet ja, bei all seinem Antirealismus, gleichwohl referenziell an, so als gäbe es außerhalb des Bildraums tatsächlich eine Welt, in der niedliche Entenmänner in knubbeligen Autos um die Ecke düsen. Das Donaldbild scheint eine Ansicht zu präsentieren, die auch unabhängig von ihm geschaut werden könnte. Aber im Zielpunkt dieser vermeintlichen Referenz ist lediglich die Objektklasse aller möglichen (und wirklichen) Donaldbilder. Die Selbstreferenz populärer Kulturen konstituiert (und stimuliert!) – und zwar gemäß ihres ästhetischen Prinzips – ein selbstähnliches Formenrepertoire. Wann immer populäre Kulturen einen Aufmerksamkeitserfolg erzielen, kristallisiert an diesem Erfolg sofort ein Konvolut ähnlicher Produkte. Jedes Faszinosum geht unmittelbar in Serie, strahlt aus, metastasiert und bezieht immer mehr Rezipienten in die spezifische Form spektakulärer Selbstreferenz ein. Auf diese Weise emergieren *Stilgemeinschaften normalisierten Spektakels*.

3. Quasivergesellschaftung

Dieses Bild populärer Kulturen ist natürlich eine vereinfachende Übertreibung der Sachlage. In Wirklichkeit liegen die Dinge weniger eindeutig und weniger drastisch: So wie die referenzielle Figuration und die referenzlose Ornamentik polare Gegensätze des Ästhetischen sind, die nicht als Einzelphänomene vorkommen, sondern immer in spezifischen Akzentuierungen zusammenwirken, so ist auch die spektakuläre Selbstreferenz populärer Kulturen weder ein absolutes Alleinstellungsmerkmal populärer Gegenstände und Praktiken, noch prägt sie sich als anwesendes *oder* abwesendes Merkmal aus. Auch vor dem Zeitalter populärer Kulturen gab es Spektakel, die sich selbst genügten (vgl. Maase 1997, S. 20ff.).

Kulturelle Gegenstände und Praktiken sind außerdem natürlich nicht nur auf Bildwelten zu beschränken. Dass das Gestaltungsverfahren, das am Donaldbild zu beobachten ist – die ästhetische Unterwerfung aller Teilmomente unter die selbstreferenzielle Gesamtgestalt – nicht nur an populären Bildern anschaulich, sondern auch an populären Klängen hörbar gemacht werden kann, ist eine These, die nicht selbstverständlich ist. Auch dass sich die populäre Literatur dieser Logik verschreiben würde, wäre zu prüfen. Was hier umstandslos als typische Verfahrensweise populärer Kulturen postuliert wird, wäre durch die verschiedenen sensomotorischen Settings zu deklinieren, die in kulturellen Zusammenhängen auftauchen. Im Übrigen haben die Gegenstände und Praktiken, die man als Beispiele für populäre Kulturen ansehen kann, natürlich immer lokale und soziale Bezüge. Populäre Kulturen verbinden sich mit politischen Geltungsansprüchen und sind in dieser Verbindung nicht nur selbstreferenziell. Und es sind nicht nur – wie das Klischee will – anpolitisierte Pubertätskrisen, die sich in populären Kulturen inhaltlich zur Geltung bringen können. Wie Marcus Kleiner an einem überraschenden und dadurch schlagenden Beispiel gezeigt hat, nämlich der popmusikalischen Selbstrepräsentation alter Menschen, können heute in den Formen populärer Kultur alle denkbaren sozialen Interessen in Szene gesetzt werden (vgl. Kleiner 2010).

Populäre Kulturen markieren gegenüber traditionellen Kulturen keine absolute Differenz. Ihrem transgressiven Charakter entsprechend durchdringen sie die regional und sozial begründeten kulturellen Praktiken wie ein neuer universeller Aromastoff, ein Geschmacksverstärker, der das Geschmacksprofil grundlegend modifiziert, ohne notwendigerweise an seinen qualitativen Bestandteilen etwas zu ändern. Populäre Kulturen sind regional und sozial begründete Ausdrucksmuster in technisch-ästhetischen Gewändern, deren Prägnanz und Reichweite ihre genetischen Dispositive sprengen.

Insbesondere an populären Musikkulturen lässt sich beobachten, wie sich in kulturell peripheren Zonen der Moderne – vorzugsweise Vorstädten und Slums – aus hegemonialer Perspektive *fremdartige* Formen mit dem Sound der Metropole hybridisieren und auf diese Weise zum selbstreferenziellen Faszinosum werden, das existenziell zu berühren scheint. Vom *Tango* um 1900 bis zum gegenwärtig sich globalisierenden *Baile Funk* lässt sich dasselbe Muster erkennen, wie aus dem unmarked space der gesellschaftlichen Exklusionszonen populäre Kulturen entstehen, deren Wucht, Breite und Varianz die etablierten Formen veralten lässt. Typischerweise lädt dieser *Vitalitätseffekt* populärer

Kulturen dazu ein, sie semantisch durch anthropologische Existenzialen zu besetzen: Sexualität und Gewalt, Liebe und Macht.

Dabei ist aber nicht zu verkennen, dass diese obligatorische semantische Besetzung gerade *keine semantische Profilierung* populärer Kulturen erlaubt. Es geht in allen populären Kulturen ,inhaltlich' um dasselbe: um individuelle und kollektive Selbstbehauptung jenseits der bürgerlichen Kultur. Weil populäre Kulturen semantisch nicht differieren, gibt es unter ihnen keine symbolisch klar bestimmbaren Grenzen. Populäre Kulturen bilden *keine* feststehenden Repertoires von Visuals, Sounds, Terminologien, Motoriken, Attitüden und Technologien, sondern ineinanderlaufende Cluster von Familienähnlichkeiten. Populäre Kulturen sind vielfältig und fuzzy. Sie entziehen sich einer genauen begrifflichen Bestimmung. Sie werden nicht gewusst, sie werden gelebt.

Durch ihren außerbürgerlichen Status und ihre gleichsam differenzlos vorkulturelle Thematik erzeugen populäre Kulturen *performative Stilgemeinschaften ohne soziale Kriterien und Obligationen.* Adressat und Akteur einer populären Kultur zu sein ist eine Art permanenter *acte gratuit.* Man erkennt sich gegenseitig in populären Kulturen typischerweise nicht in einer spezifischen sozialen Rolle, sondern primär als *Fans,* die vor allem ihre stilistische Vorliebe, darüber hinaus aber nichts Bestimmtes teilen. Populäre Kulturen können mehr vermitteln als gemeinsam geteilte Freizeit, müssen dies aber nicht. Populäre Kulturen können exklusive Ansprüche stellen, müssen dies aber nicht. Populäre Kulturen können einen lebenslangen Sinnhorizont bilden, müssen dies aber nicht. Mit einem Wort: Populäre Kulturen sind in einem irritierenden Sinn kontingent. Daher ist die klassische Deutung, die Horkheimer und Adorno im Licht der boomenden Unterhaltungsindustrie etablierten (vgl. Horkheimer/Adorno 1947), nämlich dass die Kulturindustrie den gesellschaftlichen Kitt der Spätmoderne produziere, schlicht unzutreffend. Populäre Kulturen subvertieren die bestehenden sozioökonomischen Zusammenhänge und scheinen alles Denkbare zu ermöglichen. Die gegenseitige Anerkennung qua Stilgemeinschaft, die sie ermöglichen, ist scheinhaft und notorisch unzuverlässig. Was eben noch als populäre Feier einer internationalistischen Klassenlosigkeit gelten konnte, kann morgen schon den Soundtrack rassistischer Herrenmenschenfantasien bilden (vgl. Diedrichsen).

Populäre Kulturen vermitteln *Quasi-Vergesellschaftungen.* Ihre einzig formal deutliche Verhaltensmaßgabe ist ihre spektakuläre Selbstreferenz, von der ein profaner Kultimpuls ausgeht: Wer mir dienen will, der folge mir nach; und wo ich bin, da soll mein Diener auch sein. In pünktlichem Diensteifer entwickelt sich daher im Hof der spektakulärsten Gegenstände und Ereignisse ein wildes Epigonentum, eine Cover- und Prosumentenkultur, die ihrerseits spektakuläre Züge annehmen und zum Eigenwert gefeierten Dilettantentums werden kann.

Abbildung 5: *Eine* Kirche des Donaldismus: www.donald-club.net

Am Beispiel des populären Donaldbildes lässt sich der profane Kultus populärer Kulturen gleichsam in Reinform studieren. In Abb. 5 ist die Zeichnung des Nutzers eines Online-Forums zu sehen, das sich dem Austausch der Fans des Comic-Universums von Entenhausen widmet. Insbesondere zeigen Forenteilnehmer einander die performativen Ergebnisse ihrer Verehrung vor. Typischerweise kommt es dabei zu jener Verhärtung der Stilistik, die den wahren Fundamentalisten auszeichnet: die ohnehin schon formelhaften Teilansichten der Donaldfigur, die jeder figurativen Eigenständigkeit entbehren, werden noch einmal durch eine sekundäre Formalisierungsroutine prozessiert, so dass die Zeichnung geradezu stempelartig wirkt. Die Speedlines, welche die Dynamik der Figur andeuten sollen, scheinen, ganz entgegen ihrer darstellerischen Funktion, mit dem Lineal gezogen worden zu sein. Eine derart funktionsabstrakte Mimesis ans ästhetische Vorbild ist vielleicht der radikalste Index für die performative Wirksamkeit der spektakulären Selbstreferenz populärer Ästhetik. Ganz analog ließe sich diese funktionsabstrakte Mimesis an singenden Elvis-Imitatoren zeigen oder an jugendlichen Kampfsportlern, die sich seit den Tagen Bruce Lees und bis zu den atemberaubenden Performanzen Jet Lis am typischen Ausdrucksverhalten populärer Artisten und Filmschauspieler orientieren.

Populäre Kulturen sind in ihrer semantischen Gleichförmigkeit ästhetisch äußerst heterogen, so sehr sie auch ihre spektakuläre Hybridisierung tolerieren, wie Cross-over-Phänomene belegen. Gleichwohl bilden sie kein universaltolerantes ästhetisches Kontinuum.

4. Die Erfahrung des Populären und ihre kritische Phänomenologie

In der gegenwärtigen Weltgesellschaft lässt sich das Territorium der Kultur nicht mehr nach ethnischer Herkunft und sozialem Status kartieren. Zwar bleiben ethnische Unterschiede und soziale Ungleichheit kulturell wirksam. Aber die Migrationsdynamik von Personen, Produkten und medialen Formen relativiert auf dramatische Weise die Verbindlichkeiten ethnisch bestimmter Kulturen und ständischen Geschmacks. In der inneren Peripherie der Weltgesellschaft, in den Randbezirken und Slums der modernen Megacities, entstehen aus den Versatzstücken ethnischer und ständischer Kulturen und entlang der medientechnologischen Innovationszyklen immer wieder neue populäre Kulturen des Medienzeitalters. Im Horizont ihrer Vielheit wirken eingelebte Sitten und Gebräuche, Standesdünkel und Klassenbewusstsein anachronistisch.

Wie wir uns ernähren und kleiden, wie wir arbeiten und unsere Freizeit verbringen, *können* wir nun in verschiedenen kulturellen Varianten verwirklichen, *müssen* dies nun aber auch *frei* entscheiden. Kultur wird zur individuellen Signatur. Und mit unseren mehr oder minder aufeinander abgestimmten Stilentscheidungen erzeugen wir den Eindruck einer mehr oder minder stimmigen stilistischen Selbstpräsentation unserer Person, die uns *als gekonnte oder misslungene kulturelle Performanz* persönlich zugerechnet wird.

Populäre Kulturen bilden kein homogenes kulturelles Feld, sondern fahren einander in die Parade und fordern in Konkurrenz zueinander unsere ganze Aufmerksamkeit und

Teilnahme. Einerseits kompensieren populäre Kulturen den öffentlichen Verlust ganzheitlichen Gemeintseins, den das Individuum in der Moderne erfährt. In ihrem Kontext kann die Person in der Imago des Popstars und neuerdings als aufwendig inszenierte Netzadresse virtuell zurückzukehren, nachdem sie im Zuge der funktionalen Differenzierung öffentlich kassiert und in die Privatheit der Intimbeziehung eingeschlossen wurde. Andererseits konfrontieren populäre Kulturen das Individuum permanent mit einander widersprechenden Stilisierungsimperativen.

Die Ambivalenz populärer Kulturen *zwischen kompensatorischer Stilisierung und Stilisierungsstress* motivieren reflexive Distanznahmen und den Versuch, durch formale Vergleiche und genetische Erklärungen die Stilisierungsimperative aufzuheben und Spielräume persönlicher Souveränität im Umgang mit populären Kulturen zu eröffnen.

Eine *kritische Phänomenologie populärer Kulturen* würde nicht mehr die bekannten Theoreme der Kulturkritik an je frischem Material exemplifizieren, sondern in enger Fühlung mit dem Material und seinen performativen Implikationen Praktiken populärer Kulturen nachvollziehen, gerade in ihren epigonalen, unprägnanten, aber verhärtenden und verhärteten Formen. Sie würde nachzeichnen, wie mediale Formen und Praktiken über Stilgemeinschaftsgrenzen hinweg migrieren, und zeigen, wie Stilrigidität und soziale Unverbindlichkeit heute zusammenwirken.

Kritisch wäre eine solche Phänomenologie, indem sie in ihren Forschungsergebnissen den gesellschaftlichen Schein populärer Kulturen auf den Begriff brächte und damit tendenziell neutralisierte. Zugleich stände sie im Dienst einer populären Kultur, die in ihrer transgressiven Dynamik eine residuale Utopie vermittelt. Denn wo populäre Kulturen zu sich selbst kommen, stellen sie sich deutlich wahrnehmbar als bloße Phänomenalität aus, die ihrem Publikum das größtmögliche Spektakel vorführt, *als wäre es nichts*. Wo populäre Kulturen zu sich selbst kommen, zeigen sie, dass alles nur geklaut, dass alles nur geklont ist. Stumm bedeuten sie, dass die große Erregung nur dann wahrhaft groß ist und das wahre Gefühl nur dann wahrhaft wahr ist, wenn sie sich nicht über ihre eigene Kontingenz und Konstruiertheit hinwegtäuschen.

Diese Erfahrung des Populären zur Geltung zu bringen wäre Ziel ihrer kritischen Phänomenologie.

Literatur

Adorno, Theodor W. u. Max Horkheimer (1947): „Kulturindustrie – Aufklärung als Massenbetrug", in: dies. Dialektik der Aufklärung, Frankfurt a.M.: Fischer 1988, S. 128-177.

Baudrillard, Jean (1976): Der symbolische Tausch und der Tod, m. e. Essay v. Gerd Bergfleth, a. d. Französischen v. Gerd Bergfleth, Gabriele Ricke u. Ronald Vouillé, München: Matthes & Seitz 1991.

Busche, Hubertus (2001): Was ist Kultur? 1. Teil: Die vier historischen Grundbedeutungen. In: Dialektik. Zeitschrift für Kulturphilosophie 2001, Nr. 1, 69-90.

Claessens, Dieter (1993): Das Konkrete und das Abstrakte. Soziologische Skizzen zur Anthropologie, Frankfurt a. M.: Suhrkamp.

Diederichsen, Diedrich (1993): „The Kids are not alright, Vol IV – Oder doch? Identität, Nation, Differenz, Gefühle, Kritik und der ganze andere Scheiß", in: ders.: Freiheit macht arm. Das Leben nach Rock'n'Roll 1990-93, Köln: Kiepenheuer & Witsch.

Dresdner, Albert (1915): Die Kunstkritik, ihre Geschichte und Theorie, Dresden: Verlag der Kunst, 2001.

Eco, Umberto (1972): Einführung in die Semiotik, München: Fink.

Eibl-Eibesfeld, Irenäus (1969): Grundriß der vergleichenden Verhaltensforschung, München: Pieper.

Gehlen, Arnold (1957): Die Seele im technischen Zeitalter, Frankfurt a. M.: Klostermann, 2007.

Gramsci, Antonio (1929-1935): Gefängnishefte. Kritische Gesamtausgabe, hrsg. v. Löaus Bochmann u. Wolfgang Fritz Haug, 10 Bde., Hamburg: Argument 1991ff.

Hall, Stuart (1969): „The Hippies: An American ‚Moment'", in: Julian Nagel (Hrsg.): Student Power, London, S. 170 -202.

Hecken, Thomas (1997a): „Der Reiz des Trivialen. Idealistische Ästhetik, Trivialliteraturforschung, Geschmackssoziologie und die Aufnahme populärer Kultur", in: ders. (Hrsg): Der Reiz des Trivialen. Künstler, Intellektuelle und die Popkultur, Opladen: Westdeutscher Verlag, S. 13-49.

Hecken, Thomas (1997b): Intellektuelle, Film und Popmusikkritik. Frankfurter Schule, Hitchcocko-Hawksianer, Camp, PopTheorie, in: ders. (Hrsg): Der Reiz des Trivialen. Künstler, Intellektuelle und die Popkultur, Opladen: Westdeutscher Verlag, S. 201-241.

Hecken, Thomas (2007): Theorien der Populärkultur. Dreißig Positionen von Schiller bis zu den Cultural Studies, Bielefeld: transcript.

Hügel, Hans-Otto (Hrsg.) (2003): Handbuch Populäre Kultur. Begriffe, Theorien und Diskussionen. Stuttgart: Metzler.

Kant, Immanuel (1798): Der Streit der Fakultäten, hg. v. Horst D. Brandt u. Piero Giordanetti, Hamburg: Meiner 2005.

Kittler, Friedrich (1986): Grammophone Film Typewriter. Berlin: Brinkmann und Bose.

Kleiner, Marcus S. (2010): „Help the Aged! Popmusik und Alter(n)", in: Göttlich et. al. (Hrsg.): Populäre Kultur als repräsentative Kultur. Die Herausforderung der Cultural Studies, Köln: Herbert von Halem, S. 309-328.

Kleiner, Marcus S. (2011): „Pop-Theorie. Ein deutscher Sonderweg", in: Christoph Jacke et al. (Hrsg.): Pop, Populäres und Theorien. Forschungsansätze und Perspektiven zu einem prekären Verhältnis in der Medienkulturgesellschaft, Münster: LIT.

Konersmann, Ralf (Hrsg.) (1996): Kulturphilosophie, Leipzig: Reclam.

Luhmann, Niklas (1997): Die Gesellschaft der Gesellschaft, Frankfurt am Main: Suhrkamp.

Luhmann, Niklas (1999): „Kultur als historischer Begriff", in: ders.: Gesellschaftsstruktur und Semantik. Studien zur Wissenssoziologie der modernen Gesellschaft, Bd. 4, Frankfurt a. M.: Suhrkamp, S. 31-55.

Luhmann, Niklas u. Wolfgang Hagen (2004): „Es gibt keine Biografie. Niklas Luhmann im Radiogespräch mit Wolfgang Hagen", in: Hagen, Wolfgang (Hrsg.): Warum haben Sie keinen Fernseher, Herr Luhmann. Letzte Gespräche mit Niklas Luhmann, Berlin: Kadmos.

Maase, Kaspar (1997): Grenzenloses Vergnügen. Der Aufstieg der Massenkultur 1850 – 1970, Frankfurt a. M.: Fischer.

Mader, Elke (2007): Anthropologie der Mythen, Wien: Facultas.

Pias, Claus (2002): *Computer Spiel Welten*, München: sequentia

Stollberger-Rillinger, Barbara, Matthias Puhle, Jutta Götzmann, Gerd Althoff (Hrsg.) (2008): Spektakel der Macht. Rituale im alten Europa 800 – 1800, Darmstadt: WBG.

Turner, Victor (1969): Das Ritual. Struktur und Anti-Struktur, Frankfurt am Main: Campus, 2005.

Van Gennep, Arnold (1981): Übergangsriten, Frankfurt am Main: Campus, 1981.

Wiesing, Lambert (2005): Artifizielle Präsenz. Studien zur Philosophie des Bildes, Frankfurt a.M.: Suhrkamp

Wiesing, Lambert (2008): Das Mich der Wahrnehmung. Eine Autopsie, Frankfurt a. M.: Suhrkamp.

Williams, Raymond (1976): Keywords. A Vocabulary of Culture and Society, London: Croom Helm.
Wright, Tricia (2007): American Art and Artists 8: The Depression and World War II, New York: Harper.
Žižek, Slavoj (1991): Liebe Dein Symptom wie Dich selbst. Jacques Lacans Psychoanalyse und die Medien, Berlin: Merve.

The Wire: Szenen performativer Mediatisierung

Jens Schröter

Bis Juli 2010 lief im deutschen Fernsehen die amerikanische Fernsehserie *The Wire*. Premiere hatte die, wesentlich von David Simon konzipierte, Serie am 2. Juni 2002 auf dem Pay-TV-Sender HBO in den USA. Die letzte Folge wurde am 9. März 2008 ausgestrahlt. Sie gehört – neben anderen Serien wie *The Sopranos, Deadwood, Six Feet Under* und einigen mehr – zum Bereich des neuen und durch die Kritik hochgefeierten *Quality TV*. So hätte HBO in seinem spezialisierten Nischenmarkt etwas Freiraum von dem kommerziellen Druck, der auf den großen Filmstudios lastet, und könnte daher inhaltliche und formale Experimente wagen, die – so Filmemacher Christoph Dreher (2007: 122) in der *Spex* – „alles in den Schatten stellten, was an aufregenderen Dingen in dieser Zeit im Kino passieren sollte." *The Wire* aber gilt Vielen als Primus inter Pares. Eigentlich ist die Serie, auf den ersten Blick, einfach eine in Baltimore spielende Polizeiserie, in der Tradition vieler anderer Polizeiserien. Was ist also das so Besondere daran? Sicher, sie ist gut gecastet, mit Liebe zum Detail inszeniert, aber das sind andere Serien auch. Doch: Richard Kämmerlings (2010) bezeichnete sie in der FAZ vom 14.05.2010 mit einem ziemlich kühnen Vergleich als „Ein Balzac für unsere Zeit": „Das Grundgerüst der Handlung ist die Gegenüberstellung zweier sich vielfach berührender Sphären: der Welt der Drogenbanden und der der Polizei, die vor allem mittels Fangschaltungen und dem Abhören von Telefongesprächen („wire tap") den kriminellen Strukturen auf die Schliche zu kommen versucht." Und: „Indem in jeder Staffel neue Institutionen in den Fokus geraten – die Gewerkschaften, das Schulwesen, die Kommunalpolitik, die Medien – weitet sich die Krimiserie zum Gesellschaftspanorama. Im urbanen Mikrokosmos Baltimore entsteht ein hochdifferenziertes Bild der sozialen Wirklichkeit Amerikas".[1]

Die Serie ist ein Bild der ‚sozialen Wirklichkeit Amerikas', schreibt der Kommentator. Viele dieser Aspekte sind in der *noch* nicht so reichlichen Literatur thematisiert worden: Die soziale Verelendung der vom Kapital verlassenen amerikanischen Großstädte, die daraus erwachsende Schattenwirtschaft der Drogenkriminalität und ihre Folgeprobleme, die Hilflosigkeit und Korrumpiertheit von Politik und Polizei, die Rassenprobleme und einiges mehr. Ein Aspekt hingegen ist bislang nur am Rande thematisiert worden. Die ständige und zentrale Thematisierung von *Medientechnologien*, sowohl für die, wie Kämmerlings sagt, ‚kriminellen Strukturen', wie auch für die – wie zu ergänzen ist – polizeilichen und politischen Strukturen. Die Serie heißt schon *The Wire* – bezeichnet wörtlich

---

1   Der Verweis auf Honoré de Balzac bezieht sich darauf, dass die detailgetreue, geduldige und panoramatische Inszenierung der Baltimorer Gesellschaft in *The Wire* an den ‚Realismus' des großen französischen Autors und seinen Versuch in *La Comédie humaine* erinnert, die französische Gesellschaft im Ganzen abzubilden.

also einen Draht, gemeint sind Telefon- und andere elektronische Kommunikation. In einem noch weiteren Sinn bezeichnet *The Wire* den Vorgang des Abhörens, wie die für diesen Vorgang notwendigen juristischen Genehmigungen. Der Titel ist zugleich technologisch, polizeilich und juristisch.

These ist: Einer der Gründe, warum *The Wire* offenbar (zumindest Teile) des gegenwärtigen Publikums so anspricht ist, dass die Serie einen wichtigen Punkt der, wie Kämmerlings sagt, ,Wirklichkeit' oder sagen wir – mit Luhmann – der *Selbstbeschreibung* heutiger Gesellschaft trifft (oder eine Beschreibung produziert, die mit der Alltagserfahrung der Zuschauer mindestens kompatibel ist). Nämlich ihr Selbstverständnis als durch und durch von Medien abhängige, von Medien geprägte und in diesem Sinne: *mediatisierte* Gesellschaft. Sie zeichnet das Bild einer, so eine beliebte Selbstbeschreibungsformel, ,Netzwerkgesellschaft' (vgl. z.B. Castells 2003; vgl. zur gesellschaftlichen Selbstbeschreibung mit und durch Fernsehen auch Bartz 2007: 161-195), in der Menschen Glieder in größeren Ketten und ständig performativ erneuerten wie destabilisierten ,Strukturen' sind, deren andere Glieder auch von Technologien gebildet werden. Um Missverständnisse zu vermeiden: Nicht *The Wire* selbst soll hier als performativ verstanden werden, sondern es geht um die Inszenierung der Performativität von Medien in *The Wire*.

Der Anschluss an die Leitfrage des vorliegenden Bandes besteht also darin, zu beobachten wie eine Fernsehserie die sich in ständiger Bewegung befindlichen Medienpraktiken von Dealern und Polizisten beobachtet. Sie versteht ,Medien' nicht als einmal gegebene Entitäten, sondern als Prozesse. Darin ähnelt sie bestimmten wissenschaftlichen Beschreibungsweisen – ein Bezug, der in einem *close reading* herausgestellt werden soll. In Teil 1) werden einige theoretische und methodische Grundannahmen bezüglich der Performativität der Mediatisierung, sowie ihrer medialen Reflexion umrissen. In Teil 2) möchte ich, soweit das im Rahmen eines solchen Textes möglich ist, durch eine Analyse einiger kleiner Teile von *The Wire* meine These erhärten. Dabei wird es auch darum gehen, wie die von der Serie produzierten Semantiken populärkulturell *angeeignet* werden. An dieser Formulierung sieht man bereits, dass der vorliegende Text an ein Verständnis von Populärkultur als alltäglichem Aneignungsprozess im Sinne der Cultural Studies (und näherhin John Fiskes) anknüpft.[2] In Teil 3) folgt ein kurzes Fazit.

1. Theoretische Anmerkungen

Eben wurde von der ,Selbstbeschreibung' zumindest der westlichen Gesellschaften als ,mediatisierten Gesellschaften' gesprochen. Zumindest im Diskurs der Medienwissenschaften scheint das eine lang bekannte Plattitüde zu sein. ,Medien bestimmen unsere Lage' betonte schon Friedrich Kittler (1986: 3) und Jean Baudrillard (1978) sah die Wirklichkeit endgültig in der massenmedialen Simulation verschwinden. Dass Medien, ver-

---

2   Zu Fiske vgl. Schröter (2005). Zur Differenzierung der Begrifflichkeit Pop/Populärkultur etc. vgl. Kleiner (2011). Der von Kleiner ausführlich diskutierte Strang der ,deutschen Pop-Theorie' spielt hier keine Rolle.

standen als Technologien der Übertragung, Speicherung, Verarbeitung und Präsentation von Information, nicht bloße Mittel sind, sondern an der Produktion von Wirklichkeit, Gesellschaft, Kultur mindestens einen signifikanten Anteil haben, scheint bekannt zu sein. Doch sind die globalen Thesen Kittlers oder Baudrillards meist unbefriedigend, da sie wenig analytische Kraft im Detail entfalten. Sie sind statisch und gehen von unbefragten Dichotomien aus: Es gibt irgendwo ,die Medien' oder ,die Simulation', die dann auf ,die Gesellschaft' (oder ,die Lage') einwirken. Außerdem leiden sie an logischen Problemen: Wenn ,die Medien' die Lage bestimmen, wird unklar woher die Medien kommen und warum sie welche Form haben. Wenn die Simulation die Wirklichkeit auslöscht, bekommt die Simulation eben jenen Status des wirklich Wirkmächtigen, die Umkehrung der Opposition von Wirklichkeit und Simulation entkräftet sie nicht (vgl. schon Tholen 1994: 117).

Es ist daher vielleicht kein Zufall, dass sich gegenwärtig andere theoretische Beschreibungsmodelle größerer Beliebtheit erfreuen – v.a. die Akteur-Netzwerk-Theorie (im Folgenden = ANT, vgl. Belliger/Krieger 2006). Es ist hier nicht der Platz, um auf die Genese, Spielarten und Probleme dieses Ansatzes einzugehen. Entscheidend ist v.a., dass sie statt großer, globaler Thesen die detaillierte, historische oder medienethnographische, Untersuchung konkreter *Prozesse* der Vernetzung, wie sie sagt, *menschlicher und nicht-menschlicher Akteure* durchführt (schon Latours frühe Studie *Science in Action* verweist mit ihrem Titel auf diesen prozessualen Charakter). Weder bestimmen die Medien die (soziale) Lage, noch umgekehrt. Beides kann dann und wann der Fall sein. Auch der gegenwärtig diskutierte[3] und bereits den Prozesscharakter anzeigende Begriff der ,Mediatisierung' weist in diese Richtung (vgl. Livingstone 2009; Lundby 2009). Es geht um *Prozesse*, in denen Menschen und Medien gleichermaßen irreduzibel sind.

Diese Betonung des *Prozessualen* und daher stets in Veränderung befindlichen und niemals einseitig auflösbaren Charakters dieser Verbindungen menschlicher und nicht-menschlicher Akteure ist anschließbar an die Diskussion um die *Performativität*. Es ist weder nötig, noch möglich, diese Diskussion hier mit der gebührenden Sorgfalt darzustellen (u.a. Butler 1997; Fischer-Lichte/Wulf 2001; Wirth 2002; Krämer 2004; Hempfer 2011). *Eine* Bedeutung von ,Performativität' ist der grundsätzliche Hinweis darauf, dass Entitäten immer nur im Vollzug von Handlungen bzw. Akten existieren. D.h. die scheinbare Stabilität von Entitäten ist keine ontologische Voraussetzung von Praxis, sondern vielmehr muss diese Stabilität durch immer weiter anschließende Handlungen bzw. Akte stets aufs Neue stabilisiert werden. Zugleich öffnet diese ständige Wiederholung den Raum für Abweichungen bzw. für eine unvermeidliche Destabilisierung (vgl. Butler 1997: 35-41). Wenn man ,Performativität' so fasst, kann man auch die immer nur vorübergehend stabilisierten und in ständiger Transformation begriffenen Netzwerke menschlicher und nicht-menschlicher Akteure als performativ bezeichnen.

The Wire ähnelt solchen gegenwärtigen, theoretischen Selbstbeschreibungen der Gesellschaft als performativ mediatisierter. Diese Serie ist eine medienästhetische Form

---

3 Vgl. http://www.mediatisiertewelten.de/, 19.05.11.

dieser Selbstbeschreibung und Selbstbeobachtung (es mag andere geben). Das ist nicht so abwegig. Niklas Luhmann[4] schreibt: „Die Funktion der Massenmedien liegt [...] im Dirigieren der Selbstbeobachtung des Gesellschaftssystems [...]". Luhmann spricht auch von einem „Systemgedächtni[s] [...], das für alle weiteren Kommunikationen eine Hintergrundrealität bereitstellt, die durch die Massenmedien ständig reimprägniert wird." Massenmedien liefern „Welt- und Gesellschaftsbeschreibungen, an denen sich die moderne Gesellschaft innerhalb und außerhalb des Systems der Massenmedien orientiert." Konkret passiert das, indem es zu einer „rekursiven Vernetzung der Massenmedien-Kommunikation mit der alltäglichen Kommunikation in den Interaktionen und Organisationen der Gesellschaft" kommt (Luhmann 1996: 173, 174, 176). Dabei zeigt der Verweis auf die ‚alltägliche Kommunikation', warum Fernsehserien ein interessanter Gegenstand sein müssten, um derartige Prozesse zu beobachten, sind sie doch dank ihrer seriellen Struktur in besonderem Maße in die Rhythmen des *Alltags* eingebettet. Und: weil sie *Serien* sind, können sie im besonderen Maße die *zeitlich ausgedehnten* performativen Prozesse der Mediatisierung inszenieren und erzählen – anders als Filme, die zeitlich beschränkt bleiben. Solche Serien schaut man übrigens nicht zwingend im Fernsehen, Woche zu Woche im Serientakt. Zunehmend werden sie auf DVD distribuiert und – jedenfalls manchmal – im *Home Cinema* genossen. So kann man mehrere Folgen hintereinander sehen und den komplexen seriellen Verzweigungen folgen – die Episoden sind (zumindest bei vielen neueren Serien wie *The Wire*, *Lost* oder *The Sopranos*) ja nicht geschlossen. Vielleicht ist *The Wire* in diesem Sinne gar keine Serie mehr, sondern vielmehr ein einziger, 60 Stunden langer Film (vgl. Mittell 2011). Vielleicht ist das die aktuell wichtigste Form der Filmkultur: Der *Makro-Film* – lang genug, um komplexe soziotechnische Selbstbeschreibungen ästhetisch inszenieren zu können. Das wäre eine steile These: Solche Formen sind entstanden, damit Selbstbeschreibungen der Gesellschaft als mediatisierter möglich werden.[5] Vielleicht stellen solche Serien genau in diesem Sinn ‚alles in den Schatten was an aufregenderen Dingen in dieser Zeit im Kino passieren sollte'.

---

4   Niklas Luhmanns (1996: 17) operativer Konstruktivismus scheint nicht recht zur Debatte über das ‚Performative' (vgl. Werber 2002) und schon gar nicht zur ANT zu passen, obwohl er immerhin ‚operativ' ist und insofern eine gewisse Nähe zum Begriff der ‚Operationskette' in der ANT (vgl. Schüttpelz 2006: 91-96; 2008) und damit auch zur Rolle der Performativität zu bestehen scheint. Interessant für den vorliegenden Zusammenhang ist v.a. seine Beschreibung der Massenmedien als Instanzen der ‚Selbstbeschreibung' der Gesellschaft (vgl. auch Kleiner 2006). Hier sei dieser Aspekt von Luhmanns Ansatz parallel geführt mit den Überlegungen zur performativen Netzwerkbildung, auch wenn methodische Probleme bestehen mögen, die in einer längeren Ausarbeitung diskutiert und – wenn möglich – aufgelöst werden müssten.

5   Die Frage, wie in Fernsehserien die Selbstbeschreibung der Gesellschaft als mediatisierter inszeniert wird und welche Rolle die so produzierten Semantiken haben, ist Gegenstand des vom Verfasser (zusammen mit Prof. Dr. Lorenz Engell, Bauhaus Universität Weimar) geleiteten Forschungsprojekts „Die Fernsehserie als Reflexion und Projektion des medialen Wandels" im Rahmen des DFG-SPP 1505 „Mediatisierte Welten" (10/2010-10/2014).

2. The Wire

The Wire ist äußerst komplex angelegt, sodass selbst eine Betrachtung, die nur den Aspekt der Mediatisierung fokussieren wollte, in der nötigen Ausführlichkeit hier nicht erfolgen kann.[6] Ich möchte im Folgenden nur zwei Aspekte aufzeigen: a. Es soll durch ein Close Reading des Vorspanns der ersten Folge von *The Wire*, genannt: *The Target*, gezeigt werden, wie die Serie eine Verkettung menschlicher und nicht-menschlicher Akteure und damit die kriminologisch-juristische Produktion von Referenz inszeniert. Dabei steht die *audiovisuelle Montage* im Mittelpunkt; b. Soll beispielhaft gezeigt werden, wie die Performativität heterogener Netzwerke *erzählt* wird.

a

Ein Wort zu den Vorspännen von *The Wire*: Sie ändern sich für jede Staffel, schon auf der Ebene der Musik, die für jede Staffel neu ist, aber auch die visuelle Komposition ändert sich: Einige Sequenzen bleiben erhalten, neue kommen dazu, andere verschwinden. Ich habe den Vorspann der Episode 1.1 – die erste Zahl bezieht sich auf die Staffel, die zweite auf die Episode – ausgewählt, weil dieser direkt zu Beginn der Serie demonstriert, wie es sich mit den performativen Netzwerkbildungen in der mediatisierten Gesellschaft verhält. Der Vorspann ist 1 Minute 35 Sekunden lang und besteht aus 63 Einstellungen. Er soll im Detail betrachtet werden, wobei ich einige Einstellungen überspringe, um die Darstellung konzentriert zu halten.

 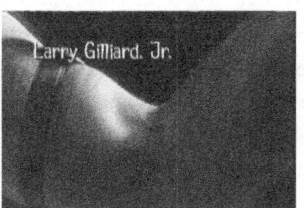 

Abbildung 1-3: Screenshots *The Wire*

Abbildung 1: Zwei dunkelhäutige Personen sind angeschnitten zu sehen, eine Person hat weiße Kapseln in der Hand – es werden offenbar Drogen verkauft.
Abbildung 2: Ein angewinkelter, abgebundener Arm, jemand konsumiert die Drogen.
Abbildung 3: Eine Hand fällt auf das Pflaster, die Drogenkapseln fallen heraus, vielleicht ist jemand gestorben an einer Überdosis. Die Großeinstellungen, die persönliche Identifizierbarkeit blockieren, erlauben Verallgemeinerungen. Das ist wichtig: In den Vorspännen stehen fast nie identifizierbare Personen, gar ‚Helden‘, im

---

6 Eine ausführliche Darstellung mit einem etwas anderen theoretischen Schwerpunkt findet sich in Schröter (2012).

Vordergrund. Jason Mittel (2009: 435) bemerkt zu *The Wire*: „The characters are obscured and abstracted into a series of unit operations". Schon die Wahl des Ausschnitts also legt eine andere Gewichtung menschlicher Protagonisten – die z. B. gegenüber den nicht-menschlichen Akteuren der Drogenkapseln machtlos sind nahe.

Abbildung 4: Ein Polizeiwagen fährt ins Bild, ein Akteur ohne den die Polizei keine Handlungsmacht erlangen könnte. Er steht metonymisch für die Polizei, die auf den Vorfall reagieren muss.

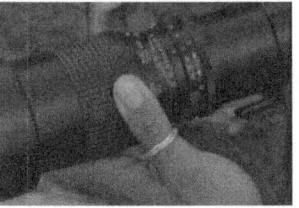

Abbildung 4-6: Screenshots *The Wire*

Abbildung 5: Ein Blick durch einen Zaun auf einen Platz, auf dem – wie die folgenden Einstellungen klarmachen – vielleicht Drogen gehandelt werden. Ein Auto parkt auf dem Bürgersteig.

Abbildung 6: Eine Kamera ist zu sehen, am Zoom wird gedreht.

Abbildung 7: Der Blick, von dem wir jetzt zumindest vermuten können, dass er der eines zur Überwachung genutzten Fotoapparates ist, zoomt durch das Gitter auf das Auto, ein Klickgeräusch und das Bild ist ein Standbild, s/w. Ein Überwachungsfoto, auch angezeigt durch die ostentativ sich ins Bild schiebenden Äste, was darauf verweist, dass Überwachungsfotos oft in unübersichtlichen Situationen aus ungünstigen Blickwinkeln aufgenommen werden müssen. Die Fotografie erscheint hier deutlich als Technologie zur ‚Speicherung' (und mithin mutmaßlich der ‚Übertragung') von Information. Die visuelle (evtl. von verbalen Zusätzen begleitete) Information über die Dealer wird übertragen – wohin? Die nächste Einstellung zeigt es.

Abbildung 7-9: Screenshots *The Wire*

Abbildung 8: Andere Fotos werden auf einen Tisch geworfen, vielleicht in einem Büro oder Verhörzimmer. Die Bilder verdächtiger Autos und Personen sind also vom Außen in ein polizeilich-bürokratisches „Rechen(schafts) zentrum" (Schüttpelz 2009: 86) transferiert worden.

Abbildung 9: Das nächste Bild zeigt wieder Fotos, mutmaßlich von Kriminellen, auf eine Art Erfassungsbogen, einem Formular bürokratischer Macht. Die Bilder sind nur operativ, wenn sie Namen und Daten zugeordnet werden können. Nur so können Verdächtige verfolgt werden.

Abbildung 10: Zwischenschnitt: Eine verglimmende Zigarette. Dieses Bild wird sich erst gleich erschließen.

Abbildung 11: Eine Mappe mit Unterlagen und weiteren Formularen, zusammengehalten durch eine Art Klammer, wird auf einen Bürotisch geworfen. Die Formulare werden in größeren Einheiten gesammelt. Zu diesen gehört neben Mappen natürlich auch die Akte, die Cornelia Vismann (2001) als für das ‚Recht' unverzichtbaren Akteur dechiffriert hat.

Abbildung 10-12: Screenshots *The Wire*

Abbildung 12: Die nächste Einstellung zeigt eine kurze Nahaufnahme auf eines der vielleicht in Mappen und Akten gesammelten Formulare: ‚Order Authorizing Wiretap' ist lesbar. Aus Straftaten wie Drogenverkauf und seinen Folgen wie Drogentoten und den daraus folgenden medialen Übersetzungsschritten, die mit Überwachungsfotos und deren Einordnung in kriminologische Raster, Mappen und Akten operieren, werden juristische und damit auch politische Ermächtigungen, Verdächtige abzuhören: *The Wire*. Das Abhören dient dazu, den Verdacht, der sich aus der Übersetzungskette ergibt, an seinen Ursprung, die Dealer auf dem Platz, zurückverfolgen zu können, um weiteres Wissen zu akkumulieren.

Es sei an dieser Stelle mit dem Close Reading kurz innegehalten, um die auffällige Ähnlichkeit des Vorspanns von *The Wire* zu Theoremen der ANT zu unterstreichen.

Abbildung 13: Zeigt ein Schema aus einem Text von Madeleine Akrich und Bruno Latour (2006: 404). Es soll die Verkettungen zwischen menschlichen und nicht-menschlichen Akteuren illustrieren. Der Vorspann von *The Wire* zeigt bildlich ebenfalls eine Kette aus menschlichen und nicht-menschlichen Akteuren.

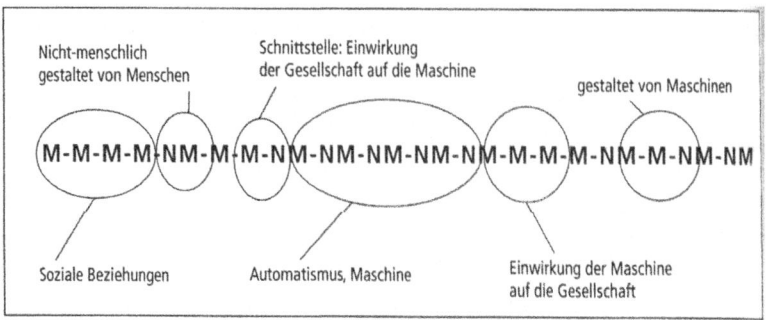

Abbildung 13: Schema Akrich / Latour (2006: 404)

Diese Übersetzungs- oder ,Operationskette' (vgl. Schüttpelz 2008)[7] wird in dem Vor-spann buchstäblich in Form einer ,foto-philosophischen Montage', wie Bruno Latour (1996b) seinen Aufsatz zum *Pedologenfaden von Boa Vista* untertitelt hat, inszeniert.[8] Latour zeigt dort am Beispiel der Wissensproduktion über den Amazonas-Wald, wie Wissenschaftler durch mediale Übersetzungsketten *zirkulierende Referenz*, d.h. zurück-verfolgbares Wissen über Amazonas-Böden produzieren. Aus dem Amazonas-Boden wird am Ende ein Stück Papier – und ausgehend von diesem Papier müssen zukünftige Bodenforscher zumindest im Prinzip die Möglichkeit haben, alle Übersetzungsschritte wieder zurückzuverfolgen, um die in dem Papier materialisierte Hypothese zu prüfen und ggf. korrigieren zu können. Ähnlich produziert die Polizei zwischen Politik und Justiz durch mediale Übersetzungsketten Wissen über Straftäter und die Strukturen krimineller Organisationen – an deren Ende aus Straftätern auch ein Stück Papier (z.B. eine Anklageschrift) wird. Weder die ,Fotografie an sich', noch eine medien- und tech-nikfreie ,Justiz und/oder Politik an sich', bzw. die mit Justiz und Politik befassten Men-schen produzieren das Wissen, sondern nur solche Ketten aus menschlichen (Drogen-dealer, Polizisten, Abhörspezialisten, Rechtsanwälte) und nicht-menschlichen Akteuren (Drogen, Spritzen, Fotoapparate, Formulare, Computer, Schreibtische, Büros, Gefäng-nistüren etc.). Genauer noch zeigt der Vorspann, die ganze Serie metonymisch verdich-tend, dass ,Politik' und ,Justiz' keine abstrakten, stabilen Strukturen sind, sondern stets performativ wieder neu hergestellt werden müssen.

---

7   Schüttpelz (2006: 92) betont – im Anlehnung an die ANT – ausdrücklich die Performativi-tät der Medien, wenn er schreibt: „[S]chließlich werden Medien nur in ihrem operativen Ge-brauch zu Medien".

8   Würde man die Fotos aus Latours Aufsatz aneinander montieren und mit Musik unterlegen, käme etwas Ähnliches wie der Vorspann von *The Wire* heraus.

  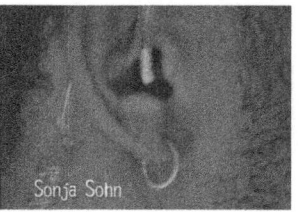

Abbildung 14-16: Screenshots *The Wire*

Im Sinne *zirkulierender Referenz* ist es im Vorspann von *The Wire* nur konsequent, dass es vom Papier, das die Abhörerlaubnis enthält, in der nächsten Einstellung wieder *zurück* zu den Drogendealern geht.

Abbildung 14: Ein Münztelefon, jemand steht auf und telefoniert.

Abbildung 15: Großaufnahme auf die blockförmige Tastatur, deren Anordnung, wie man später in Staffel 1 lernt, von den Dealern zur Verschlüsselung ihrer Botschaften genutzt wird. Dies ist wichtig: eine Tastatur, die eigentlich zum Herstellung ganz normaler Telefonverbindungen genutzt werden soll, wird im Zusammenhang mit Pagern[9] und einem einfachen, auch für, von den Segnungen des amerikanischen Bildungssystems[10] unberührten, Dealer beherrschbaren Codierungssystems zu einem Geheimkanal, der zunächst den kryptoanalytischen Künsten der Polizei trotzt. Die Andeutung dieser Zweckentfremdung – in der einzelnen Einstellung des Vorspanns freilich zu Beginn noch nicht erahnbar – evoziert einen weiteren wichtigen Grundsatz der ANT: „[D]er Kampf um die Re-Definition von Zwecken und Mitteln, die von Michel Serres im ‚Parasiten‘ beschriebene ‚wechselseitige Zweckentfremdung‘ ist der Normalfall aller technischen und organisatorischen Erfindungen, Transfers und Adaptationen [sic], und der technischen und organisatorischen Machtkämpfe, Kompromisse und Aushandlungen" (Schüttpelz 2006: 95). Genau von solchen ‚technischen und organisatorischen Machtkämpfe[n], Kompromisse[n] und Aushandlungen‘ handelt *The Wire* unaufhörlich. Zurück zur Einstellung: Ein Kabel – *wire* – führt ins Off.

Abbildung 16: Nächste Einstellung: ein Kabel führt ins Bild an das Ohr eines menschlichen Akteurs, ein polizeilicher Mithörer, die Kamera schwenkt nach rechts

---

9 Episode 1.5 heißt schlicht „The Pager" – *The Wire* dreht sich eben v.a. um Medien und ihre Gebrauchsweisen.

10 Die 4. Staffel von *The Wire* rückt dieses Bildungssystem ins Licht – und seine Schwierigkeiten Jugendliche vom schiefen Weg in die Drogenszene abzubringen.

Abbildung 17-19: Screenshots *The Wire*

Abbildung 17: Und da ist sie wieder: die Zigarette. Sie ist Bild für die Zeit, das geduldige Warten des polizeilichen Personals auf das entscheidende Telefonat, den entscheidenden Fehler – aber auch auf die zeitraubenden bürokratischen Prozeduren. Die menschlichen Akteure sind nicht verzichtbar, denn sie allein haben (noch?) die Fähigkeit zu semantischen Unterscheidungen, die (mit viel Geduld) aus dem unwichtigen Gerede der Verdächtigen die entscheidenden Informationen herausfiltern.

Abbildung 18-21: Doch nur durch Einbindung der nicht-menschlichen Akteure, den medientechnologischen Apparaturen, gelingt diese Produktion von Referenz. Das Gespräch wird abgehört und analysiert.

Abbildung 22: Der Verdächtige hängt auf, die Information hat gereicht, das Warten hat sich gelohnt.

Abbildung 20-22: Screenshots *The Wire*

Abbildung 23: Jetzt kann die selbst verkabelte Polizei einschreiten. Das gezeigte Bild kondensiert auf pointierte Weise die Rolle nicht-menschlicher Akteure im heterogenen Kollektiv ‚Polizei': eine Dienstmarke, die an einen Körper angeheftet eine Person als Polizei ausweist; ein Schlüsselbund, unverzichtbar zur Öffnung und Schließung von Handschellen oder Türen, die ggf. menschliche Akteure gezielt ihrer Handlungsmacht berauben; im Hintergrund liegen wahrscheinlich wieder Formulare oder Karten, die für symbolische Zirkulation unverzichtbar sind; und schließlich läuft ein Kabel durch das Bild, das auf die unumgänglichen Verhör-Technologien verweist.

Abbildung 24: Die Handschellen werden von einem Polizisten mit Schlüsseln geschlossen – der Verdächtige wird der Handlungsmacht beraubt: Eine Person wird verhaftet.

Abbildung 23-25: Screenshots *The Wire*

Ähnlich wie es Latour beschreibt: Wissen über ein Außen wird gesammelt mit medialen Technologien, in ein Rechen(schafts)zentrum, also die bürokratischen Zentralen von Polizei und Justiz gebracht und vor dort aus gehen Informationen, Befehle, Personen wieder ins Außen, um dieses eben kontrollieren und beherrschen zu können (vgl. Schüttpelz 2009). Ist also der Sieg des juristisch-politisch-techno-medialen Netzwerks namens *Polizei* über die, wie *The Wire* über die Staffeln en detail entfaltet, nicht anders zusammengesetzten Netzwerke namens *Verbrechen* oder näherhin: *organisierte Kriminalität* unausweichlich? Nein, die nächsten beiden Einstellungen zeigen, dass *The Wire* von einem solchen simplen Modell, wie es z.B. die Fernsehserie *Tatort* reguliert, weit entfernt ist.

Abbildung 25: Eine Überwachungskamera, Inbegriff der mediatisierten Kontrollgesellschaft, doch in der nächsten Einstellung, die aus dem Blick dieser Kamera aufgenommen wurde, (Abb. 26) wirft eine Person, wir lernen später: ein Dealer, einen Stein auf die Kamera, die dadurch beschädigt wird. Der Kampf geht also weiter – zumal, wie die letzten Einstellungen des Vorspanns zeigen, trotz aller (Abb. 27) Mensch-Technik-Hybridisierungen und (Abb. 28) avancierter Analyseverfahren am Ende (Abb. 29) die *Störung* lauern kann, bei der alle gewünschten Informationen im Rauschen verschwinden.

Abbildung 26-28: Screenshots *The Wire*

b

Der Kampf geht weiter. In der Tat. Wenn man aus der audiovisuellen Montage des Vorspanns in allgemeiner Weise die irreduzible Vernetzung menschlicher und nicht-menschlicher Akteure in Netzwerken herauslesen kann, so wird in den verschiedenen Staffeln die unaufhörliche performative *Entfaltung* dieses Prozesses zwischen Polizei und organisierter Kriminalität erzählt. Das zeigt sich schon an der formalen Entscheidung, dass die einzelnen Episoden nicht abgeschlossene Fälle erzählen, die am Ende – dank Technik und Recht – gelöst werden. Dieser Ideologie einer immer operativen Staatsmacht verweigert sich *The Wire*. Dies ist ein tiefgreifender ästhetischer Unterschied gegenüber der gewöhnlichen Polizeiserie. Es gibt nur übergreifende Handlungsbögen, die immer weitergehen, sich transformieren und verzweigen. Einzelne Kriminelle gehen regelmäßig in die Fänge, die kriminellen Strukturen überleben aber. Doch das ist auch kein pessimistisches Weltbild einer ,anthropologischen' Unausrottbarkeit des Bösen – denn die kriminellen Strukturen überleben stets nur transformiert, durch permanente Umstellung ihrer ,Operationsketten'.

Es wäre hochinteressant die verschiedenen Transformations-Serien des Kampfs zwischen den polizeilich-techno-juridischen Netzwerken und den kriminellen Netzwerken nachzuzeichnen, doch dafür reicht der Platz nicht (vgl. Schröter 2012). Es sei nur auf die fünfte Staffel hingewiesen: Eigentlich hat die Polizei gar keine Erlaubnis und folglich kein Geld für eine Abhöraktion. Einige der beteiligten Personen, insbesondere der als gelegentlich obsessiv gezeichnete Detective McNulty, sind aber nicht zufrieden damit, dass die Verfolgung bestimmter hochrangiger Krimineller nicht fortgeführt werden kann. Also erfindet McNulty anhand getöteter Obdachloser, deren Leichen er entsprechend manipuliert, die Geschichte eines Serienkillers – er produziert scheinbare Evidenzen. Diese werden von einem frustrierten Redakteur der Zeitung *Baltimore Sun*, der dringend eine sensationelle Meldung braucht, um sich in der Redaktion durchzusetzen, aufgegriffen und werden so bald zur medialen und damit auch politischen Realität. Die Fiktion des Serienkillers wird buchstäblich zu einem Akteur sui generis, der Handlungsmacht nicht nur eröffnet, sondern gerade erzwingt: Die Politik sieht sich unter Druck gesetzt und so bekommen die Detektive Geld für die Verfolgung der Fiktion. Einen Teil davon zweigen sie mit manipuliertem Paperwork ab, um die Drogengang von Marlo Stanfield – illegal – abzuhören. Doch es wird auf den Handys nur Belangloses geplaudert. Allerdings gibt es ab und zu Telefonate ohne Gespräch. Das Rätsel ist groß. Also muss über die Serienkiller-Medieninszenierung neues Geld mobilisiert werden für eine Überwachungseinheit, die mit Überwachungskameras gleichsam medienethnographisch die situierten Praktiken der Dealer mit ihren Handys beobachtet. Man stellt fest: Während der leeren Gespräche halten die Dealer die Handys nicht an ihr Ohr, sondern weit von sich weg – sie fotografieren etwas mit den Handykameras und übermitteln diese Daten. Man muss also gar nicht nach Klängen, sondern nach Bildern suchen. Wie sich dann herausstellt, schicken sich die Mitglieder der Gangs (Abb. 30) Fotos von Uhren.

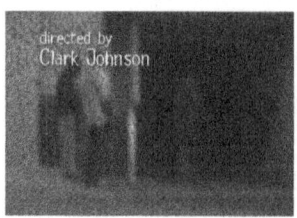  

Abbildung 29-31: Screenshots *The Wire*

Doch wieder gehen die Dechiffrierungsversuche der Ermittler zunächst ins Leere. An den Uhrzeiten auf den übermittelten Fotos geschieht nichts Signifikantes. Eher per Zufall stellt sich heraus: Der Zeigerstand der fotografierten Uhren gibt keine Uhrzeit, sondern Koordinaten auf bestimmten Karten von Baltimore an, also: räumlich lokalisierte Treffpunkte. Die verfolgte Gangsterbande hat ein Zeit- in ein Raummedium umdefiniert – wieder ein Beispiel für die konstitutive Zweckentfremdung des Technologischen. *The Wire* thematisiert in der fünften Staffel also reflexiv die Rolle der Erzählung und der Massenmedien (Zeitung) in der performativen Produktion von Realität. Damit werden situierte Medienpraktiken inszeniert – die Umnutzung von Uhren als Medium für Raumkoordinaten auf Karten und zugleich als Mittel der Verschlüsselung der Botschaften. Im *Tatort* z.B. wird die Praxis der Polizei anders dargestellt: Dort zwingen (meistens) am Ende gute Menschen schlechte Menschen zu Geständnissen (anthropozentrisches Modell). In *The Wire* stehen aber nicht heldenhafte Protagonisten im Mittelpunkt, sondern sie erscheinen als Teile von mediatisierten Netzwerken. Oder wie es Jason Mittell (2009: 430) ausdrückt: „[T]he point of emphasis is much more clearly on institutions than individuals." (Abb. 31) Im Vorspann der ersten Folge der 5. Staffel sieht man einen der Protagonisten, den Politiker Thomas Carcetti, der in Reaktion auf die für ihn politisch ungünstige Fiktion des Serienkillers – die er für real hält – der Polizei mehr Geld zukommen lässt. Doch statt einem strahlenden Gesicht, z.B. während eines glorreichen Auftritts, sieht man nur, wie er sich gerade abwendet – die Mikrofone bleiben zurück. Von ihnen führen Kabel, Drähte, *wires* zu den Lautsprechern, ohne die kein Redner in Massengesellschaften mehr operieren könnte (vgl. Epping-Jäger 2003 pointiert am Beispiel Adolf Hitlers). Auch die Politik existiert nur als mediatisierte, ständig neu performativ in und mit Medien produzierte. Ähnlich wie die ANT an die Stelle globaler Großthesen die – oft ethnographisch verfahrende – „minutiöse [...] Nachzeichnung der Organisation" (Schüttpelz 2006: 92) von Operationsketten setzt, so verfährt *The Wire* quasi fiktiv-ethnographisch in der Nachzeichnung der Operationsketten, aus denen Größen wie ‚die Polizei', ‚das Verbrechen' oder ‚die Politik' (u.a.) hervorgehen.[11] Man kann Huck und Zorn (2007b: 29), die von einem systemtheoretischen Blickpunkt aus argumentieren, durchaus zustimmen, dass u.a. „Fernsehserien [...] sehr schnell auf gesellschaftliche Veränderungen [...] zu reagieren verm[ögen] und über genrespezifische Mittel verfüg[en], dies [...] in ebenso allgemeinverständliche wie amplifizierende und aufmerksamkeitsträchtige Bilder, Konfliktsituationen und Szenarien zu übersetzen. [So] scheint die moderne Gesellschaft [...] eine Form ihrer Selbstbeschreibung gefunden zu haben, die es erlaubt, ihre Entwicklungsmöglichkeiten sowie alternative Verläufe zeitnah ‚durchzuspielen'."

The Wire ist u.a. eine audiovisuelle Inszenierung der Selbstbeschreibung der Gesellschaft als mediatisierte Netzwerk-Gesellschaft. Heißt das am Ende ernüchternd

---

11 Die Idee, derartige Fernsehserien als eine Art Quasi-Ethnographie zu beschreiben, schlug Gabriele Schabacher in einem Vortrag zu der amerikanischen Fernsehserie *Mad Men* auf dem Workshop „Die Fernsehserie als Reflexion und Projektion des medialen Wandels II" am 08.04.2010 in Siegen vor.

nur, dass sie eine Realität einfach abbildet und in diesem platten Sinne ‚realistisch‘ ist? Oder will man sich gar zu der, mindestens kühnen, Aussage versteigen, die MacherInnen der Serie wollten gewissermaßen die Akteur-Netzwerk-Theorie verfilmen? Ich denke, und das wäre die Schlusspointe meiner These, man beschreibt eine solche Fernsehserie am Besten als *Teil* der unaufhörlichen Mediatisierungsprozesse.

Man könnte sich sogar zu dem radikal umgekehrten Schluss versteigen – und die *Konjunktur*[12] von Theorien, die Gesellschaft als prozessuale Vernetzung von menschlichen und nicht-menschlichen Akteuren beschreiben als Effekt solcher massenmedialer Inszenierungen beschreiben. Schließlich bemerkt Luhmann in der weniger bekannten Fußnote zu seinem sehr bekannten ersten Satz aus *Die Realität der Massenmedien* „Was wir über unsere Gesellschaft, ja über die Welt, in der wir leben, wissen, wissen wir durch die Massenmedien": „Das gilt auch für Soziologen, die ihr Wissen nicht mehr im Herumschlendern und auch nicht mit bloßen Augen und Ohren gewinnen können. Gerade wenn sie die sogenannten empirischen Methoden anwenden, wissen sie immer schon, was sie wissen und was sie nicht wissen – aus den Massenmedien" (Luhmann 1996: 9).

Aber auch, wenn man eine derartige These als absurd verwerfen wollte, bleibt ja noch die Frage nach der – es wurde schon zitiert – ‚rekursiven Vernetzung der Massenmedien-Kommunikation mit der alltäglichen Kommunikation in den Interaktionen und Organisationen der Gesellschaft‘. An genau dieser Stelle kommt die Frage nach der ‚Populärkultur‘ ins Spiel. Wie auch bei der ‚Performativität‘ ist es schlicht unmöglich, einen auch nur skizzenhaften Überblick über die Forschungslage zu geben, es ist wie dort auch unnötig. Entscheidend ist, dass ‚Populärkultur‘ – jedenfalls nach John Fiske (vgl. Schröter 2005) – weniger eine Eigenschaft von Texten oder Objekten bezeichnet (so wie es in dem oben gegebenen Zitat von Huck und Zorn noch erscheint).[13] Vielmehr ginge es eher um die Weisen und Formen, wie solche Texte und Objekte im Alltag als Sinn- und Handlungsressourcen *angeeignet* werden, was auch Luhmann mit der ‚rekursiven Vernetzung‘ anzudeuten scheint. Gerade für *The Wire* ist eine solche Perspektive hilfreich. Zwar neigt die Rezeption im Feuilleton der *FAZ* dazu, die Serie durch den Vergleich mit Balzac im Feld der ‚High Culture‘ zu verorten. Aber es gibt auch andere, im Sinne Fiskes, eher populäre Aneignungsformen.

a

Die *NY Times* vom 15.01.2005 enthält einen Artikel von einem gewissen William K. Rashbaum. Dort heißt es u.a.: „Police says a Queens Drug Ring Watched Too Much Television. Call it a Case of Crime imitating Art imitating Crime. [...] The Accused

---

12 Natürlich nicht: *Genese*. Das wäre offenkundig unsinnig – schon rein chronologisch wäre die ANT nicht auf *The Wire* rückführbar.

13 Auch die Engführung von Luhmann und Fiske in diesem Absatz mag verwundern – hier bestehen ebenfalls theoretische Spannungen, die zu diskutieren wären. Zur Frage des Verhältnisses der Systemtheorie zum Populären und damit auch zu den Cultural Studies, siehe Huck/ Zorn (2007a).

leaders of the Queens gang, [...], mimicked the practice of characters in *The Wire*, using disposable cellphones to make it more difficult for the police to eavesdrop on them. [...]." In den – hier: kriminellen – ,Organisationen der Gesellschaft', wie man mit Luhmann sagen könnte, wird *The Wire* offenbar angeeignet. Die in *The Wire* inszenierte Medienpraxis – es geht um eine Praxis mit billigen Wegwerfhandys aus der zweiten Staffel – wird zum Muster realer Performanz mit Medien. Hier geht es also um das „Handlungsvermögen in einer [...] wiederholenden und reartikulierenden Praxis" (Butler 1997: 39). Die Feststellung, dass Medien die Lage bestimmen, macht hier keinen Sinn. Eher: Die Lage ändert den Gebrauch der Medien, was dann wieder die Lage ändern kann. Übrigens haben solche Vorgänge schon Ethnographen und Soziologen auf den Plan gerufen, wie Sudir Venkatesh, der sich wiederum *The Wire* mit echten Gangstern angesehen und darüber ein vielbeachtetes Blog verfasst hat.[14]

Abbildung 32: Screenshot *SpyTechnology.com*

b

Abb. 32 zeigt die Website der Firma SpyTechnology.com. Sie ist eine in Großbritannien ansässige Firma, die professionell Spionage und Überwachungsequipment herstellt. Sie bezieht sich in mehreren Artikeln auf ihrer Website auf *The Wire*: „The very name of the TV series reveals how integral audio surveillance is for detectives. [...] it's clear the use of audio surveillance doesn't just belong in the fictional world to create plot lines and drama. As one journalist noted in an interview with David Simon and Ed Burns of The Wire, walking around Baltimore feels like a TV set: ,It looks and seems so much like The Wire I tell my hosts that I feel like I'm watching television.'" Deutlicher

---

14 Vgl. http://www.freakonomics.com/2008/01/09/what-do-real-thugs-think-of-the-wire/, 19.05.11.

könnte nicht gesagt werden, dass die Selbstbeobachtung der Gesellschaft als mediatisierte Gesellschaft durch das Fernsehen rekursiv die alltägliche Kommunikation
imprägniert. Und: Die Wahrnehmung verschiebt – das echte Baltimore sieht jetzt aus
wie im Fernsehen.

3. Fazit

The Wire ist Teil der unaufhörlichen, performativen Produktion der mediatisierten Kultur – es stellt, ebenso wie theoretische Modelle, Selbstbeschreibungen und Wahrnehmungsmuster zur Verfügung. In diesem Sinne kann die Analyse der von solchen Serien
produzierten Semantiken (z.B. gesellschaftlicher Selbstbeschreibung) und ihrer populären Aneignungsformen Aufschluss geben über die ‚Hintergrundrealität' einer Gesellschaft, die sich zunehmend als mediatisierte versteht, sich also mehr und mehr über die
Performanz ihrer Medien definiert. Dies ist die Forschungsfrage, die den vorliegenden
Text grundiert und die für die Populärkulturforschung noch auszuweiten wäre: Welche
Inszenierungen und Semantiken der Selbstbeschreibung der *mediatisierten Gesellschaft*
produzieren Texte, die populär angeeignet werden können? Und wie werden sie (im Sinne
Fiskes) populär angeeignet, um die Performanz der Medien im Alltag immer wieder neu
beschreiben und verstehen zu können? Marcharts (1997: 89 und 90) These, dass „Technik
[...] nichts mit Technik zu tun hat, sondern etwas mit popularen [sic] Geschichten" und
mithin dass „uns nicht die Hardware, ein Schaltplan oder Spionagewissen über den aller-
neuesten Prozessor oder Chipbaustein sagen wird, was das Netz/die Medien/die Technik
‚ist', sondern die popularen [sic] Geschichten und Mythen, die darüber erzählt werden"
mag übertrieben sein. Aber es ist ohne Zweifel eine lohnende Forschungsaufgabe die Populärkultur nach dem Reservoir, der Zirkulation und Verarbeitung von Selbstbeschrei-
bungs-Semantiken zu befragen, die das – auch in vielen empirischen Forschungsprojek-
ten stillschweigend vorausgesetzte – Hintergrundwissen, wir lebten in einer ‚Medien-',
‚Wissens-' oder ‚Informationsgesellschaft' selbst performativ immer wieder wiederholen,
stabilisieren und transformieren. Dieses Wissen ist mit dem wissenschaftlichen Wissen
darüber zu kontrastieren – erst dann dürften die eigenen Merkmale des populären Wissens über die Mediatisierung wirklich deutlich werden, eine Aufgabe allerdings, die noch
zu leisten ist.

Literatur

Akrich, Madeleine/Latour, Bruno (2006): Zusammenfassung einer zweckmäßigen Terminologie
    für die Semiotik menschlicher und nicht-menschlicher Konstellationen. In: Belliger/Krieger
    (2006): 399-406
Bartz, Christina (2007): MassenMedium Fernsehen. Die Semantik der Masse in der Medienbe-
    schreibung. Bielefeld: Transcript
Belliger, Andréa/Krieger, David J. (Hrsg.) (2006): ANThology. Ein einführendes Handbuch zur
    Akteur-Netzwerk-Theorie. Bielefeld: Transcript

Baudrillard, Jean (1978): Agonie des Realen. Berlin: Merve

Blanchet, Robert et al. (Hrsg.) (2011): Serielle Formen. Von den frühen Film-Serials zu den aktuellen Quality-TV- und Online-Serien. Marburg: Schüren

Bolz, Norbert et al. (Hrsg.) (1994): Computer als Medium. München: Fink

Butler, Judith (1997): Körper von Gewicht: Die diskursiven Grenzen des Geschlechts. Frankfurt a.M.: Suhrkamp

Castells, Manuel (2003): Der Aufstieg der Netzwerkgesellschaft. Opladen: Leske + Budrich

Döring, Jörg/Thielmann, Tristan (Hrsg.) (2009): Mediengeographie. Theorie – Analyse – Diskussion. Bielefeld: Transcript

Dreher, Christoph (2007): Das Privileg eines natürlichen Todes. Der amerikanische Pay-TV-Sender HBO revolutioniert Film und Fernsehen. In: Spex. 7/2007. 22-26

Engell, Lorenz et al. (2006): Kulturgeschichte als Mediengeschichte (oder vice versa?). Archiv für Mediengeschichte Nr. 6. Weimar: Universitätsverlag

Epping-Jäger, Cornelia (2003): „Eine einzige jubelnde Stimme". Zur Etablierung des Dispositivs Laut/Sprecher in der politischen Kommunikation des Nationalsozialismus. In: Epping-Jäger/Linz (2003): 100-123.

Epping-Jäger /Erika Linz (Hrsg.) (2003): Medien/Stimmen. Köln: DuMont

Fischer-Lichte, Erika/Wulf, Christoph (Hrsg.) (2001): Theorien des Performativen. Berlin: Akademie-Verlag

Jacke, Christoph/Zierold, Martin/Ruchatz, Jens (Hrsg.) (2011): Theorie(n) des Populären, Münster: LIT

Hempfer, Klaus W. (Hrsg.) (2011): Theorien des Performativen: Sprache – Wissen – Praxis. Eine kritische Bestandsaufnahme. Bielefeld: Transcript

Huck, Carsten/Zorn, Christian (Hrsg.) (2007a): Das Populäre der Gesellschaft. Systemtheorie und Populärkultur. Wiesbaden: VS Verlag für Sozialwissenschaften

Huck, Carsten/Zorn, Christian (2007b): Das Populäre der Gesellschaft. Zur Einleitung. In: Huck/Zorn (2007a): 7-42

Kämmerlings, Richard (2010): Ein Balzac für unsere Zeit. In: Frankfurter Allgemeine Zeitung. 14.10.2010

Kittler, Friedrich (1986): Grammophon, Film, Typewriter. Berlin: Brinkmann & Bose

Kleiner, Marcus S. (2006): Medien-Heterotopien. Diskursräume einer gesellschaftskritischen Medientheorie, Bielefeld: transcript

Kleiner, Marcus S. (2011): Pop-Theorie. Ein deutscher Sonderweg. In: Jacke/Zierold/Ruchatz (2011): 45-63

Kneer, Georg et al. (Hrsg.) (2008): Bruno Latours Kollektive. Kontroversen zur Entgrenzung des Sozialen. Frankfurt a.M.: Suhrkamp

Krämer, Sybille (Hrsg.) (2004): Performativität und Medialität, München: Fink 2004

Latour, Bruno (1996a): Der Berliner Schlüssel. Erkundungen eines Liebhabers der Wissenschaften. Berlin Akademie-Verlag

Latour, Bruno (1996b): Der Pedologen-Faden von Boa Vista – eine photo-philosophische Montage. In: Latour (1996a): 191-248

Livingstone, Sonia (2009): On the Mediation of Everything. In: Journal of Communication 59. 2009. 1-18

Luhmann, Niklas (1996): Die Realität der Massenmedien. Opladen: Westdeutscher Verlag

Lundby, Knut (2009): Mediatization. Concept, Changes, Consequences. New York u.a.: Lang

Marchart, Oliver (1997): Was ist neu an den neuen Medien? Technopolitik zwischen Lenin und Yogi-Bär. In: nettime (1997): 89-100

Mittell, Jason (2009): All in the Game: The Wire, Serial Storytelling and Procedural Logic. In: Wardrip-Fruin/Harrigan (2009): 429-438

Mittell, Jason (2011): Serial Boxes. DVD-Editionen und der kulturelle Wert amerikanischer Fernsehserien. In: Blanchet et al. (2011): 133-152

nettime (Hrsg.) (1997): Netzkritik. Materialien zur Internet-Debatte. Hamburg: Edition ID-Archiv

Schröter, Jens (2005): Von Wissen/Unterhaltung zu offiziellem/populärem Wissen. In: Zeitschrift für Germanistik. Neue Folge XV 1/2005. 96-108

Schröter, Jens (2012): Verdrahtet. The Wire und der Kampf um die Medien. Berlin: Bertz+Fischer.

Schüttpelz, Erhard (2006): Die medienanthropologische Kehre der Kulturtechniken. In: Engell et al. (2006): 87-110

Schüttpelz, Erhard (2008): Der Punkt des Archimedes. Heuristische Schwierigkeiten des Denkens in Operationsketten. In: Kneer et al. (2008): 234-258

Schüttpelz, Erhard (2009): Die medientechnische Überlegenheit des Westens. Zur Geographie und Geschichte von Bruno Latours „Immutable Mobiles". In: Döring/Thielmann (2009): 67-110

Tholen, Georg Christoph (1994): Platzverweis. Unmögliche Zwischenspiele von Mensch und Maschine. In: Bolz et al. (1994): 111-135

Vismann, Cornelia (2000): Akten. Medientechnik und Recht. Frankfurt a.M.: Fischer

Wardrip-Fruin, Noah/Harrigan, Pat (Hrsg.) (2009): Third Person: Authoring and Exploring Vast Narratives. Cambridge, MA u.a.: MIT Press

Werber, Niels: Vor dem Vertrag. Probleme des Peformanzbegriffs aus systemtheoretischer Sicht. In: Wirth (2002): 366-382

Wirth, Uwe (Hrsg.) (2002): Performanz. Zwischen Sprachphilosophie und Kulturwissenschaften. Frankfurt a.M.: Suhrkamp

Zur Bedeutung von Performativität und Medialität in der Produktion und Aneignung populärer Musikformen: allgemeine und historische Einlassungen

Susanne Binas-Preisendörfer

1. Einleitung

Ausgangspunkt: Die Diskussion um Performativität und Medialität

Die Bezugnahme auf das Performative ist motiviert durch eine kritische Einstellung gegenüber der Idee der Repräsentation, genauer: gegenüber der Identifizierung eines ‚Zeichens' mit ‚Repräsentation'. (Krämer 2004, 19)

Sprachlichkeit und Sprachverständlichkeit verlieren somit den ihnen im Rahmen des Textparadigmas zugewiesenen eindeutigen Platz als Sendungen, die in Aufführungen von Rezipienten wissend entschlüsselt und nur so verstanden werden können. Die ZuschauerInnen, ZuhörerInnen, alle an kommunikativen Akten Beteiligten werden im Kontext der Diskussion um Performativität zu KollaborateurInnen einer Situation, für die Begriffe wie Darbietung, Aufführung oder Rezeption zu kurz greifen bzw. letztendlich ungeeignet sind. Von analytischem Interesse werden daneben insbesondere die Medien performativer Praktiken bzw. so genannte Präsenz erzeugende und verstärkende Medien.[1] Legt man einen Medienbegriff zu Grunde – und ich plädiere hier der Verständlichkeit halber für einen, der die technischen Kommunikationsmittel fokussiert – dann arbeiten die jeweiligen Medien nicht nur mittelbar an diesen Kollaborationen mit. Das was Medien übertragen, halten sie keineswegs invariant und stabil, sondern hinterlassen als apparative Erzeugungsprozeduren Spuren in Materialien und Bedeutung bildenden Praktiken. Mehr noch, sie generieren und konturieren Dispositive, die nicht zuletzt in der Geschichte Populärer Kulturen Voraussetzungen und dynamische Veränderungen von nachhaltiger Wirkung erzeugten. Ob mechanische Musikinstrumente, Phonographentrichter, Mehrspurtechnik oder digitales Sampling, diese Werkzeuge „schreiben" sich in die betreffenden Kommunikationspraktiken und -prozesse ebenso ein, wie soziale Hier-

---

1 Präsenz erzeugende und verstärkende Medien werden in diesem Beitrag nur am Rande berührt, vgl. dazu besser: Binas-Preisendörfer 2011.

archien in Körperpraktiken und dürfen in der Analyse populärer Musikformen keineswegs übersehen werden. Sibylle Krämer diagnostiziert sogar eine gewisse

> *„Gleichgerichtetheit von Positionen der Performativitätsdebatte und dem Mediengenerativismus, die sich ...in der Privilegierung des Machens im Darstellen, des Erzeugens im Widerfahren zeigt"* (Krämer 2004, 23).

Anschauungsmaterial:
Candice Breitz' künstlerische Studien zur Fankultur

Plausibler und v.a. anschaulicher als Worte in der Lage sind, diesen Paradigmenwechsel von *Kultur als Text* zu *Kultur als Praxis* zu markieren bzw. verständlich zu machen, zeigt die in Berlin lebende südafrikanische Medien-Künstlerin Candice Breitz in ihren Videoinstallationen was es bedeutet, wenn ZuschauerInnen zu Kollaborateuren werden. In ihren Videoinstallationen, bemerkenswerter Weise tituliert mit *King, Queen, Working Class Hero* aus der ersten Dekade des 21. Jahrhunderts, porträtiert sie Fans vom King of Pop *Michael Jackson* (Fans aus Berlin, Deutschland), der selbsternannten *Madonna* (Fans aus Milano, Italien) und *John Lennon* (Fans aus Newcastle, Großbritannien), während diese die Songs ihrer Idole (mit)singen. Sie hatte sie in ihr Studio eingeladen und beim „Performen" der allenthalben bekannten und kommerziell erfolgreichen Songs (der o.g. Stars) gefilmt. Akustische Synchronität ist gewährleistet, weil die SängerInnen/PerformerInnen jeweils den gleichen Song über Kopfhörer eingespielt bekamen. Im Ausstellungszusammenhang hören wir die Fans singen, die produzierten Songs bleiben gedropt.[2] Abgesehen von den unterschiedlichen Bekleidungen und Accessoires, mit denen die Fans ins Studio von Candice Breitz gekommen waren, unterscheiden sich ihre „Interpretationen" bzw. besser Aneignungsformen des immer gleichen Songs dann doch erheblich voneinander. MancheR steht still und konzentriert sich auf das Singen, andere tanzen in geübten Bewegungen entlang der Strophen, Bridges, Refrains, Breaks, markanten Text- oder Soundpassagen. Sie verharren versunken und legen „so richtig los", wenn für sie bedeutungsvolle Momente erklingen. *„Durch diese Aneignungen wechselt der Song den Besitzer"* (Rosenberg 2008, 14). Die Fans selbst werden auf je individuelle Weise zum Medium der Performance des Songs und geben ihm dadurch eine Bedeutung, die sich nur aus dem Verhältnis der betreffenden Person zum Song bzw. Star verstehen lässt. Die einzelnen Fanporträts erscheinen auf großformatigen seriell angeordneten Plasmabildschirmen, die – so Candize Breitz – einerseits wie ethnographische Vitrinen funktionieren und zugleich die Anmutung eines Kaleidoskops haben.

Ganz hervorragend sind diese Arbeiten von Candice Breitz m.E. geeignet, sich grundsätzlich als auch am konkreten Material mit Phänomenen populärer Kulturen in modernen Mediengesellschaften zu befassen. Sie dienten mir während der Konferenz in Halle

---

2   In der Sprache der Tonstudiotechnik: stumm geschaltet.

als Einstieg für mein Referat zu Fragen der Bedeutung von Performativität und Medialität in der Produktion und Aneignung populärer Musikformen. Candice Breitz – so hatte ich sie während einer Podiumsdiskussion in der Temporären Kunsthalle 2008 in Berlin anlässlich der Ausstellung ihrer Arbeiten *King, Queen, Working Class Hero* erlebt – interessiert sich ausdrücklich für das sozial-kulturell orientierte performative Verhalten ihrer Helden, den Fans von Michael Jackson, Madonna oder John Lennon. Breitz selbst betont, dass diese Porträts Studien zur Fankultur sind. Jede dieser Studie

> *untersucht das Verhältnis zwischen einer bestimmten Ikone und einem Querschnitt von Leuten aus der Fangemeinde, die diese Ikone hochhalten. Der Fan definiert sich in gewisser Weise über das, was er oder sie konsumiert, ... Und dennoch, unter bestimmten Bedingungen ist der Fan in der Lage, in einer höchst eigenwilligen Art Musik zu absorbieren und zu übersetzen, so dass diese eine spezifische und bedeutungsvolle Funktion im Leben übernehmen kann.* (Temporäre Kunsthalle 2008, 54)

Im künstlerischen Fokus von Breitz stehen Handlungsmuster und Rituale von Fans, die von Außenstehenden oft als ausschließlich manipuliertes, infantiles, ergebenes und passives Verhalten kritisiert und abgelehnt werden. Ich hingegen meine, dass Breitz' Videoinstallationen vor allem getragen sind von einem höchst würde- und respektvollen Umgang mit Menschen[3], für die v.a. Journalisten der kritischen Musikpresse meist nur zynische Kommentare übrig haben.[4] Freilich bewegen sich die Musikfans, die die Songs ihrer Idole nachsingen, zwischen Affirmation und Persiflage von Stereotypen und Konventionen. Die Songs werden aber vor allem mit der Leidenschaft der Fans aufgeladen und bringen deren Suche nach Identität in modernen Mediengesellschaften performativ zum Ausdruck. Diese sichtbar gemachte Erkenntnis machen die Arbeiten von Candice Breitz so interessant für die Diskussion um Medialität und Performativität populärer Kulturen. Dabei präsentieren ihre Arbeiten immer auch die verschiedenen Ebenen von Medialität und Performativität: die unmittelbaren Ergebnisse und Zeichen medialer Produktion und körperlicher Präsenz, wie auch die theoretische Ebene anspruchsvoller Debatten der notwendigen Abkehr einer an Kunstwerken und deren Verständnis orientierten Analyse insbesondere dann, wenn es um populäre Kulturen geht.

Candice Breitz, so schrieben die Kuratoren der Berliner Ausstellung,

> *untersucht in ihren eindrucksvollen Videoportraits die Massenwirksamkeit von Popkultur und fragt nach Mythos, Idol, Projektion und Identität. Dafür hat sie Fans von John Lennon, Michael Jackson und Madonna in England, Deutschland und Italien*

---

3 Der Berliner Kunstpublizist Raimar Stange vergleicht die Porträtarbeiten von Candice Breitz mit denen des Fotografen August Sander und dessen lebenslangem Sozialporträt-Projekt *Menschen des 20. Jahrhunderts*. (vgl. Gerald Matt im Gespräch mit Candice Breitz, Temporäre Kunsthalle 2008).

4 Selbst während der Podiumsdiskussion konnte sich der Moderator nicht enthalten das scheinbar dumme Verhalten der Mainstreampopfans zu belächeln bzw. zu geißeln.

*gecastet, sie jeweils gebeten ein und dasselbe Lied ihres Popstars nachzusingen und sie
dabei gefilmt. Als Ergebnis sind Menschen zu sehen, die zwar synchron zueinander
singen, jedoch in ihrer Mimik und Körpersprache eine zum Teil sehr individuelle und
engagierte Interpretation darbieten.* (http://www.kunsthalle-berlin.com/de/exhibitions/
Candice-Breitz)

Performativitätsforschung und Forschungen zu populären Kulturen

Eine zum Teil sehr individuelle und engagierte Interpretation: ähnlich lässt sich der Ansatz der seit einigen Jahren umfangreich und prominent geführten Performativitätsdebatte verstehen bzw. auf den Punkt bringen. Ernst genommen werden diejenigen, die
Kultur nutzen und hervorbringen, sie auf ihre Weise aneignen, die eigenen und damit
immer auch verschiedenen sozial geprägten Erfahrungen zum Ausgangspunkt einer Bedeutung produzierenden kulturellen Praxis machen. Im Geist einer nichtrepräsentativen
Sprachphilosophie – vgl. Sibylle Krämer – steht der Vollzug im Zentrum des Interesses,
nicht der Sprecher wird in seiner Position verabsolutiert. ZuhörerInnen, Konzertbesu-
cherInnen, TänzerInnen, Fans und Freunde werden als Akteure bewertet und benannt,
nicht als Rezipienten, deren Verständnis der Zeichen als Repräsentanten geschult werden
muss, sondern denen man eine aktive Kompetenz im Respons und in der Aneignung
attestiert. Sie stehen nicht mehr länger am Ende einer linear gedachten Kommunikati-
onskette, deren Aussagen von den so genannten Rezipienten – den Textverständigen –
gedeutet und interpretiert werden müssen, sondern sind integraler Bestandteil eines
Szenarios, in dem sie selbst zu Bedeutungsproduzenten werden.

Im folgenden Beitrag geht es um die Markierung von Leer- und Anschlussstellen der
Performativitäts- respektive Medialitätsdebatte, wie sie v.a. von Sibylle Krämer bzw. Erika Fischer-Lichte geführt wurde und wird. Dazu werden zunächst Fragen entwickelt, die
sich im Rahmen der Auseinandersetzung mit populären Musik- bzw. Kulturformen eingedenk ihrer Verortung im bzw. neben dem Feld von Popkultur und Poptheorie stellen, um
schließlich relativ ausführlich darzustellen, wie an konkreten Beispielen aus der Kultur-
und Sozialgeschichte populärer Musik ersichtlich gemacht werden kann, dass Fragen von
Performativität und Medialität weit über die von Krämer und Fischer-Lichte fokussierten
empirischen Phänomene hinaus, Felder – z.B. die der populären Kulturformen und -prak-
tiken – einzubeziehen hätten. Besonderes Augenmerk wird dabei auf Aspekte des Medialen
im Sinne kommunikationstechnologischer Erzeugungsprozeduren bzw. der Medialität als
Resultat und Merkmal performativer kultureller Praktiken des Populären gelegt.

2. Fragen

Für diejenigen, die sich mit Fragen zur Geschichte und Theorien populärer Musik befassen, stellen die Argumentationen der Performativitätsdebatte zweifelsohne Anregungs-

potential, Projektionsfläche wie auch Zusammenfassung dessen dar, was uns seit Jahren im wissenschaftlichen Nachdenken über populäre Kulturpraktiken bewegt, was viele als einen sinnvollen Zugang zum Verständnis von kulturellen und ästhetischen Praktiken populärer Kulturen vermuten und in zahlreichen Untersuchungen – meist angeregt durch die Konzepte und Methoden der *Cultural Studies* und *moderner Ethnographien* – versuchen anzuwenden bzw. bereits angewendet haben. Dort wo Kulturen und Akteuren deren eigene Regeln, Normen und Strukturen zugebilligt werden, konnten Forschungen zu populären Kulturen bzw. zu populären Musikformen ansetzen (vgl. Clark 1979, Willis 1981).

Stets begleitet durch Fragen, die sich aus der offenkundigen Bedeutung von Medien – als Modus der Wahrnehmung, als technische Apparaturen und als gesellschaftlich wirkungsvolle Institutionen – ergeben, begibt man sich dabei in ein Feld, das durch höchst komplexe Bedeutungsproduktionen gekennzeichnet und strukturiert wird. Inwiefern es einen systematischen Zusammenhang zwischen der Performativität und der Medialität populärer Kulturen gibt, soll dieser Beitrag helfen theoretisch und an ausgewählten Phänomenen populärer Musik in Geschichte und Gegenwart zu klären. Wie sie sich allerdings von einer theoretischen Metaebene – wie bei Krämer, Fischer-Lichte u.a. – auffinden und untersuchen lassen in den Mühen der empirischen und diskursiven Ebenen populärer Kulturpraktiken und einem Design von qualitativen Untersuchungsmethoden, das in der Lage wäre die betreffenden Konstellationen verstehend zu rekonstruieren bzw. dicht zu beschreiben (Geertz 1987), dies wird dieser Beitrag nicht klären können. Darin bestünde allerdings die eigentliche Herausforderung. Es bedarf auch einer Forschungsperspektive und Studien, die jenseits philosophisch elaborierter theoretischer Argumentationen tatsächlich in der Lage sind, die aktive Kompetenz der „Macher" aufzuspüren. Warum stellen die stark sprachwissenschaftlich orientierten und konzipierten Proklamationen zum Verhältnis von Performativität und Medialität keinen erkennbaren Zusammenhang zu populären Kulturen her? Und warum kann oder will sich die im deutschsprachigen Raum von der Theaterwissenschaftlerin Erika Fischer-Lichtes angestoßene *Performativitätsdebatte* Medialität in ihrer Mehrdimensionalität von Wahrnehmung, medientechnologischen Entwicklungen und gesellschaftlichem Wirksamwerden in Medieninstitutionen, also auch deren kommerzielle Dimensionen gedanklich und praktisch nicht integrieren?

Ich stimme der These zu, dass die Bedeutung populärer Kulturen nicht ohne den Bezug auf Performativität und Medialität begriffen und analysiert werden kann. Dabei lasse ich mich in meinen Darlegungen nicht so sehr von dem von Fischer-Lichte herausgestellten Ereignis- und Aufführungscharakter von (populären) Kulturen leiten, sondern richte mein Interesse auf den Vollzugscharakter der Aneignungssituationen im Sinne einer aktiven bzw. engagierten Interpretation. Nicht zuletzt die an den Anfang gestellten Einblicke und Interpretationen der Video-Installationen von Candice Breitz sollten für diesen Zusammenhang stehen bzw. das Feld des Nachdenkens augen- und ohrenscheinlich öffnen helfen.

3. Begriffliche Klärungen

Als Musik- und Kulturwissenschaftlerin bevorzuge ich einen sozial- und kulturhistorischen und zugleich diskursiven Zugang, wie er am Forschungszentrum populäre Musik der Berliner Humboldt-Universität – hier insbesondere verbunden mit dem Namen
von Peter Wicke – entwickelt wurde und praktiziert wird. Ich beschränke mich dabei
auf das Feld der *populären Musik* und ihre ästhetischen, kulturellen und ökonomischen
Existenzformen, einerseits weil sie weit in die verschiedensten Felder populärer Kulturen
ragen und damit Prototypisches populärer Kulturen aufweisen, andererseits aber auch
eine Bindung an eine Fachdisziplin – hier die Musikwissenschaft – ermöglichen, die konkrete Aussagen und eine entwickelte Materialkenntnis in komplexen theoretischen Argumentationen erfordern. Insbesondere in ihrer jüngeren Geschichte und Gegenwart hat
diese Fachwissenschaft im Bezug auf Klang, Sound und Körperlichkeit Kategorien und
Diskussionen erschlossen, die Spezialwissen und Interdisziplinarität zugleich als Voraussetzungen für die Analyse populärer Musikformen einbringen.

Ich vermeide den Begriff *Popmusik*, da er in erster Linie als eine sehr allgemeine übergreifende Repertoirekategorie in der Alltagspraxis von MusikerInnen und Verwertern
mit sehr unterschiedlichen Bedeutungen aufgeladen ist.

Ich beziehe mich in meinen Ausführungen nicht auf das Konzept *Pop* oder *Popkultur*,
weil diese eine konkrete kulturelle, künstlerische und journalistische Praxis und vor allem diskursive Strategie (Selbstverständigungsdiskurs und Selbstbeschreibung) in westlichen Nachkriegsgesellschaften (insbesondere in der Bundesrepublik Deutschland und
den USA) darstellt, die m.E. – anders als dies beispielsweise Marcus S. Kleiner (Kleiner
2009) vertritt, nicht immer bzw. zwangsläufig Bestandteil populärer Kulturen sein müssen. Und ich vermeide den Begriff der *Popularmusik*, da er im Gestus hochkultureller
Strategien ein Feld kultureller Praktiken aufzuwerten sucht (insbesondere an Musikhochschulen in Deutschland und Österreich, in der deutschen Kulturpolitik, aber auch
z.B. im Arbeitskreis Studium populäre Musik, dem ASPM und einigen seiner bzw. ihrer
VertreterInnen[5]): eine sprachliche Maßnahme, die – würde man diesen Musikformen
und -praktiken tatsächlich die ihnen eigenen Regeln, Normen und Strukturen zubilligen
(sic!) – keinesfalls nötig ist.

Ich spreche schlicht von populärer Musik als einem Ensemble sehr verschiedenartiger
Genres und Gattungen von Musik, denen gemeinsam ist, dass sie tendenziell massenhaft produziert, verbreitet und angeeignet werden, im Alltag vieler Menschen, wenn auch
im einzelnen auf sehr unterschiedliche Weise, eine bedeutende Rolle spielen und sich
in ständiger Veränderung befindet. Populäre Musik lässt sich als Kategorie daher ins-

---

5   Leider veröffentlicht auch der renommierte transcript-Verlag Bücher in einer Reihe namens
    Studien zur Popularmusik. Dies sei hier angemerkt, weil sich die Verfasserin dieses Beitrages
    mit ihrer Veröffentlichung *Klänge im Zeitalter ihrer medialen Verfügbarkeit. Popmusik auf glo-
    balen Märkten und in lokalen Kontexten* (Binas-Preisendörfer 2010) in dieser Reihe wieder-
    fand und den Unmut über diese Stigmatisierung nicht verbergen kann.

besondere nicht auf einen Katalog von musikalischen Eigenschaften festlegen, sondern ist vielmehr als Resultat eines komplexen sozial-kulturellen Prozesses anzusehen, dessen Hauptakteure – Musiker – Publikum – Wirtschaft – ihre Vorstellungen davon, was populäre Musik jeweils sein soll oder werden kann, auch gegeneinander auszuhandeln und durchzusetzen suchen. (vgl. Wicke 2005)

In der Geschichte populärer Musikformen hat sich die Frage ihrer medialen Bestimmtheit in Produktion, Verbreitung und Aneignung als ein wesentlicher Schlüssel des tendenziell Massenhaften erwiesen. Deshalb macht es aus der Perspektive dieses empirischen und zugleich diskursiven Verständnisses von populärer Musik m.E. Sinn, ihre Existenz an das Vorhandensein technischer Reproduktionsmittel bzw. technischer Medien zu koppeln, was historisch seit der Erfindung von Lithographie, maschineller Papierherstellung und Rotationspresse zum Notenschnelldruck (alles um die Wende vom 18. zum 19. Jahrhundert) der Fall war. Noch entschieden Konzertveranstalter und Verleger, was im 19. Jahrhundert populär werden konnte. Dazu benötigten sie nicht nur den Handel mit Noten und Eintrittskarten, sondern legten zugleich das Fundament für die Institutionen eines kapitalisierten Musikbetriebes mit all seinen Merkmalen wie Starkult, Imagebildung und Zielgruppenbindungen.

Zum Ende des 18. Jahrhunderts war das Bürgertum angetreten, Staat und Gesellschaft nach seinem Bilde zu formen. „Bürgerlichkeit" wurde zum ständeübergreifenden kulturellen Leitbild und Deutungsmuster von Welt- und Selbsterfahrung (vgl. Schleuning 2000). In diesem Kontext beginnt sich auch in der Musik das „Populäre" als eine eigenständige Kategorie herauszubilden (vgl. Wicke 1998). Der alltägliche Musikbetrieb fand in Tanzsälen und Festhallen statt, ließ Kaffeehäuser und Gartenlokale wie Pilze aus dem Boden der sich entwickelnden urbanen Räume schießen und sorgte für den unaufhaltsamen Aufstieg von Vergnügungsetablissements und aller Art Bühnen des unterhaltenden (Musik)Theaters. Es bedarf keiner übernatürlichen Phantasie sich vorzustellen, das und wie einige der zentralen Kategorien von Performativität (vgl. Sibylle Krämer) hierbei zum Tragen kamen: Korporalität und Ereignischarakter wurden allgegenwärtig. Im Gartenlokal konnte man sich zu Musik unterhalten, Bier bestellen und seinem Bewegungsdrang freien Lauf lassen. Dies war im Konzertsaal im 19. Jahrhundert – insbesondere nach der Konzerthausreform – mehr denkbar. Dort galt es im schweigenden Insichgekehrtsein der Exekution eines Stückes (dem Werk: Text!) beizuwohnen und die tönend bewegte Form *absoluter Musik* (vgl. Hanslick 1854) hörend bzw. mitlesend – Studienpartituren im Taschenformat gehörten damals ins Verkaufssortiment der Verleger - zu verstehen. Wehe man schäkerte, stand zwischen den Programmpunkten auf oder lachte. Der *andere* Teil des Publikums – Kinder ohne Begleitung von Hauslehrern oder das Gesindel (vgl. Schleuning 2011) – ging nicht ins „klassische" Konzert, sondern wanderte ab in die Unterhaltungs- und Tanzkonzerte, in die Operette oder leichte Oper.

Angeregt durch historische Beispiele soll nun der Zusammenhang von populärer Musik und Performativität (1), derjenige von populärer Musik und Medialität (2) und darin eingeschlossen die Bedeutung des Zusammenhanges von Performativität als Voraussetzung für Medialität und umgekehrt im Feld der populären Musik aufgezeigt werden.

4. Performativität und Medialität in der Produktion und Aneignung populärer Musikformen

4.1 Performativität in populären Musikformen

Musik gehört zu den sogenannten Performing Arts (wie Theater, Tanz, Zirzensis). InstrumentalistInnen, Sänger_innen, Musiklehrer_innen, Opernregisseur_innen studieren gemeinsam mit Schauspieler_innen und Regisseur_innen und/oder Choreograph_innen an einer Institution: einer Hochschule für Musik und Theater. Doch nur Sänger_innen erhalten regelmäßig Tanzunterricht, Bewegungs- oder Schauspieltraining. Die offenkundige Trennung von Tanz, Gestik und Musik ist jedoch ein Phänomen der neuzeitlichen europäischen Kunstmusiktraditionen. Noch in den antiken Traditionen, beispielsweise bei den Aufführungen der Epischen Dichtungen waren Text, Gestus, Performance, Melodik, Versmaß, Metrik und Tanz ganz unmittel aufeinander bezogen. In ihrer Einheit fungierten sie als wichtige mnemotechnische Hilfen und Voraussetzung der Tradierung in einer Zeit, die mit Ausnahme von Schriftzeichen technische Außenspeicher (Medien) von Musik bzw. Klang nicht kannte. Körperbewegungen in Tanz und rhetorischen Formeln hatten deshalb eine bedeutsame gedächtnisstützende Funktion. Auch außerhalb des Theaters wurden – so Horst Wenzel – Memorialleistungen, die z.B. für die Beständigkeit einer Aussage, eines Eides erforderlich waren, durch den Ritualcharakter des Verfahrens gewährleistet. Charakteristisch dafür war das Zusammenwirken von Worten, Gebärden und Memorialzeichen … in einer multisensorisch angelegten Aufführung. (vgl. Wenzel 2004, 270/271) Im Zuge der Erfindung schriftlicher Außenspeicher (Schrift und insbesondere auch Notation als präzise graphische Definition eines singulären Tonortes) begann eine bemerkenswerte Drift von kulturellen Sphären: die Tradierung mittels schriftlicher Außenspeicher einerseits (europäische Kunstmusiktraditionen) und andererseits die eher oral überlieferten und an Körperbewegungen, Tanz und Instrumentaltechniken gebundenen tendenziell als populäre Musikformen zu bezeichnenden Traditionen.

Klangfülle, Lautheit und die Betonung körperlich-performativer Elemente spielen in den oralen Traditionen eine vergleichsweise größere Rolle. In populären Musikformen wird das körperliche Moment dominant gemacht. Im Umkehrschluss gilt die Kontrolle des Körpers (geklatscht wird bei Strafe durch böse Blicke ausschließlich nach den vier Sätzen bzw. am Ende einer Sinfonie, der klassischsten aller europäischen Kunstmusikgattungen), während sinnenfreudiges Schenkelklatschen, Dazwischenrufen und körperliche Nähe eher in den Gasthof „Zum fröhlichen Wirt" gehören. Der Körper selbst darf m. E. in diesem Zusammenhang nicht als technischer Außenspeicher missverstanden werden.

Erst als die streng getrennten Sphären ständisch organisierter und vererbter Sozialwesen sich im Zuge der Verbürgerlichung auflösten und die gottgegebenen Plätze aufgegeben wurden und damit auch die oft Jahrhunderte lang existierenden Anlässe des Musizierens, tritt die eher unspezifische Funktion der Unterhaltung in den Vordergrund (vgl. Wicke 1998, 23; Hügel 2003). Vor allem die sich rasch vergrößernden städtischen Agglomerationen werden zu Geburtsstädten der Massenkultur. VertreterInnen ehemals ganz unterschiedlicher Stände tanzen beispielsweise im 19. Jahrhundert miteinander Walzer. Sie drehen und berühren sich, ohne dass die herbeieilenden Moralwächter etwas dagegen ausrichten konnten. Das Walzertanzen wurde im 19. Jahrhundert eine alle gesellschaftlichen Schichten durchdringende Tanzmode (vgl. Wicke 1998). Tanz (als koordinierter Bewegungsablauf), Musik (mit kontinuierlich wieder kehrenden metrischen Schwerpunkten) und Körper werden zu einer wichtigen Voraussetzung von Popularität. Produziert wurden Walzer damals schon gewissermaßen am Fließband. So betrieben Vater und Sohn Strauss einen sprichwörtlichen Manufakturbetrieb zum Schreiben und Arrangieren von Walzern. Was abends auf dem Tanzboden Erfolg hatte, existierte am Morgen davor manchmal nur als Idee oder Skizze, die von spezialisierten Musikern ausgeführt, das heißt auskomponiert und v. a. arrangiert wurde. Vater und Sohn Strauss verstanden das Musizieren als unternehmerische Aufgabe, sie vergrößerten nicht nur ihre Kapellen, sondern ließen gleich mehrere unter gleichem Namen auftreten und auf Tourneen gehen, sie legten den Eintrittskarten Noten als Werbegeschenke bei und kurbelten so den Umsatz ihrer Verleger an. Seit im Jahr 1872 in Boston 20.000 SängerInnen und Musiker Strauss' Walzer „An der schönen blauen Donau" darboten, hieß der Walzer in den USA Boston. Events dieser Art kennt man also bei weitem nicht erst seit dem 20. Jahrhundert.

Bis zum Ende des 19. Jahrhunderts war das Erleben von Musik stets an ihre unmittelbare Aufführung bzw. Vorführung gebunden. Andernfalls existierte sie allenfalls in Form der abstrakten Notation oder im Kopf des Komponisten. Wirklich realisieren ließ sie sich nur als performativer Akt, vergleichbar dem Sprechakt, wie er von den Literatur- und SprachwissenschaftlerInnen der Performancetheorie thematisiert wird. Allerdings lässt sich die Aufführung oder Darbietung von Musik nicht in jedem Fall mit dem Sprechakt oder Vollzug von Lektüre vergleichen. Lediglich dort, wo es gilt ein Werk bzw. eine Partitur zum Leben zu erwecken, zu interpretieren, eine Oper zu inszenieren und aufzuführen, könnte diese theoretische Klammer greifen. Für die meisten populären Musikformen ist sie irrelevant und bleibt eine theoretische Konstruktion. Ein Song existiert zunächst meist nicht als notierte Skizze, sondern wird in den allermeisten Fällen kooperativ im Probenraum erspielt oder im Tonstudio in der Zusammenarbeit von MusikerInnen, TexterInnen und Produzenten etc. erarbeitet. Seine Bedeutung wird ihm sowohl von den kooperativ aufeinander bezogenen MusikerInnen und ProduzentInnen aber auch von den sie aneignenden HörerInnen oder TänzerInnen und nicht zuletzt von den sie vertreibenden Akteuren der Musikwirtschaft z.B. in Form von Repertoirekategorisierungen oder Zuschreibungen von JournalistInnen „verliehen".

Das Korrelat zu Fischer-Lichtes Performance-Theorie bestünde in der Musik dort, wo in der europäischen Kunstmusiktradition stehende Komponisten selbst als Performer agieren bzw. sogenannte Komponisten-Performer offene Spielanweisungen für Musiker anfertigen, die auf Raum, Situationen und Re/Aktionen seitens der Zuhörer/Zuschauer in der Lage sind zu reagieren. Das bekannteste Beispiel dafür ist sicherlich John Cage. Ihn im Kontext populärer Musikformen zu verorten, erachte ich für verfehlt.

Interessant bleibt dennoch die Bedeutung, die Erika Fischer-Lichte der Position des Zuschauers im Respons der Erregung und/oder des Impulses sieht. Erinnert sei in diesem Zusammenhang noch einmal an die eingangs beschriebene künstlerische Arbeit von Candice Breitz. Zweifellos reagieren auch dort die Fans im Respons der Erregung, die zum Impuls eigener Aktivitäten wird. Für Erika Fischer-Lichte gilt als Medium allein der Körper, ein Begriff von Medium, der sich jedoch nur schwer auf (moderne) populäre Musikformen in Gänze übertragen lässt, wie weiter oben bereits ausgeführt. Obwohl auf der Metaebene die Möglichkeiten des Machens und damit die Überwindung der verabsolutierenden Position des Sprechers konzeptionalisiert werden, finden sich bei Fischer-Lichte keinerlei Hinweise bzw. Untersuchungsinteressen an populären Kulturformen und der medialen Qualität ihres Klangs.

Das mag auf der einen Seite verwundern, hat möglicherweise jedoch seine Ursachen im Gegenstandsfeld der engagierten Wissenschaftler_innen. Sämtliche Autor_innen der Publikation „Performativität und Medialität" (Krämer 2004) stammen v. a. aus dem weiten Feld der Philosophie, Literatur- und Kunst- bzw. Bildwissenschaften. Erika Fischer-Lichte bildet in diesem Kontext gewissermaßen eine Ausnahme. Der einzige Beitrag mit musikalischen Bezügen ist auf Fragen der performativen Intermedialität in der Oper – einer sich stets auf Bühnen und in Szenarien realisierenden Gattung in der Tradition europäischer Kunstmusik - gerichtet. Fragen zur Medialität wurden auf Schrift- und Bildmedien gerichtet und finden aktuelle Phänomene betreffend ausschließlich Interesse an netzbasierten künstlerischen Arbeiten. Peter Weibel will einen Beitrag zur Rezivilisierung der Medientechnologien leisten, in dem er Beispiele des Netzaktivismus in ihrer kritischen Haltung gegenüber den ökonomischen, sozialen und technischen Bedingungen und Beschränkungen des Internets hervorhebt.

Nun ist es wenig hilfreich, diesen hier angedeuteten Zustand zu beklagen. Wir müssen uns – z.B. als Musikwissenschaftler_innen fragen – warum wir in diesen und ähnlichen Diskursen kaum oder gar nicht vorkommen, warum die Welt der Medien zumeist als Bilderwelt, eher selten als Klangwelt apostrophiert wird? Die empirischen Bezugspunkte der Medienwissenschaften bildeten v. a. Fotographien, Film, später das Fernsehen, Comics oder allenfalls das Musikvideo. Wenn von audio-visuellen Medien die Rede ist, dann in erster Linie im dienstleistenden Sinne von Musik *im* Radio oder Musik *für* den Film oder *für* das Computerspiel. Als akustisches Medium, dass sowohl Fragen der Medialität als auch der Performativität an sich richten kann, kommt Musik bzw. Klang kaum vor.

Ich vermute die Gründe in einer Denk- und Analysetradition, die Musik als ein Objekt mit immanenter Bedeutungsstruktur im Geist einer repräsentionalistischen Sprachphilologie versteht, Musik als ein Objekt, deren Gehalt in der Gestalt festgeschrieben, in ihren spezifischen Zeichen repräsentiert scheint. Diese Herangehensweise kollidiert insbesondere dort, wo nicht der intendierte und rezipierte Gehalt, sondern die Medialität von Musik den Schlüssel zum Verständnis von konkreten - insbesondere auch populären – Musikpraktiken liefert. Musik als eine Art Agens bzw. ästhetische Gestalt der Vermittlung zu begreifen, d.h. ihren medialen Charakter zu akzeptieren, unterminiert die an kulturell engen, exklusiven Wissensbeständen (z.B. Riemannsche Harmonielehre) geschulte Wertungsallmacht von Musikwissenschaft und Musikaristokratie. Letztendlich offenbart sich im Pro bzw. Contra eines medialen Verständnisses von Musik ein kultureller Riss durch (westliche) Gesellschaften. Es geht um die Deutungshoheit von kulturell wertvollen und weniger wertvollen Praktiken und Zusammenhängen, die sich sowohl in den Institutionen des Musikbetriebes (öffentlich geförderte Einrichtungen wie Konzert- und Opernhäuser) als auch in bestimmten wissenschaftlichen Konzepten und Methoden des Erkenntnisgewinns manifestieren. Letztendlich geht es um Deutungshoheit und – so banal dies klingen mag – um Verteilungskämpfe. Eine am notierten Gehalt – der sog. Werkgestalt – orientierte Musikwissenschaft konnte Körperlichkeit und Klanggeschehen konzeptionell nicht integrieren, also weder Performativität noch Medialität. Technologisch vermittelte Produktions-, Reproduktions-, Verbreitungs- und Aneignungsprozesse hat sie zumeist als „technische Zurüstung" und „musikalische Standardisierung" gedeutet und kritisiert. Im Spannungsfeld von latenter Technikfeindlichkeit und einem entleiblichten Musikverständnis steht Musikwissenschaft dann doch offensichtlich immer noch im Abseits von medien- und kulturwissenschaftlichen Diskussionen.

Die Notwendigkeit einer Auseinandersetzung und zugleich die offenkundige Möglichkeit entsprechender Einsichten liefert nicht zuletzt die Beschäftigung mit populären Musikformen. Was auch immer man sich an Untersuchungsgegenständen auf den akademischen Seziertisch legt, Fragen von Performativität und Medialität spielen eine beachtliche Rolle, vorausgesetzt man verabschiedet sich von einer Denktradition, die Musik als ein Objekt mit immanenter nachvollziehbarer Bedeutungsstruktur versteht. Schaut man sich beispielsweise x-beliebige Songs oder Tracks aus der Geschichte oder Gegenwart populärer Musik näher an, wird deutlich, dass man aus diesen nicht - einem Abdruck gleich – Bedeutungen herauslesen könnte. Die Bedeutung, die sie beispielsweise für ihre Hörer_innen bekommen können, ist nicht in diese eingeschrieben. Weder in den Klangstrukturen, noch den Texten der Songs wird Bedeutung abgebildet. Wirksam werden eher einzelner Elemente, Impulse: z.B. Textfragmente, Klangeffekte, das Timbre einer Stimme, Breaks, melodische Figuren, Sounds, Rhythmusmuster, Gestiken von Musiker_innen als Auslöser von Erregungsmomenten.

4.2 Medialität in populären Musikformen

Seit den Möglichkeiten der technischen Klangaufzeichnung – der Phonographie – Ende des 19. Jahrhunderts scheinen Medien auch als ein Apriori unserer musikalischen Erfahrungen und unseres musikbezogenen Tuns (vgl. dazu auch Krämer 2004, 23) zu gelten. Im Zentrum entsprechender Erfahrungen und entsprechenden Tuns scheinen apparative Erzeugungsprozeduren zu stehen. Sicherlich nicht zu Edisons oder Emil Berliner

Zeiten, jedoch spätestens mit der Einführung des Hörrundfunks und nachfolgend der Erfindung der Vinylschallplatten, besseren Mikrofonen und Mehrspurtechnik sind der Musikgebrauch bzw. die diversen Aneignungsformen von Musik – nicht nur den populären Formen - in der Tat ganz maßgeblich durch diese apparativen Erzeugungsprozeduren gekennzeichnet.

Allerdings muss man sich fragen, warum Menschen Anfang des 20. Jahrhunderts Phonographen, aufgenommen in Studiosituationen, die unseren heutigen nicht im Entferntesten ähneln, als einen akzeptablen Ersatz für Konzerte begehren konnten? Im Vergleich zu heutigen Aufnahmen war die Qualität der betreffenden Tonträger mehr als dürftig. Sie klangen schrill und rauschten, weil das eigentliche Frequenzspektrum von Gesangsstimmen oder konkreten Instrumenten technisch damals bei weitem nicht reproduzierbar war. Sie hatten nur eine begrenzte Abspieldauer, weil die Rillendichte und das Trägermaterial kaum mehr als eine 5-minütige Aufnahme ermöglichten. Abgesehen davon, dass die ersten mit Musik bestückten Phonographen v. a. als Jahrmarktsattraktionen oder Musikboxen mit vier Paar Schläuchen in Cafés und Bars ihr Geld einspielten, vermutet man, dass die reproduzierte Zeitstruktur einer Aufführung die Zuhörer davon überzeugen konnten, dass es sich hierbei um Musik handle (Wicke 2008). In Verbindung mit ihrem Neuheits- und damit Attraktivitätsgrad waren selbst Tonträger in aus unserer heutigen Sicht übler Qualität deshalb von Interesse und bildeten im 20. Jahrhundert den Kern der Musikwirtschaft. Zu Beginn ihres Siegeszuges ersetzten sie gewissermaßen die Aufführung und machten diese medial – weil technisch fixiert - verfügbar. Die Stars konnte man in Zeitschriften und auf Plakaten bewundern. Schließlich waren viele von ihnen gleichermaßen populäre Musik- und Leinwandstars, Sänger_innen und Performer_innen (vgl. Lilian Harvey, Willy Fritsch, Heinz Rühmann in: Die drei von der Tankstelle – 1930).

Wohl zu keiner Zeit hat der Tonträger jedoch einen Konzertbesuch wirklich obsolet gemacht: beides sind gewissermaßen die zwei Seiten einer Medaille – nicht zuletzt aus kommerziellen Gründen. Medial repräsentierte Images bilden dabei eine wichtige Klammer des Erfolges, weil sie als Projektionsflächen für soziale Identifikation einerseits und als kommerzielles Produkt andererseits hervorragend funktionieren.

Selbst diese Erkenntnis kann man nicht erst in der zweiten Hälfte des 20. Jahrhunderts angesichts der durch Superstars bzw. Bands und deren perfekt inszenierte Bühnenshows gewinnen. Der Violinenvirtuose Niccolò *Paganini* (*1782, †1840), der Klaviervirtuose *Franz Liszt* (1811 – 1886) oder die Opernsängerin Jenny Lind[6] (*1820, †1887) wirkten im 19. Jahrhundert in ihrer Funktion als Stars immer auch als Identifikations- und als Projektionsflächen. Sie agierten dabei durchaus auch auf populären Bühnen. Nicht zuletzt durch ihre performativen „Ausschweifungen" – festgehalten in Berichten und auf Bildern, man denke an den fliegenden Geigenbogen von Paganini oder die weit gespreizten Hände Liszts, die scheinbar gleichzeitig in der Lage waren mehrere Lagen des Klaviers

---

6   Zunächst brüllten die SängerInnen in den Trichter und nur bestimmte, laute und mittelfrequente Instrumente konnten aufgenommen werden.

zu spielen – sind sie uns heute noch ein Begriff. Insbesondere Klaviervirtuosen und Sängerinnen standen damals hoch in der Gunst des Publikums: das Klavier gehörte im 19. Jahrhundert in fast jeden bürgerlichen Haushalt. Zugleich war man fasziniert von den außergewöhnlichen unerreichbaren Leitungen der betreffenden Stars.

Feste Anhängerschaft braucht Medien und Images – auch das wusste man schon damals. Kontinuierlich wurden brisante Storys und Sensationelles über die Virtuosen ihres Fachs berichtet. Nicht zuletzt der Konkurrenzkampf zwischen den Zeitungen forcierte die Veröffentlichung brisanter Storys schillernder Persönlichkeiten. Wunderkinder und Exoten bevölkerten die Spalten der damals noch jungen Illustrierten. Schließlich verkaufte man Liszt-Kipferln (Gebäck) und Jenny-Lind-Hauben als Fanartikel (vgl. Borgstedt 2008). Wie in den eingangs gezeigten Sequenzen der Videoinstallation von Candice Breitz, wird man es auch damals nicht mit willenlosen, ergebenen und passiven Konsumenten zu tun gehabt haben. Freilich ist das immer auch eine Frage der Perspektive und der Bewertungsmuster kultureller Praktiken.

5. Fazit

Leider stellt es ein nahezu unmögliches Unterfangen dar, entsprechende soziale Sinnstrukturen und ihre kulturellen Praktiken der Vergangenheit heute zu rekonstruieren. Über populäre Praktiken erfährt man eher aus Gerichtsberichten als aus Archiven, Musikzeitschriften oder Briefwechseln der damaligen Zeit. Kaum kompfortabler stellen sich die Bedingungen heute dar. Es sind die Methoden der qualitativen Sozialforschung wie teilnehmende Beobachtung, narrative Interviews, Videodokumentationen, die das verstehende Rekonstruieren kultureller Praktiken, ihre Interpretation in vergleichenden Analysen in zumeist sehr aufwendigen Forschungsreihen ermöglichen. Daneben lohnt es jedoch immer wieder auch den Begriff anzustrengen und ein theoretisches Verständnis der interessierenden Prozesse zu forcieren, damit der behauptete Paradigmenwechsels von der Idee der Repräsentation zur Praxis des Machens wirklich verstanden werden kann. Eine zentrale Herausforderung stellt dabei das durchaus widersprüchliche Verhältnis von Einmaligkeit (zumeist thematisiert im Kontext von Performativität) und technischer Reproduktion (Stichwort Medialität) dar, d.h. von leiblicher Anwesenheit im Raum im Unterschied zur Präsenz von Räumen als Darstellungsmedium.

Aktuelle Medien-Musikpraktiken zeigen (vgl. Binas-Preisendörfer 2010), dass wer technisch und ästhetisch in der Lage ist, dieses Problem zu lösen – z.B. in den erfolgreichen Musicgames wie *Guitar Hero*, *Singstar* oder *Rockband* oder auch den diversen Videoplattformen im Internet – mitten in die gegenwärtigen Sozialisationsmuster ihrer Macher bzw. der SpielerInnen trifft.

Literatur

Binas-Preisendörfer, Susanne (2010): „Jugend musiziert!?" Wettbewerb, Flow und Empowerment in aktuellen Musikspielen am Beispiel von „Guitar Hero", in: szenenwechsel. Dokumentation der gleichlautenden Tagung an der Universität der Künste Berlin, hrsg. von Ursula Brandstädter, Uckerland: schibiri-Verlag, S. 125-139.

Binas-Preisendörfer, Susanne (2011): Live is Life: Faszination und Konjunktur des Popkonzerts oder Überlegungen zur Performativität medienvermittelter musikkultureller Praktiken, in: Populäre Musik, mediale Musik, in: Populäre Musik, mediale Musik? Transdisziplinäre Beiträge zu den Medien der populären Musik, hrsg. von Christofer Jost, Daniel Klug, Axel Schmidt, Klaus Neumann-Braun, Baden-Baden: Nomos, 131 – 146.

Borgstedt, Silke (2008): Der Musik-Star. Vergleichende Imageanalysen von Alfred Brendel, Stefanie Hertel und Robbie Williams, Bielefeld: transcript-Verlag.

Clarke, John u. a. (1979): Jugendkultur als Widerstand. Milieus, Rituale, Provokationen, Frankfurt am Main: Syndikat, S. 39 – 131.

Fischer-Lichte, Erika (2004): Ästhetik des Performativen. Frankfurt am Main.

Geertz, Clifford (1987): Dichte Beschreibung. Beiträge zum Verstehen kultureller Systeme, Frankfurt a.M.: Suhrkamp.

Hanslick, Eduard (1854): Vom Musikalisch-Schönen. Ein Beitrag zur Revision der Ästhetik der Tonkunst, Leipzig.

Hügel, Hans-Otto (2003): Handbuch Populäre Kultur, Stuttgart, Weimar: Verlag J.B. Metzler.

Marcus S. Kleiner (2009): Life is but a memory – Popmusik als Medium biographischer Selbstverständigung, in: Eva Kimminich (Hg.):Utopien, Jugendkulturen und Lebenswirklichkeiten. Ästhetische Praxis als politisches Handeln, Frankfurt a.M.: Peter Lang, S. 95 – 115.

Krämer, Sibylle (Hg.) (2004): Performativität und Medialität. München: Wilhelm Fink Verlag.

Rosenberg, Angela (2008): Inner + Outer Space, in: Candice Breitz / Inner + Outer Space - Ausstellungskatalog, hrsg. von Temporäre Kunsthalle, Berlin, S. 16/17.

Schleuning, Peter (2000): Der Bürger erhebt sich. Geschichte der deutschen Musik im 18. Jahrhundert, Stuttgart, Weimar: Verlag J.B. Metzler.

Schleuning, Peter (2011): „Kanapees und Eisgetränke", in: Das Konzert. Neue Aufführungskonzepte für eine klassische Form, hrsg. von Martin Tröndle, überarbeitete 2. Auflage, Bielefeld: transcript-Verlag, S. 227 - 236.

Temporäre Kunsthalle (2008): Candice Breitz / Inner + Outer Space. Ausstellungskatalog, Berlin.

Wenzel, Horst (2004): Vom Körper zur Schrift. Boten, Briefe, Bücher, in: Performativität und Medialität, hrsg. von Sybille Krämer, München: Wilhelm Fink Verlag, S. 269 – 292.

Wicke, Peter (1993): Vom Umgang mit populärer Musik, Berlin: Volk und Wissen.

Wicke, Peter (1998): Von Mozart zu Madonna. Eine Kulturgeschichte der Popmusik, Leipzig: Gustav Kiepenheuer Verlag.

Wicke, Peter (2005): Stichwort Populäre Musik, in: Basiswissen Schule – Musik. Berlin/Frankfurt a.M.: DUDEN Paetec Schulbuchverlag.

Wicke, Peter (2008): Das Sonische in der Musik, http://www2.hu-berlin.de/fpm/popscrip/themen/pst10/pst10_wicke.htm

Willis, Paul (1981): Profane Culture. Rocker, Hippies: Subversive Stile der Jugendkultur, Frankfurt a.M: Syndikat.

Internetquellen

http://www.kunsthalle-berlin.com/de/exhibitions/Candice-Breitz (28.06.2011)

Imitation of Life

Theoretische Anmerkungen zum Aspekt der Performance und Improvisation in der Filmkomödie und der Sitcom

Herbert Schwaab

Performativität, Sprache, Alltag

Der folgende Beitrag versteht Populärkultur als ein Feld vielfältiger Formen der Aufführung, die auch als eine Reflexion über den Aufführungscharakter unserer Handlungen und unserer Sprache begriffen werden können. Er zielt auf eine philosophische Perspektivierung des Begriffes der Performativität im Anschluss an John L. Austin und an den amerikanischen Philosophen Stanley Cavell. Austin hat, wie Andrea Seier in ihrer Studie Remediatisierung anmerkt, die Unterscheidung zwischen performativen und nicht-performativen (konstativen) Äußerungen in seinen Vorlesungen aufgegeben und letztlich auf den performativen Charakter aller unserer Aussagen verwiesen (Seier 2007, S. 43). Damit stellt Austin auch in Frage, dass mit den gesprochenen Worten eine innere Haltung des Sprechenden korrespondieren müsse (ebd., S. 42; Austin 1972, S. 35). Man kann dies als eine Problematisierung der expressiven Funktion von Sprache betrachten, die damit einer inneren Referenz beraubt erscheint und mit dem Verweis auf die situativen Aspekte sprachlicher Handlungen sich stattdessen von einem äußeren Rahmen abhängig macht. Die Leistung von Cavell in seiner Deutung von Austin, wie er vor allem in seinem frühen Aufsatz „Must We Mean What We Say?" (Cavell 1976) formuliert, besteht in einer positiven Bestimmung einer Erweiterung der Sprache auf Zusammenhänge des Sprechens, auf die Abhängigkeit der einzelnen Angehörigen einer Sprachgemeinschaft voneinander, als eine Annahme der Gewöhnlichkeit unserer Sprach- und Lebensformen, die immer wieder zu einem Einklang kommt, auch wenn die Zusammenhänge des Sprechens nur bedingt überschaubar erscheinen (vgl. Schwaab 2010a, S. 36f.). Dieser positiven Bestimmung der Kontextabhängigkeit von Sprache und ihres performativen Charakters steht aber, unter Bezugnahme auf Wittgensteins Spätphilosophie, der Verweis auf ein dadurch ausgelöstes Gefühl der Ambivalenz gegenüber: Die Philosophie reagiert unter dem Namen des Skeptizismus auf eine auch im Alltag geteilte Enttäuschung darüber, dass sich Sprache nicht durch den Sprechenden, sondern nur durch eine Gemeinschaft der Sprechenden autorisieren lässt, was Cavell auch als eine Neigung zur Verleugnung unserer Menschlichkeit beschreibt: „Nothing is more human than the wish to deny one's humanity." (Cavell 1979b, S. 109).

Ich möchte hier Cavell vor allem als Kontrastfigur zu einem in der Populärkulturtheorie prominenteren Konzept der Performativität begreifen. Judith Butler gebraucht ihre auf Austin zurückgehende Anwendung des Konzepts für eine Infragestellung geschlecht-licher Identitätszuschreibungen. Aber das von ihr beschriebene ‚doing gender' bedeutet nicht ein freies Verfügen über die eigene geschlechtliche Identität: "If I am someone who cannot *be* without *doing*, then the conditions of my doing are, in part, the conditions of my existence. If my doing is dependent on what is done to me or, rather, the ways in which I am done by norms, then the possibility of my persistence as an 'I' depends upon my being able to do something with what is done with me" (Butler 2004, S. 3). Dass Judith Butler mit dem 2004 veröffentlichten *Undoing Gender* scheinbar das ‚doing' wie-der in Frage stellt, ist wahrscheinlich auch die Reaktion auf eine häufig oberflächliche Aneignung solcher Theorien über Geschlecht als Konstruktion in der Popkultur, bei der etwa die Gendertransgressionen von Madonna als die Fleischwerdung einer komplexen Theorie betrachtet werden oder an den Figuren von *Sex and the City* deren ironischer und flexibler Umgang mit ihren Identitätsoptionen herausgestellt wird (vgl. Zieger 2004, S. 108). Ich würde solche Lesarten eher, wenn auch ebenfalls auf etwas oberflächliche Weise, einem popkulturellen Diskurs zuschreiben, der die vielfältigen Möglichkeiten der Ver-kleidung und Verstellung selbstbewusst dem hochkulturell kodierten Verständnis von Eindeutigkeit und Authentizität gegenüberstellt. Eine philosophische Lesart des Begriffes der Performativität, wie sie mit Cavell und Austin möglich ist, macht auf den performa-tiven Charakter aller Sprachhandlungen aufmerksam und begreift die Populärkultur im Unterschied zu einer distinktionssicheren Popkultur als ein Feld der Reflexion über den grundsätzlich performativen Charakter unserer Sprachhandlungen. Jede Form von Po-pulärkultur hat einen Aufführungscharakter, verweist, im Sinne Erving Goffmans, auf die Momente in unserem Leben, in denen wir abhängig von unterschiedlichen Situati-onsrahmen nur eine bestimmte Seite unserer Persönlichkeit offenbaren, unterschiedliche Facetten unserer Identität reproduzieren und Worte auf unterschiedliche Weise gebrau-chen (Goffman 1967, S. 41f.). Wie Cavell seine sprachphilosophischen Überlegungen auf eine Auseinandersetzung mit dem populären Kino ausdehnt, offenbart die vielfältigen Formen des Spielens, Sprechens und Handelns in diesen Filmen, die alle nicht nur als eine Reflexion über unser Spielen, Sprechen und Handeln im Alltag begriffen werden können, sondern auch als Anleitungen, als ‚ideale' Aufführungen, die jeden Zweifel an der Autorisierung dieses nicht mehr von innen autorisierten Handelns in Frage stellen.

Dies wird aber nur ein Aspekt dieses Beitrags sein. Die zweite wichtige Argumenta-tionslinie bezieht sich darauf, von einer Performativität der Medien selbst zu sprechen (vgl. Seier 2007, S. 14), von einem Auffälligwerden des Mediums, das sich nicht mehr hinter seiner Aufgabe der Vermittlung verbirgt, sondern seinen Aufführungscharakter offen ausspielt. Während der Popkulturdiskurs, vor allem in der Epoche der Postmo-derne, eher die Neigung dazu hatte Momente von Performativität der Medien positiv zu deuten – als Momente, in denen sich populärkulturelle Gegenstände ihrer Medialität bewusst werden –, soll hier auch eine Möglichkeit der (produktiven) Problematisierung vorgeführt und dabei unterschiedliche Formen der Performativität auch in Abhängigkeit von Wahrnehmungsoptionen betrachtet werden. Das klassische Hollywoodkino vermag, so soll deutlich werden, den Akt der Mediatisierung zu verbergen und unsere Aufmerksamkeit auf eine Welt und nicht deren Repräsentation zu lenken, wodurch so etwas wie eine (verschobene) Präsenz der Welt erzeugt wird, die negative Gedanken über den Aufführungscharakter dieser Welt verdrängt. Aber auch die Sitcom wird hier als ein Format betrachtet, das auf eine andere Weise, vor einem anderen Hintergrund, Präsenz erzeugt und eine ‚authentische‘ Form des Spielens vorführt.

Theatralität und Nicht-Theatralität der Medien

In seiner filmphilosophischen Auseinandersetzung mit dem Kino in *The World Viewed* verweist Stanley Cavell auf eine solche Möglichkeit eines „act without performance" im Film (Cavell 1979, S. 153). Mit dieser widersprüchlichen und vieldeutigen Formulierung soll auf ein Potenzial von Film hingewiesen werden, uns von der Vorstellung zu befreien, dass das Gesehene das Produkt einer ‚Performance‘ ist: Es gibt ein Bedürfnis danach, im Film Handlungen zu sehen, die nicht dargestellt sind, weil die Wirklichkeit selbst von einem Moment des Nicht-Authentischen, des Gespielten bestimmt sei:

> When society has become fully theatricalized (conscious of its rules but inaccessible to their backing, the fool of its own artifice, of its peculiar compacts), cinema reestablishes our sense of reality by asserting its own powers of drama (Cavell 1979, S. 225).

Die Formulierung des ‚act without performance‘ ist widersprüchlich, weil sie ein Schauspielen bezeichnet, das nicht als Darstellung begriffen wird. Aber sie könnte auch ein Handeln (*act*) bezeichnen, das keine Darstellung (*performance*) ist. Darüber hinaus überschneiden sich die beiden Wörter, da *act* auf Handeln und *perform* auf das Ausführen einer Handlung verweisen können. Der größte Widerspruch resultiert daraus, dass Film eine Vorstellung von Darstellen in der Wirklichkeit therapieren soll, während Film selbst und jedes seiner Bilder das Produkt einer Darstellung sind. Dennoch, und das führt auf Cavells Verständnis von Sprache und seiner Auseinandersetzung mit John L. Austins Sprechakttheorie und Wittgensteins *Philosophische Untersuchungen* zurück, müssen wir uns hier gar nicht so ausführlich mit den Ambiguitäten dieser Äußerungen auseinandersetzen, denn wir verstehen, was damit gemeint ist. Austins Theorie verzichtet auf philosophische Spitzfindigkeiten, die auf einer eindeutigen Definition dessen beruhen, was ein Begriff bezeichnet. Äußerungen sind nicht wahr oder falsch, sondern geglückt oder misslungen, und wenn sie geglückt sind, hängt dies auch von dem Kontext ab, in dem sie geäußert werden (Austin 1972, S. 31). Die Äußerung ist geglückt, wenn ungefähr verstanden wird, dass es auf ein Darstellen im Film hinweist, das unvermittelt, ungekünstelt, spontan, nicht-theatralisch, beiläufig und improvisiert erscheint. Das ist aber nur ein Aspekt dieser Auseinandersetzung. Denn dieses ‚act without performance‘ materialisiert sich auch in einer spezifischen Medialität des Kinos, die es Bildern erlaubt, so vor unseren Augen zu erscheinen, dass wir vergessen, dass es sich um eine vom Medium hervorgebrachte Welt handelt. Cavell akzentuiert diesen Gedanken, indem er von einem magischen Aspekt von Film spricht: Die Welt erscheint aus dem Nichts, sie blendet mich als Betrachter aus, wir können sie geschützt durch die unzugängliche, immaterielle Leinwand ‚ungesehen' betrachten: „What we wish to see in this way is the world itself [….]" (ebd., S. 102). In einer Heideggerschen Terminologie spricht Cavell auch davon, dass wir die Welt als Welt sehen, dass sich unseren Blicken die Welt von selbst enthüllt, was allerdings auch eine gewisse Offenheit und Geduld gegenüber der sich zeigenden Welt offenbart:

> To satisfy the wish to act without performing, to let our actions go out of our hands, we must be willing to allow the *self* to exhibit itself without the self's intervention (ebd., S. 159).

Beide Aspekte, ein Darstellen auf der Ebene des Films, dass das Versprechen mit sich führt, nicht als Darstellen betrachtet zu werden, und eine bestimmte Medialität von Film, die es erlaubt, unverstellt einen Blick auf die Welt zu ermöglichen, interessieren mich hier. Es ließe sich behaupten, dass es zweierlei Formen von ‚Perfomance' in Filmen gibt: Eine Performance im Film und die Performance von Film. Letzteres bedeutet eine Übertragung der Auseinandersetzung Austins mit Performativität und Sprechakten auf das Medium von Film. Diese Übertragung wurde von Andrea Seier in ihrer Arbeit zur Performativität der Medien geleistet. Ausgehend von der Sprechakttheorie Austins, über Judith Butlers Aneignung von Austin in ihrer Auseinandersetzung mit einer Performativität von Geschlecht, bis zu dem Konzept der Remediatisierung von Jay D. Bolter und Richard Grusin, das eine Aktivität des Mediums bezeichnet, da dieses konstant damit beschäftigt erscheint, andere Medien zu imitieren und oder zu verbessern (Seier 2007, S. 71), erweitert Seier das Konzept der Performativität zu einer Möglichkeit der Fokussierung der Medialität von Film selbst als eine Form von Performance.

Ich möchte mich auf diese Möglichkeit berufen, um bestimmte Akzente in der Darstellung in Medien herauszustellen, aber auch, um einen Begriff von Michael Fried zu verwenden, der auf ähnliche Weise eine Performativität auf der Ebene der Ästhetik/Medialität und der Ebene der Inhalte des Mediums verortet. Fried gebraucht in „Art and Objecthood" (1998), einer sehr bekannten Auseinandersetzung mit serieller Malerei und Konzeptkunst in den 1960er Jahren, die Unterscheidung einer theatralischen und einer nicht-theatralischen Kunst. Die von Fried verteidigte serielle Malerei von Frank Stella oder Kenneth Noland wird als nicht-theatral bezeichnet, als eine Kunst, die keinen Betrachter braucht. Das Kunstwerk blendet uns aus, weil es ein in sich geschlossenes Areal schafft, einen abgeschlossenen Ort, den wir in seiner Totalität unmittelbar erfassen und in dessen Betrachtung wir aufgehen (ebd., S. 166): Was wir von dem Werk beziehen, ist einzig innerhalb des Werkes selbst verortet. Diese Wahrnehmung und Subjektwirkung wird durch die in dieser Zeit entstehende Objektkunst von Künstlern wie Donald Judd und Robert Morris, die Fried „literalist art" nennt, gefährdet, denn hier ist das Kunstwerk ein Objekt in einer Situation, die den Betrachter mit einschließt und ihm sein Betrachter-Sein vorführt (ebd., S. 153). Denn das Anliegen der modernen Kunst sei eigentlich, dieser Bedingung des Theatralischen zu entkommen und daraus ihre Überzeugungskraft zu gewinnen, ihre Wirkung zu erzielen und eine besondere Form von Erfahrung zu erzeugen (ebd., S. 159). Während das Werk in der nicht-theatralisch modernen Kunst sich selbst genug ist und keinen Betrachter braucht, thematisiert die theatralische Konzeptkunst den Raum und den Betrachter und spricht diesen direkt an, womit eine neue Erfahrung konstituiert wird, aber auch der Kunstraum mit einer Bedeutung aufgeladen wird, die nicht mehr ausschließlich auf das Werk zurückführt. Das genau war auch das Anliegen der Konzeptkunst und der daraus hervorgehenden Medienkunst in den 1960er Jahren, die Gegenwärtigkeit und damit auch Autorität des Werkes zu zerstören.

Auf eine ähnliche Weise problematisieren Theoretikerinnen wie Laura Mulvey in den 1970er Jahren den Weltbezug des Kinos und fordern, seine Medialität offenzulegen und uns zu Betrachtern zu machen, die merken, dass sie Betrachter sind. Gerade weil das klassische Hollywoodkino einen Code etabliert, der uns geläufig erscheint, unterläuft es unsere kritischen Fähigkeiten, diese Welt zu durchschauen und eine Position zu ihr einzunehmen. Mulvey beschreibt, ähnlich wie Cavell, wie sich im Film ohne unser Zutun eine Welt zeigt. Film biete „eine hermetisch abgeschlossene Welt, die sich magisch entrollt, ohne die Anwesenheit der Zuschauer zu beachten, woraus ein Gefühl der Trennung und Abtrennung entsteht, während gleichzeitig mit ihren voyeuristischen Fantasien gespielt wird." (Mulvey 1993, S. 52) Sie erscheint dadurch natürlich und selbstverständlich, aber gerade diese Selbstverständlichkeit versucht Mulvey in dem berühmten, in den 1970er Jahren verfassten Text „Visual Pleasure and Narrative Cinema" in Frage zu stellen. Der Film schlummere unsere Sinne dadurch ein und lasse etwa die ‚passive' Position der Frau, die ihr von Film zugewiesen wird, als natürlich erscheinen (ebd., S. 55). Fried bietet aber in seinen Schriften einen Ansatz, der die kritisierte Autorität des Kunstwerkes, seine Fähigkeit, den Raum auszublenden und den Betrachter zugleich auszuschließen und dennoch am Werk zu beteiligen, als ein wichtiges Kennzeichen von ästhetischer Erfahrung ansieht. Und er ist auch deswegen interessant, weil er diese mit nicht-theatral und später als Absorption (vgl. Fried 1980) bezeichnete Subjektwirkung auch auf Film bezieht und damit zu einer Neubewertung von dessen Fähigkeit der Ausblendung des Betrachters einlädt:

> There is, however, one art that, by its very nature, escapes theatre entirely – the movies. This helps explain why movies in general, including frankly appalling ones, are acceptable to modernist sensibility whereas all but the most successful painting, sculpture, music, and poetry is not. Because cinema escapes theatre – automatically, as it where-it provides a welcome and absorbing refuge – more accurately, the fact that what is provided is a refuge from theatre and not a triumph over it, absorption not conviction – means that the cinema, even at its most experimental, is not a modernist art. (Fried 1998, S. 164)

Fried greift hier auf den Begriff des Automatismus bei André Bazin zurück. Das Konzept des Automatismus, das Bazin in seinen klassischen Schriften zum Film „Qu'est-ce que le cinéma" (1994) in den 1940er und 1950er Jahren konturiert, sieht Film als eine vom Menschen befreite Kunst. Der photographische oder filmische Apparat, dessen Prozesse der Aufnahme im Prinzip unbeeinflusst vom Menschen ablaufen, sichert, dass die problematische Subjektivität des Künstlers oder der Künstlerin sich nicht so stark dem Film oder der Fotografie einschreibt: Alle Künste seien von der Präsenz des Menschen geprägt, nur die Fotografie (und der Film) handle von dessen Abwesenheit (Bazin 1994, S. 13). Es ist also die mediale Eigenschaft von Film, dessen Apparat ohne menschliches Zutun Bilder hervorbringt, die eine spezifische Subjektwirkung erzielt, ohne dass sich Film im Unterschied zur Malerei mit seinen eigenen Grundlagen beschäftigen müsste. In diesem Sinne ist Film naiv und selbstverständlich und spricht die Menschen unmittelbar an, weil auch der Blick auf die Welt unvermittelt ist. Diese Selbstverständlichkeit von Film und die Befreiung vom Menschen und dessen Subjektivität ist ein Grund dafür, warum Cavell, der seine filmphilosophischen Arbeiten in den 1970er Jahren auch in Auseinandersetzung mit Fried verfasst und sich ebenfalls auf Bazin bezieht, behauptet, dass Film das Vermögen hat, der Gefahr der Theatralisierung unseres Lebens, dass unser Handeln und Sprechen als das Produkt einer Darstellung erscheint, zu begegnen.

Cavell und Fried bieten also die Möglichkeit, Theatralisierung nicht nur als Eigenschaft einer bestimmten Darstellung in Filmen zu betrachten, sondern auch als eine Eigenschaft des Mediums und der von ihm modellierten Beziehung des Betrachters zu seinen Inhalten. Fried und Cavells Anwendungen bieten aber zusätzlich die Möglichkeit, diese Beziehung auch von den medialen Bedingungen auf die Ästhetik und die spezifischen Kontexte der Rezeption von Kunstwerken zu erweitern und zudem noch auf ein Anliegen zu beziehen, einen Zweifel oder eine Irritation des Menschen in der Kunst zu therapieren und Gegenwärtigkeit und Unmittelbarkeit zu erzeugen. Ich möchte diese Unterscheidung zwischen unterschiedlichen Formen einer Performativität der Medien und in Medien auf zwei Gegenstände und deren populärkulturelle sowie gesellschaftliche Kontexte anwenden, nämlich auf die von Cavell erkundete klassische Hollywoodkomödie der 1930er und 1940er Jahre und auf die ‚klassische‘ Sitcom. Mit klassisch ist hier die im so genannten ‚three-camera-setup‘ (vgl. Jones 1992, S. 66) vor live-Publikum gedrehte Sitcom gemeint. Beide Gegenstände schließen eine ‚Performance‘ mit ein, aber es ist eine Performance, die auch ein Moment der Unmittelbarkeit und des Improvisierten aufweist. Beide Formen des Darstellens interessieren mich hier, weil jeweils auf spezifische Weise ein Rahmen von Medialität gesetzt wird, wieder unsichtbar gemacht wird und innerhalb dessen Dinge zum Erscheinen gebracht werden, die als spontan, nicht-dargestellt und improvisiert empfunden werden können.

Die Filmtheorie hat schon immer die Differenz zwischen dem Schauspielen im Theater und im Film interessiert. So weist Stanley Cavell in *The World Viewed* darauf hin, dass es dem Schauspieler oder der Schauspielerin im Kino nicht darum gehe, eine Rolle zu verkörpern, sondern diese vielmehr einen Typus, der erst durch den Film geschaffen werden kann, verkörpern und die verkörperte Rolle entweder zu diesem Typus passt oder nicht passt (Cavell 1979, S. 29). Diese Definition geht auf das Konzept der ‚photogénie‘ zurück, das schon sehr früh im Denken und Schreiben über Film beschrieben wurde und die Tatsache bezeichnet, dass die Kamera eine neue Form der Existenz und Präsenz erzeugt, mit Menschen, die sich auf besondere Weise für die Kamera und Projektion ihres bewegten Bildes eignen (vgl. Epstein 1988, S. 314).

Abbildung 1: Klassische Sitcom, I Love Lucy: Episode Lucy Learns to Drive

Autoren wie Louis Delluc oder Jean Epstein erkannten bereits in den 1910er und 1920er Jahren diese sie überaus faszinierende Eigenschaft, die sich auf einen neuen Typus von Schauspielern bezog, die weniger für das Theater, sondern für den Film geeignet waren (Delluc 1988, S. 139). Nicht nur Delluc, sondern eine Vielzahl anderer Autoren aus dem Umfeld einer frühen französischen Cinephilie beschrieben mit begeisterten Worten ihre Faszination für das Gesicht von Sessue Hayakawa (vgl. ebd., S. 138), einem japanischen Schauspieler, der in einigen frühen amerikanischen Unterhaltungsfilmen meist mysteriöse, exotische und gefährliche Verführer spielte. An ihm blieben die Blicke, auch wenn er von der Handlung der Filme bestraft wurde, eher hängen als an den rechtschaffenden anderen Figuren der Filme. Cavell versucht diese Präsenz des Schauspielers mit dem Begriff des ‚human something' zu beschreiben: Wir sehen jemanden auf der Leinwand, der anders als alles ist, was wir kennen, weder ein Mensch noch die Projektion oder Illusion eines Menschen (denn dies würde bedeuten, dass wir uns ihm gegenüber nicht positionieren würden, wir ihm gleichgültig gegenüber stünden), sondern ein menschliches Etwas (Cavell 1979, S. 26). Dieses menschliche Etwas ist nicht das Produkt einer Darstellung, sondern das Produkt des filmischen Apparats. Darauf basiert ein entscheidender Unterschied zwischen Theater und Film: Der klassische Film habe, so Cavell, im Gegensatz zum Theater eine Präferenz für die Improvisation, das Nicht-Gestellte (Cavell 1979, S. 153) und therapiert das Gefühl, dass die Welt theatralisiert erscheint (Cavell 1979, S. 225).

In diesem Begriff der Theatralisierung zeigt sich der Anschluss Cavells an Austin, was seinen Ansatz zu einem der wenigen Formen von Filmphilosophie macht, die auch sprachphilosophische Gedankenführungen integriert. Cavell stellt mit Austin heraus, dass sich Worte durch eine Gemeinschaft der Sprechenden autorisieren (Cavell 1976, S. 34), aber weist mit Wittgenstein auch auf ein Moment der Enttäuschung über den flüchtigen Charakter dieser Vereinbarungen hin, die zwar die Bedeutung eines Wortes in einem bestimmten Zusammenhang, aber nicht über ihn hinaus sichert (ebd., S. 52). Dies wird als eine Bedingung der Gewöhnlichkeit oder Alltäglichkeit unserer Lebensformen betrachtet, die es allerdings nicht zu überwinden, sondern durch eine Repositionierung gegenüber dieser Alltäglichkeit zu bewältigen gilt.

Hier kommt der spezifische Rahmen ins Spiel, den das Kino zu setzen vermag. Die Grenzen des filmischen Dramas sind enger gesteckt als die Grenzen der Wirklichkeit, die Worte finden in diesem engeren Rahmen eine größere Rückversicherung. Dass ein Schauspieler sich in einem Film mit traumhafter Sicherheit durch dessen Wirklichkeit bewegen kann, dass wir diese Bewegungen aber nicht als das Produkt einer Darstellung sehen, weil der Schauspieler auf der Leinwand seine eigene Schöpfung ist (Cavell 1979, S. 159), lässt uns die Kontingenz unserer Lebensformen vergessen. Menschen in Filmen können den unmittelbaren Impulsen kommunikativer Handlungen so Folge leisten, dass die Flüchtigkeit der Vereinbarung, das Gefühl, undurchsichtigen, zweifelhaften Regeln folgen zu müssen, nicht offenliegt.

Die Performance der klassischen Hollywoodkomödie

Diese filmische Welt, die sich vor unseren Augen enthüllt, ist ebenso flüchtig wie manifest. Wenn Cavell davon spricht, dass sich Film dafür eigne, das Leben so einzufangen, wie es vor unseren Augen erscheint (Cavell 2004, S. 41), bezieht er sich auf ein Motiv, das viele Filmtheoretiker vor ihm angesprochen haben, etwa Siegfried Kracauer, der die Affinitäten von Film und Wirklichkeit herausstellt und von einem Vermögen des Films spricht, den Fluss des Lebens einzufangen (Kracauer 1993, S. 109). Aber aus einer Fülle von an unseren Augen vorbeiziehenden Details manifestiert sich auch etwas, das dem Gewöhnlichen enthoben ist und sich uns zeigt. Im Gegensatz zu Kracauer schließt dies nicht einen Fokus auf den Realismus im Kino mit ein, sondern Cavell macht deutlich, dass gerade das klassische Hollywoodkino den Rahmen zu setzen vermag, der den Blick auf die Welt und nicht auf ihre Repräsentation führt. Der Stil des klassischen Hollywoodkinos zielt auf einen Eindruck der Transparenz: Die Etablierung von Konventionen in Kameraführung, Ausleuchtung und Schnitt führt zu einer Geläufigkeit des Stils, die den Betrachter vergessen lässt, dass es sich um einen Stil handelt. Die dabei erzielte Subjektwirkung wird von Cavell als Entlastung beschrieben, die Raum für das Denken lässt (Cavell 1979, S. 24). Der Akzent verschiebt sich dadurch auf das, was in den Filmen getan und vor allem gesagt wird, auf Momente, in denen ein Satz in diesem flüchtigen Umfeld eine besondere Bedeutung bekommt. Bezogen auf das Melodrama *Gaslight* (1944) beschreibt Cavell diese Fähigkeit von Film, uns Handlungen zu zeigen, die nicht als das Produkt einer Darstellung erscheinen und auch in einer Studioproduktion den Eindruck vermitteln, als würde das Leben an uns vorbeiziehen:

> In Film, unlike in a painting or sculpture or piece of theater, we are given (captivated by) a forever fixed, captured, image of a human being in this precise environment, in these precise attitudes and relations, remaining silent or saying precisely these words precisely this way. (Cavell 2004, S. 117)

Film fixiert einen Moment innerhalb eines Ensembles von an unseren Sinnen vorbeiziehenden audiovisuellen Eindrücken und gerade dieses Zusammenspiel von Flüchtigkeit und Permanenz verleiht ihm Bedeutung, als eine Transzendierung des Alltäglichen, aber nicht dessen Verleugnung: „That everything passes and that nothing is lost that is to be found is a reasonable characterization of the work of the motion picture camera, which makes the evanescent permanent." (ebd., S. 402)

Diese enthüllende und fixierende Funktion von Film, welche sich eher auf einen Fluss von Ereignissen bezieht, aus denen heraus sich die signifikanten Ereignisse manifestieren, zeigt sich vor allem in den klassischen Hollywoodkomödien, die ein wichtiger Gegenstand von Cavells Filmlesarten sind. In *The Awful Truth* (1937) entfaltet sich vor unseren Augen ein undramatisches Spiel eines Paares, das sich gegenseitig zu unterhalten versucht und in diesem Spiel ihre Beziehung bestätigt, die am Anfang in Frage gestellt wird – um einen Zweifel zu überwinden, der die Ehe immer bestimmt. Das von Cary Grant und Irene Dunne gespielte Ehepaar gibt sich Spielen hin, fordert sich gegenseitig heraus, schafft eine Reihung von Momenten, in denen sie jeweils zum Zuschauer des Anderen werden und damit den Zuschauer auf ähnliche Weise zu einem Betrachter und Genießer ihrer Handlungen machen. Diese Form der Komödie einer undramatischen Zusammenstellung von Spielsituationen, die aber immer wieder ebenso flüchtige und signifikante Momente schafft, die so etwas wie eine Philosophie der Beziehung und der menschlichen Interaktion skizzieren, lässt Cavell in *Pursuits of Happiness* von einer Komödie des Alltäglichen sprechen (Cavell 1981, S. 240). Improvisation, eine Darstellung, die ohne ‚Performance' auskommt, ermöglicht es, dieses Spiel, so künstlich es ist, als gewöhnlich erscheinen zu lassen, und aus dieser Gewöhnlichkeit heraus eine Bedeutung erstehen zu lassen, die vom Film selbst geschaffen wird. Film wird hier als ein denkendes Medium betrachtet, das selbst Beiträge zur Philosophie zu leisten vermag. Die Autorität dieses Denkens verdankt sich einer ‚Entmenschlichung' im Sinne Bazins. Die Botschaft ist nicht vom Künstler formuliert, sondern vom Film selbst und entzieht sich damit dem Verdacht, das Produkt einer bestimmten Rhetorik zu sein. Der Regisseur kann aber diese Form der Repräsentation unterstützen. Der Regisseur Leo McCarey hat hier eher die Aufgabe, den Film geschehen zu lassen, ein Umfeld zu schaffen, das eine Darstellung ermöglicht, die nicht das Produkt einer Darstellung ist und damit ein unverstelltes Interesse auf die Figuren und ihre Handlungen im Film zu richten. Robin Wood weist darauf hin, dass es Leo McCarey wichtig gewesen sei, die Darsteller am Set mit kleinen Darbietungen zu unterhalten, um eine Atmosphäre zu schaffen, die sie zu Improvisationen animierte (Wood 1976, S. 13). Das Potenzial von Film erschließt sich also aus einer Reduktion der Darstellung, einer Modifikation der Performance, die den Eindruck des Gemachten vermeidet oder suggeriert, dass die Ereignisse sich nicht für die Kamera vollziehen und von ihr geschaffen werden und damit auch das Vermögen von Film realisiert, einen unverstellten Blick auf die Wirklichkeit zu bieten. Diese ‚optimierte' Darstellung hat eine therapeutische Wirkung auf das Publikum und macht einige Filme der klassischen romantischen Komödie, die Cavell unter dem Begriff der ‚Wiederverheiratungskomödie' zu einem Genre zusammenfasst, auch zu einem Bezugspunkt einer gesellschaftlichen Auseinandersetzung über Wert und Form des menschlichen Lebens (Cavell 1981, S. 18).

Abbildung 2 und 3 aus *The Awful Truth*: Performance und Betrachter

Der zweite Gegenstand meiner Auseinandersetzung interessiert mich hier vor allem aus dem Grund, weil mit Cavell in keiner Weise garantiert ist, dass Film diese Bedingung einer nicht-theatralischen, unmittelbaren, beiläufigen Darstellungsform immer erfüllt. Es ist hier wichtig, darauf hinzuweisen, dass diese Möglichkeiten zwar zum Teil in dem Apparat des Kinos begründet liegen und von einer Ontologie des Kinos auch auf diese Weise erfasst werden. Zum Teil sind sie aber tatsächlich auf das Produkt eines weit über das Medium hinausführenden Zusammenhangs, der von Cavell in *The World Viewed* angesprochen wird. Denn für Cavell bezieht sich diese Bedingung, die es Film erlaubt, dass sich vor unseren Augen eine Welt enthüllt, nicht auf Film allgemein, sondern tatsächlich auf eine bestimmte Phase der Filmkultur, auf das klassische Hollywoodkino der 1930er und 1940er Jahre. *The World Viewed* ist ein Buch, das den Verlust dieses Weltbezugs und die Veränderung der Filmkultur und Filmrezeption beklagt. Die Veränderungen des Kinos in den 1960er Jahren haben auch mit der Politisierung des Kinos zu tun, das die Bedingungen seiner Hervorbringung in Frage stellt und reflexiv zu erfassen versucht, aber damit auch ‚theatral' wird. Einige dieser Strategien finden sich in dem politisch bewussten Erzählfilm der 1960er Jahre, vor allem in den Filmen der Nouvelle Vague: Die

Schauspieler sprechen direkt in die Kamera, die Kamera selbst wird gezeigt und das Filmemachen thematisiert, das Mischen von Genres erzeugt eine Unsicherheit und irritiert die Erwartungen des Zuschauers, die Schauspieler agieren hölzern und adaptieren einen nicht-naturalistischen Darstellungsstil, der zum Teil von Brechts Theatertheorien inspiriert ist. Die Bedingungen des Kinos wandeln sich aber auch durch Veränderung des Publikums und der Unterhaltungskultur in den USA, vor allem durch den Verlust der dominanten Stellung von Film, die von dem neuen Medium Fernsehen und der Suburbanisierung der USA ausgelöst wurde, die dem Kino sein traditionell städtisches Publikum raubte. Das Unterhaltungskino wurde im Zuge dieser Entwicklungen auf seine Weise theatralisch, da es versuchte, durch die direkte Ansprache des Publikums und durch attraktive Angebote das Publikum in das Kino zurückzudrängen. Dazu gehören die immersiven Effekte von Cinemascope und 3D, spektakuläre Inhalte und Schaueffekte in Bibel- und Spektakelfilmen, aber auch ein neuer, hyperpsychologisierter Darstellungsstil des *method acting*, der zwar vorgibt, den Schauspieler eins mit seiner Rolle werden zu lassen (was eigentlich eine ‚authentische' Form der Darstellung impliziert), tatsächlich mit Schauspielern wie James Dean die Darstellung selbst zu einem Spektakel werden lässt. Das alles sind Symptome, die sich mit Cavell bezeichnen lassen und die dazu führen, dass der Betrachter kein ungesehener Betrachter mehr ist, vor dessen Augen sich eine Welt entfaltet, sondern der einem Ereignis beiwohnt, das er auch als ein Ereignis erfährt. Cavell beschreibt diese Veränderung des Kinos als den persönlichen Verlust einer natürlichen Überzeugungskraft von Film (Cavell 1979, XXIV). Die Entwicklung lässt sich folgendermaßen zusammenfassen: Während das Kino des klassischen Hollywoods die Theatralisierung der Gesellschaft therapiert, ist das Kino der Moderne, das ungefähr mit den 1960er Jahren beginnt, selbst ein Medium der Theatralisierung. Diese Theatralisierung zeigt sich nicht nur in der Performance der Schauspieler, in den Sujets der Filme, sondern in der Performance von Film, das heißt dem Herausstellen der Technologie des Kinos, mit CGI (computer generated imagery) ein Herausstellen der Fähigkeit, unmögliche Bilder lebensecht zu präsentieren, oder in einem Herausstellen der intertextuellen Bezüge, was sich etwa in der Tatsache manifestiert, dass um 2000 die Parodie eines der erfolgreichsten Hollywoodgenres war (vgl. Harries 2001, S. 281), aber auch in der exzessiven Anwendung von Effekten wie der Zeitlupe, nicht nur in eher künstlerischen Werken wie in *Rushmore* (1998) von Wes Anderson, sondern auch in einer Vielzahl von US-Fernsehserien wie *Cold Case* (2003-2009): Die verlangsamte, künstliche Bewegung erzeugt einen anderen Bildcharakter, sie ‚theatralisiert' die Figur und lässt sie in stärkerem Maße als das Produkt einer Darstellung begreifen als im klassischen Hollywoodkino. Die Theatralisierung, die auch von den Kontexten der Filmrezeption abhängig ist, zeigt sich aber auch in realistischen Formaten, etwa im sogenannten *direct cinema*, einer seit den 1960er Jahren prägenden Form des Dokumentarfilms, oder den *Dogma 95* Filmen, die unter exzessiver Anwendung dokumentarischer Mittel gedreht werden. Bei beiden wird ostentativ herausgestellt, dass der Betrachter ein wahrnehmendes Subjekt ist, wodurch er erst recht sein Betrachter-Sein spürt. Zudem haben einige realistische Filme die Tendenz dazu, uns nicht allein die Welt zu enthüllen, sondern offensiv zu entblößen. Diese Form der Theatralisierung der Wirklichkeit, die sich beispielsweise in den Filmen von Michael Haneke oder in den Filmen der Berliner Schule zeigt, lässt sich auch als ein Hang zu einer Denunziation des Gewöhnlichen deuten (vgl. Schwaab 2007, S. 45). Im Kontrast dazu möchte ich die Aufmerksamkeit auf ein eher unbeachtetes Feld eines anderen Darstellens in der Sitcom und der von ihr ausgelösten Wirklichkeitseffekte lenken und dessen kulturellen Zusammenhang erkunden.

Das moderne Kino vermag nicht mehr den Rahmen zu setzen, der ein ‚act without performance' ermöglicht. Weil es dem einzelnen Film schwerfällt, sich einer Performativität seines Mediums zu entziehen, soll hier der Frage nachgegangen werden, ob es nicht ein anderes Medium gibt, das Überzeugung in die Welt besser zu reetablieren versteht. Die Sitcom wird hier aus dem Grund als Gegenstand herangezogen, weil sie ein beliebtes Medium ist, das einem bestimmten Aspekt des Fernsehens, der ‚liveness' eine Bedeutung gibt. Die Sitcom ist jedoch auch auf ihre Weise als hochgradig theatralisch aufzufassen: Denn das frühe Fernsehen, dem die Sitcom als einem der ersten, eigenständigen, erfolgreichen Fernsehgenres entstammt, hatte eine sehr enge Beziehung zum Theater. Es ist aber trotzdem möglich, die Sitcom zu einem Gewährsmann einer Enttheatralisierung zu machen, wenn der Akzent auf die Subjektwirkung und den spezifischen medialen Rahmen, den die Sitcom setzt, verlegt wird.

Die überwachte Welt: Liveness und Präsenz in der Sitcom

Frühe Fernsehshows der USA stellen tatsächlich diesen Theatercharakter heraus, da sie beispielsweise statt ein Studio eher eine Bühne zeigen und die Moderatoren und Moderatorinnen häufig vor einem Vorhang agieren, der die Beziehung zum Theater anzuzeigen scheint. In klassischen Shows wie der *George Burns and Gracie Allen Show* (1950-1958) agiert das namensgebende Ehepaar vor dem Vorhang und hält komische Monologe und gibt mit den Aufziehen des Vorhangs den Blick frei auf eine Bühne, auf der sich dann mit ihnen als Darsteller kleinere Sketche vollziehen, die zum Teil die Inhalte der damals entstehenden Sitcom vorwegnehmen. Diese Vorform der Sitcom ist aber kein eigenständiger Gegenstand, sondern nur Teil einer Show, die damit auch die Performance und das Hinüberwechseln in eine andere Rolle, den Übergang von einer Realität zur anderen (Jones 1992, S. 82) umso deutlicher anzeigt. Hier wird nicht nur der Bezug zum Theater deutlich, sondern auch eine andere Auffassung des Schauspielers. Gracie Allen und George Burns waren schon zur Zeit des klassischen Hollywoodkinos bekannte Komiker, die auf der Bühne oder in Filmen auftraten. Im Fernsehen agieren sie unter ihrem eigenen Namen und führen deutlich vor, dass sie in den Sketchen und der in der Show integrierten Sitcom sich selbst spielen. Viele Sitcoms spielen mit dieser Überschneidung und sind nach ihren Hauptdarstellern benannt, entweder nur mit dem Vornamen, wie in der klassischen Sitcom *I Love Lucy* (1951-1957) mit der Hauptdarstellerin Lucille Ball oder in *Ellen* mit Ellen deGeneres (1994-1998), oder mit dem vollen Namen wie in *The Mary Tyler Moore Show* (1970-1977) oder in der *Dick van Dyke Show* (1961-1966), wobei der Nachname der Rolle sich meist vom Namen des Schauspielers oder der Schauspielerin unterscheidet. Diese für die Sitcom typische (aber nicht notwendige) Betitelung verweist auf den besonderen Status des Sitcom-Schauspielers im Vergleich zu Schauspielern anderer Formate des Fernsehens oder des Films. Diese Überschneidung von Figur, Schauspieler und dessen Starpersona wird als die „comedian comedy" (Mills 2004, S. 66) bezeichnet und verweist auf den eigentümlichen Darstellungsstil der Sitcom und seinem Realitätskonzept. Denn im Unterschied zu Film, bei der der Star seine Identität einer Figur leiht und sie nicht verkörpert (Cavell 1979, S. 24), wird die Figur einer Fernsehsitcom viel stärker mit seinem tatsächlichen Charakter in Zusammenhang gebracht. Die Kamera erzeugt keine neue Existenzform, sondern spielt damit, die Existenz des Darstellers als Menschen mit einzublenden: Er oder sie sind nicht ‚bigger than life', sondern genauso groß wie in der Wirklichkeit. Der Star ist eine komische Figur, sein Spiel basiert auf seinem komischen Charakter, er kann seiner Natur folgen und die komischen Momente in den Improvisationen ausspielen. In den frühen Sitcoms, etwa bei Lucille Ball und *I Love Lucy* waren dies ihr Talent für die Slapstick-Elemente der Situationskomik. In späteren Sitcoms, bei denen Darsteller wie Tim Allen in *Home Improvement* (1991-1999) ihre Stand-up Comedy Routinen zu handlungstragenden Elementen der Sitcoms machen (vgl. Mills 2005, S. 82f.), beruht die Performance auf dem Charakter einer Improvisation, die auf einen wiederkehrenden Motivkreis bezogen ist.

Hier ist die Frage zu stellen, warum die Sitcom so beliebt war, was der Zuschauer an einer Darstellung schätzt, deren performativer Charakter einerseits so offensichtlich ist, andererseits mit der Überschneidung von Darsteller und Starpersona auch auf eine Wirklichkeit des Spielens verweist. Ein wichtiger Grund für die Faszination liegt in der ‚liveness' des Fernsehens und der damit verbundenen Form der Darstellung. Frühe Theorien des Fernsehens in den 1950er Jahren haben beispielsweise herausgestellt, dass dieses Darstellen eine Ganzheit des Schauspielens etabliert, die bei einer durch Montage zusammengesetzten Darstellung im Film verlorengeht (vgl. Eckert 2009, S. 81). Jeremy G. Butler macht in seinem Werk *TV Style* von 2010 darauf aufmerksam, dass der genaue Blick auf die Formate wie Sitcom oder Soap Opera auch die Eigenständigkeit einer Mise-en-Scene deutlich werden lässt, die eigene Akzente setzt und den Zuschauer gerade wegen ihrer ‚liveness' fasziniert. Butler etabliert mit seiner Erweiterung der Stilfunktionen des Fernsehens um den Begriff „signify liveness" (Butler 2010, S. 15) eine eher unbeachtet gebliebene Kategorie, die aber dazu beiträgt, die ästhetische Wirkung von Sitcoms oder Soap Operas zu verstehen. Das so genannte ‚three-camera-setup' wurde für die Sitcom entwickelt und bezeichnet die gängige Praxis, die live vor einem Publikum gedrehte und aufgezeichnete Sitcom mit drei unterschiedlich platzierten Kameras zu verfolgen: längere, live gedrehte Szenen können auf diese Weise so geschnitten werden, dass ein Schema ähnlich dem ‚continuity editing' des Hollywoodkinos entsteht, bei dem sich Totalen des Raums mit Halbtotalen oder Großaufnahmen der Dialogpartner im Schuss-Gegenschuss abwechseln (vgl. Jones 1992, S. 66). Dass mehrere (meist drei) Kameras eine Szene, die durchgespielt wird, live verfolgen, bedeutet, dass die Kamera der Handlung folgt (der Schauspieler macht das Bild, nicht die Kamera), dass es eine besondere Zeitlichkeit der

Szene gibt, dass es interessante Einstellungen gibt, wenn die Figuren etwa für kurze Momente ,out of focus' sind, dass natürlich auch der Improvisation mehr Raum gegeben wird, der Schauspieler häufig dazu gezwungen ist, auf Situationen, die beim Dreh vor einem Publikum entstehen, zu reagieren. ,Liveness' führt dazu, dass das Fernsehen andere Bilder schafft, sie bildet sich unmittelbar in einer anderen Ästhetik ab (Butler 2010, S. 43). Allerdings ermöglicht auch eine hochgradig schematisierte Darstellungsform, den Rahmen, der durch die Kameras gesetzt wird, vergessen zu machen oder als einzig auf die Dokumentation dessen, was vor der Kamera geschieht, bezogen zu sehen.

Die Performance der Sitcom-Ästhetik und der drei Kameras bezieht sich also einzig darauf, das von ihnen erfasste Areal zu erfassen. Dies verweist auch auf einen anderen Charakter der Repräsentation von Welt im Fernsehen, den Cavell in „Die Tatsache des Fernsehens" mit dem Begriff des ,monitoring', des Überwachens bezeichnet, im Unterschied zur ,betrachteten' Welt im Film (Cavell 2002, S. 144). Der Begriff scheint den Weltbezug des Fernsehens zu problematisieren und viele Aspekte dieses Aufsatzes weisen auch in diese Richtung. Doch ein weiterer Unterschied zwischen Film und Fernsehen besteht auch in der für das Fernsehen bestimmenden Eigenschaft der Serie, des Formelhaften, der Variation, die aber ähnlich wie in der populären Musik und vor allem im Jazz auch die Möglichkeit der Improvisation beinhaltet (ebd., S. 141). Tatsächlich binden Wiederholung und Serialisierung die Sitcom auch an den Alltag an, das Fernsehen stellt in diesem Format die Improvisation und die adaptiven Fähigkeiten des Menschen, die immer wieder neue Situationen der Sitcom bewältigen müssen, heraus (ebd., S. 150).

Die Sitcom hat weitere Vorteile gegenüber den Formen der Theatralisierung in anderen Formaten des Films und des Fernsehens. Die Sitcom bildet einen Alltag ab, der ähnlich wie die klassische romantische Komödie davon bestimmt ist, dass sich die Figuren darin gegenseitig unterhalten. Die Sitcom imitiert Leben, denn sie bildet ein Leben ab, das sich bereits in eine Sitcom verwandelt hat. Der Humor ergibt sich tatsächlich häufig aus der Situation, die der Sitcom den Namen gibt. In einer Sitcom wie *Home Improvement* zeigt sich dieser Ansatz der Sitcom in einer Neigung zur Selbstreflexivität, die nicht unbedingt darauf gerichtet ist, die Medialität des Mediums offenzulegen. Eine Vielzahl von Gags finden sich in der fiktiven Heimwerkersendung *Tool Time*, die die Hauptfigur Tim Taylor (Tim Allen) mit seinem Assistenten moderiert und die häufig vom heimischen Fernseher aus von seiner Familie oder von ihm als Aufzeichnung gesehen wird.

Abbildungen 4-6: *Tool Time*: Sendung, Publikum, Zuhause

In dieser Sitcom sehen wir auch das tatsächliche Publikum (das wir in anderen Sitcoms nicht sehen), nur aus dem Grund, weil es hier die Rolle des Publikums in *Tool Time* spielt. Die Sitcom suggeriert damit, dass die Gags, die sich meist aus der ungeschickten Handhabung von Werkzeug durch die Hauptfigur ergeben, als Produkte des Alltags entstehen und versendet werden, ähnlich wie die Gags der Sitcom-Welt allgemein auf einen Alltag verweisen, der als unterhaltend begriffen wird. Der performative Charakter ist also hier aus dem Grund modifiziert, weil das Darstellen nicht das Produkt einer auf das Medium bezogenen Darstellung ist, sondern vielmehr auf einen durch Darstellen, Spiel und Komik verwandelten und abgebildeten Alltag verweist. So lässt sich beispielsweise die Komik einer Sitcom wie *King of Queens* (1998-2007), eine der letzten erfolgreichen, im ‚three-camera-modus' gedrehten Sitcoms, daraus erklären, dass das Vergnügen durch eine Interaktion der zwei Hauptfiguren Doug und Carrie entsteht, deren Komik – ähnlich wie etwa in *The Awful Truth* und der klassischen Hollywoodkomödie – in vielen Fällen nicht auf den Zuschauer bezogen ist, sondern auf die Figuren innerhalb der diegetischen Welt (Schwaab 2010a, S. 366). Die Sitcom bindet durch den Live-Dreh einen Moment des Unkontrollierten und Zufälligen mit ein, was ein wichtiger Grund dafür ist, so Butler, warum der Zuschauer von den Live-Formaten des Fernsehens begeistert ist. Die Komik, die besondere Performance der Figuren, die auf der Ebene funktioniert, die performativen Aspekte des Alltags vorzuführen, diese aber nicht zu dramatisieren, sondern als eine an den Alltag angebundene Komik erscheinen zu lassen, die das Leben der Figuren bestimmt und ihren Alltag attraktiv erscheinen lässt, das alles sind Gründe, warum die Sitcom lange Zeit so überaus beliebt war. Es ist in ihr eine Authentizität zu finden, die die Zuschauer für die Figuren, ihre Probleme und Fehler interessiert und die Lust entstehen ließ, sie zu einem Anker ihrer Alltagssprache zu machen. Aus diesem Grund waren Sitcoms von Beginn des Fernsehens in den USA bis in die 1990er Jahre hinein die erfolgreichsten Formate, die häufig Top-Positionen in den Ratings einnahmen (vgl. Staiger 2000).

Die Sitcom ist für diese Überlegungen interessant, weil sie vielleicht ähnlich wie die klassische Hollywoodkomödie als ein Leitmedium einer Kultur, zumindest in den 1970er oder 1980er Jahren, fungiert hat. Mit der Vorführung einer bigotten, konservativen, rassistischen Figur wie Archie Bunker in der Sitcom *All in the Family* (1971-1979) konnte sie auch eine, wenn auch zwiespältig aufgefasste, politische Wirkung entfalten. John Fiske lokalisiert das Ende der konservativen Ära von Reagan und Bush Sr. in dem Moment, als das anarchische Format *The Simpsons* die konservative ‚family values' propagierende Sitcom *The Cosby Show* auf ihrem Programmplatz in den Ratings überholt hatte (Fiske 1994, S. 115). Ein Grund für den Erfolg dieser Formate liegt auch in einer Synchronisierung der in den USA häufig sehr lange laufenden Sitcoms mit dem Alltag und der ihn bestimmenden politischen Wirklichkeit, die es ihr möglich macht, auch Veränderungen der gesellschaftlichen Vorstellungen zu thematisieren (Mills 2005, S. 57). Allerdings ist der Erfolg der Sitcom auch von nachhaltiger Natur und bezieht sich nicht ausschließlich auf die Zeit ihrer Ausstrahlung.

Unterhaltung, Performativität und Überzeugung

Populärkulturelle Formate lassen sich, wie eingangs erwähnt, als Möglichkeiten der Reflexion über den performativen Charakter unserer Lebensformen begreifen, als Erkundung der Formen, wie wir miteinander sprechen, interagieren und uns den anderen präsentieren. Diese Art der Reflexion begrenzt sich nicht allein auf eine Anerkennung der Tatsache, dass unsere Interaktionen den Charakter einer Performance haben, dass wir mit Identitätsoptionen spielen können, dass die Medialität eines Formates aggressiv ausgestellt wird, sie reduziert sich aber ebenso wenig auf eine Kritik daran. Vielmehr geht es auch um eine genaue Auseinandersetzung mit Formen der Performativität, die reflexiv die ästhetische Wirkung unterschiedlicher Varianten der Darstellung erfasst, die Darstellung durch das Medium (wie die Kamera in der klassischen Hollywoodkomödie oder in der Sitcom die Welt modelliert) und die Darstellung in dem Medium (wie die Menschen in diesem medialen Rahmen agieren und von uns wahrgenommen werden). Diese Form der Untersuchung soll nachhaltige Momente des Unterhaltenden zutage fördern, die auf intensive und verdichtete Weise Gefühle und Vorstellungen inkorporieren und zum Nachdenken über unsere Welt einladen. Ich verstehe dieses Konzept einer Philosophie der Populärkultur (vgl. Schwaab 2010a) auch als eine Möglichkeit, Formate wie die Sitcom gegenüber anderen Formaten zu verteidigen und ihren besonderen und einzigartigen Beitrag zu einer Deutung unserer Welt herauszustellen. Die Sitcom war, ähnlich wie die Komödien des klassischen Hollywoods, ein Leitmedium gesellschaftlicher Artikulation, und dass es dazu wurde, hat mit den, in meinen Augen noch immer nicht genügend erfassten ästhetischen Besonderheiten, der Form der Performance der Darsteller, der ‚liveness‘, aber auch der Formierung seines Publikums in einem Zeitalter des Fernsehens zu tun, als *ein* Format noch unterschiedlichste Menschen zu einem großen Publikum versammeln konnte. Es ist schwer zu sagen, wo dieses Leitmedium heute zu finden ist. Die Sitcom ist immer noch sehr beliebt, allerdings fällt auf, dass sie von der Medienwissenschaft oder der Kritik eher ignoriert wird. Diese Verdrängung ist interessant, wenn man sich die Frage stellt, welche Rolle die Live-Performance, die von der Sitcom abgebildet wird, oder andere Formen der Performance heute spielen: Man könnte etwa YouTube als Medium einer narzisstischen Selbstdarstellung ansehen, die das Spielen in Film und Fernsehen verstärkt auf den Alltag überträgt, aber damit auch auf extreme Weise den Alltag theatralisiert. Die vielen Videos, die die Menschen auf YouTube einstellen, verwandeln nicht wie die Sitcom den Alltag in eine Sitcom, sondern sie verwandelt den Alltag in ostentativ herausgestellte Kuriositäten, die den Betrachter schon allein mit dem in E-Mails weitergegeben Hinweis, diesen Clip sehen zu müssen, auch als Betrachter thematisieren. Aus diesem Grund ermöglicht YouTube auch selten ein völliges Aufgehen in der Wahrnehmung, eine unverfängliche Form der Ausblendung der die Betrachter umgebenden Welt. Als ein weiteres aktuelles Leitmedium lässt sich die so genannte „mature quality series" bezeichnen (Chamberlain/Rushton 2007, S. 15), die in den USA, Großbritannien und mittlerweile auch Deutschland eine rege wissenschaftliche Diskussion ausgelöst hat, was sich in zahllosen Bänden zu des Theoretikers Lieblingsserien manifestiert. Mit Serien wie *Lost*, *Dexter* oder *The L-Word* werden häufig das Erwachsenwerden und die ästhetische Emanzipation des Fernsehens verbunden. Allerdings geht damit eher eine Annäherung an das Kino einher, die die bestimmenden Eigenschaften des Fernsehens wie die ‚liveness‘ oder das ‚monitoring‘ aggressiv verdrängt (vgl. Schwaab 2010b). Diese Serien mögen auf eine bestimmte Weise tatsächlich als komplexe, ästhetisch aufwendig gestaltete und auch smarte Serien erscheinen, die einem popkulturell geschulten, distinktionssicheren Betrachter schmeicheln. Aber die genaue Verortung in eine Geschichte und Ästhetik populärkultureller Serien würde deutlich machen, dass diese Serien, was die Performance angeht, nur selten etwas Signifikantes beizutragen haben. Die Serien bieten ein nichtssagendes, schematisiertes Spiel, das die äußeren Kennzeichen eines psychologischen Realismus erfüllt, aber selten ein so maßloses Interesse für die Figuren und ihre Darsteller zu wecken versteht wie es die Sitcom getan hat. Die Verdrängung solch eigenständiger Formen televisuellen Darstellens (die eine Differenz zum Film anzeigen) der Soap Operas und der Sitcoms ist alarmierend. Denn dem Fernsehen wird auch die Funktion zugesprochen, Zeugenschaft über die Welt abzulegen, wie John Ellis es in *Seeing Things* (2000) formuliert. Das bedeutet, dass Fernsehen gerade deswegen für uns interessant ist, weil es ‚überwachend‘ den Blick auf die Welt richtet und uns die Welt wiedergibt oder in unsere Wohnzimmer überträgt, während aktuelle Formate, die mit einer eigenständigen und auffälligen Visualität operieren, nicht wie die Sitcom die Ironie nahezu ausschließlich auf den Inhalt, sondern, wie in *Desperate Housewives* (seit 2004) auch auf die Ästhetik und ihre Kunst der Welterzeugung transferieren. Die Performativität des Stils von *Desperate Housewives* manifestiert sich darin, dass sie bewusst ein Bild von Suburbia, das vom Fernsehen konstruiert wurde, aufgreift und ironisch (auch in der Ästhetik) reproduziert. Doch gerade weil die Sitcom so einen banalen Abbildcharakter hat (der auf seine Weise theatralisch wirkt), erfüllt sie doch eine für das Fernsehen bestimmende Aufgabe, uns Bilder der Welt zu vermitteln, mit lebendigen Menschen, deren Existenz gerade durch die widersprüchliche Identität des Sitcom-Darstellers akzentuiert wird. So bieten das klassische Hollywoodkino ebenso wie die Sitcom ein Areal für eine Form der Performance seiner Figuren und Schauspieler an, die ein reflexives Potenzial erschließt und einen klärenden Effekt auf unser Menschsein haben kann und für das es bis heute kein wirkliches Pendant zu geben scheint.

Literatur

Bolter, Jay D./Grusin, Richard (1999) Remediation. Understanding New Media. Cambridge Mass./London: MIT Press

Butler, Jeremy G. (2010) Television Style. New York/London: Routledge

Butler, Judith (2004) Undoing Gender. London/New York: Routledge

Cavell, Stanley (1976) Must We Mean What We Say? A Book of Essays. Cambridge: Cambridge University Press.

Cavell, Stanley (1979) The World Viewed. Reflections on the Ontology of Film (Erweiterte Ausgabe). Cambridge, Mass.: Cambridge University Press.

Cavell, Stanley (1981) Pursuits of Happiness. The Hollywood Comedy of Remarriage. Cambridge: Harvard University Press.

Cavell, Stanley (2002) Die Tatsache des Fernsehens. In: Adelmann, Ralf/ Hesse, Jan O./ Keilbach, Judith/ Stauff, Markus/ Thiele, Matthias (Hg.) Grundlagentexte zur Fernsehwissenschaft. Theorie – Geschichte – Analyse. Konstanz: UVK, S. 25 -164.

Cavell, Stanley (2004) Cities of Words. Pedagogical Letters on a Register of Moral Life. Cambridge Mass.: The Belknap Press of Harvard University Press.

Chamberlain, Daniel/Rushton, Scott (2007) 24 and Twenty-first Century Quality Television. In: Peacock (Hg.) Reading 24. TV Around the Clock. London: I.B. Tauris, S. 13-24.

Delluc, Louis (1988) Beauty in the Cinema [1917]. In: Abel, Richard (Hg.). French Film Theory and Criticism. A History/ Anthology. Vol.1 1907-1929. New Jersey: Princeton University Press, S. 137-139.

Eckert, Gerhard (2009) Die Kunst des Fernsehens. In: Grisko, Michael (Hg.) Texte zur Theorie des Fernsehens. Stuttgart: Reclam, S. 74-84.

Ellis, John (2000) Seeing Things. Television in the Age of Uncertainty. London: I.B. Tauris.

Epstein, Jean (1988) On Certain Characteristics of Photogénie. In: Abel, Richard (Hg.). French Film Theory and Criticism. A History/ Anthology. Vol.1 1907-1929. New Jersey: Princeton University Press, S. 314-318.

Fiske, John (1994) Media Matters. Everyday Culture and Political Change. Minneapolis: University of Minnesota Press.

Fried, Michael (1980) Absorption and Theatricality. Painting and Beholder in the Age of Diderot Chicago/London: University of Chicago Press.

Fried, Michael (1998) Art and Objecthood. Essays and Reviews Chicago: The University of Chicago Press

Goffman, Erving (1967) Stigma. Frankfurt a. M.: Suhrkamp.

Harries, Dan (2001) „Film Parody and the Resuscitation of Genre" in Neale, Steve (ed.) Genre and Contemporary Hollywood London: Bfi Publishing, 281-291.

Jones, Gerrard (1992) Honey, I'm Home! Sitcoms. Selling the American Dream. New York: St. Martin's Press.

Kracauer, Siegfried (1993) Theorie des Films. Die Errettung der äußeren Wirklichkeit. Frankfurt a. M.: Suhrkamp.

Mulvey, Laura (1993) Visuelle Lust und narratives Kino. In: Weissberg, Liliane (Hg.). Weiblichkeit als Maskerade. Frankfurt am Main: Fischer, S. 48-65.

Mills, Brett (2004) „Comedy Verité: Contemporary Sitcom Form" in: Screen 45:1, 63-78

Schwaab, Herbert (2007) ‚Der Farbe beim Trocknen zusehen.' Das Wunder des Alltäglichen in den Filmen Eric Rohmers. In: Augenblick. Marburger Hefte zur Medienwissenschaft Nr. 41 (Themenschwerpunkt: Paradoxien der Langeweile, herausgegeben von Heller, Franziska/ et. al.) Marburg: Schüren Verlag 2008, S. 39-51.

Schwaab, Herbert (2010a) Erfahrung des Gewöhnlichen. Stanley Cavells Filmphilosophie als Theorie der Populärkultur. Münster et al.: LIT Verlag.

Schwaab, Herbert (2010b) Reading Contemporary Television, das Ende der Kunst und die Krise des Fernsehens. In: ZfM. Zeitschrift für Medienwissenschaft. 1/2010.

Seier, Andrea (2007) Remediation. Die performative Konstitution von Gender und Medien. Münster et al.: LIT Verlag.

Staiger, Janet (2000) Blockbuster TV. Must See Sitcoms in the Network Era. New York: The University of New York Press.

Wood, Robin (1976) Democracy and Shpontanuity. Leo McCarey and the Hollywood Tradition. In: Film Comment 1/1976, S. 7-15.

Zieger, Susan (2004) Sex and the Citizen. In: McCabe, Janet/Akass Kim (Hg.) Reading Sex and the City. London: I.B.Tauris, S. 96-111.

Mama, don't you believe what they say
These things don't mean what they meant yesterday
I don't wear this Iron Cross in spite
It means that Johnny loves me
and my world is alright
Debbie Lori Kaye

This ain't Rock'n'Roll. This is Genocide.
David Bowie

Fetisch – Tabu – Performance

Provokative Kulturtechniken in der Performanz und Medialität schwarzromantischer Subkulturen

Marcus Stiglegger

Einleitung

Der folgende Beitrag untersucht die provokativen Kulturtechniken schwarzromantischer Subkulturen in deren medialer Repräsentation und Selbstdarstellung unter performativen Aspekten. Besondere Beachtung erfährt dabei die Selbstpräsentation einiger subkultureller Musikerinnen und Musiker, die zugleich zu *role models* für ihre Fans wurden, denn auch hier gilt: „Aus der Perspektive des Pop-Rezipienten ist die Performanz und Individualität *seiner* Popkultur entscheidend, also die eigensinnige Aneignung und/oder Modifikation popkultureller Bezugsrahmen, die u.a. von Geschmackspräferenzen, persönlichem Erleben, individuellem Lebensgefühl oder Affektbindung an Pop-Wirklichkeiten bestimmt wird. Man könnte hier auch von *popkultureller Selbstermächtigung* sprechen oder von kultivierter Selbstgestaltung bzw. Techniken der Selbstkultivierung, also einem *popkulturellen Ethos der Lebensführung*" (Jacke/Kleiner 2012: 52/53). Die Performance, um die es hier geht, ereignet sich also nicht nur auf der Bühne vor einem passiv konsumierenden Publikum, sondern wird zur eigenen Lebenspraxis erkoren, einer *per se* performativen Lebenshaltung.

Wenn man Erika Fischer-Lichtes *Ästhetik des Performativen* (2004) folgt, gilt für die Performance zunächst ein Dispositiv, das sich eklatant von dem des Films unterscheidet. Wichtig sei etwa die »leibliche Ko-Präsenz von Akteuren und Zuschauern«, die eine Form der körperlichen Intersubjektivität entwickelt, mit der sich das Verhältnis des Performancekünstlers und einem aktiven, ggf. interagierenden Publikum in Worte fassen ließe.[1] Bei diesem Prozess komme es zur performativen Hervorbringung von Materialität, deren zentrale Kategorien Körperlichkeit, Räumlichkeit, Lautlichkeit und Zeitlichkeit sind.[2] Was daraus entsteht – in all seiner Zufälligkeit und Willkür – nennt sie die »autopoietische *feedback*-Schleife«, ein Begriff aus dem Bereich der Neurologie. Die künstlerische Performance wird dabei als experimentelle Versuchsanordnung begriffen: »Jeder bestimmt sie mit und lässt sich zugleich von ihr bestimmen, ohne dass ein einzelner volle Verfügungsgewalt über sie hätte«.[3] Dabei kann es zur Emergenz kommen, also

---

1 Fischer-Lichte: Ästhetik de Performativen, a.a.O. 2004, S. 63f.
2 Ebd., S. 129f.
3 Ebd., S. 268.

Phänomenen, die der Künstler nicht vorherplanen oder beeinflussen kann: »Mit Emergenz meine ich unvorhersehbar und unmotiviert auftauchende Erscheinungen, die zum Teil nachträglich durchaus plausibel erscheinen«.[4] Dieser Aspekt garantiert die Nicht-Wiederholbarkeit der Performance in einer bestimmten Form: Es wird stets »eine andere Aufführung hervorgebracht [...], [so] dass in diesem Sinne jede Aufführung einmalig und unwiederholbar ist«.[5] Diese Aspekte des Interaktiven und Unvorhersehbaren formieren die Ästhetik des Performativen und führen, wie Fischer-Lichte es ausdrückt, zu einer »Wiederverzauberung der Welt«, denn sie re-auratisieren den Akt und die Rezeption der Kunst mit einem radikalen Ziel: die »Ästhetik des Performativen zielt auf die Kunst der Grenzüberschreitung«.[6]

Eine weitere Voraussetzung in diesem Kontext ist die Eingrenzung der Populären Kultur auf den Bereich der Popkultur, die sich nach Marcus S. Kleiner[7] vom zunächst musikzentrierten Begriff der Popmusik und deren Auswirkungen seit den 1950er Jahren definiert: „Pop, Popkultur und Populäre Kultur dürfen nicht synonym verwendet werden, eben so wenig, wie Populäre Kultur mit der Gesamtkultur gleichgesetzt werden kann. Pop und Popkultur sind Bestandteile Populärer Kultur. Unter Pop verstehe ich im Wesentlichen einen *weit gefassten musikzentrierten Traditionsbegriff*, der sich seit den frühen 1950er Jahren, beginnend mit dem Rock'n'Roll, genetisch herleiten lässt. Programmatisch formuliert: *Als es Pop und Popkultur noch nicht gab, gab es schon die Populäre Kultur.*"[8] Das schwarzromantische Performanz-Phänomen wird hier also als Phänomen der Popkultur im engeren Sinne gesehen.

Subkultur als Tribalismus

Die schwarzromantischen Subkulturen etablierten sich als weltweites Phänomen mit einem Schwerpunkt in Deutschland und Westeuropa zwischen den frühen 1980er Jahren bis heute in unterschiedlichen Phasen und Strömungen.[9] Obwohl sie sich von Beginn an alternativ zum gesellschaftlichen Mainstream verorteten, sind sie ein Teil der Popkultur, indem sie ihre Identität weitgehend über traditionelle Varianten von Rock- und Popmusik und einer damit assoziierten Mode konstituierten.[10] Keimzelle ist der Gothic-Rock, der 1979 spätestens mit dem Bauhaus-Song ,Bela Lugosi's dead' definierbar ist, seine Wurzeln aber im Psychedelic Rock, Krautrock und Postpunk hat.[11] Auch Teile der

---

4   Ebd., S. 186.
5   Ebd., S. 82.
6   Ebd., S. 356.
7   Kleiner 2008, S. 14f.
8   Kleiner 2011.
9   Nym 2010.
10   zum Thema Subkulturen siehe auch: Hebdige 1979; Jacke 2004; Kleiner 2008.
11   James Hannaham in Grunneberg 1997, S.119ff; Thompson 2004.

elektronischen Musik etablierten sich als identitätsstiftend für die schwarzromantische Subkultur (etwa Kraftwerk oder DAF), die ihre Ikonografie zwar aus einem vor- bzw. antimodernen Gestus bezieht (Mittelalterkult, Romantik, Dandyismus), dennoch stets variabel und offen für tagesaktuelle Strömungen der Popkultur blieb. Elementare Bands wie Bauhaus, Siouxsie and the Banshees, Joy Division, Sisters of Mercy, The Mission oder Fields of the Nephilim konnten in den 1980er Jahren vor allem in England Pophits in den Charts platzieren. Dennoch begreift sich die schwarzromantische Subkultur tendenziell als ‚Anti-Pop', wenn auch in aktiver Interaktion mit der etablierten Popkultur.

Performativ ist die schwarzromantische Szene auf mehreren Ebenen: Einmal in Form theatraler Liveauftritte mit hohem Distinktionscharakter (etwa die eingestaubte Westernkleidung von Fields of the Nephilim seit der ‚Dawnrazor'-Tour 1987), der die Fans mitunter modisch nacheifern, andererseits durch die modische Selbstdarstellung der Szeneanhängerinnen und Anhänger durch dezidiert antimoderne Kleidung (Mittelalterkleider, Tribalismus, Dreddlocks) mit Versatzstücken aus der Rock'n'Roll-Kultur (Lederkleidung), der sexuell motivierten Fetischszene (Korsetts, Strapse, Lack- und Latex-Kleidung) bis hin zum martialisch Männerbündischen (Uniformteile, Schaftstiefel, Krawatten). Nicht nur die Performance auf der Bühne, sondern auch vor der Bühne ist relevant zur Identitätsbildung der schwarzromantischen Subkultur.

Subkulturelle Bewegungen und Gegenkulturen lassen sich im Sinne einer urbanen Ethnografie als Tribalismus, also moderne Stammeskulturen nach archaischem Vorbild, betrachten. Der Bezug zu archaischen, vorindustriellen Stammeskulturen legt die Idee nahe, diese subkulturellen Phänomene einer kulturanthropologischen Betrachtung zu unterziehen. Dieser Ansatz hat sich bereits als äußerst fruchtbar in der Analyse von Hip-Hop-Phänomenen in den USA erwiesen, wie man Richard Shustermans Untersuchung „Kunst leben. Die Ästhetik des Pragmatismus" (1994), in der er Kunst als eine soziale Praxis u.a. in der subkulturellen Selbststilisierung beschreibt, entnehmen kann. Die massive Präsenz und zunehmende Relevanz von Körpertechniken und Kulturtechniken wie Fetischismus, Tabubruch und Totemisierung im Rahmen der schwarzromantisch basierten Subkulturen von Gothic bis Post-Industrial und Neofolk spricht dafür, dies auch in diesem Umfeld zu versuchen. Die folgende Untersuchung möchte einige Aspekte am Rande der Gothic-Szene beispielhaft analysieren, um deren Bedeutung als provokative postmoderne Kulturtechniken zu eruieren. Im Zentrum steht dabei die Fetischisierung bestimmter kultureller Artefakte, Epochen und Symbole, sowie der gezielte Bruch von Tabus der demokratischen westlichen Industriegesellschaft, der dabei als ‚Anti-Pop' oder „Un-Pop" (Boyd Rice) verstanden wird.[12] Wie alle Gegenbewegungen kann auch diese Geste letztlich als affirmativer Teil der Popkultur selbst begriffen werden, denn Anti-Pop und Pop existieren nur als dialektisches Paar. Die Prämisse für die Vertreter des ‚Anti-Pop' ist die Unterstellung, der Pop-Mainstream sei affirmativ zu einem als poli-

---

12 Clark 2008, S. 33: „UNPOP ART presented categorically unpopular concepts and themes via popular, often fun, media."

tisch links gesehenen Meinungskonsens, woraufhin die non-konforme[13] Antwort zumindest die demonstrative Verwendung tabuisierter Zeichensysteme verbindet. Boyd Rice beweist das in seiner multimedial angelegten performativen Kunst etwa, wenn er sich mit einem T-Shirt mit der Aufschrift „Rape" sowie einem Hakenkreuzmedaillon fotografieren lässt.[14] Er verkörpert das Gegenbild zum Glamour-Popstar und zugleich zum posierenden Gangsta-Rapper, indem er zwei Tabukomplexe (sexuelle Gewalt und Nationalsozialismus) zugleich demonstriert. Seine Musik bedient sich weitgehend atonaler Noise-Schleifen (Loops), zu denen Rice sozialdarwinistisch anmutende Texte („Might is Right", „Total War") skandiert. Auf diese Weise wurde er zur Ikone des ‚Anti-Pop'.[15]

John Clarke definiert den Stil von Sub- und Jugendkulturen als eine „Neuordnung und Re-Kontextualisierung von Objekten, um neue Bedeutungen zu kommunizieren, und zwar innerhalb eines Gesamtsystems von Bedeutungen, das bereits [...] sedimentierte, den gebrauchten Objekten anhaftende, Bedeutungen enthält."[16] Wichtig ist also, dass sich subkulturelle Kulturtechniken Objekte bedienen, die sowohl Restbestände ihrer ursprünglichen Bedeutung bergen, wie auch eine beabsichtigte Neucodierung von deren Bedeutung anstreben. Die folgenden Beispiele werden zeigen, dass sich bestimmte – oft auf historisch-politische Kontexte bezogene – Symbole in besonderer Weise für diese subkulturelle Vereinnahmung eignen.

Abspaltungen und Differenzierungen der Gothic-Subkultur

Die Gothic-Subkultur, die in den frühen 1980er Jahren zunächst als Abspaltung von der Punkszene entstand, schmückte sich von jeher mit der Ikonografie der schwarzen Romantik des 19. Jahrhunderts, denn „gothic" bedeutet im Englischen nicht nur ‚gotisch', sondern ganz grundsätzlich mittelalterlich, unheimlich und mystisch. Es verwundert also kaum, dass die Stammessymbole der Gothic-Szene genau jene Symbole sind, die in der literarischen „gothic fiction" und deren filmischen Erben (den erfolgreichen und bis heute ikonischen Universal-Horror-Produktionen der 1930er und 1940er Jahre etwa) etabliert wurden: lange, wallende Gewänder, schwarze Gehröcke, Korsetts, Gehstöcke mit silbernem Knauf, Grabkreuze, Rosenkränze, dunkles Augenmakeup und blasse Haut, Totenköpfe, Fledermäuse, Spinnweben und die Schauplätze des *memento mori*: Ruinen und Friedhöfe.

Die Industrial Culture dagegen, die aus den avantgardistischen Strömungen des Post-Punk entstand, ist gegenüber der Gothic-Szene weniger rückwärtsgewandt, als dezidiert modernistisch ausgerichtet, obwohl auch sie sich als ‚Anti-Pop' versteht: „Am drastischsten und musikalisch auch extremsten widersetzte sich die sogenannte ‚Industrial Culture' dem Pop als versöhnliche Feierabendkultur von Party, Spaß und Tanz. Deren be-

---

13 Daher auch der Name von Boyd Rice' Band NON.
14 Clark 2008, S. 25.
15 Siehe hierzu auch: Stiglegger 2011; Speit 2002; Clark 2008.
16 Clarke 1979, S. 133ff.

kannteste Vertreter Throbbing Gristle benutzten den Verbrennungsofen von Auschwitz als Label-Logo, verstörten live durch ein Gemisch aus sägendem Lärm, Militarismus und offensiv zur Schau gestellter Sexualität. Ziel war es, das kollektiv Verdrängte der Gesellschaft aufzudecken."[17] Ihre Reflexion der modernen Lebenswirklichkeit – Entindividualisierung, Entfremdung, Kälte, Mechanisierung, Technokratie, Terrorismus, Zensur – fand eine wesentlich weniger eindeutige Veräußerlichung als die Gothic-Szene und ließ sich deshalb auch jahrzehntelang nicht auf modische Aspekte reduzieren. Dennoch tauchen in der Selbstdarstellung der frühen Industrial-Musiker Genesis P-Orridge (Throbbing Gristle), Graeme Revell (S.P.K.) und Boyd Rice (NON) regelmäßig Versatzstücke totalitärer Ikonografie auf: Reitstiefel, Breeches, Uniformjacken, Runen, SS- und Panzer-Totenköpfe, Feld- und Schirmmützen, Tarnmuster usw. Seit den frühen 1980er Jahren haben immer wieder Fans diesen Gestus nachgeahmt und modische Impulse daraus bezogen.

Abbildung 1: Siouxsie Sioux mit Hakenkreuzarmbinde 1979

Doch letztlich spiegelte sich darin vor allem ein Post-Punk-Gestus der Auflehnung gegen das Establishment der Gesellschaft, die mit ihrem eigenen Feindbild konfrontiert werden soll. Immerhin hatten bereits Punkmusiker wie Sid Vicious (Sex Pistols) und Siouxsie Sioux (Siouxsie and the Banshees) nationalsozialistische Ikonografie (namentlich das Hakenkreuz) als Modeaccessoire getragen, und Glamrock-inspirierte Musiker wie David Bowie, Brian Ferry (Roxy Music) und später Ian Curtis (Joy Division) waren in den 1970er Jahren für ihre Faszination für den Nationalsozialismus bekannt[18]. In Jugoslawien entwickelte sich aus dem Protest gegen die linke Diktatur Titos u.a. die

17 Büsser 2002, S. 43

18 Thompson 2004

Neue Slowenische Kunst (NSK), deren Industrial-Band Laibach zunächst nicht nur den Namen, sondern auch die Uniformen der früheren Okkupationsmacht Deutschland trugen. Aus dem Postpunk-Gestus von Joy Division generierte sich mit Death in June eine düstere Rockband, die in frühen Konzerten (ab 1981) in Flecktarn-Uniformen auftrat und eine stilisierte Variante des SS-Totenkopfes in ihr Bandlogo integrierte. Auch die Fans dieser beiden Gruppen trugen diese Symbole und Objekte als popkulturelle Fetische in die Subkultur, wohlwissend, sich dadurch als Gegner des politisch korrekten, demokratisch signifizierten *status quo* der westlichen Industriegesellschaft zu präsentieren.

Die eigentliche Popularisierung dieser zunächst marginalen Subkulturgeste erfolgte erst in den nächsten Generationen, die die Gothic-, Post-Punk- und Industrial-Szene gegen Ende der 1980er Jahre in einem Metakontext zusammenführte und den Eindruck einer vielgesichtigen ‚schwarzen‘ (im Sinne von düsteren) Subkultur erzeugte. Stücke von Gothicrock-, Industrial-, Mittelalter- und Post-Punk-Bands wurden in den selben Clubs gespielt, und die Musiker unterschiedlichster Genres traten zu jener Zeit gemeinsam auf Konzertfestivals auf, z.B. dem Bizarre-Festival an der Loreley (später in Köln) oder den frühen Varianten des Wave-Gotik-Treffens in Leipzig. Diese gegenseitige Durchdringung der schwarzen Subkulturen popularisierte auch die tabuisierten Symbole und Kleidungsstücke, sodass die Musikfans neben Mittelalterkleidern und Lederjacken gelegentlich auch Flecktarnjacken und Schirmmützen, neben silbernen Rosenkränzen auch Runen und Totenköpfe trugen. Vor allem im bayrischen Raum etablierte sich diese Mischung, während im Norden Deutschlands eher post-punkiges Schwarz dominierte. Diese Mischung von subkulturellen Splittergruppen, die vor allem der düstermorbide Blick auf die moderne Welt verband, resultierte jedoch bereits Mitte der 1990er Jahre langsam in einer Aufsplitterung in die unterschiedlichsten Subgenres, während für die Öffentlichkeit vor allem die stete Popularisierung eines schwarzen Mainstreams bemerkbar wurde. Bands wie HIM, Nightwish, Covenant, Unheilig oder Rammstein platzierten sich in den Media Control Charts und etablierten den Gothic-Stil als einen Mainstream der Minderheiten. Kleidungsketten wie H&M und Otto nahmen Ende der 1990er Jahre (und bis heute) hin und wieder Gothic-inspirierte Mode (u.a. Korsetts, Samtkleider, Totenkopfschmuck) in ihr Programm auf.

Die kleineren schwarzen Splittergruppen indes radikalisierten ihren jeweiligen Stil hinsichtlich Musik, Schmuck und Kleidung. Unter dem starken Einfluss der neuen Bundesländer formierten sich (Sub-)Subkulturen wie Neofolk und Post-Industrial. Während die Fans der Throbbing Gristle-Erben sich an harschen Noise-Wällen mit autoritärem Schreigesang berauschten und durch Kurzhaarschnitt und militante Streetwear auffielen, die teilweise aus der Mode der Skinheads und Hooligans abgewandelt wurde, schwelgten die Anhänger des melancholischen Neofolk in von Akustikgitarren getragenen sehnsuchtsvollen, sonoren Liedern, zu denen sie im Gefolge von Death in June Tarnjacken, Schulterriemen, hohe Stiefel, lederne Kartentaschen, Runenschmuck und Feldmützen in die Clubs trugen. Beide Splittergruppen, die mitunter auf denselben Musikveranstaltungen zu finden waren, erregten in ihrer modischen Hochphase auf großen Festivals wie dem Wave-Gotik-Treffen in Leipzig im Jahr 2000 viel Aufsehen, da sie anders als das punkig-bizarre Gothic-Publikum eher an Besucher eines Nazi-Aufmarsches erinnerten und Nichteingeweihte nachhaltig verstörten. Was als revoltierendes Spiel mit dem tabuisierten Feuer gedacht war, trug vorhersehbare, wenn auch eher unangenehme Früchte: Politisch motivierte Gruppen stuften diesen Teil der schwarzen Subkultur als deren ‚rechten Rand' ein und riefen zum Boykott von Neofolk- und Martial-Industrial-Konzerten auf. In einigen Fällen konnten die städtischen Verwaltungen von der politischen Bedenklichkeit dieser Sub-Subkulturen überzeugt werden und unterstützten diese Forderungen. In anderen Fällen kam es zu gewalttätigen Übergriffen, wie dem Brandanschlag auf den Tourbus während des Death in June-Konzerts in der Frankfurter Batschkapp (12.5.1997)[19], dem Angriff auf Besucher des Cold Meat-Festivals im UT Connewitz, Leipzig (27.5.2007)[20], oder der „gezielten Aktion gegen die Musikinstrumente und die Infrastruktur des Clubs" (Bekennerschreiben) im Freiburger Club Elvis Et Moi am 11. Oktober 2008[21]. Das Tabu war gebrochen, die „Strafe" folgte auf dem Fuß.

Die folgenden Kapitel analysieren ausgewählte Beispiele für den Tabubruch als Kulturtechnik der Popkultur in der medialen Performance einiger Bands aus dem Kontext der Post-Industrial- und Gothic-Subkultur.

Stilrevolte und Neucodierung

All diese Phänomene sind nicht neu, sie lassen sich vielmehr im Kontext früherer Subkulturen nachweisen, wenn auch in anderem politischen Klima. ‚Gonzo-Journalist' Hunter S. Thompson etwa beschreibt in seiner Geschichte der Hell's Angels einen Mechanismus der bewussten Abgrenzung unter den gesellschaftlich entwurzelten Kriegsheimkehrern nach dem 2. Weltkrieg, die sich in den USA männerbündisch formierten, mit ihren Motorrädern durch das Land fuhren und sich mit den Kriegstrophäen aus Nazi-Deutschland schmückten – als Zeichen der Revolte und Distinktion. So wurden deutsche Stahlhelme, Eiserne Kreuze, SS-Kragenspiegel, Totenkopfabzeichen, Ehrendolche usw. zu subkulturellen Zeichen des Nonkonformismus, deren eigentliche Bedeutung sich bereits für die nächste Generation von Bikern auf Signifikatoren der Rebellion reduziert hatte. Diese Generation focht einen selbsterklärten Krieg gegen die amerikanische Gesellschaft. So sang Debbie Lori Kaye noch „these things don't mean what they meant yesterday" in Verteidigung ihres Eisernen Kreuz-Anhängers, während die Phantom Surfers konkretisierten: „To us the Iron Cross is not a symbol of hate […] The Iron Cross is a symbol that us kids are really free."

---

19 Klaus Walter, 14.4.2007: http://www.taz.de/1/archiv/archiv/?dig=2007/04/14/a0009.

20 Meldung und Diskussion: http://de.indymedia.org/2007/05/178805.shtml.

21 Meldung und Diskussion: http://switzerland.indymedia.org/de/2009/02/67328.shtml.

 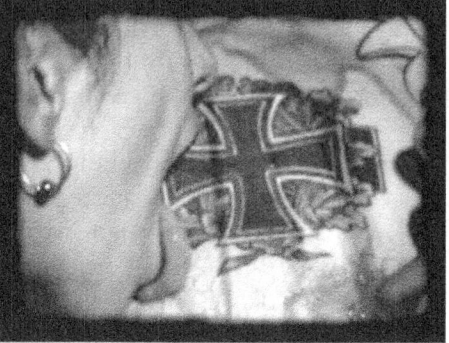

Abbildung 2-3: Der Blutharsch Videoclip Bandlogo Tattoo;
Der Blutharsch mit Eisernem Kreuz-Logo 2006

Für ihre Eltern in den 1960er Jahren musste der Nazi-Schmuck wie eine Verhöhnung ihres erfolgreichen Kampfes gegen die Nazi-Diktatur gewirkt haben. Ihre Kinder wurden zu Tabubrechern, die die Werte der Demokratie symbolisch beschmutzten. Was sie ihrem Selbstverständnis nach taten, war ein militaristisches Symbol aus seinem ursprünglichen historischen Kontext zu lösen, es umzucodieren und damit gegen die Gesellschaft zu stellen, jedoch aus der entgegengesetzten Richtung. Dabei steht das Eiserne Kreuz wie eh und je für Tapferkeit im Kampf, für Todesverachtung und Opfermut; es wurde lediglich aus der politischen Konkretion gelöst. Das Eiserne Kreuz ist also nicht völlig entleert, sondern auf einen beliebig neu codierbaren Nenner zurückgebrochen worden.

Die Übertragung des ethnologischen Begriffes Tabu auf die Neurosen der westlichen Gesellschaft geht auf Sigmund Freud zurück, der vier Punkte der Gemeinsamkeit genannt hat: „1. In der Unmotiviertheit der Gebote, 2. in ihrer Befestigung durch eine innere Nötigung, 3. in ihrer Verschiebbarkeit und in der Ansteckungsgefahr durch das Verbotene, 4. in der Verursachung von zeremoniösen Handlungen, Geboten, die von den Verboten ausgehen".[22] Das Tabu hat oder braucht keine rationale Begründung („Unmotiviertheit"), es ist somit in gewisser Weise willkürlich. Betrachtet man sich Tabus der westlichen Industriegesellschaft, so haftet diesen dagegen meist eine bestimmte rationale Erklärung an, die als Begründung für die „innere Nötigung", das Tabu zu achten, einsteht. Ehebruch ist z.B. vor allem in Kulturen ein Tabu, deren Integrität vordergründig auf der Institution einer funktionierenden Ehe aufbaut. Die Missachtung des Tabus unterläuft die auf dieser Integrität basierende Machtstruktur und stellt sie in Frage. Die spezielle Ausprägung dieser Machtstruktur lässt sich auf eine bestimmte, rational nachvollziehbare Basis zurückführen, ist aber letztlich beliebig. Ebenso könnte die Macht auf einem anderen Modell basieren. Im Bruch des Tabus liegt zugleich der Reiz, die Überschreitung der Tabugrenze zu begehren, um das verbotene „Andere" zu erlangen. Mit der Änderung gesellschaftlicher Wertvorstellungen kann sich die spe-

---

22 Freud 1956, S. 10ff.

zielle Ausprägung von Tabus „verschieben", so wird heute der Ehebruch als weniger harter Tabubruch empfunden als etwa in den 1950er Jahren.

Deutlich wird immer wieder die „Ansteckung" durch das Tabu bzw. den Tabubruch: Wer das Tabu bricht, wird selbst zur tabuisierten Person oder Gruppe. Solche Mechanismen greifen in der westlichen Gesellschaft vor allem an der Schnittstelle von Politik und Moral. Wer also ein zeitgenössisches Tabu bricht, wird umgehend selbst zum Tabu, und es besteht die Gefahr, in der Auseinandersetzung mit der tabuisierten Person selbst „angesteckt" zu werden. Hier zeigen sich auch Aspekte von Freuds 4. Punkt: Es haben sich gesellschaftliche Rituale und Verhaltensweisen etabliert („Gebote"), die vorgeben, wie mit einer bestimmten Thematik zu verfahren ist. Der seduktive Aspekt des Tabu-Modells wird in einem späteren Satz von Freud deutlich: „Der Mensch, der ein Tabu übertreten hat, wird selbst tabu, weil er die gefährliche Eignung hat, andere zu versuchen, dass sie seinem Beispiel folgen. Er erweckt Neid; warum sollte ihm gestattet sein, was anderen verboten ist? Er ist also wirklich ansteckend, insofern jedes Beispiel zur Nachahmung ansteckt, und darum muss er selbst gemieden werden."[23] Dieser Punkt ist für die Kunst an sich sehr wichtig, erklärt er doch, dass ein Kunstwerk bzw. eine Performance in konkreter Weise als „Beispiel", also Vorbild, empfunden wird und somit als „Versuchung" wirken kann. Interessant bleibt an diesem Aspekt, dass dem tabubrechenden Medium (Musik, Theater, Film) explizit seduktive Qualitäten zugestanden werden: der Tabubruch, die Grenzüberschreitung selbst ist verführerisch.

Neben seiner starken Verführungskraft erweist sich der Tabubruch als problematisch, weil er auf Provokation ausgelegt ist. Durch soziale Vorgänge wie Habitualisierung, Absorption, Domestizierung und Integration kann provokatives Potential zerfallen, sich im Zuge seiner Vereinnahmung gar als uneffektiv erweisen. Das ist der Punkt, an dem Dekonstruktion in Affirmation umschlägt, der Punkt, an dem Subkultur nicht länger emanzipatorisch wirkt, sondern reaktionär wird. In den frühen 1980er Jahren tritt in der Popkultur eine semantische Entwertung ein. Die Zeichen werden beliebig umcodierbar. Konnte die Subkultur zuvor noch auf das widerständige (und eigensinnige) Potential der Widersprüchlichkeit zwischen Zeichen und Verhalten bauen, wurden die Zeichen in der postmodernen Phase der Popkultur austauschbar. Symbole wie das Eiserne Kreuz hatten ihre subversive Kraft verloren, denn erstens war ihre historische Kontextualisierung nicht mehr problemlos erkennbar und zweitens war das Symbol bereits in ideologisch völlig konträren Zusammenhängen (von Skatern, Bikern, Gothics bis hin zu Neonazis) etabliert. Im Gegensatz zum Hakenkreuz der Nazis blieb gerade das Eiserne Kreuz unbestimmbar in seiner Bedeutung.

Fallstudie 1: Der Blutharsch

In einer Welt der Simulation konnte man nicht mehr nur auf die Stilrevolte bauen wie noch die Glamrocker. Die deutsche Elektro-Band DAF reagierte darauf mit einer Ausweitung der

---

23 Freud 1956, S. 27.

Tabugrenzen und kreierte einen faschistoiden Männerbund, eine ,Kriegerkaste', die sich „ein bisschen Krieg" wünschte, „so dreckig wie noch nie" (Zitat aus dem Stück „Ein bisschen Krieg"). Anhänger der Neuen Slowenischen Kunst (NSK, Laibach) reagierten auf diese Tendenz mit der Übercodierung von Zeichen, während der Neo-Rock'n'Roll mit nostalgischem Rekurs auf die Zeit der Unschuld und verklärender Träumerei antwortete. Als erstaunliche Konstante in dieser Genese der Zeichen und Symbole erwies sich das Eiserne Kreuz, das sich seit dem 19. Jahrhundert als ständig transformierender Mythos gehalten hat.

Das Eiserne Kreuz ist ein militärischer Mythos der deutschen Kaiserzeit, erstmals verliehen 1813. Es ist somit eindeutig ein Zeichen des Militarismus, kein genuines Merkmal des Nationalsozialismus des 20. Jahrhunderts, der es jedoch bereits 1939 zum Fetisch erhoben hatte: Tausende von Witwen bekamen diesen kalten Orden stellvertretend verliehen, nachdem ihre Männer zuvor auf ,dem Feld der Ehre gefallen' waren. Ein Symbol des ,Opfermutes' für ein menschenverachtendes System, behaftet mit dem Ruch des unvermeidlichen Todes. Dieser Ruch blieb und pflanzte sich fort, von Subkultur zu Subkultur: von den Bikern zu den Surfern, zu den Hippies, zu den Glamrockern, den Rockabillies, den Hardrockern (Motörhead erkoren es zu ihrem eigenen Fetisch), den Punks, den Skinheads, den Gothics (hier trugen es in den 1980er Jahren The Cult aus London, jüngst wurde es zum Logo der US-Goths Shadow Reichenstein) bis hin zu den Neofolkern und Military-Poppern.

Abbildung 4: Shadow Reichenstein mit Eisernem Kreuz

Eine große Rolle spielt martialische Symbolik ganz grundsätzlich in der seit den späten 1990er Jahren populärer werdenden Martial-Industrial-[24], Neofolk[25]- und Military-Pop[26]-

---

24 Auf Marschrhythmen basierende Noisecollagen mit historischen Samples: Toroidh (SWE), Arditi (SWE), Folkstorm (SWE), Rasthof Dachau (D).

25 Apokalyptisch orientierte Folkmusik: Death in June (GB), Current 93 (GB), Sol Invictus (GB), Forseti (D), Darkwood (D), Sonne Hagal (D), Rome (D/LUX).

26 Auf Marschrhythmen basierende Popmusik: Der Blutharsch (ÖST), Dernière Volonté (F), Le-

Musik.[27] Eine Ikone dieser apokalyptischen Subkultur ist das äußerst umstrittene Musik-projekt Der Blutharsch (Wien/Österreich).[28] Die Wahl des Eisernen Kreuzes mit Eichen-laub erschien ebenso programmatisch wie naheliegend, ganz im Sinne des umcodierten Rock'n'Roll-Gestus' der Nachkriegszeit: Wo Marschrhythmen und kriegerische Samples zu Pop wurden, durfte der Hauptfetisch des Rock'n'Roll-Lifestyle nicht fehlen. Dabei sind die auf dem Tourvideo „Gold gab ich für Eisen" (1999) dokumentierten frühen Auftritte von Der Blutharsch durchaus beklemmend militaristisch: Vor dem Eisernen Kreuz-Ban-ner ag(it)ierte die zu dieser Zeit durchweg männliche Besetzung in grauen Uniformen, mit Schulterriemen und Feldmützen. Den musikalischen Hintergrund bildeten kriegerische Marschrhythmen und apokalyptische Soundcollagen, der mehrsprachige Sprechgesang kündete von Tod und Untergang.[29] Nach zahlreichen Problemen mit Vertretern der ex-tremen Linken – ausgelöst durch das extrem martialische Auftreten und die modische Kopierwut der Fans – schlug Der Blutharsch ab 2006 neue Wege ein und kultivierte statt des Martial-Industrial und Military-Pop eine düstere Form des Psychedelic Rock, die die Band in weniger provokatives Fahrwasser führte und auch das Bandlogo neu zu codieren schien. Insofern ist heute die Nähe von Der Blutharsch zu den Hardrockern von Motör-head kaum zu bestreiten – und Band-Leader Albin Julius gibt deren Sänger Lemmy Kil-mister in Interviews ganz direkt als Inspirationsquelle für sein Schaffen an.

Abbildung 5: Lemmy von Motörhead
mit SS-Mütze

Der kriegerische Geist, dem Der Blutharsch heute huldigt, ist die Individualrevolte des Rockers im weitesten Sinne: ein symbolisch-semiotischer Aufstand gegen die Anständi-gen, keine programmatische Verhöhnung der Moderne. Die Phantasiewelt, die Bands wie Motörhead oder Der Blutharsch stimulieren, ist im klassischen Sinne antibourgeois und anarchisch, wenn auch für die radikale Revolution verloren. So bleibt das Eiserne Kreuz

---

ger des Heils (D), mit Einschränkungen auch Laibach (SLO).

27 Diesel / Gerten 2005.

28 Diesel / Gerten 2005, S. 253-261; Speit 2002, S. 136-140.

29 Dieses Auftreten sorgte u.a. dafür, dass Der Blutharsch angesichts eines geplanten Auftritts in Israel als „österreichische Neonazi-Band" bezeichnet wurde: http://jungle-world.com/arti-kel/2007/13/19360.html.

in gewissem Sinne tatsächlich ein Zeichen dafür, dass deren „Kinder frei sind". Auch, wenn sie – wie Lemmy Kilmister – die Sechzig bereits überschritten haben und unter Diabetes leiden.

Fallstudie 2: Laibach

Die Auseinandersetzung mit totalitären Systemen im 20. Jahrhundert ist nicht nur eine Möglichkeit, sondern geradezu eine wesentliche Aufgabe der zeitgenössischen Kunst. Diese Auseinandersetzung kann in Form einer expliziten Anklage bestehen, was eine klare Polarität von Darstellung und Dargestelltem bedingt. Oder das Kunstwerk kann sich einer Ambivalenz bedienen, d.h., es arbeitet mit der scheinbaren Affirmation totalitärer Phänomene durch Aussagen, performative Gesten oder äußerliche Ästhetik, um den Rezipienten zu einer konstruktiven Auseinandersetzung zu provozieren. Solch eine Strategie nutzt etwa das slowenische Künstlerkollektiv NSK. In permanenter Transformation offensichtlich oder nur scheinbar totalitärer Motive, Aussagen und Gesten – v.a. bei Auftritten der NSK-Band Laibach – erzeugen sie eine Atmosphäre momentaner Euphorie und Identifikation, die das Publikum am Ende hilflos zurücklässt. Diese Desorientierung zwingt förmlich dazu, sich selbst innerhalb der Positionen zu verorten. Bereits die Verwendung totalitärer Ästhetik wird als Tabubruch betrachtet, das gilt speziell für jene des Nationalsozialismus. Doch gerade der mit der nationalsozialistischen bzw. stalinistischen Ästhetik verbundene Ruch von Krieg und Völkermord führt zu jenem starken und ungebrochenen Interesse an der Verwendung dieser ‚Ästhetik der Macht und Souveränität'. „Die suggestiven Rituale mancher Rockkonzerte mit einer oftmals nahezu völligen Gleichschaltung des Publikums unter Fixierung auf einen zum Idol stilisierten Musiker oder eine Band," so betont Arvid Dittmann[30], „lassen daher die Annahme einer gewissen historischen Parallelität in den massenwirksam inszenierten nationalsozialistischen Kundgebungen mit mehreren hunderttausend Teilnehmern, die Adolf Hitler und seinen Paladinen zujubelten, als durchaus bedenkenswert erscheinen."

Die Verwendung totalitärer Ikonografie – Flaggen, Uniformen, Symbole – erscheint dabei von besonderer Bedeutung und wird mitunter in Performances wie ein Fetisch gehandhabt. Ein Fetisch bezeichnet ein Objekt, welchem eine besondere Kraft und Aura zugesprochen wird, die nahezu kultisch verehrt wird, wobei die Fetischisten hoffen, selbst Anteil an dieser inneren Kraft zu erhalten. Wie Untersuchungen über Kleidungsfetische belegen (Valerie Steele, Thomas Oláh), setzt im Kult der Verehrung auch die Sexualisierung dieses Äußerlichkeitskultes der Macht an. Zeitzeugenberichte lassen darauf schließen, dass dieser Effekt bereits im militärischen Originaldesign in einem gewissen Grad angelegt war.[31] Susan Sontag widmet sich in ihrer zweiteiligen Untersuchung zum medialen Bild vom Faschismus in ihrem Aufsatz „Fascinating Fas-

---

30 Dittmann 2002, S.63.
31 Oláh 2008.

cism" zunächst der ehemaligen Nazi-Filmemacherin Leni Riefenstahl, deren in ihren
frühen Propagandafilmen dokumentiertes Körperbild sie in den späteren ethnologischen Untersuchungen bei den Nuba reflektiert sieht, um schließlich im zweiten Teil
auf den sexuellen Appeal der Nazi-Uniform zu sprechen zu kommen: „In pornogra-
phic literature, films, and gadgetry throughout the world, especially in the United States, England, France, Japan, Scandinavia, Holland, and Germany, the SS has become a
referent of sexual adventurism. Much of the imagery of far-out sex has been placed under the sign of Nazism. Boots, leather, chains, Iron Crosses on gleaming torsos, swas-
tikas, along with meat hooks and heavy motorcycles, have become the secret and most
lucrative paraphernalia of eroticism. [...] But why? Why has Nazi Germany, which was
a sexually repressive society, become erotic?"[32]
Dass militärische Uniformen bisweilen zu einem sexuellen Fetisch erhoben werden, ist
bekannt und des öfteren in Fachpublikationen aus dem Bereich der sexuellen Phänomenologie knapp behandelt worden (in der Tat wird diesem recht verbreiteten Fetisch
stets sehr wenig Raum gegönnt), doch eine eingehende Analyse dieses Phänomens
findet nur zögerlich statt. Einen diskussionswürdigen Ansatz liefert Valerie Steele in
ihrem Buch „Fetish": „Military uniforms are probably the most popular prototype for
the fetishist uniform because they signify hierarchy (some command, others obey),
as well as membership in what was traditionally an all-male group whose function
involves the legitimate use of physical violence."[33] Auch Thomas Oláh betont in seiner Untersuchung zu militärischen Elementen in der Mode: „Diese Konzeption von
Uniformen zu repräsentativen Zwecken setzt bis heute Kompositionselemente ein, die
einem erotischen Ideal von Dominanz folgen: die Betonung und Verbreiterung der
Schultern mittels Epauletten, Schulterklappen oder v-förmig zulaufenden doppelten
Knopfreihen; die Verlängerung der Körperhöhe durch aufragende Kopfbedeckung;
die Betonung von Fuß und Wade (Stiefel oder Gamaschen); farblich harte Kontrastierung (Rock- vs. Egalisierungsfarbe, Camouflage-Muster); metallisch glänzender Aufputz (schwere Goldschnüre, Medaillen, derbe Knöpfe)."[34] Was den 'Appeal' der Uniform also ausmacht, ist scheinbar die Abstraktion des Martialischen in Form eines
Modegegenstandes. Sie symbolisiert die Zugehörigkeit zu einer Elite und konkretisiert

---

32 Sontag 1980, S.101-102. „In pornographischer Literatur, Filmen und Gerätschaften in aller
    Welt, insbesondere den Vereinigten Staaten, England, Frankreich, Japan, Skandinavien, Hol-
    land und Deutschland, ist die SS zu einer Referenz sexuellen Abenteurertums geworden. Ein
    Großteil der Bildsprache des abgehobenen Sex wurde unter das Zeichen des Nazismus gestellt.
    Stiefel, Leder, Ketten, Eiserne Kreuze auf glänzenden Körpern, Hakenkreuze sowie Fleischer-
    haken und schwere Motorräder wurden zu den geheimen und höchst lukrativen Utensilien der
    Erotik ( ) Aber warum? Warum ist Nazi-Deutschland, das eine sexuell repressive Gesellschaft
    war, erotisch geworden?"

33 Steele 1996, S.180. „Militäruniformen sind wahrscheinlich der populärste Prototyp der Fe-
    tischistenuniform, weil sie Hierarchie (manche befehlen, andere gehorchen) sowie Mitglied-
    schaft in einer Gruppe signifizieren, die traditionellerweise eine ausschließlich männliche war,
    deren Funktion den legitimierten Gebrauch körperlicher Gewalt beinhaltete."

34 Oláh 2008, S. 153.

Dominanz und kanonisierte Attraktivität – falls es sich nicht um rein funktionalisierte Felduniformen handelt. In Kombination mit der erotisch konnotierten Farbe Schwarz haben sich vor allem folgende Uniformen für eine sexuell motivierte Rezeption angeboten: die Totenkopfhusaren mit ihren bedrohlich geschmückten Pelzmützen, die Panzerfahrer der deutschen Wehrmacht und die Allgemeine SS. Vor allem die schwarze SS-Uniform stellt den ambitionierten Versuch dar, exzentrischen Chic, elitäre Eleganz und Todessymbolik zu vereinen.

Abbildung 6-7: Laibach in Nazi-Uniformen 2003, Laibach Totemkopf Autoaufkleber

Die schwarze SS-Uniform, wie sie in zahlreichen Filmen, Büchern, aber später auch in Bühnenshows (z.B. Marilyn Manson) auftaucht, präsentiert sich wie folgt: Schirmmütze mit weißer oder silberner Borte und gelacktem Schirm sowie Lederriemen oder Aluminiumkordel; als Aufputz sind der Reichsadler mit Hakenkreuz und der SS-Totenkopf aus Metall zu sehen; die Jacke ist mit derben silbernen Metallknöpfen, samtenen Kragenspiegeln mit den bekannten Sig-Runen, weißer oder silberner Kragenpaspelierung und einer Schulterklappe versehen; die von geknöpften Hosenträgern gehaltenen Reithosen fallen durch weit geschnittene Oberschenkelpartien auf; der Koppel mit silbernem Schloss wird durch einen schmalen Schulterriemen ergänzt; Reitstiefel mit hohem, engem Schaft; am linken Ärmel ist die schwarz-weiß-rote Hakenkreuzarmbinde befestigt; am Gürtel wird entweder der schwarze Dienstdolch mit der Klingenätzung „Meine Ehre heißt Treue" getragen oder aber die Dienstpistole.[35] Ergänzende Kleidungsstücke sind der Dienstmantel aus schwarzem Filzstoff in vergleichbarer Ausführung sowie seltener der doppelreihig geknöpfte schwarze Leder-

---

35 Eine deutlich fetischisierte Darstellung all der hier aufgezählten Elemente findet sich in der videoclipartig montierten Titelsequenz der dreiteiligen MDR-Dokumentation Die Waffen-SS (1998).

mantel.[36] Diese Uniform wurde von der Allgemeinen SS – nicht der militärischen Waffen-SS – in der Zeit zwischen 1933 und 1938 getragen. Bereits 1935 wurde alternativ die graue Uniform eingeführt, die während des Krieges und von Angehörigen der Waffen-SS getragen wurde und wesentlich verbreiteter war. Alternativ zur schwarzen Uniform durfte an heißen Tagen auch eine weiße Variante getragen werden, die das Farbschema umkehrt (von Brian Warner/Marilyn Manson getragen im Booklet des Albums „The Golden Age of the Grotesque", 2003). Dazu kommt in Kriegszeiten eine enorme Varianz von Camouflage-Uniformen, deren unterschiedliche Muster (Erbsentarn, Eichenlaubtarn, Palmentarn, Platanentarn) teilweise noch heute Verwendung finden (so wurde das Flecktarnmuster der Bundeswehr daraus entwickelt, ebenso wie der österreichische Flecktarn und das farbenfrohe Schweizer Camouflagemuster auf Vorlagen der Waffen-SS basieren).

Susan Sontag geht in ihrem Essay „Fascinating Fascism II"[37] schließlich auf die Sexualisierung faschistischer Ästhetik – speziell auch die der Uniformen – ein. Dabei gibt sie ein interessantes Phänomen zu bedenken, das noch heute in der Selbstdarstellung einiger Musiker eine Rolle spielt: „There is a general fantasy about uniforms. They suggest community, order, identity [...], competence, legitimate authority, the legitimate exercise of violence. But uniforms are not the same thing as photographs of uniforms – which are erotic material and photographs of SS uniforms are the units of a particularly powerful and widespread sexual fantasy."[38] Die Autorin sagt dies bezüglich eines Militaria-Bestimmungsbuches, aber angesichts der spezifischen Verwendung von SS-Uniformen im Spielfilm und bei Bühnenperformances oder Imagefotos von Bands aus dem Gothic-Umfeld (Marilyn Manson, Shadow Reichenstein, Nachtmahr, aber auch Laibach und Death in June) ist eine Übertragung dieses Gedankens sehr aufschlussreich. Tatsächlich wird der Uniformträger im Unterhaltungskontext offenbar anders rezipiert als etwa im Dokumentarfilm. Der Medienwechsel vom Foto zum Spielfilm und schließlich zur Bühnenperformance scheint diese Veränderung zu bedingen: Die solcherart enthistorisierte Uniform wird ihrerseits zur Projektionsfläche sexueller Wünsche und Phantasien. Die sexuelle Konnotation der Uniform rührt von der offensichtlichen sexuellen Erregung her, die einige Leute mit Gewalt und dem damit einhergehenden Verhältnis von Dominanz und Unterwerfung verbinden.[39] In diesem sexuellen Kontext wird es zumindest nachvollziehbar, warum immer wieder auf das Klischee der Uniformierung nach den Vorgaben der faschistischen Ästhetik zurückge-

---

36 Die schwarze SS-Uniform musste vom Träger privat beschafft und bezahlt werden, sodass viele Varianten (wie der teure schwarze Ledermantel) nicht sehr weit verbreitet waren und vor allem von den höheren Rängen getragen wurden.

37 Sontag 1980, S. 98-105.

38 a.a.O., S. 99. „Es gibt eine allgemeine Uniformfantasie. Sie suggerieren Gemeinschaft, Ordnung, Identität [ ], Kompetenz, legitimierte Autorität, die legitimierte Ausübung von Gewalt. Aber Uniformen sind nicht dasselbe wie Fotografien von Uniformen / die erotisches Material sind, und Fotografien von SS-Uniformen sind Einheiten einer besonders machtvollen und weit verbreiteten sexuellen Phantasie."

39 a.a.O., S. 99.

griffen wird, wenn es um die Dämonisierung von Charakteren geht. Susan Sontag vermutet, die SS-Uniform bietet sich vor allen anderen an, da die SS ihren Herrschaftsanspruch ins Dramatische überhöhte, indem sie sich gewissen ästhetischen Regeln unterwarf: „SS uniforms were stylish, well-cut, with a touch (but not too much) of eccentricity."[40]

Der künstlerischen Kopplung von totalitärer Ästhetik und sexuellem Stimulans bzw. Fetischisierung begegnet man auch in den Bühnenshows von Death in June, wo düsterromantische Liebeslieder mit der latenten Präsenz des Todes kollidieren („Death is the Martyr of Beauty"). Hier werden literarische Motive der legendären homosexuellen Schriftsteller Jean Genet und Yukio Mishima weiterentwickelt, die ihrerseits zur Sexualisierung des Militärkultes neigten.[41]

Auch die populäre Gothic-Musik bedient sich dieser Kombination: Brian Warner von Marilyn Manson trat um 2000 vermehrt in nationalsozialistischen Uniformen auf, etwa im Duett mit dem Rapper Eminem oder als Interviewpartner in Michael Moores Essayfilm „Bowling for Columbine" (2002). Hier symbolisiert die schwarze SS-Uniform die Hybris des Rockstars und zugleich dessen Dekadenz. Wie Death in June mit ihren Performances immer wieder auf Unverständnis und Zensur stießen, geriet Warner in Konflikt mit seiner Band, die seine Sammlerwut bezüglich nationalsozialistischer Relikte eher mit Befremden beobachtete. Affirmiert wurde dieser Uniformkult jedoch von dem Fotografen Gottfried Helnwein, der 2003 entsprechende Imagefotos für Marilyn Manson machte und an seine eigenen Werke thematisch anschloss.[42]

Abbildung 8: Marilyn Manson in weißer SS-Uniform
von Gottfried Helnwein im Booklet
von Golden Age of the Grotesque

---

40 a.a.O., S.120. „SS-Uniformen waren stilvoll, gut geschnitten, mit einem Hauch (aber nicht zuviel) Exzentrik."

41 Mishima gründete seine eigene Privatarmee (die Schildwache) und wollte einen politischen Umsturz herbeiführen, nach dessen Scheitern er mit dem Schwert rituell Seppuku beging. Genet bewunderte mitunter die schneidigen Deutschen Besatzer in Frankreich und schuf mit „Pompes funèbres/Das Totenfest" (1949) einen kontroversen schwulen Liebesroman über den Zweiten Weltkrieg.

42 Siehe hierzu z.B. Helnweins Website: http://www.helnwein.de/werke/leinwand/bild_293.html.

2003 ließen sich auch die Slowenen Laibach in schwarzen und grauen SS-Uniformen fotografieren – als Werbekampagne für ihr Album „W.A.T.". Ihr Vorgehen
unterscheidet sich jedoch von den Performances von Death in June bzw. Marilyn
Manson. Laibach wollen offenbar durch die Verwendung dieser Ikonografie provozieren und zielen auf eine ambivalente politische Auseinandersetzung ab. Man
könnte ihre Methode durchaus dekonstruktivistisch begreifen: Indem sie die Symbole und Fetische aus ihren ursprünglichen Kontexten reißen und selbst neu codieren, ermöglichen sie einen freien und neuen Blick auf diese Phänomene. Diese
performative Kulturtechnik ist also aufklärerisch zu verstehen und wird als „Re-
trogarde" (von Retro-Avantgarde) bezeichnet, eine Arbeitsmethode, die „mittels
eines ‚emphatischen Eklektizismus' auf die Texte (Zeichen, Bilder, Symbole und
Formen der Rhetorik) zurückgriff, die retrospektiv zu Erkennungszeichen bestimmter künstlerischer, politischer, religiöser oder technologischer ‚Erlösungsu-
topien' des 20. Jahrhunderts geworden sind."[43] In der Neukombination bekannter
Zeichen sollen die dahinterliegenden Ebenen bewusst gemacht werden. Nur in der
„Über-Identifizierung mit der ‚verdeckten Kehrseite' einer Ideologie kann – mit
Slavoj Zizek gedacht – Kritik möglich werden, denn ideologische Diskurse den-
ken in ihrem Zynismus heute mögliche Kritik stets mit. „Die Ideologie ‚glaubt'
ihren eigenen Aussagen nicht mehr, sie hat eine zynische Distanz zu den eigenen
moralischen Prämissen eingenommen."[44] Daher ist Ironie als Kritik wirkungslos.
Erst in der Über-Identifizierung offenbaren sich die Abgründe der Ideologie, denn
nun ist die Distanzierung unmöglich. Laibach nimmt sich impliziter ideologischer
Prämissen an und bringt diese in der Performanz zum Vorschein. Erst durch diese
Provokation wird das Publikum immer neu zu einer Positionierung und Hinter-
fragung der eigenen Position aufgefordert.

Fallstudie 3: Death in June

Death in June dagegen verwenden historische Uniformen in ihren Shows als eine
Art ‚negative Poesie'. Daher kommt es bei ihnen zu einer sehr starken Kopplung von
sexueller, militaristischer und lyrischer Symbolik: Tarnkleidung, Masken, Symbole,
schwarzromantische (homoerotische) Liebeslieder usw. Die oft kritisierten nationalsozialistischen Motive (Artwork auf Albumcovern, authentische Uniformen, SA-Dol-
che, der SS-Totenkopf im Bandlogo) werden also in den performativen Kontext übertragen und somit weitgehend enthistorisiert und entpolitisiert. Diese Kulturtechnik
kann – im Umkehrschluss – sehr leicht als ‚Romantisierung' oder ‚Mystifizierung'
dieser historischen Elemente interpretiert werden, was den Verdacht der Affirmation
nahe legen würde. Die Frage ist jedoch weniger: Was sagen Death in June damit über

---

43 Arns 2002, S. 164.
44 Arns 2002, S. 166.

Politik aus? als vielmehr: Was entsteht aus dieser eigentlich unverträglichen Mischung aus Militarismus, Homosexualität, Mystik, Weltschmerz und Romantik?

Abbildung 9-10: Death in June in SS-Flecktarn;
                    Totenkopf und Lebensrune, Detail Albumcover
                    The World That Summer

Während Laibachs Agitation eine dezidiert politische ist, die das Bewusstsein des historischen Kontextes mitdenkt, wird Death in June vor allem dann missverständlich, wenn man deren monströses schwarzromantisches Kabarett in der Rezeption wieder politisch auflädt. Von einer ‚affirmativen Mystifizierung' kann jedoch nicht die Rede sein, wenn man nicht lediglich einzelne Textzeilen aus dem Zusammenhang löst. Vielmehr finden sich neben den oft zitierten kontroversen Elementen auch zahlreiche konkrete und unmissverständliche Anklagen gegen Krieg und Völkermord („Heaven Street"), Kolonialismus („Little Black Baby"), Sexismus („In the Nighttime"), christlichen Fanatismus („Holy Water") u.a. in den Liedern von Death in June, woraus ein komplexes künstlerisches Bild entsteht.

Interessant ist, dass auch Laibach 2003 neben besagten Uniformen auch den berüchtigten SS-Totenkopf als Emblem benutzten, jedoch fügten sie jeweils Zahnlücken oder ein Einschussloch bei, während Death in Junes Bandlogo unter Beifügung der Zahl 6 (für Juni) analog zur britischen Paranoia-TV-Serie „The Prisoner" (1967-68, für DIJ eine beliebte Quelle von Samples und Referenzen) den ‚Tod der Individualität' beklagt. Den Musikern an dieser Stelle die Verwendung des – zweifellos vorbelasteten – historischen Symbols vorzuwerfen, greift zu kurz, denn aus dem Tabubruch in Verbindung mit der Neucodierung entsteht eine eigene künstlerische Strategie. Es ist zu vermuten, dass der Skandal hier vor allem darin besteht, dass diese Strategien den oft vorausgesetzten linken Status der Popkultur in Frage zu stellen scheinen. Im Falle von Laibach ist das jedoch offensichtlich unzutreffend.

Während Laibach ihre Ikonografie vor allem aus rechter und linker Symbolik konstruieren (Zahnradkranz, Axtkreuz, Adler, Ähren usw.), bezieht sich die Selbstdarstellung von Death in June neben dem Militarismus des ‚Dritten Reiches' primär auf die

Runenmagie. Bereits in den 1980er Jahren etablierten sie Symbole, die seither große Verbreitung in der Neofolk-Szene und der Martial-Industrial-Szene gefunden haben: die Algiz- oder Lebensrune, die Odalrune, die Wolfsangel, der Thorshammer. Hier finden sich zahlreiche Überschneidungen zur Ikonografie der neuheidnischen Szene insgesamt, der Neonaziszene und der Black Metal[45]- und Viking-Metal[46]-Subkulturen. Daher sind diese Symbole zweifellos mit der Aura des Machtvollen, Totalitären und Antimodernen behaftet. Selbst wenn sich die Träger dieser Symbole explizit von totalitärem Gedankengut distanzieren, müssen sie damit rechnen, dass ein außenstehender Betrachter diese als Provokation wahrnimmt. In den schwarzromantischen Subkulturen wurden diese Symbole – ungeachtet ihrer okkulten Bedeutungen – bald zu Zeichen des Protests gegen eine konsumorientierte Popkultur. Dieser soll okkultes Geheimwissen, elitäre Gesinnung und weltanschauliche Tiefgründigkeit entgegengehalten werden. Es lässt sich jedoch kaum allgemeingültig ermitteln, inwieweit solche Ideen und Ambitionen ernst zu nehmen sind oder sich ihrerseits in der Anti-Pop-Geste erschöpfen.

Dass die aus martialischer Uniformierung sowie tabubelasteter und okkulter Symbolik konstruierte subkulturelle Stilrevolte gezielt sinnliche Affekte anspricht und somit auf erotische Attraktivität schielt, ist kaum bestreitbar und erklärt, warum gerade ehemalige Gothic-Rocker so empfänglich für den noch unheimlicheren, noch ‚exklusiveren‘ Kleidungsstil der Neofolk- und Martial-Industrial-Szene sind bzw. diesen für ihre eigenen Zwecke adaptiert haben (etwa die Wiener EBM-Band Nachtmahr). Es geht darum, durch Tabubruch und Selbststigmatisierung diese Exklusivität immer neu zu behaupten und so eine ultimative Distinktion innerhalb einer ohnehin bereits ‚exklusiven‘ schwarzen Subkultur zu erreichen. Dass sich dabei die Grenzen verwischen, dass man schließlich Neofolk-Fan, sexuellen Uniformfetischisten und Neonazi äußerlich kaum noch unterscheiden kann, macht den Umgang für den außenstehenden Betrachter zweifellos schwieriger, sollte aber nicht zu dem bequemen Kurzschluss verführen, formal Ähnliches für inhaltlich Gleiches zu halten.

Stilrevolte und Eigensinn – verloren in der Hyperrealität

Kevin Sodergren untersucht in seinem Essay „Religion, Rebellion, Erneuerung"[47] die Neofolk-Szene im Kontext der Postmoderne und kommt zu einem Befund, der die oft oberflächliche und inkompetente Kritik an diesem Phänomen auf den Punkt bringt: „Auf dem heutigen Stand ist Neofolk eine andauernde Besessenheit von Hobbyunter-

---

45 Interessant ist hier vor allem der rechte Rand der Black-Metal-Szene wie etwa das Projekt Burzum von Varg Vikernes.

46 Auch zwischen Viking-Metal und der Neonaziszene gibt es Berührungen, u.a. in Form der späten Skrewdriver (GB) oder Ultima Thule (SWE).

47 Sodergren 2008, S. 28.

suchungen und historischer Wiederholung, unfähig, mit der postmodernen Welt der Hyperrealität und Zerstückelung, der Globalisierung und dem post-industriellen Kapitalismus klarzukommen." Sodergren sieht im Neofolk das zyklische Psychodrama der Inneren Emigration, das man u.a. dem deutschen Schriftsteller Ernst Jünger nachsagte, der als kulturelle Ikone folglich und instinktiv selbst zum Fetisch jener Subkultur erhoben wurde. Dieser Umstand führt zu der Erkenntnis, dass die Neofolk-Szene selbstbewusst antimodern ist, während sie kein wirklich funktionierendes Modell zur Hand hat, das als Alternative zur Moderne ernst zu nehmen wäre. Ihre Symbole und Fetische bleiben der erstarrte Gestus einer Revolte der Unzufriedenen, der nur noch auf sich selbst verweist und den Tabubruch selbst als Erfolg feiert.

Die Post-Industrial-Szene dagegen kann als modern gelten in ihrer schonungslosen Auseinandersetzung mit den Wunden einer industriell-kapitalistischen Gesellschaft, gegen die sie in aggressiven Performances mit erhobener Faust und verzerrtem Kampfschrei aufbegehrt – doch auch sie erstarrt in der Geste der Revolte. Die Zeit hat beide Subkulturen überholt, und es entspricht einer inneren Logik, dass sich Fans von Neofolk und Post-Industrial nun vor allem in der virtuellen Welt begegnen: in ihren Blogs und Internetradios, auf MySpace- und Facebook-Profilen, in Interessengruppen und Fanseiten, die sich „Kriegspace", „Neoform", „Nonpop" u.ä. nennen (bzw. nannten, denn nicht alle existieren bis heute). Dabei haben sie den gewünschten Kulturterrorismus wiederum in der martialischen Geste bestehen lassen und sind zufrieden mit der regelmäßigen Löschung ihrer Web-Accounts, die den selbsterklärten Hass auf die Unfreiheit der *political correctness* noch mehr schürt. Und wo Throbbing Gristle einst ihr Publikum unvorbereitet trafen und mit Stücken wie „Zyklon-B-Zombie" vor den Kopf stießen (1979), wo Death in June nach ihrer Zeit des Linksextremismus die Identifikation mit dem ehemaligen Feind auf der Bühne beschworen (1981), wo Laibach den Totalitarismus der linken Diktatur in Slowenien entlarvten, indem sie dessen Symbole gegen die Ikonografie der Nazis eintauschten (1982), da lachen dem Betrachter heute (2012) in Internet-Bildergalerien Neofolk-Fans in Flecktarn und Stiefeln entgegen, die ihren selbstgebauten heidnischen Questenbaum mit dem kollektiven Besäufnis aus Methörnern ehren. Auf den Schmerz des kalkulierten Tabubruchs folgte die Feier der eigenen Konservativität und das Lamentieren über das Unverständnis und die Intoleranz einer Gesellschaft, die zumindest manchmal noch reagiert: auf den Tabubruch.

Fazit

Die vorangehenden Überlegungen haben gezeigt, dass sich die Eigensinnigkeit der Popkultur speziell in den Nischen ausformt, für die hier performative und mediale Phänomene der schwarzromantischen Subkulturen als Beispiel dienten. Im Rekurs auf Begrifflichkeiten der Kulturanthropologie lassen sich Kulturtechniken belegen, die in den durchaus höchst unterschiedlich ausgerichteten Performances (von Der Blutharsch bis Laibach) eine Kontinuität bilden (Tabubrüche, Provokationen, Neucodierungen von historisch belasteten Symbolen) und die eigensinnige Effektivität der popkulturellen Strategien auf mehreren Ebenen beweisen. Diese Effektivität kann in der Live-Performance selbst, in deren nachproduzierter medialer Aufbereitung (Konzertvideos) sowie in der seinerseits performativen Rezeption in der Selbstdarstellung der Fans nachvollzogen werden. Dabei kommen sowohl archaische Strukturen (Tabudenken, Tabubruch) der Gesellschaft allgemein und der Popkultur im Besonderen deutlich zum Ausdruck. Diese Untersuchung möchte den Blick schärfen für die Vielschichtigkeit dieser Kulturtechniken und ihre besondere Rolle in der Performativität und Medialität von Popkultur.

Literatur

Arns, Inke: Neue Slowenische Kunst NSK. Eine Analyse ihrer künstlerischen Strategien im Kontext der 1980er Jahre in Jugoslawien, Regensburg 2002.

Baddeley, Gavin: Goth Chic. A connoisseur's guide to dark culture, London 2002, S. 245-285.

Barber-Kersovan, Alenka: Vom ,Punk-Frühling' zum ,Sloweischen Frühling', Hamburg 2005.

Büsser, Martin: Gimme Dat Old Time Religion. Pop-Werte im Wandel, in: Kemper, Peter / Langhoff, Thomas / Sonnenschein, Ulrich (Hrsg.): „Alles so schön bunt hier". Die Geschichte der Popkultur von den Fünfzigern bis heute, Leipzig 2002, S. 38-48.

Büsser, Martin: Wie klingt die Neue Mitte? Rechte und reaktionäre Tendenzen in der Popmusik, Mainz 2002.

Chimenti, Aldo: Death in June. Nascosto tra le rune, Milano 2010.

Clark, Brian M. (Hrsg.): Standing in Two Circles. The Collected Works of Boyd Rice, o.O. 2008.

Clarke, John: Stil. In: Honneth, A./Lindner, R./Paris, R. (Hrsg.): Jugendkultur als Widerstand. Milieus, Rituale, Provokationen. Frankfurt am Main 1979, S. 133-157.

Curtis, Deborah: Aus der Ferne... Ian Curtis und Joy Division, Berlin 1996.

Diesel, Andreas / Gerten, Dieter: Looking for Europe. Neofolk und Hintergründe, Zeltingen-Rachtig 2005.

Dittman, Arvid: „Hitler's in the charts again". Eine Dokumentation über nationalsozialistische Symbolik in der Popkultur, in: Archiv der Jugendkulturen e.V. (Hrsg.): Journal der Jugendkulturen # 7, November 2002, S. 62-75.

Fischer-Lichte, Erika: Ästhetik des Performativen, Frankfurt/M. 2004.

Forbes, Robert: Death in June. Misery and Purity, Amersham 1995.

Freud, Sigmund: Totem und Tabu, Frankfurt am Main 1956.

Gächter, Holger: Laibach. In: Büsser, Martin (Hrsg.): Testcard 1 – 1995 (September 1995): Pop & Destruktion, Mainz 1995, S. 100ff.

Grunenberg, Christoph (Hrsg.): Gothic. Transmutations of Horror in Late Twentieth Century Art, Boston 1997.

Hebdige, Dick: Subculture. The Meaning of Style, London/New York 1979.

Hecken, Thomas: Theorien der Populärkultur. Dreißig Positionen von Schiller bis zu den Cultural Studies. Bielefeld 2007.

Hodkinson, Paul: Goth. Indentity, Style and Subcultur, Oxford 2002.

Hoffmann, Dirk: Neofolk zwischen Heidentum und Verteufelung. In: Matzker, Peter / Seliger, Tobias (Hg.): Gothic! Die Szene in Deutschland aus Sicht ihrer Macher, Berlin 2000, S. 146-156.

Jacke, Christoph: Medien(sub)kultur. Geschichten, Diskurse, Entwürfe, Bielefeld 2004.

Jacke, Christoph: Einführung Populäre Musik und Medien, Münster 2009.

Kleiner, Marcus S. und Jacke (2012), »Let's stick together! Popkulturforschung(en) in Deutschland als Projekt zwischen Unübersichtlichkeit und Formierung«, in: Marcus S. Kleiner, Michael

Rappe (Hrsg.), Methoden der Populärkulturforschung. Interdisziplinäre Perspektiven auf Film, Fernsehen, Musik, Internet und Computerspiele, Münster, S. 45-65.

Kleiner, Marcus S.: Pop Fight Pop. Leben und Theorie im Widerstreit. In: Matejovski, Dirk / Kleiner, Marcus S. / Stahl, Enno (Hrsg.): Pop in R(h)einkultur. Oberflächenästhetik und Alltagskultur in der Region, Essen 2008, S. 11-42.

Kleiner, Marcus S.: Musikkörper. Zur medialen Inszenierung von Körperbildern in Musikvideos. In: Ritzer, Ivo / Stiglegger, Marcus (Hrsg.) (2011): Global Bodies. Mediale Repräsentationen des Körpers, Berlin 2011.

Matzke, Peter / Seeliger, Tobias (Hrsg.): Gothic!. Die Szene in Deutschland aus Sicht ihrer Macher, Berlin 2000.

Matzke, Peter / Seeliger, Tobias (Hrsg.): Gothic II. Die internationale Szene aus der Sicht ihrer Macher, Berlin 2002.

Monroe, Alexei: Interrogation Machine. Laibach and NSK, Massachusetts 2005.

Monroe, Alexei: Unsere Geschichte, in: Laibach: Anthems, London 2004 (CD-Booklet).

Musch, Gernot: Interview mit Laibach, in: Black Nr. 34, Darmstadt 2003.

Muzeum Sztuki (Hsrg.): Ausstellung Laibach Kunst. Rekapitulacja / Recaptitulation 2009, Lodz 2009.

Nym, Alexander (Hrsg.): Schillerndes Dunkel, Leipzig 2010.

Oláh, Thomas: Ares und das Band der Charis. Militärische Elemente in der Mode, Wien 2008.

Reichel, Peter: Der schöne Schein des Dritten Reiches, Frankfurt am Main 1993.

Ritzer, Ivo / Stiglegger, Marcus: „Where the Iron Crosses Grow". Der Eiserne Kreuz in der Populärkultur, in: :Ikonen: Nr. 11, Frühjahr 2008, S. 20-24.

Shekhovtsov, Anton: Apoliteic Music: Neo-Folk, Martial Industrial and "Metapolitical Fascism". In: Patterns of Prejudice, Vol. 43, No. 5 (2009), pp. 431-457 (http://www.shekhovtsov.org/articles/Anton_Shekhovtsov-Apoliteic_Music.html).

Shustermann, Karl: Kunst leben. Die Ästhetik des Pragmatismus, Frankfurt 1994.

Sodergren, Kevin: Religion, Rebellion, Erneuerung. Neofolk im Kontext der postmodernen Philosophie. In: :Ikonen: Nr. 11, Frühjahr 2008, S. 28-31.

Sontag, Susan: Faszinierender Faschismus. In: dies.: Im Zeichen des Saturn, Frankfurt am Main 1975, S. 98-105.

Speit, Andreas (Hg.): Ästhetische Mobilmachung. Dark Wave, Neofolk und Industrial im Spannungsfeld rechter Ideologien, Münster 2002.

Stiglegger, Marcus: Nazi Chic und Nazi Trash. Faschistische Ästhetik in der Populärkultur, Berlin 2011.

Stiglegger, Marcus: Sadiconazista. Faschismus und Sexualität im Film, St. Augustin/Remscheid 1999 (2. Aufl.).

Sünner, Rüdiger: Schwarze Sonne. Missbrauch der Mythen im Nationalsozialismus, Berlin 2009 (erweiterte Neuauflage, inkl. DVD des gleichnamigen Films).

Thompson, Dave: Schattenwelt. Helden und Legenden des Gothic Rock, Höfen 2004.

Thompson, Hunter S.: Hell's Angels, New York/London 1966.

Vaxelaire, Jean-Louis: Death in June. Le Livre brun, Nancy 1993.

Völzke, Daniel : Tanz den Malewitsch, in: Monopol 11/2010, S. 40-50.

Live-Performance und Staridentität

Am Beispiel der Rockband Muse

Christofer Jost & Lisa Huwyler

Die Geschichte der populären Musik ist reich an außergewöhnlich erfolgreichen Künstlern, den Stars. Sie sind gewissermaßen der Kulminationspunkt des Populären; sie sind berühmt, ihre Songs sind weitläufig bekannt, sie kommen über einen längeren Zeitraum und in regelmäßigen Abständen in den Massenmedien vor und ihre Popularität lässt sich an bemerkenswert hohen Verkaufszahlen messen. Die Rockband Muse verkörpert all dies – und noch viel mehr. Durch das Wissen um ihren Status als Stars hat man noch keinerlei Einblick in die Produkte und Materialisierungen erhalten, die die Band in den Augen so vieler Menschen bedeutungsvoll erscheinen lässt.

Live-Performances haben seit jeher eine wichtige Rolle für die Präsentation von Stars gespielt – vor allem im Kontext von Rockkultur. Ungeachtet der mannigfachen Reize der massenkommunikativen Medienpraxis hat das personale In-Erscheinung-Treten im Hier und Jetzt zu keinem Zeitpunkt in signifikanter Weise an Attraktivität eingebüßt. Im Rahmen von Live-Performances ist es den Stars möglich, sich einem Publikum als real, als ‚berührbar‘ nahezubringen und diesem ein Gefühl der Gemeinschaftlichkeit zu vermitteln.

Angesichts der kulturellen Bedeutung des Live-Erlebnisses verwundert es, dass die Analyse von Live-Performances im Bereich der Popularmusikforschung nach wie vor in eklatanter Weise unterrepräsentiert ist. Dies mag mit einem allgemeinen theoretischen und methodologischen Defizit in Fragen der performativen Hervorbringung von populärer Musik zu begründen sein. So ist davon auszugehen, dass das Spezifische von Live-Performance weniger an produktanalytischen und rezeptionsbezogenen Perspektiven festzumachen ist, wie sie etwa im Bereich von Sound- und Musikclipanalysen bzw. (musik)ethnografischen Studien zur Anwendung gelangen. Geboten erscheint vielmehr eine forcierte theoretisch-methodologische Auseinandersetzung mit den Personenkonzepten der populären Musik sowie mit der medialen Praxis der Live-/Bühnen-Produktion. Hieran anknüpfend wäre es möglich, Performativität, wie im Einleitungsbeitrag dieses Bands angeklungen, sowohl als Ereignis (Stichwort: live) als auch als Transformationsprozess (Stichwort: Star-Werdung) zu analysieren.

Ein solches Vorgehen stellt sich in Bezug auf Populärkultur im Allgemeinen und die musikalischen Praktiken der Popkultur[1] im Speziellen als drängendes Erfordernis dar.

---

1 In Anlehnung an Marcus Kleiner (2008: 14f.) wird Pop als musikzentrierter Traditionsbegriff

Populärkultur, im Hügel'schen Sinne verstanden als Unterhaltungskultur, bedingt die Teilhabe an sowohl ästhetisch zweideutig produzierten als auch zweideutig rezipierten, medial vermittelten Ereignissen und Artefakten (vgl. Hügel 2007: 90).[2] Entscheidend ist dabei, dass den Ereignissen und Artefakten das intentionale Moment der Überredung (,Um-zu-Motiv') zugrundeliegt (vgl. ebd.: 93), wodurch die Frage der medialen Gemachtheit personalen Handelns ins Zentrum forscherischen Interesses gerückt wird. Die Beantwortung dieser Frage ist in Bezug auf popkulturelle Musikpraktiken von besonderer Bedeutung, geht mit diesen doch die Instituierung des Medienwechsels – zu verstehen als Re-Konfiguration musikalischer Strukturen und handlungsförmiger Klangtexturen in unterschiedlichen Medien – als gesellschaftlicher Normalfall einher (vgl. Jost 2011). Die Analyse populärer Musik kann demnach nur gelingen, wenn man, erstens, das Dynamischwerden künstlerischen bzw. personalen Handelns im Fortlauf der Zeit in den Blick nimmt und, zweitens, die spezifischen Eigenschaften der verschiedenen medialen Erscheinungsformen (Tonträger, Musikclip, Bühne, TV-Show etc.) benennt und ihren Anteil an den Erfahrungspotenzialen des musikalischen Handlungsvollzugs realistisch einschätzt. Der vorliegende Beitrag versucht die theoretischen und method(olog)ischen Anforderungen an eine solche Vorgehensweise am paradigmatischen Fall der Live-Performance zu explizieren.

1. Identität und Startum

Mediale Personen im Spannungsfeld von Individualität und Typenhaftigkeit

Stars spielen eine herausragende Rolle für die Wahrnehmung von populärer Musik als Ganzes. Sie verkörpern eine bestimmte Sichtweise auf die Welt der Musik, im Kielwasser ihrer Popularität werden musikalische Genres und Stile sowie Formen der Musikdarbietung als nachahmenswert kommuniziert. Insgesamt kann anhand des Starphänomens anschaulich gemacht werden, dass in den popularmusikalischen Tätigkeits- und Produktionsfeldern die nicht zuletzt ökonomisch bedingte Zielvorstellung besteht, dass medial exponierte Individuen ein Publikum in einer Art und Weise ansprechen, dass dieses eine Reaktion offenbart – im besten Falle in Form von Konsumtion von Medienprodukten. Wenn auch das ökonomische Grundmotiv nie gänzlich hinter die Welt der Phänomene zurücktritt, so kann doch davon ausgegangen werden, dass durch das mediale ,Exponat' Star eine Flut an Reizstrukturen produziert wird, die, zur psychosozialen Weiterverarbeitung freigegeben, in der Gesellschaft mit Sinn aufgeladen werden (siehe hierzu Maase 2003).

---

verstanden, der ausgehend vom Rock 'n' Roll seine spezifische Bedeutung erhalten hat.

2   Ästhetische Zweideutigkeit meint in diesem Zusammenhang „das beständige Sowohl-als-Auch von Ernst und Unernst im Angebot" (ebd.).

Das traditionelle Verständnis von Stars bezieht sich auf Personen, die in der Öffentlichkeit als tatsächlich Unterhaltung ermöglichende Instanzen anerkannt werden. In diesem Zusammenhang zeigt sich, dass der Starbegriff, oder besser: der Startext, ein kulturelles Deutungsschema darstellt. Das Phänomen des Startums impliziert eine bestimmte Lesart von Personen, die regelmäßig in den (Massen-)Medien vorkommen. Dieser Lesart geht stets ein Prozess der Kommunikation über die jeweilige Person voraus. Es bedarf folglich einer Kommunikationsgemeinschaft von signifikanter Größe, damit eine Person in ihren spezifischen Eigenschaften mit dem Attribut der Berühmtheit – die eigentliche Bedingung des Starseins – belegt wird (vgl. Lowry 2003: 442). Ist die soziale Etablierung als Star vollzogen, so bedeutet dies, dass die ursprünglichen musikalisch-künstlerischen (und ökonomischen) Intentionen eine nachhaltige Bestätigung gefunden haben. Charakteristisch für die Starperson ist es, dass ihre Aktionen fortan als in irgendeiner Form bedeutsam rezipiert werden. Diese an sich wertschätzende Wahrnehmung geht auf lange Sicht in einen Anforderungsdruck der Bedeutsamkeit über. Vom Wirken der Stars geht ein ‚Zauber‘ aus, den es gilt aufrechtzuerhalten (siehe hierzu Mattig 2009: 243ff.). Schließlich gründet die Popularität des Stars auf den Bedürfnissen und Sehnsüchten der Massen und ebendiese Bedürfnisse und Sehnsüchte wollen stets von Neuem in irgendeiner Form befriedigt werden. Folglich ist mit dem Starstatus der eigentümliche Vorgang verbunden, dass die Person in ideell-emotionaler Hinsicht näher an das Publikum heranrückt, sich aber eingedenk des Bedeutungszuwachses stärker von deren primären Erfahrungshorizont, der Alltagswelt, absetzt. Dieser Vorgang läuft letzten Endes auf eine bestimmte Lesart personaler Eigenschaften hinaus. Demzufolge gilt es, in den Handlungen des Stars, den besonderen Typen, sprich das Idol wiederzuerkennen (vgl. Lowry 2003: 443).[3]

Im Verlauf des 20. Jahrhunderts ist eine popularmusikalische Praxis entstanden, deren materieller Output aus einem komplexen Ineinandergreifen von Institutionen (Plattenfirmen, Fernsehsender, Printmedien etc.), medialen Gattungen (Tonträger, Musikclip, Fotografie etc.) und Personenhandlungen (Performance) resultiert. Wer den sozialen Status als Star erreicht hat, wird nicht nur von einer breiten Öffentlichkeit als talentierter Musiker anerkannt, sondern wird potenziell im gesamten Spektrum seiner personalen Eigenschaften medial ausgeleuchtet und erfahrbar gemacht. Mit Blick auf populäre Musik und der durch sie bedingten Flut an artistischen Selbstpräsentationen erscheint es folglich angezeigt, gedanklich einen Schritt weiter zu gehen und das mediale In-Erscheinung-Treten von Personen als Konstruktion und Präsentation von Identitäten anzudenken.

Beim Identitätsbegriff handelt es sich um einen der Grundbegriffe in Psychologie und Soziologie. Ursprünglich als individualpsychologische Kategorie aufgestellt und rezipiert, ist der Begriff inzwischen in die sozialpsychologische und kulturwissenschaftliche Semantik eingegangen, was sich u.a. an der terminologischen Erweiterung kollektive Identität belegen lässt. Für unseren Argumentationsverlauf ist indes eine Rückbesinnung von Identität auf den formaltheoretischen Kern als personale Identität erforderlich, da es den

---

3 Für den Musikstar bedeutet dies indes, dass auch die durch ihn verkörperten materiellen Hervorbringungen sowie die sich darin widerspiegelnden künstlerisch-musikalischen Eigenschaften tendenziell als typenhaft gelesen werden.

Nukleus der populärkulturellen Praxis des Zirkulierens und Aktualisierens von Sinn – das sind die Handlungen der Stars – solide theoretisch zu markieren gilt.

Jürgen Straub verschafft sich einen Überblick über die Anwendungen des Identitätsbegriffs und extrahiert in Rekurs auf Erik Erikson folgenden Bedeutungskern. Hiernach ist „'Identität' als jene *Einheit und Nämlichkeit* einer Person aufzufassen, welche auf aktive, psychische Synthetisierungs- oder Integrationsleistungen zurückzuführen ist, durch die sich die betreffende Person der Kontinuität und Kohärenz ihrer Lebenspraxis zu vergewissern sucht. Dabei wird angenommen, dass Kontinuität und Kohärenz angesichts diachroner und synchroner Differenzerfahrungen gebildet oder konstruiert werden [...].“ (Straub 1998: 75) Es zeigt sich, dass für das Verständnis von personaler Identität entscheidend ist, dass diese stets ein vorläufiges Produkt kreativer Akte bleibt, wodurch wiederum angedeutet wird, dass der Identitätsbegriff nicht nur auf die Innenwelt einer Person rekurriert, sondern auch auf ihre Lebensführung, ihre Handlungen, mit denen sie ihr Dasein gegenüber sich selbst und der Welt zum Ausdruck bringt (vgl. ebd.: 87).

Bei einer Starwerdung kann die bestehende Identität einer Person nicht ausgeblendet werden. Denn es ist unzweifelhaft, dass der Musiker in dem Moment, in dem er im System der Massenmedien sichtbar wird, bereits Identitätsarbeit an sich selbst leistet. Ziel der Plattenfirmen ist jedoch die Konstituierung einer Künstleridentität.[4] Infolgedessen geht die sukzessive Etablierung der Starperson auf eine additive Identitätsarbeit zurück, die sich zwar aus der personalen Identität speist, jedoch zwangsläufig nur ausschnitthaft über diese informiert – ein Tatbestand, aus dem journalistische Formate wie Homestories oder Boulevard-Magazine ihren spezifischen Reiz beziehen (vgl. Jost/Neumann-Braun 2010a: 368).[5] Künstleridentitäten lassen sich demnach als medienvermittelte Handlungsgeschichten vorstellen, die zu unterschiedlichen Anlässen (Tonträger-, Musikclip-, Live-Produktion etc.) fortgeschrieben werden.[6]

Im Bereich der Kultur-, Medien- und Sozialwissenschaften wird mit Hilfe des Imagebegriffs auf die institutionell kommunizierten Identitätsmerkmale einer Person verwiesen. Demzufolge rekurriert Image auf das planmäßige Spiel mit Erwartungshaltungen, während Identität jenes Gesamtspektrum an potenziell erfahrbaren Eigenschaften berührt, welches auf das öffentlich-mediale Aktivwerden eines Künstlers zurückzuführen

---

4   Zum Umgang mit Identitätskonstruktionen im Bereich der Musikindustrie siehe Engh (2006).

5   Gleichzeitig ist auszuschließen, dass sich die Arbeit an den personalen Selbst- und Weltverhältnissen stets vollkommen deckungsgleich gegenüber den medial vermittelten Aktivitäten verhält. Einige der in regelmäßigen Abständen in den Medien kolportierten Drogen- und Krisenszenarien von Stars ließen sich sicherlich mit Hilfe des Verstehensansatzes der konfligierenden Identitätssphären erklären.

6   Dass das Konzept der Künstleridentität in der Praxis selbst, vor allem in den Institutionen, eher als Ziel denn als Prozess mit offenem Ausgang aufgefasst wird, lässt sich an gängigen Begriffen wie Newcomer und One-Hit-Wonder veranschaulichen. Beide Begriffe thematisieren den Umstand, dass eine Medienbiographie (noch) nicht stattgefunden hat. Folglich wird eine scharfe Trennlinie zwischen jenen gezogen, die eine Geschichte zu erzählen haben bzw. eine Geschichte verkörpern und jenen, denen dies verwehrt blieb bzw. denen in Aussicht gestellt wird, etwas Eigenes, Sinnhaftes zu kreieren (vgl. Jost/Neumann-Braun 2010b: 287f.).

ist. Die begriffliche Unterscheidung zwischen (Künstler-)Identität und Image erscheint insgesamt sinnvoll, da auf der einen Seite Images als „soziale Wegweiser und Anweiser […], deren Kürzelhaftigkeit […] verdeckt ist" (Willems 1997: 153) fungieren und auf der anderen Seite nicht jede Handlung oder Äußerung eines Künstlers gemäß dem mit ihm in Verbindung gebrachten Imagerahmen verläuft.

Um das Wirken von Musikstars hinreichend erklären und verstehen zu können, erscheint es angezeigt, von Staridentitäten auszugehen, die ausschnitthaft in den medialen Wahrnehmungsangeboten hör- und sichtbar werden. Mit dem Begriff der Staridentität ist auf den paradox anmutenden Zustand verwiesen, in dem sich anhaltend erfolgreiche Künstler befinden: Zum einen müssen sie für ein Massenpublikum identifizierbar bleiben, müssen also stets Eigenschaften aufweisen, die allgemeinverständlich und einigermaßen klar konturiert sind, zum anderen sind sie angehalten, sich von anderen Künstlern zu unterscheiden, um überhaupt als besonders und bedeutungsvoll gelten zu können. Kreation und Innovation vollziehen sich infolgedessen in einem eigentümlichen Spannungsfeld von typenhaftem Verhalten und dem Streben nach Individualität.

Für den Star gilt, dass im Fortlauf der Zeit eine eigene Medienbiographie[7] entsteht, die jedoch im Sinne eines Narrativs fragmentarisch bleibt und letztlich in der Vorstellungswelt der Rezipienten weiter geschrieben wird. Materielles Fundament dieser ‚vorgestellten' Biographie sind die (Selbst-)Aktualisierungen der Starperson in den Medienangeboten. Im Einzelnen zählen hierzu ästhetische Produkte wie Tonträger (inklusive Coverdesign und Booklet), Musikclip, Live-DVD oder Tour-Poster, journalistisch generierte Kommunikate wie Interviews, Dokumentationen und Fotografien sowie neuere digitale Mischformen wie Websites und Handyclips von Konzerten, die auf Clip-Portale wie YouTube hochgeladen werden.

Das Konzept der Medienbiographie macht deutlich, dass in Bezug auf die Wahrnehmungsangebote der populären Musik von unterschiedlichen Medialitäten auszugehen ist, die auf einem je besonderen Set an technischen Rahmenbedingungen gründen, dessen Einfluss auf die Präsentation und Wahrnehmung der Musik bzw. der Musiker manifest ist (siehe hierzu Hickethier 2003: 26f.). Bei Sybille Krämer findet der Aspekt des Technischen Widerhall in der begrifflichen Unterscheidung zwischen Werkzeug und Apparat. Es ist danach der Apparatcharakter von Medien, der ihre innovativen, welterzeugenden Anteile erklärlich macht: „Die Technik als Werkzeug erspart Arbeit; die Technik als Apparat aber bringt künstliche Welten hervor, sie eröffnet Erfahrungen und ermöglicht Verfahren, die es ohne Apparaturen nicht etwa abgeschwächt, sondern überhaupt nicht gibt. Nicht Leistungssteigerung, sondern Welterzeugung ist der produktive Sinn von Medientechnologien." (Krämer 1998: 85) Populäre Musik ließe sich hiernach als vitale kulturelle Praxis begreifen, in der sich die technisch-medialen Grundlagen der Musikdarbietung wandeln und der Musikmachende mit ihrer Hilfe neue materielle Erscheinungsformen entwickelt, die sich in der Gesellschaft als ästhetischer Maßstab eta-

---

7   Der hier verwendete Begriff der Medienbiographie bezieht sich auf die Produzentenperspektive und grenzt sich somit von der primär rezipientenorientierten Auslegung des Begriffs im Bereich von Erziehungswissenschaft und Medienpädagogik ab.

blieren – jüngstes Beispiel hierfür sind die Laienmusikpraktiken auf YouTube (vgl. Jost/ Neumann-Braun 2010a).

Neben den spezifischen Eigenschaften der Einzelmedien spielt in populärer Musik gerade auch der Aspekt der Performativität – in unserem Argumentationszusammenhang verstanden als die kulturbedingte Wiederholung von Normen der Verkörperung – eine zentrale Rolle.[8] So impliziert die Präsentation von Musik und Musikern nicht nur die Transformation musikalischer Strukturen in Klang, sondern auch das In-Szene-Setzen eines körperlich-personalen Geschehens. Diesbezüglich ist es in der Vergangenheit zu der Debatte gekommen, was an Performances überhaupt echt bzw. authentisch sei.[9] Zudem geht mit dem Performativitätsbegriff die Forderung einher, sich in differenzierter Weise der Fragestellung anzunähern, was es ausmacht, dass Performances einmal live und einmal via Massen- und Individualmedien (Radio, Film, TV, PC), also vermittelt ohne Ko-Präsenz, angeboten resp. rezipiert werden. Diese Forderung bezieht sich nicht zuletzt auf den Tatbestand, dass (Tertiär-)Medien mit Hilfe bestimmter Verfahren den Schein von Gegenwärtigkeit erzeugen, ohne, wie Erika Fischer-Lichte anmerkt, „tatsächlich Körper – und Objekte – als gegenwärtige in *Erscheinung* treten zu lassen" (Fischer-Lichte 2004: 174).

Am Beispiel der Live-Performance soll nachfolgend veranschaulicht werden, wie sich populäre Musik in ereignishaften (Selbst-)Inszenierungskontexten konstituiert. Es gilt die Spezifika des Live-Phänomens zu benennen und systematisch zu erfassen. In diesem Zusammenhang sollen die analytischen Anforderungen an diese Form der Materialisierung von populärer Musik durchleuchtet werden. Im Anschluss hieran werden die theoretischen und methodologischen Überlegungen anhand einer Fallanalyse der Band Muse in konkrete analytische Operationen überführt.

2. Live-Performance

Musikaufführung als medial gerahmtes Impression-Management

Um die besonderen Sinn- und Erfahrungspotenziale einer Live-Performance verständlich zu machen, gilt es zunächst, auf einer vor-materiellen Ebene zu argumentieren. Konstitutiv für Live-Performances ist hiernach, dass in ihnen die „Ausschließlichkeit des Anspruchs der Zuschauer auf die Handlung, der sie beiwohnen" (Goffman 1977: 144) zum Tragen kommt – die Aufführungssituation setzt also eine exklusive Zusammenkunft von Bühnenakteuren und Zuschauern voraus. Eine solche Zusammenkunft hat i.d.R. Veranstaltungscharakter. Das bedeutet, dass sie mit einem gewissen Maß an

---

8   Eine ausführliche Diskussion des Performativitätsbegriffs liegt vor in Schumacher (2002).

9   Zur Authentizitätsdebatte siehe vor allem die Überlegungen von Philip Auslander (1999: 61ff.) zur Bedeutung von Performativität im Rahmen von Rockkultur.

organisatorisch-logistischer Vor- und Nachbereitung verbunden ist (im Gegensatz etwa zur Straßen-Performance).

Hinzu kommt, dass die Veranstaltung als Rahmen der Performance fungiert, also ihrerseits den ‚räumlichen' Rahmen Bühne ‚rahmt' (der Rahmenbegriff sei hier im Goffman'schen Sinne als kulturbedingtes Ordnungs- und Deutungsschema ausgelegt). Die Auffassung von Veranstaltungen als Rahmen hebt hervor, dass bevor der erste Ton erklingt, ein gewisses Spektrum an Handlungsoptionen vorgegeben ist – der Kultursoziologe und Luckmann-Schüler Uri Rapp spricht von einer „Landschaftskarte der wählbaren Möglichkeiten" (Rapp 1973: 197).[10] Zudem impliziert der Rahmenbegriff „die Abtrennung und Verselbständigung einer menschlichen Aktionssphäre von dem Kontext des Alltags, so dass sie sich nach eigenen Gesetzen und Gehalten konstruieren kann". Sonach bestehen bereits vor der Live-Performance Erwartungen an die Performance und zwar auf Seiten der Akteure und der Zuschauer gleichermaßen. Deren gemeinsamer Erlebnisanspruch wird am zutreffendsten mit dem Begriff der Spektakularität wiedergegeben, d.h., Akteure und Zuschauer sind sich mehr oder weniger einig, dass etwas passieren wird, das alle Beteiligten über den Erfahrungshorizont des Alltags hinausblicken lässt (vgl. ebd.: 175).

Insgesamt wird deutlich, dass sich populäre Musik in Live-Veranstaltungen als soziales Ereignis konstituiert, das auf die Erzeugung ästhetischer Erlebniswerte hinzielt. Entscheidend für die in einem solchen Ereigniskontext ablaufenden Interaktionen ist, dass Musik und Musiker vor der Veranstaltung in Form von Wissensbeständen virulent sind (Stichwort: Medienbiographie). Im Zusammenschluss geben Wissens- und Veranstaltungsbegriff zu verstehen: Was vor Ort als Darbietung von Musik erscheint, ist das Resultat eines kollektiven Vergegenwärtigungsprozess, dessen Verlauf von einer Vielzahl nichtmusikalischer Faktoren abhängig ist.

Mit Blick auf die Analyse des sowohl sozial-interaktiven als auch spektakulär-ästhetisierten Ereigniskontexts Live-Performance ist es erforderlich, ein differenziertes Verständnis für die Elemente des Bühnengeschehens zu entwickeln. Dem soll im Folgenden in konziser Form nachgegangen werden. Maßgeblich hierfür sind zwei Fragerichtungen: 1.) Inwieweit wird eine Live-Performance durch das technische Arrangement des Mediendispositivs Bühne beeinflusst? 2.) Inwieweit wird der soziale Ereigniskontext Live-Veranstaltung durch die Performance der Akteure gelenkt, die nach Rapp als „spezielle Situationsdefinierer" (ebd.: 174) auftreten?

Mit dem erstgenannten Konzept des Mediendispositivs geht die Einsicht einher, dass es sich bei der Bühne um eine statische Konstruktion handelt, die eine spezifische Technik-Mensch-Anordnung bewirkt und bestimmte Formen des Zuschauens herbeiführt (vgl. Hickethier 2003: 198f.).[11] Versteht man die Bühne allgemein als Medium und geht in der Folge von einer Definition von Medien als Vermittlungs- und Kopplungsinstanzen

---

10 Das Zitat ist Uri Rapps Entwurf einer allgemeinen Theorie der Aufführung entnommen und soll folglich auf den hier vollzogenen Argumentationsstrang übertragen werden.

11 Siehe hierzu die Überlegungen zum Konzept des Mediendispositivs in Hickethier (2003: 198f.)

(vgl. Schmidt 1998, Tholen 2005) und – damit zusammenhängend – Wahrnehmungs-
grundlagen und welterzeugenden Dispositionen (vgl. Krämer 1998, Seel 1998) aus, so
resultiert hieraus ein analytisches Grundinteresse an den materiellen, d.h. nicht zuletzt
technischen Rahmenbedingungen, die das situative Zusammenkommen von Akteuren
und Publikum im Sinne eines spezifischen Wahrnehmungsarrangements strukturieren.
In terminologischer Hinsicht erscheint es folglich obligat, die Worte Mediendispositiv
und Bühne im Begriff Bühnendispositiv zusammenzuziehen. Dieser vermag die Spezi-
fität des Wahrnehmungsarrangements herauszustellen – und zwar auf zweierlei Weise.
Zum einen kennzeichnet er die Bühne als Prinzip der Ordnungserzeugung (siehe hierzu
Kramer/Dünne 2009: 19ff.). Diese Auslegung bezieht sich im Wesentlichen auf die klare
Abgrenzung zwischen Bühnen- und Zuschauerraum, aus der die frontale Gegenüberstellung von Akteuren und Zuschauern hervorgeht, innerhalb derer sich das konkrete
Konzertereignis als Interaktionsgeschehen konstituiert. Zum anderen folgt aus dem Verständnis von Bühne als Bühnen*dispositiv* die analytische Notwendigkeit, sich der spezifischen Verknüpfung unterschiedlicher technischer Elemente zu einer „architektoni-
schen Raumform" (Hickethier 2003: 190) zuzuwenden. Hierzu lässt sich anführen, dass
die Bühnen der populären Musik i.d.R. als ‚Technik-Inseln' in Erscheinung treten, d.h.,
sie offenbaren, dass es in ihrem Falle um die Kumulation und den koordinierten Einsatz
von technischen Gerätschaften in einem klar markierten Raum geht (siehe hierzu auch
Jooß-Bernau 2010). Ein wesentlicher Effekt dieser ‚Technik-Inseln' besteht darin, dass in
Echtzeit ein komplexes audiovisuelles Gesamtgeschehen kreiert werden kann. In diesem
Sinne stehen Bühnen-Shows, zumindest solche „mit einer ausgefeilten Licht- und Nebel-
Dramaturgie, mit Tanzeinlagen und Kostümen […] der Inszenierung von Musik-Filmen
und Video-Clips kaum nach" (Pfleiderer 2008: 91). Im Ganzen können fünf Analysekate-
gorien unterschieden werden: die statischen Bezugsgrößen Größendimension (damit ist
auch der Abstand des Bühnenbodens zum Zuschauerraum in vertikaler wie horizontaler
Hinsicht gemeint), Aufbauten/Kulissen, Beschallungsanlage (PA) sowie die dynamisie-
renden Komponenten (Video-)Projektionen und Licht-, Nebel-, Laser- und Pyro-Technik.

Der zweite oben genannte Analyseaspekt – das Auftreten der Akteure als ‚spezielle
Situationsdefinierer' – rekurriert auf die wirklichkeitskonstituierenden Qualitäten der
Künstler. Diesbezüglich ist anzuführen, dass, wie oben erwähnt, die Künstler auch im
Live-Kontext im weitesten Sinne als mediale Personen erfahren werden – die verwendete
Technik ist eine wesentliche Vorbedingung ihres materiellen In-Erscheinung-Tretens –,
jedoch ist der Grad ihrer Medialisierung den Ansprüchen des *sozialen* Ereignisses Live-
Veranstaltung angepasst. Die Künstler sind der eigentliche Anlass der Veranstaltung und
müssen in der Folge als aktive Gestalter der Situation wahrnehmbar sein.

Anhand des letztgenannten Punktes gilt es hervorzuheben, dass das intentionale Moment der Überredung, das in allen Unterhaltungskulturen eine besondere Rolle spielt
(siehe oben), im Live-Kontext gewissermaßen in Reinform zum Tragen kommt. Eine
Live-Performance wird durch den Gesamtkomplex selbstdarstellerischer Gestaltungsmittel (Gestik, Mimik, Mode) im Sinne eines Impression-Managements im Hier und
Jetzt getragen. Unter das Impression-Management fallen insgesamt die Elemente von

musikalischer Aufführung, Tanz und Choreografie, d.h. auch Musikinstrumente und anderweitig verwendete Gegenstände. Darüber hinaus interessiert an Live-Performances die Frage, wie die Akteure die frontale Gegenüberstellung situativ auslegen und welche Handlungen aus dieser Situationsdefinition hervorgehen. Womöglich spiegeln sich hierin ritualisierte Interaktionsformen in einer bestimmten kulturellen Formation (Mainstream, Genre, Szene) wider. Ebenso analyserelevant sind die Interaktionsformen, die sich zwischen den Akteuren auf der Bühne bilden. In einem Ensemble ist eine Vielzahl an Positionen und Konstellationen möglich, in denen sich die Akteure in irgendeiner Form einander zuwenden. Diese Konstellationsbildung ist ein konstitutiver Bestandteil des Impression-Managements auf der Bühne, so wird nicht zuletzt in der Gegenüberstellung zum Anderen die (Star-)Identität des Einzelnen in akzentuierter Weise erfahrbar gemacht (vgl. Jost 2012: 175).

Im Hinblick auf die Musikebene ist schließlich anzuführen, dass diesbezüglich all jene Material- und Sinnebenen als analyserelevant anzusetzen sind, die auch für phonographische Produktionen gelten, hierzu zählen Formverlauf, Stimme, Instrumentierung, Harmonien, Motive, Sound, Rhythmus sowie das (Song-)Textmaterial (vgl. Jost/ Neumann-Braun/Schmidt 2010: 487f.). In der Regel werden auf einer Live-Veranstaltung Songs dargeboten, die auf dem Medienprodukt Tonträger bereits veröffentlicht worden sind. Für die Analyse der Musikebene ist in der Folge die Frage interessant, in welcher Art und Weise im Live-Kontext mit dem phonographischen (Primär-)Material verfahren wird. Insgesamt sollte es bei der Musikanalyse darum gehen, die Tonebene als gleichermaßen bewirkte und bewirkende Dimension des gesamten Bühnengeschehens zu betrachten.

3. Fallanalyse: Muse

Muse ist eine 1994 in Devon, England gegründete Band, bestehend aus dem Sänger, Gitarristen und Pianisten bzw. Keyboarder Matthew Bellamy, dem Bassisten Christopher Wolstenholme und dem Schlagzeuger Dominic Howard.[12] Das erste Album der Band, *Showbiz*[13] erschien 1999 in Europa und den USA, wobei sich dessen Erfolg vorerst noch auf Europa beschränkte. In ihrer Heimat England wurde das Potenzial von *Muse* schon früh erkannt, so schrieb beispielsweise das NME-Magazin im Juni 1999 in einem Konzertbericht: „They are called *Muse* and they are going to be huge".[14] Vergleiche mit anderen Bands führen nicht selten zu bekannten Namen wie Nirvana, Radiohead oder Queen (siehe hierzu NME online 1999, Rolling Stone online 2010). Im Jahr 2009 erschien mit *The Resistance* ihr fünftes Studioalbum, welches in 16 Ländern auf dem ersten Platz

---

12 Vgl. http://www.rollingstone.com/music/artist/news/artists/muse (Zugriff am 04.05.2011).

13 Das Album erschien unter anderem bei Mushroom Records (UK) und Maverick Records (USA).

14 http://www.nme.com/reviews/Muse/1184 (Zugriff am 27.06.2010).

der Charts stand und somit einen Erfolgsstatus herstellte, der die Band in den Bereich der Mainstream-Kultur rückte.[15]

Medienbiographische Aspekte

Nicht ganz eindeutig ist die Genrezugehörigkeit der Band, was vor allem in ihrer Vielseitigkeit begründet ist. Häufig anzutreffende Etikettierungen sind Alternative Rock oder Indie. Die Band agiert in der ‚klassischen‘ dreiköpfigen Besetzung (E-)Gitarre/Hauptgesang, (E-)Bass/Nebengesang, Schlagzeug. Vermischt wird dieses ‚klassische‘ Rockelement mit Piano-Parts, Streicherklängen und synthetischen Klangkomponenten (Synthesizer, Sequencer). Eine derartige Verquickung unterschiedlicher Klangsphären wird im Genre des Progressive Rock verfolgt. In einer durchaus auf Muse zutreffenden Definition der Hochphase des Progressive Rock in den 1970er Jahren subsumieren Wicke und Ziegenrücker unter dieser Bezeichnung all jenes, „was im Kontext der Rockmusik den Charakter des Ungewöhnlichen und Ungewohnten besaß. Das konnten das Einmontieren von musikalischen Zitaten oder die Experimente mit Sinfonieorchestern innerhalb des Art-Rock sein, die Einbeziehung elektronischer Klänge [...] oder einfach auch nur die Erweiterung eines Titels durch langgezogene Improvisationen." (Wicke/Ziegenrücker 2001: 404)

Angesichts dieses progressiven resp. experimentellen Aspekts erscheint die oben erwähnte Verortung von Muse innerhalb des Rock-Mainstream problematisch. Argumentiert man allerdings im Sinne von Tom Holerts und Mark Terkessidis' These des ‚Mainstreams der Minderheiten‘, können Muse gleichwohl dem Mainstream zugeordnet werden. Grundlegend für diese These ist eine musikkulturelle Entwicklung, die sich in den 1990er Jahren ausgehend von den USA herausbildete. Laut Holert und Terkessidis (1996: 6) konnte „die ganze Nation der USA [...] sich plötzlich mit ‚alternativen‘ Rebellenkulturen identifizieren und dafür im Reservoir der subkulturell produzierten Zeichen des ‚Underground‘ aus dem Vollen schöpfen. ‚Underground‘-Bands gingen zur Industrie, und diese erwartete zum ersten Mal nicht Glättung, sondern kompromisslose Abweichung". Der Mainstream ließ von nun an das Anderssein nicht nur zu, sondern umarmte es und bot ihm eine Präsentationsplattform von großer Breitenwirkung. Spätestens seit den 1990er Jahren schließen anhaltender kommerzieller Erfolg auf der einen Seite und verschrobenes Erscheinungsbild, provokative Attitüde sowie schräger Sound auf der anderen Seite einander nicht mehr aus (jüngstes Beispiel für diese Entwicklung ist sicherlich die US-amerikanische Sängerin Lady Gaga).

Musikclips sind für Musiker bekanntlich virtuelle Bühnen, auf denen sie sich ihren Fans so präsentieren können, wie sie gesehen werden wollen. Betrachtet man die gut zwanzig offiziellen Musikclips von Muse, so fallen verschiedene Aspekte auf. Abgesehen von jenen Clips, in denen Performancemitschnitte gezeigt werden, spielen die Bandmitglieder nur selten die Hauptrollen. Steht die Band jedoch Vordergrund, ist Bellamy sehr

---

15 Vgl. http://www.Musewiki.org/The_Resistance_%28album%29#Chart_positions (Zugriff am 28.06.2010).

viel häufiger im Fokus der Kamera als Wolstenholme und Howard (z.B. *Bliss, Sunburn*). Dies passt zum Gesamtkonzept der Band, welches auf eine exponierte Stellung von Bellamy ausgerichtet ist.[16] Weiter auffällig ist, dass die Bandmitglieder zumeist in ihrer Funktion als Musikmachende zu sehen sind, wobei diese Inszenierungen als Musikperformer von Konzertmitschnitten (*In Your World, Butterflies and Hurricanes, Apocalypse Please*) über inszenierte Bühnenauftritte *(Muscle Museum)* zu Darbietungen in surrealen Settings (*Uno, Sunburn, Plug in Baby, New Born*) reichen (siehe Abb. 1). Nur in wenigen Clips stechen äußerliche Merkmale der Bandmitglieder hervor (beispielsweise Bellamys rote Haare in *Bliss*, Howards knallgrüne Hosen in *Apocalypse Please* oder Wolstenholmes lange Haare in *Plug In Baby*).

Abbildung 1: Musikclip zu *Sunburn*

Alle drei Musiker sind häufig schwarz oder in dunklen Farben gekleidet – im Falle farbiger Kleiderwahl überwiegt die Farbe Rot. Keiner der drei scheint strikt einem modischen Stil-Konzept zu folgen. Dieses ungeplante oder zumindest zufällig wirkende Styling enthält keine klaren „vestimentären Botschaften" (Willems 2009: 128), wie z.B. die breiten

---

16 Wirft man einen Blick auf die Popularitätsverteilung innerhalb der Band, scheint Bellamy mit Abstand das gefragteste Mitglied der Band zu sein. So findet man beispielsweise seinen Spitznamen „Matt" in den Titeln im Forum der offiziellen Bandwebsite 267 Mal, während „Chris" (Wolstenholme) 99 Mal und „Dominic" (Howard) 6 Mal erwähnt werden (vgl. http://board. Muse.mu/search.php?searchid=6878278 (Zugriff am 28.06.2010)). Auch in der Facebook-Gruppe *Muse* ist Matt als ‚Gesicht' der Band fotografisch um ein Vielfaches häufiger vertreten als die anderen. Generell jedoch scheint *Muse* nicht eine Band zu sein bzw. sein zu wollen, die die personalen Anteile bzw. Eigenschaften in den Vordergrund stellt. Weder die Covers ihrer Alben noch die Merchandise-Produkte werden zur Inszenierung der einzelnen Starpersonen hinter dem ‚Identitätskonstrukt' Rockband verwendet. In der Regel werden prägnante hyperrealistische Motive in intensiven, kontrastreichen Farben ausgewählt.

Hosen und der glänzende Schmuck eines Gangsta-Rappers, die ihn als solchen ausweisen. Doch widerspricht das optische Erscheinungsbild auch nicht jenem kulturellen Territorium, dem sie sich offensichtlich zugehörig fühlen: der Rockkultur. Außergewöhnlich an den Musikclips ist indes der häufige Einsatz von digitalen Bildeffekten, die sich merklich von den rockkulturellen Normen des Authentischen und Ursprünglichen absetzen und eine Ästhetik des Artifiziellen kreieren, wie man sie aus Science-Fiction-Filmen kennt.

Im Rahmen der Live-Performances und Clipinszenierungen, also überall wo Muse als gesamte Band zu sehen ist, treten die drei Musiker fast immer in der gleichen Aufstellung auf. Aus der Sicht der Zuschauer ergibt sich folgendes Bild: Bellamy links vorne, Howard hinten in der Mitte und Wolstenholme rechts vorne. Diese kontinuierliche Anordnung prägt sich im Bewusstsein der Fans ein. Umso mehr vermag ein Live-Auftritt wie jener in der italienischen TV-Sendung *Quelli che il Calcio e ...* zu überraschen, in dessen Verlauf die drei Musiker ihre Plätze und Instrumente tauschen, um sich über das Playback-Setting zu belustigen.[17] Dieses deviante Verhalten lässt zudem vermuten, dass das künstlerische Selbstverständnis der Band durch das rockkulturelle Paradigma des Akts des ‚tatsächlichen' Musikmachens bestimmt wird.

Performanceanalyse

Die Grundlage für die nachfolgende Analyse bilden Live-Aufzeichnungen, die die Co-Autorin während ihres Besuchs des Muse-Konzerts am 18.11.2009 im Hallenstadion Zürich per Digitalkamera (also gemäß der für diese Veranstaltung gültigen Bestimmungen) generiert hat.[18] Aus der Fülle an gewonnenem Videomaterial werden jene Ausschnitte untersucht, welche in exemplarischer Weise den komplexen Vorgang der Präsentation von Staridentitäten im Rahmen von Live-Performance wiederzugeben vermögen. Der Fokus wird auf eine systematische Betrachtung des Konzerts gelegt. Um dennoch einen Eindruck von der Sequenzialität einer solchen Veranstaltung zu vermitteln, befassen sich der erste und der letzte der sechs Analyseblöcke mit dem Beginn bzw. Ende des Konzerts.

A – Auftakt

Die Vorband (Biffy Clyro) hat ihren Auftritt beendet, die Stimmung ist erwartungsvoll. Auf der Bühne erkennt man drei viereckige Türme, die von einem schwarzgrauen Raster umhüllt sind und an Hochhaussilhouetten erinnern (siehe Abb. 2). Nach einer kurzen Wartezeit geht das Licht aus und es wird für einen Moment verhältnismäßig still. Dann beginnt das Publikum zu jubeln und zu pfeifen. Wo die Fassade der Türme zunächst grau war, strahlt nun von unten bis oben violettes Licht – der mittlere Abschnitt ist indes nicht erleuchtet.

---

17 Vgl. http://www.youtube.com/watch?v=tn2qKraB1lQ (Zugriff am 28.06.2010).

18 Das Hallenstadion in Zürich ist eine Multifunktionshalle mit einer Maximalkapazität von 13.000 Personen (vgl. http://www.hallenstadion.ch/sites/stadion/zahlen_fakten.html (Zugriff am 28.06.2010)).

Abbildung 2: Frontansicht der Bühne vor dem Konzert

Das erste Stück *Uprising* erklingt aus den Lautsprechern. Beim Intro handelt es sich jedoch nicht um die Albumversion desselbigen, sondern um eine verlängerte und verlangsamte Fassung, die auf den visuellen Einstieg in das Konzert abgestimmt ist. Auf den drei Türmen regen sich nun spärliche Lichteffekte. Nur langsam erkennen die Zuschauer, dass es sich bei den Lichtern um die Umrisse von menschartigen Gestalten handelt, die im Gleichschritt Treppen emporsteigen (passend zum Songtitel *Uprising*), um dann wieder hinunterzusteigen (siehe Abb. 3). Das blaue Bühnenlicht lässt in Kombination mit den sphärischen Klangflächen eine mystische Atmosphäre entstehen. Passend zu den Inszenierungen einiger ihrer Musikclips, bleiben Muse auch live ihrem visuellen Stil treu: So wird der Konzertauftakt ebenfalls von einer filmaffinen Science-Fiction-Ästhetik geprägt. Diese Stil-Kontinuität verlagert das experimentelle Image der Band ins Hier und Jetzt.

Abbildung 3: Frontansicht der Bühne während des Konzert-Intros

Das rund zweiminütige Intro endet, indem das Licht ausgeht und die Hüllen von den Säulen fallen. Nun erklingt die Band in vollständiger Besetzung (Bass, Gitarre, Schlagzeug) und die Türme strahlen in Rot. Wo vorher der Zwischenraum dunkel geblieben ist, stehen jetzt die Bandmitglieder in blauem Licht. Nun erkennt man, dass jeder Turm aus zwei Teilen besteht, deren Außenseite von LED-Flächen gebildet wird. Im oberen Teil werden die drei Gesichter der Bandmitglieder in Nahaufnahme gezeigt (siehe Abb. 4). Links vom Publikum aus gesehen steht Bellamy, der Sänger und Gitarrist, in der Mitte, etwas nach hinten versetzt, befindet sich Howard (Schlagzeug) und rechts ist Wolstenholme (Bass) positioniert; dies ist, wie oben erwähnt, die übliche einzelmedienübergreifende Performance-Konstellation der Band.

Abbildung 4: Frontansicht der Bühne während der ersten Song-Performance

Im weiteren Verlauf des ersten Songs setzt Frontmann Bellamy mit dem Gesang ein, was wiederum auf Seiten der Zuschauer eine kurze Beifallsbekundung auslöst. In seiner rechten Hand hält er einen grünen Laser, mit dem er in die Zuschauermenge leuchtet. Durch die grelle Farbe des Lasers richtet sich der Fokus des Zuschauers in einer ersten und entscheidenden Phase des Konzertes auf Bellamy.[19]

---

19 Aus aufführungstheoretischer Perspektive lässt sich anfügen, dass in dem Moment, in dem eine Performance beginnt, der geometrische Raum, der das Konzert in statischer Hinsicht rahmt (z.B. die Konzerthalle), transzendiert wird. Der Konzerteinstieg ist kennzeichnend für

B – Bühnendispositiv

Beim eher ruhig und schlicht gehaltenen Coversong *Feeling Good*[20] in der Mitte der Show befinden sich die drei Bandmitglieder auf ihrem jeweiligen Turm. Während Bellamy, Howard und Wolstenholme statisch in der Mitte der Turmhälften musizieren, werden die Projektionsflächen von einer Bilderflut überzogen. Gezeigt werden Bilder von Blumen und Blüten in unterschiedlichsten Farb- und Formvariationen. Die ansonsten dominierenden grafischen Motive werden also durch Naturbilder ersetzt. An das feinfühlige Ausdrucksmoment der Musik (vor allem hergestellt durch das E-Piano und den Swing-Groove) werden auch die Licht- und Laser-Effekte angepasst. Statt mit grellen Farben, wie zu der Mehrzahl der Song-Performances, wird mit sanften Farbkombinationen gespielt.

Mit der ausgefeilten Kreation von Bilderwelten arbeiten Muse nicht nur im Rahmen ihrer Live-Tourneen, sondern auch, wie oben angedeutet, in ihren Musikclips sowie im Hinblick auf Merchandise-Artikel. In Bezug auf die Bandidentität von Muse lässt sich daher aussagen, dass sie von der Konzeptionalität der bildlichen Darstellungen geprägt wird. Entscheidend dabei ist, dass das Visuelle auch eine Artifizialisierung und Entpersonalisierung des Erscheinungsbildes bewirkt. Es zeigt sich, dass Muse dem artistischen Ansinnen, einzelmedienübergreifend in einem klar konturierten Darstellungsspektrum in Erscheinung zu treten, insgesamt einen hohen Stellenwert beimessen. Ihr aufwendiges Bühnendesign weist wiederum eine konzeptionelle Nähe zu den Tournee-Bühnen von U2 auf (siehe *Zoo TV, PopMart, 360°*).

C – Akteurenkonstellation

Vor dem Einstieg in den Song *Time Is Running Out* erscheint die Bühne in blau erleuchteten Kunstnebelschwaden. Beim Bass-Intro beginnen die Scheinwerfer die Bühne grün auszuleuchten, wodurch eine Änderung der Akteurenkonstellation sichtbar wird. Statt Bellamy steht nun Wolstenholme auf der linken Seite (und umgekehrt); beide stehen auf erhöhten Seitenflügeln der Bühne. Wolstenholme vollzieht wie üblich mit einem Bein wippend und dem Kopf nickend das Metrum nach. Letzteres ist generell ein

---

die Konstituierung des performativen Raums, ein Begriff, der den ‚belebten' Raum thematisiert, also die Aneignung der räumlichen Gegebenheiten durch die Akteure und das Publikum. In deskriptiver Hinsicht ist zwischen den Raumkomponenten Bühne und Zuschauerraum zu unterscheiden (vgl. Fischer-Lichte 2004: 187). Das Bühnendispositiv und die Anordnung des Zuschauerraums stellen ein bestimmtes Verhältnis zwischen den Akteuren, hier: der Band, und den Zuschauern her. Durch das Design der Bühne wird zum einen festgelegt, wohin sich die Akteure auf der Bühne bewegen können, zum anderen wird eine Vorentscheidung dahingehend getroffen, was bzw. wer aus der Perspektive der Zuschauer wahrnehmbar ist. Letztlich ist es erforderlich, beide Raumkomponenten (Bühne und Zuschauerraum) als Elemente *eines* performativen Raums aufzufassen und zu beschreiben, in dem Akteure und Zuschauer ihr Verhältnis zueinander im fortlaufenden Strom der Ereignisse organisieren.

20 Im Original stammt dieser Song aus dem Musical *The Roar of the Greasepaint – The Smell of the Crowd* von Leslie Bricusse und Anthony Newley.

bei Musikern, insbesondere bei Bassisten, häufig anzutreffendes Verhalten. Wolstenholmes Kopfbewegung zieht sich allerdings mit einer erstaunlichen Kontinuität durch Live-Auftritte und Musikclips. Seine körperliche Aktivität beschränkt sich auf diese routinisierte Minimalbewegung.

Insgesamt erscheinen Bühnenanordnung und Verhaltensformen der Bandmitglieder beständig, folglich vollzieht sich auch die Aufmerksamkeitsverteilung während des Konzerts in relativ stabilen Bahnen. Im Fokus des Interesses steht eindeutig Matthew Bellamy. Die Praxis, selbst in einer Klein(st)gruppe eine Person herauszustellen, hat in populären Musikkulturen durchaus Tradition. Namhafte Beispiele hierfür sind Bands wie Police (Sting), Motörhead (Lemmy Kilmister) oder Green Day (Billie Joe Armstrong). In stilistischer Hinsicht liegen Welten zwischen diesen Bands, dennoch sind sie dahingehend miteinander verknüpft, dass durch ihr Wirken ein bestimmtes Ensemble-Konzept (dreiköpfige Band mit ‚Mastermind') im (pop)kulturellen Gedächtnis verankert wurde. Muse verkörpern dieses Ensemble-Konzept, frischen es mit neuen Bildern, Klängen und Verhaltensweisen auf, wodurch sie es letztlich in der Gegenwart re-legitimieren.

D – Interaktion und Publikumsnähe

Pop-/Rockkünstler adressieren mit ihrer Art Musik zu machen stets ein bestimmtes Publikum, d.h., sie initiieren einen Prozess der Vergemeinschaftung. Der Live-Kontext bietet die Möglichkeit dies in der direkten Begegnung von Star und Fan umzusetzen. Bei einer Veranstaltung dieser Größenordnung sind spezielle, verbindende Elemente wie der bereits erwähnte Gebrauch des Lasers von großer Bedeutung für die Interaktion zwischen Band und Publikum. Versteht man den Laser als Erweiterung des Armes oder der Ausstrahlung bzw. als menschliche Körperextension im Sinne von Marshall McLuhan (1964: 7ff.), so bedeutet dies eine Ausweitung von Bellamys kommunikativer Reichweite. Was er körperlich im Raum nicht erfassen kann, fängt er mit dem Einsatz des Mediums Laser problemlos ein. Mit der Leuchtkraft des Lasers kann Bellamy auch zu den Fans durchdringen, die weit hinten im Saal stehen; der Laser schafft somit einen Berührungspunkt zwischen Bellamy und den Fans ohne tatsächlichen Körperkontakt. Diese mediale Berührung lässt sich mit einer Geste der Aufmerksamkeit vergleichen. Darüber hinaus vermag der Laser im Sinne eines spektakulären (Selbst-)Darstellungselements zu funktionieren.

Während des episch-romantisierenden Songs *Starlight* gibt Bellamy den Grundimpuls vor, indem er über seinem Kopf in die Hände klatscht (siehe Abb. 5). Das Publikum steigt in dieses Animationsunterfangen ein und singt zusätzlich die melodischen Konturen mit, die der Basslauf vorgibt („Dum, dum, dum"). In der Mitte des Songs reißt Bellamy erneut seine Arme auseinander, um sie über sich im Rhythmus der Musik klatschend zusammenzubringen. Dies animiert die Zuschauer, die nach der ersten Klatschphase eine Pause eingelegt haben, sich noch einmal körperlich zu engagieren (siehe Abb. 6).

Abbildung 5: Publikumsanimation durch Matthew Bellamy

Abbildung 6: Publikumsaktivierung

Im Hinblick auf das Interaktionsmoment ist auch der Schluss des Songs interessant, als sich Bellamy beim Publikum mit einem „Dankeschön" bedankt. Der Code-Switch ins Deutsche steht für eine minimale situativ bedingte Anpassung Bellamys an die sprachlichen Gegebenheiten vor Ort. Das Publikum dankt dieser Geste der Höflichkeit mit Applaus.

Zum Intro von *Knights of Cydonia* schlägt Bellamy drei Mal seine rechte Faust mit gestrecktem Finger in die Höhe und wird dabei vom singenden Publikum begleitet („Da, da, da"). Passend zum Thema des Song(textes), das, kurz umrissen, vom Kampf des Einzelnen ums Überleben und um die eigenen Rechte handelt, ist nicht nur die Gestik, sondern auch der musikalische Ausdruckscharakter kämpferisch und aggressiv: Treibende Beats und erdig-rollende Bassläufe gehen einher mit hymnischen (Gesangs-)Melodien, längeren Powerchord-Passagen und markanten Blues-Riffs – man gewinnt den Eindruck, es handele sich um eine Reminiszenz an die Bombast-Rocker von Queen.

Im Folgenden läuft Bellamy im erhellenden Scheinwerferlicht nach vorne und beginnt kurz zu springen, worauf Jubel ertönt. Dann sieht es so aus, als würde er Augenkontakt mit einzelnen Zuschauern aufnehmen. Dabei spielt er locker auf seiner Gitarre (u.a. zu erkennen an einer Hin-und-her-Bewegung der Hüfte); er scheint zudem zu lächeln. Danach hält er abrupt in einer statuenhaften Pose inne, bevor er die vorherige Hüftbewegung fortsetzt (siehe Abb. 7). Begleitet wird Bellamy vom Publikum, das die Gesangsmelodie mit „Lo-lo-lo"-Gesängen untermalt. Betrachtet man die Performance des gleichen Songs in anderen Shows der *The-Resistance*-Tournee, erkennt man ein choreographisches Konzept. So läuft Bellamy beispielsweise auch beim Auftritt im Stade de Suisse in Bern nach dem Intro an den Bühnenrand und bewegt seine Hüften wie beim analysierten Konzert.[21] Situativ durch den Interaktionskontext hervorgerufen scheint allerdings die mimische Veränderung zu einem Lächeln zu sein. Eine derartige spontane Gesichtsreaktion lässt sich interaktionstheoretisch als Ausdruck des Affekts der Überraschung einordnen (vgl. Ekman/Friesen 1969: 71).

Abbildung 7: Typische Körperbewegung von Matthew Bellamy

---

21 Siehe hierzu das Konzert vom 02.06.2010 (http://www.youtube.com/watch?v=hwAYup4I5Ss (Zugriff am 09.07.2010)).

Mitten im Song *Plug-in Baby* läuft Bellamy bis zum Bühnenrand auf das Publikum zu und schwingt seine Arme empor, während die Zuschauer die Worte des Chorus („Plug-in Baby") mitsingen. Die Bewegung impliziert einen Anstoß zum Involvement, also zum Miteinbezug des Publikums.[22] Bellamy spornt mit dieser Handlung das Publikum zu noch mehr Verausgabung an. Durch die Geste zieht der Frontsänger auch wieder das Augenmerk auf sich. Das Verhältnis von Star und ‚hörigem' Fan manifestiert sich darin, dass das Publikum genau das tut, wozu Bellamy es auffordert. Er stilisiert sich selber als ‚Dirigent' des Publikums, eine Rolle, die er im Vergleich zu ‚archetypischen' Rocksängern wie Bono Vox oder Bruce Springsteen jedoch eher selten einnimmt.

E – Bühnentheatralität

Über weite Strecken des Konzerts bewegt sich Bellamy eher unauffällig. Doch vereinzelt sticht er durch theatralisches Verhalten hervor. Es scheint Bestandteil seiner Staridentität zu sein, sich stellenweise vom Image des versierten Musikers abzuheben und durch eruptive Bewegungen (siehe Abb. 8). Die Energie seiner Bewegungen überträgt sich auf die Zuschauer und umgekehrt wird Bellamy von deren Erregungszuständen ‚angesteckt'.

Abbildung 8: Eruptive Gestik von Matthew Bellamy

Das theatralische Moment während der Muse-Performance entsteht aber nicht zuletzt im Zusammenspiel mit den Bühneneffekten – zu verdeutlichen an der Song-Performance *Helsinki Jam*: Diese umfasst einen längeren rein instrumentalen Teil mit Schlagzeug und Bass. Wolstenholme steht auf dem mittleren Turm-Podest hinter Howard und dreht ihm den Rücken

---

22 Zum Begriff des Involvement siehe Hafen (1998: 372f.).

zu. Während des knapp zweiminütigen Instrumentalteils erhöht sich das Podest, auf dem die Musiker stehen, mit einer Drehbewegung, so dass beide abwechselnd gegen das Publikum bzw. gegen die hintere Wand schauen. Am Schluss dieser Sequenz senkt sich das Podest, bis es wieder ganz in der Bühne versinkt. Auf den LED-Flächen des Podestes wechseln die Nahaufnahmen der zwei im musikalischen Handlungsvollzug versunkenen Performer in schnellem Tempo, um sie herum ist die Bühne in tiefes Rot getaucht. Nicht zuletzt durch die roten umherschweifenden Scheinwerfer wird dieser Instrumentalabschnitt in dramatisierender Weise inszeniert. Der konzeptionell-artistische Teilaspekt der Opulenz und Artifizialität wird einmal mehr mit dem Gestus der musikalischen Versiertheit kombiniert.

F – Finale

Im Verlauf des Intros zum finalen Song *Knights of Cydonia* spielt Wolstenholme ein Mundharmonika-Solo, eine Variation des legendären Mundharmonika-Motivs aus dem Film *Once Upon a Time in the West* (1968). Auf der dunklen Bühne ist Wolstenholme umgeben von dunstigem Nebel und pink-violettem Scheinwerferlicht. Noch einmal ist es Wolstenhome und nicht Bellamy, dem der Aufmerksamkeitsfokus gilt. Dabei konzentriert sich Wolstenhome ausschließlich auf das Spielen der Mundharmonika, ohne Hinzugabe ostentativer Bewegungen. Dies verstärkt den Eindruck, dass er nicht im Übermaß darum bemüht ist, sich als Starperson zu profilieren. Wann immer er in den Vordergrund tritt, geschieht dies in der Funktion als Musikausführender.

Die Band beendet mit einem Instrumentalteil das Konzert. Bellamy geht ein letztes Mal an den Bühnenrand, beugt sich noch beim Spielen der Gitarre vor und zurück, bevor er zum Mikrophon zurückgeht. Dann ergreift er unerwartet, noch inmitten des Outros das Mikrophon und wendet sich mit ein paar, nicht ganz einfach verständlichen Worten an das Publikum. Nach mehrfacher Sichtung des Videomaterials, lassen sich die folgenden Worte identifizieren: „Thank you Switzerland", „See you next time" – währenddessen zeigt Bellamy auf einen Fan. Beim zweiten „See you next time" und dem darauf folgenden „and you" „and you" wandert der Finger weiter und zeigt auf weitere Personen (siehe Abb. 9). Mit einem letzten „next time", „see you guys" wendet sich der Frontsänger vom Publikum ab und verlässt gefolgt vom Schlagzeuger und dem Bassisten die Bühne.

Abbildung 9: Verabschiedung vom Publikum durch Matthew Bellamy

Wie im Falle der vorangegangen Ansprachen an das Publikum ist auch die Verabschiedung kurz gehalten. Das direkte Ansprechen und die Ankündigung des Wiedersehens vermitteln ein Gefühl der Gemeinschaftlichkeit. Eine solche Ansprache stellt ein bei Live-Konzerten immer wiederkehrendes Element dar; sie gehört gewissermaßen zu den Pflichten eines Rock-Performers. Wieder ist es Bellamy, der als Repräsentant der Band auftritt. Wie beim Auftakt des Konzertes, bei dem der Fokus auf ihn und seinen Laser gerichtet war, erweist er sich auch am Ende der Show als der zentrale Akteur der Band.

4. Fazit

Abschließend lässt sich eine Reihe von Identitätsmerkmalen festhalten, die in jüngster Vergangenheit das Schaffen der Band zu bestimmen scheinen. Hierzu lässt sich zuvorderst anführen, dass die Band dem alternativ-kulturellen Territorium des Post-Punk und Indie-Rock entstammt, jedoch im Verlauf der letzten Jahre den Status eines Mainstream-Acts erlangt hat. Charakteristisch für die ‚alternativen' Spielarten des Rock ist der kritisch-reflektierte Umgang mit dem stereotypischen Stargebaren der Mainstream-Kultur (Posen, Machismo, Egozentrik). Exponierte Vertreter dieser ‚Gegenkultur' wie Kurt Cobain, Eddie Vedder oder Michael Stipe reicherten resp. reichern ihr Starsein mit der Zur-Schau-Stellung ihrer Aversion gegen ebendieses Starsein an. Matthew Bellamy, der Frontmann der Band, steht in der Tradition dieser über die Jahre hinweg zu einem eigenständigen Starkonzept geronnenen Verweigerungshaltung. Konkret spiegelt sich diese Haltung in seinem introvertierten Verhalten wider, das, vor allem auf der Bühne, immer wieder in eruptiver Weise durch theatralisch-übersteigerte Gesten und Bewegungen durchbrochen wird. Auf diese Weise entsteht der Eindruck des Verschrobenen und Freakhaften.

An der untersuchten Live-Performance ist zudem interessant, in welcher Form Bellamy das Bedürfnis des Publikums nach Interaktion und Gemeinschaftlichkeit aufgreift. Diesbezüglich fällt auf, dass sich seine Gesten der Animation und Reaktion im Rahmen dessen bewegen, was man von arrivierten Rock-Performern erwarten kann. Klatschen, Lächeln, Hüpfen und kurze Danksagungen können nicht gerade als Handlungen bezeichnet werden, die die kulturellen Formationen des Post-Punk und des Mainstream („der Minderheiten") oder die mediale Erscheinungsform der Live-Performance in irgendeiner Form transzendieren würden. Mit Blick auf Live-Interaktion offenbaren Muse im Allgemeinen und Bellamy im Speziellen eine eher konservative Grundhaltung.

Durchaus innovativ erscheint hingegen der Umgang mit rockkulturellen (Selbst-)Darstellungsformen. Dies bezieht sich konkret auf die Verquickung des Akts des Musikmachens – im Bereich von Rockkultur fast schon zu einem Authentizitätsmythos verklärt – mit opulenten, artifiziellen Klang- und Bilderwelten. Mit dem hohen logistischen Aufwand der Tournee geben Muse zu verstehen, dass (rock)musikalische Versiertheit nur einen Teilaspekt ihres artistischen Selbstverständnisses ausmacht. Über die verschiedenen medialen Erscheinungsformen hinweg wird auf der visuellen Ebene der Eindruck ästhetischer Stringenz vermittelt. Diese Form der transmedialen Konzeptionalität führt auch dazu, dass die drei Personen, die die Band bilden, immer wieder in den Hintergrund treten oder ganz verschwinden.

Jenseits materieller Belange hat die Fallanalyse theoretisch-methodologische Fragestellungen der populären Musik berührt. So ist ersichtlich geworden, dass Musikstars wie Muse der durchaus anspruchsvollen Aufgabe gegenüber stehen, zu unterschiedlichen Anlässen (Tonträger-, Musikclip-, Live-Produktion etc.) auf je besondere Weise materiell in Erscheinung zu treten. Die Wahrnehmungsangebote der populären Musik sind das Resultat eines komplexen Ineinandergreifens der selbsterzeugten Handlungsstrukturen der Künstler (Stichwort: Identität), der Erwartungshaltungen und Deutungsschemata des Publikums (Stichwort: Startext), der spezifischen Anforderungen der medialen (Selbst-)Darstellungsanlässe (hier: Live-Performance), sowie der kulturellen Formationen (Genre, Mainstream), in denen die Künstler verortet sind bzw. werden. Die Besonderheit von Kreation innerhalb populärer Musikkulturen scheint demnach darin zu bestehen, dass Stars in der Aneignung von medial-technischen Settings und der Auslegung der Aufgabe des Musikmachens die Bedingungen ihres materiellen In-Erscheinung-Tretens stets von Neuem aushandeln.

Abschließend lässt sich festhalten, dass die vorliegende Untersuchung nur den Anfangspunkt einer intensivierten Auseinandersetzung mit der musikalischen Praxis der Live-Performance markieren kann. Eine forschungsstrategische Neuorientierung in Richtung performativer Musikkulturen bleibt insgesamt desiderabel. Schließlich gilt es, populäre Musik als (Selbst-)Inszenierungspraxis zu untersuchen, die nicht nur in parasozialen Beziehungskonstellationen, also in der tertiärmedienvermittelten Kontaktaufnahme von Stars und Publikum, fortgeschrieben wird, sondern eben auch in orthosozialen Zusammenhängen. Hierauf aufbauend ließen sich differenzierte Einsichten bezüglich bühnenspezifischer und einzelmedienübergreifender Inszenierungsformen eröffnen. Darüber hinaus ist von einer forcierten Erforschung des Live-Phänomens zu erwarten, dass sie konstruktive Ansätze bezüglich der grundlegenden methodentheoretischen Fragestellungen der Performativitätsforschung hervorbringt, wie z.B.: Wie verfährt man mit dem Problem der Flüchtigkeit performativ hervorgebrachter Materialität? Wie führt man analytische Ergebnisse unterschiedlicher Materialebenen (Ding, Körper, Klang) zusammen? Welche Beschreibungskategorien lassen sich für die Sprechhandlungsebene fruchtbar machen? Wie werden Fallkontrastierungen durchgeführt (Performancevergleiche)?

Die Aufgaben im Bereich der Populärkultur- und Popularmusikforschung sind nach wie vor vielfältig. In ihrem eigentlichen Ausmaß werden sie wohl nie endgültig benannt werden können, sind sie doch immer auch eine Reaktion auf die transformativen Prozesse der (musikalischen) Praxis selbst. Gewiss ist jedoch, dass das Wissen um das komplexe Verhältnis von Performativität und Medialität den Forschenden stets als Gradmesser hinsichtlich der Angemessenheit der eigenen theoretischen und methodischen Zugangsweisen dienen wird.

Literatur

Auslander, Philip (1999): *Liveness. Performance in a Mediatized Culture*. London: Routledge.

Ekman, Paul/Friesen, Wallace V. (1969): „The Repertoire of Nonverbal Behavior: Categories, Origins, Usage, and Coding". In: Semiotica: Journal of the International Association for Semiotic Studies. Berlin: De Gruyter Mouton. S. 49-98.

Engh, Marcel (2006): *Popstars als Marke. Identitätsorientiertes Markenmanagement für die musikindustrielle Künstlerentwicklung und -vermarktung*. Wiesbaden: Deutscher Universitäts-Verlag.

Fischer-Lichte, Erika (2004): *Ästhetik des Performativen*. Frankfurt am Main: Suhrkamp.

Goffman, Erving (1977): *Rahmen-Analyse. Ein Versuch über die Organisation von Alltagserfahrungen*. Frankfurt am Main: Suhrkamp.

Hafen, Roland (1998): „Rockmusik-Rezeption in Live-Konzerten". In: Baacke, Dieter (Hg.): *Handbuch Jugend und Musik*. Opladen: Leske + Budrich. S. 369-380.

Hickethier, Knut (2003): *Einführung in die Medienwissenschaft*. Stuttgart: J.B. Metzler.

Holert, Tom/Terkessidis, Mark (1996): „Einführung in den Mainstream der Minderheiten". In: Holert, Tom/Terkessidis, Mark (Hg.): *Mainstream der Minderheiten. Pop in der Kontrollgesellschaft*. Berlin: Edition ID-Archiv. S. 5-19.

Hügel, Hans-Otto (2007): *Lob des Mainstream. Zu Begriff und Geschichte von Unterhaltung und Populärer Kultur*. Köln: Halem.

Jooß-Bernau, Christian (2010): *Das Pop-Konzert als para-theatrale Form. Seine Varianten und seine Bedingungen im kulturell-öffentlichen Raum*. Berlin: De Gruyter.

Jost, Christofer (2012): *Musik, Medien und Verkörperung. Transdisziplinäre Analyse populärer Musik*. Reihe: Short Cuts | Cross Media, Band 5. Baden-Baden: Nomos.

Jost, Christofer (2011): „U2 und die ‚Realität der Massenmedien'. Zur Transmedialität populärer Musik". In: Jost, Christofer et al. (Hg.): *Populäre Musik, mediale Musik? Transdisziplinäre Beiträge zu den Medien der populären Musik*. Reihe: Short Cuts | Cross Media, Band 3. Baden-Baden: Nomos. S. 147-175.

Jost, Christofer/Neumann-Braun, Klaus (2010a): „Comeback populärer Laienmusikkultur(en) unter digitalen Vorzeichen". In: MusikTheorie. Zeitschrift für Musikwissenschaft. 25. Jahrgang, Heft 4, 2010, Themenheft „Musik in der Mediengeschichte". S. 364-379.

Jost, Christofer/Neumann-Braun, Klaus (2010b): „Do-it-yourself-Musikstars oder der Siegeszug von Amateurbildern (Stills) und -filmen (Clips) im Social Web". In: Museum Folkwang (Hg.): *A Star Is Born. Fotografie und Rock seit Elvis* (Ausstellungskatalog). Göttingen: Edition Folkwang/Steidl. S. 283-294.

Jost, Christofer/Neumann-Braun, Klaus/ Schmidt, Axel (2010): „Bild-Text-Ton-Analysen intermedial – am Beispiel von Musik(video)clips". In: Deppermann, Arnulf/Linke, Angelika (Hg.): *Sprache intermedial: Stimme und Schrift, Bild und Ton. Jahrbuch des Instituts für Deutsche Sprache 2009*. Berlin: De Gruyter. S. 469-492.

Kleiner, Marcus S. (2008): „Pop fight Pop. Leben und Theorie im Widerstreit". In: Matejovski, Dirk/Kleiner, Marcus S./Stahl, Enno (Hg.): *Pop in R(h)einkultur. Oberflächenästhetik und Alltagskultur in der Region*. Essen: Klartext. S. 11-42.

Kramer, Kirsten/Dünne, Jörg (2009): „Einleitung: Theatralität und Räumlichkeit". In: Dünne, Jörg/Friedrich, Sabine/Kramer, Kirsten (Hg.): *Theatralität und Räumlichkeit. Raumordnungen und Raumpraktiken im theatralen Mediendispositiv*. Würzburg: Königshausen und Neumann. S. 15-32.

Krämer, Sybille (1998): „Das Medium als Spur und als Apparat". In: Krämer, Sybille (Hg.): *Medien – Computer – Realität. Wirklichkeitsvorstellungen und Neue Medien*. Frankfurt am Main: Suhrkamp. S. 73-93.

Lowry, Stephen (2003): „Star". In: Hügel, Hans-Otto (Hg.): *Handbuch Populäre Kultur. Begriffe, Theorien und Diskussionen*. Stuttgart: J.B. Metzler. S. 441-445.

Maase, Kaspar (2003): „Massenkultur". In: Hügel, Hans-Otto (Hg.): *Handbuch Populäre Kultur. Begriffe, Theorien und Diskussionen.* Stuttgart: J.B. Metzler. S. 48-56.

Mattig, Ruprecht (2009): *Rock und Pop als Ritual. Über das Erwachsenwerden in der Mediengesellschaft.* Bielefeld: transript.

McLuhan, Marshall (1964): *Understanding Media. The Extensions of Man.* New York: McGraw-Hill.

Pfleiderer, Martin (2008): „Live-Veranstaltungen von populärer Musik und ihre Rezeption". In: Gensch, Gerhard/Stöckler, Eva Maria/Tschmuck, Peter (Hg.): *Musikrezeption, Musikdistribution und Musikproduktion. Der Wandel des Wertschöpfungsnetzwerks in der Musikwirtschaft.* Wiesbaden: Gabler Edition Wissenschaft. S. 83-107.

Rapp, Uri (1973): *Handeln und Zuschauen. Untersuchungen über den theatersoziologischen Aspekt in der menschlichen Interaktion.* Darmstadt: Luchterhand.

Schmidt, Siegfried J. (1998): „Medien: Die Kopplung von Kommunikation und Kognition". In: Krämer, Sybille (Hg.): *Medien – Computer – Realität. Wirklichkeitsvorstellungen und neue Medien.* Frankfurt am Main: Suhrkamp. S. 55-72.

Schumacher, Eckhard (2002): „Performativität und Performance". In: Wirth, Uwe (Hg.): *Performanz. Zwischen Sprachphilosophie und Kulturwissenschaften.* Frankfurt am Main: Suhrkamp. S. 383-402.

Seel, Martin (1998): „Medien der Realität und Realität der Medien". In: Krämer, Sybille (Hg.): *Medien – Computer – Realität. Wirklichkeitsvorstellungen und neue Medien.* Frankfurt am Main: Suhrkamp. S. 244-268.

Straub, Jürgen (1998): „Personale und kollektive Identität. Zur Analyse eines theoretischen Begriffs". In: Assmann/Aleida, Friese/Heidrun (Hg.): *Identitäten. Erinnerung, Geschichte, Identität.* Frankfurt am Main: Suhrkamp. S. 73-104.

Tholen, Georg Christoph (2005): „Medium/Medien". In: Roesler, Alexander/Stiegler, Bernd (Hg.): *Grundbegriffe der Medientheorie.* Paderborn: Wilhelm Fink. S. 150-172.

Toynbee, Jason (2000): *Making Popular Music. Musicians, Creativity and Institutions.* London: Arnold.

Wicke, Peter/Ziegenrücker, Kai-Erik und Wieland (2001): *Handbuch der populären Musik.* 4. Aufl. Mainz: Schott.

Willems, Herbert (1997): *Rahmen und Habitus. Zum theoretischen und methodischen Ansatz Erving Goffmans: Vergleiche, Anschlüsse und Anwendungen.* Frankfurt am Main: Suhrkamp.

Willems, Herbert (2009): „Stile und (Selbst-)Stilisierungen zwischen Habitualität und Medialität". In: Willems, Herbert (Hg.): *Theatralisierungen der Gesellschaft 1: Soziologische Theorie und Zeitdiagnose.* Wiesbaden: VS Verlag für Sozialwissenschaften. S.113-135.

Internet

http://board.Muse.mu/search.php?searchid=6878278 (28.06.2010)

http://www.hallenstadion.ch/sites/stadion/zahlen_fakten.html

http://www.Musewiki.org/The_Resistance_%28album%29#Chart_positions (28.06.2010)

http://www.nme.com/reviews/Muse/1184 (Zugriff am 27.06.2010)

http://www.rollingstone.com/music/artist/news/artists/8865/60298/60315 (27.06.2010)

http://www.youtube.com/watch?v=hwAYup4I5Ss (09.07.2010)

http://www.youtube.com/watch?v=tn2qKraB1lQ (28.06.2010)

Anhang

Setlist Muse-Konzert, Hallenstadion Zürich, 18.11.2009

1. *Uprising*
2. *Resistance*
3. *New Born*
4. *Map of the Problematique*
5. *Supermassive Black Hole*
6. *MK Ultra*
7. *Interlude*
8. *Hysteria*
9. *Nishe*
10. *United States Of Eurasia*
11. *Feeling Good*
12. *Helsinki Jam*
13. *Undisclosed Desires*
14. *Starlight*
15. *Plug In Baby*
16. *Time Is Running Out*
17. *Unnatural Selection*

Encore:
18. *Exogenesis: Symphony, Part 1: Overture*
19. *Stockholm Syndrome*
20. *Knights of Cydonia*

I used to have a brain
> *Bee Gees, I Can't See Nobody, 1967*

Popular culture ... is one of the places where
socialism might be constituted.
That is why »popular culture« matters.
Otherwise, to tell you the truth,
I don't give a damn about it.
> *Stuart Hall, Notes on Deconstructing*
> *»the Popular«, 1980*

Aufbruch und Tod im Hamburger Hafen

Über Performativität, Medialität und Bildung am Beispiel
zweier ästhetischer Figuren
des Darstellers Dschingis Bowakow

Olaf Sanders

Ich schreibe über Hark Bohms *Nordsee ist Mordsee* (D 1976) und *Hölle Hamburg* (D 2007) von Peter Ott und Ted Gaier. Als eine der Hauptfiguren wirkt in beiden Filmen der Hamburger Hafen. Kann der Hafen eine Hauptfigur sein? Die Filme verbindet auch Dschingis Bowakow, der in *Nordsee ist Mordsee* als Dschingis Ulanow auftritt und in *Hölle Hamburg* als Rodriguez, Seemann auf der Rheinland, einem *abandoned ship*. Die Filme trennen gut 30 Jahre.

Ich beginne diesen Beitrag mit dem im wissenschaftlichen Sprachgebrauch verpönten Pronomen »ich«. Ich, ich, ich, bei manchem bereits eine Frechheit. Sie kennen das. Das Personalpronomen soll keine Spur legen und auch nicht mit einem Zaunpfahl winkend den Übergang in die Poptheorie oder Pop-Philosophie als mir vertrautem Territorium markieren. Es zeigt zuerst eine Reihe von persönlichen Bezügen an, die ich nicht verschweigen will. Ich sah *Nordsee ist Mordsee* als Kind in einen Hamburger Vorortkino mit großem Saal und träumte wie fast alle Kinder damals wohl irgendwie wenigstens ab und zu auch mal davon, ein Segelboot zu klauen und einfach abzuhauen. Viele solcher Kinos wurden in den 1980er-Jahren geschlossen. Mir ist auch die Schularchitektur, die im Film zu sehen ist, vertraut. Man unterrichtete die geburtenstarken Jahrgänge in Hamburger Neubaugebieten in Baracken, wie die Pavillons seinerzeit genannt wurden. Als Assoziation zu Baracke taucht Lager auf. Die Baracken sind länger schon wieder abgerissen und die Zigarettenautomaten durch aufbruchsicherere ersetzt. Wenn ich den Film, dieses Zeitdokument, in dem man sehen kann, wie die Leute früher gelebt haben – Blonde (Tilda Swinton) erinnert in *The Limits of Control* (USA/J 2009) an diese Eigenschaft alter Filme –, heute wiedersehe, bleibt mein Blick im Vorspann immer an dem Haus hängen, in dem ich später eine längere Weile wohnte. Lange Geschichte, kurz, um eine Wendung Lieutenant Aldo Raines (Brad Pitt) aus *Inglourious Basterds* (USA/D 2009) zu gebrauchen: Ich glaube, die Gefühlsstruktur zu kennen.

Beide Filme, *Nordsee ist Mordsee* und *Hölle Hamburg*, handeln von Widerstand, seinen Möglich- und Unmöglichkeiten. Ted Gaier gehört als Gründungsmitglied der Punkband Die Goldenen Zitronen zu einer widerständigen Hamburger Subkultur und der Fassbinder-Darsteller Hark Bohm als Regisseur zur zweiten Welle des Neuen Deutschen

Films. Bohms Kino ist politisch und steht in der Tradition des italienischen Neorealismus. *Nordsee ist Mordsee* könnte auch Norddeutschland im Jahre 1976 heißen. Lokale und zeitliche Bezüge bedeuten bei Bohm etwas. Unter dem Titel steht im Vorspann, kleiner gesetzt: »gedreht in Hamburg und auf der Unterelbe | Sommer 1975« (0:00:11). Hamburg stellt sich auch in anderen seiner Filme dar, z.B. in Moritz, lieber Moritz (D 1978) und Yasemin (D 1988). Widerstand ist performativ, er existiert nur im Widerstand. Mein Erkenntnisinteresse richtet sich – nicht nur – deshalb auf die Widerstandspraxen und -motive der beiden Filme. Populäre Kultur interessiert mich hauptsächlich als Feld, auf dem Widerstand und Abweichung entwickelt und erprobt werden kann. Was lebt, beharrt und weicht ab.

Eine Stadt oder einen Hafen als Performer denken zu können, setzt eine Theorie voraus, die dies erlaubt. Für mich leistet dies am besten Deleuzes Kinophilosophie, die ich im ersten Teil dieses Beitrags so weit entfalten werde, wie es als Beitrag zum Diskurs über Medialität und Performativität, zu dem dieser Band beitragen will, und zur Analyse der beiden Filme, die im zweiten und dritten Teil folgt, nötig ist. Die Analyse beschränkt sich nicht auf Dschingis und Rodriguez als ästhetische Figuren im engeren Sinn – das ist bloß Einsatz und Aufhänger –, sie fragt auch nach der Möglichkeit von Bildungsprozessen als Bildung eines Gemeinsamen, denn inzwischen wissen wir, dass wir neue Erden und Lebensweisen jenseits der Eigentums- und Identitätslogik suchen und schaffen müssen. Populäre Kultur und vor allem das Kino bleibt ein Feld der Suche und des Experiments, das sich selbst immer wieder als etwas Geteiltes und Gemeinsames herstellen muss. Sie wirkt auf sehr grundlegende Weise als Medium, indem sie die Lücken zwischen den Individuen durch Praxen und Performatives, Artefakte und Immaterielles füllt. Die mühsam – auch in der Pop-Geschichte – hergestellte Individualität – man denke nur an Sailors (Nicolas Cage) Aussage zu seiner Schlangenlederjacke in David Lynchs *Wild at Heart* (USA 1990) – geht als Dividuelles im Gemeinsamen auf. Mein Konzept Populärer Kultur schließt letztendlich an Halls an. Zur Wahl stehen eine Neufassung von Sozialismus oder die Diktatur der Angepassten, nachzuhören bei Blumfeld (vgl. Behrens 2003).

Performativität als Medialität

Die Medialität der klassischen Medien Populärer Kulturen, der populären Musik und des Kinos, sowie neuerer Medien wie Fernsehserien und Computerspielen liegt in ihrer doppelten Performativität.

»Music«, schreibt Simon Frith (1996, 137), »is defined by its performance, only exists *as it is performed*.« Das heißt, dass Notation noch keine Musik ist oder keine mehr. Musik entsteht erst und nur, wenn sie gemacht oder aufgeführt wird. Friths Einsicht gilt auch für auf andere Speichermedien aufgezeichnete Musik. Weder auf Vinyl- noch auf Festplatten, nicht auf CDs oder Flash-Speichern befindet sich Musik. Sie erklingt erst und nur in der Wiederaufführung während des Abspielvorgangs. Genau in diesem ersten elementaren Sinn ist Musik performativ. Mit Bezug auf Richard Waterman fügt Frith (1996, 137) hinzu, dass die ideale Weise, populäre Musik zu hören, darin bestehe, zu ihr zu tanzen – und wenn nur im eigenen Kopf. Populäre Musik meint hier afrikanischstämmige Musik, die Rhythmus bekanntlich besondere Bedeutung beimisst. Rhythmus bildet sich zwischen Körpern, wenn Körper auf Körper einwirken, und überträgt sich auf weitere Körper, die dann z.B. tanzen. Musik, die Körper zum Tanzen bringt und damit indirekt womöglich außerdem Verhältnisse, ist auch in eben diesem zweiten Sinn performativ. Sie erschafft sich nicht nur selbst, sondern auch noch etwas anderes, von ihr abweichendes. Die Medialität populärer Musik besteht also in der Kreation eines rhythmisierten Milieus, wobei sich die Kreation selbst als performative Aktion oder als Ereignis erweist. Medium, lat. Mitte, und Milieu, frz. nicht nur Umgebung, sondern auch Mitte, gehören zu einem Stamm.

Musik und Kino zählen zu den flüchtigen Zeitkünsten. Insofern verwundert es nicht, dass das die Konstruktion der doppelten Performativität auch für das Kino trägt. Kino ist, was projiziert wird, und nur, was auf die Leinwand, den Bildschirm und über diese Umwege oder unmittelbar in das Gehirn projiziert wird. Der französische Philosoph Gilles Deleuze bezeichnet das Gehirn in einem Interview als Leinwand oder Bildschirm (beides *écran*), weil es Einheit herstellt (vgl. Deleuze 2005, 270). Kino begreift er folglich im Umkehrschluss als ein »Gehirn, das flackert und wiederverkettet oder Schleifen zieht« (Deleuze 1997, 277, Übersetzung leicht verändert). Wiederzuverketten und Schleifen zu ziehen heißt zu denken. Kino denkt also oder kann zumindest denken und nicht nur zu denken geben. In Tausend Plateaus charakterisieren Deleuze und sein Ko-Autor Félix Guattari das Gehirn als Gras (herbe), das oft als Baum (arbre) verkannt wird (vgl. Deleuze/Guattari 1992, 28). Nun ist Verkenntnis generell unvermeidbar. Das bedeutet aber natürlich nicht, dass der Wunsch, Komplexität zu reduzieren, verzweigte Verzeichnisbäume imaginieren muss, wo Rhizome wuchern. Menschen sind keine trivialen Maschinen und ihre Gehirne keine starren Strukturen, sondern bewegliche Mannigfaltigkeiten, die Teil anderer Mannigfaltigkeiten sind und aus nichts als aus Mannigfaltigkeiten bestehen.

Gehirne und Leinwände oder Bildschirme stellen Einheit her, werden diese aber nicht. Deleuze und Guattari präzisieren in *Was ist Philosophie?* (1996, 247), ihrem letzten gemeinsamen Buch, dass das Gehirn, bloß eine Menge von Verbindungen ist: und, und, und. An den Verbindungen, also im Gehirn, das natürlich nicht auf ein individuelles Organ reduziert werden darf – das Unbewusste befindet sich in einigen Topologien seit Lacan, über dessen Denken Deleuze und Guattari hinausgelangen wollen, außen und erweist sich dort als kollektiv –, treffen sich Begriffspersonen mit ästhetischen Figuren und Partialbeobachtern als eigentlich Agierende. Sie erschaffen Begriffe, Sensationen oder Funktionen. Ästhetische Figuren müssen keine Figuren im engeren Sinn sein wie Filmrollen. Ästhetische Figuren werden durch Deleuze und Guattari pragmatisch als Mannigfaltigkeiten bestimmt, die Affekte und Perzepte erschaffen. Affekte und Perzepte sind keine Affektionen oder Perzeptionen, sondern aus ihren subjektiven Bindungen gelöst, so dass sie frei wirken können. So wenig Begriffspersonen in Philosophien erscheinen müssen, so wenig müssen die ästhetischen Figuren in Kunstwerken (Monumenten) erscheinen. Bisweilen lassen sie sich nur anhand ihrer Akte rekonstruieren.

Deleuze und Guattari lassen hier – wie oft – die Anthropomorphie fliehen. Ein Mensch ist als Philosoph, Künstler oder Wissenschaftler lediglich Hülle von Begriffspersonen, ästhetischen Figuren und Partialbeobachtern. Wenn das Denken in den Verbindungen stattfindet, dann folgt unmittelbar: »Es ist das Gehirn, das denkt, und nicht der Mensch, der Mensch ist nur eine zerebrale Kristallisation.« (Deleuze/Guattari 1996, 249) Das Motiv der Kristallisation lädt Deleuze schon in *Das Zeit-Bild*, seinem zweiten Kinobuch, mit Bedeutung auf. Ein Kristall ist wie Rhizom oder Meute Aktualisierung einer Mannigfaltigkeit; und Meuten, Rhizomen und Kristalle korrespondieren mehr oder minder intensive Werdensprozesse: Tier-Werden, Pflanze-Werden, Anorganisch-Werden. Die Intensität bemisst sich über die Differenz zum universellen Maßstab, dem weißen, erwachsenen, europäischstämmigen Mann.

Werdensprozesse korrespondieren dem Sein als zweiter Strang einer doppelten Artikulation als reine Performanz. Sie hinterlassen im Sein höchstens Spuren, wenn sie es perforieren oder durchlöchern. Kinobilder verschwinden spurlos – *images* sind flüchtig –, Spuren hinterlassen sie im Denken, das sie anstoßen, wenn dieses aufgezeichnet wird. Images sind nicht einmal notwendig visuell. Sie bilden ein Drittes zwischen Materie und Idee und können ebenso gut klanglich sein. Deleuze (1997, 315) (er)findet ein autonomes klangliches Bild (image sonore autonome), das sich vom visuellen Bild trennt, so dass dieses lesbar wird und zwischen dem visuellen und dem akustischen Bild Neues emergieren kann. Deleuze stellt dem Kino des Körpers, das er bei Jean-Luc Godard oder John Cassavetes findet und das versucht, die Verhältnisse tanzen zu lassen, ein Kino des Gehirns beiseite, für das Alain Resnais und Stanley Kubrick stehen und das uns denken lässt, d.h. dann wohl: tanzen im Kopf.

Zeitbilder machen Ritornelle wahrnehmbar. Ritornelle sind rhythmische Figuren, die Abweichungen generieren. Deleuze und Guattari unterscheiden streng zwischen Rhythmus und Takt, der auf Gleichförmigkeit hinausläuft. Sie nennen Takt dogmatisch und Rhythmus kritisch (vgl. Deleuze/Guattari 1992, 427). Ihr Kritikbegriff erweist sich als Kant-kompatibel und verweist zurück auf Möglichkeitsbedingungen. Ritornelle produzieren durch die Generation von Abweichung Zeit und Neues. Deleuze transzendental-empirische Ästhetik funktioniert anders als Kant transzendentale (vgl. Kant 1983, Bd. 3, B 49 ff.). Zeit bleibt Grundlage jeglicher Performativität, und das Neue kommt uns aus der Zukunft zu. Neues zu denken, erfordert wiederum projektive Gesten, die eine zweite Ebene von Performativität erzeugen. Die Medialität des Kinos liegt also in der doppelten Artikulation zweier Projektionen und ihrer produktiven Interferenzen. Artikulation bedeutet Verbindung, Gliederung (Trennung oder Unterteilung) und Ausdruck. Produziert werden Heterotopien, in diesem Falle Medien-Heterotopien als kritikfeste alternativ mögliche Medienwirklichkeiten (vgl. Kleiner 2006, 400).

Steven Johnson (2006) geht davon aus, dass wir durch Computerspiele und Fernsehserien smarter werden. Dass Smarter-Werden immer eine Art von Bildungsprozess benennt, darf bezweifelt werden, weil es Wasser auf die Individualitätsmühlen ist und als solches gravierende Nebenwirkungen hat, wenn das Lustprinzip wieder hegemonial wird, z.B. eine anti-emanzipatorische Infantilisierung (vgl. Stiegler 2008). *Nordsee ist*

Mordsee lässt sich auch als Reiseangebot in eine Zeit auffassen, in der Kinder noch nicht für immer Freunde ihrer Eltern sein wollten und umgekehrt.

Nordsee ist Mordsee

Der Film beginnt mit einer Folge von Luftaufnahmen. Überflogen werden die 1974 eingeweihte Köhlbrandbrücke, Blohm und Voss, die große Werft am Südufer der Norderelbe, wo gerade eine Bohrinsel im Bau ist – die erste Ölkrise liegt 1975 gerade zwei Jahre zurück –, die südliche Neustadt mit dem Michel, als einem bekannten, wenn nicht dem Wahrzeichen der Stadt, und die Neubaugebiete in Wilhelmsburg, der Elbinsel, die von der Bahntrasse, die Hamburg mit Harburg, Hannover und Bremen verbindet, in Nordsüdrichtung durchschnitten wird. Der Vorspann ist unterlegt mit Udo Lindenbergs Song *Er wollte nach London* von der LP *Alles klar auf der Andrea Doria* (1973). Der Flug endet bei dem Block, in dem Uwe Schiedrowski (Uwe Enkelmann, später Uwe Bohm) mit seinen Eltern wohnt. Auf die Totalen mit der beweglichen Kamera folgt eine Nahaufnahme auf den Kopf von Uwe im Profil am Fenster sitzend mit starrer Kamera (0:01:55). Uwe ist der jugendliche Hauptdarsteller. Die Musik endet, und Uwe wird von seinem Vater (Marquard Bohm) gerufen. Sein Vater sieht fern, einen Zeichentrickfilm, den man wie in Jim Jarmuschs *Stranger Than Paradise* (USA 1984) nur hört – heute womöglich Teil der Populärkulturgeschichte – und fordert seinen Sohn auf, ihm Zigaretten zu holen. Uwe entgegnet, dass er denke, er solle Schularbeiten machen. Sein Vater darauf: »Das kannste vergessen, krisst ja doch keine Lehrstelle.« Uwe und sein Vater sprechen Dialekt, was in deutschen Filmen seither immer seltener vorkommt. Uwe will nicht laufen, nur weil sein Vater seine »Dippen« vergessen habe. Sein Vater fährt hoch, kippt den Wohnzimmertisch um und geht auf Uwe los. Uwe lenkt ein und verlangt Geld. Uwes Vater ist offensichtlich angetrunken. Er trägt Uwe auf, seiner Mutter zu bestellen, dass sie nach Hause kommen solle. Uwe erinnert ihn daran, dass sie erst um halb sieben kommen könne. »Ich hab Hunger«, hört man seinen Vater noch nölen, worauf Uwe antwortet »Mach Dir doch Dein Fressen alleine.« Er verlässt die Wohnung und nach einen Schnitt (0:02:56) das Wohnhaus. Uwe und sein Vater sind in einem ähnlichen Stil gekleidet. Sie tragen enge unten leicht ausgestellte Jeans, körperbetonte kurze T-Shirts, Gürtel mit großen Schnallen und Absätze. Die Jugendlichen tragen den Subkulturchic der Erwachsenen, der sich in guter Cultural Studies-Tradition noch der Arbeiterklasse zuschlagen lässt. Die Wohnung ist neu und modern eingerichtet. Die Arbeiterklasse ist offensichtlich noch nicht im Prekariat aufgegangen.

Bohm verfilmt den Autoritätsverlust von Vätern. Uwes Vater arbeitet als Barkassenkapitän. Uwe zeigt Dschingis später die Seemannschule, die sein Vater besucht hat; und Uwes Vater fährt einen früheren Seemannsmitschüler, der es zum schmuck uniformierten Kapitän auf große Fahrt gebracht hat. Der Familie wegen ist Uwes Vater im heimischen Revier geblieben, kann sich das Publikum erschließen. Er trinkt und ist für die eine oder andere kleinere Überschreitung zu haben wie Bier zu trinken, während er Auto fährt, und seinen Sohn Auto fahren lassen. In einigen wenigen Momenten des Films erscheinen Uwe und sein Vater dann auch wie Kumpels. Uwe versucht die Position des Vaters als Anführer in seiner Gang zu halten, was ihm anfangs nur schwer und im Verlauf des Films überhaupt nicht mehr gelingt.

Der Versuch, einen Zigarettenautomaten zu knacken, misslingt. Anschließend macht die Gang Dschingis, der auf seinem Rennrad vor dem Supermarkt wartet, in dem seine Mutter einkauft und die Mutter von Uwe als Kassiererin arbeitet, rassistisch an. Günther, ein Freund von Uwe, äußert, dass er manchmal glaube, dass der Kanacker – Ingrids Wort –, der da rumlungert, mit seinen Schlitzen gar nichts sehen könne. Man hört von Dschingis, bevor man ihn zum ersten Mal sieht (03:55). In Konvergenzmontage laufen die Szenen im Edeka-Markt – Dschingis' Mutter, die mit starken Akzent deutsch spricht, wird erst an der Fleischtheke nur widerwillig bedient, die Kassiererin kassiert nicht gleich, sondern beobachtet, was sich vor dem Laden abspielt, bis Dschingis' Mutter Uwes Mutter, die sie und das Publikum bisher nicht kennt, bittet, sich zu beeilen – und auf der Wiese – wo Dschingis rhetorisch gefragt wird, ob er denn nicht wisse, dass es verboten sei, dass Kanacker deutsche Fahrräder fahren, Gerd das Ventil aus seinen Hinterrad schraubt, und sie ihm schließlich das Rad ganz zu entreißen versuchen – zusammen. Dschingis' Mutter stürmt aus dem Supermarkt und fordert die Jugendgang auf, den Jungen in Ruhe zu lassen. Die Gang lässt das Rad los, weicht tatsächlich zurück und versucht dabei das Gesicht zu wahren. Gerd wirft das Ventil weg, Dschingis und seine Mutter müssen es suchen. Die Suche und das Aufpumpen des Rades werden verbal durch jugendliche Erniedrigungen begleitet und weiterhin rassistisch kommentiert. Dschingis' Mutter Katja erfüllt die Funktion eines Vaters, der in dieser Familie fehlt. Sie erzieht Dschingis allein und sorgt zudem gut für ihn. Sie brät ihm ein Steak und isst selbst keins. Sie, die sich als Ausländerin sieht, versucht die Integrationserwartungen der Gesellschaft so gut wie möglich zu erfüllen und behauptet sich zugleich gegen die ungerechtfertigten sozialen Rangzuweisungen. Uwe kehrt mit seiner Mutter nach Hause zurück, wo sich beide, Mutter und Sohn, gegen die väterliche Gewalt zu wehren und einander zu schützen versuchen. Uwe Vater kündigt seiner Frau an, dass sie gleich einen in den Nacken kriege, was seinerzeit zur Ankündigung von Schlägen für Kinder und auch als ironisches Mittel eine gebräuchliche Wendung war, durch die der Vater die Mutter auf eine Stufe mit dem Sohn stellt. Er schlägt sie dann auch tatsächlich nieder. Uwe trinkt und raucht wieder am Fenster in der Abenddämmerung, während seine Mutter im Hauskittel dem Vater die Thermoskanne und die Brotdose für den folgenden Arbeitstag auf den Küchentisch stellt und zu ihm – er schläft schon im Ehebett seinen Rausch aus – ins Schlafzimmer geht. Das Familienleben geht weiter wie gewöhnlich, ein Intercity fährt vorbei. Die erste Sequenz endet mit einer Schwarzblende (0:08:31). Die Schwarzblenden eignen sich zur groben Sequenzierung, für eine feinere Untersequenzierung böten sich die im Stil variierenden Instrumentalmusikpassagen an.

Die zweite Sequenz gehört Dschingis, der zweiten jugendlichen Hauptfigur, die im Kontrast zu Uwe entwickelt wird, und dem Hafen (bis 0:27:31). Dschingis' Mutter stellt ihrem »Dschingili« das stärkende Frühstück hin, dieser identifiziert sich mit Bruce Lee und kippt den Orangensaft in den Ausguss. Uwes Vater fährt Barkasse, der Hafen erscheint als Tor zur Welt, um eine alte Hamburgwerbefloskel zu gebrauchen, aber eben auch nur als Tor. Die Welt beginnt dahinter. In der Schule wird Dschingis wieder von den Gangmitgliedern angemacht. Nach der Schule fährt er zu einer Industriebrache, wo er sich aus dem Material, was er vorfindet, ein Floß baut. Das Floß heißt Xanadu und verweist so auf die Sommerresidenz Kublai Kahns (1215–1294), eines Enkels Dschingis Kahns, und weiter auf das Schloss, das sich Charles Foster Kane in Orson Welles *Citizen Kane* (USA 1941) mit Hinweis auf Kublai Kahn errichtet. Die Ulanows könnten Vorfahren in der Weltgegend haben, die einst durch die Kahns regiert wurde, durch Nomaden, die sich Deleuze und Guattari zufolge nicht durch den Raum bewegen, sondern den Raum. An Steuerbord heißt das Floß – ganz kindlich oder verschwörungstheoretisch – Udanax. Auch Kinder und Jugendliche müssen – wie sich aus *Tausend Plateaus* folgern lässt – Kind-Werden. Dschingis ist Einzelgänger und ein Bastler. Die Gang bricht derweil einen Spielautomaten auf, Uwe kauft ein Springmesser und entdeckt schließlich Dschingis' Floß.

In der dritten Sequenz (bis 0:45:55) eskaliert das Geschehen. Uwe, der das Geld aus dem »Daddelautomaten« für das Messer ausgegeben hat, wird von der Gang zur Rede gestellt. Die Mitglieder fordern ihren Anteil. Uwe sieht Dschingis und erklärt, dass er eine Idee habe. Die Gang folgt ihm auf dem Rad. Auch Dschingis ist auf dem Rad unterwegs, hält an und entdeckt sein zerstörtes Floß. Was in der Ellipse geschehen ist, sieht das Publikum nicht. Die Annahme, dass die Gang es zerstört hat, liegt nah. Dschingis fischt die Floßteile von einem kleinen Kahn aus aus dem Wasser, die Gang bewirft ihn vom Ufer aus mit Steinen. Es kommt zum Kampf zwischen Dschingis und der Gruppe, in dessen Verlauf Uwe Dschingis mit einem Pfahl niederschlägt. Ingrid vermutet, Uwe habe ihn »todgehauen«, was sich als Irrtum erweist. Dschingis erholt sich, die Gang nimmt Reißaus. Dschingis stellt Uwe und setzt den Kampf auf Leben und Tod fort, nun Kung Fu-Junge gegen Kung Fu-Junge. Im Film ist die Rede von Karate. Auch in Uwes Zimmer hängt ein Bruce Lee-Poster. Bohm scheint einen Auszug aus dem berühmtesten Kapitel aus Hegels *Phänomenologie des Geistes* (1807) zu verfilmen, Herrschaft und Knechtschaft, wo wir lesen können, dass Arbeit bildet (Hegel 3, 153). Dschingis gewinnt den Kampf, unterwirft Uwe, der das Floß dann unter seiner Anleitung und – später – mit seiner Hilfe wieder zusammenbauen muss. Diese Arbeit bildet tatsächlich, denn Uwe ändert seine Sicht auf Dschingis und dessen Welt, sein Verhältnis zu ihm und wird auch selbst ein Anderer, agiert nicht mehr nur diebisch abschöpfend, sondern auch produktiv.

Uwe kehrt zu seiner Gang zurück, und klaut, um seine durch die Niederlage gegen Dschingis verlorene Position zurückzugewinnen, ein Auto, das fahren zu können, er angibt. Als er von seiner Spritztour zurückkehrt, greift ihn die Polizei auf und bringt ihn nach Hause. Weil er ihm die Polizei auf den Hals gehetzt habe, verprügelt Uwes Vater seinen Sohn brutal. Dschingis' Mutter entdeckt Blut auf dem gelben T-Shirt ihres Sohnes und fragt, was passiert sei. Sie spricht auch mit ihrem Sohn deutsch. Dschingis wiegelt ab. Später liegt er im Bett und liest ein Jugendbuch, dessen Cover ein gemaltes Segelboot ziert. Hinter ihm stehen selbstgebaute Segelfahrzeugmodelle, unter anderem des Balsafloßes Kon-Tiki, mit dem Thor Heyerdal 1947 den Pazifik übersegelte. Das Poster an der Wand über seinem Bett zeigt ein Papyrusboot, ähnlich der Ra und der Ra II, die Heyerdal für seine Atlantiküberquerungsversuche 1969/1970 baute. Über seine Expeditionen drehte Heyerdal Dokumentarfilme, der über die Ra wurde 1972 für den Oscar nominiert. Das Floß fungiert auch als Zeiten durchquerendes Vehikel von Bildungsreisen ins Große.

Eine vierte Sequenz schließt den Film ab (bis 1:22:13). Dschingis trifft Uwe am Eingang des Hauses, in dem die Familie Schiedrowski wohnt, Uwe bittet Dschingis, ihn in der Schule zu entschuldigen und ihm die Hausaufgaben mitzubringen. Sie treffen sich nach der Schule in Uwes Zimmer, das voll von Kriegsspielzeug ist: futuristische Roboter, Panzer und ein Kriegsschiffsmodell. Sie sprechen über die Misshandlung durch Uwes Vater und Uwes Wunsch abzuhauen. Dschingis schlägt vor, dass Uwe eine Weile zu ihnen, den Ulanows, ziehen könne. Sie fahren mit dem Bus nach Billstedt, wo die Mutter in einer Fabrik arbeitet, um sie um Erlaubnis zu fragen. Der Busfahrer – noch Gesetz – wirkt erzieherisch; und die Mutter lehnt ab, weil es gegen deutsche Gesetze sei, Kinder anderer Leute ohne deren Wissen aufzunehmen. Auf der Busrückfahrt entscheidet Dschingis unter Tränen: »Jetzt hauen wir beide ab.« (0:50:51) Dschingis wird nun endgültig zur handlungstragenden Figur. Gemeinsam mit Uwe macht er sein Floß klar. Sie passieren die Alte Schläuse in Wilhelmsburg, rudern den Reiherstieg hinauf und durch die sich anschließenden Kanäle bis zur Norderelbe, wo sie umkehren, weil Uwe die »Barkasse des Alten« am Vorsetzen zu erkennen glaubt. Sie haben den Weg aufgrund der Strömung nehmen müssen, erläutert Dschingis, und segeln nun wieder zurück. Hinter der Rethehubbrücke steuern sie eine Bucht an, in der einige Jollen festgemacht sind. Uwe fragt Dschingis, ob er auch mit richtigen Booten umgehen könne. Uwe entert eine Polyp-Jolle und bricht deren Stauraum mit der mitgeführten Axt auf. Dschingis zaudert und vermutet Diebstahl, was Uwe mit einem mirakulösen Exkurs über Eigentum und dessen Nutzung entkräftet. Dschingis segelt mit Uwe an der Vorschot durch die Rethe in den Kölbrand. Sie sehen lange zur Köhlbrandbrücke hinauf und zurück, so dass sie den ihnen entgegenkommenden Bugsier-Schlepper nicht sehen. Dessen Warnsignal erzwingt ein radikales Ausweichmanöver – von Funk begleitet. Symbolisch überqueren sie die 110. Straße. Die Jolle wird durch die Bug- und Heckwellen, die den ohnehin schon vorhandenen Wellengang stören und verstärken, hin und her geworfen. Sie erreichen die Norderelbe, wo ein Polizeiboot ihren Weg quert und ein Stückgutfrachter. Sie segeln die Elbe rauf und nicht runter wie erst geplant. Sie passieren Altona, die Schornsteine des Heizkraftwerks Wedel kommen in den Blick. Sie verlassen den Hafen auf die Unterelbe. Uwe fordert Dschingis auf, weniger »schräge« zu segeln. Dschingis entgegnet, dass er dem Wind nicht sagen könne, wie er wehen solle. Dass Dschingis die bewegende Figur ist, bestätigt auch Uwes immer wiederkehrende Formel »Ich will ja nichts sagen Dschingis …«, mit der er leichte Kurskorrekturen versucht. Dschingis und Uwe übernachten auf Hahnöfersand in der Nähe des Jugendgefängnisses und werden auf ihrer Flucht – Dschingis imaginiert sich schon für den Bootsdiebstahl in den Knast – auf der Höhe von Stade-Bützfleth von der Wasserschutzpolizei zum Beidrehen aufgefordert. Stattdessen gleiten sie durchs Schilf in die Nebenelbe und weiter ans Ufer. Sie brechen einen Kiosk auf und entkommen der Polizei am folgenden Tag noch ein weiteres Mal auf einer gestohlenen Holzjolle ins Gegenlicht. Das Filmende ist offen. Lindenberg singt:

Ich träume oft davon,
ein Segelboot zu klaun
und einfach abzuhaun
Ich weiß noch nicht wohin
Hauptsache, dass ich nicht mehr zuhause bin,
mit den Alten haut das nicht mehr hin
Jetzt wolln wir doch mal sehen
wie weit die Reise geht
und wohin der Wind mich weht
Es muss doch irgendwo ne Gegend geben
für so 'n richtig verschärftes Leben
Und da will ich jetzt hin

Die fünfte Sequenz fehlt. Die zwei Songs, *Er wollte nach London* zu Beginn des Films und *Ich träume oft davon, ein Segelboot zu klaun und einfach abzuhaun* am Ende bilden eine Klammer. Sie markieren außerdem die entscheidende Verschiebung von der Bahn oder der Schiene – deshalb die Züge – als gekerbter Fluchtlinie, fixiert und an Fahrpläne gebunden, zum Strom oder aufs Meer als glattem Fluchtraum in eine offene Zukunft.

Während der vierten Sequenz wird erst der Hafen, dann Strom und schließlich Wind zum Agierenden, dem sich Dschingis und Uwe anpassen müssen, was ihnen immer besser gelingt. Sie bilden sich, während sich etwas bildet.

Hölle Hamburg

Hölle Hamburg ist ein Film über Medien. Vera (Martina Schiesser) dreht einen Film über den Hamburger Hafen, genauer über die Folgen der Automatisierung bei der Verladung von Containern. Die Rohfassung kommt bei Christiane (Myriam Schöder), der Redakteurin des »Themenabends«, Arte, wohl nicht gut an. Torsten (Matthias Breitenbach), der Produzent, übersetzt für die Dokumentarfilmerin: »Übers Gefühl läuft das, Vera, übers Gefühl« (0:04:12). Sie will später wie Bohm Luftaufnahmen produzieren. Natürlich ist der dafür nötige Hubschrauber zu teuer, und Prekarität wird auch in anderen Zusammenhängen thematisiert: Vera erzieht ihren Sohn Jan allein; die schon recht kinderreiche Familie, bei der Jan sich aufhält, während Vera arbeitet, trocknet – wie einst in Arbeiterwohnungen üblich – die Wäsche in der Küche. Die Mutter ist schwanger, der Vater trinkt und taugt als Autorität auch in diesem Film nichts. Aus diesen Wohnverhältnissen zog man einst ins Grüne, z.B. nach Wilhelmsburg. In der Arbeiterwohnung hängt ein Wandkalender, auf dem Géricaults *Das Floß der Medusa* (1819) zu sehen ist, später hängt in der Wohnküche ein Leuchtkasten mit diesem Bild, das auch Peter Weis in *Die Ästhetik des Widerstands* (1988, z.B. Bd. I, 343) verwendete. Das setzte sich aus linker Perspektive mit den Widerstandsmöglichkeiten von Kunst auseinander wie *Hölle Hamburg* mit denen von Bewegungsbildmedien: »Géricaults Bild jedoch war ein gefährlicher Angriff auf die etablierte Gesellschaft gewesen.« Es ist auch ein Gegenbild zu Dschingis' Poster. Die Gentrifizierung Hamburger Hafengegenden geht weiter. Versucht *Hölle Hamburg* sich auch als gefährlicher Angriff? Veras Geschichte ist der zweite Erzählfaden.

Der Film beginnt mit der Stimme von Rodriguez, der die Geschichte ISH erzählt, der *Internationale der Seemänner und Hafenarbeiter*, die vor 80 Jahren – 1930 – in Hamburg gegründet worden sei, Waffen und Propagandamaterial zu den Aufstandsherden der Welt geschmuggelt und Revolutionäre in den Unterkünften versteckt habe. Die revolutionäre Macht sei gewachsen und die ISH ihr Nervensystem gewesen. Rodriguez malt ein Schaubild der Arbeit der ISH in Signalorange auf Deck eines Schiffes. Gegen den Gestapoterror haben sich die Anführer verstecken müssen, sie ließen ihre Körper auf den Schlachtfeldern, um pure Information zu werden. Schmuggel und Reine-Information-Werden sind schon sehr verschiedene Medialitäten. Die biographische Perspektive wird um eine historische erweitert.

Zwischen den beiden Erzählsträngen sieht man Containerterminals von der Elbe aus. Die narrative Ebene wird um eine beschreibende Ebene ergänzt. Das Begleitheft zur DVD nennt diese »Materialebene«, wohl auch, weil sie auch durch dokumentarisches Material bereichert wird. Wir sehen dokumentarisches Archivmaterial, z.B. von einer Kundgebung vor Hafenarbeitern bei der Ver.di-Chef Frank Bsirske gesprochen hat. Und es werden eine Reihe von Interviews mit Christiane Kurth von der HPA (Hamburg Port Authority), Jörg Stange von der ITF (International Transport Workers Federation), Gerald Hirt von der HPC (Hamburg Port Consulting), die Häfen unter anderem hinsichtlich ihrer Terrorsicherheit zertifiziert und berät, und Florian Marten der HHLA (Hamburger Hafen und Logistik AG) über den Wandel der Arbeit auf Schiffen und im Hafen eingeschnitten, die offenbar besonders dokumentarisch wirken sollen, denn oft erscheinen auch Mitglieder das Aufnahmeteams, ein Mirko oder Ähnliches im Bild, was die Szenen in die Dokumentarfilmproduktionsarbeit integriert und etwas Macht des Falschen entfaltet. Die Erzählstränge laufen endgültig zusammen als Vera auf der Rheinland recherchiert (0:19:09).

Nordsee ist Mordsee und *Hölle Hamburg* verhalten sich wie Neorealismus zu Nouvelle Vague oder wie Rosselini zu Godard, dessen jüngster Film Socialisme (CH/F 2010), auch auf einem Schiff spielt und eine ähnliche Aufklärungsarbeit zu leisten versucht wie *Hölle Hamburg*. *Hölle Hamburg* ist insgesamt viel experimenteller als *Nordsee ist Mordsee*, der im Großen und Ganzen noch dem Aktionsbildschema folgt und so eine nachvollziehbare Handlung samt – und das ist ein Verdienst – ihrer kontingenten und kontingenter werdenden Bedingen rekonstruiert. In *Hölle Hamburg* fallen HD-Video-Bild und Ton bisweilen auseinander, der Sound klingt metallisch, ähnelt Maschinenlärm, die Kamera kommt den Protagonisten oft sehr nahe, viele Bilder wirken nachbearbeitet. Der Film stellt sich – auch darüber informiert das Begleitheft – in die Agitprop-Tradition des sowjetischen Theaters, insbesondere Vsevolod Mejercholds und Sergej Eisensteins, der die Techniken auf den Film überträgt. Dziga Vertov perfektioniert dann das Kino, das – an Einsichten des russischen Neurophysiologen Vladimir Bechterew anschließend – direkt und reflexhaft wirken soll und nicht mehr im Umweg über hermeneutische Verstehensprozesse. Ins deutsche Theater gelangt diese Tradition durch Brecht, vor allem durch seine Lehrstücke, konkret das gemeinsam mit Hanns Eisler konzipierte Stück *Die Maßnahme* (1930), in dem die Aufführenden lernend lehren soll(t)en. Die Hoffnung, dass sich Wahrheiten effektiver transportieren lassen, erfüllt sich oft nicht und schon gar nicht notwendig. Kunst, die in Hegel'scher, Marx'scher und somit auch sozialistischer Tradition eine Wahrheitsprozedur ist, darf sich nicht auf den Transport von Wahrheit beschränken, sondern muss diese als Ereignis hervorbringen. Diese Erkenntnis des französischen Philosophen Alain Badious (2010), der auch in Godards *Film socialisme* (CH/F 2010) auftritt, berücksichtigend besteht die Medialität von *Hölle Hamburg* darin, Ereignissen Raum zu geben und Zeit zu lassen. Der Film kreiert ein Ritornell, d.h. einen Rhythmus, der Räume und Zeiten generiert. Der Einfluss von Brecht und Eisler zeigt sich in einigen Tanz- und Gesangsszenen des Films, die das Theater zugleich als ödipal entlarven und sein Scheitern dokumentieren (vgl. Deleuze/Guattari 1977, 393 ff.). Ott und Gaier reagieren darauf mit einer weiteren Fusion. Sie beziehen sich auf Jean Rouch, einen Schüler von Marcel Mauss und als Dokumentarfilmer Begründer des *Cinéma vérité*, und seinen berühmtesten Film *Les maître fous* (F 1955), der ein Haouka-Ritual beschreibt als verrücktes koloniales Widerstandsstraßentheater. Deleuze (1997, 199) erklärt die »Neuheit« dieses Films dadurch, dass »die besessenen, betrunkenen, überschäumenden und in Trance verfallenden Teilnehmer des Rituals zunächst in ihrer Alltäglichkeit gezeigt werden, in der sie Kellner, Straßenarbeiter und Hilfsarbeiter sind, die sie nach der Zeremonie wieder sein werden.« So wie Vera. Die Wahrheit erscheint in der doppelten Artikulation von Alltäglichkeit und Überschreitung. Der Bezug auf Kolonialisierung und das frankophone Afrika erlaubt die Arbeit der Hamburger Zelle als *devenir-nègre* zu lesen, das sich mit dem Abrutschen der früher als Maßstab wirkenden Klasse (weiß, männlich, erwachsen, beschäftigt) ins Prekariat vermengt. Wie in den Analysen von Michael Hard und Antonio Negri globalisiert sich das Proletariat und wird dabei zur mächtigsten Klasse (vgl. Hardt/Negri 2000, 2004 und 2009).

Von der Musik zum Ritual spannt sich die dritte im Begleitheft genannte Ebene, die »Tranceebene«. Die Hamburger Zelle gibt sich der »reflektorischen Erregung« hin und wird so selbst zum Medium. Ein neues Mitglied wird aufgenommen und wählt seinen Operationsnamen: »Nennt me Ismael«. Die Zelle spricht Englisch und Missingsch oder auf fremdsprachlicher Grundlage Hamburger Platt (Niederdeutsch) und später auch Französisch. Fremde Sprachen brechen sich in eigenen bahn. »Call me Ismael« lautet der erste Satz des ersten Kapitels von *Moby-Dick*, dem großen Seefahrerroman Hermann Melvilles, den Deleuze sehr schätzt und aus dem auch die RAF ihre Decknamen entnahm. Die *Rheinland* setzt eine Flaschenpost ab, ein altes Medium, das in der kritischen Theorie von Bedeutung ist. Veras Sohn Jan sieht die ins Wasser fallende Flasche, lange bevor Vera auch auf der Rheinland recherchiert, besagtem aufgegebenen Schiff, und dort – verwechselt mit einer erwarteten Botin: das Medium ist die Botin – als Teil der Bewegung aufgenommen wird. Genossin Vera übernimmt die Agitprop. Sie wohnt am Spielbudenplatz, nah der Reeperbahn, ändert ihre Drehpläne und gerät in den Focus von Ian Kraus (Bill Parton), der sich als Mitarbeiter einer englischen Consultingfirma vorstellt, die den

Hafen »wieder in Ordnung« zu bringen versucht. In Unordnung geraten war Folgendes: Angeschlossen an einen Rechner ermittelten die Seeleute in einer Sequenz, die szenenweise an den Vorspann von *The Matrix* (USA 1999) erinnert, über ein Medium aus ihrem Kreis in einer Séance reflektorischer Erregung besondere Containerkennungen und befreiten im Anschluss Waren und verschleppte Menschen. Dieses Thema greift auch die zweite Staffel der HBO-Serie *The Wire* auf. Außerdem kommt es zur Plünderung einer stadtbekannten Walmart-Filiale.

Rodriguez wird aufgegriffen, misshandelt und tot geborgen (1:12:36). Kraus identifiziert ihn nicht. Bei einer späteren Séance erfahren wir – man hört es am Dialekt –, dass er Rodriguez verhört und dessen Folter angeordnet hat. Die Zelle hört auch, dass Rodriguez das Versteck der ISH-Kartei verrät. Sie sei bei Vera, die ihn einen Verräter nennt. Zugleich wird er aber auch Anlass für eine bereits formulierte Aufgabe: Wendet Euch nicht ab! Spürt die letzten Wellen auf, die die Toten hinterlassen haben, verstärkt sie mit Euren Nerven. Gebt ihren Schreien Stimme! Das klingt nach Walter Benjamins *Über den Begriff der Geschichte* (I.2, 697): »Die Tradition der Unterdrückten belehrt uns darüber, dass der ›Ausnahmezustand‹ in dem wir leben, die Regel ist.« Das unwiederbringliche Bild, ein Medium, muss festgehalten werden, durch diejenigen, die sich als gemeint erkennen. Das Bild war ein Mensch. Veras Handy klingelt – als Klingelton: Das Einheitsfrontlied. Kraus. Sie hat Angst um ihren Sohn und trifft sich mit Kraus. Auch sie wird gefoltert, die Bilder erinnern an Godards *Le petit soldat* (F 1963). Auch sie verrät die Kartei, mit der im Arm Jan derweil über die Große Freiheit streift. Der Verrat erweist sich dann auch als Finte. Vera hatte einen Ort erfunden. Als sie auf eine Kaimauer zufahren, steigt sie vom Beifahrersitz aus aufs Gas. Das Auto stürzt über die Kante ins Wasser. Vera kann sich befreien und klettert an Bord der Rheinland, die auf die offene See hinausfährt, Jan am Steuer. Kinder seien die Zukunft, scheint das bedeuten zu sollen. Als das Kind Kind war … (vgl. Wenders' Verwendung von Handkes Lied vom Kindsein in *Der Himmel über Berlin* [D/F 1987]). Die Szene wirkt so irreal wie das Ende von Jarmuschs *Permanent Vacation* (USA 1980). Das Schiff hätte in die Werft gemusst, befährt nun aber wieder das offene Meer. Zum Abspann erklingt erneut *Das Einheitsfrontlied*, wieder ohne Text, instrumental, in der Free Jazz-Version von Peter Brötzmann, Fred van Hove und Han Bennik aus dem Jahr 1973. Musik wird eigenständig, schwarzer Jazz weiß.

Aus dem Jahr 1973 stammt auch die Vorspannmusik von *Nordsee ist Mordsee*. Dschingis ist gemeinsam mit Uwe in Richtung Nordsee davon gesegelt. Rodriguez, die zweite von Dschingis Bowakow verkörperte ästhetische Figur, ist tot. Die Gewalt wirkt in *Hölle Hamburg* abstrakt oder strukturell. *Nordsee ist Mordsee* zeigt Jugend- und Familiengewalt, wie sie in den 1970er Jahren durchaus noch an der Tagesordnung, deshalb aber auch seinerzeit nicht billigbar war. Die Disziplinargesellschaft schuf Individuen mit Plänen, die Kontrollgesellschaft löst Pläne und Individuen auf. Hafen und Strom tragen nicht mehr. Sie sind eine mehrdimensionale Mannigfaltigkeit geworden, die die Mannigfaltigkeiten, aus denen sie sich zusammensetzt, hin und her wirft. Das Gemeinsame muss ebenso neu erfunden werden, wie die Geschichte. Dafür müssen wachsende Erzählungen den Datenbanken wieder die Stirn bieten. Fabulieren wir also.

Konsequenz?

Mindere Wissenschaft folgt den Verzweigungen ihrer Gegenstände und sucht nach neuen Beschreibungen. Medienobjekte fordern Neubeschreibungen auf besondere Weise heraus. Karten ersetzen Repräsentationen, Erklärungen werden ausgesetzt. Sie erweisen sich oft als anti-emanzipatorisch. Die Medialität von Filmen wie den beschriebenen ist ihre Rhizomatik. Die Performativität der Mannigfaltigkeiten erschöpft sich nicht in Aktionen und hat das Potential Bildungsprozesse anzustoßen. Wir wissen nicht, wohin die Reise führt und stehen bestenfalls dort, wo die wahren Reisen beginnen können (vgl. Lacan 1991, 70). Nutzen wir also unsere Gehirne, die zu haben, wir gewohnt sind.

Filme

Nordsee ist Mordse (D 1976, R. Hark Bohm) Arthaus/Kinowelt 2009
Hölle Hamburg (D 2007, R. Peter Ott und Ted Gaier) Buback 2007

Literatur

Badiou, Alain (2010): Zweites Manifest für die Philosophie. Wien: Turia und Kant
Benjamin, Walter (1991): Gesammelte Schriften. Frankfurt/Main: Suhrkamp
Behrens, Roger (2003): Die Diktatur der Angepassten. Texte zur kritischen Theorie der Popkultur. Bielefeld: Transcript
Deleuze, Gilles (1997): Das Zeit-Bild. Kino II. Frankfurt/Main: Suhrkamp
Deleuze, Gilles (2005): Schizophrenie und Gesellschaft. Texte und Gespräche 1975–1995. Frankfurt/Main: Suhrkamp
Deleuze, Gilles / Félix Guattari (1977): Anti-Ödipus. Kapitalismus und Schizophrenie. Frankfurt/Main: Suhrkamp
Deleuze, Gilles / Félix Guattari (1992): Tausend Plateaus. Berlin: Merve
Deleuze, Gilles / Félix Guattari (1996): Was ist Philosophie? Frankfurt/Main: Suhrkamp
Frith, Simon (1996): Performing Rites. On the Value of Popular Music. Cambridge (Mass.): Harvard University Press
Kant, Immanuel (1983): Werke in zehn Bänden. Darmstadt: Wissenschaftliche Buchgesellschaft
Hardt, Michael / Antonio Negri (2000): Empire. Cambridge/Mass.: Harward University Press
Hardt, Michael / Antonio Negri (2004): Multitude. War and Democracy in the Age of the Empire. London: Penguin
Hardt, Michael /Antonio Negri (2009): Commonwealth. Cambridge/Mass.: The Belknap Press of Harward University Press
Hegel, Georg Wilhelm Friedrich (1970): Werke. Frankfurt/Main: Suhrkamp
Johnson, Steven (2006): Neue Intelligenz. Warum wir durch Computerspiele und TV klüger werden. Köln: KiWi
Kleiner, Marcus S. (2006): Medien-Heterotopien. Diskursräume einer gesellschaftskritischen Medientheorie. Bielefeld: Transcript
Lacan, Jacques (1991): Schriften I. Weinheim/Berlin: Quadriga
Stiegler, Bernard (2008): Die Logik der Sorge. Verlust der Aufklärung durch Technik und Medien. Frankfurt/Main: Suhrkamp
Weiss, Peter (1988): Die Ästhetik des Widerstands. Frankfurt/Main: Suhrkamp

Zwischen ‚Meta-Pop', ‚religioider' Kunst und Kult: Zur Sozio-Ästhetik der „Matrix"-Filmtrilogie

Patricia Feise-Mahnkopp

Vorbemerkung

Der *Matrix*-Filmtrilogie[1] (USA/Australien 1999/2003/2003), dystopische Science-Fiction aus der Feder und Regie der Wachowski-Brothers, gelang, was nur wenigen Texten der populären Unterhaltungskultur gelingt: sowohl auf cineastischer Seite[2] als auch auf Seiten der Fans[3] eine außerordentliche Wertschätzung hervorzurufen – eine Wertschätzung, die sich gleichermaßen auf die stilprägende Techno-Ästhetik[4] der *Matrix* als auch auf ihre elaborierte philosophisch-theologische Kodierung[5] bezieht, und die ihr auch von akademischer Seite in bemerkenswertem Ausmaß entgegengebracht wird.[6] D.h. in der öffentlichen Wahrnehmung oszilliert die Trilogie zwischen Pop, Kunst und Kult – ohne dass dafür eine in popkulturanalytischer Hinsicht systematische Begründung vorliegen würde. Erkenntnisleitend für die Untersuchung der *Matrix*-Filmtrilogie[7], die den Ausgangspunkt des vorliegenden Beitrags bildet, war daher die Frage nach einem solchen Begründungszusammenhang: welche sozio-ästhetischen Implikationen verleihen der Trilogie, einem Artefakt der populären Unterhaltungskultur, sowohl Kunst- als auch Kultstatus?[8]

---

1   *Matrix* (USA/Australien 1999), *Matrix Reloaded* (USA/Australien 2003), *Matrix Revolutions* (USA/Australien 2003), der Kürze halber im Folgenden auch nur als Matrix bezeichnet.

2   Für Elisabeth Bronfen beispielsweise ist die Matrix ein „epochaler Schwellenfilm", vgl. http://www.thomas-koerbel.de/matrix.html, zuletzt eingesehen am 03.05.2005.

3   Aus der Fülle an nicht-kommerziellen und/oder privaten Sites zur Matrix, in denen der Fandiskurs im Web gepflegt sowie Fanart-, -media und -fiction eingestellt wird, sei hier exemplarisch auf die deutschsprachige Page http://www.matrix-revisited.de/de_index.php verwiesen (zuletzt eingesehen am 01.06.2006).

4   Die Trilogie beeinflusste mit ihrer innovativen *virtual cinematography* nachhaltig die filmische Ästhetik, vgl. Georg Seeßlen: Die Matrix entschlüsselt. Berlin 2003, S. 175ff.

5   Groy beispielsweise gilt die Trilogie als „verfilmte Geistesgeschichte", vgl. Boris Groy: Die Verfilmung der Philosophie. In: Der Schnitt, Jan. 2000, S. 22-23.

6   Vgl. exemplarisch William Irwin (Hrsg.) The Matrix and Philosophy. Welcome to the desert of the real. Peru, Illinois 2002 sowie Glenn Yeffeth (Hrsg.) Taking the red pill. Science, Philosophy and Religion in the Matrix. Dallas 2003.

7   Vgl. Patricia Feise-Mahnkopp: Die Ästhetik des Heiligen. Kunst, Kult und Geschlecht in der „Matrix"-Filmtrilogie. Köln 2011.

8   Dabei fungiert Gender, genauer, die Frage nach der geschlechterideologischen En- und Dekodierung der *Matrix*, als systematische Analysekategorie (vgl. ebd., S. 10f.) – hier findet der Aspekt jedoch nur partiell Erwähnung.

Da der übergeordnete Analysegegenstand der Untersuchung, die Sozio-Ästhetik Populärer Kultur, im deutschsprachigen Raum noch keinen etablierten Forschungsgegenstand darstellt – wie Hans-Otto Hügel feststellt, tritt die Untersuchung Populärer Kultur dort überwiegend in Gestalt von soziologischen Analysen auf, ohne der ästhetischen Analyse, im Sinne einer ‚Hermeneutik des Populären', Raum zu gewähren[9] –, musste der theoretische Rahmen und das daraus resultierende methodologische Instrumentarium für eine sozio-ästhetische Analyse der *Matrix*-Trilogie erst noch erarbeitet werden. Dieser sei daher, in notwendig komprimierter und reduzierter Form, der Darstellung der Untersuchungsergebnisse vorangestellt.[10]

Mit dem erarbeiteten Instrumentarium konnte die Trilogie als postmodernes „Meta-Pop"[11]-Artefakt bestimmt werden, in der zugleich das Schöne und Erhabene aufscheint[12] – ihre überraschende Fähigkeit, als „religioides"[13] Kunstwerk auch das Heilige zu evozieren und auf diese Weise exzessives Kulthandeln nach sich zu ziehen, konnte jedoch erst nach entsprechender Erweiterung des Instrumentariums begrifflich gefasst werden. Die Erweiterungen werden hier im Zuge der Befundwiedergabe an passender Stelle – nicht minder komprimiert und reduziert – Erwähnung finden.[14] Beschlossen werden die Ausführungen durch die Überlegung, welche Konsequenzen die Analyseergebnisse für die weitere Theoriebildung und Forschungspraxis Populärer Kultur(en) zeitigen.

Vorab seien jedoch noch einige grundsätzliche Anmerkungen zu meinem Verständnis von *Performativität* und *Medialität* Populärer Kultur(en) unternommen – d.h. zu den Eckpfeilern des Erkenntnishorizonts der Fachtagung, in dessen Rahmen der vorliegende Beitrag entstand.

Bezug zur Tagung „Performativität und Medialität Populärer Kulturen"

Performativität (1) und Medialität (2) sind für *postmoderne* Populäre Kultur(en)[15] konstitutiv.[16] Ad (2) gilt: postmoderne Populäre Kultur(en) generieren sich vornehmlich durch

---

9   Vgl. Hans-Otto Hügel: Einleitung. In: Ders. (Hrsg.) Handbuch Populäre Kultur: Begriffe, Theorien und Diskussionen. Stuttgart 2003, S. 1.

10 Vgl. ausführlich Feise-Mahnkopp, Die Ästhetik des Heiligen, S. 27ff.

11 Vgl. als Hintergrundfolie für diesen Begriff die Ausführungen von Jim Collins zur „Hyperconscious"-Dimension medialer Popkultur in Ders.: Batman: The Movie. Narrative: The Hyperconscious. In: Roberta E. Pearson/Uricchio William (Hrsg.) The Many lives of the Batman: critical approaches to a superhero and his media. London 1991, S. 164-181.

12 Im Rahmen des vorliegenden Beitrags beschränke ich mich auf die Darstellung der Evokation des Erhabenen, vgl. zur Evokation des Schönen in der Trilogie Feise-Mahnkopp, Die Ästhetik des Heiligen.

13 Mit diesem Regina Polak entlehnten Begriff beziehe ich mich im Folgenden auf Wahrnehmungs- und Erlebnisdimensionen, die für den Umgang mit dem Heiligen konstitutiv sind, vgl. Regina Polak (Hrsg.) Megatrend Religion? Neue Religiositäten in Europa. Ostfildern 2002, S. 96f.

14 Vgl. ausführlich Feise-Mahnkopp, Die Ästhetik des Heiligen, S. 157ff sowie 175ff.

15 Vgl. Definition im nachfolgenden Abschnitt „Theoretisch-methodologische Bezüge".

16 Aus der Fülle der damit verbundenen allgemeinen und fachspezifischen Definitionen seien

die Interaktion mit verschiedenen Medien, z.B. dem Film, der Musik, dem Theater. Die jeweilige Medialität beeinflusst dabei nicht nur die Produktion und Präsentation des jeweiligen Artefakts/der jeweiligen Darstellung, sondern, ganz im McLuhanschen Sinne, auch die jeweilige Rezeption/die jeweilige Teilhabe.[17] Ad (1) gilt: alle mediale popkulturelle Szenarien implizieren zugleich performative Elemente, ohne jedoch zugleich auch performative Ereignisse, d.h. Ereignisse von hoher Unmittelbarkeit der Darstellung, die auf Akteure wie Zuschauende/Teilnehmende eine transformierende Wirkung ausüben[18], zu sein. Die Produktion eines fiktionalen Spielfilms beispielsweise ist ohne Schauspiel nicht möglich. Dennoch wird das im Spielfilm solchermaßen vorhandene performative Element durch seine Medialität überlagert (das Publikum ist nicht mit der direkten Performance eines Ensembles konfrontiert, wie es z.B. im Falle der Rezeption eines Theaterstückes der Fall wäre, sondern nimmt diese durch die mediale Aufnahme, Gestaltung und Darstellung nur indirekt wahr.)[19] D.h. ein Spielfilm ist in erster Linie ein mediales Ereignis (von geringer Unmittelbarkeit der Darstellung). Im Falle eines Theaterstückes beispielsweise ist es genau umgekehrt. Zwar sind auch hier mediale Elemente vorhanden – z.B. die Stimme und Körper der Schauspielerinnen und Schauspieler oder die in der Inszenierung verwendete Musik –, doch werden diese durch die Unmittelbarkeit der Darstellung solchermaßen überlagert, dass mit Fischer-Lichte von einem performativen Ereignis zu sprechen ist.[20] Eine weitere Spielart dieses Verhältnisses findet sich im „performativen Realitätsfernsehen“[21], d.h. z.B. in Castingshows wie „Deutschland sucht den Superstar“ (DSDS). Auch wenn das Format primär als ein mediales Ereignis (von geringer Unmittelbarkeit der Darstellung) konzipiert ist, überwiegt durch die Performance der Kandidatinnen und Kandidaten, die dort ja nicht nur die Rolle der Kandidaten spielen, sondern (trotz Typisierung durch Vorauswahl und Selbststilisierung) auch und gerade sich selbst, mit dem darin liegenden „Authentie-Effekt“[22] die performative Dimension.

Aus den Beispielen geht hervor, dass das Verhältnis von Medialität und Performativität in Populären Kulturen den Bezug des Dargestellten zur Wirklichkeit moduliert.[23]

---

hier nur die distinktesten Denkfiguren wiedergegeben, die mit dem Erkenntnisprojekt meiner Untersuchung in direktem Zusammenhang stehen.

17 Vgl. Marshall McLuhan/Q. Fiore: The Medium is the Massage. New York 1967.

18 Vgl. Erika Fischer-Lichte: Die Ästhetik des Performativen. Frankfurt am Main 2004.

19 Was jedoch nicht gleichbedeutend damit ist, dass ein Film – oder ein anderes Medium – nicht auch eine transformierende Wirkung zeitigen kann.

20 Vgl. Anmerkung 18.

21 Vgl. Angela Keppler: Wirklicher als die Wirklichkeit. Frankfurt am Main 1994, S.7ff.

22 Vgl. Eggo Müller: Paarungsspiele. Beziehungsshows in der Wirklichkeit des neuen Fernsehens. Berlin 1999, S. 89.

23 Im Sinne einer existentiellen Momenthaftigkeit, nicht im Sinne eines buchstäblichen Bezuges auf die sozio-kulturellen Wirklichkeiten einer Gesellschaft. Wenngleich der Auftritt eines Kandidaten im performativen Realitätsfernsehen durchaus transformatorische Wirkung auf dessen sozio-kulturelle Wirklichkeit haben kann, vgl. Lothar Mikos, Patricia Feise u.a.: Im Auge der Kamera. Das Fernsehereignis Big Brother. Berlin 2000, S. 106f.

Dieser Umstand gilt auch auf einer zweiten Ebene. Bzw. die medienstrukturanalytische Beobachtung, ohne Rezipienten/Teilnehmende kein Artefakt/keine Darstellung, gewinnt im popkulturanalytischen Kontext eine weitere Bedeutung: Popkultur bedarf der Einbindung in die Sinn- und Lebenswelten ihres Publikums.[24] In medialem Kulthandeln von Fans zeigt sich noch eine dritte Aspektierung der Performativität Populärer Kultur(en). Ist dieses doch häufig durch ein rituelles Moment gekennzeichnet, d.h. durch die wiederholte formelhafte Rezeption eines verehrten Kultgegenstands (z.B. ein Kultfilm) bzw. die wiederholte formelhafte Teilhabe an medialen Kulthandlungen (z.B. Zusammenkünfte der *trekkies*[25]) wird performativ eine genuine Wirklichkeit erzeugt.[26]

Vor diesem Hintergrund werden die Schnittstellen zwischen meiner Untersuchung der *Matrix*-Filmtrilogie und dem Erkenntnishorizont der Tagung evident. Die sozioästhetischen Analysen fokussieren sowohl die *Medialität* Populärer Kultur(en) – Gestaltung und Wahrnehmung der Trilogie, wobei auch und gerade dispositive Aspekte eine Rolle spielen – als auch die *Performativität* – in den Form-Inhalts-Analysen wird u.a. das Schauspiel berücksichtigt und in den Fantum-Analysen rituelles Medienhandeln untersucht. Eine weitere Schnittstelle ist das medial wie performativ geprägte *doing gender*[27], das sich in und mit der *Matrix*-Filmtrilogie konstituiert. D.h. die Untersuchung eruiert sowohl das – mit Hilfe von medialen wie performativen Aspekten erzeugte – filmische Gender[28] als auch das – von medialen und performativen Aspekten beeinflusste, aber nicht determinierte – *doing gender* der Fans.[29]

Theoretisch-methodologische Bezüge

Populäre Kultur, Pop und Popkultur

In *historischer Perspektive* ist *Populäre Kultur* mit Hans-Otto Hügel als eine ‚massenhafte' Unterhaltungskultur zu bestimmen, die in der urbanisierten, technologisierten und me-

---

24 Vgl. exemplarisch Lothar Mikos: Fernsehen im Erleben der Zuschauer. Vom lustvollen Umgang mit einem populären Medium. Berlin, München 1994. Siehe insbesondere aber auch nachfolgend genannte Auffassung John Fiskes.

25 Mitglieder der *Star-Trek*-Fangemeinden.

26 Indem sich die dem Kult zugeschriebenen transformierenden Sinnbezüge in dessen Erlebnisvollzug manifestieren. Vgl. exemplarisch Jan Platvoet: Das Ritual in pluralistischen Gesellschaften sowie Stanley J. Tambiah: Eine performative Theorie des Rituals. Beide in: Andréa Belliger/David J. Krieger (Hrsg.) Ritualtheorien. Wiesbaden 2003, ersterer S. 173-191, hier S. 181, letzterer S. 227-251.

27 Vgl. Johanna Dorer/Brigitte Geiger (Hrsg.) Feministische Kommunikations- und Medienwissenschaft. Wiesbaden 2002, darin die Einleitung, S. 9-20, hier S. 12.

28 Geschlechterideologischer Gehalt von Figuren, Handlungen und Sinnbezügen.

29 Wahrnehmung des geschlechterideologischen Gehalts von Figuren, Handlungen und Sinnbezügen, bzw. deren Integration in das eigene lebensweltliche doing gender – dieser Aspekt wird im Rahmen des vorliegenden Beitrags jedoch nur partiell, nicht systematisch wiedergegeben.

diatisierten *Moderne*, d.h. in der zweiten Hälfte des 19.Jahrhunderts, erstmals auftritt.[30] In diesem Sinne ist das Aufkommen Populärer Kultur maßgeblich an liberalisierende und individualisierende Entwicklungen der bürgerlichen Moderne, insbesondere aber an die Entstehung einer Freizeit- bzw. Unterhaltungskultur gebunden, für die ein (mediales) Distributionssystem mit großer Reichweite unabdingbar ist.

Deren Ausdifferenzierung in den 50er/60er Jahren des 20. Jahrhunderts konstituiert, zunächst als musikalisches, später als inter- bzw. transmediales Phänomen, *Pop* im originären Sinne, d.h. ein massenmediales Unterhaltungsangebot für Jugendliche bzw. junge Erwachsene, das zu sozio-ästhetischen Distinktionen einlädt und im lebensweltlichen Gebrauch ein polymorphes Feld generiert, von dem hier als *Popkultur* die Rede sein soll.[31] Da dieses sich in Folge der Postmodernisierung, die auch als fundamentale Ästhetisierung bzw. Mediatisierung begriffen werden kann[32], im Laufe der zweiten Hälfte des 20. Jahrhunderts abermals maßgeblich verändert hat, ist diese Bestimmung noch weiter zu differenzieren. U.a. ist das Spektrum medialer Unterhaltungskultur, bzw. die Menge ihrer Teil- und Subkulturen heute ungleich größer als in der Moderne, auch ist die Popkultur ihren Kinderschuhen insoweit entwachsen, als dass sie kein Synonym mehr für Jugendkulturen als solche darstellt, vielmehr entstammen sowohl ihre Produzenten/Akteure als auch ihre Rezipienten/Teilnehmer heute diversen sozio-kulturellen Milieus und Alterssegmenten. Insbesondere aber durchdringen sich E- und U-kulturelle Elemente sowie soziale und mediale Lebenswelten osmotisch im Feld der Popkultur.[33]

Mit Leslie E. Fiedler ist Popkultur daher als ein Phänomen der *Postmoderne* zu bestimmen, das durch Doppelkodierung (die einfache und komplexere Lesarten möglich machen) gekennzeichnet ist, die sozio-ästhetische Transgressionen zeitigen: u.a. verwischen die Grenzen zwischen medialen und sozialen Lebenswelten sowie die Grenzen zwischen U- und E-Kultur.[34] Mit Fiedler ist die postmoderne Popkultur zudem als ein intermediales Gewebe zu begreifen, dem – auf zweifache Weise – ein mythologisches Sinnsystem inhärent ist.[35] D.h. Stars, populäre Figuren und/oder andere Protagonisten der Popkultur weben, um mit Roland Barthes zu sprechen, in fiktionalen wie non-fiktionalen Kontexten zum einen „Mythen des Alltags" – unhinterfragte gesellschaftsbegründende Werte und Normen (Ideologien).[36] Zum anderen artikulieren sich in den fiktional-nar-

---

30 Vgl. Hügel, Einleitung im Handbuch Populäre Kultur, S. 18ff.

31 Vgl. Marcus S. Kleiner: Pop fight Pop. Leben und Theorie im Widerstreit. In: Dirk Matejowski u.a. (Hrsg.) Pop in R(h)einkultur. Oberflächenästhetik und Alltagskultur in der Region. Essen 2008, S. 11-42, hier S. 14f.

32 Vgl. exemplarisch Wolfgang Welsch: Unsere postmoderne Moderne. Berlin 2002 (6. Auflage) [zuerst ersch. 1987].

33 D.h. Jugendkulturen sind nur eine mögliche Teilkultur Populärer Kulturen.

34 Vgl. Leslie A. Fiedler: Überquert die Grenze. Schließt den Graben! In: Uwe Wittstock (Hrsg.) Roman oder Leben. Postmoderne in der deutschen Literatur. Leipzig 1994, S. 14-40 [zuerst ersch. 1969].

35 Vgl. ebd., S. 35.

36 Vgl. Roland Barthes: Mythologies. Paris 1957.

rativen Dimensionen der postmodernen Popkultur – Literatur, Film, Fernsehen, Neue Medien – auch Mythen und Mythologien im ursprünglichen, d.h. religiösen, Sinn – letztbegründende Erzählungen, die die vernünftige Ordnung der Moderne überschreiten.[37] Zudem eignet der postmodernen Popkultur ein Hang zur Selbstbezüglichkeit. D.h. einzelne popkulturelle Werke oder Ereignisse neigen dazu, sich selbstreflexiv auf Figuren (z.B. Superman), Erzählungen (z.B. Metropolis) und Formprinzipien (z.B. Genrekonventionen) sowie auf die Geschichte der Popkultur als solche zu beziehen. Da sich dieser Hang seit den 1990er Jahren intensiviert hat, soll hier davon im Rekurs auf Jim Collins als *„Meta-Pop"* die Rede sein.[38]

Sozio-Ästhetik Populärer Kultur, Pop und Popkultur

In *systematischer* Perspektive lässt sich mit Hans-Otto Hügel zunächst festhalten, dass Populäre Kultur bzw. Popkultur sowohl ein soziales als auch ein ästhetisches Phänomen darstellt:

> (…) der Reiz des Populären scheint also darin zu bestehen, in der Rezeption zwischen den Registern des Sozialen und den des Ästhetischen hin und her schalten zu können.[39]

Die *soziale* Dimension von Popkultur lässt sich mit dem Cultural Studies approach (Fiskescher Prägung) genauer als *semio-ideologische* beschreiben.[40] D.h. qua ihrer spezifischen ,produktiven' Textur – einerseits mit dem ideologischen Grundgerüst der Gesellschaft affirmativ verwoben zu sein, andererseits Lücken, Überschüsse und Widersprüche zu artikulieren, die das Publikum zu eigener, durchaus subversiver Produktivität anregen – kommt popkulturellen Artefakten eine signifikante lebensweltliche Bedeutung zu.[41]

> Popular culture is made by the people, not produced by the culture industry. All the culture industries can do is produce a repertoire of texts or cultural resources for the various formations of the people to use or reject in the ongoing process of producing their popular culture,

heißt es bei Fiske.[42]

---

37 Vgl. Fiedler, Überquert die Grenze, S. 33ff.

38 Vgl. Anmerkung 11.

39 Hügel, Einleitung Handbuch Populäre Kultur, S. 2.

40 Vgl. ausführlich Feise-Mahnkopp, Die Ästhetik des Heiligen, S. 36ff.

41 Vgl. John Fiske: Understanding Popular Culture. London, New York 1989. Auch wenn die Fiskesche Prämisse, dass nur diejenigen Texte als wahrhaft populäre gelten können, die ihrem Publikum Rezeptionen ,gegen den Strich', d.h. gegen die in ihnen wirksam werdende dominante Ideologie ermöglichen, angesichts des Fehlens einer solchen in der Postmoderne nicht mehr stichhaltig ist, erweist sich sein Ansatz, diejenigen Texte als populär zu begreifen, die aufgrund von Offenheiten, Widersprüchen und Brüchen ihr Publikum zu eigenen semio-textuellen Produktionen anregen, weiterhin als produktiv, vgl. Feise 2005, S. S. 158ff sowie Dies. 2011, S. 36ff.

42 Vgl. Fiske, Understanding Popular Culture, S. 24.

In analytischer Hinsicht bedeutete die Orientierung am Fiskeschen Konzept, dass sich die Untersuchung nicht auf den Primärtext beschränken durfte, sondern auch inter- bzw. metatextuelle Verwebungen[43] der Trilogie sowie ‚Matrix'-gebundene Fandiskurse und -praktiken[44] mit einzuschließen hatte. In methodischer Hinsicht erwies sich dabei eine Kombination aus Verfahren der semiotischen Text- und der ideologiekritischen Diskursanalyse mit Verfahren der ethnographischen Kultur- sowie der qualitativen Medienforschung als produktiv.[45]

Im Hinblick auf die *ästhetische* Dimension Populärer Kultur (bzw. Popkultur) lässt sich im Rekurs auf Hügel spezifizieren, dass der grundsätzliche Modus popkultureller Artefakte ein *unterhaltender* ist. Dieser vermag, so Hügel, ambivalente Wahrnehmungen zu zeitigen, die zwischen Ernst und Unernst changieren. D.h. für die ästhetische Wahrnehmung musste ein Gradationsprinzip grundgelegt werden.[46] Analytisch bedeutete die Orientierung an Hügels Konzept der „Ästhetischen Zweideutigkeit von Unterhaltung", dass in der Untersuchung sowohl die Wahrnehmung(en) als auch die Gestaltung der Trilogie zu eruieren waren.[47] Methodisch erwies sich eine Kombination von aus der postmodernen (Film)Ästhetik bekannten text- und bildana-

---

43 „Because of their incompleteness, all popular texts have leaking boundaries; they flow into each other, they flow into everyday life. Distinctions among texts are as invalid as the distinctions between text and life. Popular culture can be studied only intertextually, for it exists only in this intertextual circulations", heißt es bei Fiske (ebd.), S. 126.

44 Konkret: zum einen Fandiskurse auf der deutschsprachigen Site http://www.stadt-zion.de/zion/, zum anderen Wahrnehmungs- und Handlungsmuster sogenannter „avid" – Fans, d.h. ‚exzessiver' *Matrix*-Fans, auf der englischsprachigen Site http://www.matrixfans.net/, sowie via einer über http://www.forenplanet.de initiierten Befragung ermittelte Fanaussagen, vgl. ausführlich Feise-Mahnkopp, Die Ästhetik des Heiligen, S. 193ff.

45 Vgl. ebd. Die Analyse der Fandiskurse und -praktiken beanspruchen, ebenso wie die durchgeführte online-Befragung, keine Repräsentativität. Sie suchen im Sinne der qualitativen Medien- und Religionsforschung vielmehr eine vertiefende Sichtweise zu geben, die der Komplexität des untersuchten Gegenstandes gerechter wird als quantitative Methoden.

46 Vgl. Hans-Otto Hügel: Ästhetische Zweideutigkeit der Unterhaltung. Eine Skizze ihrer Theorie. In: montage/av 2, 1, 1993, S. 119-141, Dort heißt es: „Unterhaltung will (fast) ernstgenommen und (fast) bedeutungslos zugleich sein" (Hügel 1993, S. 128). Damit bestimmt Hügel Unterhaltung als einen autonomen, von Kunst und Zerstreuung geschiedenen, ästhetischen Bereich (ebd.). Trotz dieser Scheidung aber wiederholt sich in Hügels Setzung, dass ein höherer Grad an Ernsthaftigkeit dem ästhetischen Modus von Kunst ähnelt, und ein niedrigerer Grad dem ästhetischen Modus von Zerstreuung, implizit die U- versus E-kulturelle Dichotomie, der er damit zu entkommen trachtet. Darüber hinaus lässt sich u.a. im Hinblick auf komödiantische Gattungen festhalten, dass auch das Heitere und Leichte (im Sinne einer Ästhetik des Komischen) durchaus kunstvoll sein kann, sowie im Hinblick auf tragische bzw. schreckliche Szenarien, dass diese (im Sinne einer Ästhetik des Schrecklichen) durchaus zu unterhalten vermögen. Dennoch liefert das Konzept der „Ästhetischen Zweideutigkeit von Unterhaltung" ein produktives Strukturmodell, da es das Gradationsprinzip ästhetischer Wahrnehmung (popkultureller Artefakte) analytisch fassbar macht (vgl. Feise-Mahnkopp, Die Ästhetik des Heiligen, S. 48f. sowie 164ff).

47 Bei Hügel heißt es: „Ästhetisch wird diese Zweideutigkeit genannt, weil es bei der Unterhaltung nicht nur auf sinnliche Wahrnehmung ankommt, sondern weil die Wahrnehmung durch Formensprache strukturiert ist" (Hügel, Ästhetische Zweideutigkeit der Unterhaltung, S. 128).

lytischen Verfahren (u.a. semiotische, narratologische und symbologische sowie dispositiv- bzw. blicktheoretische Zugänge) mit einem phänomenologischen bzw. ‚fanomenologischen' Zugang, der die Techno-Medialität des Artefakts berücksichtigt, als produktiv. D.h. eruiert wurden sowohl werkimmanente Wahrnehmungen als auch empirische Fan-Wahrnehmungen.[48]

Mit Lyotard, der eine „postmodernité honorable" beliebigem *anything goes* vorzieht[49], und Venturi, der als Gütekriterium für postmoderne Kunst die Fähigkeit setzt, ein „schwieriges Ganzes" zu meistern, ohne die Komplexität, Widersprüchlichkeit und/oder Inkommensurabilität postmoderner Welt und Wirklichkeit unbotmäßig zu vereinfachen[50], wurden zudem Kriterien für ein Werturteil im Kontext postmoderner Ästhetik bestimmt.

Befunde: Sozio-Ästhetik der Matrix

Doppel- bzw. Mehrfachkodierung

Die zum Teil mit Hilfe von spektakulärer *virtual cinematography* in Szene gesetzte Trilogie, die generisch eine Hybridform zwischen Science-Fiction-, Action-, Eastern- und Bibelfilm (um nur die distinktesten Bezüge zu nennen[51]) markiert, ist ein mehrdeutig kodiertes Artefakt, das im Sinne Fiedlers sowohl einfache als auch komplexe Lesarten anbietet, bzw. im Sinne Hügels zwischen ernsthaften und weniger ernsthaften Rezeptionsangeboten changiert. D.h. die Trilogie kann nicht nur als entsprechende Genre-Unterhaltung gelesen werden, sondern zeitigt durch ihre multiple philosophisch-theologische Kodierung auch entsprechend elaborierte Lesarten.

Heilsgeschichte

Wie der Blick auf das narrative Kernszenario der *Matrix* zeigt, kann die Trilogie u.a. als Reinszenierung der christlichen Heilsgeschichte gelesen werden.

> *In der apokalyptisch zerstörten Welt der Zukunft wird die Menschheit von Künstlicher Intelligenz versklavt. Ihre Körper werden als Energieressource genutzt, ihr Bewusstsein mithilfe einer kollektiven Simulation, der* Matrix, *die eine unveränderte Wirklichkeit vorgaukelt, in Schach gehalten. Nur eine Handvoll Menschen leistet, unter der Führung von Morpheus und Trinity, Widerstand, indem sie sich in die* Matrix *einklinkt, um als Cyber-Guerilla den Weg für Neo, den prophezeiten heilsbringenden Auserwählten, zu bereiten.*[52]

---

48 Vgl. Feise-Mahnkopp, Die Ästhetik des Heiligen, S. 190ff.

49 Vgl. Jean-Francois Lyotard: Der Widerstreit. München 1978, S. 12.

50 Vgl. Robert Venturi: Komplexität und Widerspruch in der Architektur (hrsg. von Heinrich Klotz). Braunschweig, Wiesbaden 1978, S. 23 [zuerst ersch. 1966].

51 Vgl. für eine ausführlichere generische Analyse Feise-Mahnkopp, Die Ästhetik des Heiligen, S. 52ff.

52 Für eine ausführliche analytische Darstellung von Fabel und Sujet ebd., S. 51ff.

Neos Kommen wird ähnlich wie die Ankunft Jesu Christi prophezeit; auch gemahnt die Inszenierung seines Erlösung bringenden Selbstopfers ikonographisch und musikalisch an dessen Kreuzigung. Spezifische Kodierungsstrategien stützen die christliche Lesart. U.a. erscheint während Neos erstmaligem Erwachen außerhalb der *Matrix* die Inschrift Mark III, 11 im Bild, die als biblische Referenz gelesen werden kann, denn bei Markus 3,11 heißt es: „Als die von unreinen Geistern Besessenen ihn sahen, fielen sie vor ihm nieder und schrieen: Du bist der Sohn Gottes!" Zudem verweist der Name des Auserwählten, Neo, in seinem griech. Wortsinn auf die fundamental erneuernde Mission Christi, so wie der Name der weiblichen Hauptfigur, Trinity, auf das theologische Konzept der Trinität verweist. Da Trinity Neo nach seinem Tod in der *Matrix* die nötige Geisteskraft einhaucht, die er für die Auferstehung als Auserwählter benötigt, erscheint sie nachgerade als ‚Heilige Geistin'.[53]

Postmodernes Höhlengleichnis

Die Denkfigur der *Matrix* aber kann ebenso als zeitgenössische Variante des platonischen Höhlengleichnisses gelesen werden – hier wie dort muss sich das menschliche Bewusstsein aus der Illusion befreien, bevor es ‚wahre Wirklichkeit' erkennt.[54] Nicht minder plausibel ist eine gnostische Lesart – die Worte „Wach auf, Neo", die diesem in der Scheinexistenz der *Matrix* auf seinem Computerbildschirm vermittelt werden, können als Initiation einer Bewusstseinsentwicklung betrachtet werden, in deren Verlauf der Auserwählte (s)einer göttlichen Wirklichkeit gewahr wird.[55]

Eine Variation erfährt die platonische Lesart durch Bezüge auf die postmoderne Medientheorie – da der Titel der Buch*attrappe*, die Neo in der Scheinwelt der *Matrix* in die Hand nimmt, auf Baudrillards *Simula & Simulacres* verweist bzw. das Szenenbild im *mise-en-abyme*[56]-Stil gleichsam die poststrukturalistische Prämisse unendlicher Signifikation verdeutlicht, eröffnet die Inszenierung auch einen Diskurs über Schein und Sein bzw. über die von Baudrillard beschworene ‚Agonie des Realen'.[57]

Doch nicht nur im Hinblick auf ihren polysemen Charakter (der für ein popkulturelles Artefakt bemerkenswert elaboriert ist), entspricht die Trilogie den eingangs genannten Kriterien postmoderner popkultureller Artefakte, dies ist auch im Hinblick auf ihre Bezüge zu der außerfilmischen Wirklichkeit bzw. ihrem alltagsmythologischen Gehalt der Fall.

Außerfilmische Wirklichkeit & Mythen des Alltags

Beispielsweise kann die Denkfigur der *Matrix*, d.h. die Vorstellung einer kollektiven Kontrolle durch die Simulation von Wirklichkeit, nicht losgelöst von der aktuellen Wis-

---

53 Zum (feministisch-)theologischen Gehalt der Trilogie vgl. ebd., S. 120ff.

54 Vgl. ausführlich ebd., S. 106ff.

55 Vgl. ausführlich ebd., S. 127ff.

56 Vgl. Lucien Dällenbach: Le récit spéculaire. Essai sur la mise en abyme. Paris 1977.

57 Vgl. Jean Baudrillard: Simulacres et simulation. Paris 1981.

senschafts- und Technologieentwicklung betrachtet werden (an dieser Stelle wird die von Hügel und Fiedler benannte sozio-ästhetische Ambivalenz besonders evident). D.h. in klassischer Science-Fiction-Manier werden (reale und irreale) Möglichkeiten der technologisch-wissenschaftlichen Entwicklung, in diesem Fall der zunehmenden Mediatisierung bzw. Digitalisierung der Gesellschaft, die nicht nur Wohl (Stichwort demokratisierende Kraft der digitalen Medien[58]) sondern auch Weh (Stichwort Kontrolle durch digitale Medien[59]) mit sich bringt, in der Trilogie weiter- bzw. vorgedacht.[60] Die dabei verwendeten Kodierungsstrategien – Technik wird in Gestalt der Maschinen bzw. der diese kontrollierenden Künstlichen Intelligenz einerseits verteufelt, zum anderen als unerlässliche Hilfe des Menschen im Kampf gegen die *Matrix* dargestellt – sind dabei im Fiskeschen Sinne mit ideologischen Bewegungen der Gesellschaft verbunden, d.h. in diesem Fall gleichermaßen mit technophoben wie technophilen Diskursen. Die dabei transportierten „Mythen des Alltags" sind sowohl der Mythos der unkontrollierbaren Technik als auch der Mythos des technikbeherrschenden Menschen.

Gender-Bezüge

Dass die Textur der Trilogie in Verbindung mit aktuellen gesellschaftlichen Entwicklungen steht, lässt sich auch in Bezug auf ihre geschlechterideologische Kodierung zeigen, die anhand eines Wortwechsels aus dem ersten Teil der Trilogie exemplarisch verdeutlicht werden kann. Neo ruft bass erstaunt ob der Tatsache, dass die vor ihm stehende Frau eine berüchtigte Hackerin sein soll, aus: „*Die* Trinity? Oh mein Gott, ich dachte, Du wärst n' Kerl!" – spöttische Antwort der hier auch optisch überlegen inszenierten Trinity: „Denken alle Kerle!" Inner- und außerfilmische Wirklichkeit fallen dabei in Gestalt von Diskursen über die Neu- bzw. Reformulation patriarchaler Geschlechterrollen und -verhältnisse einerseits soweit zusammen, dass kaum zu unterscheiden ist, ob die Inszenierung im Sinne eines „symbols of reality"[61] auf die gesellschaftliche Entwicklung reagiert, oder dieser, im Sinne eines „symbols for reality"[62], Impulse liefert. In jedem Fall übt die Inszenierung damit Kritik an tradierten (Geschlechter)Mythen des Alltags, konkret an der symbolisch männlichen Kodierung von Technik bzw. deren Beherrschung. Doch auch der patriarchatskritisch-theologische Impetus der Inszenierung wird fortgeführt. Denn durch den Umstand, dass die (symbolisch) männlich geprägte Trinitäts-Vorstellung – *der* Vater, *der* Sohn, *der* Heilige Geist – in der Trilogie von einer weiblichen

---

58 Wie aktuell im Kontext der arabischen Revolutionen zu sehen war.

59 Aktuell an der Entwicklung von Google oder Facebook zu sehen, die sich selektierender Algorithmen bedienen und ihre NutzerInnen damit zunehmend einengen.

60 Vgl. Feise-Mahnkopp, Die Ästhetik des Heiligen, S. 140ff.

61 Vgl. Liesbet van Zoonen: Feminist Media Studies. London 1994, S. 68ff.

62 Vgl. ebd., S. 74ff.

Figur (Trinity) verkörpert wird, findet eine ironische De- bzw. Neukonstruktion eines zentralen Konzepts in der christlichen Theologie statt.[63]

Konstruktion und Dekonstruktion

Wie in diesem, so auch in vielen anderen Fällen – der patriarchatskritische Gestus ist für die *Matrix* charakteristisch[64] – bleibt die Inszenierung jedoch nicht im dekonstruierenden Modus stecken. Ebenso wenig wie sie symbolisch männliche Kodierungen durch symbolisch weibliche ersetzt. Wie am Beispiel der Figur der Trinity gezeigt werden kann, transgrediert die geschlechterideologische Kodierung der Trilogie vielmehr grundsätzlich die binären und hierarchischen Oppositionen, die stereotypen Konstruktionen von Weiblichkeit und Männlichkeit immanent sind.[65] Als brillante Hackerin sowie tat- und schlagkräftige Guerilla-Kämpferin besetzt Trinity zwar Rollen, die in generischer Hinsicht als symbolisch männlich gelten, auch folgt ihre blick- und handlungsökonomische Inszenierung überwiegend symbolisch männlichen Mustern[66] – doch da ihre Charakteranlage und Performance in gleichem Maße symbolisch männliche wie weibliche Elemente enthalten[67], wodurch eine Figur mit androgynem Gender konstruiert wird, entzieht sich die Figur der Trinity jeglichen Bewertungen, die auf binären (Geschlechter) Ideologien fußen.[68] Ein Umstand, der auch für die Inszenierung Neos gilt. Dieser wird

---

63 Eine Neukonstruktion, die treffender als Wiederentdeckung bezeichnet werden kann. Denn wie die patriarchatskritische Theologie offengelegt hat, steht der göttliche Geist, auch als Weisheit oder Sophia bekannt, sowohl begriffsgeschichtlich – im alttestamentlichen Kontext besitzt das hebräische Wort für den lebendigen Geist Gottes, ruah, ein weibliches Genus (vgl. Helen Schüngel-Straumann: Zur Dynamik der biblischen Ruah-Vorstellung. In: Elisabeth Moltmann-Wendel (Hrsg.) Die Weiblichkeit des Heiligen Geistes. Studien zur Feministischen Theologie. Gütersloh 1995, S. 17-38) – als auch motivgeschichtlich – z.B. steht die Taube, konventionelles Symbol des Hl. Geistes, mit Attributen altorientalischer Liebesgöttinnen in Verbindung (vgl. Silvia Schroer: Die Weisheit hat ihr Haus gebaut. Studien zur Gestalt der Sophia in den biblischen Schriften. Mainz 1996, S. 144ff). Bemerkenswerter Weise gemahnt eine häufige *martial-arts*-Inszenierung Trinitys, die sie mit weit ausgebreiteten Armen in der Luft fliegend zeigt, an die ausgebreiteten Schwingen eines Vogels. Vgl. ausführlich zum patriarchatskritisch-theologischen Gehalt der Trilogie Feise-Mahnkopp, Die Ästhetik des Heiligen, S. 117ff.

64 Vgl. ebd.

65 Vgl. Christina von Braun: Gender, Geschlecht, Geschichte. In: Dies./Stephan (Hrsg.) Gender Studien. Stuttgart 2000, S. 16-58, hier S. 20.

66 Vgl. Feise-Mahnkopp, Die Ästhetik des Heiligen, S. 74ff.

67 Beispielsweise wird sie auch als liebende und/oder nährende Frau gezeigt.

68 Dies gilt auch im Hinblick auf ihre Symbolik als ‚Hl. Geistin': der göttliche Geist kann als ein binäre (Geschlechter)Oppositionen transgredierendes Prinzip beschrieben werden, vgl. exemplarisch den Tauftext Gal 3, 26-28, in dem es heißt: „Denn alle seid ihr Söhne Gottes durch Glauben in Christus Jesus. Denn wie viele ihr auf Christus getauft wurdet, Christus zogt ihr an. Nicht ist Jude noch Grieche, nicht ist Sklave noch Freier, *nicht ist männlich und weiblich.*

mit Hilfe von symbolisch männlichen Genre-Pattern zwar überwiegend als souveräner Action-Held bzw. überlegener Auserwählter inszeniert, aber da seine Figurenanlage und Performance gleichermaßen symbolisch männliche wie weibliche Elemente enthalten[69], steht auch die Figur des Neo außerhalb von herkömmlichen, auf binären Oppositionen fußenden, Geschlechter-Konstruktionen bzw. verkörpert eine androgyne Neukonstruktion.[70]

Neben ihren Bezügen zur außerfilmischen Wirklichkeit und ihrer alltagsmythologischen Kodierung machen die *Matrix* auch zahlreiche intertextuelle Verbindungen zu anderen Texten bzw. Artefakten der U- und E-Kultur zu einem im Sinne Fiedlers bzw. Fiskes charakteristischen popkulturellen Artefakt.

Intertextualität & Aufhebung des U- versus E-kulturellen Denkschemas

Aus der Fülle an Referenzen sei hier exemplarisch auf Carrolls „Alice's Adventures in Wonderland" verwiesen – ein Kaninchentatoo weist Neo den Weg aus der Scheinwelt der *Matrix* –, sowie auf Langs „Metropolis" – hier wie dort werden Maschinen durch Technik bzw. deren Schöpfer unterjocht – und Dantes „Göttliche Komödie" – hier wie dort findet in Auseinandersetzung mit ‚Anderwelten' eine spirituelle Entwicklung des Protagonisten statt.[71] Auch in der musikalischen Gestaltung verschmelzen U- und E-kulturelle Elemente – zu hören sind beispielsweise *Rage against the machine*, *Marilyn Manson* sowie klassisch Sinfonisches.

Mit den sowohl der U- als auch der U-Kultur entlehnten Bezügen transgrediert die *Matrix* herkömmliche U- versus E-Kultur-Dichotomien und kann daher auch und gerade in dieser Hinsicht als ein im Sinne Fiedlers charakteristisches popkulturelles Artefakt gelten.

Darüber hinaus erweist sich die *Matrix* als typisches „Meta-Pop"-Artefakt.

Denn alle seid ihr einer (εἶς) in Christus Jesus" (Hervorhebungen P. F. – M.).

69   Neo wird u.a. als altruistisch Liebender und Heilender gezeigt, ein (weiterer) Umstand, der ihn als postmodernen Jesus Christus erscheinen lässt. Zum symbolischen Weiblichen in der Christus-Figur vgl. Schroer, Die Weisheit hat ihr Haus gebaut, S. 126ff.

70   Unter Androgynität sei hier keine Bisexualität, sondern eine seelisch-kulturelle Größe verstanden, vgl. Norbert Copray: Tausend Stile, Mann zu sein. In: Hartmut Meesmann/Bernhard Sill (Hrsg.) Androgyn. ‚Jeder Mensch in sich ein Paar?!' Androgynie als Ideal geschlechtlicher Identität. Weinheim 1994, S. 35-53.

71   Vgl. ausführlicher zu den intertextuellen Referenzen der Trilogie Feise-Mahnkopp, Die Ästhetik des Heiligen, S. 100ff., zu ihren Entsprechungen mit der „Divina Commedia" Dies.: Die Matrix-Filmtrilogie – Divina Commedia unserer Zeit. In: Deutsches Dante-Jahrbuch 2009 (84. Band), S. 153-171.

Meta-Pop

In der Inszenierung finden sich zahlreiche selbstreflexive Bezüge auf Geschichte(n), Figuren und Formensprache der medialen Popkultur. Besonders häufig werden Genre-Motive ironisiert und/oder dekonstruiert, wie ein Beispiel aus dem zweiten Teil der Trilogie deutlich macht, in dem ein Albino-Zwillings-Vampir-Paar beim Sichten klassischer Vampirfilme gezeigt wird. In Gestalt der Albinos wird auf die seit Murnaus *Nosferatu* (1522) stereotyp kolportierte Lichtempfindlichkeit von Vampiren angespielt, in Gestalt des Zwillingspaares auf das für unheimliche Narrationen typische Doppelgängermotiv.[72] Dabei wird durch die futuristische Gestaltung der Zwillings-Vampire der Bruch mit den schwarz-weißen Vampirgestalten in dem Bildschirm vor ihnen besonders augenfällig, so dass der darin artikulierte Bezug auf die Geschichte des Genres die illusorische Einfühlung des (impliziten) Zuschauers stört. Zugleich birgt der dieser Einstellung eingeschriebene *mise-en-abyme*-Effekt – das Medium postmoderner Film bezieht sich auf das Medium Stummfilm u.s.w. – einen weiteren Bezug auf die Genese des Vampirfilms. Denn bereits in einem der ‚Gründungstexte‘ des Genres, Bram Stokers *Dracula* (1897), bzw. dem maßgeblich auf diesen Text zurückgreifenden Stummfilmklassiker *Nosferatu*, wird ein meta-medialer Diskurs geführt, der die Erzählung in den Kontext moderner Mediatisierung setzt.[73]

Wie an einer Sequenz aus dem ersten Teil der Trilogie verdeutlicht werden kann, setzt sich die Inszenierung aber nicht nur selbstreflexiv mit tradierten Formen und Inhalten der Popkultur auseinander[74], sondern führt nachgerade auch einen Meta-Diskurs über ihren Status als popkulturelles Artefakt. Zu sehen ist die in ein Hotel mit Namen HEART (engl. für Herz) flüchtende Trinity. Da die ersten beiden Buchstaben der den Namen anzeigenden Leuchtreklame jedoch defekt sind, ist nunmehr ART (engl. für Kunst) zu lesen – sinnfälliges Bild der von Hügel benannten „Ästhetischen Zweideutigkeit“ von Artefakten der unterhaltenden Popkultur, die zwischen (affektiv) einfachen und (kognitiv) komplexen Wahrnehmungen oszillieren.[75]

Dass sich die Inszenierung darüber hinaus auch der von Fiedler konstatierten quasi-religiösen Dimension von Popkultur bewusst ist, zeigt eine Szene aus dem zweiten Teil der Trilogie, in der Neo seinen Blick über Ikonen und Devotionalien schweifen lässt. Denn neben traditionell religiösen – Ikonen der Weltreligionen – werden dort auch Ikonen der Populären Kultur – Stilikonen oder ein Fußball – fokussiert.

---

72 Ein insbesondere durch die Erzählungen der Schwarzen Romantik geprägtes Motiv, vgl. exemplarisch E.T.A. Hoffmanns *Die Elixiere des Teufels* (1815/1816).

73 Vgl. Feise-Mahnkopp, Die Ästhetik des Heiligen, S. 112ff.

74 Dass es sich dabei um bewusste Referenzen, keine zufälligen, handelt, legen Äußerungen der Wachowski-Brüder nahe, vgl. den von Warner Bros., der Verleihfirma der Matrix, am 06.11.1999 veranstalteten Chat zwischen den Regisseuren der Matrix und ihren Fans (Quelle: http://whatisthematrix.warnerbros.com/cmp/larryandychat.html, zuletzt eingesehen am 13.07.06).

75 Vgl. ergänzend Anmerkung 46.

Der durch die genannten Verfahren initiierte (pop)kulturelle Meta-Diskurs, der auf einer illusorischen Störung des impliziten Betrachters fußt, scheint dabei einfache Rezeptionen der *Matrix* zu erschweren bzw. verstärkt auf seine Art die anspruchsvolleren Kodierungsstrategien der Trilogie.

Sowohl die inter- als auch die metatextuellen Bezüge der Trilogie aber erhöhen die Polysemie der *Matrix* um ein Vielfaches. Trotz deren scheinbarer Disparatheit lassen sich jedoch gemeinsame Schnittstellen bestimmen. Viele der um das Sinnbild der *Matrix* kreisenden Kodierungsstrategien reflektieren das spannungsreiche Verhältnis von Medien, Macht und Wirklichkeit[76] bzw. das Verhältnis zwischen (menschlicher) Erkenntnis und (göttlicher) Wirklichkeit.[77]

Medien, Macht, Wirklichkeit

Dieser Umstand lässt sich anhand eines Szenenbeispiels aus dem ersten Teil der Trilogie verdeutlichen. Denn dort agiert der Architekt, ein älterer Mann mit weißem Bart, der sich als „Vater der *Matrix*" bezeichnet, in einer mit zahllosen Bildschirmen ausgestatteten Schaltzentrale, die scheinbar die permanente Überwachung der Menschen in der *Matrix* gewährleistet – sinnfälliges Bild für das Benthamsche Panopticon bzw. die darauf aufbauende Kritik Foucaults an den (dispositiven) Machtstrukturen moderner Disziplinargesellschaften.[78]

Doch auch diese Deutung entpuppt sich als ein Trugbild, denn der Architekt kann keinesfalls, worauf das Orakel, eine schwarze ältere Frau mit prophetischer Gabe, die

---

76 Aus dem Spektrum der damit verbundenen Denkfiguren sei hier stellvertretend auf den im Rekurs auf Foucault und Rainer Winter entwickelten Ansatz verwiesen, demgemäß Medien zwar als machtvolle, wirklichkeitsgenerierende Dispositive begriffen werden können, denen die Subjekte in gewisser Weise ausgeliefert sind, die aber gleichwohl auch Raum zur Gegenmacht stellen (vgl. Feise-Mahnkopp, Die Ästhetik des Heiligen, S. 39f.). Für eine ausführliche Darstellung daran gekoppelter Lesarten vgl. ebd., S. 138ff.

77 Aus dem Spektrum der mit ersterem Aspekt verbundenen Denkfiguren sei hier stellvertretend auf die Kant'sche Prämisse verwiesen, dass wir „von den Dingen nur das a priori kennen, was wir selbst in sie hinein legen", d.h. eine Erkenntnis der Wirklichkeit als solche scheint unmöglich, vgl. Immanuel Kant: Kritik der reinen Vernunft. Bd. 1 (hrsg. von Wilhelm Weischedel). Frankfurt a. Main, B XVIII. Vgl. aber auch die erkenntnistheoretischen Implikationen des (Radikalen) Konstruktivismus, exemplarisch Siegfried J. Schmidt: Selbstorganisation, Wirklichkeit, Verantwortung. Der wissenschaftliche Konstruktivismus als Erkenntnistheorie und Lebensentwurf. LUMIS Schriften 9. Siegen 1994. Aus dem Spektrum der mit letzterem Aspekt verbundenen Denkfiguren sei hier stellvertretend auf das theologische Erkenntnisprinzip der via negativa verwiesen, in dem Gott bzw. das Göttliche, als prinzipiell nicht durch den menschlichen Geist erkennbar, allein mit Hilfe negativer Prädikate (unendlich, unermesslich etc.) verhandelt wird. Für eine ausführliche Darstellung damit verbundener Lesarten vgl. Feise-Mahnkopp, Die Ästhetik des Heiligen, S. 112ff. sowie S. 139ff.

78 Vgl. Michel Foucault: Überwachen und Strafen. Die Geburt des Gefängnisses. Frankfurt a. Main 1977 [zuerst ersch. 1975].

auch als „Mutter der *Matrix*" bezeichnet wird, aufmerksam macht, als machtvoller Urheber der *Matrix* betrachtet werden. „Dieser Mann (der Architekt, Anmerkung P. F.-M.) kann hinter gar keine seiner Entscheidungen blicken" – formuliert sie diesen Umstand im dritten Teil der Trilogie.

(menschliche) Erkenntnis – (göttliche) Wirklichkeit

Dabei kann die Kritik des Orakels auch theologisch gedeutet werden. D.h. indem das Orakel die Macht des Architekten mit dem Verweis auf dessen unzulängliches (rationales) Erkenntnisvermögen abqualifiziert – dieser vermag den Auserwählten nur als „Ergebnis einer unausgeglichenen Gleichung" zu begreifen (bzw. nicht zu begreifen) – und Neo stattdessen eine ganzheitliche Öffnung seines Bewusstseins empfiehlt, wird die christlich-patriarchale Vorstellung eines allmächtigen *Vater*gottes bzw. die damit verbundene symbolisch männliche Kodierung des *logos*-Konzepts[79] kritisiert und auf symbolisch weibliche Gottesvorstellungen aufmerksam gemacht, die sapiential fundiert werden.[80] Doch auch das Orakel besitzt keine letzte Gewalt über die *Matrix*. Dieser Status gebührt allein der „Quelle" – eine Dimension, von der (u.a.) als Urgrund jenseits der simulierten und der physischen Realität die Rede ist[81] und in die Neo nach seinem an Jesu Kreuzigung erinnerndes Selbstopfer eingeht.

Diese Deutung fügt sich zwar passgenau in christliche Lesarten der Trilogie ein[82], doch erfolgt auch die religiöse Kodierung der *Matrix* nicht eingängig. So kann die Trilogie neben der bereits erwähnten gnostischen Lesart u.a. auch hinduistisch oder buddhistisch gedeutet werden. Ersteres wird durch Referenzen auf den Nihilismus Schopenhauers grundgelegt, in dem die Upanischaden, die vedischen Weisheitsschriften, eine zentrale Rolle spielen[83] –, sowie durch die Licht- und Feuersymbolik in der Darstellung von Neos Opfertod[84] –, bzw. durch den Hinweis, dass Neo Vorgänger besessen habe.[85] Letz-

---

79 Eine durch Philo von Alexandrien geprägte Vorstellung, vgl. Martin Hailer: Figur und Thema der Weisheit in feministischen Theorien. Frankfurt a. Main u.a. 2001, S. 50.

80 Vgl. exemplarisch Elisabeth Moltmann-Wendel (Hrsg.) Die Weiblichkeit des Heiligen Geistes. Studien zur Feministischen Theologie. Gütersloh 1995.

81 „Die Macht des Auserwählten geht über diese Welt hinaus – sie reicht von hier bis zu dem Ort, dem du entstammst" – mit diesen Worten beschreibt das Orakel im dritten Teil der Trilogie Neo gegenüber der Quelle.

82 Seien diese nun orthodox, oder patriarchatskritisch ausgerichtet.

83 Der Titel eines Buches, das Persephone, eine kooperierende Gegenspielerin, im zweiten Teil der Trilogie als Hebel für eine Geheimtür benutzt, verweist auf dessen Hauptwerk „Die Welt als Wille und Vorstellung" (1818).

84 In den Upanischaden wird der Opfertod der ‚Himmlischen‘, dem die Weltschöpfung folgt, in einer auf Licht und Feuer basierenden Bildsprache geschildert, vgl. Chāndogya-Upaniṣad zum Sāmaveda. In: Upanischaden. Ausgewählte Stücke (aus dem Sanskrit übertragen und erläutert von Paul Thieme, hrsg. von der UNESCO-Sammlung repräsentativer Werke). Stuttgart 1966 (asiatische Reihe).

85 Womit auf die hinduistische Reinkarnations-Vorstellung angespielt wird, vgl. u.a. Bṛhadāraṇyaka-Upaniṣad (Prosa-Upanischad des ‚weißen‘ Yajurveda). In: ebd.

teres kommt exemplarisch in einer Szene im ersten Teil der Trilogie zum Tragen, in der ein kleiner Mönchsschüler, der mit Hilfe seiner Geisteskraft Löffel verbiegen zu können scheint, Neo eine Lektion über das *Nirwana* erteilt: „Es gibt keinen Löffel…"

Neben Kodierungen, die klassisch theologische bzw. religionsphilosophische Lesarten nahelegen, rekurriert die Inszenierung – wie am Beispiel des Architekten, für den Neo das Ergebnis einer ‚unausgeglichenen Gleichung' ist, bereits implizit deutlich wurde – auch in radikal konstruktivistischer Manier auf neuro-theologische Positionen, die Glaube als Konstrukt definieren.

Konstruktion und Dekonstruktion

In dieser Hinsicht kann die religiöse Kodierungsvielfalt der *Matrix* nachgerade als passgenaue Verbildlichung der Derridaschen Religionstheorie gelesen werden. Definiert dieser Religion doch als Ergebnis eines unabgeschlossenen, bzw. unendlich wiederholbaren Prozesses, der sich mit Hilfe der Formel n+1 ausdrücken lässt.[86] Dabei sind mehrere Entsprechungen zwischen der Kodierung der *Matrix* und Derridas Theoremen zu verzeichnen. In dekonstruktivistischem Weiterdenken der Freudschen Setzung, Religion sei die Wiederkehr des Verdrängten[87], fasst Derrida die Rückkehr der Religion in den westlichen Gesellschaften als ein Symptom der Spätmoderne. D.h. die für diese so charakteristischen Rationalisierungs- und Vereinzelungsprozesse, die Derrida mit Bezug auf die fundamentale und in globalem Ausmaß stattfindende maschinelle Technologisierung, bzw. Tele-Kommunikatisierung beschreibt, konstituieren sich nur um den Preis der Abspaltung des (im psychoanalytisch-poststrukturalistischen Sinne) Anderen. Der damit verbundene Abstraktionsprozess aber generiert nicht nur das „radikal Böse"[88], sondern produziert die Wiederkehr des Anderen in Gestalt der Religion. Der Ort des radikal Bösen ist für Derrida das Maschinell-Automatisierte, das er auch als „tele-technologische Transzendenz"[89] bezeichnet. Passgenau lässt sich die *Matrix*, Produkt der ‚bösen' Künstlichen Intelligenz, die sich maschinell-automatisierter Technologien im Kampf gegen die Rebellen bedient, somit als Verkörperung jener „tele-technologischen Transzendenz" lesen. Zumal die Inszenierung auch den Schluss zulässt, Neos Mission als Auserwählter sei nicht mehr als ein systemimmanenter Effekt der *Matrix*.

Folgt man dieser Lesart, können alle religiös motivierten Deutungen der *Matrix* als Demonstration des breiten historisch-kulturellen Spektrums gelesen werden, in dessen Gestalt Religion als Wiederkehr des Verdrängten auftreten kann. D.h. die Kodierung der Trilogie initiiert regelrecht einen religionstheoretischen Meta-Diskurs.

---

86 Vgl. Jaques Derrida: Glaube und Wissen. Die beiden Quellen der „Religion" an den Grenzen der bloßen Vernunft. In: Ders./G. Vattimo (Hrsg.) (2001) Die Religion. Frankfurt a. Main 2001, S. 9-106.

87 Vgl. Hyok-Tae P. Kim: Konstruktive Dekonstruktion? Zur theologischen Rezeption Jaques Derridas im deutschsprachigen Raum. Dissertationsschrift an der Universität Freiburg i. Br. 2004, S. 91f.

88 Derrida, Glaube und Wissen, S. 77.

89 Ebd.: S. 10.

Meta-Diskurs: Religion

Damit ist aber keine Dekonstruktion religiöser Vorstellungen im herkömmlichen Sinn verbunden, wie anhand einer weiteren Entsprechung zwischen der Kodierung der *Matrix* und den religionstheoretischen Überlegungen Derridas gezeigt werden kann. Dieser nutzt einen Topos der jüdisch-christlichen Religionsgeschichte, die *Wüste* (der Ort, an dem sich religiöse Schlüsselereignisse wie Offenbarungen oder Prüfungen zutragen) als Sinnbild für die Sehnsucht nach einer Urquelle, der alle (Religions)Geschichte entstammt und in die alle (Religions)Geschichte mündet. Analog dazu eröffnet Morpheus, der Anführer der Rebellen, seine Ausführungen über die Natur der *Matrix* bzw. die Natur des Auserwählten im ersten Teil der Trilogie mit den Worten: „Willkommen in der Wüste der Wirklichkeit". Die dahinter bzw. die darüber liegende Quelle wiederum wird vom Orakel als der Ort charakterisiert, „aus dem alles entstammt" bzw. „in den alles zurückkehrt". Gemäß der Derridaschen Erkenntniskritik ist die Quelle zwar nicht im traditionell-abendländischen Sinn als metaphysisch zu begreifen – dennoch bezeichnet sie einen in gewisser Weise jenseitigen Ort: einen Ort außerhalb aller menschlichen, auf binären und hierarchischen Oppositionen fußenden, sprachlich-kulturellen Konstruktionen.[90] Die Quelle speist sich immer wieder neu durch den Moment, in dem die zwei Hauptflüsse der Religionsgeschichte, der Kultus/das Heilige sowie die ethisch-moralische Dimension, zusammenfließen (diesen Ort nennt Derrida Bezeugung, d.h. er manifestiert Glauben). In dieser Hinsicht kann die religiöse Kodierung der Trilogie einerseits als Verbildlichung des Zusammenfließens der beiden Ströme betrachtet werden – auch Neos Opfertod stiftet Glauben.[91] Dass Neo als „Ergebnis einer unausgeglichenen Gleichung" bezeichnet wird, bzw. deutlich wird, dass er Vorgänger gehabt und Nachfolger haben werde, lässt sich andererseits als passgenauer Ausdruck für die dekonstruktivistische Erkenntnis lesen, dass die kulturell und zeitlich verschiedenen Bezeichnung(en) der Quelle eine unendliche Signifikation erzeugen, die sich mit der Formel n+1 ausdrücken lässt.

Dass die Trilogie neben philosophischen auch religiöse bzw. (meta)religiöse Fragen aufwirft, kann als weiterer Ausdruck ihrer Verbundenheit mit dem gesellschaftlichen Außen gelesen werden, das von Postsäkularisierungsprozessen[92] gekennzeichnet ist. Charakteristisch für die damit verbundenen sozio-ideologischen Umbrüche ist die Auffassung, dass nicht nur Wissen (wie in der Postmoderne) als plural und relativ begriffen wird[93], sondern auch Glaube. Bzw. dass beide Weltzugänge als gleichermaßen legitime

---

90 D.h. im psychoanalytisch-poststrukturalistischen Sinn die Erfahrung des Realen (die nur jenseits aller Sprache und Kultur gemacht werden kann). In theologischer Perspektive kann diese Setzung in Analogie zu einer Gottesrede bzw. -erfahrung gesetzt werden, wie sie u.a. die via negativa geprägt hat, vgl. Kim, Konstruktive Dekonstruktion? S. 67ff.

91 Vormals ‚Ungläubige‘, wie die Figur der Niobe, werden ob Neos ekstatischem Eingang in die Quelle ‚bekehrt‘.

92 Vgl. Jürgen Habermas: Glauben und Wissen (Friedenspreis des Deutschen Buchhandels). Frankfurt a. Main 2001.

93 Vgl. Welsch, Unsere postmoderne Moderne.

Erkenntnissysteme begriffen werden.[94] In dieser Hinsicht initiieren die Kodierungsstrategien der Trilogie nachgerade einen Meta-Diskurs über das Verhältnis von Wissen und Glauben.

Meta-Diskurs: Wissen und Glauben

Denn die multiple philosophisch-theologische Kodierung der *Matrix* lässt offen, in welcher philosophischen und/oder theologischen Manier sie gedeutet werden kann. D.h. Wissen und Glauben werden in postmoderner Manier als plural und relativ dargestellt, ohne daraus den einen oder anderen Ansatz als bestimmende „Meta-Erzählung"[95] zu favorisieren. Zugleich werden Wissen und Glauben in postsäkularer Manier als gleichberechtigte Erkenntnissysteme dargestellt, über deren Legitimation sich die ZuschauerInnen selbst ein Bild machen müssen, bzw. selbst zu entscheiden haben, welche (Teil) Konzepte sie annehmen und/oder verwerfen. Keine Szene veranschaulicht das Phänomen weltanschaulicher *bricolage*[96] in der postmodernen bzw. postsäkularen Gesellschaft deutlicher als jene Szene, in der Neo seinen Blick über verschiedenste religiöse Ikonen und Devotionalien schweifen lässt.[97]

Postmoderne bzw. postsäkulare Kunst

Die der Trilogie eingeschriebene Mehrdeutigkeit bzw. die daran geknüpfte Erkenntnis einer unabschließbaren Deutbarkeit aber kann nicht nur im Lyotardschen Sinn als Signum einer „postmodernité honorable" gewertet werden, sie kann im Sinne Venturis auch als Gütesiegel postmoderner Kunst gelesen werden, d.h. als ein Werk, dem die Darstellung eines „schwierigen Ganzen" gelingt. Da dieses Ganze signifikant postsäkulare Züge aufweist, ist die Trilogie jedoch treffender als postsäkulares Werk zu bezeichnen.

Dies gilt umso mehr, da sie über die Fähigkeit verfügt, neben dem Erhabenen auch das Heilige zu evozieren.

---

94 Vgl. Jürgen Habermas: Säkularisierung als zweifacher und komplementärer Lernprozess. In: Ders./Ratzinger (Hrsg.) Dialektik der Säkularisierung. Über Vernunft und Religion. Freiburg 2005, S. 31-33.

95 Vgl. ebd. im Rekurs auf Lyotard, S. 172f.

96 Ich verwende den Terminus in Anlehnung an die von Luckmann geprägte Rede von der religiösen bricolage, vgl. Thomas Luckmann: Bemerkungen zu Gesellschaftsstruktur, Bewusstseinsformen und Religion in der modernen Gesellschaft. In: Lutz Burkart (Hrsg.) Soziologie und gesellschaftliche Entwicklung. Verhandlungen des 22. Deutschen Soziologentages in Dortmund. Frankfurt a. Main, New York 1998, S. 475-484.

97 Selbstredend kann dieses Bild aber auch im weiter oben geschilderten Derridaschen Sinn gelesen werden.

„Religioide" Ästhetik

Das Erhabene ist mit dem vorkritischen Kant als schrecklich-schönes Geistgefühl zu klassifizieren, das eine meta-rationale Entgrenzung bewirkt.[98] Übertragen auf die Wahrnehmung artifizieller Objekte, lässt sich dieser Umstand mit Martin Seel so fassen, dass es einer metaphorischen Gewaltsamkeit des ästhetischen Objekts bedarf, die eine transformierende Wirkung auf das wahrnehmende Subjekt ausübt, um von Kunst zu sprechen.[99] Da diese durch gewalthaltige Inhalte des ästhetischen Objekts verstärkt werden kann, laden insbesondere die *martial-arts*-Sequenzen der Trilogie zur Wahrnehmung eines solchermaßen Erhabenen ein.

Immanent Heiliges

Wenn Trinity zu einem Kung-Fu-Sprung ansetzt, die Inszenierung sie mit Hilfe von *virtual cinematography* mit weit ausgebreiteten Armen mitten in der Bewegung einfriert und dies mit furioser Musik unterlegt wird, wird die Gewalthaltigkeit der Handlung synästhetisch überhöht, so dass die dadurch gesteigerte metaphorische Gewaltsamkeit eine entgrenzende Wirkung auf den impliziten Betrachter ausübt. Ist dabei die entgrenzende Wirkung besonders nachhaltig, kann dies gleichsam auch als Evokation des immanent Heiligen im Sinne Georges Batailles gedeutet werden. Definiert dieser doch das Heilige als Entgrenzung ohne metaphysischen Charakter, deren Gewaltsamkeit als bedrohlich und anziehend zugleich empfunden wird[100] – Wahrnehmungen, die durch die *martial-arts*-Ästhetik der Trilogie im übertragenen Sinne befördert werden.

Transzendent Heiliges

Doch auch die Wahrnehmung des transzendent Heiligen im Sinne Rudolf Ottos wird durch die Ästhetik der *Matrix* ermöglicht. Dieser definiert das Heilige als Entgrenzung, die an die gleichsam bedrohliche wie faszinierende, immer aber auch beseligende Wahrnehmung des Numinosen, d.h. einer metaphysischen Dimension, die als fundamental

---

98 Vgl. Immanuel Kant: Beobachtungen über das Gefühl des Schönen und Erhabenen. In: Ders. Gesammelte Schriften (hrsg. von der Königl. Preuß. Akad. d. Wiss.). Berlin 1912, Bd. 2, S. 205-256 [zuerst ersch. 1764].

99 Bei Seel heißt es: „Gemessen an einem strikten und buchstäblichen Begriff ist es stets eine metaphorische Gewalt, mit der sie (die Kunst, Anmerkung P. F. – M.) ihr Gegenüber zu überwältigen sucht. Mit nur geringer Übertreibung lässt sich sagen, dass in dieser Bedeutung aller Kunst ein Moment des Gewaltsamen eignet. Ihre Werke zielen auf eine Animation, die das Publikum für eine wie immer kurze Zeit aus den Sicherheiten und Selbstverständlichkeiten der leiblichen wie geistigen Orientierung nimmt und so eine willkommene Störung seines Empfindens und Verstehens bewirkt. In diesem Sinn, aber auch nur in diesem, ist jede Ästhetik der Kunst eine Ästhetik der Gewalt: eine Auslegung der Macht, mit der ihre Werke eine Wirklichkeit hervorbringen, an der sich die Lebenswirklichkeit ihrer Adressaten bricht", vgl. Martin Seel: Ästhetik des Erscheinens. Frankfurt a. Main 2003, S. 302.

100 Vgl. Georges Bataille: Die Erotik. München 1994 (zuerst ersch. 1957] sowie Ders.: Theorie der Religion. München 1997 [zuerst ersch. 1973].

anders als die menschliche Wirklichkeit begriffen wird, gebunden ist (*mysterium tremendum, faszinans et augustum*).[101] Insbesondere die mit Hilfe der so genannten *bullet time* gestalteten Szenarien zeitigen eine solche, d.h. „religioide" Wahrnehmung.[102]

bullet time

Die *bullet time*-Ästhetik bezeichnet ein Verfahren der *virtual cinematography*, das in der Inszenierung (auch, aber nicht nur) dazu benutzt wird, Neos Status als Auserwählten dadurch zum Ausdruck zu bringen, dass er auf ihn zufliegende Gewehrkugeln – engl. *bullets* – im Flug zu bannen vermag. D.h. dem impliziten Betrachter wird die paradoxe Wahrnehmung einer stillstehenden Bewegung bzw. eines bewegten Stillstandes suggeriert.[103] Dieser an sich schon faszinierende Effekt gerät durch den Kommentar des ehrfurchtsvoll-überwältigten Morpheus – „Der Auserwählte!" – zunächst auf innerdiegetischer Ebene zum Gottesbeweis (mysterium *tremendum et faszinans*). Da im Anschluss daran jedoch aus Neos Warte zu triumphierend-hochgestimmten Klängen auch das lichtvoll-strahlende Hervorbrechen einer anderen Wirklichkeitsebene hinter oder jenseits der *Matrix* ins Bild gesetzt wird, teilt sich diese Wahrnehmung auch dem impliziten Betrachter mit. D.h. durch das synästhetische Zusammenspiel der Inszenierung erhält die solchermaßen entgrenzende Wahrnehmung eine beseligende Komponente (mysterium *tremendum, faszinans et augustum*).

In ihrem Gestus, Bewegtheit paradox als Unbewegtheit darzustellen, gemahnt die *bullet time* an die aristotelisch-christliche Prämisse des „unbewegten Bewegers". Auch bringt sie das grundsätzlich metaphysische Potential des kinematographischen Bildes, das Deleuze im Rekurs auf Bergson ähnlich paradox als lichtbasiertes Raum-Zeit-Kontinuum beschreibt[104], in gesteigerter Form zum Ausdruck. Zugleich wird in der *bullet time* Rudolf Ottos Forderung nach einer paradoxen Kunst eingelöst, die die Wahrnehmung des Heiligen im Sinne der mystischen „via negativa" – d.h. als mögliche Unmöglichkeit/ unendliche Ruhe – ermöglicht.[105] Nicht zuletzt auch lässt sich im Hinblick auf die *bullet*

---

101 Vgl. Rudolf Otto: Das Heilige. Über das Irrationale in der Idee des Göttlichen und sein Verhältnis zum Rationalen. Gotha/Stuttgart 1924 [zuerst ersch. 1891].

102 Vgl. Anmerkung 13.

103 Der Eindruck beruht auf dem Einsatz einer „virtuellen" Kamera, die eine „wundersame Vermehrung der Aufnahmeprozesse" bewirkt, die „eine Gleichzeitigkeit von höchster Bewegung und größter Ruhe" entstehen lässt, vgl. Georg Seeßlen, Die Matrix entschlüsselt, S. 184 bzw. 200. Das dahinter stehende Verfahren lässt sich mit Seeßlen wie folgt beschreiben: „120 Nikon-Standbildkameras werden in einer vom Computer berechneten Linie im Bildraum aufgebaut und während der Aktion von einem Programm so ausgelöst, dass eine Sequenz entsteht. Die einzelnen Bilder werden in einen Computer eingescannt, die Übergänge angepasst und schließlich die „Einstellung" mit einem virtuellen Hintergrund versehen. Die Filmemacher können dabei also die Geschwindigkeit einer Aufnahme beliebig manipulieren, ohne eine reale Kamera bewegen zu müssen und ohne an Schärfe zu verlieren", vgl. ebd., S. 184.

104 Bei Deleuze heißt es: „Das Bild ist Bewegung, wie Materie Licht ist", vgl. Gilles Deleuze: Das Bewegungs-Bild. Kino I. Frankfurt a. Main, S. 16 [zuerst ersch. 1981].

105 Vgl. Rudolf Otto, Das Heilige, S. 81ff.

time-Ästhetik der *Matrix* festhalten, dass diese die Parameter der (Film)Kunst revolutioniert hat.[106]

Erweiterung des theoretisch-methodologischen Instrumentariums

Bewegten sich die bisherigen Analyseergebnisse im Rahmen des a priori gesetzten theoretisch-methodologischen Rahmens, musste dieser angesichts des Befundes einer „religioiden" Ästhetik in der *Matrix*, d.h. einer Ästhetik, die nicht nur das immanent Heilige, sondern auch das transzendent Heilige evoziert, modifiziert werden. Bzw. das hinsichtlich der ästhetischen Wahrnehmung popkultureller Artefakte zugrunde gelegte Gradationsprinzip – Wahrnehmungen auf einer breiten Skala zwischen Ernst und Unernst zeitigen zu können – musste dahingehend erweitert werden, dass die Wahrnehmung am vermeintlich obersten Ende der Skala, der Wahrnehmung des Erhabenen, umschlagen kann in die Wahrnehmung des Heiligen. D.h. neben dem Einbezug von ästhetikphilosophischen Überlegungen (des vorkritischen Kant sowie einer Seelschen Ästhetik des Erscheinens) war der Einbezug religionsphilosophischer Gesichtspunkte (Batailles und Ottos Phänomenologie des Heiligen sowie Paul Tillichs Kultur-/Religionsphilosophie) notwendig geworden. Mit Bezug auf letztere konnte die Trilogie auch und gerade als ein für die Theologie/die Religionswissenschaften geeigneter Gegenstand bestimmt werden, da sie, wie die ‚fanomenologische' Analyse vertiefend zeigt, u.a. auch Transzendenz erfahrbar macht.[107]

Fanwahrnehmung und -handeln

Transformierende Wirkung

Die nachfolgend genannten Beispiele verdeutlichen, dass die *Matrix* qua form-inhaltlicher Wechselbezüge eine unspezifische Transformations-/Entgrenzungserfahrung er-

---

106 In Analogie zu den von Lessing in seiner Schrift „Laokoon: oder über die Grenzen von Mahlerey und Poesie" (1776) angestellten Überlegungen zu einer Hierarchisierung der Künste, die sich u.a. an ihrer Fähigkeit messen lässt, Bewegung in oder außerhalb der Zeit darzustellen, kann die Matrix nachgerade als ‚Matrikoon' bezeichnet werden, d.h. als postmodern State of the Digital Art (um eine Wendung Seeßlens für diesen Kontext fruchtbar zu machen, vgl. Seeßlen, Die Matrix entschlüsselt, S. 175), da es ihr mit Hilfe der *bullet time* gelingt, sowohl den Eindruck poetischer Bewegungslosigkeit als auch narrativer Bewegtheit hervorzurufen – womit die Hierarchisierungsfrage der Künste in der Gegenwart gleichsam zugunsten des digitalen Filmes entschieden wird, vgl. ausführlich Feise-Mahnkopp, Die Ästhetik des Heiligen, S. 209f.

107 Vgl. ausführlich Feise-Mahnkopp, Die Ästhetik des Heiligen, S. 181f.; 193ff. Aus diesem Grund schließt sich der eigentlichen Untersuchung auch ein praktisch-theologischer Exkurs über den Einsatz der Trilogie im christlichen und interreligiösen Unterricht an, vgl. ebd., S. 219ff.

möglicht, die spezifisch (als Kunst, als Philosophie, als Religion) gedeutet werden kann, aber nicht muss. So wird die Trilogie von ihren Fans einerseits als unbestimmt religioide Kunst wahrgenommen, andererseits werden ihr spezifisch religiöse Deutungsmuster zugeschrieben. D. h. viele so genannte „avid"-Fans[108] sprechen der *Matrix* eine allgemeine, an Seels Definition der metaphorischen Gewaltsamkeit von Kunst gemahnende, ‚existentiell aufrüttelnde/verstörende Wirkung' zu, die einen fundamentalen Erkenntnis- und Sinnfindungsprozess bei ihnen angestoßen habe.

Bei ‚Leroy' liest sich dieser Umstand wie folgt:

> The movies have changed my life – they made me look at the world in a whole new way (…).

Worin sich diese Veränderung äußern kann, ist zum Beispiel 'Bills' Worten zu entnehmen:

> Since I saw the Matrix 1 in theatres, that fateful day, my life has completely turned around. (...) at the time I had no ambitions, no knowledge of the world around me, no idea where the hell I'm going in life. But after seeing that movie all that changed. I began studying philosophy, searching for answers. Becoming somewhat of a usefull human being.

‚Karnaze', ein weiterer bekennender „avid"-Fan, beschreibt die metaphorische Gewaltsamkeit der *Matrix*, die sie explizit als Kunstwerk bezeichnet, wie folgt:

> The truth is, my obsession is just a passion. I'll admit that I can get carried away at times. But I can't help it; the matrix is in my bloodstream. And I don't mean just the movies, but all the detours that extend from the never-ending rabbit hole; all the philosophy, science fiction, Eastern as well as Western mysticism (…) So you see, I'm just a girl who has found a work of art that has helped her to identify her true passions in life. For that, I am grateful. No words can express how crazy in love with the matrix I am.

Andere Fans wiederum sprechen davon, dass die Trilogie sie dazu brachte, in spezifischer Weise religiös zu sein. 'Fabio' beispielsweise ist zum Gnostiker geworden:

> First of all, I must say that I am a gnostic thanks to the matrix movies. I discovered this religion through the movies, so I can truly say the movies changed me….

'Eirik' zum Buddhismus 'konvertiert':

> (…) but I can tell you how much it has affected me, personally. After I saw the original, I started meditating; I am no longer a Christian, though I bought myself a bible to read in, I study Buddhist tradition, started with yoga and Nanbudo.

---

108 Die hier zitierten Äußerungen von Matrix-Fans, die sich selbst als ‚avid', d.h. exzessive Fans bezeichnen, entstammen, sofern nicht anders ausgewiesen, der Quelle http://www.matrixfans. net/fansection/obsessed.php; für eine ausführlichere Analyse dieser – und anderer Fanwahrnehmungen bzw. -handlungen – vgl. Feise-Mahnkopp, Die Ästhetik des Heiligen, S. 193ff.

‚Karnaze‘ schließlich feiert die *Matrix* in der Fortsetzung ihres o.g. Lobpreises als „zen-koan of our generation".

Kulthandeln

Fanwahrnehmungen wie die genannten ziehen zugleich ein breites Spektrum an individuellem und kollektivem Kulthandeln nach sich. D.h. viele Fans praktizieren, allein oder in größeren Fan-Communities, eine ritualisierte Rezeption der *Matrix* sowie andere cross-mediale Kulthandlungen (z.B. das ritualisierte Hören von *Matrix*-Soundtracks) oder legen eine exzessive Sammelleidenschaft von *Matrix*-Memorabilia an den Tag. Einige, laut Selbstaussage adoleszente, Fans betreiben darüber hinaus einen regelrechten Personen-Kult um Neo und Trinity, deren Performance – schwarze Stiefel, Mäntel, Sonnenbrillen etc. – sie im eigenen Leben zu kopieren trachten.

‚Bill‘ beschreibt diesen Umstand wie folgt:

> I bought 3 pairs of Neo glasses off-line in case one broke. And I would wear a pair to school everyday (…) I earned the nickname "Matrix". Every halloween since Matrix 1, I dressed up like Neo. When kids came to my door I said, "Red candy or Blue Candy?" They got confused… So that about wraps up my obsession with the Matrix.

Gender

Zudem werden die Figuren häufig als Gender-Vorbilder genannt. Insbesondere die Geschlechterkonstruktion von Trinity wird dabei oftmals von den Fans nicht nur goutiert, sondern sie wird auch als relevant für das eigene lebensweltliche Handeln angesehen. Diesbezüglich heißt es bei ‚Allison‘:

> Trinity is my next favorite character because she is a woman like me. and she is very strong and she can take care of her self and she's not afraid of nothing (…).

Auch 'mirjam' betont:

> (…) denn Trinity gefällt mir einfach am besten. Sie vereinigt körperliche Eleganz und Anmut mit einem scharfen Geist und einer ‚gefühligen‘ Komponente (ihre Liebe zu Neo). In gewissem Sinne stellt sie auch ein revolutionäres Frauenbild dar, da sie den andern (oft männlichen) Freiheitskämpfern durchaus ebenbürtig ist.[109]

Und fährt fort:

> Für mich war sie lange Zeit ein Vorbild, ich wollte ihr möglichst ähnlich werden (…).

---

109 Vgl. Feise-Mahnkopp, Die Ästhetik des Heiligen, S. 205.

Philosophie und Religion

Darüber hinaus werden die philosophisch-religiösen Denkimpulse der Trilogie mit Gleichgesinnten im Netz weiter gesponnen. Im thread "Meine persönliche philosophische Interpretation der *Matrix*"[110] schreibt beispielsweise ‚Kaospilot':

> Ich hoffe wir können uns darauf einigen, dass die Trilogie nicht die Realität wiederspiegelt, sondern vielmehr eine Metapher unserer Gesellschaft und unseres Bewusstseins ist.

In einem weiteren thread, „Spiderman versus Christentum", mit 76 Beiträgen einer der meistdiskutierten threads in der Rubrik „Philosophie", wird die christliche Kodierung der *Matrix* für viele der Beitragenden zum Anlass genommen, die Bedeutung des Christentums heute zu debattieren. Dabei reichen die Positionierungen von positiv-bejahend bis hin zu skeptisch-kritisch. ‚Zoidpheus', der das thread begründete, spricht beispielsweise in seinem/ihren Beitrag der christlichen Religion in der Gegenwart jedwede Relevanz ab, wohingegen sich ‚McSchulz' vehement für die gesellschaftliche Relevanz des Christentums ausspricht.

Religion und mediale Popkultur

Dabei verbindet sich eine kritische Haltung gegenüber der christlichen Religion bei vielen Fans mit einer grundsätzlichen Gesellschafts-/Medienkritik. So greift ‚ph-neutral' im Hinblick auf die vermeintlich große Masse unengagierter Menschen in der Gesellschaft die provokante Frage von ‚Zoidpheus' auf, ob Spiderman möglicherweise nicht ein besseres moralisches Vorbild sei als der christliche Gott, da ersterer eingreife, wo letzterer nur tatenlos zusehe.

Der Beitrag von ‚Zero' hingegen weist allgemein auf die positive Rolle hin, die mediale Popkultur für viele erfüllt. Auch wenn keine expliziten Gottesvorstellungen mehr für alle verbindlich sind, kommen Superhelden wie Spiderman laut dem Verfasser/der Verfasserin doch einem Grundbedürfnis des Menschen nach einer übergeordneten Sinnstiftung, dem Glauben an das moralisch Gute, entgegen. So schreibt er/sie:

> Die Menschen wollen dass es da draußen mehr gibt, etwas das ihnen vielleicht auch Hoffnung auf ein Leben nach dem Tod gibt und dass ihnen hilft über ihre eigene Sterblichkeit hinwegzukommen. Nur kann die Religion das heute, im Zeitalter der Wissenschaft und Technologie, nicht mehr so gut wie früher (...) Also, wenn man an einen allmächtigen Gott

---

110 Dieser und nachfolgend genannte threads sind der Site http://www.stadt-zion.de entnommen (letzter Zugriff: 23.01.2007). Bei der Widergabe der Fanzitate wurde die Rechtschreibung nicht nachträglich verbessert, sie entspricht dem originären Eintrag. Da die verwendeten Icons und Logos eine Form der nonverbalen Kommentierung darstellen, wurde auch auf sie nicht verzichtet.

glauben kann, kann man dann nicht auch genauso daran glauben dass da oben irgendwo ein Superman rumfliegt?

Ironischerweise beginnt ‚Zero‘ seine/ihre Ausführungen mit einem Zitat der populären Serienfigur Homer Simpson aus der TV-Serie The Simpsons:

"I'm not normally a praying man, but if you're up there... save me, Superman!"

Bei den Simpsons handelt es sich um ein Format, welches für seine gesellschaftskritischen Töne bekannt ist, so dass man davon ausgehen kann, dass mit diesem Zitat eine Kritik an der oberflächlichen, pseudo-religiösen Einstellung des (amerikanischen) Mainstream geübt wird. Die Antwort von ‚x-cyrion‘ auf diesen Beitrag hingegen ist durch popkulturelle semiotische Kompetenz[111] bestimmt, denn er/sie kann das Zitat sofort zuordnen.

Die Hinwendung zu philosophischen und/oder religiösen Themen, die die Fan-Beschäftigung mit der Matrix-Trilogie bewirkt, wird in einem weiteren thread, „Weltgeschehen, Wissenschaft und Technologie: Wichtigste Fragen der Menschheit", auf die Spitze getrieben. Auf den von ‚x-cyrion‘ begründeten thread, der die Community-Mitglieder auffordert, die „wichtigsten Fragen der Menschheit" zu benennen, finden sich überwiegend erkenntnisphilosophische und religiöse Antworten. ‚cooper‘ beispielsweise benennt in seiner Antwort als eine der wichtigsten Fragen die folgende: „Was ist der Sinn des Lebens?" Und bei ‚mayaku‘ ist die Frage zu lesen: „Habe ich eine Aufgabe in der Welt – und wenn ja, wie kann ich sie finden?" Auch die Antworten, die ‚x-cyrion‘ selber nennt, gehen in diese Richtung: „Gibt es ein Leben nach dem Tod?", „Was ist die Wirklichkeit?" oder „Wozu brauchen wir Wissen?"

Fanart, -media und -fiction

Zugleich regt die Trilogie Fans massiv zu eigener Produktivität und Kreativität an.[112]

‚Eirik‘ beispielsweise zollt dem philosophischen Gehalt der Matrix in Form eines Dokumentarfilmprojekts seinen Tribut[113], ‚Melissa‘ schreibt eigene, Matrix-inspirierte, Geschichten[114], ‚Leroy‘ produziert kleine, von Sujet und Ästhetik der Trilogie beeinflusste, Amateur-Videos[115], ‚Karnaze‘ macht Matrix-inspirierte Zeichnungen und ‚mish: finaly born‘ fühlt sich von der Trilogie zu eigenen dichterischen Versuchen über die

---

111 Darunter lässt sich mit Collins die Fähigkeit der Rezipienten fassen, meta-popkulturelle Enkodierungen auch dekodieren zu können, vgl. Anm. 11.

112 Beispiele kreativer Fanart, -media und -fiction finden sich unter http://www.matrix-revisited. de/de_index.php sowie http://www.matrixfans.net/fansection/fanfic, zuletzt eingesehen am 15.02.2007).

113 Vgl. Feise-Mahnkopp, Die Ästhetik des Heiligen, S. 198.

114 Vgl. ebd., S. 200.

115 Vgl. http://nomercyvideo.com/Clips/NoMercyToxic.wmv (zuletzt eingesehen am 08.10.11).

‚Auferstehung' inspiriert.[116] Damit erweist sich die Trilogie als ein im Fiskeschen Sinne produktives Artefakt, bzw. sie erfüllt die Bedingung, die Rainer Winter für den Umgang mit Kultmedien benannt hat: nicht nur zu semiotischer und sozialer, sondern auch zu textueller Produktivität anzuregen.[117]

Festzuhalten aber ist, dass es die zu eigenem Weiterdenken einladende philosophisch-theologische Kodierung sowie die inspirierende Religio-Ästhetik der *Matrix* sind, die kultstiftende Wirkung zeitigen.

Erneute Erweiterung des theoretisch-methodologischen Rahmens

Auch in dieser Hinsicht musste der a priori gesetzte theoretisch-methodologische Rahmen verlassen werden. Denn um die Wahrnehmungs- und Handlungsdimensionen der *Matrix*-Fans im Netz adäquat fassen zu können, mussten u.a. Bezüge auf die (religionswissenschaftlich geprägte) Ritual- und Kulttheorie hergestellt sowie Methoden der qualitativen Religionsforschung angewandt werden.

Der Umstand, dass es die spezifische Religio-Ästhetik der Trilogie ist, die die Fans zu einem Kulthandeln mit existentieller Tragweite bringt, konnte zudem gewinnbringend mit bestehenden Ansätzen aus der Kultmedientheorie und -forschung verschmolzen werden.[118]

Zusammenfassung

In der Untersuchung konnte die *Matrix* als ein im Fiedlerschen bzw. Fiskeschen Sinn typisches Artefakt der postmodernen Popkultur identifiziert werden, das mit dem gesellschaftlichen Außen in Verbindung steht sowie U- versus E-kulturelle Grenzziehungen obsolet macht. Darüber hinaus ist die Trilogie ein selbstreflexives „Meta-Pop"-Artefakt, das nicht nur einen Meta-Diskurs über die Geschichte, Inhalte und Formen der medialen Popkultur führt, sondern auch einen Meta-Diskurs über den eigenen Status als mediales (Kunst)Produkt. Zudem konnte gezeigt werden, dass die Trilogie im Fiedlerschen Sinne polysem kodiert ist bzw. im Hügelschen Sinn zwischen ernsthaften und unernsten Lesarten oszilliert. Neben diesen – sich im vorab gesetzten theoretisch-methodologischen Rahmen bewegenden – Befunden aber konnte der Trilogie eine anspruchsvolle (erkenntnis)philosophisch-theologische Kodierung nachgewiesen werden, die gleichsam einen Meta-Diskurs über die *conditio humana* in postmodernen bzw. postsäkularen Gesellschaften initiiert, und die sie im Rekurs

---

116 Vgl. Feise-Mahnkopp, Die Ästhetik des Heiligen, S. 195f.

117 Vgl. Rainer Winter: Der produktive Zuschauer. Medienaneignung als kultureller und ästhetischer Prozess. Berlin 1995.

118 Vgl. Feise-Mahnkopp, Die Ästhetik des Heiligen, S. 186ff.

auf die postmoderne (Ästhetik)Theorie als Kunstwerk auszeichnet. Darüber hinaus wurde der Trilogie im Hinblick auf ihre Fähigkeit, nicht nur das Erhabene, sondern auch das Heilige evozieren zu können, eine „religioide" Ästhetik bescheinigt, die sie einmal mehr zu einem postsäkularen Artefakt macht. Dazu bedurfte es jedoch einer Erweiterung des eingangs gesetzten theoretisch-methodologischen Rahmens. Insbesondere wurde das Gradationssystem, das bei der ästhetischen Wahrnehmung popkultureller Artefakte zum Tragen kommt, dahingehend erweitert, dass diese – an dem einen Ende des Spektrums – nicht nur zu unterhalten vermögen, sondern – an dem anderen Ende des Spektrums – auch das Erhabene und das Heilige zu evozieren vermögen. Weitere Tiefenschärfe gewann der phänomenologische Befund durch den ergänzenden Einbezug der ‚Fanomenologie'. D.h. die Analyse von Wahrnehmungs- und Medienhandlungsstrukturen von *Matrix*-Fans im Netz bestätigte die entgrenzende bzw. die zum Teil nachgerade existentiell-transformierende Wirkung der Trilogie. Mit Hilfe einer erneuten Erweiterung des theoretisch-methodologischen Spektrums – der Einbezug von Ritual- und Kult(werdungs)theorien – konnte herausgearbeitet werden, dass es die von den Fans als inspirierend erlebte religioide Ästhetik ist, die kultstiftende Wirkung zeigt.

Zugespitzt auf das eingangs formulierte Erkenntnisinteresse an den *medialen* Implikationen Populärer Kultur bzw. Popkultur aber kann formuliert werden, dass der *Matrix*-Trilogie eine religioide Medialität bescheinigt werden kann, die sie zu einem kunstvollen Artefakt der postsäkularen Popkultur macht. Im Hinblick auf das eingangs formulierte Erkenntnisinteresse an den *performativen* Implikationen Populärer Kultur bzw. Popkultur hingegen, dass die Fans durch die religioide Medialität der Trilogie sowohl zu einem exzessiven Medienhandeln als auch zu einem *doing gender* angeregt werden, das die sozio-ästhetische Ambivalenz popkultureller Artefakte augenfällig macht: im Kulthandeln der Fans diffundieren die religio-ästhetischen und die geschlechterideologischen Sinnwelten der Trilogie in die Lebenswelten ihrer Fans.

Überlegungen zur weiteren Theoriebildung und Forschungspraxis Populärer Kultur(en)

Der Befund – die *Matrix* ist nicht nur ein typisches Artefakt der postmodernen Popkultur, sondern auch postmoderne bzw. postsäkulare Kunst, die kultstiftend wirkt – zeitigt Konsequenzen für die weitere Theoriebildung und Forschungspraxis Populärer Kultur/ Popkultur. Diese sollen daher abschließend kurz beleuchtet werden.

Ästhetik

Auch wenn die ausgeprägte Selbstreflexivität der Trilogie, die einen Metadiskurs über mediale (Pop)Kultur initiiert, ein Spezifikum der *Matrix* darstellt, können daraus doch allgemeingültige Implikationen der Ästhetik von „Meta-Pop"-Artefakten – z.B. die Störung der illusorischen Einfühlung durch meta-textuelle Bezüge – abgeleitet werden bzw. diese müssten anhand weiterer Beispiele empirisch geprüft werden.

Ähnliches gilt für die Trilogie als postmodernes Kunstwerk bzw. für ihre Fähigkeit, qua ihrer ausgeprägten metaphorischen Gewaltsamkeit das Erhabene zu evozieren. Auch wenn diese Fähigkeit bei der *Matrix* sicherlich sehr ausgeprägt vorhanden ist, lässt sich auf dieser Grundlage (im Rekurs auf die postmoderne Ästhetiktheorie sowie die ästhetikphilosophischen Betrachtungen des vorkritischen Kant) doch die Annahme ableiten, dass auch popkulturelle Artefakte Kunststatus beanspruchen können. Auch diese These ist mittels weiterer empirischer Forschung zur Rezeption vergleichbarer popkultureller Artefakte zu überprüfen.

Dafür besonders geeignete Disziplinen sind die Literatur-, Kunst-, Kultur- und Medienwissenschaften.

Religio-Ästhetik und Kulthandeln

In Bezug auf die religioide Ästhetik der *Matrix* lässt sich die Annahme ableiten, dass Artefakte der postsäkularen Popkultur das (immanent und transzendent) Heilige evozieren können, bzw. – durch vielfältige Wechselbezüge zwischen Inhalt und Form – zu religiösen Sinnstiftungen und Praxen (Kulthandeln) anregen können. Auch diese Annahme müsste in Form von weiteren empirischen Rezeptions- und Kulthandlungsanalysen validiert werden.

Damit qualifiziert sich die postsäkulare Popkultur nicht nur als ein für die o.g. Wissenschaften, sondern auch als ein für die praktische Theologie/die empirischen Religionswissenschaften geeigneter Forschungsgegenstand (i.e. die ‚religioiden' Dimensionen postsäkularer Medienkultur gehören in das breite Spektrum der religiösen Gegenwartskultur(en)).

Die im Hinblick auf die kultstiftende Wirkung der religioiden Ästhetik der *Matrix* angestellten Überlegungen zum möglichen Bedingungsverhältnis von Religio-Ästhetik und Kultstatus eines popkulturellen Artefaktes hingegen können sowohl für die Kult- und Ritualtheorie als auch für die empirische Fanforschung fruchtbar gemacht werden.

Als ein Beispiel für eine offene Forschungsfrage innerhalb dieses Feldes sei die Frage genannt, inwieweit sich der durch metatextuelle und selbstreflexive Bezüge bedingte relativierende Gestus und der durch die religiöse Kodierung/die religioide Ästhetik bedingte suggestive Gestus der Trilogie bzw. eines vergleichbaren Artefakts der postsäkularen Popkultur in der Rezeption beeinflussen.

Popkulturtheorie

Lässt sich die Annahme, dass sich der am Beispiel der *Matrix*-Filmtrilogie eruierte Befund – popkulturelle Artefakte können eine existentiell transformierende Wirkung zeitigen, die gemeinhin nur der Kunst bzw. der Religion zugesprochen wird – anhand weiterer Beispiele aus der postmodernen bzw. postsäkularen Popkultur validieren, sollte die (Fiedlersche) Rede von der transgredierenden Wirkung Populärer Kultur dahingehend zugespitzt werden, dass Popkultur nicht nur die Grenzen zwischen U- und E-Kultur, d.h. die Grenze zwischen Kunst und Unterhaltung, zu überschreiten vermag, sondern auch die Grenzen zwischen Unterhaltung, Kunst und Religion.

Schlussbemerkung

In meta-methodischer Hinsicht verdeutlicht die durchgeführte Analyse der *Matrix*-Filmtrilogie zweierlei: zum einen sollte die Untersuchung popkultureller Artefakte nicht deduktiv bzw. in zu großer theoretisch-methodologischer Abhängigkeit von bestehenden Theorien und Verfahrensweisen durchgeführt werden. Sie sollte vielmehr induktiv, bzw. vom konkreten Einzelfall ausgehend unternommen werden, um offen dafür zu sein, gegebenenfalls auch andere Theorien und Methoden einzuführen bzw. zu entwickeln, wenn der Gegenstand danach verlangt. Denn nur so kann der Veränderlichkeit von Popkultur Rechnung getragen werden. Zum anderen ist dabei eine inter- bzw. transdisziplinäre Perspektive unerlässlich. Denn nur auf diese Weise kann der Multidimensionalität von Popkultur Rechnung getragen werden.

D.h. es sollte, d'accord mit Marcus S. Kleiner, nicht darum gehen, eine Master-Theorie Populärer Kultur(en) formulieren zu wollen, sondern im Umgang mit popkulturellen Phänomenen vielmehr der Eigensinnigkeit, d.h. der Lebendigkeit, Wandelbarkeit und Besonderheit der damit verbundenen Gegenstände, Wahrnehmungen und Handlungsstrukturen (wenn auch mit der jeweils gebotenen theoretisch-analytischen Tiefenschärfe) gewahr zu sein.[119]

Literatur

Barthes, Roland: Mythologies. Paris 1957.

Bataille, Georges: Die Erotik. München 1994 [zuerst ersch. 1957].

Bataille, Georges: Theorie der Religion. München 1997 [zuerst ersch. 1973].

Baudrillard, Jean: Simulacres et simulation. Paris 1981.

von Braun, Christina: Gender, Geschlecht, Geschichte. In: Dies./Stephan (Hrsg.) Gender Studien. Stuttgart 2000, S. 16–58.

Collins, Jim in Ders.: Batman: The Movie. Narrative: The Hyperconscious. In: Roberta E. Pearson/ Uricchio William (Hrsg.) The Many lives of the Batman: critical approaches to a superhero and his media. London 1991, S. 164–181.

---

119 Vgl. insbesondere dessen Forderung, dass Poptheorie und -forschung ihren Ausgangspunkt im Besonderen, d.h. Eigensinnigen, von Popkultur nehmen solle sowie dessen Hinweis, dass zur Ausbildung einer Poptheorie Interdisziplinarität konstitutiv sei, bzw. es um die Ausgestaltung eines transdisziplinären Forschungsdesigns gehen müsse, siehe Marcus S. Kleiner, Pop fight Pop, S. 31, 34.

Copray, Norbert: Tausend Stile, Mann zu sein. In: Hartmut Meesmann/Bernhard Sill (Hrsg.) Androgyn. ‚Jeder Mensch in sich ein Paar?!' Androgynie als Ideal geschlechtlicher Identität. Weinheim 1994, S. 55–59.

Dällenbach, Lucien: Le récit spéculaire. Essai sur la mise en abyme. Paris 1977.

Deleuze, Gilles: Das Bewegungs-Bild. Kino I. Frankfurt a. Main [zuerst ersch. 1981].

Derrida, Jaques: Glaube und Wissen. Die beiden Quellen der „Religion" an den Grenzen der bloßen Vernunft. In: Ders./G. Vattimo (Hrsg.) Die Religion. Frankfurt a. Main 2001, S. 9–106.

Dorer, Johanna/Geiger, Brigitte (Hrsg.): Feministische Kommunikations- und Medienwissenschaft. Wiesbaden 2002.

Feise, Patricia: Science, Sex und Gender in der Fernsehserie „Akte X". Analyse eines popkulturellen Paradigmenwechsels. Berlin 2005

Feise-Mahnkopp, Patricia: Die Matrix-Filmtrilogie – Divina Commedia unserer Zeit. In: Deutsches Dante-Jahrbuch 2009 (84. Band), S. 153–173.

Feise-Mahnkopp, Patricia: Die Ästhetik des Heiligen. Kunst, Kult und Geschlecht in der ‚Matrix'-Filmtrilogie. Köln 2011.

Fiedler, Leslie A.: Überquert die Grenze. Schließt den Graben! In: Uwe Wittstock (Hrsg.) Roman oder Leben. Postmoderne in der deutschen Literatur. Leipzig 1994 [zuerst ersch. 1969], S. 14–40.

Fischer-Lichte, Erika: Die Ästhetik des Performativen. Frankfurt am Main 2004.

Fiske, John: Understanding Popular Culture. London, New York 1989.

Foucault, Michel: Überwachen und Strafen. Die Geburt des Gefängnisses. Frankfurt a. Main 1977 [zuerst ersch. 1975].

Groy, Boris: Die Verfilmung der Philosophie. In: Der Schnitt, Jan. 2000, S. 22–23.

Habermas, Jürgen: Glauben und Wissen (Friedenspreis des Deutschen Buchhandels). Frankfurt a. Main 2001.

Habermas, Jürgen: Säkularisierung als zweifacher und komplementärer Lernprozess. In: Ders./Ratzinger (Hrsg.) Dialektik der Säkularisierung. Über Vernunft und Religion. Freiburg 2005, S. 31–33.

Hailer, Martin: Figur und Thema der Weisheit in feministischen Theorien. Frankfurt a. Main u.a. 2001.

Hügel, Hans-Otto: Ästhetische Zweideutigkeit der Unterhaltung. Eine Skizze ihrer Theorie. In: montage/av 2, 1, 1993, S. 119–141.

Hügel, Hans-Otto: Einleitung. In: Ders. (Hrsg.) Handbuch Populäre Kultur: Begriffe, Theorien und Diskussionen. Stuttgart 2003, S. 1–23.

Irwin, William (Hrsg.): The Matrix and Philosophy. Welcome to the desert of the real. Peru, Illinois 2002.

Kant, Immanuel: Kritik der reinen Vernunft. Bd. 1 (hrsg. v. Wilhelm Weischedel). Frankfurt a. Main[zuerst ersch. als Critic der reinen Vernunft, 1781 (Ausgabe A) und 1787 (B), Riga]

Kant, Immanuel: Beobachtungen über das Gefühl des Schönen und Erhabenen. In: Ders. Gesammelte Schriften (hrsg. von der Königl. Preuß. Akad. d. Wiss.). Berlin 1912, Bd. 2 [zuerst ersch. 1764], S. 205–256.

Keppler, Angela: Wirklicher als die Wirklichkeit. Frankfurt am Main 1994.

Kim, Hyok-Tae P.: Konstruktive Dekonstruktion? Zur theologischen Rezeption Jaques Derridas im deutschsprachigen Raum. Dissertationsschrift an der Universität Freiburg i. Br. 2004.

Kleiner, Marcus S.: Pop fight Pop. Leben und Theorie im Widerstreit. In: Dirk Matejowski u.a. (Hrsg.) Pop in R(h)einkultur. Oberflächenästhetik und Alltagskultur in der Region. Essen 2008, S. 11–42.

Luckmann, Thomas: Bemerkungen zu Gesellschaftsstruktur, Bewusstseinsformen und Religion in der modernen Gesellschaft. In: Lutz Burkart (Hrsg.) Soziologie und gesellschaftliche Entwicklung. Verhandlungen des 22. Deutschen Soziologentages in Dortmund. Frankfurt a. Main, New York 1998, S. 475–484.

Lyotard, Jean-Francois: Der Widerstreit. München 1978.

McLuhan, Marshall/Fiore, Q.: The Medium is the Massage. New York 1967.

Mikos, Lothar: Fernsehen im Erleben der Zuschauer. Vom lustvollen Umgang mit einem populären Medium. Berlin, München 1994.

Mikos, Lothar/Feise, Patricia u.a.: Im Auge der Kamera. Das Fernsehereignis Big Brother. Berlin 2000.

Moltmann-Wendel, Elisabeth (Hrsg.): Die Weiblichkeit des Heiligen Geistes. Studien zur Feministischen Theologie. Gütersloh 1995.

Müller, Eggo: Paarungsspiele. Beziehungsshows in der Wirklichkeit des neuen Fernsehens. Berlin 1999.

Otto, Rudolf: Das Heilige. Über das Irrationale in der Idee des Göttlichen und sein Verhältnis zum Rationalen. Gotha/Stuttgart 1924 [zuerst ersch. 1891].

Platvoet, Jan: Das Ritual in pluralistischen Gesellschaften. In: Andréa Belliger/David J. Krieger (Hrsg.): Ritualtheorien. Wiesbaden 2003, S. 173–191.

Polak, Regina (Hrsg.): Megatrend Religion? Neue Religiositäten in Europa. Ostfildern 2002.

Schmidt, Siegfried J.: Selbstorganisation, Wirklichkeit, Verantwortung. Der wissenschaftliche Konstruktivismus als Erkenntnistheorie und Lebensentwurf. LUMIS Schriften 9. Siegen 1994.

Schroer, Silvia: Die Weisheit hat ihr Haus gebaut. Studien zur Gestalt der Sophia in den biblischen Schriften. Mainz 1996.

Schüngel-Straumann, Helen: Zur Dynamik der biblischen Ruah-Vorstellung. In: Elisabeth Moltmann-Wendel (Hrsg.) Die Weiblichkeit des Heiligen Geistes. Studien zur Feministischen Theologie. Gütersloh 1995, S. 17–38.

Seel, Martin: Ästhetik des Erscheinens. Frankfurt a. Main 2003.

Seeßlen, Georg: Die Matrix entschlüsselt. Berlin 2003.

Tambiah, Stanley J.: Eine performative Theorie des Rituals. In: Andréa Belliger/David J. Krieger (Hrsg.): Ritualtheorien. Wiesbaden 2003, S. 227–251.

Upanischaden. Ausgewählte Stücke (aus dem Sanskrit übertragen und erläutert von Paul Thieme, hrsg. von der UNESCO-Sammlung repräsentativer Werke). Stuttgart 1966 (asiatische Reihe).

Venturi, Robert: Komplexität und Widerspruch in der Architektur (hrsg. von Heinrich Klotz). Braunschweig, Wiesbaden 1978 [zuerst ersch. 1966].

Welsch, Wolfgang: Unsere postmoderne Moderne. Berlin 2002 (6. Auflage) [zuerst ersch. 1987].

Winter, Rainer: Der produktive Zuschauer. Medienaneignung als kultureller und ästhetischer Prozess. Berlin 1995.

Yeffeth, Glenn (Hrsg.): Taking the red pill. Science, Philosophy and Religion in the Matrix. Dallas 2003.

van Zoonen, Liesbet: Feminist Media Studies. London 1994.

Internetquellen

http://www.thomas-koerbel.de/matrix.html, zuletzt eingesehen am 03.05.2005.

http://www.matrix-revisited.de/de_index.php, zuletzt eingesehen am 01.06.2006.

http://www.stadt-zion.de (letzter Zugriff: 23.01.2007).

http://www.stadt-zion.de/zion/

http://www.matrixfans.net/

http://www.forenplanet.de

http://whatisthematrix.warnerbros.com /cmp/larryandychat.html (zuletzt eingesehen am 13.07.2006).

http://www.matrixfans.net/fansection/obsessed.php

http://www.matrix-revisited.de/de_index.php (zuletzt eingesehen am 15.02.2007).

http://www.matrixfans.net/fansection/fanfic (zuletzt eingesehen am 15.02.2007).

http://nomercyvideo.com/Clips/NoMercyToxic.wmv (zuletzt eingesehen am 08.10.2011).

Filmquellen

Matrix (USA/Australien 1999)
Matrix Reloaded (USA/Australien 2003)
Matrix Revolutions (USA/Australien 2003)

„Wenn Sie mich fragen, dann sind die besten Zombiefilme nicht die Splatterorgien voller Blut und Gewalt, mit albernen Figuren und haarsträubender Handlung. Was uns gute Zombiefilme wirklich zeigen, ist, wie kaputt wir doch eigentlich sind. Sie bringen uns dazu, unseren Platz in der Gesellschaft zu hinterfragen, ebenso wie die Gesellschaft selbst. [...] Filme, die uns dazu veranlassen, unser gesamtes Gesellschaftsgefüge in Frage zu stellen [...]."

(Kirkman 2012: 4)

Apocalypse (Not) Now?

Performative Bildungsprozesse
in Populären Medienkulturen –
am Beispiel der US-amerikanischen Fernseh-Serie
„The Walking Dead"

Marcus S. Kleiner

1. Einleitung

Der Weltuntergang, ebenso wie postapokalyptische Welten, werden in Populären Medienkulturen, ob im Film, Fernsehen, Comic oder Computerspiel, als spektakuläre Erlebnisse inszeniert. Die Welt wird durch Bomben, Kometen, Aliens, Naturgewalten oder Krankheiten zerstört. Dieses Ende wird dem Zuschauer, dem Leser oder Spieler in Populären Medienkulturen kontinuierlich vorgeführt, wenngleich die Welt und die Menschen postapokalyptisch weiter existieren. Am Ende ist man immer noch am Ende von allem (vgl. Busse 2000).

Das Ende wird hierbei als beständig mögliche Bedrohung inszeniert und zumeist mit einer (globalen) Krise kombiniert. Krisen gehören zum festen Repertoire der Medienproduktionen und zur „Mediennahrung unseres Alltagslebens" (Baudrillard 1994: 108). Bolz (1999: 77) betont daher zu Recht: „Mit dem Wort ‚Krise' simplifiziert und politisiert man hohe Komplexität. Das heißt im Klartext: Die Krise ist nicht Ausnahmezustand, sondern Normalform unserer modernen Existenz." Krise ist also immer. Das widerspricht zwar der Definition des Begriffs, aber nicht der Logik der Medien. Krisen werden in den Medien v.a. durch drei Strategien in Szene gesetzt: erstens durch Sensationalisierung und zweitens Skandalisierung der Wirklichkeit, die drittens zumeist mit einer drastischen „Angstrhetorik" (Bolz 1997: 105) thematisiert werden. Es sind gerade die Medien, die bestimmte Ängste schüren und versuchen, Kollektivängste zu generieren und zu synchronisieren. Die „große Kulturleistung des Fernsehens" besteht für Bolz (ebd.: 172) darin, „Angstbereitschaft, Kontingenzbewusstsein und Irritabilität der Gesellschaft" einzuüben. Medien versorgen uns nicht nur mit Informationen, die irritieren, erregen und ängstigen, sondern auch mit speziellen Ordnungs-, Sicherheits- und Moralschemata, die stabilisieren, orientieren und beruhigen sollen.

Derrida (2000) hat Mitte der 1980er Jahre vor dem Hintergrund eines Diskurses um eine mögliche atomare Apokalypse bereits betont, dass wir uns gerade nicht in einem apokalyptischen Zeitalter befinden, sondern in einem postapokalyptischen. Die Apokalypse hat in ihrer sinnlich anschaulichen Präsenz bzw. medialen Simulation in Texten und Bildern schon stattgefunden, aber gerade nicht in Wirklichkeit. Der *Day After* wird immer wieder vor Augen geführt, er wird medienalltäglich. An die Stelle der Erfahrung tritt die Sensation, das Besondere verliert sich im Allgemeinen.

Das amerikanische Kino etwa der späten 1990er Jahre, also kurz vor der Jahrtausendwende, hatte den Weltuntergang und die bedrohte Menschheit als Thema entdeckt – Millenniumssängste performativ werden lassen: wie z.B. in *Twelve Monkeys* (USA 1995, Regie: Terry Gilliam), *The Fifth Element* (F 1997, Regie: Luc Besson), *Armageddon* (USA 1998, Regie: Michael Bay) oder *Deep Impact* (USA 1998, Regie: Mimi Leder). Hier trifft die Angst vor dem Ende auf die Lust, sich dieses Ende anzuschauen. Der Weltuntergang wird so zum Erlebnis, der in der kollektiven Imagination immer wieder auf unterschiedliche Art und Weise stattfinden kann. Was diese Filme neben der Produktion von Angstbereitschaft als Stabilisierungs- bzw. Entlastungsangebote offerieren, ist Krisenmanagement und Verhinderung von Schlimmerem, also die Erhaltung des bedrohten *status quo*, ohne dabei Welt verbessernde Utopien als Handlungsanleitung zu entwickeln (vgl. zum *Kino der Angst*, Bürger 2006).

Derrida (ebd.: 78) dekonstruiert dementsprechend den Vorstellungskomplex und die Medienressource „Apokalypse“: „Aber was macht fraglich derjenige, der Ihnen sagt: Ich sage es Euch, ich bin gekommen, Euch zu sagen, es gibt keine Apokalypse, es hat nie eine Apokalypse gegeben und wird keine geben, ‚die Apokalypse trügt'? Es gibt nur eine Apokalypse *ohne* Apokalypse [Hervorhebung im Original – MSK].“ Allerdings scheint Derrida das postapokalyptische Begehren der Menschen zu übersehen, auf das Baudrillard (1989: 250) verweist: „Am Tag des Weltendes wird es niemanden mehr geben, wie es am Anfang niemanden gab. Das ist ein Skandal. Ein solcher Skandal für die Menschengattung, dass sie kollektiv oder aus Trotz dieses Ende mit allen Mitteln herbeizuführen sucht, einfach, um bei dem Spektakel dabei zu sein.“

Krisen sind also medial ständig präsent. Die narrative Form der Rede von der Krise ist die apokalyptische Erzählung, die die Elemente der Krise und des Endes sinnstiftend miteinander verbindet. Sie ist eine traditionelle Art der Krisenbewältigung, die der Erfahrung von Unsicherheit und Bedrohung einen höheren teleologischen Sinn verleiht. Darin sind viele apokalyptischen Erzählungen Populärer Medienkulturen mit der biblischen *Offenbarung* des *Johannes* bzw. sind deren Fortschreibungen vergleichbar.

Die Medialisierung von Krisen und (Post-)Apokalypsen diskutiere ich hinsichtlich der Darstellung postapokalyptischer Sozialität und Humanität. Mein Gegenstand ist die US-amerikanische Zombie-TV-Serie „The Walking Dead“, die seit 2010 auf AMC ausgestrahlt wird. Ich werde, ausschließlich fokussiert auf mein Erkenntnisinteresse, mit einer heuristischen Kontextualisierung der Leitthemen beginnen: Bildung, Grenze, Zombie

(Kapitel 2).[1] Dies schafft die Basis für meine *Analyse* von „The Walking Dead" (Kapitel 3). Ich beziehe mich hierbei auf einige wenige Leitmotive (Grenzsituationen) der ersten beiden Staffeln (2010, 2011). Mein Erkenntnisinteresse, das durch die kurze Vorstellung der Serie eingeleitet wird, ist darauf gerichtet zu zeigen, wie Populäre Medienproduktionen soziale Bilder sowie Diskurse transportieren und artikulieren. Meine Analyse arbeitet die performative Konstruktion von Grenzen und Grenzsituationen heraus. Es geht bei meinem Untersuchungsgegenstand um eine filmische Geschichte postapokalyptischer Existenzgestaltung, Identitätsbildung und Vergemeinschaftung. In „The Walking Dead" wird nicht gefragt, welche (begrenzten) Konzepte von Existenz, Identität und Gemeinschaft sozial existieren, sondern es werden unterschiedliche Konzepte im Kontext der Postapokalypse gezeigt. Spielfilme lassen sich, wie Denzin betont, das gleiche gilt potentiell auch für TV-Serien, aufgrund der „fließenden Grenzen zwischen Fakten und Fiktionen" (Denzin 2000: 420) als audiovisuelle Dokumente lesen, die gesellschaftliche Erfahrung in verdichteter Form zur Darstellung bringen. Abschließen werde ich meine Überlegungen mit einem kurzen Ausblick auf das *Bildungskapital* von „The Walking Dead" im Speziellen und von Populären Medienkulturen im Allgemeinen (Kapitel 4).

2. Kontexte

2.1 Bildung

Populäre Medienkulturen sind kontingente Wahlgemeinschaften, die zeitbedingte Manifestationen von sozialen und kulturellen Prozessen darstellen, diese medialisieren, als Text, Bild, Ton usw., soziale und kulturelle Erfahrungen hierbei aufführen, Medienerfahrungen präsentieren, diese zu Medienereignissen und Aneignungserlebnissen machen, die in Lebenswelten überführt werden (können), und dabei (potentiell) performative (Selbst-)Bildungsräume eröffnen. Selbstbildung ist nur durch den Bezug auf ein Außen (Welt und Andere) möglich und daher nicht auf das Selbst als Erfahrungsraum reduziert, weil so keine Transformationen stattfinden könnten. Wimmer (1996: 137) betont in diesem Kontext, dass die „Idee der Bildung die Forderung nach einem Bezug zum Außen, der die Singularität nicht nivelliert, [...] die das Subjekt also nicht mit dem Allgemeinen vermittelt und als Singularität aufhebt, sondern in Bezug zum Anderen und damit zur Forderung nach Gerechtigkeit bringt."

Dabei ist die Frage, was Bildung innerhalb dieser Kulturen bedeutet, nicht von der zu trennen, welche bildende Funktion die Medien potentiell besitzen und sich mit ihrer Bildungsfunktion selbst bilden. Bildung ist zugleich Medienbildung, ebenso wie Kultur

---

1   Vgl. zu meinem Verständnis von Performativität und Medialität meine Einleitung zu diesem Band; vgl. zu meiner Differenzierung von Populärer Kultur und Popkultur Kleiner (2008, 2011).

immer auch Medienkultur ist. Hierbei muss auch gefragt werden, zu welchen Selbstbildungsprozessen Populäre Medienkulturen beitragen (können).

Bildung verstehe ich mit Kokemohr (2007: 21) grundsätzlich als einen Transformationsprozess: „Bildung [ist] der Prozess der Bezugnahme auf Fremdes jenseits der Ordnung [...], in deren Denk- und Redefiguren mir meine ‚Welt' je gegeben ist. Widerständige Erfahrungen können in Texten, Bildern oder anderen Formen auftreten. Von Bildung zu sprechen, sehe ich dann als gerechtfertigt an, wenn der Prozess der Be- oder Verarbeitung subsumtionsresistenter Erfahrung eine Veränderung von Grund legenden Figuren meines je gegebenen Welt- und Selbstentwurfs einschließt."

Bildung als Transformationsprozess, der auf ein vom Subjekt ausgehendes Selbst- und Weltverhältnis bezogen ist, bedeutet eine eigensinnige Haltung zum und eine selbstbestimmte Modifikation des Bildungskanons der Dominanzkultur, bei der nichts außer Frage steht und nichts unbedingte Gültigkeit für sich in Anspruch nehmen kann. Bildung wird als ein unabschließbarer Werdensprozess aufgefasst, der mehr Verunsicherung erzeugt, als Gewissheiten anbietet. Der Weg von Bildungsprozessen geht hierbei vom Bestimmten (Wissen) zum Unbestimmten (zum flexiblen Umgang mit dem Wissen).

Kokemohr (2007) geht hierbei nicht mehr von der Konzeption eines selbstreferenziellen autonomen Subjekts aus, dies verbindet seine Überlegungen mit meinem Subjektverständnis, sondern von einem „sozialreferentiellen Subjek[t]" (ebd.: 22). Im Bildungsprozess ist das Subjekt der Bildung nicht mehr mit sich identisch, sondern wird durchdrungen von Fremdheitserfahrungen, die es permanent (de-)kontextualisieren und zu immer wieder neuen (Re-)Kontextualisierungen herausfordern.

Ausgangspunkte für die Auffassung von Bildung als einem Transformationsbegriff sind vor allem Fremdheits- und Krisenerfahrungen. Hiermit werden die Krisenerfahrungen der Moderne (vgl. u.a. Giddens 1996; Heitmeyer 1997) bezeichnet, die u.a. zu einer „Erosion tradierter Sinnbezüge" (Jörissen/Marotzki 2009: 16), von Wert- und Weltorientierungen oder Rollenvorbildern beitragen, diese in ihrer Zeitlichkeit und Kontingenz sichtbar machen und Unsicherheit kultivieren.

Die Serie „The Walking Dead" bietet sich vor diesem Hintergrund zur Erforschung von Bildungsprozessen an, denn das Leben in der Postapokalypse ist eine durchgehende Fremdheits- und Krisenerfahrung. Die Prozesse der Be- oder Verarbeitung subsumtionsresistenter Erfahrungen fordern die ästhetischen Figuren zu einer konstanten Veränderung von Grund legenden Figuren ihres je gegebenen Welt- und Selbstentwurfs auf. Konflikthaft wird dies v.a. in solchen Situationen, in denen die Wert- und Normsysteme der vorapokalyptischen Welt mit den Anforderungen der postapokalyptischen Wirklichkeit konfrontiert werden. Aus den daraus resultierenden Aushandlungsprozessen entstehen die performativen Bildungsgeschichten der Serie über Sozialität und Humanität.

Unsicherheit und Unbestimmtheit werden im Kontext von Bildungsprozessen nicht in Sicherheit und Bestimmtheit überführt, „die *Relativität und Vorläufigkeit der eigenen Weltsicht* ist [...] [hierbei] von Anfang an enthalten. Wir bezeichnen diese Art des suchenden, immer unter dem Vorbehalt des ‚Als-Ob' agierenden Selbst- und Weltverhältnisses als *Tentativität* [Hervorhebung im Original – MSK]" (ebd.: 19). Bildung erfordert vor diesem Hintergrund ein beständiges Aufs-Spiel-Setzen der eigenen Gewissheiten, ohne sich dabei selbst aufzugeben. „The Walking Dead" veranschaulicht eindrucksvoll, was dies sowohl für den Einzelnen, als auch für Gemeinschaften sowie Gemeinschaftsbildung bedeutet. Gerade vor dem Hintergrund, dass die Gemeinschaftsbildungen der Zombies willenlos sowie anonym erfolgen und nicht selbstbestimmt veränderbar ist.[2] Sie können nur von einem Tod, durch den sie zu Untoten werden, zum nächsten Tod, wenn sie z.B. von den überlebenden Menschen erschossen werden, wechseln, der dann der endgültige ist, also keine Transformation mehr zulässt.[3]

2.2 Grenze

Unser Dasein ist „überall von Grenzen betroffen" (Jaspers 1956a: 45). Grenzsituationen[4] gehören zur Signatur der Existenz: „Grenzsituationen erfahren und Existieren ist dasselbe"

---

2 Zum Zusammenhang von Individualität und Kollektivität in filmischen Zombie-Erzählungen stellt Stiglegger (2012) heraus: „Die aktuelle Popularität dieser Filme liegt zweifellos an dem Umstand, dass die Wiederkehr der Untoten eine großartige Metapher für den Zustand unserer westlichen Gesellschaft ist. Man hat das Gefühl, die Hölle des Gleichen zu durchleben und als Letzter seiner Art ums Überleben zu kämpfen. Man hat die Wahl, sich mit den apathischen Massen zu identifizieren oder zum Individuum der Revolte zu werden."

3 Gerade die Spannung der Inszenierung zwischen Leben, Untot-sein und Tod ist ein Grund für die Faszination und Popularität von Zombie-Erzählungen, wie Stiglegger (2010) hervorhebt: „Der wiederkehrende Tote ist eine Konstante der unheimlichen Phantastik, die sich in zahlreichen Konzepten und Subgenres verdichtete. Dabei besteht eine unleugbare Verwandtschaft zwischen all jenen Kreaturen des Reiches zwischen Leben und Tod: dem blutsaugenden Vampir, der wiedererwachten Mumie, dem leichenfressenden *Ghul* und schließlich dem auferstandenen Leichnam, dem *Zombie*. So bedrohlich diese Wesen erscheinen mögen, so tragisch gebärden sie sich zugleich. Die Untoten haben den Tod transzendiert und vertreten jenseits des menschlichen Lebens dessen Kontinuität. Dieses Weiterleben hat seinen Preis: eine ewige Suche nach Nahrung (Blut, Fleisch) oder nach Rache an den Lebenden. Gerade in den modernen Adaptionen wird immer wieder die Tragik dieser Zwischenwesen deutlich: Wenn sich die Untoten an ihre menschliche Existenz erinnern und diese zerrbildhaft wiederholen, wenn der Vampir die Einsamkeit seines ewigen Lebens beklagt oder die Mumie nach der verlorenen Liebe sucht, dann erscheinen diese vermeintlichen Schreckenswesen letztlich menschlicher als ihre Jäger. Als modernste Variante der Untoten – wenn zweifellos auch als primitivste – hat sich der Zombie erwiesen: der auferstandene Tote als Metapher für den ewigen Kreislauf des Lebens und dessen wiederkehrende Strukturen – über den Tod hinaus [Hervorhebung im Original – MSK]."

4 Situationen sind die vorgegebene Lebenswelt des Menschen, die er selbstbestimmt gestalten oder von der er sich distanzieren kann: „Weil Dasein ein Sein in Situationen ist, so kann ich niemals aus der Situation heraus, ohne *in eine andere einzutreten* [Hervorhebung im Original – MSK]" (Jaspers 1956b: 203). Auf die zentrale Bedeutung der Transzendenz und des Glaubens für Jaspers gehe ich nicht ein, weil diese Bedeutungsdimensionen in „The Walking Dead" kaum eine Rolle spielen.

(Jaspers 1956b: 204).[5] Sie gründen in der Endlichkeit des Menschseins, sind endgültig und nicht überschaubar. Diese Situationen können nur zur Klarheit gebracht werden, indem der Mensch sich offen und illusionslos mit ihnen auseinandersetzt. Grenze bedeutet für Jaspers (ebd.: 203), dass „es [...] ein anderes [gibt], aber zugleich: dies andere ist nicht mehr für das Bewusstsein im Dasein. [...] Die Grenzsituation gehört zur Existenz, wie die Situation zum immanent bleibenden Bewusstsein." Grenzsituationen sind Situationen, durch die die Existenz umgreifend krisenhaft wird. Jaspers nennt geschichtliche Bestimmtheit, Zufall, Tod, Leiden, Kampf und Schuld als die wesentlichen Grenzsituationen. Diese verweisen den Menschen angstvoll auf sich selbst sowie seine Freiheit zurück und eröffnen ihm zugleich die Möglichkeiten des Scheiterns sowie des Selbstseins: „Wir werden wir selbst, indem wir in die Grenzsituationen offenen Auges eintreten" (ebd.: 204). Grenzsituationen gehören untrennbar zur Existenz und können nicht durch den planenden Willen aus der Welt geschafft werden, ebenso wenig wie man vor ihnen ausweichen kann.

Die Performativität von Leben und Menschsein, Sozialität und Kulturalität in „The Walking Dead" können als kontinuierliche Auseinandersetzungen mit Grenzsituationen beschrieben werden. Menschsein wird hier dramaturgisch und ästhetisch unter den Perspektiven von Grenzen, Grenzziehungen und Grenzsituationen, ihren Auswirkungen und Gestaltungsprozessen inszeniert. Die apokalyptische Erzählung der Serie kann als eine, im Sinne Foucaults (1996a: 9), *Geschichte der Grenzen* beschrieben werden: „Man könnte die Geschichte der *Grenzen* schreiben [...], mit denen eine Kultur etwas zurückweist, was für sie *außerhalb* liegt; und während ihrer ganzen Geschichte sagt diese geschaffene Leere, dieser freie Raum, durch den sie isoliert, ganz genau so viel über sie aus wie über ihre Werte; [...]. [...] Eine Kultur über ihre Grenzerfahrungen zu befragen, heißt, sie an den Grenzen der Geschichte über eine Absplitterung, die wie die Geburt ihrer Geschichte ist, zu befragen [Hervorhebung im Original – MSK]."

Grenzen, Grenzziehungen und Grenzsituationen offenbaren sich in „The Walking Dead" als Bildungsressourcen, die einen alternativen Blick auf die Bildungsprozesse von Sozialität und Humanität werfen. Nicht Verstehen und Dialog sind Ausgangspunkte so-

---

5 Vgl. zum Zusammenhang von Schauspielkunst und Grenzsituationen die materialreichen Beiträge in Kiefer/Stiglegger (2006a), die zwischen zwei grundsätzlichen Formen des Schauspiels der Grenzen und in Grenzsituationen unterscheiden: „1. Ein Schauspieler zeigt, wie in der Krisis seine Identität zerbricht, wie ihm alles versagt: die Sprache, die Sensomotorik und schließlich das Bewusstsein; 2. Ein Schauspieler zeigt eine mimische Maske der Unberührtheit, versteinert gleichsam, scheint extreme Gefühle in sich verschließen zu wollen. Zwischen beiden Formen oszilliert das Spiel von Grenzsituationen. Dabei erhebt sich die Frage nach der Authentizität des Schauspiels: Wie kann durch Film das ‚affektive Gedächtnis' (Lee Strasberg) – in diesem Fall des Zuschauers – angesprochen werden, um die Grenze zwischen schauspielerischer Performance und Lebenserfahrung des Rezipienten verschwinden zu lassen" (Kiefer/Stiglegger 2006b: 7f.)? Diese beiden Idealtypen schauspielerischer Darstellungsformen von Grenzen und Grenzsituationen bestimmen die Figurenkonstellationen in „The Walking Dead", wobei auffällt, dass die dominante Darstellungsform das Changieren zwischen diesen beiden Idealtypen ist, wodurch die Spannung zwischen Ordnung und Chaos sowie Krisenbewältigung und Krise offen gehalten wird.

zialer Interaktionen und Kommunikationen in „The Walking Dead", sondern die Kategorien der Differenz, der Brüche, der produktiven Zwischenräume und Grenzzonen, der Vermischung und des Missverstehens, der *dritten Räume* (vgl. Bhaba 1994) von Heimatlosigkeit und gebrochener Identitäten in kulturellen (antagonistischen und konfliktgeladenen) Zwischenwelten und Konflikträumen, in denen kulturelle Identität immer wieder neu verhandelt beziehungsweise ausgehandelt wird. Grenzen und Grenzsituationen sind in „The Walking Dead" grundsätzlich ambivalent: sowohl mit Blick auf die Interaktion zwischen den Überlebenden und den Zombies ab- sowie ausgrenzend, als auch hinsichtlich der Überlebenden und ihrer Lebensraum- sowie Identitätsgestaltung produktiv, d.h. hervorbringend.

Eine *Geschichte der Grenzen* sozialer Bildungsprozesse, wie sie in „The Walking Dead" vorgeführt wird, kann ihren Ausgang nicht von idealtypischen Modellen und Erklärungen nehmen, die ausschließlich auf Konsens, Verständigung, Toleranz, Respekt und Einheit aus sind. Sie begreift vielmehr Sozialität als Struktur gemeinsamer Unterschiede, als Schauplatz von Verständigung/Nicht-Verständigung, Anerkennung und Konflikt zugleich, als identitätsstiftende Differenzerfahrungen sowie Ausschlusssysteme des Eigenen und des Fremden. Eine Auseinandersetzung mit sozialen Bildungsprozessen von ihren Grenzen her ist dementsprechend eine Grenzerfahrung der eigenen Kompetenzen und des eigenen Verstehens. Und Grenzen haben immer einen Doppelsinn bzw. einen ambivalenten Charakter: Ein- und Ausschluss sowie kontrollierte Ein- und Ausreise. Sie stellen sowohl *Trennlinien* als auch *Schwellen* des Übergangs dar, insofern kommt ihnen eine *Scharnierfunktion* zu.

2.3 Zombie

Zombie-Filme[6] sind ein populäres Subgenre des Horrorfilms. Der „Horrorfilm" ist, wie Stigelegger (2002: 63f.) betont, ein „Genre aus dem Bereich des phantastischen Films, das

---

6   Vgl. zur Geschichte und den Figuren des Zombies in der Populärkultur und Populären Medienkultur u.a. Fürst/Krautkrämer/Wiemer (2011); Webb/Byrnand (2008); McIntosh/Leverette (2008); Russell (2007); Brooks (2004); Bryce (2000). Zum Begriff und zur Kulturgeschichte des Zombies bemerkt Stigelegger (2010): „Der Begriff ‚Zombie' entstammt der afrikanischen Sprache Kimbundu und bedeutet ‚Totengeist' (*nzùmbe*). Durch den ‚Import' afrikanischer Sklaven nach Mittelamerika (speziell auch Haiti) wurden einst Elemente afrikanischer Kulte transferiert und verschmolzen mit Teilen christlicher Religion zu einem vielschichtigen Synkretismus. Als Haiti unter US-amerikanischer Besatzung stand (1915-1934), verbreiteten sich Begriffe und Elemente des Voodoo-Kultes bis nach Nordamerika, wo diese popularisiert und mythisiert wurden. So wird noch heute in den Südstaaten der ‚Voodoo-Zauber' (abwertend als ‚Hoodoo') gefürchtet und verehrt. Unter einem ‚zombie cadavre' versteht man im Voodoo-Kult einen Menschen, der mittels eines Pulvers getötet wird, und wenig später als willenloses Wesen wieder aufersteht, um dem Priester (‚houngan') zu dienen. [...] Da die Angst vor der Wiederkehr der Toten als menschheitsgeschichtliche Universalie begriffen werden kann, beziehen sich zahlreiche religiöse Ursprungsmythen auf Ideen der Wiederauferstehung der Toten. Aus Vorsicht wurden Totenwachen und Bestattungsrituale eingeführt, die diese be-

durch die Stimulation von Urängsten im Zuschauer Angstgefühle erzeugen will." Angst besitzt, wenn man sich den Angst-Analysen von Heidegger (1993) und Sartre (1994a) zuwendet, ein hohes (Selbst-)Bildungspotential, weil die Angst, wie kein anderer Aspekt menschlichen und gesellschaftlichen Lebens, eine grundsätzliche Fremdheitserfahrung darstellt, die zu Prozessen der Be- oder Verarbeitung subsumtionsresistenter Erfahrung herausfordert, aus denen eine Veränderung von grundlegenden Figuren des je gegebenen Welt- und Selbstentwurfs hervorgehen kann.

Die Angst ist für Heidegger (1993) der Deutungsschlüssel für das Dasein – Heideggers Begriff für Mensch. Die Angst ist eine Befindlichkeit – d.h. das Sich-Befinden des Menschen, die in ihm herrschende Gestimmtheit, aus der sich ergibt, wie und was er im gegebenen Augenblick fühlen, denken und wollen kann –, in der das Dasein durch sein eigenes Sein vor sich selbst gebracht wird: Es geht in der Angst um die Welt, die als Nichts erfahren wird bzw. um das „Nichtigwerden aller innerweltlichen Bezüge" (ebd.: 188). Die in der Angst erfahrene Abgründigkeit und Unbedeutsamkeit des In-der-Welt-seins erzeugt Unheimlichkeit, im Sinne des Nicht-zuhause-seins: „In der Angst ist einem ‚unheimlich'" (ebd.), d.h. hier ist kein „Wohnen-bei" oder kein „Sein-bei", also keine Weltlichkeit.

Mit Blick auf die Apokalypse-Deutung und die Bewältigung der Postapokalypse in „The Walking Dead" bedeutet dies potentiell, dass beide prinzipiell prozessual und offen bleiben, denn die Angst als Grundbefindlichkeit des Daseins lässt keine zeit- und situationsenthobenen Identifikationen mit bestimmten Wirklichkeitsdeutungen und Handlungsstrategien zu. Vielmehr lässt sie diese im Gegenteil beständig fragwürdig und un-heimlich werden.

Die Angst eröffnet hierbei ein Verstehen für das niemals und nirgends Zu-Hause-sein. Sie ist somit zugleich Last und Chance für das Dasein. Der Verlust des vertrauten Umgangs mit der Welt in der Angst, führt zur Vereinzelung des Daseins, bringt das Dasein allererst zu sich selbst. In der Angst wird das Dasein auf sich selbst als auf seine Möglichkeiten zurückgeworfen. Bezogen auf das Thema Angst in der postapokalyptischen Welt in „The Walking Dead" eröffnet allererst diese Vereinzelung die Möglichkeit zu eman-

---

ängstigende Wiederkehr verhindern sollten. Dennoch tauchen sie auf: die Untoten, die Wiedererwachten, die ruhelos Umherwandernden. Direkt bezogen aus der Popularisierung haitianischer Mythen wandte sich Hollywood bald einer filmischen Adaption zu. *White Zombie* (1932) von Victor Halperin mischte Motive von Kolonialismuskritik, Sklaverei-Problematik und religiösem Synkretismus zu einem beängstigenden Modell. Die Voodoo-Religion florierte auf Haiti vor allem als Form der Abwehr gegen die französische Kolonialmacht und brachte zahlreiche Geheimorganisationen hervor, die Geschichten von Zombifizierung und ewigen Flüchen florieren ließen. Zugleich war Voodoo die Religion der ehemaligen Sklaven, deren Wut sich gegen die Plantagenbesitzer richtete. In *White Zombie* wird der Voodoo-Zauber missbraucht, um private Begierden zu befriedigen und willenlose kapitalistische Sklaven zu züchten („They don't mind hard work"). Schließlich soll auch die widerspenstige ‚weiße Frau' zum willigen Zombie gemacht werden, zum ‚White Zombie'. Die totale Verfügbarkeit des Körpers – der Endpunkt des radikalen Kapitalismus – steckt bereits in diesem ersten filmischen Beispiel als latent kritischer Subtext [Hervorhebung im Original – MSK]."

zipatorischen (Selbst-)Bildungsprozessen, weil das Dasein durch die Angst nicht mehr abhängig von der Wirklichkeit, sondern ganz auf sich allein gestellt ist – zumindest hinsichtlich der Orientierung an kollektiven Deutungsmustern und Handlungsstrategien.

Im Gegensatz zur Furcht, deren Wovor immer ein bestimmtes, innerweltlich Begegnendes ist – Krankheit, Krieg oder Furcht vor materiellem Verlust –, ist die Angst gegenstandslos, nichts Bestimmtes in der Welt. Die existentielle Dauerbedrohung durch die Zombies in „The Walking Dead" ist in dieser Hinsicht keine Adressierung von Angst, sondern von Furcht, weil alle Zombie-Bedrohung immer innerweltlich klar verortet ist und bekämpft wird. Angst spielt in der Serie einerseits als Seinsgrundlage, andererseits in Aneignungs- und Zukunftsplanungskontexten eine Rolle, und kann auch nur hier emanzipatorische, Angst bedingte (Selbst-)Bildungsprozesse auslösen. Die Dramaturgie von „The Walking Dead" wird wesentlich von dieser Interdependenz von Angst und Furcht bestimmt.

Die Angst vereinzelt das Dasein; offenbart das eigenste, je einzelne Seinkönnen; und erschließt es so als Möglichsein, als „Freisein für die Freiheit des Sich-selbst-wählens und -ergreifens" (ebd.: 188). Heidegger bestimmt den Vollzug dieses Freiseins als Wählen der Wahl seiner selbst (ebd.). In der Angst ängstigt sich das Subjekt, wie Sartre (1994a: 91) betont, vor sich selbst, vor seinen eigenen, infolge seiner Freiheit unterdeterminierten, unvorhersehbaren Verhaltensweisen. In der Angst wird das Subjekt auf sich selbst verwiesen und dadurch seiner Freiheit bewusst, vor der er sich ängstigt: „[I]n der Angst gewinnt der Mensch Bewusstsein von seiner Freiheit, oder, wenn man lieber will, die Angst ist der Seinsmodus der Freiheit als Seinsbewußtsein, in der Angst steht die Freiheit für sich selbst in ihrem Sein in Frage." Die Freiheit der Wahl haben die Protagonisten der Serie nur in der Konfrontation mit Grenzen und Grenzsituationen. Ihr Handeln ist immer auf das Ziel auf das Überleben in der postapokalyptischen Welt mit allen dazu zur Verfügung stehenden Mitteln fokussiert.

In Zombie-Filmen und -Serien geht es wesentlich um radikale filmische Gesellschaftsanalysen, die sich unter anderem im Spannungsfeld von Leben und Tod, Gesundheit und Krankheit, Grenzen und Grenzüberschreitungen, Freiheit und Determination, Normalität und Anormalität, das Menschliche und das Monströse, Gesellschaft und Gemeinschaft, Realität und Utopie vollziehen.

3. Analyse

Filme besitzen, wie Jörissen/Marotzki (ebd.: 30) hervorheben und dies gilt potentiell auch für TV-Serien, ein stark reflexives Potential, daraus resultiert ihre Bildungsbedeutung, weil sie Krisen- und Fremdheitserfahrung eindrucksvoll zur Darstellung bringen und nachvollziehbar machen können, gerade dann, wenn sie Biographisierungsweisen behandeln. Filme, wie Medien generell, sind Räume, um Bildungserfahrungen und Bildungsprozesse zu inszenieren sowie sich diese in der rezeptiven Auseinandersetzung potentiell anzueignen.

Ich unterscheide in diesem Kontext drei grundlegende Bildungsdimensionen: erstens, Bildung als Prozess der Bezugnahme des Subjekts auf Welt (*Sozialisation – Lebensprojekt*); zweitens, Bildung, die sich am Subjekt vollzieht (*eigensinnige Identitätsbildung*); und drittens, das Krisenhafte bzw. Scheitern von Bildungsprozessen (*Diffusion von Selbst- und Weltbezügen*).

Zur Analyse der Bildungsprozesse im Kontext meiner Serienanalyse beziehe ich mich auf das Modell Strukturaler Medienbildung von Jörissen/Marotzki (2009: 30ff., 60ff.), konkret auf deren Unterscheidung in der medialen Darbietung von

- *Wissensbezug* (u.a. Reflexion auf Bedingungen und Grenzen von Wissensbeständen über bestimmte Wirklichkeitsgebiete);
- *Handlungsbezug* (z.B. Reflexion auf die Komplexität von Handlungs- und Entscheidungsoptionen in sozialen sowie individuellen Situationen);
- *Grenzbezug* (etwa Reflexion auf die Komplexität von Grenzen, Grenzsituationen und Grenzüberschreitungen der Selbst- und Weltorientierung);
- *Biographiebezug* (vor allem Reflexion auf die eigenen Identitäts- und Biographisierungsprozesse).

Strukturale Medienbildung fokussiert sich auf die Formelemente der Medien, nicht auf konkrete Inhalte und ihre Vermittlung, und fragt, wie durch sie Reflexion ermöglicht werden könne, wie sie unsere Selbst- und Weltwahrnehmung formen. Dies korrespondiert mit McLuhans Diktum vom *Medium als Botschaft* (vgl. McLuhan 1992: 17ff.) und entspricht auch dem Bildungsverständnis von Kokemohr (2007), weil das Ziel von Bildungsprozessen nicht primär Inhalte (konkretes Wissen, Leitbilder, Handlungsmaximen etc.), sondern Formen der Selbst- und Weltbeziehung (Wahrnehmung) sind. Bildung und Medienbildung sind vor diesem Hintergrund nicht voneinander zu trennen.

3.1 Serie

> „Mit *The Walking Dead* will ich herausfinden, wie Menschen mit Extremsituationen umgehen und wie sie sich dadurch verändern. Das ist eine langfristige Sache. Sie werden sehen, wie Rick sich verändert und weiterentwickelt […]. Es handelt sich dabei um ein Projekt, dessen wahre Antriebsfeder die Figuren sind. Die Frage, wie sie an einer gewissen Stelle angelangen, ist viel wichtiger als die Tatsache, dass sie dort angelangen [Hervorhebung im Original – MSK]" (Kirkman 2012: 4).

Die Serie basiert auf dem gleichnamigen Comic, das seit 2003 erscheint und von Robert Kirkman geschrieben sowie in realistischem Schwarz-Weiß von Tony Moore (Ausgaben 1-6) und Charlie Adlard (seit Ausgabe 7) gezeichnet wird. Dieser Schwarz-Weiß-Ästhetik wird in der Fernsehserie durch entsättigte Farben entsprochen. Frank Darabont hat aus der Comicvorlage die Fernsehserie entwickelt, die seit dem 31. Oktober 2010 auf *AMC* läuft.[7]

---

7   Comic- und Fernsehserie unterscheiden sich von den bisherigen Zombie-Narrationen v.a. dadurch, dass sie durch ihren Umfang und fortlaufendes Erscheinen, komplexe und multipers-

Die alte Welt ist in dieser Serie durch eine desaströse Virus-Epidemie, deren Ausgangspunkte und Ursachen in den ersten beiden Staffeln der Fernsehserie nicht aufgeklärt werden, zugrunde gegangen – Comic- und Fernseherzählung weichen mitunter, v.a. chronologisch, deutlich voneinander ab. Die neue Welt wird in der Seriengegenwart von Zombies beherrscht, die in der Serie als „Walker"[8] und nicht als Zombies bezeichnet werden – also von willens- und selbstbewusstseinslosen Untoten, die außer ihrer Quantität und Destruktivität keine *Regierungstechniken* besitzen. In „The Walking Dead" werden die Zombies als *Virus-Zombies* inszeniert, also als *Kranke* und *Krankheitsüberträger*, deren *Krankheit* scheinbar unheilbar und deren *Krankheitsübertragung* unmittelbar tödlich ist. Ihr Leben bedeutet Tod (für die Überlebenden) und ihr Tod ermöglicht Leben (der Überlebenden). Das Eigene (die Überlebenden) und das Fremde (die Zombies) sind grundsätzlich getrennt voneinander, Interaktionen und Kommunikationen nicht möglich. Das Aufeinandertreffen von beiden konfrontiert mit Grenzen und Grenzsituationen, fordert beständig Kampf, Leiden, Schuld und Tod, also die Auseinandersetzung mit den von Jaspers (1956b) als wesentlich bezeichneten Grenzsituationen des Menschseins.

Es wird in der Serie auf eine für *Zombie-Virus-Filme* typische Dramaturgie und Figurenkonstellation zurück gegriffen: Eine kleine Gruppe von Überlebenden, die im Serienverlauf immer wieder auch auf andere Überlebende oder Gruppen von Überlebenden trifft, wird bei ihrem Überlebenskampf gegen die Zombie-Übermacht sowie ihrem Versuch, ihre Sozialität und Humanität bei der postapokalyptischen Gemeinschaftsbildung nicht zu verlieren, begleitet. Die Überlebenschancen sind in Anbetracht der Übermacht der Zombies nur äußerst gering – die Chancen zur Gemeinschaftsbildung mit Blick auf die alltägliche Lebenswelt und die Figurenkonstellation nur unbedeutend höher.

Angeführt wird diese Gruppe vom früheren Polizisten, aus dem fiktiven *King County*, *Rick Grimes* (Andrew Lincoln), der bei einem Einsatz angeschossen wird und ins Koma fällt. Nachdem er aus dem Koma erwacht, ist die Welt, ohne das er dies natürlich weiß, von Zombies *überrannt* worden. Grimes macht sich auf die Suche nach seiner Familie, die er schließlich findet, und führt die kleine Gruppe von Überlebenden, bei der seine Frau *Lori* (Sarah Wayne Callies), sein Sohn *Carl* (Chandler Riggs) und sein Kollege sowie bester Freund *Shane Walsh* (Jon Bernthal) sind, durch das verwüstete Land, auf der Suche nach einem Ort, an dem man als Gemeinschaft leben könnte. Als ästhetische Figur ist er eine Personifizierung von Ordnungsliebe, Gerechtigkeitssinn, Wertebewusstsein, Handlungs- und Entscheidungskompetenz sowie Verantwortungsgefühl. *Grimes* vermittelt in seiner Rolle als Polizist stellvertretend die Werte der alten Welt in die Lebenswelt der neuen.

Vom inszenierten Ende der Welt aus, verkörpert durch die ästhetische Figur der Zombies und ihrem Hunger auf Menschenfleisch, also auf das Leben, das ihm genommen wurde, werden einerseits gesellschaftliche Werte und Normen problematisiert, andererseits das soziale Band von Gemeinschaften, hier hinsichtlich der kleinen Gruppe von

---

pektivische Räume hinsichtlich Narration und Figurenkonstellation öffnen sowie beiden eine eigensinnige Individualität verleihen.

8   In der deutschen Synchronfassung wird hingegen von „Beißern" und „Streunern" gesprochen.

Überlebenden, ihren Interaktionen, ihrem Überlebenskampf, ohne zu wissen, zu welchem Zweck, und ihrer Sinnsuche. Dieses Thema betrachte ich unter der Leitperspektive von Grenze und Grenzsituation. Nach der Zerstörung der Außenwelt droht den Überlebenden auch die Zerstörung ihrer Innenwelt, eine *Umwertung aller Werte*, an der sie zu scheitern drohen – in anderer Weise zu lebenden Toten werden. „They're us", wie George A. Romero in *Day Of The Dead* (USA 1985) seine Zuschauer wissen lässt – Leben und Tod, Zivilisation und Barbarei sind nicht von einander zu trennen.

3.2 Bildungsprozesse

Die Analyse der postapokalyptischen Bildungsprozesse von Sozialität und Humanität sowie die damit zusammenhängenden Gemeinschaftsbildungen veranschauliche ich an der Performativität der sechs für Jaspers (1956b) wesentlichen Grenzsituationen des Menschseins: geschichtliche Bestimmtheit, Zufall, Tod, Leiden, Kampf und Schuld.

3.2.1 Geschichtliche Bestimmtheit

Diese Grenzsituation stellt die alte und neue, postapokalyptische Welt gegenüber, und führt in die Erzählung und Figurenkonstellation ein. Die Inszenierung der geschichtlichen Bestimmtheit in „The Walking Dead" veranschauliche ich im Folgenden am Beispiel der Episode 1 aus Staffel 1.[9]

Der Episodenanfang (0:00:01-0:04:11)[10] konfrontiert zwei Wirklichkeitsverhältnisse: *Rick Grimes* fährt mit einem Polizeiwagen durch ein Waldstück auf eine Kreuzung zu. Auffällig dabei ist, dass keine anderen Menschen und Fahrzeuge zu sehen, aber auch keine Tiergeräusche zu hören sind. An einer Kreuzung hält er an – dort scheint sich ein Unfall ereignet zu haben, man sieht zunächst zahlreiche umgestürzte Fahrzeuge. *Grimes* steigt in Polizeiuniform aus. Soweit wirkt die Szene wie die filmische Repräsentation einer vertrauten gesellschaftlichen und professionellen Situation. Die Irritation in der Wahrnehmung dieser Situation beginnt damit, dass *Grimes* mit einem Benzinkanister aussteigt, um Benzin an der Tankstelle in der Nähe der Kreuzung zu besorgen, und nicht darüber verwundert ist, wie viele Fahrzeuge in den vermeintlichen Unfall verwickelt sind sowie verlassen herumstehen. *Grimes* scheint ebenso wenig darüber erschrocken, dass in den Fahrzeugen verweste Leichen liegen. Allerdings wirkt er beim Herumgehen deutlich angespannt und ängstlich. *Grimes* hört an der Tankstelle Geräusche, die er nicht unmittelbar zuordnen kann, schaut besorgt und vorsichtig unter ein Auto, um zu sehen, wer oder was die Geräusche verursacht, und entdeckt ein kleines Mädchen, das im Nachthemd, Bademantel und einem Teddy äußerst langsam läuft – sowohl sie, als auch

---

9   Die Erstausstrahlung in den USA war der 31.10.2010, der Originaltitel lautet „Days Gone Bye", der deutsche Titel „Gute alte Zeit" (DVD). Regie führte Frank Darabont, der auch das Drehbuch schrieb.

10 Die Timecodes beziehen sich auf die deutsche DVD: „The Walking Dead – Die komplette erste Staffel (2 DVDs)" (2011).

ihr Teddy sind sehr schmutzig, ihre Kleidung abgenutzt. Er geht auf das Mädchen zu und ruft – an den Handlungsmaßstäben der *alten* Welt orientiert: „Hey, Kleine! Ich bin Polizist. Bleib stehen. Hab' keine Angst. O.K.? Hey, Kleine?"[11] Sie dreht sich um und man erkennt, sie ist ein Zombie – also, dass gerade er Angst vor ihr haben sollte. *Grimes* muss sie erschießen, um nicht von ihr gebissen sowie infiziert und damit getötet zu werden.

Die Zeit der Unschuld ist vorbei, auch Kinder, die zu Zombies geworden sind, stellen eine Lebensgefahr da und müssen getötet werden. Die Zombies sind entindividualisiert, auch als Einzelne nur Masse bzw. untotes Kollektiv. Man wird hier mit einer neuen Welt konfrontiert, die nach neuen, zunächst für den Zuschauer undurchsichtigen Gesetzen, Normen und Werten funktioniert. In dieser Szene wird die Fatalität der geschichtlichen Bestimmtheit der postapokalyptischen Lebenssituation in „The Walking Dead" deutlich.

Die Einführung in die Serieerzählung durch diese Konfrontation von alter und neuer Welt findet auch hinsichtlich der Kontextualisierung der ästhetischen Figur *Rick Grimes* statt. Zunächst wird er als Polizist vorgestellt, der mit seinem Kollegen und Freund *Shane Walsh* im Polizeiwagen über dessen Frauenprobleme sowie die ewigen Missverständnisse zwischen Frauen und Männern spricht und Witze macht. Ihr Gespräch wird durch einen Funkruf unterbrochen, der sie zu einem Einsatz ruft, bei dem *Grimes* eine schwere Schussverletzung erleidet, ins Krankenhaus eingeliefert wird und dort ins Koma fällt. Als er aus dem Koma erwacht, sieht er zunächst die verwelkten Blumen auf seinem Nachttisch, die *Walsh* ihm bei seinem letzten Besuch mitbrachte, fällt stark geschwächt aus dem Bett, ruft nach dem Krankenhauspersonal, geht durch das Krankenhaus, findet es zerstört und mit verwesten sowie angefressenen Leichen vor; sieht Kampfspuren, Einschusslöcher und sehr viel Blut an der Wand und auf dem Boden; die Stromversorgung ist ausgefallen, er muss mit Streichholzlicht durch das dunkle Treppenhaus ins Freie finden, wo er wiederum nur Tote und verweste Leichen entdeckt. Zudem sieht er im Krankenhaus einen mit Ketten und Schlössern verriegelten Raum, aus dem bedrohliche Geräusche zu hören sind und von innen heraus eine Hand auftaucht, die die Tür öffnen will. Auf der Eisentür zu diesem Raum steht: „Don't Open, Dead Inside." Neben *Grimes* sind die Zombies, also die Untoten, das einzig *Lebendige* in dieser Szene. Zur Wiederherstellung der bzw. seiner Ordnung in diesem Klima von Zerstörung und Tod versucht er, zu sich nach Hause und zu seiner Familie zu kommen. Diese findet er dort nicht vor. Die Gegend, durch die er zum Haus kommt, ist so öde, verlassen und verfallen wie sein Haus selbst. *Grimes* wirft sich verzweifelt auf den Boden und versucht, sich aus seinem vermeintlichen Alptraum aufzuwecken, also das Geschehene als kognitive Fiktion einzuordnen, muss aber erkennen, dass es sich um seine aktuelle Wirklichkeit handelt. Diese Szene verdeutlicht, dass es in seiner geschichtlichen Bestimmtheit kein Zuhause und keine Heimat mehr gibt. Die Versuche der Gemeinschaftsbildung in „The Walking Dead" intendieren, temporäre autonome und sichere Zonen in einer Welt der fortlaufenden Bedrohung sowie Unsicherheit zu errichten.

---

11 Um den Lesefluss nicht zu unterbrechen, zitiere ich die deutsche Synchronfassung.

Vor seinem Haus wird er von einem kleinen Jungen, *Duane Jones* (Adrian Kali Turner) niedergeschlagen, der ihn für einen „Walker" hält. Sein Vater, *Morgan Duane* (Lennie James), hält ihn davon ab, *Grimes* zu töten, weil er erkennt, dass er noch lebt, und im weiteren Verlauf der Handlung für sich klärt, dass *Grimes* nicht infiziert ist. Auch Kinder müssen in der postapokalyptischen Welt bereit sein zu töten, um zu leben. Vater und Sohn klären *Grimes* fragmentarisch darüber auf, was in der Zeit passiert ist, als er im Koma lag. Eine Aufklärung über die Ursachen und Auswirkungen erhält man dabei aber nicht. Allerdings erfährt *Grimes* hierbei, dass er die „Walker" entweder durch einen Kopfschuss töten kann oder durch das Zertrümmern ihres Schädels, z.B. mit einer Axt. Auch Vater und Sohn versuchen durch Rituale aus der *alten* Welt, hier vor dem gemeinsamen Essen in Form des Tischgebets, zumindest temporär Ordnung, Zuversicht und Ruhe in ihren Alltag zu bringen. Die Fatalität der geschichtlichen Bestimmtheit kommt hier u.a. auch dadurch zustande, dass die Mutter von *Duane* und Ehefrau von *Morgan, Jenny Jones* (Keisha Tillis), infiziert und zum „Walker" geworden ist. Vater und Sohn müssen anerkennen, sie für immer verloren zu haben. *Morgan Jones* kann seine Frau dennoch nicht erschießen, um sie von ihrem Elend zu *erlösen* – er empfindet sie immer noch als lebendig und als seine geliebte Ehefrau.

Bevor *Grimes* sich von *Duane* und *Morgan Jones* trennt, um nach Atlanta, Georgia aufzubrechen, wo die Bundesbehörde *CDC* angeblich eine Quarantänezone eingerichtet hat, dort hofft er auch, seine Frau und seinen Sohn zu finden, gehen sie gemeinsam in die Polizeistation von *Grimes*, um sich mit Waffen einzudecken. Die Konfrontation von alter und neuer Welt wird dadurch angezeigt, dass sich *Grimes* eine Polizeiuniform anzieht. Er fährt damit symbolisch die alte Welt sowie die alte Werteordnung durch die neue, postapokalyptische Welt, in der die alten Werte und Normen suspendiert sind. Der Überlebenskampf, den die Überlebenden in „The Walking Dead" führen, ist somit eine grundlegende Problematisierung der Werte und Normen von Sozialität und Humanität, die die westlichen Gesellschaften bestimmen. Die *geschichtliche Bestimmtheit* der Serie führt die ästhetischen Figuren an die Grenze bekannter Wert- und Handlungsorientierungen.

Die letzte Kontrastierung von alter und neuer Welt findet in dieser Episode in Atlanta statt. *Grimes* reitet in die Stadt ein, weil die Güter der Zivilisation, in diesem Fall die Automobile, zumeist versagen, und es kaum noch Benzin gibt, also auch die Rohstoffe der Zivilisation ausgehen. Pferde sind in „The Walking Dead" leistungsstärker und zuverlässiger als die Pferdestärken der Automobile. Im stark zerstörten und von starken Kämpfen gezeichneten Atlanta erreicht *Grimes* das Quarantänezentrum nicht und trifft auf eine Übermacht von „Walkern", von denen er gejagt und fast getötet wird. In dieser Situation überlegt *Grimes*, sich selbst zu erschießen, eine letzte selbstbestimmte Handlung auszuführen, rettet sich dann aber in den Innenraum eines Panzers, unter dem er sich vor den „Walkern" versteckt. Die geschichtliche Bestimmtheit in der Serie wird konfrontiert mit der Übermacht der Zombies, also letztlich von Zivilisationsopfern, und mit ihrer Jagd auf die Überlebenden, d.h. die letzten (vermeintlich) Zivilisierten. Diese sind in den ersten beiden Staffeln von „The Walking Dead" allerdings keine Widerstandskämpfer, die sich für die Rückeroberung der Welt engagieren, sondern vielmehr gehetzte, desorientierte, ängstliche Menschen, die um das nackte Leben und Überleben kämpfen.

Der Wissens- und Handlungsbezug wird in „The Walking Dead" über den Grenz- und Biographiebezug vermittelt. Hierin eingebunden ist die Inszenierung der konflikthaften Spannungen zwischen alter und neuer Welt sowie der (Re-)Definition von Sozialität und Humanität. *Grimes* wird allerdings erst durch das Krisenhaft-Werden bzw. das partielle Scheitern seiner vorausgehenden Bildungsprozesse, also durch die Diffusion von Selbst- und Weltbezügen, in die Lage versetzt, die ersten beiden Bildungsdimensionen existentiell einzuholen.

3.2.2 Zufall

Mit dieser Grenzsituation werden einerseits die unterschiedlichen Weisen des Aufeinandertreffens von Überlebenden inszeniert und andererseits ist das zufällige Aufeinandertreffen Ausgangspunkt für temporäre Formen der Gemeinschaftsbildung. Darüber hinaus sind diese Gemeinschaften die einzigen Orte, an denen Wissensbildung und Wissenskommunikation stattfinden – etwa hinsichtlich der Epidemie; der verschiedenen Möglichkeiten zu überleben; oder Diskussionen darüber, ob und wo es noch andere Überlebende oder Sicherheitszonen gibt. Wissensbildung in der neuen, postapokalyptischen Welt ist zufallsbedingt und unsicher, geschieht durch *Storytelling* bzw. als eine Art *Oral History*. Andere, mediale und/oder staatliche, Informationsquellen gibt es anscheinend nicht mehr. Auch das *CDC*-Gebäude, das eine kleine Gruppe von Überlebenden unter der Führung von *Grimes* in der Episode 6 aus Staffel 1[12] erreicht, in dem sich nur noch der Wissenschaftler *Dr. Edwin Jenner* befindet, ist von der Außenwelt abgeschnitten. Ein Gegenmittel konnte er bisher nicht entwickeln. Seine Erkenntnis, nichts gegen die Epidemie ausrichten zu können und die Einschätzung der Situation als ausweglos, veranlasst *Jenner*, sich selbst zu töten – er bleibt bei der Sprengung des *CDC* im Gebäude. Allerdings teilt er *Grimes* am Ende dieser Episode eine zentrale Information mit, die erst in der vorletzten Episode der zweiten Staffel aufgelöst wird – auf diese komme ich im Kapitel zu Tod und Leiden zurück. Die Inszenierung des Zufalls in „The Walking Dead" veranschauliche ich im Folgenden am Beispiel der Episode 2 aus Staffel 2.[13]

Am Ende der zuvor besprochenen Episode 1 aus Staffel 1 wird *Grimes* bei seiner Flucht vor den „Walkern" zufällig von *Glenn* (Steven Yeun), einem jungen Amerikaner asiatischer Herkunft, beobachtet. Durch ihn wird er aus der Gefahrensituation befreit, indem er ihm einen Weg aus seiner scheinbar ausweglosen Gefahrensituation weist. Diese Schlussszene wird vom Song „Space Junk" der britischen New Wave- und Synth-Pop-

---

12 Die Erstausstrahlung in den USA war der 05.12.2010, der Originaltitel lautet „TS-19", der deutsche Titel „TS-19" (DVD). Regie führte Guy Ferland, das Drehbuch schrieben Adam Fierro und Frank Darabont.

13 Die Erstausstrahlung in den USA war der 23.10.2011, der Originaltitel lautet „Bloodletting", der deutsche Titel „Blutsbande" (DVD). Regie führte Ernest Dickerson, das Drehbuch schrieb Glen Mazzara.

Band *Wang Chung* untermalt – der Song stammt aus ihrem Album „Everybody Wang Chung Tonight" (Geffen – Sony Music, 1997). Er wirkt wie eine Einladung, sich auf die neue, postapokalyptische Welt von „The Walking Dead" einzulassen einerseits – ein perverses Sehvergnügen andererseits, wenn die Kamera den heiteren, beswingten Song mit detaillierten, sehr blutigen und gewaltsamen Bilder illustriert, in denen die „Walker" das Pferd, mit dem *Grimes* in die Stadt geritten ist, zerfleischen und verspeisen.[14]

In der Episode 3 aus Staffel 1 wird *Grimes* von *Glenn* zu einem Camp von Überlebenden geführt, in dem sich auch seine Frau, sein Sohn und *Shane Walsh* befinden, der mit beiden aus *King County* geflüchtet ist. *Glenn* wurde von der Gruppe, zusammen mit einigen anderen Gruppenmitgliedern, in die Stadt geschickt, um Nahrung und andere überlebenswichtige Dinge zu besorgen. In einem Dialog zwischen *Grimes* und *Glenn* wird der Zufall als eine wichtige Überlebenstechnik bezeichnet, wenn er auf die Frage von *Grimes*, warum er sein Leben für dessen Rettung riskiert hätte, antwortet: „Vielleicht war ich so naiv zu glauben, dass mir auch mal jemand hilft, wenn ich so tief in der Scheiße sitze. [Pause] Ich bin wohl noch ein größerer Schwachkopf als Du" (0:08:23-0:08:32).

Neue Gemeinschaftsbildungen sind in „The Walking Dead" zunächst grundsätzlich problematisch, weil Unbekannte in bereits gebildeten Gruppen Irritation, Angst und Unsicherheit erzeugen. Die Gruppenmitglieder wissen nichts über die *Neuen* und treten ihnen mit Skepsis gegenüber, weil sie deren Verhalten nicht kalkulieren können und jedes Abweichen von zuvor abgestimmten Handlungsroutinen tödlich sein kann. Vertrauen wird als sozialer Wert von grundlegender Skepsis vor allem und jedem abgelöst.

Diese kontingenten und temporären Gemeinschaften sind aber nicht nur nach außen, also mit Blick auf die postapokalyptische Welt, die „Walker" und Fremde, unsicher, sondern auch nach innen. Die multiethnische Gruppe von Überlebenden, in die *Grimes* zufallsbedingt geführt wird und in der er seine Familie wiederfindet, wird von starken Auseinandersetzungen bestimmt, etwa durch den Rassismus der *White-Trash*-Figur *Merle Dixon* (Michael Rooker) und den Afroamerikanern, Hispanics und Asiaten aus der Gruppe – interkulturelle Begegnung und Verständigung sind in „The Walking Dead" häufig Grenzerfahrungen. Konflikte gibt es auch hinsichtlich des Wissens über die Epidemie; die „Walker"; die richtigen Weisen, sich vor ihnen zu schützen und zu überleben;

---

14 Auch die Lyrics dieses Songs markieren einen Übergang zwischen einer *alten* und *neuen* Welt. Weiterhin wird im Song angedeutet, dass Kommunikation noch möglich ist und durch Kommunikation Verbindungen hergestellt werden können; es einen „Spirit" gibt, der das Handeln anleitet; und Sinnsuche durch diesen „Spirit" angetrieben wird. Auch diese drei Themen spielen in „The Walking Dead" eine zentrale Rolle im Kontext der Gemeinschaftsbildung. „Drifting on the spaceway, By the Betelgeuse Hotel, Mapping out constellations, Of the place I know so well | Sifting through the system, For the piece that knows my name, Endlessly I listen, In the master game | Welcome to my world, (Welcome to my world), Welcome to my only world, (Welcome to my only world) | It is full of space junk, But your words are coming through, I'm riding on the space junk, And it's bringing me to you, Bringing me to you | Through the tenth dimension, To the certainties beyond, Dreamily in attention, And the subatomic bomb | Machine that spins within me, And the spirit that drives me on, Searching for an answer [...]."

oder hinsichtlich der Frage, an welchen Orten man das Lager aufschlägt. Eine zentrale Frage in dieser Gruppe ist die der *Regierung*, also danach, wer die Gruppe anführt und welche Kompetenzen man dazu besitzen muss.

Der entscheidende Grund für die Konflikthaftigkeit dieser Gruppe besteht darin, dass ihr soziales Band nur vom Willen zu überleben bestimmt wird, und Überleben in Gruppen wahrscheinlicher ist, als als Individuum. Die Gemeinschaftsbasis ist also keine gemeinsame Wertorientierung. Alle Verhaltensnormen und Handlungsroutinen fokussieren sich auf die Spannung zwischen dem Eigenen (Leben/Überleben) und Fremden (Tod). Die Frage nach der Führung der Gruppe wird nach verschiedenen Kriterien versucht zu entscheiden, u.a. durch Stärke, Durchsetzungsvermögen oder Kompetenzen zur Situationsbeherrschung. *Grimes* wird im Verlauf der Handlung zum Anführer der Gruppe, weil er als Polizist vermeintlich zahlreiche professionelle Kompetenzen im Umgang mit Gefahrensituationen besitzt, und eine Art Sicherheitsexperte ist: Deeskalationstechniken; Handlungsroutinen in Grenzsituationen; Besonnenheit; Wertorientierung; Gerechtigkeitssinn; Kampf- und Waffenerfahrung; schnelle Entscheidungsfindung; Argumentationsstärke. *Grimes* vermittelt den Eindruck, Strategie, Pläne und Ordnung in die chaotische Lebenswelt der Gruppe zu bringen, ebenso wie die Zuversicht, richtig geführt zu werden. Die Führungsrolle von *Grimes* führt aber wiederum zu großen Konflikten zwischen ihm und *Shane Walsh*, der bis zu seinem Eintreffen die Gruppe anführte, weil er ebenso wie *Grimes* Polizist war und über vergleichbare Kompetenzen verfügt. Der Konflikt zwischen beiden endet in der Episode 12 der Staffel 2 (*Better Angles*) für *Walsh* tödlich.

Der Wissens- und Handlungsbezug wird in „The Walking Dead" über die Kontingenz des Grenz- und Biographiebezugs vermittelt. Wissensbildung und Ausbildung von Handlungskompetenz sind letztlich zufallsbedingt und unsicher. Ebenso zufallsbestimmt sind auch das Aufrechterhalten von alten Werten und Normen in der neuen, postapokalyptischen Welt. Der Zufall entscheidet, ob die kontingent zusammengekommenen Gruppenmitglieder die gleichen Wertorientierungen besitzen, also als Gruppe nach gleichen Maßstäben handeln und zusammen leben können. Das Krisenhaft-Werden bzw. das partielle Scheitern von gemeinsamen Wertorientierungen als Grundlage von Gemeinschaftsbildungsprozessen, welches als Motiv in „The Walking Dead" immer wieder auftaucht, führt zu einer Problematisierung von traditionellen Werten des Sozialen und Humanen sowie zu einem partiellen Aushandeln von neuen Werten, die zumindest Gemeinschaftsintern (temporär) geteilt und handlungsleitend werden.

3.2.3 Tod und Leiden

Die einschneidendste Grenzsituation ist der Tod, weil er den Menschen mit dem bodenlosen Nichts des Daseins konfrontiert (vgl. Kleiner 2000). Das Überleben ist der wesentliche Handlungsstimulus in „The Walking Dead", weil die Lebenden überall vom Tod bedroht werden. Es gibt kaum medizinische Versorgung, Medikamente oder Ärzte, um Krankheiten oder Verletzungen zu behandeln. Krankenhäuser oder Apotheken, die man aufsuchen könnte, um Medikamente zu bekommen, sind zumeist in von „Walkern" belagerten Regionen, schwer zugänglich und nur unter Lebensgefahr nutzbar. Langfristigen Schutz und Sicherheit gibt es auch nicht, ebenso wenig wie allzeit gelingender Handlungsroutinen im Umgang mit der permanent gegenwärtigen Todesbedrohung.

Die postapokalyptische Welt fordert einen grundsätzlich veränderten Umgang mit Leben, Sterben und Töten, denn, um zu leben, muss jeder fast täglich töten – wobei das Töten von „Walkern" von den ästhetischen Figuren zumeist nicht als Töten aufgefasst wird. Wenn Gruppenmitglieder oder Familienangehörige gebissen werden und mit dem Todes-Virus infiziert sind, stellen sie eine Todesgefahr für die Gruppe dar – werden von Vertrauten zu Fremden. Hieraus ergeben sich drei Handlungsoptionen: erstens, sie sich selbst zu überlassen bzw. sich selbst töten zu lassen so lange es noch geht (*Freitod*); zweitens, sie zu töten bevor der Virus in ihnen ausbricht oder direkt nachdem, um sie zuvor im Kreis der Gruppenmitglieder oder Familienangehörigen sterben zu lassen (*Sterbehilfe*); oder sie mit Blick auf die Ausweglosigkeit der Situation von den Zombies im Kampf töten und zerfleischen zu lassen (*Tötung*). Diese drei Handlungsoptionen werden in „The Walking Dead" stets vor dem Hintergrund der Spannung der Wertorientierungen von alter und neuer Welt verhandelt. Letztlich tragen alle Überlebenden den Todes-Virus in sich und werden nach ihrem Tod zu Untoten – wie *Dr. Jenner* es *Grimes* am Ende der Episode 6 aus Staffel 1 (*TS-19*) mitteilt. Der Tod ist nur dann eine *Erlösung*, wenn man nach seinem *ersten* Tod, durch den man zum Untoten wird, nochmals getötet wird. Ein friedliches, natürliches Sterben wird in „The Walking Dead" nicht gezeigt – wenn man Sterben jemals als friedlich und natürlich bezeichnen will. Damit zusammen hängt, durch das zwangsläufig Nomadenhafte der Existenz in „The Walking Dead", dass die Überlebenden kaum Erinnerungsstücke von den toten Gruppenmitgliedern mitnehmen können und es keine festen Gedenkorte bzw. Friedhöfe gibt, die man immer wieder aufsuchen könnte. Eine neue Erinnerungskultur des Todes existiert in „The Walking Dead" noch nicht – ebenso wenig eine *Ars Moriendi*.

Mit dieser Allgegenwart von Sterben und Tod sowie der Notwendigkeit beständig töten zu müssen, wird das Leben für die Überlebenden zu einer kontinuierlichen Leidenserfahrung. Leiden gehört für Jaspers (1956b) konstitutiv zur menschlichen Existenz und kann nicht durch den planenden Willen aus der Welt geschafft werden. Der Mensch trägt das Leid der Welt unabwendbar als sein eigenes Leid. Entsprechend ist die Weltgemeinschaft, die nichts mehr voneinander weiß und nicht mehr miteinander in Verbindung steht, eine Leidensgemeinschaft. Zwischenmenschliche Interaktionen und Kommunikationen sind hingegen stets lokal.

Die Inszenierung von Tod und Leiden veranschauliche ich im Folgenden am Beispiel der Episode 7 aus Staffel 2.[15] Am Ende der Episode 1 aus Staffel 2[16] wird *Carl Grimes* beim

---

15 Die Erstausstrahlung in den USA war der 18.03.2012, der Originaltitel lautet „Beside the Dying Fire". Regie führte Michelle MacLaren, das Drehbuch schrieb Scott M. Gimple.

16 Die Erstausstrahlung in den USA war der 16.10.2011, der Originaltitel lautet „What Lies Ahead". Regie führten Ernest Dickerson und Gwyneth Horder-Payton, das Drehbuch schrieben Adreth Bey und Robert Kirkman.

Jagen mit seinem Vater und *Shane Walsh* zufällig von einer Kugel eines anderen Jägers, *Otis* (Pruitt Taylor Vince), getroffen und schwer verletzt. Um *Carl* sofort medizinisch zu versorgen, bringt *Otis* die drei zu einer Farm, in der eine andere Gruppe von Überlebenden wohnt und die vom Tierarzt *Hershel Greene* (Scott Wilson) angeführt wird. Es handelt sich dabei um seine Farm und Familie. Seit Ausbruch der Epedimie stellt sie aufgrund ihrer abgeschiedenen Lage einen relativ sichern Ort in einer vollkommen chaotischen Welt dar – eine Art postapokalyptische *Heterotopie*. Dies aber nur solange, bis sie am Ende der zweiten Staffel von den „Walkern" überrannt und vernichtet wird.

Im weiteren Verlauf der Staffel werden die beiden Gruppen zusammengeführt – dies verursacht kontinuierlich Konflikte. Die Gruppe von *Grimes* ist dort nur temporär geduldet, darf sich aber nicht ansiedeln bzw. nicht heimisch werden, weil sie letztlich in ihrer Heterogenität den Gruppenzusammenhalt und die Sicherheit der Gruppe von *Greene* gefährdet. Der entscheidende Konflikt zwischen beiden Gruppen wird dadurch ausgelöst, dass *Greene* in seiner Scheune eine größere Anzahl „Walker" *untergebracht* hat. Es handelt sich dabei um ehemalige Nachbarn, Freunde und Verwandte, so etwa seine Frau und seinen Stiefsohn, die *Greene* als kranke Menschen und nicht als seelen- sowie identitätslose (Un-)Tote ansieht. *Greene* hält in dieser Situation am Glauben fest, dass es nur darauf ankommt, ein Gegenmittel zu finden, um die (Tot-)Kranken zu heilen. Kranke dürfen aus seiner Perspektive nicht als ab- bzw. andersartig oder unmenschlich stigmatisiert und ausgegrenzt werden, sondern man muss sich um sie aus Menschen- und Nächstenliebe kümmern. Tödliche Krankheiten werden von ihm als grundsätzlich heilbar betrachtet.

Ein anderer Beweggrund von *Greene* kann mit Jaspers (1956b: 221; vgl. ebd.: 61) darin gesehen werden, dass der Tod derjenigen, die wir lieben und als unersetzbar erfahren, als am bittersten für die zurückbleibenden Liebenden erfahren wird. Mit dem Tod der geliebten Anderen bricht die existentielle Kommunikation ab und offenbart zugleich die existentielle Einsamkeit der Zurückbleibenden, die zum Menschsein unabänderbar gehört: „Der Sterbende lässt sich nicht mehr ansprechen; jeder stirbt allein; die Einsamkeit vor dem Tod scheint vollkommen, für den Sterbenden wie für den Bleibenden." Der Tod der geliebten Menschen verweist auf die unüberschreitbare äußere Grenze ihrer physischen Abwesenheit. Die Zurückbleibenden nehmen die Verstorbenen aber in innerlicher Kommunikation als unverlierbar in ihr Leben hinein.

Die (un-)toten geliebten Menschen, Freunde, Nachbarn und Bekannten, die *Greene* als krank wahrnimmt, solange in seiner Scheune einzusperren, bis es ein Gegenmittel gibt, sie zu füttern und vor ihrer Tötung zu schützen, stellt den Versuch dar, die Kommunikation mit ihnen aufrecht zu erhalten, auch dann, wenn sie nicht mehr zur Kommunikation fähig sind und ihn auch nicht mehr erkennen, weil sie rein Instinkt gesteuert sowie ohne Selbstbewusstsein sind. Diese Aufrechterhaltung der Kommunikation geschieht auch noch durch ihre physische Anwesenheit, weil sie nach ihrem Tod zu Untoten werden, die Gesetze des Todes im herkömmlichen Sinne suspendieren bzw. transzendieren. Nachdem *Walsh* die Scheune öffnet, weil er nicht akzeptieren kann, wie man neben der Gefahr, die einen ständig mit dem Tod bedroht, friedlich leben soll, und die Gruppe von

Grimes die herausströmenden „Walker" tötet, während die Gruppe von *Greene* tatenlos zusieht, gibt *Greene* seinen Glauben an das Menschliche der Untoten und ihrer potentiell heilbaren Krankheit auf. Seine Hoffnung, sein Glauben, sein Optimismus und Idealismus sterben hierbei. Einen Ausweg aus dem fatalen Kreislauf des Todes-Virus gibt es in den ersten beiden Staffeln von „The Walking Dead" nicht.[17]

Der eigene Tod ist für Jaspers (1956b: 222) ebenso undurchschaubar, eine verwehrende und verweisende Grenze: „Mein Tod ist *unerfahrbar* für mich [Hervorhebung im Original – MSK]." Hier versagen empirische Selbstbeobachtung und faktisches Wissen, weil kein Mensch nach seinem Tod zurückgekehrt ist und vom eigenen Sterben berichtet hat. Anders in „The Walking Dead": hier wird das Sterben, der Tod und die Wiederauferstehung der „Walker", der Gruppe von *Grimes* durch *Dr. Jenner* wissenschaftlich erläutert. Darüber hinaus sind die „Walker" nach ihrem Tod zurückgekehrt, können allerdings weder sprechen noch berichten. In der Serie bleibt aber der eigentliche, finale Tod weiterhin undurchschaubar und irreversibel. Zombie-Erzählungen, vergleichbar mit Vampir-Erzählungen, zeichnen sich hierbei durch das Interesse aus, die größte, nicht abänderbare Grenze menschlicher Existenz, den Tod, zumindest für die Zeit der Erzählung, performativ erforsch- und beherrschbarer zu machen bzw. aufzuschieben. In den ersten beiden Staffeln von „The Walking Dead" werden allerdings keine Lösungen angeboten, den beiden Grenzsituationen Tod und Leiden produktiv zu begegnen.

Der Wissens- und Handlungsbezug wird hinsichtlich auf Tod und Leiden, wie bei den anderen Grenzsituationen auch, über den Grenz- und Biographiebezug vermittelt. Hierin eingebunden ist wiederum die Inszenierung der konflikthaften Spannungen zwischen alter und neuer Welt sowie der (Re-)Definition von Sozialität und Humanität hinsichtlich dieser beiden Grenzsituationen. Die Überlebenden werden allerdings erst durch das Krisenhaft-Werden bzw. das partielle Scheitern ihrer vorausgehenden Bildungsprozesse, also durch die Diffusion von Selbst- und Weltbezügen, in die Lage versetzt, die ersten beiden Bildungsdimensionen existentiell einzuholen. Im Fall von Tod und Leiden bedeutet dies, aus der offenen und illusionslosen Auseinandersetzung mit diesen beiden Grenzsituationen, die nicht selbstbestimmt zu überschreiten sind, situations- und lebensbezogene Formen der Selbsterkenntnis und Selbstgestaltung zu erlangen. Tod und Leiden verweisen an die Grenze und Begrenztheit menschlicher Existenz selbst. Sie sind nichts

---

17 Nachdem die Farm von *Greene* in der Episode 13 aus Staffel 2 (*Beside the Dying Fire*) von den „Walkern" überrannt wird und aus beiden Gruppen Personen sterben, flüchten die restlichen Überlebenden zusammen von der Farm. Der fliegende Hubschrauber, der zu Beginn dieser Episode die „Walker" mehr oder weniger zur Farm führt, und auch in der Episode 1 aus Staffel 1 (*Days Gone Bye*) auftaucht, wenn *Grimes* sich in Atlanta, Georgia befindet, aber nicht weiter narrativ kontextualisiert wird, deutet an, in Verbindung mit der nicht zu erkennenden Person im Kapuzenshirt, die *Andrea* (Laurie Holden) vor den „Walkern" im Wald rettet, nachdem sie allein von der Farm flüchten musste, dass es vielleicht doch Hoffnung auf Veränderung der postapokalyptischen Lebenswelt gibt. Hierzu gehört auch die letzte Einstellung der Staffel 2: man erkennt Umrisse einer Art Festung in der Nähe des Lagers von *Grimes* Gruppe. Ob es sich hierbei nur um einen Cliffhanger handelt oder sich die Seriennarration diesbezüglich ändert, wird die Staffel 3 zeigen, die ab Herbst 2012 ausgestrahlt wird.

Äußerliches, sondern verweisen auf die innere Bodenlosigkeit der Existenz und zugleich mit dem Abgrund menschlicher Freiheit, d.h. den Möglichkeiten, seine Selbstbestimmung und Selbstgestaltung nicht gelingenden zu verwirklichen. Die zentrale Frage, die sich hierbei stellt, ist: (Weiter-)Leben als Überleben oder Überleben als (Weiter-)Leben? Als Antwort auf diese Frage könnte, existenzphilosophisch gewendet, behauptet werden, dass gerade der Tod radikal zu einer umfassenden Sinngebung des Lebens herausfordert und „die beste Sinngebung des Todes ein sinnvolles Leben ist" (Pfeiffer 1997: 226). Das performative *memento mori* der Serie ist zugleich ein *memento vivere*. Die Allgegenwart von Krankheit, Sterben und Tod löst sich hierbei von ihrem Status als Gegen-Natur. Der Tod ist eine ständige Herausforderung, Chance und Beendigung aller Chancen zugleich.

3.2.4 Kampf und Schuld

Die postapokalyptische Welt fordert alltäglich einen Überlebenskampf. Existieren bedeutet zu Kämpfen und zum Kämpfer zu werden ganz gleich wie pazifistisch der Einzelne ist. Die Grenzsituation des Kampfes ist in „The Walking Dead" nicht nur äußerlich, sondern auch innerlich bedeutsam: einerseits hinsichtlich der beständigen Aushandlungen der Überlebenden über die postapokalyptischen Wertorientierungen und Handlungsformen; andererseits ein beständiger Kampf der Einzelnen mit sich selbst, bei ihrer Identitätsbildung nicht die postapokalyptische Lebenswelt in ihrer Bestialität, Brutalität und Destruktivität bestimmend sein sowie sich von ihr transformieren zu lassen. Am deutlichsten vollzieht diese Verwandlung ins *Monströse* die ästhetische Figur *Shane Walsh*. Unter dem Druck des alltäglichen Horrors, aber auch durch die Zurückweisung seiner Liebe zu *Lori Grimes*, die mit ihm bis zur Rückkehr von *Rick Grimes* ein Verhältnis hatte, weil sie dachte, dass er tot ist, wird er zu einem sadistischen Monster, dessen Innenwelt nach der Zerstörung der Außenwelt der Zerstörung ausgeliefert ist. Die anderen Mitglieder der *Grimes*-Gruppe können dieser Zerstörung, ebenso wie die der *Greene*-Gruppe größtenteils widerstehen, zumindest kämpfen sie beständig dagegen an. Schuld ist für Jaspers (1956b) zudem unausweichlich. Kein Mensch existiert unschuldig, jedermann verletzt potentiell beim Handeln andere. Die Inszenierung der Schuld in „The Walking Dead" veranschauliche ich im Folgenden nicht am Beispiel einer spezifischen Episode, sondern hinsichtlich dieser beiden Fragen: (1) Soll *Lori Grimes*, die schwanger ist, dieses Kind unter den gegenwärtigen postapokalyptischen Zuständen bekommen, ohne sich an ihm schuldig zu machen? (2) Hat *Rick Grimes* die Gruppe richtig geführt oder ist er an der fatalen Situation schuld, an der die Gruppe sich zum Ende der Staffel 2 befindet? Die selbe Frage stellt sich auch *Hershel Greene*. Die Inszenierung des *Kampfes* in „The Walking Dead" veranschauliche ich am Beispiel der Episode 13 aus Staffel 2.[18]

Die Darstellung des Kampfes in „The Walking Dead" ist mit Blick auf die „Walker" ambivalent. Die Inszenierung des Kampfes in der Episode 13 aus Staffel 2 sind hierfür symptomatisch: einerseits gelingt es den Überlebenden, allerdings häufig mit Verlusten,

---

18 Die Erstausstrahlung in den USA war der 27.11.2011, der Originaltitel lautet „Pretty Much Dead Already". Regie führte Ernest Dickerson, das Drehbuch schrieben Robert Kirkman und Glen Mazzara.

die „Walker" zu töten; andererseits sind sie stets mit einer Übermacht konfrontiert, die sie nicht (final) besiegen können. Der Kampf endet nie. Die Farm von *Greene*, Sinnbild einer *Sicherheitsheterotopie*, wird von den „Walkern" überrannt und zerstört, die Überlebenden müssen flüchten. Sicherheit und temporäre kampffreie Zonen erweisen sich als Trugbilder. Die Überlebenden besitzen auch keinen ausreichenden Waffen- und Munitionsvorrat, um sich gegen diese Übermacht von „Walkern" zu verteidigen. Ihr Kampf scheint hoffnungslos zu sein – alle Formen der Gemeinschafts- und Wertebildung langfristig ebenso.

Der Kampf der Überlebenden wird zu einer *Sisyphos*-Arbeit – und *Sisyphos* kann man sich in „The Walking Dead" einerseits nicht als *glücklichen Menschen* vorstellen. Andererseits könnte aber auch behauptet werden, dass die Überlebenden, wie der *Sisyphos* von Camus (1993), glücklich sind, weil sie ebenso wie er eine Revolte gegen ihre *absurde Welt* führen und aus ihrem „Schicksal eine menschliche Angelegenheit, die unter Menschen geregelt werden muss" (ebd.: 100), machen bzw. Menschlichkeit in einer entmenschlichten Welt des Post-Humanen integrieren. Ihr Schicksal gehört dabei ihnen – das ist die Grundlage der absurden Freiheit in ihrer *transzendentalen Obdachlosigkeit* (vgl. Lukács 1971: 32) und ihrem Wissen, dass es für die Ungerechtigkeit und Gewalt, das Leiden und den Kampf keinen Ausgleich geben kann: „Der Kampf gegen Gipfel vermag ein Menschenherz auszufüllen" (ebd.: 101). Ihre Würde und Menschlichkeit erlangen sie aus der selbstbewussten Erkenntnis ihrer Situation sowie dem Verzicht auf eine Flucht in die Religion, aber auch durch die illusionslose Annahme der anderen Grenzsituationen als unabänderliche Grundlagen des Menschseins. In den ersten beiden Staffeln werden allerdings nur die Voraussetzungen für die existenzielle Verwirklichung dieser Haltung geschaffen – um die Problematik der Ausbildung dieser Haltung darzustellen und sie nicht als jederzeit problemlos anzueignen zu inszenieren.

Der Verlust von Transzendenz und der *zweite* Tod als absolute Grenze bedeuten einen Zuwachs an Verfügungsgewalt, auch in einer so stark fremdbestimmten Welt wie der von „The Walking Dead". Der *absurde Mensch* lebt nur nach Zielen, die in ihm selbst liegen. Es gibt für den absurden Menschen keine allgemeinverbindlichen ethischen Grundsätze, da ein vorgegebener Weltsinn negiert wird – genau dies markiert eine der entscheidenden Krisen- und Fremdheitserfahrungen in „The Walking Dead", aus denen (Selbst-)Bildungsprozesse resultieren. Alle Handlungen sind gleichwertig und genauso gerechtfertigt wie alle anderen, da es keinen verpflichtenden absoluten Wert gibt. Dass aus diesem Freiheitsbegriff auch Gewalttaten gerechtfertigt werden können, hat Camus (ebd.: 60) gesehen: „Es [das Absurde – MSK] rechtfertigt nicht alle Handlungen. Alles ist erlaubt – das bedeutet nicht, dass nichts verborgen wäre. Das Absurde gibt nur den Folgen dieser Handlungen ihre Gleichwertigkeit. Es empfiehlt nicht das Verbrechen [...].[...] Welche Regel könnte sich also von dieser unvernünftigen Ordnung herleiten? Die einzige Wahrheit, die ihm lehrreich erscheinen kann, ist nicht formulierbar: sie entzündet sich und entwickelt sich in den Menschen. Also kann der absurde Geist am Ende seiner Überlegung nicht ethische Regeln suchen, sondern Erklärungen und den Atem des menschlichen Lebens."

Aus der Unbegründbarkeit der Werte in einer absurden Welt folgt für Camus somit nicht die absolute Ungebundenheit menschlicher Freiheit. Da eine Rechtfertigung des Menschen außerhalb des Spannungsfeldes zwischen Welt und Bewusstsein negiert wird, muss ein Weg gefunden werden, in der gegebenen Welt, die nur immanent bestimmbar ist, eine, von einer absoluten Wertordnung unabhängige Würde des Menschen zu verwirklichen. Dies weist auf eine neue Ethik hin, welche ihre bestimmenden Maßstäbe der Endlichkeit des Menschen entnimmt, in welcher er sein Leben zu gestalten hat. Der Kampf der einzelnen Überlebenden untereinander sowie der Kampf der Einzelnen gegen sich selbst, der ebenso ambivalent wie der gegen die „Walker" ist, entscheidet sich an den Antworten, die sie auf die zuvor beschriebenen Themen geben: „[D]ie Niederlagen eines Menschen verurteilen nicht die Verhältnisse, sondern ihn selber" (ebd.: 61). „The Walking Dead" stellt auch aus dieser Perspektive, neben der Bedeutung von Grenzsituationen, eine Form audiovisueller Existenzphilosophie dar.

Das Leben in der postapokalyptischen Welt stellt keinen Wert an sich mehr da, weil diese von Tod und Vernichtung bestimmt wird. Das Leben muss daher erst von der Gruppe der Überlebenden wieder als Wert etabliert und als sinnstiftend, gerade angesichts der Absurdität der Lebenssituation in „The Walking Dead", betrachtet werden. Für *Lori* und *Rick Grimes* stellt sich daher die grundlegende Frage: Können Eltern in einer Welt ohne Freude, Zukunft und Sicherheit; ohne die Möglichkeiten einer konstanten medizinischen Versorgung; ohne schulische Ausbildung; ohne ein Aufwachsen mit anderen Kindern usw., ein Kind zeugen und bekommen, ohne sich an diesem Kind schuldig zu machen, weil das *Geschenk* des Lebens eine Zukunft ohne Zukunft ist, also grundsätzlich absurd? Diese Frage wird im Verlauf der Staffel 2 nicht beantwortet. Eine Antwort darauf hängt im Kontext der Serie von der Auseinandersetzung mit der zuvor fragmentarisch formulierten Grundfragen *absurder Existenz* ab.

Das Gleiche gilt für die Frage nach der richtigen *Gruppen-Führung*. *Grimes* und *Greene* sind jene ästhetischen Figuren, die die Wertmaßstäbe definieren müssen, nach denen ihre Gruppen handeln. Die Krisen- und Fremdheitserfahrungen der Bildungsprozesse dieser Gruppen resultieren v.a. daraus, dass sich sowohl *Grimes* als auch *Greene*, der sich viel stärker an der alten Welt und ihrer Werte orientiert als *Grimes*, *zwischen* den Welten befinden, d.h. noch keine situationsbezogen gelingenden Wertmaßstäbe für das Handeln und Selbstverständnis formulieren konnten. Beide sind also, wie ihre Gruppen, noch nicht richtig in der neuen, postapokalyptischen Welt angekommen, um sich in dieser einrichten bzw. heimisch fühlen zu können.

Der Wissens- und Handlungsbezug wird auch hinsichtlich der Grenzsituationen Kampf und Schuld über den Grenz- und Biographiebezug vermittelt. Hierin eingebunden ist wiederum die Inszenierung der konflikthaften Spannungen zwischen alter und neuer Welt sowie der Ohnmacht der Überlebenden in den ersten beiden Staffeln, umfassend gelingende Wertmaßstäbe und Handlungsroutinen für das Leben in der postapokalyptischen Welt zu entwerfen. Das Krisenhaft-Werden bzw. das partielle Scheitern der vorausgehenden Bildungsprozesse der Überlebenden, versetzt sie nur äußerst bedingt in die Lage, gelingende (Selbst-)Bildungsprozesse zu verwirklichen.

4. Fazit

Ende ohne Ende – Performative Bildungsgeschichten

> „Leben heißt: das Absurde leben zu lassen. Das Absurde leben lassen heißt: ihm ins Auge
> zu sehen" (Camus 1993: 49).

Strukturaler Medienbildung kommt für Marotzki/Jörissen (2008: 60) die Aufgabe zu,
„die reflexiven Potentiale von medialen Räumen einerseits und medialen Artikulations-
formen andererseits, im Hinblick auf die genannten Orientierungsleistungen und -di-
mensionen analytisch zu erkennen und ihren Bildungswert einzuschätzen." Populäre
Medienkulturen inszenieren Medienbildungsräume, führen populäres Wissen auf und
produzieren performativ populäres Wissen (vgl. hierzu u.a. Boden/Müller 2009) – in
„The Walking Dead" mit dem Fokus auf die Grenzsituationen des Menschseins und die
Absurdität menschlicher Existenz.

Kultur besitzt, egal in welcher Form, stets ein Bildungspotential, das Anruf und
Aufforderung zugleich ist: einerseits als Anruf gehört, gesehen, gelesen, also als signi-
fikant erachtet und angeeignet zu werden; eine Aufforderung zur Rückübersetzung der
Übersetzung von Wirklichkeit, die Kultur leistet, wenn sie Gesellschaft (mit-)formt. Das
Gleiche gilt für die Medien, die die Übersetzung der Übersetzung (Wirklichkeit-Kul-
tur-Gesellschaft) transformatorisch leisten, um diese doppelte Übersetzung für Rück-
Rückübersetzungen (Aneignungen) zu öffnen. Die performativen Übersetzungen und
Rückübersetzungen von Wirklichkeit, die „The Walking Dead" adressiert, sind existenz-
philosophische Perspektiven auf das Soziale und Humane.

Populäre Medienkulturen sind zunächst und zumeist Regisseure in der Übertragung
und Aufführung von Wirklichkeit, kein Vermittler von objektiven Wissenseinheiten.
Die Übertragungen sind geregelt, aber nicht reglementiert, wenngleich sie aufgrund ihrer starken Wirklichkeitsselektionen zu bedeutenden Interpreten des Wirklichen werden
(können). Diese Interpretationen sind nicht verbindlich, dennoch nicht unbedingt. Entscheidend ist die je spezifische soziohistorische Aneignungssituation, die kontingenten
medien-kulturellen Vergemeinschaftungen sowie die aus den Aneignungen resultierenden Anschlusskommuniktionen und (potentiellen) Transformationsprozesse. Populäre
Medienkulturen vereinheitlichen Wirklichkeit dabei nicht, trotz aller Arbeit mit Typi-
sierungen, sondern präsentieren, aufgrund ihrer Vielfalt und Vielstimmigkeit, die Wirklichkeit als eine herausfordernde Differenz- und Fremdheitserfahrung, die die Distanz
zwischen dem Wissen des Übertragenden (Medienkulturen) und dem (potentiellen) Un-
wissen der Empfangenden (Nutzer) nicht unterdrücken oder kompensieren will, sondern
gerade aus dieser Differenz einen Raum für Bildungsprozesse öffnet.

Populäre Medienkulturen sind performative Bildungskulturen, die poetisch und fikti-
onal (Selbst-)Bildungsprozesse adressieren, indem sie diese zumeist *spektakulär* (vgl. den
Beitrag von Jochen Venus in diesem Band) aufführen und als Selbstgestaltungsangebote

anzeigen. Der Maßstab der Bewertung von (Selbst-)Bildungsprozessen im Populären ist ein ethischer, d.h. die Frage nach dem gelingenden Leben und einer populärkulturellen Lebenskunst bzw. Ästhetik der Existenz. Die Ethik als Ästhetik der Existenz konstituiert sich durch das Ethos, die Haltung des Subjekts, und nicht über die Befolgung von herrschenden Normen und Konventionen, die darauf zielen, die Existenz zu normieren. (Selbst-)Bildungsprozesse, wie ich sie diskutiert habe, sind entsprechend Prozesse der Be- oder Verarbeitung subsumtionsresistenter Erfahrung, aus denen eine Veränderung von grundlegenden Figuren meines je gegebenen Welt- und Selbstentwurfs resultiert. Die Beziehung des Selbst zu sich erweist sich als grundlegend für die Herstellung und Gestaltung seiner Beziehungen auch zu den Anderen.

Populäre Medienkulturen stellen potentiell ein Freisetzen zur Freiheit bzw. Emanzipation dar – das man selbst wählen und aktiv handelnd realisieren muss. Dies geschieht primär durch Fremdheitserfahrungen, wie ich am Beispiel von „The Walking Dead" gezeigt habe. Fremdheitserfahrungen lassen das Subjekt grundsätzlich in einer erweiterten Beziehung zu sich selbst, zur Welt und zu Anderen stehen. Die Bedeutung von Fremdheits- und Krisenerfahrungen in diesem Kontext verhindert, dass das Subjekt der Bildung sich hierbei *monadisch* in sich selbst vertieft und von der Welt sowie den Anderen abschließt bzw. verschließt. (Selbst-)Bildung ist immer nur durch den Bezug zu einem Außen denkbar und das Subjekt der Bildung ist dabei immer schon ein Anderer, weil es sich immer nur durch den Bezug zu einem Außen bilden kann.

In „The Walking Dead" werden wesentlich nicht gelingende (Selbst-)Bildungsprozesse vorgeführt. Den ästhetischen Figuren gelingt es in den ersten beiden Staffeln der Serie kaum, sich auf die postapokalyptischen Lebenswelt eigensinnig einzulassen, und aus der Absurdität der Situation sowie aus der beständigen Konfrontation mit den unterschiedlichen Grenzsituationen als Krisen- und Fremdheitserfahrungen, sich für (Selbst-)Bildungsprozesse als Transformationsprozesse zu öffnen. Dieser problematische Selbstbezug verhindert auch langfristige, produktive Formen der Gemeinschaftsbildung, also gelingende Interaktionen zwischen dem Selbst und den Anderen, deren Wertebasis nicht ausschließlich der Wille zum Überleben ist.

Die performativen Bildungsgeschichten, die „The Walking Dead" erzählt, sind existenzphilosophische. Sie reflektieren Sozialität und Humanität aus der Perspektive von Grenzsituationen, die eine konstitutive Rolle für den menschlichen Selbstbezug bzw. für sein Projekt der Selbstwerdung spielen. Diese Selbstwerdungs- bzw. Selbstbildungsprozesse müssen ohne Verbindlichkeiten und Sicherheiten auskommen: kein Gott, keine Moral, keine Gesetze sind hierbei handlungsleitend. Die postapokalyptische Welt ist, im Verständnis von Camus (1993), absurd (vgl. Kleiner 2000: 91-109). Die Dramaturgie der Serie ergibt sich aus der Darstellung der Konsequenzen, die man daraus ziehen kann, d.h. im Versuch der Bewältigung des Absurden im Leben. Das Absurde wird in „The Walking Dead" von den ästhetischen Figuren als ein Klima empfunden und durch ihre gestimmten Befindlichkeiten veranschaulicht. Dieses Klima und diese Stimmungen eröffnen zunächst die Nutz- und Sinnlosigkeit sowie Fremdheit, also die Absurdität menschlichen Seins. In ihnen spiegelt sich die Distanz von Mensch und Welt deutlich wider. Wenn diese gestimmten Befindlichkeiten zur bewussten Einsicht in die Absurdität des Daseins durchbrechen und sich nicht mehr abweisen lassen, führt dies, aus der Perspektive von Camus, zur Subversion der gesamten Weltsicht bzw. zum *Hinfall der kosmologischen Werte* Wahrheit, Einheit, Zweck, Sinn usw. Dies trägt dazu bei, dass die Welt dem Menschen fremd wird und entgleitet (vgl. Camus 1993: 18). Das Entgleiten der Welt wird in den ersten beiden Staffeln von „The Walking Dead" eindrucksvoll dargestellt. Das Gefühl für das ewige Umsonst des immer Selben weckt das Bewusstsein für die Absurdität und verlangt vom Einzelnen eine Stellungnahme.

Dieser ist vor eine doppelte Entscheidung gestellt: Verdrängung des oder bewusste Konfrontation mit dem Absurden. Camus (ebd.: 13ff.) unterscheidet drei Formen des Ausweichens vor der Sinnlosigkeit und Kontingenz des Lebens und der Welt, die das Absurde offenbart: erstens das „typische Ausweichen", unter dem er jede Art von Verdrängung versteht, das sich in der Serie teilweise bei *Greene* beobachten lässt; zweitens das „tödliche Ausweichen", d.h. den Selbstmord, der in „The Walking Dead" hin und wieder als Handlungsoption auftaucht; und drittens die Hoffnung als Flucht in religiös-transzendente Ziele, wie sie stellenweise bei Greene zu beobachten sind oder bei *Duane* und *Morgan Jones*.

Die Auseinandersetzung des bewussten Menschen mit seinem Leben, dessen, der die Gewissheit der Absurdität nicht verdrängt, den es aber in „The Walking Dead" in dieser Form nicht gibt, fordert ebenfalls eine doppelte Entscheidung: Selbstmord oder Wiederherstellung (ebd.: 16f.). Da der Selbstmord für Camus Flucht bedeutet und somit als Lösung ausscheidet, kommt nur die Wiederherstellung in Frage. Unter Wiederherstellung versteht Camus die Umwandlung der alltäglichen Lebenswelt, die nicht mehr durch Monotonie, sondern durch ständige Revolte gekennzeichnet ist: „Der [Weg zurück in die Mitwelt – MSK] führt in die Welt des anonymen ‚man', aber der Mensch begeht ihn von nun an mit seiner Auflehnung und seinem Scharfblick. Er hat es verlernt zu hoffen. [...] Nichts ist entschieden. Alles ist verwandelt" (ebd.: 48).

Die positive Konsequenz der Einsicht in die Absurdität des Daseins ist die, am Beispiel von Sisyphos' vorgeführter Revolte, d.h. die ständige Auflehnung gegen das Absurde. Die positiven Bestimmungen der Revolte sind Bewusstsein, Klarsicht, Freiheit, Leidenschaft, Hoffnungslosigkeit und Gleichgültigkeit. Erst die Zurückweisung von Zukunft und Hoffnung ermöglichen absurde Freiheit. Die radikale Ablehnung jeder Art von Hoffnung und die daraus resultierende Betonung der Positivität des Lebens, hat Sartre (1994b: 96) wie folgt formuliert: „[M]it der Hoffnungslosigkeit beginnt der wahre Optimismus: der Optimismus dessen, der nichts erwartet".

Das Verdienst von „The Walking Dead" liegt aus bildungsphilosophischer Perspektive darin, dass die Serie erstens die Problematik von (Selbst-)Bildungsprozesse aufzeigt, die aus der Konfrontation mit Krisen- und Fremdheitserfahrungen resultiert; zweitens verdeutlicht, wie voraussetzungsreich und schwierig Gemeinschaftsbildungen sind, wenn man keine (gemeinsamen oder verbindlichen) Werte hat, an denen das Handeln orientieren werden kann; und drittens bietet die Serie keine Wertorientierungen an, um die beiden zuvor genannten Problematiken zu lösen. Damit gelingende (Selbst-)Bildungsprozesse der ästhetischen Figuren in „The Walking Dead" ab der dritten Staffel beginnen können, müssen sie sich zunächst zu einem Camuschen *Sisyphos* entwickeln. Ausgehend davon könnte es zu einem Entwurf menschlicher Solidarität in der Serie kommen, die den Übergang von einer Haltung der einsamen Revolte des Einzelnen gegen das Absurde, wie sie *Sisyphos* vorlebt, zur Anerkennung einer Gemeinschaft, zur Solidarität und Teilnahme am Schicksal der anderen Menschen, darstellt. Diese zweite Revolte könnte den Einzelnen seiner existentiellen Einsamkeit, die alle ästhetischen Figuren in „The Walking Dead" erfahren, entreißen und ein sich Überschreiten des Menschen auf den Anderen hin bewirken: „Ich empöre mich, also sind wir" (Camus 1994: 21). Im Vollzug dieser zweiten Revolte könnten die ästhetischen Figuren der Serie die Solidarität mit den anderen Überlebenden erkennen und anfangen, in der postapokalyptischen Welt zu leben und heimisch zu werden bzw. diese revoltierend zu transformieren.

Literatur

Baudrillard, Jean (1989), *Cool Memories 1980 – 1985*, München.
Baudrillard, Jean (1994b), *Die Illusion des Endes oder Der Streik der Ereignisse*, Berlin.
Bhabha, Homi (1994), *The Location of Culture*, London.
Boden, Petra/Müller, Dorri (Hrsg.) (2009), *Populäres Wissen im medialen Wandel seit 1850*, Berlin.
Bolz, Norbert (1999a), *Die Konformisten des Andersseins. Ende der Kritik*, München.
Brooks, Max (2004), *Der Zombie Survival Guide. Überleben unter Untoten*, München.
Bryce, Allan (2000), *Zombie*, Liskeard.
Bürger, Peter (2006), *Kino der Angst. Terror, Krieg und Staatskunst aus Hollywood*, Stuttgart.
Busse, Tanja (2000), *Weltuntergang als Erlebnis. Apokalyptische Erzählungen in den Massenmedien*, Wiesbaden.
Camus, Albert (1993), *Der Mythos von Sisyphos. Ein Versuch über das Absurde*, Reinbek.
Camus, Albert (1994), *Der Mensch in der Revolte. Essays*, Reinbek.
Denzin, Norman K. (2005), Reading Film – Filme und Videos als sozialwissenschaftliches Erfahrungsmaterial", in: Uwe Flick/Ernst von Kardorff/Ines Steinke (Hrsg.), *Qualitative Forschung. Ein Handbuch*, Reinbek, S. 416-428.
Derrida, Jacques (1998), *Aporien. Sterben – Auf die ‚Grenzen der Wahrheit' gefasst sein*, München.
Derrida, Jacques (2000), „No Apocalypse, not now (full speed ahead, seven missiles, seven missiles)", in: Ders., *Apokalypse*, Wien, S. 81-117.
Foucault, Michel (1996), *Wahnsinn und Gesellschaft. Eine Geschichte des Wahns im Zeitalter der Vernunft*, Frankfurt/M.
Fürst, Michael/Krautkrämer, Florian/Wiemer, Serjoscha (Hrsg.) (2011a), *Untot. Zombie Film Theorie*, München.
Giddens, Anthony (1996), *Konsequenzen der Moderne*, Frankfurt/M.
Heidegger, Martin (1993), *Sein und Zeit*, Tübingen.
Heitmeyer, Wilhelm (1997), *Was treibt die Gesellschaft auseinander? Bundesrepublik Deutschland: Auf dem Weg von der Konsens- zur Konfliktgesellschaft*, Frankfurt/M.
Jaspers, Karl (1956a), *Philosophie*, 3. Bde., Berlin/Göttingen/Heidelberg.
Jaspers, Karl (1956b), *Philosophie II*, Bd. 2: Existenzerhellung, Berlin/Göttingen/Heidelberg.
Jörissen, Benjamin/Marotzki, Winfried (2009), *Medienbildung. Eine Einführung*, Bad Heilbrunn.
Kiefer, Bernd/Stiglegger, Marcus (Hrsg.) (2006a), *Grenzsituationen spielen. Schauspielkunst im Film 5. Symposium*, Remscheid.

Kiefer, Bernd/Stiglegger, Marcus (Hrsg.) (2006b), „Einleitung", in: Dies., *Grenzsituationen spielen. Schauspielkunst im Film 5. Symposium*, Remscheid, S. 7-9.

Kirkman, Robert (2012), „Vorwort", in: Ders./Moore, Tony (2012), *The Walking Dead*, Bd. 1: Gute alte Zeit, Ludwigsburg, S. 4-5.

Kleiner, Marcus S. (2000), *Im Bann von Endlichkeit und Einsamkeit? Der Tod in der Existenzphilosophie und der Moderne*, Essen.

Kleiner, Marcus S. (2008), „Pop fight Pop. Leben und Theorie im Widerstreit", in: Marcus S. Kleiner/Enno Stahl/Dirk Matejovski (Hrsg.), *Pop in Rheinkultur. Oberflächenästhetik und Alltagskultur in der Region*, Essen, S. 11-42.

Kleiner, Marcus S. (2011), „Pop-Theorie. Ein deutscher Sonderweg", in: Christoph Jacke/Martin Zierold/Jens Ruchatz (Hrsg.), *Theorie(n) des Populären*, Münster, S. 45-63.

Kokemohr, Rainer (2007), „Bildung als Welt- und Selbstentwurf im Anspruch des Fremden. Eine theoretisch-empirische Annäherung an eine Bildungsprozesstheorie", in: Hans-Christoph Koller/Winfried Marotzki/Olaf Sanders (Hrsg.), *Bildungsprozesse und Fremdheitserfahrung. Beiträge zu einer Theorie transformatorischer Bildungsprozesse*, Bielefeld, S. 13-68.

McIntosh, Shawn/Leverette, Marc (Hrsg.) (2008), Zombie Culture. Autopsies of the Living Dead, Lanham, MD.

Lukács, Georg (1971), *Theorie des Romans. Ein geschichtsphilosophischer Versuch über die Formen der großen Epik*, Neuwied/Berlin.

Marotzki, Winfried/Jörissen, Benjamin (2008), „Wissen, Artikulation und Biographie: theoretische Aspekte einer Strukturalen Medienbildung", in: Johannes Fromme/Werner Sesink (Hrsg.), *Pädagogische Medientheorien*, Wiesbaden, S. 51-70.

McLuhan, Herbert Marshall (1992), *Die Magischen Kanäle. „Understanding Media"*, Düsseldorf.

Pfeiffer, Joachim (1997), *Tod und Erzählen. Wege der literarischen Moderne um 1900*, Tübingen.

Ritzer, Ivo/Stiglegger, Marcus (Hrsg.) (2012), *Global Bodies. Mediale Repräsentationen des Körpers*, Berlin.

Russell, Jamie (2007), *Book of the Dead. The Complete History of Zombie Cinema*, Godalming.

Sartre, Jean-Paul (1994a), *Das Sein und das Nichts. Versuch einer phänomenologischen Ontologie*, Reinbek bei Hamburg.

Sartre, Jean-Paul (1994b), „Zum Existentialismus – Eine Klarstellung", in: Ders., *Gesammelte Schriften*, Philosophische Schriften, Bd. 4: Der Existentialismus ist ein Humanismus, Reinbek, S. 92-98.

Stiglegger, Marcus (2002), „Horrorfilm", in: Thomas Koebner (Hrsg.), *Reclams Sachlexikon des Films*, Stuttgart, S. 263-267.

Stiglegger, Marcus (2010), „The Dead will walk the Earth... Zur ewigen Wiederkehr der Zombies", unter: http://www.getidan.de/kritik/film/marcus-stiglegger/18662/the-dead-will-walk-the-earth (letzter Aufruf am 12.09.2012).

Stiglegger, Marcus (2012), „Zombies einmal anders: Interview mit Dr. Marcus Stiglegger", unter: http://www.polygamia.de/zombies-interview-dr-marcus-stiglegger (letzter Aufruf am 12.09.2012).

Webb, Jen/Byrnand, Sym (2008), „Some Kind of Virus: The Zombie as Body and as Trope", in: *Body & Society*, 14 (2), S. 83-98.

Wimmer, Michael (1996), „Die Gabe der Bildung", in: Ders./Jan Masschelein (Hrsg.), *Alterität Pluralität Gerechtigkeit. Randgänge der Pädagogik*, Leuven, S. 127-162.

,Das essende Auge'

Visuelle Stile des Kochens als performative und populärkulturelle Praxis

Stefan Meier

Einleitung

Fünf Kandidaten bitten allabendlich ihre Konkurrenten und das Vox-Publikum zu einem „perfekten Dinner" an ihren heimischen Esstisch und auf der *documenta* 12 (2007) in Kassel wird ein Sterne-Koch als Künstler von Weltruf gefeiert: Zweifelsohne dient die Nahrungszubereitung und -aufnahme seit jeher nicht nur der lebenswichtigen Energiezufuhr des Menschen, sondern war schon immer ein Mittel kultur- und milieuspezifischer Vergemeinschaftung bzw. Distinktion. Mit den Inszenierungspraktiken aktueller Massenmedien und Eventkultur(en) scheint das Kochen zu einer gleichermaßen wettbewerbstauglichen sowie massen- und hochkulturellen Kunstfertigkeit geworden zu sein, die im Privaten sowie im Öffentlichen Menschen zu Gewinnern, Verlierern sowie zu Stars werden lässt. Kochen ist ein Phänomen Populärer Kultur, das im Zusammenspiel mit (massen-)medialer und performativer (Selbst-)Inszenierungspraxis und Eventkultur ihren Ausdruck findet, wie der vorliegende Beitrag beispielgestützt zeigen wird.

Populäre Kultur und Popkultur wird hierfür wie folgt konzeptualisiert und in Anlehnung an Jacke (2004) und Kleiner (2008) differenziert. Demnach lassen sich unter Populärer Kultur industriell produzierte Themen und Gegenstände massenkultureller Information und Unterhaltung sowie deren soziokulturell ritualisierte Herstellungs- und Aneignungspraktiken verstehen. Diese manifestieren sich in Form semiotischer Ressourcen, welche mittels (Massen-)Medien materialisiert, distribuiert, rezipiert und gespeichert sowie über (Inter-)Diskurse (vgl. Link/Link 1990) symbol- bzw. zeichenhaft semantisiert werden. Popkultur bildet dabei eine bestimmte Formation selbstreferenzieller Teildiskurse Populärer Kultur, die als „Imaginationsarsenal", „Möglichkeitswelt von Identitätsangeboten", als „Sozialisationsagentur und Welterklärungs- bzw. Bewältigungsmodell" (Kleiner 2008: 11) seiner Partizipierenden dienen kann. Dabei bewegt sich Popkultur nach herkömmlichem Verständnis im Spannungsverhältnis zwischen emanzipatorischer Subversion und konsumorientierter Affirmation, wodurch sie in jugendkulturellen Praxisfeldern der szenespezifischen Vergemeinschaftung und Abgrenzung genutzt wird. Praktiken der Popkultur sind ferner eng mit Mediensozialisierungen verbunden und in jüngerer Zeit durch kooperative und kommunikative Praktiken der digitalen Netzkultur geprägt (vgl. Meier 2007).

Da die aktuelle Elterngeneration jedoch bereits popkulturelle Mediensozialisierungen durchlaufen hat und ebenfalls aktiv an digitaler Netzkultur teilnimmt, dient Popkultur jedoch immer weniger als Kristallisationspunkt für Generationskonflikte. Sie lässt sich nicht mehr mit Jugendkultur gleichsetzen, so dass auch Praxisfelder vermeintlich älterer Gruppen, wie in diesem Beitrag das Feld des Kochens, Formen der eigentlich als popkulturell zu begreifenden Selbststilisierung und Abgrenzung aufweisen. Eine solche Entwicklung lässt den Begriff der Popkultur immer schwieriger vom Begriff der Populären Kultur trennen. Vielmehr weisen beide Bereiche gleiche Praktiken einer massenmedial gestützten Distinktion und Vergemeinschaftung auf. Populäre Kultur ist zwar im stärkeren Maße als Massenkultur zu verstehen. Sie enthält jedoch nur oberflächlich betrachtet, weniger Abgrenzungspraktiken als popkulturelles Verhalten. Mit anhaltendenden Modernisierungs- und Individualisierungsprozessen ist ein fundamentales Bedürfnis nach lebensstilorientiertem, unterscheidbarem und identitätsstiftendem Berufs- und Freizeitverhalten entstanden, was sich in populärkulturellen Praktiken äußert.

Eine solche Entwicklung macht auch die aktuellen Fernsehköche zu ‚Koch-Pop-Stars‘[1], wobei sie gemäß den anvisierten Zielgruppen und Milieus ausdifferenziert sind. Während Jamie Oliver, Tim Mälzer, Sarah Wiener oder Ralf Zacherl ihre Identifikationsangebote an eine urban und/oder ‚Lifestyle-orientierte‘ jüngere Mittelschicht richten, mag der Rheinländer Horst Lichter in der gemeinsamen ZDF-Show mit dem österreichischen Sterne-Koch Johann Lafer eher auf das ‚klassische Familienpublikum‘ fokussiert sein. Solche Lebens-Stil-Charakterisierungen, die sich auf die konkrete zeichenhafte Performativität dieser Kochsendungen gründen, werden in diesem Beitrag analytisch rekonstruiert.

Aktuelle mediale Inszenierungen des Kochens, so die in diesem Beitrag vertretende These, sind als relevante Gegenstände einer Populärkulturforschung zu betrachten, da ihnen die Integration der Konzepte Performativität und Medialität als Grundbedingungen populärkultureller Praktiken zugrunde liegt. Hinzu kommt deren kommunikative Ausrichtung, welche die Konstruktion von Identität mittels performativer Anspielungen auf populär- bzw. popkulturelle gruppen-, milieu-, bzw. situationsspezifische Wissensbestände und (Verhaltens-)Rituale umfasst. Diese zeichenhafte (Selbst-)Inszenierung wird hier soziosemiotisch als Stil im Sinne eines ostentativ vorgeführten Lifestyles eingeführt (vgl. van Leeuwen 2005). Er liefert das begriffliche Instrument, um die Konzepte der Performativität und Medialität in ihrer populärkulturellen Konstitution zu verbinden. Auch popkulturelle Merkmale werden durch Lifestyle vorgeführt, wenn dieser auf popkulturelles Spezialwissen anspielt. Dieses mag sich aus bestimmten Szeneritualen und als einschlägig geltender Musik, Filme und Literatur speisen. Allerdings scheint Popkultur damit ‚nur‘ noch thematisch von Populärer Kultur unterscheidbar zu sein. Mit Blick auf

---

1   Der Begriff des Pop-Stars meint gemeinhin prominente Performer von Pop-Musik etc. In diesem Beitrag wird jedoch gezeigt, dass die Stilisierungs- und Rezeptionspraktiken von Lifestyle-orientierten Fernsehköchen Imagekonstruktionen darstellen, die mit Inszenierungen von Pop-Stars vergleichbar sind. Lifestyle wird hierbei im soziosemiotischen Sinne als populär-/ sowie popkulturelle Stilisierung von Identität verstanden.

die Praktiken enthalten Pop- sowie Populäre Kultur mit den Konzepten der Performativität, Medialität und des Stils eine begriffliche Triade, die für alle konstitutiv ist.

Die Verwendung des Stil-Begriffs findet sich in Ausdrücken wie Lebensstil, visuellen Stil, Führungsstil, Denkstil, gutem Stil/schlechtem Stil etc. und mag dem Anschein nach zunächst einem ähnlich inflationären Gebrauch unterliegen wie beispielsweise Diskurs. Allerdings eignet er sich als Konzeptualisierungs- und Analyseinstrument, wenn man ihn konkret methodisch-methodologisch bestimmt. Dies wird in diesem Beitrag vor allem mit einer Perspektive auf visuelle Stilisierungen verfolgt, was bisher noch ein Desiderat in einer kultur- sowie sozialwissenschaftlichen Medienforschung ist (vgl. dazu Baldwill 2001 zu Film oder Bleicher/Link/Tinchev 2010 zu Fernsehen). Verknüpft ist der hier verfolgte Ansatz mit den Begriffen und Methoden der Visual Culture Studies. Diese „emergente (Post-)Disziplin" (Holert 2005, S. 226) untersucht zum einen mit Bezug auf die Cultural Studies Bildlichkeit und Visualität als (populär-)kulturelle Praxis (Holert 2009) und zum anderen deren (kunst-) geschichtlichen sowie soziokulturellen Hintergründe und Modifikationen (Mitchell 2009).[2] Dabei wird weder zwischen Hoch- und Popkultur noch zwischen Pop- und Populärer Kultur unterschieden, da der Anspruch besteht, visuelle Praktiken in allen sozialen und kulturellen Praxisfeldern zu analysieren.

In Anlehnung daran werde ich in diesem Beitrag zunächst mein Verständnis der Begriffe Performativität und Medialität darstellen, die ihre Verbindung mit Hilfe des soziosemiotischen Stil-Begriffs erhalten. Daran anschließend schlage ich methodische Kriterien zur Erfassung visueller Stilisierungen als Elemente der Performativität vor. Am Beispiel visueller Stilisierungen von Kochen und Köchen wird schließlich die massenmedial inszenierte Essensproduktion als populärkulturelle Praxis analysiert.

In Verbindung damit wird ein Konzept von Popkultur vertreten, dass weniger szene-, sub- oder jugendkulturell ausgerichtet ist, sondern verstärkt konsum- und Lifestyle-orientierte Formen der performativen (Selbst-)Stilisierung beschreibt. Auch das mit Popkultur bisher verbundene Protestverhalten wird unter der hier favorisierten populärkulturellen Perspektive nicht marginalisiert. Allerdings werden diese Spielarten weniger gesellschaftspolitisch, sondern eher als stilistische Mittel der Performanz von Identität konzeptualisiert, die nicht auf popkulturelle Szenen beschränkt sein müssen. Der Begriff der Popkultur reduziert sich somit auf (jugendkulturelle) Themenfelder und Praktiken der zweiten Hälfte des 20. Jahrhunderts, die ein bestimmtes subkulturelles zuweilen elitäres Nischenverhalten umfassen. M. E. gehen diese popkulturellen Praktiken in einer alltagsausgerichteten Populärkultur auf, die als ein Themenfeld neben anderen von einer breiter angelegten Populärkulturforschung untersucht wird.

Grundverständnis ist dabei, dass populärkulturelle Praktiken zeichenhaft dargestellte Geschmackspräferenzen sind, die nicht idiosynkratisch entstehen, sondern wie die

---

2   Die Visual Culture Studies haben zwar ihre Etablierung in Verbindung mit den Schlagworten pictoral turn (Mitchell 1997) und iconic turn (Boehm 1998) erfahren, allerdings gehen sie davon aus, dass Bildpraktiken nicht ohne ihre (sprachlich konzeptualisierten) historischen, sozialen, kulturellen und medialen Kontexte analysierbar sind (vgl. Mirzoeff 1999, Mitchell 2009).

Popkulturen im 20. Jahrhundert Ergebnisse von Rezeption, Interaktion und subjektiver Aneignung kollektiver Verhaltensweisen sind. Hierdurch werden geschmacksspezifische Vergemeinschaftung, Abgrenzung und sozialer Erfolg bzw. Hierarchien organisiert. Dies impliziert spezielle Wissensbestände und kulturelle Fertigkeiten zur Erlangung symbolischen Kapitals innerhalb bestimmter Kommunikationsgemeinschaften. Der vorliegende Beitrag wird diese nunmehr als populärkulturelle Praktiken soziosemiotisch konzeptualisieren und anhand von populären Kochsendungen analysieren.

Zu den Begriffen Performativität, Medialität und Stil als ‚populärkulturelle Triade'

Gemeinhin wird der Ursprung des Begriffs der Performativität mit der Sprechakttheorie Austins in Verbindung gebracht (vgl. Buttler 1991, Fischer-Lichter 2004, Krämer 2004). Austin (2002, S. 29ff.) beschreibt darin performative Äußerungen als Handlungsvollzüge, die vertragliche und/oder deklaratorische Sprachhandlungen darstellen. Zur Veranschaulichung dieser wirklichkeitskonstituierenden oder -verändernden Vollzüge wird häufig das von Austin selbst angeregte Beispiel der Eheschließung genannt, die der Standesbeamte ‚Kraft seines Amtes' mit den Worten „so erkläre ich Euch zu Mann und Frau" vollführt. Nicht nur die sprachliche Äußerung trägt demnach zur Wirklichkeitskonstituierung bei, sondern auch die situativen, sozialen sowie institutionellen Umstände und die damit verbundenen Folgehandlungen.

Neben dem WAS der Handlung als Wirklichkeitsvollzug ist mit dem Begriff der Performativität das WIE der Handlung verbunden. Damit ist auch die Erweiterung der Perspektive auf nichtsprachliche Äußerungen angeregt. Prominent verbunden ist diese Sichtweise mit Butler (1991), die Geschlecht nicht als ontologisch, biologisch oder prädiskursiv, sondern als performative Herstellung von Identität begreift. Diese kulturelle (und leibliche) Praxis ist als Ergebnis von Sozialisation zu verstehen, die sich im sprachlichen und körperlichen Verhalten nicht nur äußert, sondern immer wieder neu hervorgebracht wird. Ein solches Verständnis korrespondiert bereits in hohem Maße mit dem hier zugrunde gelegten Begriff des Stils, der ebenfalls als sozialisierungsmotivierte (jedoch nicht determinierte) Äußerungs- und Verhaltensform verstanden wird. Butler spricht selbst von performativen Stilisierungen, die auch zur Subversion hegemonialer Gender-Identitäten eingesetzt werden können (vgl. ebd., S. 198ff.). Dabei verweist sie auf kulturelle Queer-Praktiken wie der Travestie, die sich über die Wahl stereotypisch weiblich markierter Kleidungstile und Verhaltensweisen äußert.

Fischer-Lichte streicht insbesondere den Aufführungscharakter von Performativität heraus. Auch der Akt der Eheschließung ist neben dem Wirklichkeitsvollzug eine Präsentation unter Zeugen (vgl. Fischer-Lichte 2004, S. 32). Sie betont den Vergleich, den Butler zwischen Verkörperungsbedingungen und Theateraufführungen vollzieht (ebd., S. 39). Fischer-Lichte fordert somit: „Es bietet sich daher an, eine Ästhetik des Performativen im Begriff der Aufführung zu fundieren." (ebd., S. 41) Dies veranlasst sie, Performativität im

Sinne einer Theatralität zu begründen, die zwischen Textvorlage und inszenierter Theateraufführung unterscheidet. Sie bezieht sich dabei auf das wiederkehrende Ritual, das in einer
Abfolge von Aufführungen einer gleichen Textvorlage besteht und doch durch die räum-
lich-situative Aktion der Schauspieler und Interaktion mit dem Publikum Aufführungs-
unikate sind. Dieser Gedanke korrespondiert ebenfalls mit dem hier verfolgten Stil-Begriff.
Willems (2009, S. 82) sieht in Fischer-Lichtes Begriff der Theatralität als Handlungsauffüh-
rungen in Interaktion mit dem Publikum eine Semiotisierung der schauspielenden Körper,
die er desgleichen als Stilisierung begreift. Sie verkörpern eine Rolle durch kommunikative
Inszenierung ihrer selbst. Die Parallele zu dem inszenierenden Charakter von jugendlichen Subkulturen des 20. Jahrhunderts, wie sie bereits Hebdige (1979/1998) beschreibt, ist
offensichtlich. In diesem Sinne verweist Willem (2009, S. 129) auf Hahn (1986), der Stile als
absichtsvolle Kommunikation durch die Wahl bestimmter Materialitäten (vgl. Gumbrecht/
Pfeiffer 1988) wie Kleidung, Sprach- und Körperperformanzen oder Inszenierungen bestimmter Bildlichkeit mittels Motivwahl, Ausschnitt etc. zur Expression und Demonstration bestimmter Zugehörigkeit und Haltungen beschreibt.

Theatralität und Stilisierung als performative Akte unterliegen jedoch auch Beschränkungen. Die (Inter-)Aktanten müssen sich zum einen an bestehende Stil-Muster, -Ko-
des, -Konventionen oder habituelles Verhalten bestimmter Gemeinschaften orientieren,
um entweder Zugehörigkeit oder Abgrenzung sowie Innovation markieren zu können.
Sie interpretieren idiosynkratisches und sozialisierungsbedingtes Verhalten durch Be-
deutungszuschreibungen, was Verhalten zeichenhaft werden lässt. So verhält es sich
beispielsweise bei einer individuellen Handschrift, die ein Lehrer zu einer schlechteren
Notengebung veranlasst, oder bei individuellen Wissensbeständen über bestimmte Stil-
Konventionen, die bei zu hoher Abweichung im Gruppenzusammenhang zu Sanktionen
führen können. Die Aufzählung macht deutlich, dass Stil nur im rezipierenden Vergleich
mit latenten Stil-Mustern soziale Bedeutung erlangen kann. Wo kein mit ähnlichen Per-
formanz-Erfahrungen vergleichender Interpret ist, da ist auch keine Stil-Zuschreibung.

Diese Muster- bzw. Ritual-, Interaktions- und Kontextbedingtheit von Performativität
veranlasst Krämer (2004) mit Verweis auf Butler und Derrida von der „iterabilisierenden
Performativität" (2004, S. 14) zu sprechen. Ihre folgende Definition von Performativität
lässt sich somit auch auf Stilisierung als inszenierende Gestaltungshandlungen übertragen:

> 'Performativität' zielt also darauf, dass die Wiederholung von Zeichenausdrücken in zeit-
> und raumversetzten neuen Kontexten – eine Wiederholung, welche erst die Allgemeinheit
> im Gebrauch dieser Ausdrücke stiftet – zugleich eine Veränderung der Zeichenbedeutung
> bewirkt. (Ebd.)

Medialität

Krämer (ebd., S. 17) stellt als grundlegenden Bestandteil des Begriffs der Performativität
eine Kritik an die Repräsentationsfunktion von Zeichen fest. Diese würden somit nicht

für etwas Abwesendes stehen, dieses ausdrücken oder auf dieses verweisen, sondern stellen als Handlungsvollzüge etwas (modifiziertes) Eigenes dar. Deklarieren, Präsentieren und Zeigen sind somit die Hauptfunktionen des Zeichenhaften, was ereignishaft materialisiert wird. An dieser Stelle vollführt sie die Kopplung mit dem Begriff der Medialität, dem hier zunächst gefolgt wird. Mit Bezug auf die Zeichenhaftigkeit von Stil wird anschließend aber eine weitere Präzisierung vorgenommen. Medien dienen somit der Materialisierung bzw. Phänomenologisierung von Zeichen. Medien machen Zeichen wahrnehmbar und gleichzeitig dienen sie als Mittler zwischen zwei Polen. Sie machen ein performatives In-Szene-Setzen auf bestimmte Weise rezipierbar. Dabei können im Medienumgang alle Formen der Ausdrucksmittel zu Medien definiert werden wie die Darstellungsmodalitäten Sprache, Schrift, Bild etc., Gattungen wie Theater, Oper, Film etc., bis zu technischen Medien wie Computer, Fernsehen, Internet. Entscheidend dabei ist, dass Medien von den Zeichenausdrücken bzw. Signifikanten unterschieden und dabei als Instrumente der Wahrnehmbarkeit zeichenhafter Aufführungen betrachtet werden. Problematisch dabei ist, dass Krämer Signifikanten auch als „materielle Zeichenträger" (ebd., S. 19) bezeichnet. Hierin ist eine undifferenzierte Übereinstimmung von Zeichen und Medien angelegt, wie sie bereits Nöth (1998, S. 57) bei Peirce feststellt.

Jäger (2004) setzt diese vermeintliche Gleichsetzung von Medium und Zeichenausdruck in modifizierter Weise fort. Medialität kennzeichnet er mit der Polarität von Transparenz und Störung. Dabei wird ein Medium erst wahrnehmbar, wenn sich so genannte Störungen in kommunikativen Prozessen zeigen. Das Medium Film wird demnach erst relevant, wenn beispielsweise ein technischer Defekt wie ein Filmriss auftritt. Störungen bestehen auch bei Missverständnissen, wenn sich Kommunikationspartner explizit um ihre gegenseitige Verständlichkeit in akustischer oder semantischer Hinsicht bemühen müssen. So sind nach Jäger das Sprachsystem sowie die situativ-akustischen Begebenheiten in gleicher Weise als Medien zu begreifen. Die mediale Eigenschaft von Sprache, Film etc. ist im (normalen) Zustand der Transparenz demnach nicht wahrnehmbar bzw. gilt als gelöscht. Die Form des medialen Zeichens und das Medium als Zeichenträger sind dabei zu einer nicht unterscheidbaren Einheit verschmolzen.

Mir erscheint die vermeintliche Gleichsetzung von Zeichenausdrucksebene und Medium problematisch, da sie für die performative Zeichenhaftigkeit der Stilisierung keinen Freiraum lässt. Stil ist nach einem linguistischen Verständnis als „sekundäre Information" (Fix u.a. 2002, S. 27) zu verstehen, die der primären Information, dem WAS, durch das WIE einer Äußerung ergänzende oder sogar modifizierende Informationen beigibt. Stil ist des Weiteren als ein Phänomen kultureller Wirklichkeit zu begreifen, dessen Funktion es ist, „ein ‚Was' durch ein ‚Wie' im Hinblick auf ein ‚Wozu' auszudrücken" (Fix 2007, S. 117). Damit lässt sich Stil als kommunikative Gestaltungspraxis von Zeichen bzw. von Zeichenausdrücken begreifen, die in Anlehnung an Assmann (1991) gleichzeitig immer etwas ‚Flüssiges' und etwas ‚Festes' beinhaltet. Als ‚flüssig' kann die Möglichkeit der mehr oder weniger intentionalen individuellen Stil-Variation verstanden werden, die sich beispielsweise unter Einfluss medialer, situativer, physischer und biografischer Bedingungen in individuellen Handschriften, Malstilen, Körperhaltungen, Wortwahlen

etc. äußert. Das ‚Feste' in der Gestaltungspraxis stellt die Orientierung an überindividuell als geltend angesehene Stilmuster, -konventionen etc. dar, um gemäß kommunikativen Zielen verstanden zu werden (vgl. Meier 2010, S. 197). Medien fungieren dabei als
soziokulturell konstituierte Materialisierungsdispositive von Zeichenphänomenen. Sie
prägen die performative Zeichengestaltung, sie determinieren sie jedoch nicht. So gibt
das mediale Genre Kochshow zwar studiotechnisch- und genre- bzw. redaktionsbedingte
Rahmungen für die Inszenierung des Kochevents vor. Wie dieses konkret designerisch
entworfen und textlich sowie fotografisch/filmisch realisiert wird, ist jedoch Ergebnis
von kommunikativ-performativen Stil-Handlungen. Medien bilden somit die prägenden
Rahmungen (vgl. Höflich 1998), die mit inszenierter Zeichenhaftigkeit gefüllt werden.
Medien sind in ihrer prägenden Rahmung ‚nur' mittelbar, in ihrer Materialisierungs-
funktion der Zeichen jedoch unmittelbar an den Stilisierungshandlungen beteiligt. Diese Stilisierungshandlungen als kommunikative Gestaltung von Zeichenhaftigkeit liefern
Identifikationsangebote für Rezipienten. Sie stellen als geformte Medieninhalte zum Beispiel Essen als Ausdruck und Praxis von Lebenseinstellung und Milieu dar. Eine solche
analytische Trennung zwischen Medium und Zeichengestaltung als Rahmen und stilis-
tisch geformte Inhalte befindet sich nah am Gedanken von Performativität als Theatralität im Sinne Fischer-Lichtes. Der Entwurf konzeptualisiert das Theater als institutionellen Aufführungsrahmen, der die inszenierte Performance der Schauspieler als stilisiertes
Zeichenhandeln begreift. Somit wird in diesem Beitrag eine Interdependenzbeziehung
zwischen der medialen Materialisierung (Medialität) von Inhalten/Objekten und deren
stilistischen Inszenierung (Performativität) wie folgt angenommen. Die Medialität als
Materialität legt die Art der Wahrnehmung und Nutzung der Inhalte/Objekte nahe. So
zeigt sich ein Foto gleichen Inhalts in digitaler Form gemäß der Auflösungseinstellungen
und Farbwiedergaben des Displays und der jeweils genutzten medialen Kommunikationsform (digitales Fotoalbum, Online-Magazin etc.). Die Materialität des Ausdrucks auf
dem medialen Zeichenträger Papier erscheint je nach Hochglanz- oder Mattbeschichtung
unterschiedlich und wird je nach rahmender medialer Kommunikationsform als Kunst-
band, Fotoalbum, Zeitung oder Zeitschrift unterschiedlich produziert und rezipiert. Unter Performativität wird hier die zeichenhaft inszenierende bzw. stilisierende Gestaltung
der Inhalte/Objekte verstanden. Dazu gehört als erstes die Wahl des (Darstellungs-)Me-
diums, das spezifische materialisierende und distribuierende Funktionen und bestimmte
kulturelle Praktiken seiner Rezeption mit sich bringt, zum zweiten die Auswahl, Formung und (dramaturgische) Verknüpfung der Inhalte und Gegenstände der Präsentation. Die Medialität und Performativität von kommunikativ eingesetzten Inhalten stiften
somit im Zusammenspiel die Bedeutung des kommunikativen Artefaktes.

Zu populärkulturellen Praktiken werden diese (massen-)medialen Aufführungen
durch bestimmte stilistische Ausprägungen der Performativität. Damit muss Stil im hier
gemeinten Sinne näher spezifiziert werden. Er enthält einen soziologischen Anteil, der
Stil als eine symbol- bzw. zeichenhafte Identifikations- bzw. Distinktionsmarkierung bestimmt, und einen linguistischen, der Stil als sprachliche Mittel, als die Art und Weise
einer situations- und adressatenorientierten Darstellung von Sachverhalten beschreibt,

die Rückschlüsse auf den Kommunikator zulässt sowie die Beziehung zum Adressaten organisiert. Begrifflich und funktional verbunden werden diese Konzeptanteile in einer soziosemiotischen Vorstellung von Stil. Demnach wird in Anlehnung an die soziosemiotischen Metafunktionen von Zeichen (representional/ideational; interpersonal/interactional; textual/compositional function) (vgl. Kress/van Leeuwen 1996, 2001; Meier 2008) drei Praktiken der Stilisierung angenommen, die in den konkreten (visuellen) Design-Handlungen verkoppelt realisiert sind.

Musterorientierte Auswahl der sprachlich sowie bildlich zu inszenierenden Personen, Gegenstände und Themen (Bestimmung von bestimmten Bildmotiven und Inhalten unter Berücksichtigung der damit verbundenen milieu- und kulturspezifischen Konnotationen und Stereotypisierungen: Jamie Oliver vs. Johann Lafer; creme brulé vs. Götterspeise; Gemüsebratling vs. Schweinenackensteak etc.)

Funktionale Formung/Inszenierung der Zeichenressourcen als Beziehungsangebote zwischen Gezeigtem/Gesagtem und Rezipienten (z.B. Nähe-Distanz-Angebote durch Kameraeinstellungen/Perspektive/Ausschnitt/Fahrten, Lichtführung, Farbgebung, Physiognomien des Gezeigten, soziale und regionale Markierungen durch korrespondierende Performanzen des Gesagten)

Kommunikative Komposition und Verknüpfung der gestalthaften Zeichen zu multimodalen Ensembles der Markierung von Zugehörigkeit, Abgrenzung, Prägnanz, Dominanz, Hierarchie, Symmetrie etc. (verknüpfende Syntagmen: z.B. durch nahe Platzierungen, verbindende Vektoren bzw. latente Linien anhand von Gesten, (Körper-)Ausrichtungen, architektonische Begebenheiten, Chronologien, prägnanzstiftende Hervorhebungen durch Größen-, Form-, Schärfe-Kontrastierungen sowie Hintergrund-Vordergrund-Arrangements und dramaturgiestiftende Einstellungs- und Sequenzmontagen).

Diese Analyseperspektivierungen kommen folgend anhand der medialen Beispiele veranschaulichend immer wieder zur Anwendung.

Populärkulturell semantisiert sind diese visuellen Stilpraktiken, wenn sie als Äußerungen eines Lifestyles verstanden werden. Nach dem soziosemiotischen Ansatz von van Leeuwen (2005) ist Lifestyle als eine Verbindung zwischen sozialem und individuellem Stil zu verstehen. Während der individuelle Stil sich in der Einzigartigkeit einer Handschrift oder einer Mimik zeigt, lässt sich sozialer Stil als eine kollektive Handlungsweise verstehen, die im Sinne Bourdieus auf habituelles Verhalten bestimmter sozialer Gruppen, Milieus sowie Institutionsmitglieder zurückzuführen ist. Lifestyle umfasst demnach die mehr oder weniger bewusste Gestaltung von Handlung in Anspielung auf bestimmte populär- oder popkulturelle Identitäten. Solche Lifestyle-orientierten Entscheidungen werden beispielsweise allmorgendlich vor dem eigenen Kleiderschrank getroffen. Möchte man trotz seines vielleicht etwas vorangeschrittenen Alters immer noch jugendlich und dynamisch wirken, so wird man eher nach dem T-Shirt als nach dem hellblauen Oberhemd greifen. Jugendkulturelle Szenen realisieren ihre gegenseitige Abgrenzung über die Wahl von Kleidungsstilen, Musik und Freizeitaktivitäten im hohen Maße Lifestyleorientiert. Sie achten hierbei auf eine gewisse Kohärenz, damit der Stil im (situativen) Aufführungskontext keine Brüche aufweist und somit als Mittel der Identitätskonstruktion funktionieren kann. So wird ein äußerlich als Punk gekleideter Jugendlicher in der Regel darauf achten, dass er nicht von seinen Freunden in allzu noblen Cafés in Begleitung seiner Eltern gesehen wird.

Der Wandel von Popkultur zur Populären Kultur als Lifestyle-orientierte Performanz

Die Wurzeln des Verständnisses von Populärer Kultur mögen in der Popkultur und damit im Underground liegen. Sie impliziert alternative Lebensweisen und Geschmackspräferenzen zum so genannten Mainstream. In den 60er und 70er Jahren wies sie in Deutschland zudem eine starke Politisierung auf (vgl. Klein 2005). Mit popkultureller Abgrenzungspraxis ist gleichzeitig Vergemeinschaftung bzw. Konstituierung neuer Szenen samt altersspezifischen Inszenierungspraktiken verbunden. Diese müssen jedoch nicht unbedingt wie in der Frühzeit links-emanzipatorisch ausgerichtet sein. Auch wenn ein anhaltendes Opponieren gegen bürgerliche Auffassungen von Moral und Arbeit festzustellen ist, so kann dies auch zu neoromantischer Zurückgezogenheit wie in den Gothic-Szenen oder zu nationalistisch-rassistischen Einstellungen wie in rechtsextremen Gruppierungen führen. Das Grundprinzip war bis vor kurzem vornehmlich: die (Widerstands)Kultur der Elterngeneration und des erfolgreichen bürgerlichen Mainstreams kann (und darf) nicht die eigene sein (vgl. Bock/Meier/Süß 2007, S. 320).

Aktuelle Szenen scheinen demgegenüber weniger durch Generationskonflikte noch durch ganzheitliche Haltungen bzw. Lebensentwürfe geprägt zu sein. Nicht selten beziehen sich junge Rock- bzw. Alternativmusiker auf die inspirierende Wirkung des elterlichen Plattenschranks (vgl. Interviews in der Internetmusiksendung desperate stagedive Nr. 10, 2011) oder nehmen gleich in zwei Generationen an den Gothic-Tagen in Leipzig teil. Vermeintlich subkulturelle Selbststilisierung kann im Rahmen von Conventions und Festivals als sanktionsungefährdete punktuelle Kostümierung praktiziert werden. Dabei sind sie weiterhin selbstreferenziell und selbstbezogen. Sie brauchen ihre Historie, die sie zu identitätsstiftenden Narrationen verdichten (vgl. Kleiner 2007), diese bringen sie jedoch vermehrt eher punktuell und eventbezogen zur Aufführung, wodurch sie als populärkulturelle Praktiken zu begreifen sind.

Innovationsstiftende Abgrenzungspraxis spielte in den Popkulturen des 20. Jahrhunderts der kulturindustriellen Verwertungslogik in die Hände. Das hatte zur Folge, dass die Kulturindustrie in Form von Plattenlabels, Veranstaltern etc. an dieser Stilisierung von Abgrenzung häufig marktstrategisch selbst beteiligt war/ist. Angesichts neuer online-medialer Praktiken von Populärer Kultur unterliegt diese kulturindustrielle Impulsgebung indessen einem Wandel. Die Kommunikation und Distribution populärkultureller Stilisierungen mittels kollektivierender Bezugnahmen auf bestimmte Musik-, Kleidungs- und Verhaltensstile erscheint im Zuge aktueller Online-Community-Praktiken dem direkten Einfluss der Kulturindustrie stärker entzogen, worauf diese mit etwas unbeholfen wirkenden viralen Marketingstrategien reagiert. Diese Entwicklung geht aber nicht mit einer (Re-)Konstituierung konsumkritischer Haltungen einher. Im Gegenteil, Populäre Kultur ist immer stärker auch eine Markenkultur. Viele Communities definieren sich gerade über ihre gemeinsamen Konsumpräferenzen, wobei sie sich mittels Ratings, Bewertungen und Empfehlungen gegenseitig zu ‚kritische Konsumenten' sozialisieren.

Populäre Kultur insbesondere in Form von Jugendkultur bewirkt in online-medialen Kommunikationsgemeinschaften ferner eine Aktivierung und Glokalisierung (vgl. auch Meier 2007) vieler Fan-Praktiken. Prototypisch ist dies in den Aufführungen des visual kei zu beobachten (vgl. Gross 2009). Diese sich an (japanische) Ästhetiken des Mangas und Animes orientierende kollektivierende Inszenierungspraxis von Körper und Outfit, die in besonderen Cosplay-Zusammenkünften ihre Höhepunkte finden, wären sicherlich ohne die glokale Vernetzung des Internets nicht denkbar. Szene-Mitglieder kommen mit Praktiken anderer Kontinente in Kontakt und tauschen sich explizit in ‚online-lokalen Communities' über Stil-Ikonen sowie über ihre eigenen Inszenierungen aus, um ihren ‚eigenen Style' zu finden. Fantum von bestimmten popkulturellen Phänomenen ist somit nicht auf die Aneignung als Rezeption beschränkt, sondern äußert sich außerdem in eigenen performativen Ausdrucks- und Aufführungsformen. Fans bedienen sich ganz bewusst der oben aufgeführten Stilisierungstechniken der Auswahl: Bestimmung der Figurvorlage samt Kleidungs- und Stylingmuster, der Formung: Realisierung bestimmter Stylings durch Frisuren, Schminke, Farb- und Formgebung der Kleidung sowie der Inszenierung medialer (Selbst-)Präsentation und der Verknüpfung durch die narrative und dramaturgische Zusammenstellung verschiedener Medienprodukte wie Fotografien, Videos, Blogs etc. Durch die mediale Inszenierung und das punktuell physische Auftreten auf Conventions sind diese ‚Verstellungen' ebenfalls keinen Sanktionen ausgesetzt, sondern gewähren eine zeitlich begrenzte Flucht aus dem vielleicht sogar sehr bürgerlich geprägten Alltagsleben.

Diese iterative, performativ-mimetische sowie zeichenhaft-ostentative Aktualisierungspraxis kollektivierend wirkender Stilmuster erscheint wesenhaft für aktuelle populärkulturelle Praktiken und entstammt den Popkulturen des 20. Jahrhunderts. Damit ist Popkultur nicht in den Nischen verblieben, sondern hat den Mainstream erfasst. Man sucht sich Lebensstil-Vorbilder und versucht diese in ihren imagestiftenden Stilisierungen für bestimmte soziale Praxisfelder der Freizeit und des Privaten selbstdarstellend zu adaptieren. Dies macht auch die hier im Zentrum stehenden Inszenierungen von Köchen zu popkulturellen Stil-Vorbildern, die am heimischen Herd oder stellvertretend durch Zuschauer-Kochshows wie „Das perfekte Dinner" zu Leitbildern eigener performativer Kochinszenierungen genutzt werden.

Mediengestützte Stilisierung des Kochens als popkulturelle Performance

Wolfram Siebeck, Restaurantkritiker und Autor zahlreicher Kochkulturkolumnen in der ZEIT und im Feinschmecker, sieht die elaborierte Essenzubereitung als eine Form künstlerischen Designs (vgl. von Billerbeck/Siebeck 2007). Damit ist der kreative Umgang mit essbaren Produkten gemeint, die nicht nur in geschmacklicher Hinsicht den menschlichen Sinnen zugeführt werden. Vielmehr spielen die kunstvolle Zusammenführung der Zutaten hinsichtlich Form- und Farbkomposition sowie ihre elegante Präsentation mittels Geschirr, Dekoration, Beleuchtung, Abfolge etc. eine wichtige Rolle. Dies zeigt sich in den orientierten Fernsehkochshows und in der fooddesignerischen Praxis des Star-Kochs Adrias in gleicher Weise. Sie ist als konstitutiver Bestandteil der Kreativität des Kochens zu verstehen. Herstellung und Präsentation des Gerichts werden durch die zur Anschauung gebrachte Art der Zubereitung und der visuellen Ästhetik der Kreation zu einer eigenen Performance stilisiert. Sie dient der Imagekonstruktion des Kochs, der sich als Protagonist einer Lifestyle-orientierten Wissensdomain und damit populärkulturell präsentieren kann. Der genussvolle Verzehr seiner Produkte ist nicht mehr das primäre Ziel kulinarisch-sinnlicher Erfahrung, sondern die Rezeption seines Schaffens selbst. Auch diese Aneignungspraxis lässt sich als populärkulturelles Fanverhalten verstehen, das der Selbststilisierung innerhalb ähnlich genussausgerichteter Konsumgruppierungen dient. Dies macht den ‚Schöpfer' dieser Kreation zum Stil-Vorbild. Die massenmediale Inszenierung seines Kochens wird zu einem ‚Live-Act', und durch die Zurschaustellung seiner Kunstfertigkeit wird der Koch zu einem (Pop-)Star. Er verursacht beim Adressaten nicht mehr eine Gaumenfreude, sondern seine massenmedial vermittelte Kochkunst verschafft dem Zuschauer ein performativ-ästhetisches Erlebnis. Damit wird der Adressat vom essenden zum schauenden Genießer. Eine visuelle Ästhetisierung der Gerichte ist die Folge, die nicht mehr dem Prinzip ‚das Auge isst mit' unterliegt, sondern als eigentlicher Gegenstand des kulinarischen Genusses fungiert.

Da die massenmediale Inszenierung des Kochens als Stil-Handlungen nun nicht mehr auf das Essen selbst fokussiert ist, muss sowohl das Gericht als auch der Kochende selbst als Stil-Ikone (vor-)zeigbar sein. Diese populärkulturelle Entwicklung führt zur Bekanntheit von weiteren Profiköchen wie Jamie Oliver, Tim Mälzer, Sarah Wiener etc. Sie treten dabei ebenfalls aus der Verschlossenheit ihrer Restaurantküchen heraus und präsentieren sich einem massenmedialen Publikum als Repräsentanten eines kulinarischen Lifestyles. Sie erhalten so Images, die mit denen von Pop-Stars vergleichbar sind. Dies zeigt sich nicht zuletzt in den realisierten Tourneen des englischen Medienkochs Jamie Oliver. Er begann bereits im Herbst 2001 mit seiner Kochshow „Happy Days Tour" zunächst in Großbritannien, dann in Australien und Neuseeland in ausverkauften Häusern aufzutreten. Mittlerweile zeigt er seine Künste als öffentliche Veranstaltung in der ganzen Welt. In Deutschland unterhielt 2007 der Lifestyle-Koch Tim Mälzer eine eigene abendfüllende Show auf dem Privatsender Vox unter dem Namen „Born to Cook", mit der er ebenfalls auf Tour in deutschen Konzertsälen unterwegs war. Kochbücher von Mälzer unter dem Titel „Born to Cook. Schmeckt nicht, gibt's nicht" komplettieren die transmediale Inszenierung des Kochstars. Als eine weitere Form der ‚Verpoppung des Kochens', lässt sich die Event-Messe „EAT'N Style" anführen, die 2011 bereits im sechsten Jahr stattfindet. Hier zeigen die durch die Medien namhaft gewordenen Köche im Wechsel ihre Kreationsfertigkeit, wobei sich der Vergleich mit einem Musikfestival aufdrängt. Die Zuschauer können bei diesem Event ihren Kochstars ‚hautnah in die Töpfe und auf die Finger schauen'. Aber auch Klassiker wie die „Grüne Woche" werden immer weniger als ‚Bauernmesse' inszeniert, sondern konstruieren mittels ‚grüner Stilisierungen' auf Plakaten und Messebauten Lifestyle-orientierte Images der Nachhaltigkeit und Ökologie (vgl. Abb. 1).

Präsentation von biologischem Landbau auf der Grünen Woche,
Quelle: http://www1.messe-berlin.de/vip8_1/website/Internet/Internet/www.gruenewoche/
deutsch/index.html

Auch in der aktuellen massenmedialen Inszenierung des Kochens lassen sich kulturindustrielle Distributions- und Verwertungspraktiken der Populärkultur feststellen. So dient die Produktion eines Starkults einer wertschöpfenden Vermarktung, die den Künstler zur Marke und sein Werk zum Produkt werden lässt. Intramediale Verbreitungen des Kochs als Marke werden durch seine Einladung in die verschiedenen Kochsendungen sowie transmedial über ähnlich gestaltete Kochbücher, Merchandise-Artikel sowie Internet-Services befördert. Hinzu kommen die Auftritte in zahlreichen lokalen Veranstaltungen, die mit Konzerttouren vergleichbar sind. Die Einladung eines Star-Kochs auf die documenta in Kassel ordnet sich ähnlich in eine solche kulturindustrielle Verwertungspraxis ein. Der Auftritt wurde als Event kommuniziert, und der Künstler selbst kündigte sein Erscheinen Image fördernd als einen neuen Schritt im Verhältnis von Küche und Kunst an, das nach der documenta ein anderes sein werde. Er selbst versteht sich zwar nicht als Künstler, allerdings betitelt er seine Kreationen durchaus als avantgardistisch (vgl. Weber 2007). Dies scheint indessen nicht nur durch eine abweichende imagestiftende Stilisierung des Kochs als Marke begründet zu sein, sondern durch die besondere Stilisierung seiner Kreationen, denn die ursprünglichen Erscheinungsformen der Essensbestandteile sind für den Adressaten kaum noch auszumachen.

Der Koch schafft so durch visuelle Abstraktionen der Zutaten eine eigene kulinarische Ästhetisierung, die marktwirksam nunmehr als „molekulare Küche" bezeichnet wird. Die auf visuelle Umdefinition ausgerichtete Praxis des Kochens von Adria schafft Überraschungen im synästhetischen Zusammenspiel von Geschmacksempfindung und Auge. Hier scheint sich zwar ein Kochen jenseits visueller und kochpraktischer Konventionen ‚zu ereignen', jedoch ist auch dieser avantgardistische Anspruch als innovativer Beitrag in einer kommerziellen Verwertungslogik verortet. Vermeintliche Hochkultur geht wie Popkultur als besondere Spielarten in die Populäre Kultur auf.

Kochen und Essen als Inszenierung von populärkulturellem Lifestyle

Im Zentrum der Betrachtung steht die massenmedial vermittelte Populärkultur des Kochens und Essens, die eng mit der Inszenierung von Lifestyle als Kontext und Imagestiftung verbunden ist.

Die Kohärenz populärkultureller Lifestyle-Aufführung wird zumeist, wie bereits erwähnt, nicht in allen situativen und soziokulturellen Kontexten aufrechterhalten. Sie dient als punktueller Authentizitätsindikator, der durch eine gewisse wahrnehmbare Kontinuität von Aufführungssituationen gestützt sein muss, um als erfahrener Akteur und nicht als ‚newbie' zu gelten. Kohärenz der Lifestyle-orientierten Aufführungen von Akteuren speist sich aus bestätigten Stil-Erwartungen der Community bzw. Betrachter, die zur Steigerung des sozialen und symbolischen Kapitals des Akteurs (vgl. Bourdieu 1983) auch innovativ wirkende Brüche aufweisen können. Der Akteur spielt subjektiv mittels Stil-Handlungen kommunikationsstrategisch auf bestimmte populär- oder auch popkulturelle Verhaltensmuster an und bewegt sich dabei im permanenten Spannungsfeld zwischen Konvention und Innovation. Dies erfordert ein Wissen um bestimmte überindividuell geltende kulturelle Kodes, die den eigenen Stil als Bestandteil und damit als Verweis auf bestimmte kulturelle Praktiken, Vorlieben etc. erkennen lassen (vgl. auch Schulze 2005). Der Lifestyle gibt Vorgaben, die das Individuum zur Inszenierung seiner selbst nutzen kann, um z.B. adressatenorientiert szeneaffin, stilbewusst, genussorientiert, ökonomisch potent, einfallsreich, modern, kulturbeflissen etc. zu wirken. Die individuelle Wahl bestimmter Zeichenressourcen in Form von Zutaten, Kleidung, Inneneinrichtung etc., die einen bestimmten sozialen Status markieren, die Formung dieser Ressourcen durch Farbgebung, Gestalt etc., die ein ästhetisches Bewusstsein markieren und die verknüpfende Kombination dieser Ressourcen, die den Grad der Handhabe dieser Zeichenressourcen markieren und die Beziehung zwischen dem Akteur und seinen Adressaten organisiert, sind die identitätsstiftenden Stil-Handlungen. Stil als Wahl der Ausdrucks-, Formungs- und Verknüpfungspraxis von Zeichenressourcen soll dabei im Sinne des Kommunikators verstanden werden und gleichzeitig innovativ überraschen können. Hierin zeigt sich, dass Lifestyle eher einem weniger institutionell überformten Bereich entspringt. Der Kommunikator muss zumindest dem Anschein nach die Freiheit besitzen, seine eigene soziale Rolle bestimmen zu können. Dabei zeigt sich inhaltlich

nicht selten eine hedonistische Ausrichtung. Hedonismus im Sinne einer punktuell frei-
zeitorientierten Genuss- und Eventaktivität fungiert somit als kompensatorisches Alter-
nativmodell einer von den sozialen Stilen der Arbeitswelt geprägten Lebenspraxis. Das
Individuum erschließt sich im Lifestyle der Freizeit seine Fluchtmöglichkeit vor der Bestimmtheit seiner Erwerbstätigkeit. Ist dies aus ökonomischen, lokalen, zeitlichen, sozialen etc. Gründen jedoch nicht in Gänze möglich, so ist eine gewisse Kompensationspraxis
auch mit dem Konsum solcher Lifestyle-orientierten Medienangebote wie Kochshows
verwirklicht (vgl. Hepp/Thomas/Winter 2003).

Mit diesem Medienrezeptionsverhalten lässt sich in gewisser Weise der (anhaltende) Erfolg der Kochshows begründen. Genuss-, Spaß- und Kreativitätsdruck wird als
Lifestyle-orientiertes Erlebnis verarbeitet, indem man Zeuge der Arbeitsweise von Star-
Köchen wird. So kann man zwar an der Gaumenfreude nicht unmittelbar selbst teilhaben, demgegenüber hat man aber am Lifestyle der vermeintlich Reichen und Schönen
Anteil, indem man die Herstellung ihres Essens beobachten kann. Man ist zudem durch
die Präsentation der Kochrezepte potenziell in die Lage versetzt, zum einen sich selbst in
den sinnlichen Genuss des Gerichtes durch das Nachkochen zu bringen, zum anderen
sich selbst als Lifestylestifter vor potenziellen Gästen zu inszenieren. Auch wenn beides
in den wenigsten Fällen realisiert werden mag, so reicht doch das Bewusstsein um diese
Möglichkeit, um am präsentierten Lifestyle teilzuhaben.

Paul Bocuse in traditioneller Berufskleidung,   Ralf Zacherl in typischer Auftrittskleidung,
Quelle: http://www.bocuse.fr   Quelle: http://www.ralf-zacherl.de/

Das Teilhabeangebot wird zudem durch die Stilisierung der Fernsehköche selbst gesteigert, die hinsichtlich Wahl, Formung und Verknüpfung ihrer Zeichenressourcen ebenfalls einen Wandel der sozialen Beziehung zwischen ihnen als Experten und Medienstars

und ihrem Publikum anlegen. Eine große Zahl von aktuellen Fernsehköchen hat vermehrt die institutionell überformte Rolle des professionellen Kochs samt ihrer weißen
Dienstkleidung oder Schürze abgelegt. Galt die hohe Kochmütze und die blütenweiße
Kochjacke in den Kochsendungen eines Paul Bocuse der 1980er Jahre noch als Insignien
der Kompetenz und Professionalität (vgl. Abb. 1), so bereiten die aktuellen Koch-Pop-
Stars wie Jamie Oliver, Tim Mälzer oder Ralf Zacherl (vgl. Abb. 2) ihre Gerichte in der
hippen Straßenkleidung eines jugendlich-urban wirkenden Freizeitmenschen. Hier zeigt
sich der Star leger mit Kapuzenpullover, Trainingsjacke, offenem Hemd, bedrucktem T-
Shirt und Jeans und ist umrahmt von einem offenen und modern gestyltem Küchen-
studio. Bocuse trat und tritt in der funktionalen Sterilität seiner Gastronomiewirkstätte
auf. Zacherl hingegen präsentierte 2003-2004 in seiner Pro7-Sendung „Zacherl: einfach
kochen!" dem Publikum ein großzügiges und farbenfrohes Loft mit integrierter Gara-
ge und wandlosem Zugang zu seiner quietschig eingerichteten Wohnküche. Seine Wir-
kungs- und Zeremonienstätte ist ein von allen Seiten zugänglicher, zentral positionierter
Herdsockel, der wie ein poppig geschmückter Altar wirkt. Der Zeremonienmeister formuliert neben seinen mehr oder weniger komplizierten Handgriffen locker vorgetragene
Anekdoten und Tipps. Die Sprache sowie die begleitende Mimik und Gestik gleicht eher
einem cool aufgeführten Party-Statement als einer exakten Anleitung schwieriger Re-
zepturen (vgl. Abb 2). Dem Stil des Traditionsbewusstseins ist popkulturell inspirierte,
unkonventionelle Lockerheit ‚entgegengestellt'. Beides wird jeweils zeichenhaft mit Hilfe
sozial semantisierter Kleidung, Styling, Sprach- und Körperverhalten performt und dient
zur Markierung unterschiedlicher populärkultureller Lifestyles.

Gleiche Lockerheit und Unkonventionalität wie bei Zacherl zeigen sich auch in den
werbesprachlich organisierten Titeln neuerer Kochshows wie „Ganz und Gar", „Schmeckt
nicht, gibt's nicht" oder „Born to Cook". Letztes Beispiel vollzieht über seine intertextuelle Anspielung auf den Soundtrack „Born to be Wild" des Kultfilms Easy Rider sogar eine
offensive Verschränkung von Popkultur der 1960er Jahre, Lifestyle und Kochen. Denn
der Film gilt als Artikulation und Repräsentation des Freiheitsdrangs und des hedonistischen Lebensgefühls der (amerikanischen) Hippie-Generation der 1960er Jahre. Diese
Referenz gab der Kochshow bzw. dem Protagonisten Tim Mälzer den Status des unkon-
ventionellen Freaks der deutschen Medien-Kochszene, was über die Anspielung auf an-
geführtes popkulturelles Wissen hergestellt wurde.

In der aktuellen ARD-Sendung „Tim Mälzer kocht" ist die Stilisierung Mälzers hinsichtlich Kleidung, Studioküche, Sprachgebrauch indessen adressatenorientiert verändert. Zwar zeigt sich der Fernsehkoch weiterhin ‚in Zivil', jedoch verkörpert er nunmehr
nicht mehr den partyaffinen und leicht zum Proll stilisierten ‚Schwiegermutterschreck',
sondern zeigt sich durch Pullover, Hemd und/oder Pullunder als sympathisch-lockerer
Kochratgeber (vgl. Abb. 3 und Mediathek auf ard.de 2011). Hinzu tritt eine ‚neue' Fami-
lienaffinität, die durch Kurzauftritte von Kindern in der Sendung angezeigt wird. Mälzer
stellt zudem das Essen, seine Bestandteile und seine weniger kunstvolle, sondern eher
praktische Zubereitung in den Mittelpunkt. Damit ist die Sendung verstärkt auf das
Nachkochen angelegt, und Mälzer als naher und lockerer Ernährungsberater stilisiert.

Tim Mälzer Performances sind auf der Sendungs-Homepage samt Rezepte abrufbar,
Quelle: http://www.daserste.de/timmaelzer/

Seine modische, aber wenig exotische oder szeneaffine Freizeitkleidung macht ihn zum
netten geschmackvollen Nachbarn. Dieser vermeintliche Wandel vom ostentativ auf-
tretenden Koch-Pop-Star zum locker-witzigen Ernährungsberater im Dienste der Jung-
familie führt eine, sicherlich zielgruppenbedingte, ,Veränderung' des Koch-Pop-Stars zur
Vernunft vor, der seine ,wilden Anfangsjahre' hinter sich hat. Da Auftreten, Bärtchen
und Teile der Kleidung jedoch noch an diese Zeit erinnern, führt Mälzers mediale Stilisierung eine bereits beschriebene Modifikation im Rahmen kohärenter Stil-Erwartungen
beispielhaft vor.

Eine Mischung zwischen stilisierter Professionalität und freizeitorientiertem Lifestyle
kommen durch die Stilistik der bereits seit 2006 ausgestrahlten Kochshow „Lafer, Lichter, Lecker!" zum Ausdruck. Sie ist außerdem durch einen Genre-Mix aus Koch- und
Talkshow gekennzeichnet, die das Essen, seine Zubereitung und die dynamische Interaktion zwischen den Fernsehköchen Johann Lafer und Horst Lichter untereinander und
mit prominenten Gästen zum Inhalt hat. Zweifelsohne hat die Sendungsinszenierung
prototypisch ein älteres, weniger szeneorientiertes, (klein-)bürgerliches Mainstream-Pu-
blikum im Visier, was durch eine Palette an entsprechend sozial markierender Zeichenressourcen inszeniert wird (vgl. Abb. 4 und Mediathek auf zdf.de 2011). Diese sind vornehmlich als explizite Identifikationsangebote für das Publikum organisiert. Während
der ,Sterne-Koch' Lafer noch im weißen Hemd einer professionellen Berufskleidung auftritt und damit die Rolle des leicht distanzierten Experten verkörpert, zeigt sich der zwar
ebenfalls als Koch ausgebildete Horst Lichter mit Freizeithemd und bunter Kochschürze.

Horst Lichter und Johann Lafer in ihrer ZDF-Studio-Küche,
Quelle: http://xt.zdf.de/mmr/lafer-lichter-lecker/

Er spielt damit an Kleidungsmuster eines gutbürgerlichen Privathaushaltes an. Auch die
Kochstudioeinrichtung hat mit ihren braunen, holzfurnierten Verkleidungen auf der
Seite Lichters stärker als auf der Seite Lafers eine eher heimelige Anmutung im Gegensatz zur funktionalen und metallbetonten Sterilität einer Profi-Küche. Desgleichen ist
eine urban anmutende Wohnküche, die die Ästhetik eines öffentlichen Cafés oder einer
Lounge aufnimmt, weit von dieser häuslich-privat anmutenden Studioküche entfernt.
Wenn die beiden Fernsehköche samt zweier Studiogäste hektisch hantieren, ergibt sich
zeitweilig (bei Lichter verstärkter als bei Lafer) eine chaotische Optik. Zutaten liegen un-
geordnet auf den Flächen, so dass die Studioküche real genutzt aussieht. Während Lafer
auf das kulinarische Niveau achtet, präferiert Lichter die Hausmannskost und kommentiert dies mit deftig rheinisch getönten Sprüchen. Diese Stilistik erfährt seine Fortsetzung in den zahlreichen Live-Auftritten in deutschen Konzertsälen, in denen Lichter
beispielsweise 2011 unter dem Titel „Kann denn Butter Sünde sein?" auftritt (vgl. Lichter
2011). Die prominenten Studiogäste zeigen sich in der Doppelbelastung des Kochens und
Sprechens chronisch überfordert. Auch dies kann als Identifikationsangebot gelten, das
die vermeintlichen Stars zu unvollkommenen Personen ‚wie Du und ich' stilisiert. Deren
Kochergebnisse genügen außerdem häufig nicht dem kompetenten Urteil der Fernsehköche in Stellvertretung des Expertentums an den heimischen Bildschirmen. Bei Lafer,
Lichter, Lecker! wird somit die Kulturpraxis des Kochens ebenfalls nicht (nur) als funktionale Ernährungsproduktion für die Familie gesehen, sondern zu einer unterhaltsamen Freizeitbeschäftigung und einem Lifestyle-bezogenen Gesprächsanlass stilisiert. Die
vermeintlich langweilige Essenszubereitung soll Spaß machen, ist ferner anspruchsvoll
und kann auch im Sinne der Familie zunehmend Perfektionalisierung und Professionalisierung erfahren.

Da sich in der Sendung weniger Anspielungen auf popkulturelle Praktiken wie szeneaffines Sprechen oder Bezüge auf popkulturelle Wissensbestände über Filme, Literatur und Musik zeigen, könnte man dieses Format als eine rein massenorientierte Ausprägung der Kochinszenierung verstehen. Allerdings wird auch hier ein bestimmter Lifestyle vorgelebt, der auf bestimmten kollektivierenden und distinguierenden Kodes beruht. Lichter zeigt sich in seinem sprachlichen und körperlichen Verhalten hemdsärmlich und rheinisch. Er gibt damit bestimmte Wertekonzepte vor, die das Regionale und das Informelle favorisieren. Lafer präsentiert den professionellen Sterne-Koch, der sich trotz seines elitären Selbstverständnisses auch amüsiert dem Bodenständigen offen zeigt. Er bringt den kulinarischen Lifestyle der Reichen und Schönen samt ihrer distinguierenden Wissensbestände in Verbindung mit dem weniger formbewussten Mainstream zusammen. Dennoch bleibt er den lockeren Sprüchen von Lichter gegenüber belustigt distanziert und verkörpert entsprechend weiterhin die werte- und konventionsbasierte Distinktion der kulinarischen Elite.

Insgesamt beruhen also die Verhaltens-Stile der beiden Protagonisten auf gruppenspezifischen Übereinstimmungen bestimmter kultureller Muster, denen implizit kollektivierend bzw. abgrenzend wirkende Werte- und Normenkonzepte sowie das Wissen um entsprechend zu nutzende Zeichenressourcen zugrunde liegt. Auch hierbei spielen Anspielungen auf kollektivierende Ereignisse bzw. Event-Praktiken wie das nachbarliche Grillfest, die Geburtstagsparty, der Empfang etc. als Mittel der Selbstvergewisserung eine wichtige Rolle, was oben sogar als ‚popkulturelle Nischen-Praxis‘ bestimmt wurde.

Kochen als mediale Competition-Inszenierung

Der Text wendet sich abschließend einer weiteren Entwicklung innerhalb der massenmedialen Inszenierung des Kochens als populärkulturelle Praxis zu: und zwar, wie Kochen als ‚sportliche‘ Wettbewerbspraxis inszeniert wird. Die Dynamik und Spannung der zur Anschauung gebrachten konkreten Konkurrenzsituationen einer Sportberichterstattung weist seit jeher große massenmediale Verwertbarkeit auf. Sie zeigt Kraft, Können und Ausdauer im unmittelbaren Vergleich. Identifikationen der Zuschauer mit den Protagonisten bzw. Sportlern lassen sich unkompliziert über die gemeinsame Nation, Region, Vereinszugehörigkeit bzw. -affinität herstellen. Man ist Zeuge der aktiven Aushandlung von Rangfolgen, wonach sich Erfolg/Misserfolg, ja Wertigkeit bemisst. Durch die Identifikation mag im Falle eines Sieges des Sympathieträgers ein eigenes Überlegenheitsgefühl oder sogar Schadenfreude über die Verlierer entstehen. Im Falle einer Niederlage wächst der Drang nach Vergeltung. In beiden Ausprägungen zeigt sich eine hohe emotionale Involviertheit, die den Zuschauer an das massenmediale Phänomen bindet. Mit Wettbewerb und Konkurrenz ist jedoch jeder Medienrezipient auch im außermedialen Alltag unmittelbar konfrontiert. Sie sind die Grundprinzipien spätkapitalistischer Ordnungssysteme, die dem Individuum subjektiv gesehen eher Negativerfahrungen bereiten. Denn zum einen kann es den hauptsächlich fremdbestimmten Konkurrenzsituationen nur schwerlich entgehen, und zum anderen wird das Positiverlebnis eines Sieges in der subjektiven Wahrnehmung vermeintlich weniger nachhaltig empfunden. Darüber hinaus lassen sich die Konkurrenzen und die darauf beruhenden Zwänge weniger konkreten Personen zuschreiben, sondern erscheinen als Auswirkungen systemmotivierter Dispositionen, denen der Einzelne eher machtlos ausgeliefert ist.

Die massenmedial inszenierte Konkurrenzsituation ist allerdings klar personalisiert, und ihre Handlungen sind durch konkrete Spielregeln transparent strukturiert. Diese Komplexitätsreduktion und die für den Zuschauer konsequenzlose Konkurrenzsituation bilden das positive Setting einer medialen Competition-Inszenierung in Form von Sport- oder Quizsendungen. An dieses Setting schließen ebenso Kochwettbewerbe im Fernsehen an. Die Präsentation des Kochens unter Wettbewerbsbedingungen ist somit eine Kombination, die der Inszenierung von Essen eine weitere populärkulturelle Dramaturgie beifügt, um gesteigerte Attraktivität zu erlangen. Einen Höhepunkt dieser Ausprägung markiert die Sendung „Das perfekte Dinner". Hier stehen die Beteiligten im Privatsender VOX fast täglich in direkter Konkurrenz um die beste (Lifestyle-orientierte) Inszenierung eines Menüs. Sie sind jedoch keine professionellen Köche, sondern Privatpersonen, die vor der Kamera um soziale Anerkennung ihrer Kochfähigkeiten ringen. Während die bereits genannten Kochshows und Sportveranstaltungen im öffentlichen Räumen bzw. Studios stattfinden und somit die Protagonisten bereits durch den örtlichen Kontext zu Personen des öffentlichen Lebens werden, definiert „Das perfekte Dinner" die private Wohnung zur öffentlichen Arena um. Der Zuschauer wird in die Privatsphäre der Kandidaten mitgenommen und kann sich dort, vertreten durch die anderen Beteiligten, offensiv mit dem Wohngeschmack und dem Lebensstil des an diesem Abend zur Disposition Stehenden vertraut machen. Die Protagonisten benoten nach jedem Abend Ambiente und Qualität des Essens gegenseitig und erbarmungslos. Gilt es doch selbst am Ende der Woche als Sieger hervorzugehen.

„Das perfekte Dinner" ist eine massenmediale Reproduktion eines von den Medien über die genannten Kochsendungen bereits vermittelten Lifestyles. Es bringt Privatpersonen, die eher als Rezipienten professioneller Lifestyle-Stiftung gelten, ebenfalls ins Fernsehen, in dem sie sich ihrerseits als kompetente (Re-)Produzenten von Lifestyle bewähren müssen. Dabei schaut ihnen wiederum das Fernsehpublikum zu, dessen weitere Involviertheit sich aus der gesteigerten Nähe zu den Protagonisten speisen mag. Sind die professionellen Medienköche als Stars eher unerreichbare Idole, so bietet das Ringen von Privatpersonen um Authentizität und Kohärenz in der individuellen Reproduktion von Lifestyle eine noch größere Identifikationsfläche. Denn sie zeigt genau die Schwierigkeit, der sich auch der heimische Zuschauer gegenübergestellt sieht, wenn er Gäste erwartet. Gesteigert wird dieser Eindruck noch durch die zuweilen ungünstigen Lichtverhältnisse und Kameraperspektiven aufgrund der räumlichen Bedingungen der Privatwohnungen. Der Zuschauer steigt bei der Rezeption quasi vom Laien zum Experten auf, der die Fernsehprotagonisten angesichts seines eigenen Erfahrungsschatzes loben, kritisieren, ja sogar verachten kann. Hier zeigt sich zwar weiterhin medienvermittelt, aber nun auf privater Ebene, inwiefern Lifestyle-orientierte Stilisierungen als Instrumente der Eigeninszenie-

rung und Beziehungsgestaltung erfolgreich oder nicht erfolgreich genutzt werden können. Erfolg und Misserfolg organisieren sich dabei wie öffentliche Sportveranstaltungen
nach expliziten Spielregeln, die eine Punkteskala von 1 bis 10 den übrigen Beteiligten
in die Hand geben. Die massenmedial präsentierte Konkurrenz ist gleichzeitig ein Spiegelbild des Kampfes um soziale Anerkennung, den der heimische Zuschauer ebenfalls
beim eigenen privat ausgerichteten Event zu bestehen hat. Die sozialen Markierungen in
der Wohnung und der Inszenierung des Essens geben dem Zuschauer offensive Identi-
fikations- oder Abgrenzungsangebote. Letztere erlauben es ihm, sich selbst als kompe-
tenter und ‚stilsicherer' potenzieller Protagonist der Sendung zu empfinden. Außerdem
verbleibt eine anhaltende Einladung der Sendung zum Voyeurismus, zur verborgenen
Beobachtung fremder Privatheit und Intimität.

Fazit

Der Beitrag hatte zum Ziel, Stil als verbindendes Konzept von Medialität und Performativität und in seiner Lifestyle-orientierten Ausrichtung als grundlegende Ausdrucksform
populärkultureller Praxis einzuführen. Er baut auf dem Verständnis von stilorientiertem
Verhalten der Selbstinszenierung auf, wie sie in den Popkulturen des 20. Jahrhunderts
entwickelt wurden. Allerdings ist mit dem Konzept des Lifestyles eine umfassendere Perspektive dieser performativen Vergemeinschaftungs- und Abgrenzungspraktiken angeregt. Es steht einer Auffassung von Popkultur gegenüber, die sich auf bestimmte Themenfelder szenekonstituierender Musik, Film und Literatur beschränkt. Eine beschränkte
Perspektive auf Popkultur befördert, diese eher als abgrenzende und damit quasi-elitäre
Kulturpraxis zu verstehen. Dabei drängt sich der Vergleich zu einer hierarchischen Unterscheidung zwischen Hoch- und Unterhaltungskultur auf, die von einer Popkulturforschung eher abgelehnt werden müsste. Zudem weist Popkultur häufig eine strukturelle
Verkopplung mit spätkapitalistischen Innovations- und Verwertungslogiken auf und
zeigt sich als punktuell-hedonistisches Freizeitverhalten. Beides sind Strukturmerkmale
populärer Massenkulturen, so dass auch hierdurch eine Unterscheidung schwierig wird.
Schließlich mag Popkultur durch ihre Ursprünge in der zweiten Hälfte des 20. Jahrhunderts zwar über ein spezielles Themenfeld verfügen, allerdings ist auch dieses so heterogen, dass es nicht im Sinne eines Themenkanons Abgrenzungen zu nicht-popkulturellen
Themen innerhalb Populärer Kulturen zulässt. Gegenstände einer spezifischen Popkulturforschung sind daher häufig von dem jeweils popkulturell inspirierten Forscher selbst
motiviert. Die breite Perspektive einer Populärkulturforschung untersucht dagegen kulturelle Alltagspraktiken ohne normative Hervorhebungen. Im Gegenteil: Gerade Gegenstände, die dem Affekthaushalt des Forschenden eher entfernt sind, eignen sich für eine
deskriptive und auch kritische Analyse.

Ausgehend von den genannten Prämissen spannte sich das Betrachtungsfeld medialer
Inszenierungen des Kochens weit auf. Es trat die Beteiligung des Erfinders der mole-
kularen Küche Ferrian Adria auf der documenta 12 in Kassel ebenso in den Blick wie

die kulinarischen Versuche von Privatmenschen, in ihren eigenen vier Wänden fremde Besucher und die VOX-Zuschauer im Rahmen eines „perfekten Dinners" von ihrer
Lifestyle-orientierten performativen Kompetenz zu überzeugen.

Durch Medialität werden die dabei realisierten Stil-Handlungsvollzüge gleichzeitig
materialisiert und institutionell gerahmt. Performative Stil-Handlungen sind als zeichenhafte Auswahl, Formung und Verknüpfung von Zeichenressourcen beschrieben worden,
die dem WAS einer Aussage durch das WIE sekundäre oder modifizierende Informationen beifügen. Zeichenhaft werden diese Stilisierungen, wenn sie identitäts- bzw. image-
stiftend interpretiert werden sowie auf die Beziehungsgestaltung zwischen Interaktanten
Einfluss haben. Dabei können sie mehr oder weniger intentional vom Kommunikator
gestaltet sein. Mit der Beschreibung der Auswahl bestimmter (Küchen-)Architektur, Zutaten, Geschirr und (Koch)Kleidung konnten bestimmte soziale Markierungen rekonstruiert und Anspielungen auf stereotypische Stilmuster bestimmter Milieus, Gruppen
und Rollen erschlossen werden. Die konkrete Gestaltung dieser ausgewählten Zeichenressourcen gab zeichenhafte Hinweise auf die Lifestyle-orientierte Aufführungskompe-
tenz bzw. die individuelle Aktualisierungspraxis dieser sozialen Stil-Konventionen. Die
genutzten Zeichenressourcen erfahren durch die jeweilige Medialität eine spezifische
Materialisierung, Vermittlung und Speicherung, die eine bestimmte Wahrnehm- und
Verfügbarkeit verursacht. Die gesellschaftliche bzw. soziokulturell geprägte Funktionalität der jeweiligen Medialität prägt zudem die kommunikative Nutzung der gestalteten
Zeichenressourcen.

Paradigmatisch ordnet sich der vorliegende Beitrag schließlich den Visual Culture
Studies zu. Diese sind u.a. eng verbunden mit Konzepten einer Diskurstheorie Foucaults,
einer performativitätsorientierten Gender-Theorie Buttlers und populärkulturellen Ansätzen der Cultural Studies. Im deutschsprachigen Raum steht die Formierung einer
Forschungslandschaft der Visual Studies oder Visual Culture Studies erst am Anfang.
Demnach kann hier nicht von einem deutschsprachigen Sonderweg gesprochen werden.
Möchte die deutschsprachige Populärkulturforschung international anschlussfähig sein,
so sollte sie demgemäß auf die Integration verschiedener Konzepte, Methoden und Gegenstände ausgerichtet sein. Mit Blick auf aktuelle populärkulturelle Praktiken ist dabei
Medialität und Performativität als Lifestyle-orientierte Stilpraxis substantiell und konstitutiv verbunden.

Literatur

Assmann, Aleida (1991): Fest und Flüssig: Anmerkungen zu einer Denkfigur. In: Assmann, Aleida
    und Dietrich Harth (Hg.), Kultur als Lebenswelt und Dokument, Frankfurt a. M.:Suhrkamp
    1991, S. 181-199.
Austin, John L. (2002): Zur Theorie der Sprechakte, Stuttgart: Reclam.
Bleicher, Joan K./Link, Barbara/Tinchev, Vladislav (2010): Fernsehstil. Geschichte und Konzepte, Berlin: Lit.
Boehm, Gottfried (1998): Was ist ein Bild?, 1. Auflage, München: Fink.
Bordwell, David (2001): Visual style in cinema: Vier Kapitel Filmgeschichte, Frankfurt am Main:
    Verlag der Autoren.

Bourdieu, Pierre (1983): Die feinen Unterschiede. Kritik der gesellschaftlichen Urteilskraft. Frankfurt a. M.: Suhrkamp.

Buttler, Judith (1991): Das Unbehagen der Geschlechter, Frankfurt a. M.: Suhrkamp.

Fischer-Lichte, Erika (2004): Ästhetik des Performativen, Frankfurt a. M.: Suhrkamp.

Fix, Ulla Poethe, Hannelore und Yos, Gabriele unter Mitarbeit von Geier, Ruth (2002): Textlinguistik und Stilistik für Einsteiger: Ein Lehr- und Arbeitsbuch, 2. korr. Aufl., Frankfurt a. M: Peter Lang.

Fix, Ulla (2007): Gestalt und Gestalten: Von der Notwendigkeit der Gestaltkategorie für eine das Ästhetische berücksichtigende pragmatische Stilistik. In: Barz, Irmhild/ Poethe, Hannelore / Yos; Gabriele (Hg.), Stil – ein sprachliches und soziales Phänomen, Berlin: Timme, S. 115-136.

Gumbrecht, Hans Ulrich/ Pfeiffer, Karl Ludwig (Hg.) (1988): Materialität der Kommunikation, Frankfurt a. M.: Suhrkamp.

Hahn, Alois: Soziologische Relevanzen des Stilbegriffs. In: Gumbrecht, Hans/Pfeiffer, Karl Ludwig (Hg.): Stil. Geschichten und Funktionen eines kulturwissenschaftlichen Diskurselementes, Frankfurt a.M.: Suhrkamp, S. 603-611.

Hebdige, Dick (1979/2002): Subculture: The Meaning of Style, London/New York: Routledge.

Hepp, Andreas/Thomas, Tanja/Winter, Carsten (Hg.) (2003): Medienidentitäten. Identität im Kontext von Globalisierung und Medienkultur. Köln: von Halem.

Höflich, Joachim R (1998): Computerrahmen und Kommunikation. In Prommer, Elizabeth/Vowe, Gerhard (Hg.): Computervermittelte Kommunikation – Öffentlichkeit im Wandel? Konstanz: UTB, S. 141-174.

Holert, Tom (2005): Kulturwissenschaft/Visual Culture. In: Sachs-Hombach, Klaus: (Hg.): Bildwissenschaft. Disziplinen, Themen, Methoden, Frankfurt a. M.: Suhrkamp, S. 226-235.

Holert, Tom (2009): Regimewechsel. Visual Studies, Politik, Kritik. In: Sachs-Hombach, Klaus (Hg.): Bildtheorien. Anthropologische und kulturelle Grundlagen des Visualistic Turn. Frankfurt a. M.: Suhrkamp, S. 328-354.

Jacke, Christoph (2004): Medien(sub)kultur. Geschichte, Diskurse, Entwürfe. Bielefeld: Transkript.

Jäger, Ludwig (2004): Störungen und Transparenz. Skizze zur performativen Logik des Medialen. In: Krämer, Sybille (Hg.): Performativität und Medialität, München: Fink, S. 35-75.

Klein, Gabriele: Electronic Vibration. Pop Kultur Theorie, Wiesbaden: VS.

Kleiner, Marcus S. (2008): Pop fight Pop. Leben und Theorie im Widerstreit. In: Matejovski, Dirk / Kleiner, Marcus S. / Stahl, Enno (Hg.): Pop in R(h)einkultur. Oberflächenästhetik und Alltagskultur in der Region, Essen: Klartext, S. 11-42.

Kleiner, Marcus S. (2009): Life is about a memory – Popmusik als Medium biographischer Selbstverständigung. In: Kimminich, Eva (Hg.): Utopien, Jugendkulturen und Lebenswirklichkeiten, Berlin: Peter Lang, S. 95-116.

Krämer, Sybille (2004): Was haben ‚Performativität‘ und ‚Medialität‘ miteinander zu tun? Plädoyer für eine in der ‚Aisthetisierung‘ gründende Konzeption des Performativen. In: Krämer, Sybille (Hg.): Performativität und Medialität, München: Fink, S. 13-32.

Kress, Gunther (2010): Multimodality. A Social Semiotic Approach To Contemporary Communication, London/New York: Routledge.

Leeuwen, Theo, van (2005): Introducing social semiotics, London/ New York: Routledge.

Link, Jürgen / Link-Heer, Ulla: Diskurs/Interdiskurs und Literaturanalyse. In: Zeitschrift für Literaturwissenschaft und Linguistik (LiLi), Heft 77, 1990, S. 88-99.

Meier, Stefan / Bock, Karin / Süß, Gunter (2007): HipHop als Phänomen kulturellen Wandels. In: Bock, Karin / Meier, Stefan / Süß, Gunter (Hg.): HipHop meets Academia - Globale Spuren eines lokalen Kulturphänomens, Bielefeld: transcript, S. 313-324.

Meier, Stefan (2007): "Vom Stil zum style" - Typografie als intermediales Phänomen. In: Kodikas; Code. Ars Semiotica, Vol 29, No. 1-3, Tübingen: Narr, S. 59-77.

Meier, Stefan (2008): (Bild-) Diskurs im Netz. Konzept und Methode für eine semiotische Diskurs-analyse, Halem: Köln.

Meier, Stefan (2010): ,Share your Fotos. Watch the world'- Zur Nutzung und Konventionalisierung von Fotografie als Mittel visueller Imagekonstruktion im Social Web. In: Hess-Lüttich, Ernest W. B. / Kimminich, Eva / Sachs-Hombach, Klaus / Wenz, Karin (Hg.): Zeichenmaterialität, Körpersinn und (sub)kulturelle Identität, Kodikas/Code. Ars Semiotica, Tübingen: Gunter Narr, S. 187-198.

Mitchell, W. J. Thomas: The Pictoral Turn. In: Kravagna, Christian (Hg.): Privileg Blick: Kritik der visuellen Kultur, Berlin: Id-Verlag, S. 15-40.

Mitchell, W. J. Thomas (2008): Das Leben der Bilder. Eine Theorie der visuellen Kultur, München: Beck.

Mirzoeff, Nicholas (Hg.): An Introduction to Visual Culture, London/New York: Routledge.

Schulze, Gerhard (2005): Die Erlebnisgesellschaft. Kultursoziologie der Gegenwart, 2. Aufl., Frankfurt a.M,: Suhrkamp.

Nöth, Winfried (1998). In: Nöth, Winfried / Wenz, Karin (Hrsg.): Medientheorie und die digitalen Medien. Kassel: Universitätsverlag, S. 47-60.

Willems, Herbert (Hg.) (2010): Theatralisierung der Gesellschaft, Band 1: Soziologische Theorie und Zeitdiagnose. Wiesbaden: VS.

Online-Dokumente

ARD (2011): Tim Mälzer kocht! http://www.daserste.de/timmaelzer/, aufgerufen am 11.05.2011.

Billerbeck, Liane von/Siebeck, Wolfram (2007): .Es wird ein Spektakel in der Kunstszene werden, Onlinedokument: http://www.dradio.de/dkultur/sendungen/kulturinterview/630270/, aufgerufen am 10.09.07.

Desperate stagedive Nr. 10 (2011): http://www.bunch.tv/desperadosstagedive, aufgerufen am 12.05.2011.

ZDF (2011): Lafer, Lichter, Lecker! http://laferlichterlecker.zdf.de/ZDFde/inhalt/20/0,1872,4084468,00.html?dr=1, aufgerufen am 11.05.2011.

Lichter, Hort (2011): Lichters persönliche Homepage, http://www.horst-lichter.de/index.php, aufgerufen am 11.05.2011.

Weber, Manfred (2007): Ich muss gar nichts beweisen, Focus-Interview mit Ferra Adria am 12.06.2007, 13:29, http://www.focus.de/kultur/kunst/tid-6552/star-koch-ferran-adria_aid_63051.html, aufgerufen 11.05.2011.

Grüne Woche 2011: http://www1.messe-berlin.de/vip8_1/website/Internet/Internet/www.gruene-woche/deutsch/index.html, aufgerufen 11.05.2011.

Doubt to Stand

Die Stimme von Marcus Wiebusch

Moritz Baßler & Martin Butler

1. Einleitung

> Still, it is the voice that gets you. Like her fellow divas at NPR [...] Totenberg has one of those voices, at once, commanding and calming people never tire of listening to, a voice that says, "I have some bad news but there's nothing to worry about."[1]

Was hier über eine Nachrichtensprecherin gesagt wird, gilt *a fortiori* für jeden Vokalartisten: Jenseits des Inhalts des jeweils Gesprochenen oder Gesungenen ist es die Stimme, die uns packt, gleichgültig lässt oder abstößt. Ja mehr noch: Die Stimme selbst ist ‚sprechend‘, sie sagt etwas, wenngleich es nicht ganz leicht fällt, zu formulieren, was. „How, then, does language manage when it has to interpret music?" fragt schon Roland Barthes, und antwortet selbst: „Alas, it seems, very badly."[2] Unser Zitat versucht es zunächst mit einer Beschreibung („at once commanding and calming") und dann, in einer paradoxen rhetorischen Wendung, mit einer Paraphrase: „a voice that says, ‚I have some bad news but there's nothing to worry about'" – wohlgemerkt, nicht Nina Totenberg sagt das, sondern ihre Stimme. Und die steht mit ihrer durchaus komplexen Botschaft nicht allein da – andere, „her fellow divas at NPR", haben eine Stimme mit vergleichbarer Bedeutung.[3]

Hier lässt sich eine erste These formulieren: Entgegen aller Rhetorik von Präsenz, Körperlichkeit und Performanz ist die Stimme, auch und besonders die des Popmusikers, semiotisch lesbar. Sie „sagt etwas" nur als Teil eines Paradigmas, im Vergleich – also in Übereinstimmung mit und in Differenz zu anderen Stimmen. Selbst die berühmte „Körnung" der Stimme Panzéras in Roland Barthes' Essay spricht ja nicht für sich, sondern wird sprechend im Vergleich mit anderen Bariton-Stimmen, etwa der von Fischer-Dieskau. Schon Barthes' seminaler Essay wäre demnach falsch verstanden, wenn man die Körperlichkeit und Erotik der körnigen Stimme, die er in Panzéras Knödeln findet, im

---

1 Ann Louise Bardach: Nina Totenberg. Queen of the Leaks. In: Vanity Fair 1 (1992), zit. n. www. bardachreports.com/articles/v_19920100.html (15.8.2010). NPR = National Public Radio.

2 Roland Barthes: The Grain of the Voice [1972]. In: R.B.: Image, Music, Text. Essays selected and translated by Stephen Heath. London 1977, S. 179-189, S. 179.

3 Simon Frith würde hier unterscheiden zwischen den Aussagen (‚utterances'), die der Text macht, und den Gesten (‚gestures') der Stimme, beide produzieren Bedeutung (vgl. Simon Frith: Performing Rites. Evaluating Popular Music. Oxford 1996, ²2002, S. 186f.).

Sinne von unmittelbarer Präsenz, Performanz oder Ähnlichem auffasste. Die Körnung ist ihm zufolge eher so etwas wie die poetische Funktion, „the emergence of the text in the work" – eine Signifikanz, die sich nicht in ihrer kommunikativen Funktion erschöpft, sondern die Materialität der Zeichen hörbar und letztlich semantisch macht.[4]

Nicht nur dem Feuilleton, sondern auch der Popmusikforschung fällt eine Beschreibung von Stimme nicht leicht. Zwar gibt es in unterschiedlichen Disziplinen Ansätze, die sich dem Phänomen auf verschiedene Art und Weise nähern;[5] allerdings erschweren hier, wie auch in anderen Fällen, der vermeintlich performative Charakter der Stimme und die damit verbundene Prozess- bzw. Ereignishaftigkeit des Gegenstandes einen konsequenten analytischen Zugang. Weil man sich in den textorientierten Wissenschaften, die sich am Dialog über die Popkultur beteiligen, bislang vor allem mit den „lyrics" auseinandersetzt und soziologische Ansätze sich nicht selten auf die Untersuchung der institutionellen Rahmenbedingungen der Produktion und Rezeption beschränken, lässt sich das Repertoire zur Analyse und Beschreibung der Stimme durchaus noch sinnvoll ergänzen. Dazu legt unser Beitrag einen Vorschlag zur theoretischen Konzeptualisierung von Stimme vor, der die überkommenen Beschreibungskategorien (Präsenz, Körperlichkeit, Performanz) zunächst bewusst bei Seite legt, um dagegen die eingangs formulierte These von der semiotischen Lesbarkeit von Stimme zu illustrieren und zu stützen.

Zu diesem Zweck werden wir uns im Hauptteil unseres Beitrags der Stimme von Marcus Wiebusch, Frontmann und Sänger der Punkband ...But Alive und der Popband *Kettcar* zuwenden.[6] Es gilt am konkreten Fall zu beschreiben, welche Funktionen der Stimme sowohl im Kontext der Punkbewegung als auch im Verhältnis zur verbaltextlichen und musikalischen Dimension der Stücke zukommen und wie sich die Stimme (kontextabhängig) verändert.

2. Die Stimme in der Popmusikforschung

In der Popmusikforschung hat man den semiotischen Zugang zur Stimme nicht immer favorisiert. Richard Middleton etwa setzt deutlich auf ein Konzept von Stimme als Indiz menschlicher Präsenz: „in the context of a widespread ‚dehumanization' apparent in bourgeois art, the centrality of the voice in popular music – attesting to the presence

---

4   „Seine Intention blieb auf den Körper des Textes, den der Sänger singt, ausgerichtet, nicht auf den des Sängers selbst" (Richard Klein: Das Narrative der Stimme Bob Dylans. In: PopMusicology. Perspektiven der Popmusikwissenschaft. Hg. v. Christian Bielefeld u.a. Bielefeld 2008, S. 220-240; S. 222).

5   Vgl. hierzu bspw. das Teilprojekt B10 „Stimmen als Paradigmen des Performativen" des SFB Kulturen des Performativen an der FU Berlin, das theaterwissenschaftlich orientiert ist.

6   Wiebusch spielte auch bei *Rantanplan*, einer Hamburger Ska-Punk Band. Allerdings nahm er bei dieser Band nie eine solch zentrale Rolle wie bei ...But Alive oder Kettcar ein. Aus diesem Grund vernachlässigen wir die Entwicklung und die Stücke dieser Band hier.

of a human body – is a mark of a certain ‚humanizing' project.“[7] Dieses Projekt der ‚Vermenschlichung' ist Middleton zufolge auch immer ein Projekt der ‚Verkörperlichung'; der Gesang wird – einem Ventil gleich – zum Entlademechanismus eines durch rhythmische Bewegungen aufgeladenen Körpers: „Singing has an importance beyond ‚expression' here, since in singing, after all, the body's pulsations are protruded on a stream of breath.“[8] Die körperlichere, körnigere Stimme empfindet Middleton demzufolge als widerständiger, weniger anfällig für ‚Muzak'[9] und – etwa im Falle Mick Jaggers – potentiell gegenläufig zur Botschaft der Lyrics. Das Vergnügen, das auch politisch korrekt denkende Menschen an den oft als misogyn, brutal oder narzisstisch kritisierten Songs der Rolling Stones haben können, sei eines am „‚grain' of Jagger's voice" und nicht an der expliziten Botschaft.[10] Die Spezifik der Stimme wird von Middleton also als körperliches und nicht als semiotisches Faktum interpretiert und kann daher nicht zum Sprechen gebracht werden.

Für den Musikwissenschaftler Christian Bielefeldt dagegen sagt die Stimme zwar etwas, aber „über ihren Träger", also indexikalisch, im Sinne eines Symptoms. Was hier zu lesen sei, teile sich

> jenseits von musikalischer Expressivität und vokaler Gestaltung über Signale mit, die ihren Ursprung in der organischen Konstitution dieser Stimme haben, ihren körperlichen Vorzügen und Unvollkommenheiten, […] ihren erlittenen Narben und irreversiblen Verletzungen […].[11]

Diese „personale Signatur" könne dann als biographische gelesen werden.[12] Allerdings erkennt Bielefeldt selbst, dass eine Stimme auch in dieser Hinsicht „genauso gut aber auch stilgerecht, gewollt und eine mit spezifischer Semantik besetzte Angelegenheit sein kann (wie im Blues mit seinen Mythisierungen des verlassenen und verletzten *Lonesome*

---

7   Richard Middleton: Studying Popular Music [1990]. Milton Keynes/Philadelphia 2002, S. 262. Gegenargumente vom Erfolg der Filter, des Vocoders und von Autotune bis hin zum technischen Nachbearbeiten der Stimme mit dem Humanizer, um genau den ‚authentischen' Effekt zu erzielen, dem Middleton glaubt, liegen auf der Hand.

8   Richard Middleton: Pop, Rock and Interpretation. In: The Cambridge Companion to Pop and Rock. Hg. v. Simon Frith, Will Straw and John Street. Cambridge 2001, S. 213-225; S. 219.

9   Auch hier sind schon prima facie Zweifel angebracht: Zahlreiche 'Muzak'-verdächtige Interpreten haben überaus körnige Stimmen (z.B. Rod Stewart, Barry White, Bonnie Tyler), auch das Knödeln von Barthes' Beispieltenor Panzéra geht ja nicht in Richtung ästhetische Widerständigkeit.

10 Middleton: Studying Popular Music, S. 263.

11 Christian Bielefeldt: Voices of Prince. Zur Popstimme. In: PopMusicology. Perspektiven der Popmusikwissenschaft. Hg. v. C.B. u.a. Bielefeld 2008, S. 201-219; S. 209.

12 Bielefeldt: Voices of Prince, S. 212.

Man)";[13] wie diese Befunde aber analytisch miteinander zu vermitteln wären, dazu macht er keine Angebote.[14]

Ganz anders argumentiert John Rockwell, wenn er Linda Ronstadts Version von *Just One Look* mit dem Original von Doris Troy vergleicht, und zwar in rein stimmlicher Hinsicht. „Next to Ronstadt's joyous vocal authority", so Rockwell, klinge die schwarze Soul-Stimme Troys „hard and pressed", und er fährt fort:

> And of course it's ultimately impossible to separate technical and interpretive issues entirely. The sort of buoyant strength Ronstadt flaunts in her "Just One Look" makes an aesthetic and emotional statement all by itself; when she sings the line "without you, I'm nothing," you don't believe her for a minute.[15]

Anders als bei Jagger, dessen Stimme sich (zumindest laut Middleton) trotz des Gesungenen und in Verdrängung von dessen Inhalten genießen ließ, wird die Stimme hier semantisch. Sie tritt in kommentierende Distanz zum Gesungenen, ähnlich wie die Stimme von Totenberg, wenn sie die Nachrichten verliest. Ronstadts Stimme straft das Gesagte Lügen, und das ist weder ein rhetorischer Ausdruckseffekt im Sinne klassischer Ironie noch ein authentischer Ausdruck von Innerlichkeit, sondern ganz im Sinne Barthes' ein autonomes ästhetisches Statement.

Ein elaboriertes Beschreibungsraster findet sich bei Allan Moore. In seinem Kapitel zur Stimme weist er simple Oppositionen wie schwarz/weiß oder ausgebildet/unausgebildet zurück, um ein Minimum an vier Kategorien vorzuschlagen, aus deren Kombination die Stimmanalyse bestehen sollte: 1. Stimmlage und Stimmumfang, 2. Resonanz oder ‚Körnung' im Sinne Barthes', 3. Verhältnis zur wohltemperierten Stimmung („attitude to pitch") und 4. Verhältnis zum Rhythmus. Dies erlaubt ihm relativ differenzierte Vergleiche zwischen Stimmen, doch erfolgt der Sprung zur Interpretation, wo Allan ihn überhaupt vollzieht, oftmals eher ad hoc und wirkt, wie in folgender Äußerung zu John Lydon, methodologisch (auch vom eigenen Begriffsinstrumentarium) nicht gedeckt:

> On the Sex Pistol's ‚Holidays in the sun' his register is high, with a very narrow range (arguably only one sung note, close to falsetto). Most interestingly, he wavers not at all from the beat, this perhaps acting as a metaphor for mechanical action.[16]

---

13 Und in der Tat sind ja Stimmen wie die Jaggers oder Dylans Kunststimmen, an denen diese lange und mit Bezug auf bestimmte Vorbilder (Muddy Waters bei Jagger) gefeilt haben.

14 Bielefeldt: Voices of Prince, S. 210. Entsprechend bleibt seine offene Liste „kulturelle[r] Muster des Singens" – der Engelsgesang, die diabolische Stimme, die ekstatische Stimme etc. – theoretisch ungedeckt und daher beliebig (vgl. S. 212f.).

15 John Rockwell: Living in the USA. In: Stranded. Rock and Roll for a Desert Island [1979]. Hg. v. Greil Marcus. New York 1996, S. 188-218; S. 194.

16 Allan F. Moore: Rock: The Primary Text. Developing a musicology of rock. Aldershot u.a. ²2001, vor allem S. 44-49; S. 48f.

Takthalten als Metapher – das erscheint als Interpretation stimmlicher Semantik denn doch etwas dürftig. Simon Frith schließlich macht darauf aufmerksam, dass mit dem Begriff der Stimme ('voice') ganz unterschiedliche Dinge gemeint sein können:

> In *The Composer's Voice*, Edward Cone asks whose voice we hear when we listen to a Schubert setting of a poem by Goethe. We hear the singer, Thomas Allen say, with a distinctive physical voice; we hear the protagonist of the song, the 'I' of the narrative; we hear the poem's author, Goethe, in the distinctive organization of the words and their argument; and we hear Schubert, *in whose voice* the whole thing is composed.[17]

Ausgehend von Cone schlägt Frith nun vor, zwischen Stimme als narratologischer Kategorie (Erzähler- und Autorstimme) und Stimme als musikalischer Kategorie zu unterscheiden, wobei sich die kategorialen Probleme auf der musikalischen Seite weiter verkomplizieren, und zwar gerade im Bereich der Popmusik.[18] Frith unterscheidet daher weiter zwischen Stimme als Musikinstrument (‚musical instrument'), als Körper (‚body'), als Person (‚person') und als Rolle (‚character').[19] Zwar schließt diese Konzeptualisierung die von Middleton beschworenen Vermenschlichungs- und Verkörperungstendenzen nicht gänzlich aus; doch eröffnet der Übergang von einer musikalischen zu einer personalen Kategorie Stimme, der sich hier andeutet, ein interessantes interdisziplinäres Feld und wäre analytisch sicher weiter auszubauen.

Die vier Ebenen bilden bei Frith ein Kontinuum, und auf jeder Ebene ist die Stimme immer schon kulturell kodiert und hat folglich Sinn. Verstehen wir Stimme beispielsweise als Person, dann lesen wir sie als autobiographischen Ausdruck des realen Sängers, als „key to someone's identity"[20], wie es Frith formuliert. Und er führt aus:

> We use the voice, that is, not just to assess a person, but also, even more systematically, to assess that person's sincerity: the voice and how it is used (as well as words and how they are used) become a measure of someone's truthfulness.[21]

Wobei die Ehrlichkeit, die hier behauptet wird, immer bereits "a matter of sound conventions" ist, die sich je nach Genre unterscheiden und unterschiedlichen Codes gehorchen. Personal rückgebundene 'Ehrlichkeit' und 'Authentizität' ist also artifiziell (re-)produzierbar. Bereits im Alltagsleben passen wir die Stimme ja verschiedenen Gegebenheiten an. Von der Stimme als Person (und damit als autobiographischer Schlüssel und Authentizitätsmarker) ist es daher immer nur ein gradueller Übergang zur Stimme als Rolle, als

---

17 Frith: Performing Rites, S. 184.
18 Vgl. Frith: Performing Rites, S. 185.
19 Vgl. Frith: Performing Rites, S. 187ff.
20 Frith: Performing Rites, S. 197.
21 Frith: Performing Rites, S. 197.

Form des „putting on voices",[22] also des Singens als komplexes (Schau)Spiel des Sängers als Erzähler, als Interpret, als Künstler, als Star. Person und Rolle sind dabei – wie bereits angedeutet – nicht als Entweder-oder, sondern als koexistente Nuancen, als *„layers* of interpretation"[23] zu verstehen, die in jeder Form populärer Musik vorhanden sind und zur Komplexität der Persona des Pop-Performers beitragen:

> Such a multiplicity of voices can be heard in *all* pop forms, whatever the generic differences in how they are registered – whether by Tom T. Hall or Johnny Rotten always 'being themselves,' by Dory Previn being 'The Lady with the Braids' (complete with nervous laughter), or by Frank Sinatra being himself being a late-night melancholic in 'One for my Baby'.[24]

Interessant an Friths Argument ist hier nicht nur die Differenzierung unterschiedlicher Stimmwahrnehmungen, sondern auch seine Erklärung dafür: Im Wesentlichen sind unterschiedliche Gattungskonventionen und damit verbundene Rollenerwartungen bzw. Selbstverständnisse dafür verantwortlich, welche der Stimmnuancierungen – Person oder Rolle – vom Zuhörer gerade als die dominante empfunden wird. So mag, um Friths Reihe von Beispielen zu erweitern, in den Stimmen von Mick Jagger oder Nina Hagen – beide werden zwar nicht ausschließlich, aber sicher doch in erster Linie als ‚Rollenspieler' und Meister des ‚putting on voices' wahrgenommen – eher eine Differenz zwischen Person und Rolle hörbar sein, die ihrer Pop-Persona etwas Artifizielles im Sinne einer Manier verleiht: Solche Sänger haben, so Frith, „their own mannered way of indicating quote marks",[25] in denen dann alles steht, was sie singen. Ohne dass es sich hier im engeren Sinne um Ironie oder Camp handelt, steht ein solcher Modus in der Tradition jener komplexen Aneignungs- und Performanzweisen Populärer Kultur, die Susan Sontag erstmals in ihren *Notes On „Camp"* beschrieben hatte:

> Camp sees everything in quotation marks. [...] To perceive Camp in objects and persons is to understand Being-as-Playing-a Role.[26]

Wenn wir uns im Folgenden der Stimme von Marcus Wiebusch widmen, dann bekommen wir es mit einem (ehemaligen) Vertreter deutschen Punkrocks zu tun, dessen Stimme, so unsere These, als wesentliche Bemessungsgrundlage für seine Glaubwürdigkeit im Übergang von Punk zu Post-Punk fungiert. Durch eine werkchronologisch strukturierte Analyse ausgewählter Songs werden wir zeigen, dass und wie diese Stimme – immer im Verhältnis zur musikalischen und verbaltextlichen Dimension der Stücke – wesentlich

---

22 Frith: Performing Rites, S. 198.

23 Frith: Performing Rites, S. 199.

24 Ebd.

25 Ebd.

26 Susan Sontag: Notes On „Camp" [1964]. In: S.S.: Against Interpretation. London 2001, S. 275-292; S. 280.

zum Gestus und damit zum semantischen Gehalt der Songs beiträgt. Die Differenz von Person und Rolle wird dabei – unter Rückgriff auch auf musikalische und körperliche Eigenschaften – tendenziell eingeebnet bzw. verdeckt, wodurch eine stark autobiographische Dimension der Stimme aktualisiert wird.[27] Genau darin besteht Wiebuschs Einsatz bei der Selbstpositionierung seiner Bands innerhalb der Authentizitätsdebatte, die mit der Punk-Tradition in Deutschland eng verbunden ist.[28] Über die Zeit von den 1990er Jahren bis heute lässt sich seine durch veränderte Artikulationsstrategien und Aufnahmetechniken, aber auch durch veränderte kulturelle Rahmenbedingungen gewandelte Stimme so als Ausdruck einer ideologischen und musikalischen Um- bzw. Neuorientierung verstehen und beschreiben.

3. ... *But Alive:* Standortbestimmung

Nicht nur retrospektiv, sondern bereits während ihres Bestehens (1991-1999) zählt die Hamburger Band ...*But Alive* um den Frontmann und Gitarristen Marcus Wiebusch zu den wichtigsten Vertretern einer Riege stark politisierter und intellektualisierter deutscher Punkbands, die (vor allem in den 1990er Jahren) einerseits bestrebt sind, sich vom allzu parolenhaften Gestus des ‚klassischen‘ Deutschpunks der späten 1970er und der 1980er abzugrenzen, der sich nicht selten plakativ politisch (*Slime:* „Deutschland muß sterben / damit wir leben können“, 1981), bisweilen auch plakativ unpolitisch (*Strassenjungs:* „Ich brauch meinen Suff / Wie der Spießer den Puff“, 1977) gibt.[29] Andererseits versuchen diese Bands, in einer Zeit der zunehmenden Popularisierung amerikanischer, insbesondere kalifornischer Melody-Punkbands (etwa ab 1994)[30] nicht in einem musikalisch und textlich massenkompatiblen Einheitsbrei unterzugehen. ...*But Alive* gehen also einen dritten Weg und folgen in ihrem musikalischen und textlichen Anspruch dabei Bands

27 Literaturwissenschaftlich spricht man beim Zusammenfall von Autor, Erzähler und Figur von einem autobiographischen Text.

28 Generell unterscheidet R. Moore eine postmoderne, mit den Zeichen spielende Seite des Punk („culture of deconstruction“) von einer zweiten, die er „culture of authenticity“ nennt und die besonders charakteristisch für Hardcore ist (Ryan Moore: Postmodernism and Punk Subculture. Cultures of Authenticity and Deconstruction. In: The Communication Review 7/2004, S. 305-327).

29 Zur Entwicklung und zu den unterschiedlichen Spielarten des deutschen Punkrocks in den späten 1970er und den 1980er Jahren vgl. IG Dreck auf Papier (Hg.): Keine Zukunft war gestern – Punk in Deutschland. Berlin 2008, S. 8-135 (zu den hier genannten Beispielen vgl. insb. S. 20, S. 69ff.).

30 *Green Day* veröffentlichen 1994 ihr Album *Dookie*, das sofort die Charts stürmt. Ebenfalls 1994 erscheint das kommerziell ähnlich erfolgreiche Album *Smash* der Band *The Offspring*. Hierzu und zur Popularisierung des (Melody-)Punks im Allgemeinen vgl. IG Dreck auf Papier (Hg.): Keine Zukunft war gestern. Berlin 2008, S. 140, S. 163, S. 173ff., S.301, sowie Martin Büsser: If the Kids are united: Von Punk zu Hardcore und zurück. Mainz [8]2010, S. 95ff.

wie den *Boxhamsters* oder *EA80.*)[31]. „Hardcore war für mich die etwas radikalere Form des Punks ohne die ganzen negativen Begleiterscheinungen wie ‚Komasaufen' und ‚Bier-flaschen-an-die-Wand-Schmeißen-jetzt-haben-wir-es-den-Bonzen-aber-gegeben'."[32]

Insbesondere *EA80* geben sowohl in musikalischer als auch in textlicher Hinsicht vieles von dem vor, was Wiebusch und Band aufgreifen und weiterführen. „Versierte Punk-Heroen mit Tiefgang"[33] lautet die Überschrift eines Konzertberichts in der Neuss-Grevenbroicher Zeitung zu einem Gig von *EA80* Anfang der 90er; und gerade den „Tief-gang", der zu Beginn der 1990er Jahre Alleinstellungsmerkmal einer Hand voll Punk-bands deutscher Provenienz ist, scheint für Wiebusch und Band nachahmenswert. … *But Alive* sind damals übrigens als Vorgruppe für *EA80* auch mit dabei; mit dem großen Vorbild kann man aber noch nicht wirklich gleichziehen: „„Laut und gemein' war hier das Motto," so die Einschätzung des Konzertbesprechers zum Auftritt der Hamburger, und „während *EA80* noch durch intellektuelle Tiefe besticht, setzt … *But Alive* mehr auf plakative Ausdrucksformen". In der Tat sind die ersten Stücke der Band noch durch ein Set politischer Parolen und Predigten bestimmt; allerdings werden diese keineswegs so ungebrochen vorgetragen, wie der Rezensent meint.

4. Wiebusch 1993-1996: Defizienz als Strategie

Wenn man sich die frühen Aufnahmen von *…But Alive* anhört, etwa auf *Für uns nicht* (1993), könnte man zunächst denken, man habe hier eine gute Band vor sich, deren Sän-ger nicht singen kann. Im Song *Unser Nein* beispielsweise wirkt Wiebuschs Stimme im Unterschied zur vergleichsweise soliden Routiniertheit des Instrumentalparts unprofes-sionell, hastig und flach. Zwar wird das Stück gleich zu Beginn durch eine Double Bass Drum und den stark verzerrten, abgedämpften Gitarrensound angetrieben; die Stimme des Sängers scheint allerdings mit dieser auf Instrumentalebene explizierten Geschwindigkeit überhaupt nicht mithalten zu können und stolpert bisweilen über den schnellen Akkord-anschlag. Obwohl auf diese Weise gleich ein enormer Druck aufgebaut wird, ist das, was am Ende dabei herauskommt, klanglich alles andere als befriedigend: Wiebuschs Stimme klebt ‚vorne' an der Lautsprechermembran und entwickelt kein Volumen (was wohl auch auf eine vergleichsweise zurückhaltende Doppelung der Stimme auf einer zweiten Tonspur zurückzuführen ist). Oft tendiert sie in Richtung Sprechgesang, wobei Wiebusch viel zu viele Wörter in einem Vers unterzubringen versucht. Vor allem im abfallenden Teil einer gesungenen Periode bleibt dem Sänger dann keine Luft mehr übrig und er muss den Rest mit letzter Kraft herauspressen. Die letzten Silben (etwa der Reimwörter „Instanzen/Gan-

---

31 Vgl. IG Dreck auf Papier: Keine Zukunft war gestern, S. 138f.

32 Marcus Wiebusch in: Astrid Vits: Du und wie viele von deinen Freunden. 34 deutsche Bands und Solo-Künstler im Interview. Berlin 2004 [Interview vom 27.12.2003, S. 28-41], S. 33.

33 Der Zeitungsartikel finden sich auf: http://www.but-alive.de/texte_presse3.htm (05.06.2011). Die folgenden Zitate sind ebenfalls diesem Bericht entnommen.

zen") werden gar nicht mehr artikuliert. Damit wird der Text tendenziell unverständlich, was in Rockmusik zwar nicht ungewöhnlich ist, allerdings kommt es *...But Alive* ja von Anfang an ausdrücklich auf die Textaussage an, wie schon die reine Textmenge pro Song nahelegt. Der Hörer bleibt somit für eine adäquate Rezeption auf die beiliegenden Lyrics angewiesen – was nun wiederum für Punk eher abwegig erscheint. In langsamen Passagen beginnt die Stimme zu vibrieren, weil auch hier die Luft ausgeht. Der Eindruck bleibt der einer flachen, im wahrsten Sinne des Wortes ,atemlosen' Stimme nahezu ohne Hall, was trotz des Punk-Gestus eher aus der Singer-Songwriter-Tradition bekannt ist (z.B. Dylan).

Bei näherer Betrachtung ist es nun allerdings genau diese defizitäre Stimme, die *...But Alive* von zahlreichen Amateur-Punkbands der Zeit unterscheidet. Gerade indem sie jedes Show-off, jeden Anschein von Professionalität vermeidet, indem sie weder routiniert als Musikinstrument eingesetzt wird noch vor Hardcore-Selbstbewusstsein strotzt, authentifiziert sie den Verweigerungsgestus, den auch die Texte transportieren. Denn die Botschaft der Negation („das werden wir niemals akzeptieren", *Für uns nicht, Unser Nein*) wird hier nicht aus einer Position der Stärke verkündet, sondern selbst noch einmal reflektiert in einem Modus des Zweifelns. In den Lyrics von *Grau* („Dieses Lied geht u.a. an alle autonomen Dogmatiker, radikalen Feministinnen und Religionsfanatiker."[34]) wird das explizit, wenn es heißt: „Und die schlimmsten Verbrecher die wir jemals sahen / waren Menschen, die sich immer sicher waren", wogegen der Schlussvers die eigene Haltung formuliert:

Ja ich weiß wir müssen Standpunkt beziehen
wollen wir nicht der verkackten Realität hier entfliehen,
doch es gibt halt noch den allerhärtesten Weg,
den du immer nur voller Zweifel gehst.

Das politische Standpunktbeziehen wird nicht einfach naiv praktiziert und parolenhaft verkündet (wie es zahlreiche Deutschpunkbands immer wieder vorgemacht haben); es wird vielmehr als unumgängliche Pflicht begriffen, die immer sentimentalisch auf ihre problematischen Bedingungen hin reflektiert bleibt. Die unprofessionelle Stimme ist deshalb hier ein echter Glücksfall: Sie klingt nicht, wie bei anderen Amateurbands, ,wie gewollt und nicht gekonnt', sondern geht als authentische Verkörperung genau dieser in sich selbst zurückgenommenen Verweigerungshaltung (,gemusst, aber nicht wirklich gewollt') durch. Die Stimme des politischen Predigers, der ja immer klare, ,so gemeinte' Statements machen muss (die Texte auf *Für uns nicht* handeln unter anderem von Tierversuchen und Vergewaltigung), wird dadurch ermöglicht und zugleich als autoritäre Anmaßung,[35] aber auch als potentieller Gesinnungskitsch zurückgenommen: „Verdammt, was für ein Heiligenschein, dein Zeigefinger überall", heißt es in *Korrekt*, und am Ende des Liedes vollführt der Text genau die Figur, die die Stimme Wiebuschs am Ende

---

34 So heißt es vor den handschriftlichen Lyrics der Sleeve Notes in einer gedruckten Passage – man beachte das wunderbar skrupulöse „u.a.".

35 Denn *Nur Idioten brauchen Führer,* wie ein weiteres Lied auf *Für uns nicht* heißt.

jeder Periode vollführt: Sie verweigert die *clôture*, die Schließung der Botschaft, weil diese in ihrer Explizitheit peinlich und unangemessen wäre:

> Jede Ideologie hat so versagt,
> die Revolution von mir vertagt,
> darauf kommt es nun mal alles gar nicht an,
> sondern… Muss ich es wirklich buchstabieren?

Wiebuschs Stimme transportiert hier den Gestus eines genervten Lehrers[36] oder eben Punk-Gurus, der daran glauben will und doch zweifelt, dass seine Schüler ihn verstehen. Sie spielt diesen Gestus jedoch nicht als Rolle, sondern sie ‚verkörpert' ihn im Frith'schen Sinne: Die Defizienz als Musikinstrument wird aufgewogen durch das gepresste, vibrierende und gehetzte Wollen-Müssen des Körpers, der damit unmittelbar als Person lesbar wird. Die gepresste Stimme signalisiert durch Zweifel gebändigte Energie: Selbsteinschränkung und Selbstreferenzialität zugleich. Sie verankert damit, anders als die eher ‚straighte', ungebrochene Musik, die Haltung der von Wiebusch verfassten Texte in seiner Körperlichkeit. Auch das Hochdeutsch, die Muttersprache des Holsteiners Wiebusch, deren Verwendung Anfang der 90er Jahre in deutscher Popmusik keineswegs selbstverständlich war, und seine zurückgenommene Bühnenpräsenz tragen zur Bildung einer Pop-Persona ‚Marcus Wiebusch' bei, die sich als Erfolgsmodell herausstellen sollte.[37]

Wir haben es hier also mit einer überaus komplexen, mehrfach verdrehten Form von Authentizitätsgestus zu tun. Wiebuschs Stimme ist keine campy Pop-Stimme, behauptet aber eben auch nicht die romantische Authentizität des Rockers oder Punkers, sondern überformt diese mit einer Art Reflexivität zweiter Ordnung. Sie versucht damit einerseits, sich von der (vermeintlich) einseitigen und einfältigen Parolenrhetorik des Deutschpunks der 1970er und 1980er Jahre abzusetzen; andererseits entzieht sie sich (vor allem durch die gewollte Unprofessionalität) jeglicher Chartkompatibilität und verschafft sich (und der Band) paradoxerweise gerade durch ihre ständige Unsicherheit eine sichere Position in der vor allem in den 1990er Jahren durch die amerikanische Poppunkwelle angeheizten Debatte um den Ausverkauf und die (Unmöglichkeit der) Authentizität von Punk innerhalb des institutionellen Gefüges der Popkulturindustrie. Die selbstreflexive Defizienz von Wiebuschs Stimme kann folglich sowohl als Ausdruck der stets prekären Situation der Subkultur verstanden werden; gleichzeitig scheint sie für die Band unter den Voraussetzungen des Jahrzehnts aber auch der einzig gangbare Modus zu sein.

---

36 Wiebusch hat Erziehungswissenschaften studiert. Seine Diplomarbeit trägt den Titel: „Die Bedeutung populärer Musik für die Entwicklung Jugendlicher und die Chancen für die Jugendkulturarbeit" (vgl. http://www.erzwiss.uni-hamburg.de/ewi-Report/ EWI28/berichte/abschluesse.pdf, 07.06.2011).

37 Es wäre eine interessante Frage, ob ein englisch singender Wiebusch eine andere Pop-Persona herausbildet. Dies wäre zu untersuchen an den wenigen von ihm gesungenen Songs der Formation *Utell A Lie* (1993), offenbar einer Alternative zu *…But Alive*, z.B. dem Song mit dem sprechenden Titel *Doubt to Stand*.

Unter Beibehaltung des politischen Handlungsimperativs, aber unter Problematisierung aller damit verbundenen didaktischen Rechthabeansprüche,[38] ist es also letztlich der Vorbehalt selbst, der in dieser Stimme authentifiziert wird. *Hippiekacke* heißt ein Soloalbum von 1994, und der Name dient zugleich als zweifelnde Selbstbezeichnung und als Benennung des zu Vermeidenden. Vermieden, und zwar explizit und bewusst vermieden, wird nicht nur die peinliche Naivität des Rechthabens, sondern genauso, auf der anderen Seite, der Zynismus, dem alles egal ist.[39] *Nicht zynisch werden* heißt denn auch das nächste Album von 1995. Hier werden die Themen wieder aufgenommen: das Problem mit dem linksliberalen Erklären („Oh Gott wie ich dieses Erklären hasse / das ist Gemeinschaftskunde-Aufsatz 8. Klasse", *Natalie*)[40] und Rechthaben („Und ab und zu auf Demos gehen Grün wählen ‚Spiegel' lesen Sting hören Greenpeace spenden sich bewusst ernähren", *Betroffen aufessen*),[41] durch das der eigene, im Grunde verwandte Aktivismus immer schon in nicht-campigen Anführungszeichen steht, deren mediale Verkörperung Wiebuschs Stimme ist. Einen Text wie den von *Betroffen aufessen* könnte man ohne diese Stimme nicht unkommentiert stehen lassen:

> Ich war wohl so um die acht Jahre alt doch ich werd es nicht vergessen. Es war in diesem städtischen Kindertagesheim – nach der Schule immer ein Essen. Und wenn es mal wieder mal wieder so weit war dass ich sagte: „Dieses Essen hier ess' ich nicht" (denn mit meinen acht Jahren damals fand ich Blattspinat ganz schön eklig) dann gab es diese Erzieherin die mit ihrem selbstgestrickten Wollpulli ankam und immer wieder dasselbe sagte: „Oh komm schon sei artig ess' alles auf denn in Uganda verhungern die Kinder. Wir sollten alle viel dankbarer sein denn in Uganda verhungern die Kinder" Ich hab' mich mit meinen acht Jahren schon so gefragt was verdammt noch mal das Kind jetzt davon hat ob ich diesen ekelhaften Blattspinat esse oder nicht ob ich ihn esse oder – nicht [...]

Die autobiographische Beglaubigung dieses in Singer-Songwriter-Manier zur akustischen Gitarre vorgetragenen Songs birgt ein hohes Peinlichkeitsrisiko. Die dreimalige Betonung der Achtjährigkeit allein in den ersten Versen korrespondiert mit der ostinativen Wiederholung der Aussage der Erzieherin, die ja auch nur versucht, politisch korrektes Handeln („ihre humanistischen Werte") zu lehren[42] – die Peinlichkeit wird in der Kritik an ihrer

---

38 Teil der Sleeve-Notes von *Für uns nicht* ist eine Sentenz Erich Frieds, die diesen paradoxen Gestus unmöglicher/unumgänglicher Pflicht noch einmal formuliert: „Die Gewalt kann man vielleicht nie mit Gewalt überwinden, aber vielleicht auch nicht immer ohne Gewalt."

39 Schlüsseltext hierfür ist der ganz und gar sentimentalische Song *Was hätten wir den tun sollen* vom Soloalbum *Hippiekacke* (1994).

40 Vgl. auch den Ausruf „muß ich das erklären" in *Nennt es wie ihr wollt*.

41 Hier wird auch eine Differenz zur ‚Straight edge'-Bewegung (keine Drogen, kein Alkohol, kein Sex, vegetarische Ernährung) sichtbar, zu der sich der kalifornische Hardcore mit Bands wie *Minor Threat*, *Fugazi* und *7 Seconds* in den Achtzigern entwickelt hatte (Vgl. Moore: Postmodernism and Punk Subculture, S. 320f.).

42 Wie verhält sich die sprachliche Korrektheit dazu, die bei Wiebusch normalerweise gegeben ist? Er singt hier den falschen Imperativ (der allerdings im Text der Erzieherin zugeschrieben wird). In den Lyrics steht der korrekte Imperativ, allerdings mit unkorrektem Elisionszeichen („iss'").

Haltung, die Wiebusch vorträgt, sozusagen nur eine Stufe höher gelegt. Erneut erweist sich die Stimme als Reflex auf genau diese Figur: In den unmotivierten Atempausen (z.B. mitten im Fluch „verdammt/noch mal") und den trotz des langsamen Tempos aus Atemnot überhastet artikulierten Silben (alt, Essen, Erzieherin) stellt sie ihre Unprofessionalität aus, die durch das zitternde Vibrieren erneut den Anstrich des Körperlich-Notwendigen und dadurch Authentischen bekommt. Hier könnte man in der Tat mit Bielefeldt von einer biographischen Signatur der Stimme sprechen, die vom Text gestützt wird: Was man als Achtjähriger bereits (richtig) gespürt hatte, kann man als Erwachsener politisch fundiert singen – ohne dass es dadurch ganz richtig und die zumindest ästhetisch hilflose Haltung der Erzieherin („ob sie immer noch ihren Pulli hat? Ich meine das wäre gar nicht mal unwahrscheinlich") ganz falsch wäre. „[L]ieber zehnmal Verständnis als einmal zu hassen" – der Vorwurf an die Erzieherin wird von der Stimme und der Wahl der musikalischen Mittel (die akustische Gitarre anstelle des Hass-Punks entspricht ja mehr dem Strickpullover) relativiert, der Song artikuliert ja bei aller Kritik genau das: Verständnis, nicht Hass.

Auf beiden Alben konterkarieren zusätzlich noch Zwischentexte aus Monty Pythons Film *Leben des Brian* die Punk-Botschaft, in denen es ebenfalls ironisch um korrekte Sektenbildung geht. Die Metareflexion über politische Korrektheit als Anspruch und die Peinlichkeitsgefahr jeder straighten Empörung wird auf dieser Platte und auch noch auf *Bis jetzt ging alles gut* (1996) fortgesetzt.

Wiebuschs vermeintlich defizitäre Stimme wird so zu einem tragenden Element in einem dichten, komplexen und in sich stimmigen semiotischen Geflecht namens ...*But Alive*, die einen zuvor eher unbekannten sentimentalisch-selbstreflexiven Zweifel-Punk auf die Bühne bringen, dessen Motto ein früher englischsprachiger Song sein könnte: *Doubt to Stand*. Diese Stimme hebt den Unterschied zwischen *person* und *character* (Frith), zwischen unreflektierter Authentizität und artifizieller Pop-Persona auf und findet damit als Verkörperung eines zweifelnd-reflektierten Dennoch-Engagements eine prekäre, aber mögliche Position des Post-Punk. Das Unprofessionelle der Stimme ist die Bedingung ihrer Funktion in diesem Komplex.

5. *Hallo Endorphin:*
Prekäre Positionen und der (Selbst-)Zweifel als Königsweg

Das Album *Hallo Endorphin* (1999) macht nun mit dem Zweifel-Punk zum ersten Mal in einer Weise Ernst, die dessen Substanz als Punk in Frage stellt. Denn *Hallo Endorphin* nimmt textlich, musikalisch und stimmlich dezidiert Abstand von allen konventionellen Authentizitätsstrategien des Punk: „diese schwachsinnigen Grabenkämpfe [...]. Ich war damals ein zorniger junger Mensch. Heute frage ich mich auch, wie ich bloß teilhaben konnte an so etwas Schwachsinnigem wie Grabenkämpfen und Endlosdiskussionen über 5 Mark Eintritt."[43] Punk ist spätestens Mitte der Neunziger – vor allem durch den Sie-

---

43 Wiebusch in Vits (2004), S. 33.

geszug US-amerikanischer (insbesondere südkalifornischer) Poppunkbands – zur Mode geworden: Nieten, bunte Haare und Plastikstacheldrahthalsbänder simulieren politische Subversion. Die Authentizitätsgesten von Punk sind endgültig zu inflationär überstrapazierten Klischees degradiert; das „Fat Wreck-Kapuzenpulligewimmel" (Joachim Hiller)[44] auf Punkkonzerten ist eher hedonistisch orientiert und besucht in der Regel die gymnasiale Oberstufe. In einer solchen subkulturellen Hochkonjunktur scheint das Risiko der Sinnentleerung politischer Botschaften höher als je zuvor; das Projekt Punk hat ein schweres Jahrzehnt vor sich.[45]

Vor diesem Hintergrund (aber sicherlich auch aufgrund persönlicher Erwägungen) entzieht sich ...But Alive auf Hallo Endorphin dem Punk, wie er einmal war.[46] Noch konsequenter als zuvor wendet sich die Band ab von großen Worten und verzichtet (zumindest weitestgehend) auf Parolen. Textlich widmet man sich nun vornehmlich den Tiefen (und nur sehr selten den Höhen) zwischenmenschlicher Beziehungen; dabei besingt man vor allem das, was man nie werden wollte, aber trotzdem irgendwie geworden ist, und tauscht politischen Protest auf diese Weise immer öfter gegen eine neue Form von Befindlichkeitslyrik, die stark an To-

---

44 Joachim Hiller, in einem Bericht über ...But Alive in VISIONS (vgl. http://www.but-alive.de/texte_presse1.htm, 07.07.2011). Fat Wreck Chords ist vielleicht das wichtigste jener Plattenlabel, die im Laufe der 1990er die bereits angesprochene Popularisierung US-amerikanischer Punkbands vorantrieben.

45 Vgl. auch IG Dreck auf Papier: Keine Zukunft war gestern, S. 163: „Zur gleichen Zeit [i.e. 1996] setzten sich Green Day und Co. dauerhaft im Mainstream fest; Melody-Punk wurde zu einem der vielen Spielbälle der Unterhaltungsindustrie, was innerhalb der Punk-Szene eine Erschütterung auslöste [...]. Die Grenzen verschwammen, wo sind unsere Feindbilder hin, was geschah mit der eigenen kleinen Punk-Welt? In jenen Jahren wurde auch Punk die von Grund auf gewandelte Welt bewusst". Die zu dieser Zeit (wieder) stattfindenden Chaostage in Hannover deutet Martin Büsser als Reaktion auf diese Erosion der subkulturellen Parameter: „Wegen der Kommerzialisierung von Punk und Hardcore [...] mußten diejenigen, die noch glaubwürdig Punk sein wollten, auf die Straße zurück [...]. Somit erkämpfte sich der harte Kern der Szene über die Chaostage noch einmal seine Glaubwürdigkeit – die sprichwörtliche ‚street credibility'" (Büsser: If the Kids are united, S. 149). Die ersten Worte in Büssers Buch sind übrigens eine Strophe aus dem ...But Alive-Song Scheiße erkennen, der sich ebenfalls mit der Vereinnahmung von Punk durch den Mainstream auseinandersetzt (vgl. ebd., S. 13): „Wenn es nur noch um Musik geht / Dann war alles nur ein Irrtum / Volker Rühe macht jetzt Punkrock / Es ist nichts mehr wert".

46 Der Wandel der Band ist in der Tat nicht bloß Konsequenz dieser Entwicklungen, sondern auch bedingt durch ein Umdenken von Wiebusch, wie dieser erklärt: „Die vierte ...But Alive Platte unterscheidet sich von der dritten fundamental. Warum unterscheidet sie sich? Ich bin ein anderer Mensch. Ich habe eine persönliche Entwicklung mitgemacht, die ich auch innerhalb meines musikalischen Werkes nachzeichnen konnte. Ich habe einfach eine vierte Platte gemacht, die für mein Gefühl logisch und richtig war und sich abgekehrt hat, von politischen Statements." (http://www.rockszene.de/Reports/20-ich-habe-mich-nur-geaendert-ein-interview-mit-marcus-wiebusch-von-kettcar.html, 07.06.2011). Insgesamt sieht Wiebusch, wie man einer Reihe von Interviews entnehmen kann, Veränderung als absolute Notwendigkeit: „jede Band, die authentisch sein will und ist, muß irgendwann einmal was verändern" (http://www.but-alive.de/texte_interview4.htm, 07.06.2011).

cotronic, *Blumfeld* und andere Vertreter der Hamburger Schule erinnert. In dieser Hinsicht ist das letzte *...But Alive* Album eigentlich das erste *Kettcar* Album – es heißt nur noch nicht so.

Dass die Abkehr von klischeebeladenen Liedzeilen (noch) nicht ganz gelingt, bemerkt wohl auch Wiebusch und bringt in solchen Fällen – in dem inzwischen bekannten selbst-reflexiven Gestus – seine Distanz zum selbst Gesungenen gekonnt zum Ausdruck. So singt er beispielsweise in dem Lied *Teil des Plans* noch einmal arg an der Grenze einer peinlich-pathetischen Selbstinszenierung als Öko-Polizei: „Du brauchst nur einen Baum, um 1000 Streichhölzer herzustellen, aber Du brauchst nur ein Streichholz um 1000 Bäu-me abzubrennen". Vorausahnend, dass man ihm diese eher plumpe Rhetorik in Erich-Fried-Manier nicht wirklich abkaufen wird, fügt er handschriftlich im Booklet des Al-bums hinzu: „Wir dürfen das!" Es wird also auf einmal schwierig, die Dinge, die man sagen möchte, auch wirklich so zu sagen bzw. zu singen, ohne sie entsprechend zu kon-textualisieren, und das heißt zumeist: ohne sie gleichzeitig zu ironisieren oder in Frage zu stellen, oder sie zumindest zu relativieren. Der Paratext regelt das an dieser Stelle.

Authentisch zu sein bzw. zu bleiben wird unter den Bedingungen der fortschreitenden 90er Jahre anscheinend zu einer neuen Herausforderung, der sich die Band auf *Hallo En-dorphin* nicht nur auf der textlichen Ebene stellt. Auch musikalisch bewegen sich *...But Alive* auf neuen Wegen, verlassen die paradoxerweise recht konservative Klangarchitek-tur des klassischen Punk (Gitarre, Bass, Schlagzeug) und entdecken Streich- und Blasin-strumente sowie Keyboards und Synthesizer für sich, deren Klänge neben der schon auf früheren Alben immer wieder erprobten Technik des *sampling* immer öfter Eingang in die Songs finden. Die Band experimentiert häufiger mit langsameren Geschwindigkeiten und erprobt alternative Songstrukturen, ohne Altbewährtes dabei jedoch gänzlich auf-zugeben. Die stark rhythmisierten, vor allem durch die Double Bass mitunter bedrohlich wirkenden Instrumentalparts, die für *...But Alive* zuvor kennzeichnend waren, rücken allerdings stark in den Hintergrund.

Wiebuschs Stimme hat erneut entscheidenden Anteil an diesem Prozess der musi-kalischen Umorientierung bzw. Neuausrichtung, die nötig geworden ist, um weiterhin ‚authentisch' zu bleiben. Sie verliert etwas Druck, wirkt beim Hören ‚weiter weg' von den Lautsprechermembranen (vermutlich ein Resultat eines stärkeren Halleffekts und der Doppelung der Stimme bei oder nach der Aufnahme) und bewegt sich bevorzugt in den unteren Tonlagen; Spitzen werden nur noch in Ausnahmefällen gesetzt. Wiebuschs Stimme bleibt zwar weiterhin an manchen Stellen gewöhnungsbedürftig, merkwürdig unzugänglich, sie trifft nach wie vor nicht immer alle Töne, doch wirkt sie nun insgesamt viel weniger gehetzt, viel weniger getrieben, viel weniger verfolgt.

Man könnte jetzt ein Klischee bedienen und behaupten, Wiebuschs Stimme – wie die gesamte Produktion von *... But Alive* überhaupt – sei ‚erwachsen geworden' oder habe sich schlicht professionalisiert. Damit hätte man diese Wandlung allerdings nicht oder allen-falls in Teilen erfasst. Was hier passiert, lässt sich vielmehr sinnvoll deuten als ein taktisch versierter Versuch, sich vorrangig durch den Einsatz der Stimme (natürlich immer im Zu-sammenspiel mit der Musik und den Texten) den obsoleten ‚klassischen Authentizitäts-parametern' des Punk zu entziehen, um nicht in die Klischeefalle zu treten; mehr noch:

vielleicht geht es sogar darum, genau diese Parameter durch andere zu ersetzen und eine funktionierende Form des Post-Punk auch musikalisch und stimmlich zu konturieren. Dabei wird der Grundtenor – *Doubt to Stand* – durchaus beibehalten; er hört sich nun eben nur etwas anders an und verschiebt sich weiter in Richtung *Selbst*reflexivität. Das heißt: Das ständige Zweifeln an politischen Programmen, an der Wichtigkeit und Richtigkeit gesellschaftlicher Werte und Normen, das auf den frühen Alben von *…But Alive* noch eher von einer dezidiert druckvollen und eiligen Stimme des Protests getragen wurde, wird jetzt immer stärker zu einem Zweifeln an der eigenen Position und an der ‚richtigen‘ Richtung, welches sich fast schon als einer der neu zu definierenden Gattungsparameter beschreiben ließe: „Würde sagen wofür, wenn ich wüsste wogegen" singt Wiebusch genau in dem Lied, in dem er auch – nur ein paar Zeilen später – eben jene Rechnung mit den Bäumen und den Streichhölzern aufmacht. Seine Stimme trägt die Erkenntnis von der Prekarität der eigenen Situation durch eine nicht gleichgültige, aber sicherlich resignierende Abgeklärtheit und einen längeren Atem. Unter neuen Vorzeichen, aber mit gleichbleibender Bilanz macht die (veränderte) Stimme hier – im wahrsten Sinne des Wortes – Sinn.

6. *Kettcar:* Punk? Geht. Zweifel? Bleibt.

Das Projekt *Kettcar* ist schließlich die in die Praxis umgesetzte zwingende Schlussfolgerung aus der Erkenntnis, dass *…But Alive* im neuen Jahrtausend nicht mehr funktionieren kann. Zuviel ist passiert: Mit der Band, die sich weiterentwickelt hat und sich möglicherweise mit Teilen der jugendlichen Agitationslyrik nicht mehr identifiziert; aber eben auch mit der Subkultur Punk, die in Zeiten ihrer eigenen Kommodifizierung und Kommerzialisierung nicht mehr wirklich glaubwürdig ist. Innerhalb dieser sich wandelnden bandbiographischen sowie politischen und popkulturellen Rahmenbedingungen entwickelt sich auch die Stimme von Wiebusch weiter. Ihre ‚Befindlichkeitsfixiertheit‘ (das Wort ist übrigens Teil des Repertoires der *Kettcar*-Lyrik) ist nun mehr als deutlich zu spüren. Die vergleichsweise professionellen Aufnahmen der Alben *Du und wieviel von Deinen Freunden* (2002), *Von Spatzen und Tauben, Dächern und Händen* (2005) und zuletzt *Sylt* (2008)[47] bringen die Stimme Wiebuschs viel ‚näher‘ an die Musik und machen sie endgültig kompatibel mit gängigen Popmusikstandards, überhaupt wechselt die Band, auch in Bezug auf Produktion, Distribution und Marketing, in das Hochglanzlager der Plattenindustrie – noch auf dem eigenen Label zwar, aber bereits auf dem Weg in die Charts. Kategorie: Indiepop auf dem Immergut-Festival und beim Mediamarkt.[48] Allein

---

47 Das zuletzt erschienene Album *Zwischen den Runden* (2012) ist während der Drucklegung des Bandes erschienen und konnte daher in dieser Untersuchung nicht berücksichtigt werden.

48 „Shakey" von www.gitarren-forum.de schreibt: „Finde die machen richtig schöne Chillout Musik mit netten Melodien und etwas crazy Texten, die aber irgendwie unter die Haut gehen". Allerdings gibt es auch nach wie vor Anlass zur Empörung: „Dregen", ebenfalls im Forum zuhause, meint: „Die Stimme von Marcus Wiebusch finde ich sowas von unpassend… Hab' mal acht Stunden ein Album gehört, das ging ganz schön an die Konsistenz[sic!]." (vgl. http://www.

das stark veränderte Layout der Albencover bezeugt diesen Wandel: Waren die Cover der ersten drei ...*But Alive*-Platten noch durch linoldruckartige Illustrationen von Figuren vor (post)industriellem Hintergrund mit starkem ‚working-class'-appeal (gefertigt vom amerikanischen Cartoonisten Eric Drooker) geprägt, weicht bereits das Cover von *Hallo Endorphin* von dieser bewährten ...*But Alive*-Ästhetik ab, denn das Cover des letzten ... *But Alive*-Album nimmt es dezidiert Abstand von allzu konkreten Motiven und spielt mit angedeuteten Formen und Symbolen; man wird unverbindlicher, auch vor visuellen Statements allzu konkreter Natur scheint man zurückzuschrecken. Die Cover der *Kettcar*-Alben sind nun das, was man zu Beginn des neuen Jahrtausends gemeinhin als ‚stylisch' bezeichnet: wenig Motiv, viel Hintergrund, weiche Farbverläufe, Spiel mit Licht und Schatten – ein minimalistisches Design ohne Ecken und Kanten (auch im Booklet), so ganz und gar nicht mehr Punk, sondern eher die visualisierte ‚Befindlichkeit'.

Zwar deuten nun steigende Plattenverkaufszahlen, wachsende Konzerthallengrößen und der Umfang des Merchandise-Sortiments in der Tat ganz klar in Richtung Mainstream. Wiebusch gibt zu Protokoll: „Wenn es soweit sein sollte, dass auf einer meiner Platten der magische Hit drauf ist, dann bin ich nicht der Verweigerer und Punk, der sagt: ‚Ach komm, dazu machen wir jetzt aber kein Video, wir schicken die Single auch nicht ans Radio denn wir wollen ja möglichst klein bleiben.' Quatsch."[49] Die damit einhergehende (oder ist es genau anders herum?) Veränderung von Wiebuschs Stimme ist allerdings dennoch kein ‚putting on (different) voices' mit dem Ziel der absoluten Chart-Kompatibilität, kein rein strategischer Zug eines Rollensprechers. Der Einsatz bleibt weiterhin eine Fortschreibung der „culture of authenticity"; entsprechend konsequent bleibt Wiebusch beim Zweifeln an der eigenen Position, die Stimme klingt dabei nach wie vor autobiographisch *und* selbstreflexiv, nun aber versierter, ausgeglichener, ruhiger als noch zu ...*But Alive*-Zeiten. Vorrangiges Merkmal ist eine Verlagerung der Inhalte von einer politischen auf die persönliche Ebene:

> wenn ich einen Brief lese, in dem steht, dass ich das Leben mit meiner Musik bereichert habe, dass ich neue Blickwinkel geschaffen habe, dann weiß ich: Das ist so. Das habe ich geschafft. Selbst wenn es nur um einen Menschen geht, der „Wäre er echt" gehört hat – da geht es um Schmerz und Trennung – und der den Schmerz verarbeiten konnte. Das ist einfach ein gutes Gefühl.[50]

Der textliche und stimmliche Modus des Zweifelns hat sich geändert. Dabei macht *Kettcar* thematisch da weiter, wo ...*But Alive* aufgehört hat. Im Vordergrund steht das Zwischenmenschliche, außerdem scheint die Neu- bzw. Selbstpositionierung der Band insbesondere die Auseinandersetzung mit der eigenen musikalischen und ideologischen Vergangenheit genug Anlass zum Nachdenken zu bieten: „Die Erinnerungssplitter liegen

---

gitarren-forum.de/index.php?page=Thread&postID=16886, 07.06.2011).

49 Wiebusch in Vits (2004), S. 36.

50 Wiebusch in Vits (2004), S. 37.

herum / ich tret rein", singt Wiebusch im Song *Landungsbrücken raus* und resümiert: „als man ankam, wollte man werden, die Geschichte schreiben / die doofen sollen sterben, der Plan, als man damals nach Hamburg kam." Auch die Stimme von Wiebusch scheint sich zu ‚erinnern', sie klingt nach einem Mix aus Beklemmung, nostalgischer Verklärung, und – wie gehabt – einer gehörigen Portion Zweifel. Der Song beginnt mit einer Frage und endet mit einem Bedürfnis nach Klarheit ohne Wenn und Aber: „Will Sätze die sagen: das war's", formuliert Wiebusch am Schluss des Liedes in der Gewissheit, dass er selbst diese Sätze niemals wird schreiben oder singen können. Erneut hören wir hier also das Unvermögen heraus, Dinge zu Ende zu formulieren, sie unhintergehbar zu machen, zu groß scheint die Angst vor dem Definitiven.

Ein anderes Beispiel für den gedanklichen Schritt zurück zur eigenen Vergangenheit ist der *Kettcar*-Song *Im Taxi weinen*. Hier steht ebenfalls die Erinnerung an die Ideale der Vergangenheit im Mittelpunkt:

> Es ist auch nur die Angst, die bellt, wenn ein Königreich zerfällt in ziemlich genau gleich große Teile, past und present future […] der Tag an dem wir uns ‚we're gonna live forever' auf die Oberschenkel tätowierten, war der Tag, an dem wir wussten, die Dinge, die wir sehn, und die Dinge, die wir wollen, sind 2 Paar Schuhe.

Die hier angesprochene ‚Brüchigkeit' einer idealisierten Vergangenheit (des ‚Königreichs') und die Ernüchterung der Gegenwart (das andere Paar Schuhe) findet sich auch in Wiebuschs Stimme, die sich bedrückt, getragen von der vergleichsweise langsamen Musik, gerade in ihrem unbestimmten, stets fragenden Ton überaus seriös gibt; sie ist, bei aller melancholischer Selbstreflexion, allerdings überhaupt nicht weinerlich und stets bestimmt durch das Bedürfnis, ernst genommen zu werden – Indie-Hochkultur. Schließlich hat man immer noch etwas zu sagen. Die Band gibt also das Dennoch-Engagement nicht auf, sondern entschließt sich, in vollem Bewusstsein über den eigenen Weg, zum nächsten Schritt in Richtung Authentizität. Und um auch wirklich dem letzten Neider des Erfolgs, der versucht wäre, auf überfüllten Konzerten „Ausverkauf" zu schreien, den Wind aus den Segeln zu nehmen, fragt Wiebusch: „Wieso eigentlich Indie-Charts, Digger" und singt:

> Und jetzt sind wir wieder schwierig / Und wir denken wir wär'n ehrlich / Und das Schlimmste, was es gibt / Sind Ex-Punkbands, die heute Popsongs / Spiel'n und Dir die Welt erklären.

7. Warum wir Wiebusch auch heute noch glauben, was er gestern gesungen hat

Die Stimme von Marcus Wiebusch transportiert das Bewusstsein darüber, dass Punk heute nicht mehr funktioniert – zumindest nicht so, wie er einmal war. Was sich zu Zeiten von *…But Alive* schon angekündigt hatte, findet im Übergang zu *Kettcar* seine konsequente

Fortsetzung: Mit Wiebuschs Stimme wandelt sich die gesamte musikalische und politische Orientierung einer Band, die sich bewusst ist über ihren Status als Teil eines Systems, in dem die Artikulation radikaler Opposition in Windeseile vermarktungsfähig wird. „Es gibt kein Außen mehr/kein Drinnen und Draußen mehr" singt Wiebusch und deutet damit einmal mehr auf die prekäre Situation des Post-Punk hin, in dessen Kontext seine Musik in erster Linie eine (pop)kulturdiagnostische und -kritische Funktion einnimmt. Die erhöhte Selbstreflexivität, die damit einhergeht, impliziert unter anderem den Verzicht auf simple Mitgröhl-Slogans und eindeutige Positionen: „Sätze, die sagen, das war's", werden nicht ins Repertoire aufgenommen; denn der Zweifel an der eigenen Position und die Reflexion auf ihre Bedingtheit sind die unabdingbaren Voraussetzungen, unter denen der eigene Anspruch auf Authentizität formuliert und aufrecht erhalten werden kann. *Doubt to Stand*!

„Still, it is the voice that gets you." Die Stimme von Marcus Wiebusch bleibt – zunächst gerade aufgrund ihrer musikalischen Defizite, im Weiteren dann aufgrund ihres Wandels – stärker als die Instrumentalmusik das Signum von ...*But Alive* und *Kettcar*. Der entscheidende Aspekt ist dabei ihre Körperlichkeit: Indem sie gepresst und gehetzt, dabei aber stets zwanghaft engagiert klingt, ,verkörpert' sie im terminologischen Sinne die Notwendigkeit einer Haltung bei gleichzeitigem Zweifel an dieser als Signum der Pop-Persona Wiebusch. Jenseits der Lyrics, aber zumeist in Einklang mit ihnen, trifft diese Stimme eine eigene Aussage, die sich in etwas so liest: ,Ich bin authentisch gerade darin, dass ich ständig zweifle – an den Botschaften, die ich doch angetreten bin zu übermitteln, an eurer Kapazität, sie zu fassen, in erster Linie aber an mir selbst.' Im Verweigern einer vollen Rock-, Punk-oder Hardcore-Präsenz kommuniziert sie eine neue Ehrlichkeit, die es ihr erlaubt, im Übergang zu Post-Punk und Indie Pop als eine Art performatives Steuerungsinstrument zu fungieren, das einen möglichst glaubwürdigen Kurs zu halten hilft. Gerade die Performativität der Stimme sowie die vielfachen Möglichkeiten ihrer Modifikation durch Aufnahme- und Produktionstechnologien (also ihre mediale Dimension) setzen Wiebusch in die Lage, diesen Wandel nicht nur zu kommentieren, sondern auch aktiv mitzugestalten; seine Stimme erlaubt es ihm, seine Texte, seine Person und die Band ständig neu zu modellieren, ohne dabei grundsätzlich den Anspruch auf Authentizität aufgeben zu müssen. Im Gegenteil: Indem die Botschaft der Stimme vermittels ihrer auffälligen, weil musikalisch defizienten, Körperlichkeit als Person festgeschrieben ist, kommt niemals der Verdacht auf, hier könnte eine Rolle gespielt werden. Die als Zweifel codierte Differenz zur eigenen Haltung wird sozusagen integriert in das spezifische personale Authentizitätskonzept Wiebuschs. Person und Rolle fallen in der biographischen Signatur zusammen, deren durch die Stimme beglaubigte Ehrlichkeit Maß der Dinge ist und bleibt. Als Träger und Kommunikator einer solchen Semantik der Authentizität ist die Stimme von Marcus Wiebusch auch in ihrem Wandel lesbar im Kontext der zunehmenden Infragestellung von Gattungskonventionen und ehemals etablierten, spätestens seit den 1990er Jahren aber immer schneller erodierenden Entwürfen von Punk und dem Aufkommen einer hedonistischen, aber weiterhin um selbstreflexive Glaubwürdigkeit bemühte Independent-Popkultur.[51]

---

51 Wir danken Thomas Schopp für kritische Anmerkungen und Kommentare.

Literatur

Bardach, Ann Louise: Nina Totenberg. Queen of the Leaks. In: Vanity Fair 1 (1992), zit. n. www. bardachreports.com/articles/v_19920100.html (15.8.2010). NPR = National Public Radio.

Barthes, Roland: The Grain of the Voice [1972]. In: R.B.: Image, Music, Text. Essays selected and translated by Stephen Heath. London 1977.

Bielefeldt, Christian: Voices of Prince. Zur Popstimme. In: PopMusicology. Perspektiven der Popmusikwissenschaft. Hg. v. C.B. u.a. Bielefeld 2008.

Büsser, Martin: If the Kids are united: Von Punk zu Hardcore und zurück. Mainz ^{8}2010.

Frith, Simon: Performing Rites. Evaluating Popular Music. Oxford 1996, ^{2}2002.

IG Dreck auf Papier (Hg.): Keine Zukunft war gestern – Punk in Deutschland. Berlin 2008.

Klein, Richard: Das Narrative der Stimme Bob Dylans. In: PopMusicology. Perspektiven der Popmusikwissenschaft. Hg. v. Christian Bielefeld u.a. Bielefeld 2008.

Middleton, Richard: Studying Popular Music [1990]. Milton Keynes/Philadelphia 2002.

Middleton, Richard: Pop, Rock and Interpretation. In: The Cambridge Companion to Pop and Rock. Hg. v. Simon Frith, Will Straw and John Street. Cambridge 2001.

Moore, Allan F.: Rock: The Primary Text. Developing a musicology of rock. Aldershot u.a. ^{2}2001.

Moore, Ryan: Postmodernism and Punk Subculture. Cultures of Authenticity and Deconstruction. In: The Communication Review 7/2004.

Rockwell, John: Living in the USA. In: Stranded. Rock and Roll for a Desert Island [1979]. Hg. v. Greil Marcus. New York 1996.

Sontag, Susan: Notes On „Camp" [1964]. In: S.S.: Against Interpretation. London 2001.

Vits, Astrid: Du und wie viele von deinen Freunden. 34 deutsche Bands und Solo-Künstler im Interview. Berlin 2004.

Links

www.gitarren-forum.de

http://www.but-alive.de/texte_presse3.htm (05.06.2011).

http://www.but-alive.de/texte_interview4.htm (07.06.2011).

Hiller, Joachim, in einem Bericht über ...But Alive in VISIONS (vgl. http://www.but-alive.de/texte_presse1.htm, 07.07.2011).

http://www.rockszene.de/Reports/20-ich-habe-mich-nur-geaendert-ein-interview-mit-marcus-wiebusch-von-kettcar.html (07.06.2011).

http://www.erzwiss.uni-hamburg.de/ewi-Report/EWI28/berichte/abschluesse.pdf (07.06.2011).

http://www.gitarren-forum.de/index.php?page=Thread&postID=16886 (07.06.2011).

„Nobody knows what will emerge
from this global cultural laboratory"

Lev Manovich

303, MPC, A/D

Popmusik und die Ästhetik digitaler Gestaltung

Rolf Großmann

So könnten Stationen einer Gerätegeschichte gelesen werden: die *TB-303*, eine analoge programmierbare Groovebox als Basssynthesizer, es folgt die *MPC 60*, ein digitales *Music Production Center*, das mit Samples arbeitet und schließlich – Tschüss und Ade für die vertraute Hardware – per A/D Wandler die finale Überführung des analogen Sounds in die virtuellen Welten der Medienmaschine Computer. Kann die Ästhetik digitaler Gestaltung als Gerätegeschichte, in der Abfolge technischer Konfigurationen von analog zu digital verstanden werden? Und welche Rolle spielt dabei das Populäre? Unterscheidet sich die digitale Ästhetik populärer Musik von derjenigen anderer Musik, etwa der Volksmusik, der volkstümlichen Musik oder der so genannten ernsten Musik? Die Antwort in Kurzform: Ja, sie unterscheidet sich, und ja, es geht um technische Konfigurationen. Aber natürlich nur als Teil der technikkulturellen Entwicklung und dort insbesondere als mediales Dispositiv musikalischer Praxis. Performativität spielt dabei eine zentrale Rolle. Als Teil des performativen Settings hat das technische Gerät, das Instrument, das Interface selbst medialen Charakter, es vermittelt zwischen kulturell sedimentierten Praxen der Gestaltung, die im jeweiligen Stand der Schriftkultur angelegt sind und einer Körperlichkeit, die als hybrides Konzept aus Apparat und Mensch abgeleitet werden kann.[1] Eine digitale Ästhetik aus der Perspektive des Performativen zu betrachten, ist daher höchst sinnvoll, hat es aber mit einem komplexen Gefüge von Relationen zu tun. Die Grundelemente, die im folgenden Beitrag ausführlicher besprochen werden, sind dabei – als Ausgangspunkt – der Medienwandel der Schriften, die performative Seite der Apparate der Gestaltung und ihre ästhetische, technikkulturelle Aneignung.

Dass eine solche Aneignung oder – je nach Sichtweise – Adaption nicht einfach zu beschreiben ist und vielleicht auch visionäre Fantasie erfordert, zeigt Arthur Krokers „biotechnisches Ohr", das genau als ein solches hybrides Organ der Wahrnehmung auftritt:

„Wenn die digitale Musik Anerkennung finden soll, dann besteht eine dringende Notwendigkeit für die Entwicklung algorithmischer Ohren: für Trommelfelle, die in der Lage sind, Klänge zu hören, die es noch nicht gibt und die von der menschlichen Stimme nie nachgemacht werden können. Was not tut, ist folglich nicht die Rettung des Ohres als

---

1 Die Beschreibung dieses hybriden Konzepts hat zurzeit Konjunktur, etwa in der dispositiven Theorie der Apparate oder der Akteur-Netzwerk-Theorie.

bevorzugter Öffnung für die nostalgische Wiederkehr der Ohrkultur, sondern die Züchtung neuer Ohren – digitaler Ohren – als Zeichen für die Sehnsucht nach der Zukunft. Das biotechnische Ohr also, das auf subhumaner Ebene funktioniert, das sich nach außen über die Medienlandschaft stülpt und über die digitale Welt des virtuellen Klangs hintreibt.", (S. 60)[2]

Was Kroker 1993, noch vor dem Siegeszug des World Wide Web, zur Zeit der Cyberkultur-Visionen formuliert, hört sich zwar ein wenig missionarisch an, trifft jedoch mit der Kulturalisierung digitaler Technik einen zentralen Punkt. Nüchterner betrachtet, handelt es sich bei seiner visionär inszenierten Metaphorik um den Versuch einer Beschreibung des mit den digitalen Medien verbundenen kulturellen Wandels. Die digital produzierten Gegenstände haben tatsächlich andere Eigenschaften, deren Rezeption eine andere Kultur der Ohren und Körper voraussetzt, in diesem Sinne trifft sich der Dubstep der Digital Mystikz mit den Cyberohren Krokers. Die Rede von digitalen Ohren oder noch weitergehend einer digitalen Ästhetik würde allerdings außerhalb einer feuilletonistischen Metaphorik nur dann Sinn machen, wenn dem Kern ästhetischer Prozesse in der Sphäre des Menschlichen unter den Begriffen analog oder digital auch definierbare Eigenschaften zuzuordnen wären. Bisher beschreiben sie jedoch eher technische Welten und in einer einfachen Übertragung den Einzug einer bestimmten Medientechnik in die kulturelle Praxis. Die Geschichte der Übernahme von Begriffen aus der technischen Signalverarbeitung wie Kommunikation oder Information in soziokulturelle Zusammenhänge zeigt, wie problematisch solche Übertragungen sind. Die Bedeutung der Differenz von analog und digital richtet sich in erster Linie auf die technische Kodierung von Signalen und die damit verbundenen Medientechniken. Sie bezieht sich eben nicht auf Eigenschaften von Kultur und es ist fraglich, ob sie überhaupt für kulturelle Phänomene als solche passt. Eine durch digitale Medien veränderte Wahrnehmung ist keineswegs selbst digital, sondern zunächst einmal anders. Nicht die Ästhetik selbst ist analog oder digital, sondern primär die technischen Medien, mit denen ihre Gegenstände gestaltet und rezipiert werden. Es geht also eher um eine Ästhetik des Digitalen oder, präziser gesagt, um die ästhetischen Folgen einer durch digitale Technik dominierten Medienkultur. Wenn im Folgenden die Aneignung digitaler Technik im Umgang mit (Medien-)Instrumenten musikalischer Gestaltung genauer betrachtet wird, sollen Umbrüche identifiziert werden, an denen sich konkrete Veränderungen in popkulturellen ästhetischen Strategien vollziehen.

Um jedoch zu verstehen, dass es sich dabei gerade nicht einfach um das Auftreten „neuer" Instrumente (Sampler, Synthesizer), Produktionsmittel (Studio, Laptop), Rollenklischees („Bedroom Producer") oder gar um digitale gesellschaftliche Revolutionen („Demokratisierung der Musikproduktion") handelt, sondern um grundlegende und historisch analysierbare Veränderungen in der Schriftkultur und der performativen Instrument-Körper-Verhältnisse in der Musik, ist zunächst ein ausführlicher Vorspann notwendig.

---

2 Arthur Kroker, Krampf. Virtuelle Realität, androide Musik und elektrisches Fleisch. Wien 1998 (OA 1993).

Diese Überlegungen bilden die Folie, vor der einige performative Umbrüche der Gestaltung anhand konkreter Apparate, ihrer Funktionen und ihrer Nutzung gezeigt werden.

Unter der Voraussetzung, dass die primäre Differenz von digital und analog zunächst einmal die Schriften, ihre Materialität und ihre Codes betrifft, ist die Frage nach dem historischen Umbruch der Schriftlichkeit auditiver Gestaltung zu stellen. Bevor also weiter von digitalen Ohren und der Performanz digitaler Produktion und Rezeption gesprochen wird, wäre zunächst die Medienfrage zu klären: Wo beginnt das Digitale und wie findet es Niederschlag in den Instrumenten und ihrer performativen Praxis?

Digital 1 – Schriften

Mit der Notenschrift, der Phonographie und mit dem digitalen Code der Computermedien hat die kulturelle Praxis der Musik einen Wandel der Schriftlichkeit vollzogen, der durchaus vergleichbar ist mit „galaktischen" Medienumbrüchen, wie sie Marshall McLuhan mit dem Beginn der Gutenberg-Galaxis beschreibt. Ohne die Druckerpresse, die wie die Phonographie ein Ergebnis einer bestimmten historischen Situation und weniger eine überraschende Entdeckung eines einzelnen Erfinders ist, sind so grundlegende Veränderungen wie die Säkularisierung und Verbürgerlichung des Wissens, die Aufklärung oder die Systematik einer alphabetischen Ordnung der Enzyklopädie nicht denkbar. Im Grunde, wenn man so möchte, vollzieht sich hier der Prozess einer *Popularisierung* von Schrift und Wissen. Dabei ist es höchst hilfreich, die verwendete Medientechnik, also die Grundprinzipien des Drucks mit beweglichen Lettern zu verstehen und – je näher man an die historische Umbruchphase kommt – vielleicht noch einige Details der Produktion und Distribution von Druckwerken genauer zu betrachten. Denn so fern vom Thema digitale Gestaltung ist dieser Umbruch nicht. Genau an dieser historischen Stelle, also im 15. Jahrhundert, beginnt die westeuropäische Digitalisierung der Schriftsprache. Diese wird zerlegt in diskrete Elemente, in die einzelnen Buchstaben des Setzkastens, jedes genau adressierbar durch Seite, Zeile und die Zahl der vorausgegangenen Buchstaben in der jeweiligen Zeile. Damit sind die Grundlagen des digitalen Codes, mit dem schließlich die universalen Medienmaschinen des einundzwanzigsten Jahrhunderts arbeiten, gelegt: Arbitrarität, Diskontinuität und Adressierbarkeit.

Die Musik durchläuft zu dieser Zeit einen ähnlichen Prozess. Der Kupferstich sowie Versuche des Drucks mit beweglichen Typen erlauben eine Verbreitung von notierter Musik als gedrucktes Werk. Musikalische Notation verbleibt zwar im Status eines analogdigitalen Hybrids, da sie als an der Performanz der Aufführung orientierte Notation weiterhin starke nicht-arbiträre Elemente enthält (Hoch-tief-Symbolik, Crescendi, Bögen, Balken etc.), ihre digitalen Elemente begünstigen jedoch das Moment der Rationalität im musikalisch-kompositorischen Denken. Schon hier sind Raster und Regel, wie ich an anderer Stelle[3] die Faktoren des Digitalen vereinfachend genannt habe, als gestufte Tonhöhen oder etwa als die Regeln des Kontrapunkts (z.B. bei Johann Joseph Fux) erkennbar.

---

3   S. Großmann, Rolf: Spiegelbild, sprechender Spiegel, leerer Spiegel. Zur Mediensituation der

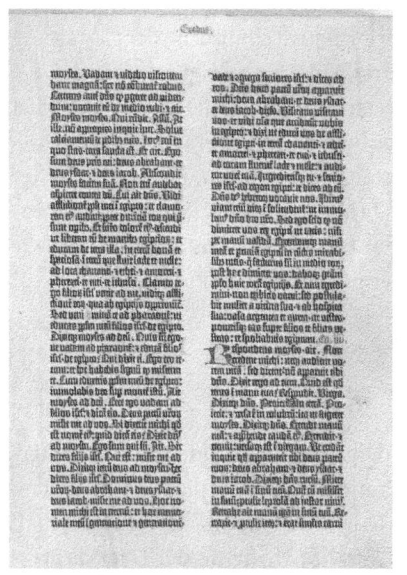

Bild 1: Buchdruckseite (1455) / Notendruckseite (1493)

Digitale Medientechnik ist also auch in der Musik keineswegs geschichtslos und beginnt nicht erst mit der Nutzung von Computern, sondern ist - wiederum ähnlich zum Buchdruck - eine der Voraussetzungen für die Abstraktion und Rationalisierung in der Komposition westeuropäischer Kunstmusik. Zugleich begünstigt die Körperfeindlichkeit des Christentums - ein Gedanke, den Max Weber und Kurt Blaukopf ausführlich reflektiert haben[4] - die bis heute gepflegte hochkulturelle Aufführungspraxis des reinen Hörens, eine Entkoppelung von Rezeption, Bewegung und rhythmischer Struktur. Ähnlich verdrängt wurden archaische Formen tonaler Praxis wie der Drone (das Dröhnen) einstimmiger oder monophoner, von ostinaten oder flächigen Bässen getragener melodischer Formen. Die Trennung in ernste und unterhaltende Musik, die sich bis heute in der Unterscheidung einer so genannten zeitgenössischen versus populären Musik fortsetzt, ist damit nicht erst aus der bürgerlichen Funktionszuweisung der Salon- und Tanzmusik des 19. Jahrhunderts ableitbar, sondern bereits aus der in der Schriftform der Musik angelegten Ausdifferenzierung des Konzepts rationaler melodisch-harmonischer Entwicklung.

Vom Standpunkt der Medialität und Performativität aus gesehen findet bereits damals ein radikaler Wandel statt: das Musikstück trennt sich von der gespielten Musik und schließlich auch vom gedruckten Blatt, es wird zur geistig ausgearbeiteten Idee, die in der Partitur ihren Aus*druck* und in der Aufführung *eine* der möglichen Interpretationen erfährt. Das entsprechende Instrument als zentrales Element der performativen

---

Clicks&Cuts. In: Kleiner, Marcus S./ Szepanski, Achim (Hg.): Soundcultures. Frankfurt a.M.: Suhrkamp 2003, S. 52-68.

4   S. dazu Blaukopf, Kurt: Musik im Wandel der Gesellschaft. Grundzüge der Musiksoziologie. Darmstadt 1996.

Rahmung kompositorischer Arbeit und Lehre wird das Klavier, ein Instrument, das die Diskontinuität der Töne und ihre Ordnung direkt abbildet. (In den Klassenzimmern für den Musikunterricht hängt bis heute eine Papptafel mit einer oder mehreren Oktaven der Klaviatur, welche Diatonik und Chromatik anschaulich machen sollen.)

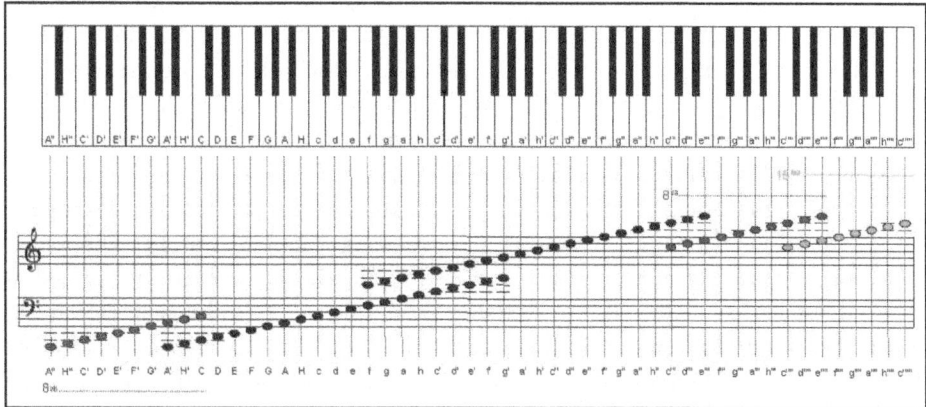

Bild 2: Die rationale (An-)Ordnung der chromatischen Töne:
Klaviatur (Medienarchiv Wikimedia Commons)

Das Bedingungsgeflecht von Medium, Form und Performanz – wie im folgenden Zitat von Sibylle Krämer formuliert – wird hier für die auditiven Medien evident:

> Die ,stummen', die materialen Strukturen von Medien stellen geschichtlich sich wandelnde Vorrä-te von Unterscheidungsmöglichkeiten bereit, in deren Spektrum erst Zeichen gebildet, fixiert und übermittelt werden können, sich also die raum-zeitlich situierte Performanz unseres Zeichenver-haltens wirklich vollzieht. Durch diese mediale Dimension kommt ein nicht-diskursiver, ein vor-prädikativer Überschuß an Bedeutung ins Spiel, der den Zeichenbenutzern eher widerfährt, als daß er von ihnen beherrscht und kontrolliert würde. (Krämer S. 90)[5]

Mit der Klaviatur vollzieht sich die angesprochene „Performanz unseres Zeichenverhaltens", in ihr konkretisiert sich die spezifische Rationalisierung westeuropäischer Kunstmusik, die den Zeichenbenutzern bis heute „widerfährt", wenn sie diesen Kontext auditiver Kultur zu beherrschen glauben.

Digital 2 – phonographische Arbeit

Die zweite und ebenso folgenreiche Phase der medientechnischen Digitalisie-rung der Musik bringt auf der Ebene der Schriftlichkeit etwas grundsätzlich Neu-

---

5   Sibylle Krämer, Das Medium als Spur und als Apparat. In: Krämer, Sybille (Hg.), Medien - Computer - Realität. Wirklichkeitsvorstellungen und Neue Medien. Frankfurt am Main 1998. S. 73-94, hier S. 90

es: Ihre Schrift ist nicht nur vollständig arbiträr, diskontinuierlich und indexiert, sondern maschinenlesbar (genauer gesagt, mittels elektronischer Maschinen lesbar). Ihre dispositive Einbettung ist nicht mehr die einer Vorlage für menschliches Handeln in einem bestimmten kulturellen Rahmen, sondern die einer präzisen sequenziellen und automatischen Ausführung von maschinellen Prozessen. Damit erreicht auch das Potenzial für eine Abstraktion und Rationalisierung musikalischer Gestaltung eine neue Ebene. Das Maschinelle, Automatische und Programmierbare im Zusammenspiel von Code und Rechenmaschine enthält – im Vergleich zur ersten Phase der Digitalisierung – das bereits dort vorgefundene Moment von Rationalität und Distanz zum Körperlichen in potenzierter Form.

Die neue digitale Schrift erbt allerdings von den analogen Medien zusätzlich auch das Potenzial einer weiteren Schrift, von der eingangs die Rede war, der Phonographie. Ein weiteres, vormals analoges Universum, die ,Edison-Galaxis' (um im oben verwendeten Bild zu bleiben) hinterlässt dort seine Spuren. Die ästhetische Geschichte der Phonographie, von der Strohgeige bis zum Tape-Delay, von Ernst Toch über Pierre Schaeffer bis Grandmaster Flash, die Gestaltung auf der Ebene der *secondary orality* wird so Teil des neuen digitalen Mediums. Digitale Phonographie, die zu ästhetischen Strategien wie dem Sampling, dem Mashup, der New School des Hiphop und der Granularsynthese führt, ist deshalb ebensowenig geschichtslos wie die digitale Maschinensprache, von der bereits die Rede war. In den schnellen und wechselnden Diskursen zu digitalen Revolutionen oftmals vergessen oder verdrängt, ist diese Geschichte gerade die Voraussetzung zum tieferen Verständnis aktueller Phänomene.

Um an dieser Stelle gleich noch ein Missverständnis und einen argumentativen Kurzschluss auszuräumen: Die technische Rationalität und Maschinennähe eines Medien-Codes führt keineswegs direkt zur Maschinenästhetik oder Ähnlichem, obwohl Künstlertheorien und die künstlerische Aneignung neuer Techniken solche direkten Bezugnahmen gerne plakativ vollziehen – und den technischen Wandel so zunächst als Randphänomene begleiten. Ein Beispiel für die positive Inszenierung dieser Relation ist die Maschinenästhetik bei *Kraftwerk*, negativ dagegen der berühmte Videoclip der *Dire Straits* („Money for Nothing"). Dort wird die industrielle Arbeitswelt und mit ihr die kulturindustrielle Zurichtung der Medien repräsentiert durch die damals (1985) noch mit geometrischen Figuren kämpfende Computeranimation (im Kontrast zur ,echten' Welt des live-Konzerts der Band).

Im Gegenteil, die Relation der technischen Verfasstheit von Schrift und Medium zur Performanz und schließlich zu einer mit beiden in einer bestimmten technikkulturellen Phase konventionalisierten Ästhetik ist vielschichtig. In diesem Falle summieren sich das ästhetische Potenzial der Notenschrift und der Phonographie, die ästhetische Geschichte beider Medien und, soweit nicht genug, auch noch das spezifische, noch kaum erprobte Potenzial der vernetzten Computermedien.

Soweit der Umriss des komplexen Felds, nach diesem langen Vorspann sollte verständlich sein, was anhand der Analyse konkreter Geräte herausgearbeitet werden soll: sie definieren die instrumentalen Konfigurationen, mit denen die rationalen Konzepte,

Bild 3:

a) Digitale Klötzchenanimation im Musikvideo: *Dire Straits*, Money for Nothing
   (Steve Barron, 1985) Bosch FGS-4000 CGI System, Quantel Paintbox System;

b) Affirmative Inszenierung des Technischen: *Kraftwerk*

die Automatismen und neuen Schriftlichkeiten spielbar werden. Sie sind Teil des technikkulturellen Dispositivs der Medien und dort eine zentrale Instanz der "Zeichenbildung" (s.o. Zitat S. Krämer), in der sich Medientechnik, Performanz, kulturelle Praxis und Tradition treffen. In ihren funktionalen Strukturen und Interfaces manifestiert und sedimentiert sich entsprechend auch die spezifische Performativität von Popmusik und ihre ästhetische Geschichte, die zunehmend im Zeichen digitaler Codes steht.

TB-303

Die digitale Verarbeitung musikalischer Daten beginnt zwar bereits in den fünfziger Jahren mit den Computermusik-Experimenten Lejaren A. Hillers, in die alltägliche Studioproduktion der populären Musik zieht sie jedoch erst ab 1983 mit dem MIDI-Standard ein. Ein Jahr später wird die Produktion eines damals erfolglosen *computer controlled* analogen Geräts eingestellt, das in den 1990ern zum Kultgerät werden sollte, die TB-303 *Bass Line*[6]. Das technische Konzept, welches das Gerät zum Erfolg bringen sollte, die Kombination aus einem Sequenzer und einem Bass-Synthesizer, war an anderer Stelle effizienter und flexibler zu haben: der neue digitale Standard[7] erlaubte die Vernetzung, Steuerung und Synchronisation MIDI-fähiger Klangerzeuger im Studio per Computer, Sequenzerprogramm und MIDI-Clock (wenig später mit dem auf dem SMPTE Code aufsetzenden MIDI-Timecode). Gleichzeitig wurden die instabilen analogen Sequenzer und Synthesizer durch digitale und programmierbare Hardware ersetzt. Was mit *C-Lab-Sequenzer*, *C-64* und dem damals gerade erschienenen digitalen

---

6   Das sprachliche Femininum verrät bereits, dass dieser Transistorized Bass Synthesizer nicht
     als ein Synthesizer, sondern als eine Rhythmusmaschine oder als Groovebox (die ‚silberne
     Kiste‘) klassifiziert wird. (s.u.)

7   Nach dem ASCII Standard ist MIDI der historisch zweite, bis heute bedeutende Standard eines
     Mediensteuerungscodes, seine 7-Bit-Kodierung erlaubt gerade einmal 128 verschiedene Stufen
     (Tonhöhen, Anschlagstärken etc.).

FM-Synthesizer *DX7* oder dem *Sequential Circuits Prophet 600* möglich war[8], machte Geräte wie die *TB-303* aus der Sicht ‚ernsthafter' Produzenten zum Kinderspielzeug.

Mächtige Synthesizersounds – wie in Giorgio Moroders *Munich-Sound* – waren Mitte der 1970er ein Markstein in der popkulturellen Aneignung programmierter Sequenzen. Ihr massiver Sound war allerdings – im Gegensatz zur *TB-303 Bassline* – geeignet, die gängigen Funktionen (Bass, Akkorde, Flächen) in einem konventionell aufgebauten Pop-Arrangement zu übernehmen. Maschinenhafte Strukturen, wie sie Moroder oder auch Kraftwerk im Pop etabliert hatten, waren nun mittels digitalen Studiokonfigurationen leicht auf den Rest der musikalischen Gestaltung zu übertragen. Mehr noch, auch traditionell gespielte Instrumente ließen sich zunächst für Übungszwecke, Hintergrundmusik, Jingles und klingende Exposees programmieren. Die Domäne der digitalen Gestaltung, die Programmsteuerung automatischer Abläufe, begann das traditionelle Arrangement zu unterwandern, zu simulieren und in einigen Bereichen zu ersetzen.

In dieser historischen Situation – und das macht es aus der Perspektive des Performativen interessant – wandelt sich ein erfolgloses musikalisches Instrument, das zunächst als Substitut eines konventionellen Bandinstruments gedacht war, zu einem Kultobjekt und Wegbereiter eines Genres und einer ganzen Klasse künftiger Instrumente, den *Grooveboxen*.[9]

Die TB-303 enthält eines der Prinzipien digitaler Studiotechnik, die Programmierung automatischer Abläufe, ohne jedoch eine umfassende Visualisierung durch einen Monitor und die exakte Adressierbarkeit aller Parameter zu bieten. Ihr hybrides Interface zwischen Musikinstrument und Programmiertool enthält noch die Klaviatur, bietet dazu bereits die Leuchtpunkte über den nur noch rudimentär vorhandenen Tasten, die von der Lauflichtprogrammierung der kurz vorher erschienenen *TR-808* und der Rhythmus-Schwester der *TB-303*, der *TR-606 Drumatix* bekannt waren.[10] Ihre Klaviatur ist nicht mehr wie bei den großen analogen Synthesizern der Jazz- und Artrock Supergroups zum virtuosen Spiel (eines Joe Zawinul oder Rick Wakeman) geeignet, sondern zur ‚Eingabe' von Tonhöhen. Und auch dies ist nur begrenzt möglich, denn die erklingende Tonhöhe ist letztlich abhängig von der Stellung des Tuning-Drehknopfs, der keinerlei Anhaltspunkte (wie etwa ein Raster oder eine präzise Skala) für eine harmonisch korrekte Frequenz ausweist. Ihr Vorteil gegenüber anderen Instrumenten ist ihre Unbeherrschbarkeit, sie ist das experimentelle Interface der Popmusik, das in einer historischen Situation der perfekten Kontrolle ein hörendes Experimentieren erzwingt.

> ... the 303 was a small silver tone box, with an uninspiring and confusing control panel, near impossible-to-program internal sequencer, unreliable and idiosyncratic memory, and a tone colour bearing little semblance to that of any acoustic instrument.[11]

---

8   In den USA vollzog sich diese Entwicklung leicht verspätet mit Apple-PCs und Opcode-Sequenzern.

9   S. dazu Bremer, Harm: Grooveboxen im Techno-Liveact. Geschichte - Technik - Performative Strategien. Osnabrück: CD-ROM epOs-Music 2007.

10 Diese Rhythmusmaschinen konnten über einen spezielle Ausgang mit der *TB-303* metrisch synchronisiert werden.

11 Rick Bull, The Aesthetics of Acid, 1997, zit. nach Bremer, Harm: Grooveboxen, S. 10.

Bild 4: Klaviatur und Parameterpanel der *TB-303*

Gleichzeitig reagiert sie – nun doch wie ein ‚richtiges' Instrument – mit ihren Filtern und Pitch-Reglern direkt und unmittelbar, das ‚Echtzeitspiel' verlagert sich von der Kontrolle der Tonhöhen durch die Klaviatur auf die Parameter des Klangs. *Acid Trax* (1985), der mit der *TB-303* gespielte Ursprungstrack des Acid House, entsteht bezeichnenderweise nicht als ein auskomponiertes Stück, sondern als eine Version aus einer auf Kassette aufgenommenen Session. Im Gegensatz zu den technisch und klanglich mächtigeren digitalen Studioumgebungen ist die *TB-303* kein Medium der Kontrolle, sondern des Spiels in einem nicht traditionell musikalisch-instrumentalen Sinn. In ihrer Performativität als Instrument ist das angelegt, was am Beginn jeder großen Innovation im Pop steht: der Traditionszähler wird auf Null gestellt, die Geschichte des Instrumentalspiels beginnt von Neuem, ohne Rücksicht auf die Definitionsmacht vorausgegangener Generationen und das Diktat eines bereits entwickelten Virtuosentums.

„Live-Acts (Live-Akteure im Techno, RG) sind vornehmlich Autodidakten. Es existieren keine klassischen Musikausbildungen... Wissen muss durch Ausprobieren ...selbst erarbeitet werden."[12] (S. 55) Hier geschieht genau das, was Marcus Kleiner als „autonome Selbstkonstitution", als „Einspruch gegen die Anschlusssysteme der Dominanzkultur" und schließlich als „deterritorialisierende" Funktion von Pop beschreibt.[13] Mit *Acid Trax* wird klar, welches das neue Territorium ist, das Popkultur hier mit einer Musik der Unbefugten besetzt. Gespielt werden erstens nicht mehr Töne, sondern deren Klang und gespielt wird zweitens mit überlagerten programmierten rhythmischen Strukturen und ihren durch zufällige und verschobene Sequenzen entstandenen ‚falschen' Akzenten, inspiriert durch das Eigenleben der Maschine. Zur inspirierenden Unkontrollierbarkeit kommen bei der *TB-303* Zufallseffekte durch ihren batteriegepufferten Speicher. Eine schwache oder kurz-

---

12 Bremer, Hans: Grooveboxen, S. 55

13 Kleiner, Marcus S.: Pop fight Pop. Leben und Theorie im Widerstreit. In: Matejovski, Dirk / Kleiner, Marcus S. /Stahl, Enno (Hg.), Pop in R(h)einkultur. Oberflächenästhetik und Alltagskultur in der Region. Essen: Klartext 2008, S. 11-42, hier S. 14.

fristig entnommene Batterie führt zu einer zufälligen Anordnung der Daten im Speicher und generiert auf diese Weise Zufallssequenzen, welche wiederum als willkommener Input für weitere Experimente benutzt werden konnten[14] (S. 45 f.). Der Bruch mit einer rationalen und absoluten Kontrolle und den damit verbundenen Notwendigkeiten und Zwängen, den die ernste Musik mit der Aleatorik zu erreichen suchte, vollzieht sich hier in einem performativen Prozess zwischen Maschine und Mensch. Selten sind Instrumentendispositiv und popkulturelle Praxis so offenkundig wie hier aufeinander bezogen.

Dieser Prozess – dies ist Teil seiner popkulturellen Qualität – wird im Techno von vornherein als eine Aneignung von Technologie verstanden und inszeniert, in der maschinelles Eigenleben und menschliche Kontrolle eine hybride Einheit bilden. Als Voraussetzung für eine solche „Kollaboration mit Maschinen" sieht Squarepusher Tom Jenkinson das Eingeständnis,

> …that the attributes of the machine are just as prominent an influence in the resulting artefact as the user is; through his work, a human operator brings as much about the machine to light as he does about himself.[15]

Im Spiel mit der *TB-303* ist dieser Einfluss buchstäblich mit den Händen zu greifen. Die hybride Qualität des Zusammenspiels, die eine veränderte Praxis des Musizierens zur Konsequenz hat, basiert auf dem impliziten Eingeständnis, der Maschine eine andere Rolle zuzugestehen, als sie nur zu kontrollieren.

MPC

Während mit der *TB-303* die Programmierung und der Klang synthetisierter Tonfolgen und damit die Maschinenseite des Mediencodes spielbar wird, repräsentiert die *MPC 60* mit ihren Nachfolgern ein neues Spiel mit der digitalen Phonographie. Sie ist das experimentelle Hardware-Interface für die zweite Phase der Phonographie, einer Schriftlichkeit der programmgesteuerten ‚realen' Klänge und phonographischen Archive.

Auch sie ist eine Box, eine eigenständige Hardware-Kiste, deren Handhabung neu erprobt und erlernt werden muss wie der Umgang mit der TB-303. Wie bei dieser ist der Ursprungskontext die Simulation eines typischen Instruments der Rhythmusgruppe einer Band, hier allerdings eine gelungene: Sie basiert auf einer Drummachine, deren Klänge aus Samples, also aus Originalaufnahmen eines akustischen Instruments, gespeist werden. Ihre Performanz ist dabei die eines auf die Dateneingabe per Drucktasten reduzierten Schlagzeugs. Das Spiel von definierten Tonhöhen mittels Klaviaturen ist – im Gegensatz zu den gängigen Keyboard-Samplern der achtziger Jahre – von vornherein nicht Ziel dieser Instrumentengattung.

---

14 Bremer, Hans: Grooveboxen, S. 45 f.

15 Jenkinson, Tom (Squarepusher): Collaborating with Machines, in: Flux Magazin www.flux-magazine.com, March 2004 (Archiv nicht mehr online). Kopie unter http://www.dallasdance-music.com/music-dj-producer-talk/143685-collaborating-machines-tom-jenkinson-aka-squarepusher.html [10.12.2011].

Bild 5: *MPC 60*

Drummachines sind in der ersten Hälfte der 1980er entweder Sample-Simulationsmaschinen zur Programmierung „natürlich" klingender Schlagzeugpattern, oder sie dienen – wie die Synthesizer-Drum-Boxen der Roland TR-Serie – der Integration von „künstlichen" Synthesesounds in die Drumspuren der Pop-Arrangements. Entsprechend bestanden die ersten Sample-Drummachines aus einem mit Schlagzeugsamples bestückten Speicher, einem Sequenzer und einfachen Tastern, mit denen die Samples abgerufen und Sequenzen programmiert werden konnten. Der *E-mu Drumulator I* (1983) – der Name verrät seine Funktion – ist ein Musterbeispiel für diese Instrumente, er hatte acht auf Mikrochips unveränderlich abgespeicherte Schlagzeug-Samples und vier Drucktasten für das Spiel und die Dateneingabe.[16] Ebenso ist die von E-Drum-Pionier Roger Linn konzipierte *Linn 9000* (1984) zunächst eine Sample-Drummachine mit einem für die damalige Zeit hochentwickelten Interface: Sie enthält 32 Schlagzeugklänge, ihre 18 Drucktasten sind anschlagsensitiv (d.h. sie messen Stärke des Drucks und geben sie als Daten weiter) und sie bietet ein ganzes Feld von Slidern (Schiebereglern) zur Parameter-Einstellung sowie weitere Tasten-Felder für die Steuerung der Funktionen.

All dies positioniert zwar das traditionelle Schlagzeug und seine Sounds in der digitalen Produktion neu, bedeutet jedoch kaum eine grundlegende Änderung in den damit verbundenen Spielweisen und ästhetischen Strategien. Erst die Möglichkeit, selbst zu samplen und die vorgefertigten Read-Only-Memory (ROM)-Sounds durch andere Klänge zu ersetzen, wird zum Ausgangspunkt für ein völlig anderes Spiel mit Medienmaterial. Denn es geht in der Popkultur keineswegs nur um Soundtüftelei mit möglichst ausgefallenen aufgenommenen und bearbeiteten Naturklängen. Pop erlaubt sich in der Tradition des Remix und des Hiphop den Griff in die Plattenkisten und die dort sedimentierten phonographischen Archive, um diese selbst zum Gegenstand ihres Spiels zu machen. Hierfür sind Keyboardsampler weder notwendig noch besonders geeignet, der Schritt von der Drum- zur Beatmachine des Hiphop ist so logisch wie folgenreich, er braucht keine Diatonik oder Chromatik der Tastatur, sondern einen vinyltauglichen Sound, Se-

---

16   Bei den in Deutschland erhältlichen Dynacord-Geräten („Percuter", 1984) wurden die einzelnen Samples als Mikrochip-Cartridges (Eproms) angeboten und konnten in die Steckplätze des Geräts eingesetzt werden. Mit damals 90 DM pro Sample sollte ein lukrativer Markt für die neuen Instrumente erschlossen werden. (S. http://www.cyborgs.de/synthesizer/tests/BME/percuter.htm, 30.9.2011).

quenzer, Slider und anschlagdynamische Pads, sowie – nicht zu vergessen – einen er-
schwinglichen Ladenpreis. Und so werden die revolutionären Spielgeräte der digitalen
Phonographie keine großartigen Keyboardburgen oder experimentelle gestische Einga-
begeräte, sondern einfache Kisten mit einem guten 12-Bit Sound und Drucktasten zum
Abrufen der Sounds.

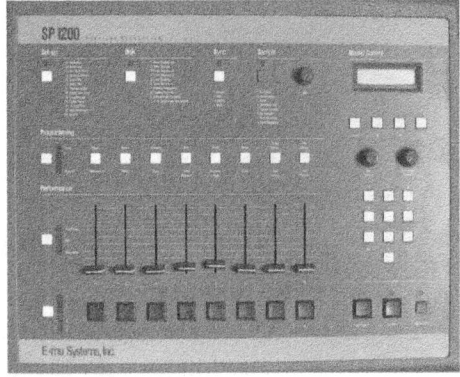

Bild 6: *SP-1200*

Aus dem *Drumulator II*, der nun in seiner zweiten Ausgabe eigenes Sampling bietet,
entwickelt sich so die berühmte *SP-12* und zwei Jahre später (1987) die *SP-1200*, die der
Legende nach solange gebaut wurde, bis der Fa. E-mu die originalen Filter-Chips aus-
gingen (1999).[17] Ihr Interface ermöglicht mit einem logischen Aufbau von acht Drucktasten in Reihe mit den darüber angeordneten Slidern eine einfache und durchdachte
direkte Bearbeitung gesampelter Loops, Chords oder gechopter (in die Einzelinstrumen-
te zerschnittener) Breaks. So bietet die *SP-1200* trotz vorhandener Anschlagsdynamik
der Tasten eine vereinfachte Steuerung und verteilt in einem entsprechenden Modus die
Anschlagstärke ähnlich wie die Tonhöhensteuerung in einem anderen Modus einfach
in acht Stufen auf die acht Tasten. Damit scheint sie vom Standpunkt einer Hightech-
Kontrolle, für die 128 MIDI-Stufen längst zu wenig sind, vollständig disqualifiziert zu
sein. Doch sie leistet genau die Reduktion, die für eine praktikable Performance eines
solchen Instruments notwendig ist.

Die zweite Linie dieser Instrumente ist die auf der *Linn 9000* aufsetzende *MPC 60* mit
ihrem charakteristischen quadratischen Feld von 16 anschlagdynamischen Pads. Sie ist
ein perfektes *Finger-Tap-Instrument* für ein rhythmisches Eintippen der Sequenzen. Die
MPC Serie wird bis heute als Hardware gebaut, das quadratische 16-Pad-System findet
sich inzwischen in den verschiedensten Instrumenten und Controllern (aktuell etwa im
modularen Hard- und Softwarekonzept „*Maschine*" der Fa. Native Instruments).

Beide, die E-mu *SP-1200* und Akais *MPC 60*, sind die Hardware-Spielgeräte der digitalen Phonographie jenseits der Simulation von Chören, Streichern und Schlagzeugen. Sie

---

17 Für Details zur Geschichte der SP-1200 s. PBODY (Hg.): *SP-1200*. The Art and The Science.
    Marseille: 7SENS Publishing 2011.

markieren historisch gesehen den Punkt des eigenständigen popkulturellen Umbruchs der Nutzung digitaler Schriftlichkeit. Zu einer Zeit, als die DJs im Hiphop bereits mittels der Zweckentfremdung analoger Ab'spiel'geräte die Medienarchive künstlerisch neu erschließen, sind sie die digitalen Instrumente dieses Umbruchs, einer Praxis der Dekonstruktion und Rekombination, der Komposition und Aufführung phonographischer Musik.

Sie sind in dieser Funktion ebenfalls die digitalen Nachfolger der 4-Spur Portastudios (Fa. Tascam), mit denen kleinteilig arbeitende DJs wie etwa *DJ Shadow* mühselig ihre Produktionen schnitten und dubten. Dabei wird auch klar, worin der Qualitätssprung der digitalen Performanz – neben der unbegrenzten Kopierbarkeit digitaler Speicher – besteht: die Pads der Drum-Sampler erlauben es, Breakbeats und ihre Teile, Chords und Flächen direkt zu spielen, übereinander zu schichten und programmgesteuert abzurufen.

Bild 7: 4x4 Tastenfeld einer *MPC 2000*

Etwas scheinbar Triviales, das Drücken von Tasten jenseits der vertrauten Klaviertastatur, ist die entscheidende Differenz dieser Geräte zu traditionellen Instrumenten. Die gewandelten „Vorräte von Unterscheidungsmöglichkeiten" – um noch einmal an das o.g. Zitat von Sibylle Krämer anzuknüpfen – sind an den Interfaces dieser Maschinen abzulesen, in denen die diatonische Ordnung nebensächlich wird (*SP 1200*) oder ganz verschwindet (*MPC*). Ihre popkulturelle Spezifik besteht wie bereits bei der *TB-303* im Reset musikalische Spieltraditionen – Punk lässt grüßen –, nun allerdings unter Rückgriff auf die radikale Innovation einer musikalischen Praxis, welche sich jenseits der westeuropäischen Kunstmusik etabliert hatte: die Nutzung phonographischer Archive der DJ-Culture.

A/D

Die Auflösung eigenständiger Instrumente in eine Konfiguration von standardisierter Computerhardware, Software und mehr oder weniger spezialisierten Controllern verkompliziert auf den ersten Blick die Analyse performativer Praxis und der damit verbundenen ästhetischen Strategien. Der Gegenpol zur Vintage-Hardware (zu der inzwischen die erwähnten Geräte gehören) wäre hier ein Setting aus A/D-D/A-Hardware, Laptop und live-Sequenzer (z.B. *Ableton live*), in dem vorkonfigurierte Elemente und Sequenzen aus synthetisierten und phonographischen Klängen ad hoc gestaltet, arrangiert und transformiert werden können. Über die mit einem solchen Setting verbundenen spezifisch digitalen und popmusikalischen ästhetischen Verfahren ist damit noch kaum etwas gesagt. Natürlich gibt es auch hier vorgezeichnete Wege der Nutzung, etwa die in die Software eingeschriebene Möglichkeit, alles und jedes Material in das Raster einer BPM-Metrik einzufügen und passend zu rechnen (und damit den poptauglichen Groove bereits implementiert zu haben). Auch die Reichweite und Tiefe vorher gespeicherter Pattern, Schichten und programmgesteuerter Transformationen übersteigt das Niveau bisheriger Umgebungen. Die komplexe und flexible Handhabung lässt jedoch kaum Aussagen über die Performanz des Settings als solches zu. Eher fokussiert sich die Perspektive auf konkrete instrumentale Stränge, die sich aus funktionalen Programmobjekten und gegebenenfalls mit ihnen korrespondierenden Interfaces ergeben. Auf dieser Ebene finden sich dann auch die virtuellen Ebenbilder der oben besprochenen Hardware als VST(Virtual Studio Technology)-Instrumente.

Bild 8: Virtuelle Wiedergeburt der *TB-303*:
Propellerhead Rebirth

Spätestens beim Blick auf fotorealistisch nachgestaltete Softwareinstrumente wird klar, dass das Spektrum des Performativen in Computer und Notebook ebenso in Kontinuitäten und Brüchen von Traditionslinien zu verorten ist wie bei konventionellen Instrumenten. Die in der *TB-303* und der *MPC* manifeste Praxis des analog-digitalen Umbruchs der 1980er ist aus dieser Sicht eine bedeutende Station dieses Wandels. Neben der grundlegenden Frage einer neuen Bühnenpraxis von Notebook und Interface[18] bleiben für die popmusikalische Praxis deshalb die bereits angesprochenen Elemente wichtige Orientierungspunkte: programmgesteuerte Rhythmen, Akzente und Sequenzen, die phonographische Arbeit der DJ-Culture, klangliche Transformationen. Für die Frage, ob und wie sich durch den Computer als Instrument neue popspezifische Territorien erschlie-

---

18 Siehe dazu auch Großmann, Rolf: Die Spitze des Eisbergs. Schlüsselfragen musikalischer Laptopkultur. In: Positionen. Beiträge zur Neuen Musik 68, August 2006. S. 2-7.

ßen, wird wiederum bedeutsam sein, welche Rolle die bereits angesprochene Dialektik von Selbstermächtigung und Affirmation[19] im Umgang mit solchen Traditionslinien und technologischen Konfigurationen einnimmt. Ein Muster für eine solche dialektische Beziehung ist die Umdeutung simulativ gedachter und entwickelter Funktionen in eine spielerische Gestaltung jenseits ihrer ursprünglichen Zwecke, wie sie oben bereits bei der TB-303 beschrieben wurde. Digitale Audiotechnologien eröffnen hierfür ein weites Feld, da sie zumeist in die Richtung einer markteffizienten Manipulation von Audiosignalen entwickelt werden. Timestretching und Pitchshifting als zunächst subtile Werkzeuge der unbemerkten Anpassung von Audiomaterial an Tempo und Tonalität treten inzwischen als deutlich hörbare Effekte auf; das zur Korrektur der Intonation entwickelte Auto-Tune bildet als Gestaltungseffekt bereits einen eigenen Kanon popmusikalischer Gestaltung. Während die Granulareffekte des Timestretching auch in der so genannten ernsten Musik Verwendung finden, zeigt gerade das Beispiel Auto-Tune in seiner zunächst affirmativen Konsumtauglichkeit der perfekten Intonation von Melodien, wie popmusikalische Selbstermächtigung funktioniert und welches Potenzial dabei entfaltet wird. Das Hervortreten eines medialen Effekts in seiner Künstlichkeit ist seit dem „slapback"-Echo bei Elvis oder den verzerrten Gitarren des Rock ein gängiges Modell der Entfaltung des ästhetischen Potenzials von Medieninstrumenten. So, wie dort diese Effekte als Hardwareboxen, als Copicat, Echoplex oder Fuzz-Pedal zu autonomen performativen Einheiten werden, wandern auch komplexe Manipulationsmechanismen aus den Sequenzerprogrammen in selbstständige Medienobjekte bzw. Mobile Devices aus. Auto-Tune etwa wird mit der iPhone-App I Am T-Pain zum auditiven Gadget, welches Reservate musikalischer Ausbildung wie die ‚saubere' Intonation der trainierten Stimme aufbricht und in die ‚profane' Pop-Praxis vom Freestyle-Hiphop bis zum Partygag überführt.

Bild 9: iPhone-App I am T-Pain

Zusammenfassend lässt sich nun ein wenig differenzierter auf die Ausgangsfrage nach der popkulturellen Ausformung digitaler Ästhetik im Kontext der Performativität technisch-medialer Konfigurationen schauen: es ist nicht die Technik selbst, deren Möglichkeiten direkt zu neuen Strategien der Gestaltung führen, sondern deren popkulturelle Aneignung mit ihren Brüchen und Öffnungen gegenüber traditionellen Spiel- und Ge-

---

19 S. Kleiner, Marcus S.: Pop fight Pop, S. 11,14.

staltungstechniken. Ob dabei klassische Kategorien der Performativität für live-Instrumente, wie sie John Croft mit der Konstanz der instrumentalen Reaktion oder der Nachvollziehbarkeit von Aktionen präzise beschreibt,[20] weiterhin gelten, oder ob sich neue Erwartungen gerade aufgrund popkultureller Brüche bilden können, bleibt zunächst offen. Entscheidend ist dagegen: Popmusikpraxis lässt sich – anders als ernste oder volkstümelnde Musik – auf ein neues hybrides Mensch-Maschine-Verhältnis ein. Das eingangs zitierte „digitale Ohr" Arthur Krokers ist ebenso wie die afrofuturistische Metaphorik Kodwo Eshuns Ausdruck dieses Verhältnisses. Phonographische Arbeit und ihre Fortsetzung ist in guter Popmusik eine praktische Wissenschaft des „sensorischen Engineering", eine konkrete gestaltungsbezogene und entwickelte Medienpraxis des musikalischen Erlebens. Ihre Verfahren kommen jedoch weder aus der Musikwissenschaft noch aus den Kompositionsklassen der Musikhochschulen, sondern sind Ausprägungen einer aus unzähligen Partys und Clubnächten destillierten Breakbeat Science, wie sie Kodwo Eshun beschreibt:

> Man hat buchstäblich die Bewegung eines Menschen eingefangen, und jetzt kannst du weitermachen und sie virtualisieren. Ich denke, das ist genau das, was Flash und die anderen mit dem Beat gemacht haben. Sie haben einen potentiellen Beat ergriffen, der immer schon da war, indem sie ihn vom Funk-Motor abtrennten, indem sie ihn als ein Stück Vinyl materialisierten, das wiederholt werden konnte. Sie haben das materielle Potenzial des Breaks eingeschaltet, das für lange Zeit geschlafen hatte.[21]

Die Analyse des phonographischen Materials, die Zergliederung, ihre Abstraktion bzw. Extraktion (das „Einfangen" und „Abtrennen") und die Entfaltung des neuen Potentials findet hier in einer symbiotischen Technik-Mensch-Beziehung in der musikalischen Praxis selbst statt. Die Übertragung dieser Herangehensweise auf die virtuelle und zunächst körperferne Welt der digitalen Gestaltungsmedien ist ein wesentliches Merkmal popkultureller Performativität und begründet ihren großen Vorsprung im Embodiment musikalisch-technischer Umgebungen und Strukturen vor anderen, auf der Ebene von rationalen, theoriegeleiteten Wissenskonzepten operierenden Verfahren.

Während es der ernsten Musik zunächst um nie gehörte Klänge oder die Überwindung der Begrenzungen natürlicher Instrumente geht, arbeitet Popmusik vorgängig im und mit dem phonographischen Medium an der Entfaltung seiner Wirkung auf den Rezipienten. Zwar träumt auch *Karlheinz Stockhausen* – hierin *Sun Ra* scheinbar verwandt – ganz futuristisch vom „Flugschiff zum Göttlichen"[22] und fordert eine „neue Lehre des musikalischen Erlebnisses" als „Ergänzung zur abstrakten Lehre", wie sie an den Hochschulen betrieben wird.[23] Affirmative und warenästhetisch verdächtige Popmusik stört

---

20 Croft, John: Theses on Liveness. In: Organised Sound 12(1): 59–66, hier S. 64.

21 Eshun, Kodwo: Heller als die Sonne. Abenteuer in der Sonic Fiction. Berlin: ID 1999, S. 212.

22 Stockhausen, Karlheinz : Vier Kriterien der Elektronischen Musik. In: Stockhausen, Karlheinz (Hg.): Texte zur Musik 1970-1977. Köln 1978 (Vortrag 1972), S. 360-424 hier S. 401.

23 ebd., S. 395.

dabei jedoch nur, phonographische Arbeit und elektronische Klangerzeugung dienen dagegen hauptsächlich der Kontrolle und Transformation von abstrakt vorgedachten Klangstrukturen. Genau hierin liegt die performative Differenz der popmusikalischen Aneignung des Digitalen: Ihre Abstraktionsprozesse und Gestaltungsstrategien beziehen ihre Logik nicht aus der Ratio maschineller Kalküle, sondern aus einer hybriden techno-humanen sensorischen Erfahrung und der ständig neuen Umdeutung warenästhetischer Affirmation.

Literatur

Blaukopf, Kurt : Musik im Wandel der Gesellschaft. Grundzüge der Musiksoziologie. Darmstadt 1996.

Bremer, Harm: Grooveboxen im Techno-Liveact. Geschichte - Technik - Performative Strategien. Osnabrück: CD-ROM epOs-Music 2007.

Croft, John: Theses on Liveness. In: Organised Sound 12(1): 59–66.

Eshun, Kodwo: Heller als die Sonne. Abenteuer in der Sonic Fiction. Berlin: ID 1999.

Großmann, Rolf: Die Spitze des Eisbergs. Schlüsselfragen musikalischer Laptopkultur. In: Positionen. Beiträge zur Neuen Musik 68, August 2006. S. 2-7.

Großmann, Rolf: Spiegelbild, sprechender Spiegel, leerer Spiegel. Zur Mediensituation der Clicks&Cuts. In: Kleiner, Marcus S./ Szepanski, Achim (Hg.): Soundcultures. Frankfurt a.M.: Suhrkamp 2003, S. 52-68.

Jenkinson, Tom (Squarepusher): Collaborating with Machines, in: Flux Magazin www.fluxmagazine.com, March 2004 (Archiv nicht mehr online). Kopie unter http://www.dallasdancemusic.com/music-dj-producer-talk/143685-collaborating-machines-tom-jenkinson-aka-squarepusher.html [10.12.2011].

Kleiner, Marcus S.: Pop fight Pop. Leben und Theorie im Widerstreit. In: Matejovski, Dirk /Kleiner, Marcus S. /Stahl, Enno (Hg.), Pop in R(h)einkultur. Oberflächenästhetik und Alltagskultur in der Region. Essen: Klartext 2008, S. 11-42.

Krämer, Sibylle: Das Medium als Spur und als Apparat. In: Krämer, Sybille (Hg.), Medien - Computer - Realität. Wirklichkeitsvorstellungen und Neue Medien. Frankfurt am Main 1998. S. 73-94.

Kroker, Arthur: Krampf. Virtuelle Realität, androide Musik und elektrisches Fleisch. Wien 1998 (OA 1993).

PBODY (Hg.): SP-1200. The Art and The Science. Marseille: 7SENS Publishing 2011.

Rick Bull, The Aesthetics of Acid, 1997, zit. nach Bremer, Harm: Grooveboxen, S. 10.

Stockhausen, Karlheinz: Vier Kriterien der Elektronischen Musik. In: Stockhausen, Karlheinz (Hg.): Texte zur Musik 1970-1977. Köln 1978 (Vortrag 1972), S. 360-424 hier S. 401.

Links

http://www.cyborgs.de/synthesizer/tests/BME/percuter.htm, 30.09.2011

Zudem ist die Popkultur ein schnelllebiger Bereich, der sich über Retro-Räume beinahe selbst überholt und dessen Zukunft sich in unserem Rücken abspielt, so dass Wissenschaftler sich nur bemühen können, möglichst nah am Vergangenem ihres Feldes zu bleiben.

Jacke 2004: 301

Die Sehnsucht nach dem Pixelklumpen

Retro-Gaming und das populärkulturelle Gedächtnis des Computerspiels

Benjamin Beil

Computerspiele dürfen mittlerweile als ein fester Bestandteil der Populärkultur gelten:

> Images and sounds from the central features of *Pac-Man* and *Pong* have sort of eaten their way into our retina and eardrums. (Suominen 2008: o.S.)

Doch auch wenn die gelbe Scheibe, deren grafische Gestaltung der Legende nach von einer halb gegessenen Pizza inspiriert wurde, und der weiße Balken mit dem Namen Pong-Schläger zweifelsohne zu den berühmtesten Ikonen des Computerspiels zählen, findet man beide Elemente heutzutage eher auf T-Shirts, Taschen oder Getränkedosen (vgl. Tolino 2010; Suominen 2008) – in den Bilderwelten zeitgenössischer Spiele hingegen sucht man sie meist vergeblich.

Wenn Christoph Jacke und Martin Zierold (2008b) Populärkultur als *gegenwartsfixiert* und *dauervergesslich* charakterisieren, scheint dies auf den ersten Blick im besonderen Maße auf die Geschichte des Computerspiels oder genauer: die Geschichte der Computerspielindustrie zuzutreffen. So ist das Computerspiel in seiner Ästhetik wie kaum ein anderes Artefakt der zeitgenössischen Medienlandschaft durch eine rasante Evolution seiner technischen Plattform ge(kenn)zeichnet, die vor allen durch einen grafischen Überbietungsgestus bestimmt ist. Oder mit den Worten Sean Fentys:

> [The video game] was born and bred in an acceleration engine where rapid change is a constant. [...] It is an industry fueled by the promise of a tomorrow of more – more visual detail, more immersion, and more interactive freedom. (Fenty 2008: 20)

Vor diesem Hintergrund mag es zunächst verwundern, dass gerade in den letzten Jahren ein stetig wachsender Trend zum *Retro-Gaming* (vgl. Whalen/Taylor 2008; Felzmann 2010), d.h. eine „rekontextualisierte" (Keller 2006: 325) Wiederaufnahme alter Spiele in die zeitgenössische Computerspiellandschaft zu beobachten ist. Wie lässt sich dieser scheinbare Widerspruch zwischen Gegenwartsfixierung und nostalgisch geprägter Sehnsucht nach den Pixelgrafiken vergangener Tage erklären?

Auf den ersten Blick mag es naheliegen, Retro-Games vor allem als ein (bild-) ästhetisches Phänomen zu beschreiben, etwa im Rahmen einer Stilgeschichte des Computerspiels. Doch vermag ein solcher Ansatz letztlich nicht den *aktuellen* großen Erfolg von Retro-Games zu erklären – denn er verkennt die Bedeutung einer das Spiel umlagernden populären *Gaming Culture* (Dovey/Kennedy 2006). So stellen Retro-Games nicht einfach nur eine nostalgisch gefärbte ‚Wiederentdeckung‘ eines 8-Bit-Grafik- und Soundstils dar, sondern verlangen darüber hinaus immer auch eine Auseinandersetzung mit – vergangenen wie zeitgenössischen – *performativen Aneignungsstrategien.* Mit anderen Worten: Im Folgenden soll gezeigt werden, dass sich Retro-Games (oder auch Retro-NextGen-Hybridisierungen) nicht auf bestimmte Spielästhetiken reduzieren lassen, sondern stets in einem komplexen Zusammenspiel der Medialität und Performativität populärer (Computerspiel-)Kulturen erschlossen werden müssen.

Den Ausgangs- wie Anknüpfungspunkt der Analyse bildet dabei die Debatte zu populärkulturellen *Erinnerungspolitiken* (Schmidt 2008; vgl. Jacke/Zierold 2008a), die bereits den performativen Charakter von Retro-Phänomenen betont. Allerdings verlangt gerade der ergodische Charakter des Computerspiels (Aarseth 1997; vgl. auch Furtwängler 2005) eine weitere Ausdifferenzierung dieser performativen Aspekte. Diese soll in drei Schritten erfolgen: Zunächst gilt es, einige Begriffsschärfungen zur Medialität und Performativität des Computerspiels vorzunehmen. Daran wird sich eine knappe Verortung des Computerspiels im Feld der Populärkultur im Allgemeinen sowie in der Nische populärer Retro-Phänomene im Besonderen anschließen. Ausgehend von dieser Begriffsarbeit soll gezeigt werden, dass Retro-Games nicht einfach voraussetzungslos in die zeitgenössische populäre Gaming Culture (re-)integriert werden können, sondern stets auch eine (Re-)Aktualisierung medialer Nutzungspraktiken stattfindet. Diese ‚performativen Besonderheiten‘ werden entlang von Fallbeispielen für die verschiedenen Formen von Retro-Games diskutiert und schließlich auf aktuelle Retro-Nextgen-Hybridisierungen angewendet.

Medialität, Performativität ...

Ohne die umfangreiche wie komplexe medienwissenschaftliche Diskussion zu performativen (Medien-)Kulturen (vgl. etwa Fischer-Lichte/Wulf 2001; Krämer 2004; Hempfer 2011) hier in der gebührenden Ausführlichkeit darstellen zu können, lässt sich feststellen: Computerspiele bedingen einen *performativen Mediengebrauch* – denn sie müssen gespielt werden. Genauer: Computerspiele sind interaktive Medienprodukte, deren Handlungsvollzüge im Wesentlichen über ein *Bild-Interface* (Nake 2005) realisiert werden. Dementsprechend wird die spielerische Interaktion im Folgenden – im Rahmen eines bildwissenschaftlich konturierten Zugangs zum Computerspiel (vgl. Günzel 2009; Schwingeler 2008; Hensel 2011; 2012) – in erster Linie als eine *innerbildliche Performativität* (Bausch/Jörissen 2005) verstanden.

[D]as Bild [wird] zu einem Teil eines operativen Codes [...], der die Differenz zwischen Handlung und Repräsentation unterläuft. Im Computerspiel werden Bilder ‚erspielt'; ihre interaktive Herstellung erzeugt ein besonderes Aufführungspotential, in dem die virtuellen Bildgehalte zu sichtbaren Situationen und Sequenzen aktualisiert werden. (Wulf/Zirfas 2005b: 30)

Lambert Wiesing stellt gar fest:

Diese besondere Performativität des Bildes ist wahrscheinlich kaum besser beobachtbar als im Fall von Computerspielen. (Wiesing 2004: 127)

Doch gilt es an dieser Stelle bereits zu differenzieren, denn neben der Interaktion *im* Spiel kann das Computerspiel selbst (oder einzelne Elemente daraus) zum Gegenstand eines performativen Gebrauchs werden; d.h., es wird Teil der für die Populärkultur so zentralen Praxis einer „eigensinnige[n] Aneignung und/oder Modifikation" (Kleiner 2009: 96). Die *innerbildliche Performativität* wird ergänzt durch eine *außerbildliche Performativität* (Bausch/Jörissen 2005: 345) – und das Zusammenspiel beider bringt eine Gaming Culture hervor. Die Wechselwirkung dieser verschiedenen performativen Aspekte des Computerspiels lässt sich dabei, wie im Folgenden zu zeigen sein wird, insbesondere anhand des Retro-Gamings prägnant veranschaulichen.

... und Populärkultur

Versteht man Populärkultur – um wiederum mit einer grundlegenden Definition zu beginnen – als

den kommerzialisierten, gesellschaftlichen Bereich, der Themen industriell produziert, medial vermittelt und durch zahlenmäßig überwiegende Bevölkerungsgruppen [...] mit Vergnügen genutzt und weiterverarbeitet wird[,] (Jacke 2004: 21)

so sind – spätestens seit den 1980er Jahren – auch Computerspiele diesem Bereich zuzurechnen.[1] Sie sind Teil des populärkulturellen Mainstreams – oder mit Jesper Juul formuliert: „To play video games has become the norm, to not play video games has become the exception." (Juul 2010: 8; vgl. hierzu auch Mertens 2009: 142-147)

Die schwierige Frage, inwieweit oder auf welche Art und Weise Computerspiele dabei auch Teil der *Pop*kultur geworden sind, muss im Rahmen dieses Aufsatzes ausgeklammert bleiben. Unter *Pop* wird hier „im Wesentlichen ei[n] weitgefasste[r] musikzentrierte[r] Traditionsbegriff [verstanden], der sich seit den frühen 1950er Jahren, beginnend mit

---

1   Die viel bemühte Frage, ob Computerspiele nun ähnlich umsatzstark oder gar inzwischen erfolgreicher als die Filmindustrie sind, soll den verschiedenen statistischen Zahlenspielereien dieser Debatte überlassen bleiben; vgl. hierzu bspw. http://spielkultur.ea.de/kategorien/kultur/videospiel-und-filmumsatze-im-vergleich (22.09.2011).

dem Rock'n'Roll, genetisch herleiten lässt" (Kleiner 2011: 46). Demensprechend sind „Pop und Popkultur […] Teil des Populären sowie der Populären Kultur, gehen aber nicht in dieser auf" (ebd.: 49-50).[2] Wie nun ein *Pop-Computerspiel* aussehen könnte, muss deshalb an anderer Stelle diskutiert werden.[3] Hier geht es zunächst ‚nur‘ um Computerspiele als Teil der *Populär*kultur, die – im Anschluss an Hügel (2003b) – im Wesentlichen als Unterhaltungskultur aufgefasst wird.

Das Computerspiel kann hierbei vor allem aus zwei Perspektiven als Teil der Populärkultur betrachtet bzw. innerhalb dieser verortet werden. Erstens kann – in einem weiter gefassten Ansatz – gezeigt werden, dass das Computerspiel populärkulturelle mediale Artefakte enthält bzw. verarbeitet[4] oder auch Hoch- in Populärkultur transformiert[5] (vgl. Schmitz 2009). Zweitens ist das Computerspiel neben diesen ‚intermedialen‘ Verknüpfungen aber gerade in den letzten Jahren selbst zu einer Quelle spezifischer populärkultureller Motive geworden und hat „einen ganz eigenen Vorrat an Sounds, Bildern und Bewegungen in unser kulturelles Gedächtnis gespült" (Rosenfelder 2008: 151)[6] – und um jenen Vorrat soll es im Folgenden gehen. Die Retro-Gaming Culture ist dabei von besonderem Interesse, weil sie – wie die anschließenden Überlegungen zu Populärkultur und Retro zeigen werden – ein besonders typisches wie anschauliches Phänomen einer populärkulturellen Ausdifferenzierung eines Mediums darstellt.

Populärkultur und Retro

Wenn Jacke und Zierold die Populärkultur als eine *dauervergessliche Erinnerungsmaschine* (2008) beschreiben, so deutet sich in der rhetorischen Führung dieser Begriffskombination bereits an, dass es weniger um das Vergessen als vielmehr um eine bestimmte Form der „Erinnerungs*politik*" (Schmidt 2008: 408) geht. Es zeigt sich, dass Populärkultur „eine sehr eigene Art hat, Vergangenheit zu thematisieren, […] die sich von elaborierten geschichtswissenschaftlichen Diskursen deutlich unterscheide[t]" (Jacke/Zierold 2008b: 200). Mit anderen Worten: Es geht nicht um ein exaktes Archivieren, sondern vielmehr darum, das populärkulturelle Erinnerungsrepertoire „in der Gegenwart produktiv

---

2   Vgl. hierzu auch ausführlich Kleiner 2008a; 2008b; 2009.

3   Bislang verwenden die Game Studies die Begriffe *Populär*- und *Pop-Kultur* im Wesentlichen synonym bzw. ohne vertiefende Definitionsversuche (vgl. etwa Rauscher 2009; Williams 2010).

4   … wie etwa prototypisch die *Grand Theft Auto*-Serie (1997-2012) demonstriert (vgl. u.a. Rauscher 2009; Fischer/Schlüter 2009).

5   … etwa in Form einer Verarbeitung ‚klassischer‘ Mythologien. So kann sich der Spieler wahlweise z.B. durch die Action-Adventure-Interpretationen der griechischen Mythenwelt (*God of War*-Trilogie 2005-2010) oder der neun Höllenkreise (*Dantes Inferno* (2010)) metzeln.

6   Und damit lässt sich natürlich auch wiederum eine Diffusion verschiedener Computerspiel-Ikonen in andere populärkulturelle Medienformationen beobachten – Aldo Tolino spricht bspw. von *Ludic Artifacts* (Tolino 2010: 24-26). Somit zeigen sich beide hier vorgestellten Perspektiven letztlich als zwei Seiten derselben Medaille.

zu nutzen" (Jacke/Zierold 2008b: 200) – oder mit dem hier präparierten Begriffen formuliert: das populärkulturelle Gedächtnis performativ verfügbar zu machen. Dementsprechend ist die Populärkultur einerseits ein zutiefst „gegenwartsfixierte[s] Programm" (Jacke/Zierold 2008b: 202), andererseits speist sie sich aber ebenso stetig aus sich selbst, erneuert, dynamisiert und stabilisiert sich auf diese Weise. So ist Populärkultur „keineswegs erinnerungs-vergessen, sondern gelegentlich geradezu erinnerungs-versessen" (Seegers 2009: 39), was sich insbesondere in „Phänomene[n] wie Sampling, Retro-Trends oder Revivals" (Jacke/Zierold 2008b: 202) zeigt, sowie in einem „permanente[n] Dialog mit sich und ihrer Geschichte" (Kleiner 2008a: 259).

Vor diesem Hintergrund ist nun zu fragen, auf welche Art und Weise sich das Computerspiel seiner eigenen medialen Vergangenheit erinnert. Und vor allem: Welche Rolle kommt dabei dem performativen Charakter des Computerspiels zu? Welche Formen der performativen Vergangenheitsbewältigung und -erschließung finden sich in der zeitgenössischen (Retro-)Gaming Culture?

Mainstream-Retro und Sub-Retro

Vorweg ein weiteres Mal einige kurze Anmerkungen zur Begriffsverwendung: Wenn im Folgenden von zeitgenössischen Computerspielen die Rede ist, bezieht sich dies vor allem auf die Spiele der so genannten *NextGen-* oder auch *HD*-Konsolen (Xbox 360, Playstation 3).[7] Retro-Games oder Retro-Ästhetik meint hingegen vor allem einen 8-Bit-Grafik-Stil der 1980er Jahre[8], der insbesondere durch die so genannten *3rd-Generation*-Konsolen (mit dem Nintendo Entertainment System (NES) als dem berühmtesten Vertreter) geprägt wurde (vgl. Wolf 2008). Obgleich sich Retro-Game-Ästhetiken natürlich nicht auf ein bestimmtes Jahrzehnt fixieren lässt (vgl. Felzmann 2010: 204), spiegelt diese Einschränkung doch eine gängige zeitliche Fokussierung wider – was nicht zuletzt schlicht daran liegt, dass die 1980er Jahre in der Geschichte des Computerspiels mittlerweile eine „Vergangenheit mit ausreichender Retroisierungs-Abgeschlossenheit" (Keller 2006: 328) darstellen. Mit anderen Worten: 8-Bit-Stilistiken sind (vor dem Hintergrund zeitgenössischer Spielgrafiken) in ihrer Varietät deutlich als Retroisierungen erkennbar.

---

7   Die Kategorie ist dabei in erster Linie als heuristisches Hilfsmittel zu verstehen, da aufgrund der Vielfalt aktuell verfügbarer technischer Plattformen (insbesondere die Verbreitung von Smartphones als Gaming-Plattform) eine immer größere Bandbreite verschiedener Stile zu finden ist. Doch wären solche Plattform-zentrierten Ausdifferenzierungen der Gaming Culture oder auch eine *Casual Revolution* (Juul 2010) gesondert zu untersuchen.

8   Vgl. hierzu auch Jacko Suominnen: „Nowadays, the retro phenomenon […] can, in the first place, be seen as a kind of an aesthetic repetition style of media culture, which refers strongly to the audiovisual styles of the 1980s, and game types and classic game icons such as *Pac-man*, *Pong*, *Tetris* and *Mario* in particular." (2008: o.S.)

Doch wie sieht ein Retro-Game nun genau aus? Auf den ersten Blick scheint das ‚Wiedererwecken' eines alten Spiels denkbar einfach.

> Videospiele sind lediglich gespeicherte Daten. Daher existiert die Fiktion, dass es jederzeit möglich wäre, das Medium wieder zu rezipieren, solange die jeweiligen Plattformen verfügbar sind. Hierbei liegt aber auch eines der Grundprobleme des sogenannten Retrogamings: Die nötige Hardware ist […] einem beständigen Entwicklungsprozess unterworfen, dementsprechend schnell veraltet und wird von neueren Systemen abgelöst. Demnach ist es nach einem bestimmten Zeitraum fast nicht mehr möglich, die ‚klassischen' Videospiele in ihrem ursprünglichen Zustand zu spielen, hält man nicht die nötigen Spielesysteme aus beinahe dreißig Jahren vorrätig. (Felzmann 2010: 200-201)

Die Lösung heißt: *Emulation*, d.h. das Ausführen des ursprünglichen Programmcodes – in mehr oder weniger unveränderter Form – mit Hilfe eines Emulator-Programms auf einem neue(re)n Hardware-System. Die wichtigsten Distributionsplattformen für diese Gruppe der Retro-Games sind die *Virtual-Console* für die Nintendo Wii und das Open-Source-Projekt *MAME* (Multiple Arcade Machine Emulator) für den PC.[9]

Diese Form der Retro-Games kommt (in vielen Fällen) den Originalspielen recht nahe, realisiert aber kein mit dem Original identisches Spielerlebnis. So ist die Grafik zwar theoretisch unverändert, aber i.d.R. skaliert, die Soundeffekte tönen nun aus modernen Lautsprechern und das Interface bzw. das Steuerungs-Schema ist auf den Controller der neuen Plattform angepasst (vgl. hierzu auch Camper 2009: 188). Anders formuliert: Auch wenn emulierte Spiele als Retro-Games im engeren Sinne gelten dürfen, ist es wichtig zu betonen, dass Emulation letztlich nur eine virtuelle Annäherung an das Spielerlebnis auf der Original-Hardware (mit entsprechenden Peripheriegeräten) bleibt.

Abbildung 1: Werbeplakat
für die *Nintendo Virtual Console*

Im Rahmen eines Mediennostalgiediskurses illustrieren emulierte Spiele somit anschaulich das Motiv einer *unmöglichen Rückkehr*[10] im Sinne einer niemals ‚authentischen' Re-

---

9   Einige (wenige) Titel sind zudem über den *Microsoft Xbox-Live Arcade-Service* (XBLA) und über das *Playstation Network* (PSN) zu beziehen, doch findet sich auf diesen Plattformen eher die Retro-Game-Variante des Remakes – dazu im Folgenden mehr.

10   Vgl. hierzu die berühmte Definition einer „restorative nostalgia" von Svetlana Boym: „Modern Nostalgia is a mourning for the impossibility of mythical return, for the loss of an enchanted

produktion des ursprünglichen Spielerlebnisses – doch dieser Aspekt sei hier nur gestreift. Der Fokus soll vielmehr auf den *Rekontextualisierungen* liegen, d.h. nicht auf unumgänglichen Hardware-bedingten Änderungen, sondern auf den bewussten Anpassungen bestimmter Spielfunktionalitäten, die selbst im Kontext einer möglichst ‚authentischen‘ Emulation immer wieder zu finden sind. So ist in vielen Fällen eine Modifikation (oder Implementierung) so genannter *Convenience-Features* zu beobachten, etwa ein flexibles Speichersystem oder ein wählbarer Schwierigkeitsgrad. Der Grund für diese Anpassungen ist i.d.R. simpel: das Spiel wäre sonst (in vielen Fällen) schlicht zu schwierig. So ist historisch betrachtet ein Großteil der Computerspiele zwar einerseits stetig komplexer geworden, ihre Welten sind umfangreicher und detaillierter. Andererseits sind zeitgenössische Spiele aber letztlich auch einfacher (oder zumindest: einsteigerfreundlicher) als ihre Vorgänger aus den 1980er Jahren – eben insbesondere aufgrund der genannten *Convenience-Features*.[11] Auf diese Weise können zeitgenössische Computerspiele zwar – sozusagen optional – auch für geübte Spieler eine Herausforderung darstellen, sie bieten aber gleichzeitig für Neueinsteiger oder weniger ‚talentierte‘ Spieler die Möglichkeit, das Spiel zu meistern. Mit anderen Worten: *Computerspiele sprechen eine breitere User-Schicht an, sie öffnen sich dem populärkulturellen Mainstream.*[12]

Doch was bedeutet dies nun für den Status von Retro-Games? Mit Sean Fenty lässt sich pointiert formulieren: „[A]ll video games require effort on the part of the player, classic video games require more effort in many ways.“ (Fenty 2008: 28) Und auch wenn emulierte Spiele ihren Schwierigkeitsgrad (oder besser: ihren ‚Frustrationsgrad‘) teilweise abfedern, ergibt sich – und hier zeigt sich wiederum die Bedeutung des performativen Charakters des Computerspiels – in den meisten Fällen immer noch ein deutlich höherer Anspruch. Diese „Zugangsbarriere“ (Felzmann 2010: 207) kann zudem kaum durch andere Attraktionsmomente – insbesondere visuelle Schauwerte – aufgewogen werden.

Die Frage muss aber ohnehin lauten, ob dieser Anspruch überhaupt abgefedert oder aufgewogen werden *soll*, denn zum Retro-Potenzial gehört gerade auch eine gewisse spielerische ‚Sperrigkeit‘: „The evocation of 8-bit gameplay is at least as important as, if not more so, than that of 8-bit graphics.“ (Camper 2009: 178)

Auf diese Weise mögen Retro-Games zwar für nicht wenige Spieler einen gewissen ‚nostalgischen Reiz‘ haben, die Gruppe derjenigen, die Retro-Games tatsächlich ernsthaft und ambitioniert spielt, dürfte hingegen wesentlich kleiner ausfallen. Somit zeigt sich, dass Retro-Games (oder zumindest eine bestimmte Gruppe von Retro-Games) weniger

---

world with clear borders and values.“ (Boym 2001: 8)

11   Zu ergänzen wären hier neben Speichersystem und Schwierigkeitsgrad etwa auch Ingame-Hilfefunktionen und ausführliche Tutorials sowie Quest-Logbücher und integrierte Übersichtskarten.

12   … analog zu einer allgemeinen (Weiter-)Entwicklung des Personal Computers in den 1980er und 1990er Jahren von einer „hacker-hobbyist-centered technology to a user-centered one“ (Simon 2007: 177). So weist Sebastian Felzmann darauf hin, dass in den 1980er Jahren bereits der Umgang mit den jeweiligen Hardware-Plattformen eine Herausforderung darstellte und „ein ganz eigenes Frustrationspotential besaß“ (Felzmann 2010: 207).

eine Erweiterung des Computerspiel-Mainstreams markieren, sondern vielmehr eine Gegenbewegung, eine Subkultur:

> While the late 1990s saw hardcore gamers attempting to grab the future of gaming by getting their hands on the latest titles, more recently, hardcore gamers have begun to look to the past for gaming experiences unaffected by consideration of the mainstream player. The emergence of retrogaming can be seen as an attempt to reclaim videogaming from the mainstream and can be understood as a form of hardcore fan resistance. (Newman 2004: 53)

Diese Tendenz manifestiert sich auch in den *Selbstbeschreibungsdiskursen* der Retro-Gaming-Kulturen, die vor allem eine *ästhetische Aufwertung* älterer Spiele zum Ziel haben. So schwärmt etwa Heiko Gogolin von der grafischen Schlichtheit der 8-Bit-Ära:

> Wie konnte es sein, dass diese abstrakten Grafiken vermochten, unsere Fantasie so sehr viel mehr auf die Reise zu schicken, als das die hoch entwickelten Spielwelten von heute tun? (Gogolin 2008: 39)

> Anders als die sogenannten realistischen Spiele lassen [abstrakte Spielwelten] viel Raum für die Persönlichkeit des Spielers; statt Reizüberflutung, die am Ende nichts in der Erinnerung haften lässt, bleibt [...] ein intensives Spielgefühl. (ebd: 40) [13]

An dieser Stelle wird die einleitend beschriebene komplexe Performativität von Computerspielen besonders deutlich, denn es geht hier nicht mehr nur um eine innerbildliche Performativität. Vielmehr werden bestimmte Retro-Aspekte des Spiels zentral für verschiedene Arten der (außerbildlichen) performativen Aneignung bzw. „Formen der Vergemeinschaftung" (Kleiner 2009: 99) der Populärkultur – oder wie es Suominen prägnant formuliert:

> [Retro Games] can be used to stand out (sub-, counter- and alternative cultures) or to be identified with. (Suominen 2008: o.S.)

Somit gilt es, die hier aufgegriffenen Facetten der Populärkultur um einen weiteren Aspekt zu ergänzen: „die Selbstbeschreibung [...] im Spannungsfeld von *Affirmation* und *Subversion*" (Kleiner 2008a: 262) – wobei die subversive Komponente in diesem Fall freilich weitgehend von einem gesellschaftlich-politischen Impetus befreit ist. Es geht – wie

---

13   Vgl. hierzu kritisch James Newman: „The fascination with 1970s', 1980s' and, even, early 1990s' ,vintage' videogaming is often expressed in terms of its ,purity'. Here, ,classic' refers not only to the age of the systems and software, but to their status and, particularly, to their perceived emphasis on gameplay over the trappings of presentation and (re)packaging." (Newman 2004: 165)

insbesondere Jacke (2004) gezeigt hat – um das „opponierende, dynamische Zusammenspiel aus Main und Sub" (Jacke 2004: 23). Der Mainstream, der Kernbereich der Populärkultur, ist sozusagen an der Peripherie von verschiedenen Subkulturen umgeben, die
einerseits stets Gefahr laufen die „‚Rache der Kultur' zu erleiden, nämlich assimiliert
zu werden" (Schmidt 1978b: 21), andererseits aber auch als Impulsgeber funktionieren
können: „Das Immergleiche der *Main*-Ebene droht Kreativität für *Subs* zu zerstören, eröffnet diesen aber gleichsam ebenso immer wieder eine jeweils neue Handhabe." (Jacke
2004: 152) Diesen „Transformations- und Dynamisierungsprozess[en] […], die sich […]
als Retroisierungsprozesse vollziehen können" (Keller 2006: 326), soll im Folgenden bei
der Zusammenschau verschiedener Formen des Retro-Gamings nachgegangen werden.

Remakes, Retro-Remakes und Retro-NextGen-Hybride

Haben Retro-Games grundsätzlich einen subkulturellen Charakter? Katrin Keller weist
darauf hin, dass Retro-Phänomene stets Subkulturen und nie den populärkulturellen
Mainstream markieren:

> Retroisierungen als Wiederverwertungen populärkultureller Phänomene verbleiben un-
> ausweichlich in einem ‚Sub'-Verhältnis zum Gegenwarts-,Main'. Retroisierende Rückbe-
> sinnungs-Handlungen können nur kulturprogrammliche Anwendungsalternativen zu
> gegenwärtig dominanten Anwendungs-Strategien offerieren, die diese jedoch nie komplett
> verdrängen. (Keller 2006: 327)

Auch wenn dieser Aussage im Wesentlichen zuzustimmen ist, fehlt einer solchen Einordnung allerdings das Moment einer Binnendifferenzierung. So wird Retro-Gaming
natürlich die rasante Evolution des Computerspiels kaum bremsen und schon gar nicht
aufhalten oder umkehren können. Interessant ist jedoch, wie es mit dem Mainstream
interagiert, wie es einerseits assimiliert wird und sich andererseits durch Stilisierungen
abzusetzen versucht. Auf diese Weise differenziert sich das Phänomen Retro-Gaming
sozusagen in eine Art *Mainstream-Retro* und eine Art *Sub-Retro*. Heuristisch lassen sich
vor dem Hintergrund dieser Systematik neben emulierten Spielen drei weitere Arten von
Retro-Games unterscheiden: (1) *Remakes*, (2) *Retro-Remakes* und (3) *Retro-NextGen-
Hybride*.

Remakes
Remakes[14] sind als Retro-Games im weiteren Sinne zu klassifizieren, denn auch wenn das
Originalspiel oder genauer: die ursprüngliche Spielmechanik hier (mehr oder weniger)

---

14 Als Remakes werden häufig auch komplett neu entwickelte Fortsetzungen älterer Spiele oder
    Spielreihen bezeichnet (bspw. *Castlevania: Lords of Shadow* (2010), das an die bekannte *Castle-
    vania*-Reihe aus den 1980er Jahren anknüpft). Zwar finden sich in diesen Titeln oft zahlreiche
    Anspielungen auf die jeweiligen Vorgänger, etwa ein ähnliches Setting, bestimmte Charaktere,

erhalten bleibt, wird die Bild-/Ton-Ebene einer grundlegenden ‚Modernisierung' unter-
zogen. Remakes sind typischerweise mit bestimmten Titelerweiterungen versehen – wie
etwa „Special Edition" oder in der ‚kreativeren' Variante „rearmed" oder „re-shelled" –
und erproben den Spagat zwischen Mainstream und Subkultur.

Dabei integrieren Remakes einerseits (ansatzweise) die zeitgenössischen audiovisuellen Attraktionsmomente des Mainstreams, versuchen aber andererseits das nostalgische
wie subkulturelle Potenzial des Originalspiels zu bewahren (wenn auch i.d.R. wiederum
ergänzt durch die bereits beschriebenen *Convenience-Features*):

> [Remakes] aim to preserve the stylistic spirit of the original. [...][They] leave behind low-
> res pixels in favor of a visual aesthetic more in-line with today's mainstream commercial
> games. (Camper 2009: 189)

> [Remakes] recognize the opportunity to re-contextualize retro games in new ways that re-
> sonate with today's gamers, but adopt the predominant, self-sure industry view that techno-
> logy is the path to improvement: it is time to dust off those old neglected games and bring
> them up to snuff. (ebd.: 190)

Abbildungen 2-3: *Bionic Commando* (1988) & *Bionic Commando – Rearmed* (2008)

Abbildungen 3-4: *Turtles in Time* (1992) & *Turtles in Time – Re-Shelled* (2009)

---

bekannte Waffen und Items. Die Spielmechaniken sowie die audiovisuelle Gestaltung entsprechen jedoch den aktuellen Genre-Standards und -Ästhetiken. Somit handelt es sich letztlich
nicht um Retro-Games – obgleich hier natürlich ebenfalls Erinnerungspolitiken in Form einer
Spiel- oder Franchise-spezifischen Nostalgie eine Rolle spielen. Doch sprengt eine solche Ausweitung des Retro-Themas den Rahmen dieses Aufsatzes.

Oder mit Jakko Suominen zusammengefasst:

> In addition to a subculture, retrogaming [...] becomes part of the mainstream of popular culture. (Suominen 2008: o.S.)

Der Erfolg einzelner Titel ist dabei durchaus beachtenswert, insbesondere auch im Hinblick auf ihre Vertriebsplattformen – finden sich Remakes doch (anders als emulierte Spiele) vor allem auf den Online-Plattformen der leistungsstarken NextGen-Konsolen (XBLA, PSN).

Retro-Remakes

Die zweite Variante der Retro-Games bilden neu entwickelte Spiele, die die audiovisuelle Ästhetik sowie Gameplay-Mechaniken von älteren Spielen (wiederum i.d.R. aus den 1980er Jahren) imitieren. Mit Sebastian Felzmann (2010) lassen sich solche Titel als Retro-Remakes bezeichnen. So unterscheidet sich bspw. *Mega Man 10* aus dem Jahre 2010 optisch wie spielerisch nur marginal von seinen berühmten Vorgängern aus der NES-Zeit.

Darüber hinaus finden sich auch ‚komplett neue‘ – d.h. nicht auf einem bestehenden Franchise basierende – Titel wie etwa das Spiel *La-Mulana* (2005), welches einen recht ungewöhnlichen Fall eines Retro-Designs markiert. Denn während die zuvor beschriebenen Beispiele alle auf bestimmten älteren Spielen bzw. Spiel-Reihen basieren oder auf diese Bezug nehmen, handelt es sich bei *La-Mulana* eher um eine Art „platform remediation" (Camper 2009: 191):

> [T]he focus is shifted from specific game content [...] to the more abstract concept of platform-centric nostalgia [...] rather than arranging contemporary technologies around a kernel of historical gameplay, its developers have flipped the proposition, creating an original title that is driven by the aesthetic guidelines of past technological constraints. (ebd.)

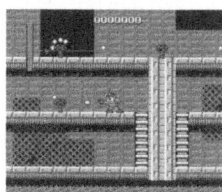 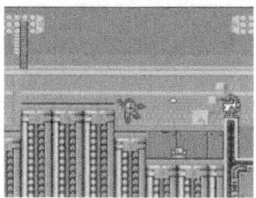

Abbildungen 5-6: *Mega Man* (1987) & *Mega Man 10* (2010)

Abbildungen 7-8: *La-Mulana* (2005)

Auf diese Weise stellt *La-Mulana* gewissermaßen eine Form der Verschärfung der sub-kulturellen Aspekte des Retro-Gamings dar, indem es spiel- oder franchisespezifische Retro-Potenziale unterläuft und durch eine Art übergreifende plattformbasierte Nostal-gie ersetzt. Somit richten sich Retro-Remakes im Allgemeinen und Spiele wie *La-Mulana* im Besonderen noch expliziter als emulierte Spiele gegen eine durch den Fortschritt der Hardware-Plattform forcierte Evolution des Computerspiels.

Retro-NextGen-Hybride

Eine dritte Variante von Retro-Games schließlich kombiniert Retro-Stile mit zeitgenös-sischen Formen und transformiert die jeweiligen Ästhetiken auf der Ebene von Grafik- und Soundeffekten aber auch im Hinblick auf Spielmechaniken. Exemplarisch seien hier in aller Kürze die Spiele *Super Paper Mario* (2007) und *3D Dot Game Heroes* (2010) vor-gestellt.

In *Super Paper Mario* zeigt die normale Darstellung des Spiels eine zweidimensionale Jump'n'Run-Spielwelt, die den Titel als ein Remake der berühmten *Super Mario Brothers*-Reihe erscheinen lässt. Doch kann die 2D-Ansicht des Spiels um 90 Grad gedreht werden – und so entpuppt sich die Welt von *Super Paper Mario* als eine bizarre Kombination aus 2D- und 3D-Elementen. Während sich die Spielweltarchitektur als ein zentralperspek-tivisch fluchtender 3D-Raum präsentiert, bleiben Figuren und Items flache ‚quasi-2D'-Objekte.

Der 2D-3D-Wechsel des Spiels funktioniert auf diese Weise als anspielungsreiche Aus-einandersetzung mit der Geschichte des Computerspiels, oder genauer: mit der Evoluti-on der verschiedenen räumlichen Darstellungsformen. *Super Paper Mario* folgt damit in besonderem Maße jenen von Kleiner beschriebenen Tendenzen der „Selbstreferenzialität und Historisierung" (Kleiner 2008a: 259) Populärer Kulturen.

 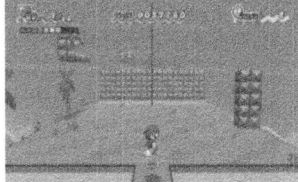

Abbildung 9-10: *Super Paper Mario* (2007) 2D & 3D

Eine Steigerung eines solchen Retro-NextGen-Kontrastes findet sich im Action-Adven-ture *3D Dot Game Heroes*. Besonders beachtenswert ist wiederum die grafische Gestal-tung des Spiels. So ist der titelgebende *Hero* nur aus maximal 16x16x16 Pixeln zusammen-gesetzt – in bester (jedoch um eine dritte Dimension erweiterter) 8-Bit-Grafik-Tradition.

Die ungewöhnliche Wirkung dieses 3D-Pixel-Looks wird noch gesteigert, indem die simple Spielweltarchitektur mit einigen modernen Grafikeffekten versehen wird. So gibt es in der Pixelwelt detaillierte Schattenwürfe und Reflexionen sowie einen stark ausge-prägten Tiefenschärfe-Ebene – das Spiel oszilliert zwischen Retro-Optik und Fotorealismus. Die grafische Hybridisierung findet auf der Tonebene ihre Entsprechung, indem Midi-Sounds mit Orchesterklängen kombiniert werden. Darüber hinaus sind aber auch beim Gameplay Kombinationseffekte zu beobachten. *3D Dot Game Heroes* ist eine Hommage an die berühmte Zelda-Reihe, insbesondere an den NES-Titel *The Legend of Zelda* von 1986 und an *The Legend of Zelda: A Link to the Past* (1992, Super NES). Die Spielherausforderungen ähneln auf den ersten Blick in großen Teilen den Originalspielen und auch die Hintergrundgeschichte zeigt sich zumindest inspiriert durch die Vorgängertitel. Allerdings werden immer wieder starke parodistische Elemente eingeflochten, die vor allem auf bestimmte typische (wie vermeintlich veraltete) Gameplay-Mechaniken rekurrieren, insbesondere den repetitiven Charakter älterer Spiele.[15] Interessanterweise thematisiert *3D Dot Game Heroes* seine ‚altbackene' Quest-Struktur zwar ständig, zwingt den Spieler dann jedoch – in bester postmoderner Manier – eben diese repetitiven Quests auch zu absolvieren. Wie im Fall von *Super Paper Mario* gewinnen also auch hier wiederum selbstreflexive Strategien in der Kombination von Retro- und NextGen-Ästhetiken verstärkt an Bedeutung.

Gelingt es den Retro-NextGen-Hybriden nun also die Gegensätze von ‚veralteten' und zeitgenössischen Computerspielästhetiken, von Main und Sub, aufzuheben? Mitnichten – vielmehr zelebrieren die Hybriden gerade die Reibungsfläche ihrer Gegenstände in der Zurschaustellung alter wie neuer Klischees einer Gaming Culture. Sie nähern sich damit weder dem Mainstream-Retro (der Remakes) noch dem Sub-Retro (der Retro-Remakes), sondern driften eher einer neuen Nische der populärkulturellen Sphäre des Computerspiels entgegen. Somit zeigt sich auch in diesem Fall das Phänomen Retro-Gaming als ein äußerst heterogenes Feld der „Thematisierung und Re-integration früherer Setzungen" (Jacke/Zierold 2008b: 202).

Abbildung 11: *3D Dot Game Heroes* (2010)

---

15 … der eben nicht selten auch aus dem erhöhten Schwierigkeitsgrad sowie den fehlenden Speichermöglichkeiten resultierte.

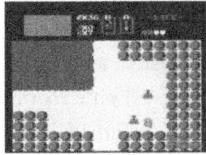 

Abbildung 12-13: *The Legend of Zelda* (1986) & *3D Dot Game Heroes* (2010)

Fazit

Zusammenfassend lässt sich festhalten, dass der Bereich des Retro-Gamings nicht auf einzelne Aspekte (etwa eine bestimmte 8-Bit-Bildästhetik) zu reduzieren ist, sondern nur in einem komplexen Zusammenspiel der Medialität und Performativität Populärer (Computerspiel-)Kulturen erschlossen werden kann. Bestimmte audiovisuelle Stilistiken können dabei mit verschiedenen performativen Aneignungsstrategien verbunden werden: So geht es bei emulierten Spielen vor allem um eine nostalgisch gefärbte, möglichst ,authentische' Reproduktion des ursprünglichen Spielerlebnisses; das Remake versucht einen Brückenschlag zwischen vergangenen und zeitgenössischen Gaming Cultures; das Retro-Remake betont dagegen – sozusagen in einer subkulturellen Verschärfung – die Abgrenzung zu aktuellen Spielen; während die Retro-NextGen-Hybriden die Stilgegensätze für eine selbstreflexive Auseinandersetzung mit der Computerspielgeschichte nutzen.

Es zeigt sich somit, dass die verschiedenen Facetten des Retro-Gamings einen reizvollen Ausgangspunkt darstellen, um die populärkulturelle Ausdifferenzierung der zeitgenössischen Computerspiellandschaft – sozusagen von den Rändern des Systems aus – in den Blick zu nehmen. Für die (u.a.) in diesem Band geführte Diskussion zur Medialität und Performativität ist das Phänomen Retro-Gaming insbesondere deshalb besonders interessant, weil hier verschiedene Performativitätsformen aufeinandertreffen und innerbildliche performative Strategien zum Ausgangspunkt für außerbildliche Selbstbeschreibungsdiskurse und „Formen der Vergemeinschaftung" (Kleiner 2009: 99) der Populärkultur werden.[16] Auf diese Weise lässt sich die Entwicklung des Computerspiels nicht nur als eine (Stil-)Geschichte verschiedener Spielästhetiken beschreiben, sondern als eine sich unentwegt (re-) aktualisierende populäre Gaming Culture.

---

16 Damit ergibt sich nicht zuletzt auch ein interessanter Ausgangspunkt für die Game Studies, bei dem sich auf das spielerische Material fokussierte Untersuchungen (sei es zu Bildästhetik, zur Narration, zum Genre etc.) mit kultur- bzw. sozialwissenschaftlichen Ansätzen – *Spiel-* mit *Spieler*analysen – verbinden lassen.

Literatur

Aarseth, Espen J. (1997) Cybertext. Perspectives on Ergodic Literature. Baltimore: John Hopkins Univ. Press.

Bausch, Constanze/Jörissen, Benjamin (2005): Das Spiel mit dem Bild. Zur Ikonologie von Action-Computerspielen. In: Wulf/Zirfas (2005a): 345-364.

Beil, Benjamin et al. (Hrsg.) (2009): „It's all in the Game" – Computerspiele zwischen Spiel und Erzählung. Marburg: Schüren.

Böhn, Andreas/Möser, Kurt (Hrsg.) (2010): Techniknostalgie und Retrotechnologie. Karlsruhe: KIT Scientific Publishing.

Bopp, Matthias/Nohr, Rolf F./Wiemer, Serjoscha (Hrsg.) (2009): Shooter. Eine multidisziplinäre Einführung. Münster: Lit.

Boym, Svetlana (2001): The Future of Nostalgia, New York: Basic Books.

Camper, Brett (2009): Retro Reflexivity. *La-Mulana*, an 8-Bit Period Piece. In: Perron/Wolf (2009): 169-195.

Dovey, Jon/Kennedy, Helen (2006): Game Cultures. Computer Games as New Media. Maidenhead: Open Univ. Press.

Felzmann, Sebastian (2010): Playing Yesterday: Mediennostalgie und Videospiele. In: Böhn/Möser (2010): 197-215.

Fenty, Sean (2008): Why Old School is ‚Cool'. A Brief Analysis of Classic Video Game Nostalgia. In: Taylor/Whalen (2008): 19-31.

Fischer, Erik/Schlüter, Bettina: The Music of Liberty City. Zur Konvergenz realer und virtueller Musikkulturen. In: Beil et al. (2009): 39-52.

Fischer-Lichte, Erika/Wulf, Christoph (Hrsg.) (2001): Theorien des Performativen. Berlin: Akademie-Verlag.

Furtwängler, Frank (2005): Menschliche Praxis. Wie das Ergodenproblem die Re-Animation anthropologischer Perspektiven in den Game Studies herausfordert. http://www.brown.edu/Research/dichtung-digital/2005/1/Furtwaengler/index.htm (22.09.2011).

Gaafar, Rania/Schulz, Martin (Hrsg.) (2011): Technology and Desire. The Transgressive Art of Moving Images. Bristol: Intellect (erscheint 2012).

Gogolin, Heiko (2008): Wenn weniger mehr ist. In: Mertens/Meißner (2008): 34-41.

Göttlich, Udo/Poromka, Stephan (Hrsg.) (2009): Die Zweideutigkeit der Unterhaltung. Zugangsweisen zur Populären Kultur. Köln: Halem.

Günzel, Stephan (2009): Simulation und Perspektive. Der bildtheoretische Ansatz in der Computerspielforschung. In: Bopp/Nohr/Wiemer (2009): 331-352.

Hempfer, Klaus W. (Hrsg.) (2011): Theorien des Performativen: Sprache – Wissen – Praxis. Eine kritische Bestandsaufnahme. Bielefeld: Transcript.

Hensel, Thomas (2011): Das Spielen des Bildes. Für einen Iconic Turn der Game Studies. In: MEDIENWISSENSCHAFT Rezensionen/Reviews 03/2011. 282-293.

Hensel, Thomas (2012): Still Life in the Crosshairs or For an Iconic Turn in Game Studies. In: Gafaar/Schulz (2012), im Erscheinen.

Hügel, Hans-Otto (Hrsg.) (2003a): Handbuch Populäre Kultur. Begriffe, Theorien und Diskussionen. Stuttgart/Weimar: Metzler.

Hügel, Hans-Otto (2003b): Unterhaltung. In: Hügel (2003a): 73-82.

Jacke, Christoph (2004): Medien(sub)kultur. Geschichten, Diskurse, Entwürfe. Bielefeld: Transcript.

Jacke, Christoph/Kimminich, Eva/Schmidt, Siegfried J. (Hrsg.) (2006): Kulturschutt. Über das Recycling von Theorien und Kulturen. Bielefeld: Transcript.

Jacke, Christoph/Zierold, Martin (Hrsg.) (2008a): Populäre Kultur und soziales Gedächtnis: theoretische und exemplarische Überlegungen zur dauervergesslichen Erinnerungsmaschine Pop (=
SPIEL 24 (2005), Heft 2), Frankfurt a.M.: Lang.

Jacke, Christoph/Zierold, Martin (2008b): Pop – die vergessliche Erinnerungsmaschine. Grundlegende Gedanken zur kommunikations- und kulturwissenschaftlichen Pop- und Gedächtnisfor-
schung. In: Jacke/Zierold (2008a): 199-210.

Jacke, Christoph/Zierold, Martin/Ruchatz, Jens (Hrsg.) (2011): Pop, Populäres und Theorien.
Forschungsansätze und Perspektiven zu einem prekären Verhältnis in der Medienkulturgesellschaft. Münster: Lit.

Juul, Jesper (2010): A Casual Revolution. Reinventing Video Games and Their Players. Cambridge,
MA.

Keller, Katrin (2006): Wiederverwertungen. Retro und die Reflexivität des Reloads. In: Jacke/Kim-
minich/Schmidt (2006): 320-332.

Kimminich, Eva (Hrsg.) (2009): Utopien, Jugendkulturen und Lebenswirklichkeiten. Ästhetische
Praxis als politisches Handeln. Frankfurt a.M.: Lang.

Kleiner, Marcus S. (2008a): Story Tellers. Pop-Geschichte in autobiographischen Pop-Erzählun-
gen. In: Jacke/Zierold (2008a): 259-274.

Kleiner, Marcus S. (2008b): Pop fight Pop. Leben und Theorie im Widerstreit. In: Kleiner/Stahl/
Matejovski (2008): 11-42.

Kleiner, Marcus S. (2009): Life is but a memory. Popmusik als Medium biographischer Selbstverständigung. In: Kimminich (2009): 95-115.

Kleiner, Markus S. (2011): Pop-Theorie. Ein deutscher Sonderweg. In: Jacke/Zierold/Ruchatz
(2011): 45-63.

Kleiner, Marcus S./Stahl, Enno/Matejovski, Dirk (Hrsg.) (2008): Pop in Rheinkultur. Oberflächenästhetik und Alltagskultur in der Region. Essen: Klartext.

Krämer, Sybille (2004): Performativität und Medialität. München: Fink.

Mertens, Mathias/Meißner, Tobias O. (Hrsg.) (2008): Ladezeit. Andere Geschichten vom Computerspielen. Göttingen: Blumenkamp.

Mertens, Mathias (2009): Einige Thesen zu Medienamateurpraxis am Beispiel Brickfilm. In: Gött-
lich/Porombka (2009): 131-148.

Nake, Frieder (2005): Das doppelte Bild. In: Pratschke (2005): 40-50.

Newman, James (2004): Videogames. London u.a.: Routledge.

Perron, Bernard/Wolf, Mark J. P. (Hrsg.) (2009): The Video Game Theory Reader 2. London u.a.:
Routledge.

Pratschke, Margarete (Hrsg.) (2005): Digitale Form (Bildwelten des Wissens. Kunsthistorisches
Jahrbuch für Bildkritik, 3/2). Berlin: Akademie Verlag.

Rauscher, Andreas (2009): Exile on Mean Street. Popkulturelles Genre Cruising in der Grand Theft
Auto-Reihe. In: Beil et al. (2009): 25-38.

Rosenfelder, Andreas (2008): Digitale Paradiese. Von der schrecklichen Schönheit der Computerspiele. Köln: Kiepenheuer & Witsch.

Schmidt, Siegfried J. (Hrsg.) (1978a): Das Experiment in Literatur und Kunst. München: Fink.

Schmidt, Siegfried J. (1978b): Experiment in Kunst und Wissenschaft. In: Schmidt (1978a): 8-21.

Schmidt, Siegfried J. (2008): Pop: Die Tyrannei der Authentizität oder die Wonnen Kafkas beim
Bügeln. In: Jacke/Zierold (2008): 405-413.

Schmitz, Norbert (2009): Zwischen Selbstreflexivität und Affektrhetorik. Transformationen der
Hoch- in die Populärkultur. In: Medien & Zeit 4/2009. 14-30.

Schwingeler, Stephan (2008): Die Raummaschine. Raum und Perspektive im Computerspiel. Boizenburg: vwh.

Seegers, Lu (2009): „Was macht eigentlich…" Zeitgebundene Erinnerungen von und an bundesre-
publikanische Filmstars. In: Medien & Zeit 4/2009. 39-43.

Simon, Bart (2007): Geek Chic. Machine Aesthetics, Digital Gaming, and the Cultural Politics of the Case Mod. In: Games and Culture. Vol. 2, No. 3. July 2007. 175-193.

Suominen, Jaakko (2008): The Past as Future? Nostalgia and Retrogaming in Digital Culture. In: Fibreculture 11. http://journal.fibreculture.org/issue11/index.html (22.09.2011).

Tolino, Aldo (2010): Gaming 2.0 – Computerspiele und Kulturproduktion. Boizenburg: vwh.

Taylor, Laurie N./Whalen, Zach (Hrsg.) (2008): Playing the Past. History and Nostalgia in Video Games. Nashville: Vanderbilt Univ. Press.

Wiesing, Lambert (2004): Pragmatismus und Performativität des Bildes. In: Krämer (2004): 115-128.

Williams, G. Christopher (2010): Is Suda 51 the Alfred Hitchcock of Video Games? In: PopMatters. http://www.popmatters.com/pm/column/120459-the-hitchcock-of-video-games (22.09.2011).

Wolf, Mark J. P. (Hrsg.) (2008): The Video Game Explosion. A History from Pong to Playstation and Beyond, Westport u.a.: Greenwood Press.

Wulf, Christoph/Zirfas, Jörg (Hrsg.) (2005a): Ikonologie der Perfomativen. München: Fink.

Wulf, Christoph/Zirfas, Jörg (2005b): Bild, Wahrnehmung und Phantasie. Performative Zusammenhänge. In: Wulf/Zirfas (2005a): 7-32.

Es gibt nur die Apokalypse ohne *Apokalypse.*[1]

Jacques Derrida

I'm a big proud papa on the stage
And I ain't never gonna act my age
If I ever did I'd be digging me a grave
To shovel all the money in that I didn't save
I'll let ya know, yeah, I'll make it clear
That popularity and profit isn't why I'm here
Chewing bubblegum and drinking beer.

The Supersuckers

---

1   Derrida, Jacques (1985): Apokalypse. Von einem neuerdings erhobenen apokalyptischen Ton in der Philosophie. Graz/Wien, 89.

Bubblegum and Beer

Zur Inszenierung und Performativität von Neo-Rock'n'Roll

Ivo Ritzer

1. Zur Konstitution des Gegenstands

Mit dem Rock'n'Roll beginnt sich ab den frühen 1950er Jahren eine kulturelle Formation zu etablieren, die als Pop zu bezeichnen wäre und neben der musikalischen Artikulation bald auch spezifische Lebensformen impliziert: Pop-Kultur.[1] Diese Pop-Kultur ist nicht identisch mit Populärer Kultur, sie bildet vielmehr einen ihrer Bestandteile.[2] Rock'n'Roll als Partikel Populärer Kultur wird bestimmt von einem Phänomen kultureller Verge- meinschaftung. Als „a way we experience our feelings and passions, a way, we identify ourselves"[3], ist ihm unmittelbar eine politische Dimension eigen. Von Beginn der Pop- Geschichte an zeichnet Rock'n'Roll sich durch eine individualistische Sensibilität ebenso aus wie durch einen antibürgerlichen Gestus. Rock'n'Roll wäre mit James E. Combs so zu verstehen als Repräsentation und Gestaltung von sozialen Konstellationen, als „affecting our perceptions and actions about politics"[4]. Er bringt zum einen kulturelle Wirklichkei- ten hervor, zum anderen kann er diese aber auch transformieren. D.h. Rock'n'Roll besitzt nicht nur symbolische Funktion, sondern explizit handlungspraktische Relevanz. Wird der Rock'n'Roll in seinem Fokus auf eine „ganze Palette von Pubertäts-, Jugend- und Lebensbewältigung"[5] zunächst der so genannten ‚Hochkultur' gegenüber gestellt und als Waffe im Klassenkampf behauptet, herrscht heute weitgehend Ernüchterung, zeigt die Entwicklung seit den späten 1960er Jahren doch, dass mit Rock'n'Roll weniger Revolu- tion zu machen ist als Geld. Pop als Garant von Authentizität und Transgression, als ein „Medium der Rebellion" weicht einer Kultur von „Konsum, Party, Profit, Unterhaltung, Lifestyle, Mainstream"[6]. Was tun, „wenn wir keinen Horizont der Emanzipation haben,

---

1 Siehe Kleiner, Marcus S. (2008): Pop fight Pop. Leben und Theorie im Widerstreit. In: Matejov- ski, Dirk/Kleiner, Marcus S./Stahl, Enno (Hrsg.): Pop in R(h)einkultur. Oberflächenästhetik und Alltagskultur in der Region. Essen, 11-42.

2 Vgl. ebd., 15.

3 Street, John (1997): Politics and Popular Culture. Cambridge, 167.

4 Combs, James E. (1984): Polpop. Politics and Popular Culture in America. Bowling Green, 3.

5 Höller, Christian (2001): Pop Unlimited? Imagetransfers und Bildproduktion in der aktuellen Popkultur. In: Ders. (Hrsg.): Pop Unlimited? Imagetransfers in der aktuellen Popkultur. Wien, 11-27, 12.

6 Chlada, Marvin/Kleiner, Marcus S.: Pop und Wahrheit. Die Sorge um die Subversion. In:

wo leisten wir Widerstand?"[7], das ist bereits eine Frage, die Jean-François Lyotard etwas ratlos zurücklässt, weil keine lebbare Zukunft mehr zu existieren, weil jede Hoffnung auf Veränderung gescheitert scheint. Für den Rock'n'Roll ergibt sich dasselbe Problem, mit dem auch sozialkritisch motivierte Theoriebildung zu kämpfen hat. Alle Impulse scheinen in Ineffektivität zu versanden, a priori zum Scheitern verurteilt gegenüber einer ebenso omnipräsenten wie omnipotenten Macht des kapitalistischen Status quo.

Wo die avancierte Pop-Musik mit Industrial, Power Electronics und Noise nach Rock'n'Roll ihren Nullpunkt in der absoluten Negation des Bestehenden erreicht, blickt der Neo-Rock'n'Roll seit dem situationistischen „Great Rock'n'Roll Swindle" des Punk[8] nach hinten und nach vorne zugleich. Das heißt, die Musik bedient sich wieder respektive immer noch der Bluestonleiter (Harmonik), des Backbeat (Rhythmik) und der Bandbesetzung mit Gesang, Gitarre, Bass sowie Schlagzeug (Instrumentierung), operiert aber durchaus geschichtsbewusst

Abbildung 1: Klassische Rock'n'Roll-Besetzung: The Rolling Stones

Der Neo-Rock'n'Roll ist offen für die Tradition, für die Repetition, auch für die Imitation, aber unter der Prämisse, Bescheid zu wissen über das eigene Tun, über die eigenen Mittel, über die eigene Historizität. So bildet er eine selbstreflexive Kulturformationen: Das Klassische wird herbeizitiert, nur um als Modus der Wahrnehmung in der Schwebe zu bleiben zwischen Perfekt und Präsens musikalischer Praxis. Der Neo-Rock'n'Roll ist im

---

Chlada, Marvin/Dembowski, Gerd/Ünlü, Deniz (Hrsg.): Alles Pop? Kapitalismus und Subversion. Aschaffenburg 2003, 343-356, 344.

7   Lyotard, Jean François u.a. (1985): Immaterialität und Postmoderne. Berlin, 69.

8   Siehe dazu Marcus, Greil (1996): Lipstick Traces – von Dada bis Punk. Eine geheime Kulturgeschichte des 20. Jahrhunderts. Reinbek bei Hamburg; Savage, Jon (2001): Englands Dreaming. Anarchy, Sex Pistols, Punk Rock and Beyond. Berlin; Büsser, Martin (2003): If the Kids Are United. Von Punk zu Hardcore und zurück. Mainz.

Folgenden am ästhetischen Material zu explizieren als Archiv wie auch als autoreferentielle Inszenierung subkultureller Strategien vor dem Horizont devianter sozialer und/oder ästhetischer Strategien mit performativem Charakter. Die Performativitätstheorie offeriert der Populär- und Popkulturforschung hier nicht nur ein Begriffsinstrumentarium, das präzise Analysen gestattet, sie erweitert auf basale Weise auch den Horizont ihrer Gegenstände. Erst mit Konzepten von Performanz und Inszenierung wird es möglich, illokutionäre Identitätsmarkierungen oder Handlungsstrategien spezifischer Akteure auf einem Feld Populärer Kultur wie Rock'n'Roll sinnfällig zu beschreiben. Die Begriffe der Inszenierung respektive Performanz entnehme ich Erika Fischer-Lichtes Arbeiten zu kulturellen Prozessen, wobei Inszenierung und Performanz für sie Mikro-Aspekte des Makro-Phänomens Theatralität darstellen. Theatralität ist bei Fischer-Lichte ganz global eine „mögliche kulturwissenschaftliche Grundkategorie"[9], die eine Expansion des Theaters in das allgemeine Kulturniveau spezifiziert. Um von Theatralität sprechen zu können, sind für Fischer-Lichte mehrere Teilaspekte notwendig. Sie nennt hier Performanz, Inszenierung, Körperlichkeit und Wahrnehmung. Mit Blick auf den Neo-Rock'n'Roll interessieren speziell die beiden ersten Begriffe, d.h. performative und inszenatorische Strategien. Performanz meint dabei den „Vorgang einer Darstellung durch Körper und Stimme vor körperlich anwesenden Zuschauern"[10]. So verstanden ist das Konzept der Performanz vor allem zur Analyse von öffentlichen Auftritten wie Konzertsituationen oder Interviews in den Massenmedien heranzuziehen. Zur Untersuchung von musikalischen Texten (ob Album, EP oder Single, unabhängig vom medialen Träger), die ja stets auch in der Aufführung ihre eigentliche Bestimmung finden und damit vor einer performativen Matrix zu lesen sind, bietet sich darüber hinaus der Rekurs auf inszenatorische Praktiken an, die Fischer-Lichte als spezifische Kulturtechniken bezeichnet, mit denen „etwas zur Erscheinung gebracht wird, und zum anderen eben dasjenige, was sie zur Erscheinung bringen"[11]. Inszenierung meint damit auf basaler Ebene einen „spezifische[n] Modus der Zeichenverwendung in der Produktion"[12]. Eben diese semiotische Mobilisierung wiederum konturiert die Medialität Populärer Kultur als eine Mitteilbarkeit zur Aufführung gebrachter Darstellungsakte in ihrem jeweiligen kommunikativen Gebrauch. Wenn im Folgenden der Neo-Rock'n'Roll auf eine Ästhetik der Performanz und Inszenierung hin beleuchtet wird, dann geht es also um den jeweiligen Darstellungsakt sowie die jeweilige Mobilisierung semantischer Potentiale. Der konkret performativ-inszenatorische Charakter von Neo-Rock'n'Roll liegt in diesem Prozess bei der Ausbildung spezifischer Rollenmodelle, durch die sich seine Akteure in Opposition zu dominanten Machstrukturen situieren. Den Fokus der folgenden Überlegungen bildet demnach die komplexe Relati-

---

9   Fischer-Lichte, Erika (1999): „Ah, die alten Fragen ..." und wie Theatertheorie heute mit ihnen
     umgeht. In: Nickel, Hans-Wolfgang (Hrsg.): Symposion Theatertheorie. Berlin, 11-30, 18.

10 Ebd.

11 Ebd., 19.

12 Fischer-Lichte, Erika (1998): Verwandlung als ästhetische Kategorie. Zur Entwicklung einer
     neuen Ästhetik des Performativen, in: Dies./Kreuder, Friedemann/Pflug, Isabell (Hrsg.): Theater seit den 60er Jahren, Tübingen u.a., 21-91, 88.

on zwischen Rock'n'Roll und Rebellion, wobei dynamische Strategien zur Konstruktion resistiver Bilder von besonderem Interesse sind. Unsere Leitfrage nach den politischen Potentialen des Neo-Rock'n'Roll bezieht sich also auf einen Konnex von Populärer Kultur, Medialität, Inszenierung und Performativität, um durch die Analyse ausgewählter Musikerformationen, ihrer Tonträger und Live-Auftritte die Generierung öffentlicher Imagos mit widerständiger Qualität beschreiben zu können. Entlang kultur- und medientheoretischer Modelle sowohl neomarxistischer wie poststrukturalistischer Couleur tritt der Neo-Rock'n'Roll als multidimensionale Kulturtechnik in den Blick, die sich im permanenten Spannungsfeld zwischen der Möglichkeit und Unmöglichkeit gegenkultureller Agitation bewegt. Wir werden beginnen mit einer historischen Perspektive auf den ‚klassischen' Rock'n'Roll, dessen Utopien kulturell-sozialen Wandels als gescheitert zu betrachten sind. Daran schließen sich Überlegungen an, wie der Neo-Rock'n'Roll dennoch spezifische inszenatorische Handlungen und performative Praktiken kultiviert, die resistive Momente inkludieren. Es kommen schließlich sowohl erkenntniskritische als auch surrealistische Strategien zur Sprache, durch die potentiell neue Formen popkultureller Devianz entstehen.

2. Neo-Rock'n'Roll zwischen Kulturindustrie und Mikropolitik

Rock'n'Roll ist zu historisieren als symbolische Form und kulturelle Praktik, die zum einen das Potential besitzt, mit ihrer Aggressivität eine Veränderung der Gesellschaftsordnung zu implizieren und zum anderen durch ihre Sinnlichkeit bereits die Ahnung einer befreiten Gesellschaft zu evozieren.[13] Mit dem Scheitern des Rock'n'Roll als Medium einer putativen Revolution im Zuge der Aufbruchstimmung nach 1968 geht jedoch die unleugbare Erkenntnis einher, dass systemkritische Pop-Kultur offenbar nur differente Warenstrukturen etikettiert und damit vermeintlich Widerständisches egalisiert.[14] Sie scheint Teil des Problems zu sein, als dessen Lösung sie einst aufgetreten ist. Das utopische Versprechen des Rock'n'Roll – von den MC5 über die Edgar Broughton Band bis hin zu den Ton Steine Scherben – einer befreiten Gesellschaft, sein adornitischer Anspruch, Dignität durch Mannigfaltes empfangen, d.h. „dem Heterogenen Gerechtigkeit widerfahren"[15] zu lassen, muss heute als obsolet gelten.

---

13 Zur Relation von Pop und Protest siehe Karnik, Olaf (2003): Polit-Pop und Sound-Politik in der Popgesellschaft. In: Neumann-Braun, Klaus/Schmidt, Axel/Mai, Manfred (Hrsg.): Pop-Visionen. Links in die Zukunft. Frankfurt am Main, 103-120; Büsser, Martin (2006): Popkultur und Politik – ein schwer bestimmbares Verhältnis. Pop als linker Mythos. 1968 und die Popkultur. In: Boggasch, Frank/Sittig, Dominik (Hrsg.): ELEND. Zur Frage der Relevanz von Pop in Kunst, Leben und öffentlichen Badeanstalten. Nürnberg, 139-151.

14 Siehe Holert, Tom/Terkessidis, Mark (1996): Einführung in den Mainstream der Minderheiten. In: Dies. (Hrsg.): Mainstream der Minderheiten – Pop in der Kontrollgesellschaft. Berlin 1996, 5-19.

15 Adorno, Theodor W. (1970): Ästhetische Theorie. Frankfurt am Main, 285.

Abbildung 2: Revolution-Rock der MC5

Der nahtlose Übergang vom kritisch-dissidenten „Pop I" zum affirmativ-konsensuellen „Pop II"[16], von einem konfrontativen Impetus zur Apotheose der Unterhaltung, macht einerseits evident, dass die kulturindustrielle Konstellation durch kreativen Konsum wohl nicht zu subvertieren ist; andererseits stellt er klar, dass Rock'n'Roll putativ keinen archimedischen Standpunkt beziehen kann, von dem aus kapitalistische Ökonomie systematisch zu überwinden wäre. Die alte Polarität von Innen und Außen scheint durch mangelnde Effektivität popkulturellen Protests ausgehebelt, transzendente Kritik ebenso ergebnislos wie immanente. Theodor W. Adorno freilich adressiert das Problem bereits lange zuvor: „Die Alternative, Kultur insgesamt von außen, unter dem Oberbegriff der Ideologie in Frage zu stellen, oder sie mit den Normen zu konfrontieren, die sie selber auskristallisierte, kann die kritische Theorie nicht anerkennen. Auf der Entscheidung: immanent oder transzendent zu bestehen, ist ein Rückfall in die traditionelle Logik"[17]. Für Adorno tragen sowohl Transzendenz als auch Immanenz das Stigma von Totalität und Repression, erstere beziehe einen gesellschaftsfernen Standpunkt, letztere perpetuiere die sozioökonomische Verdinglichung. Wenn Adorno eine dialektische Kritik einfordert, dann wäre nach Praktiken des Neo-Rock'n'Roll zu fragen, die an der Kulturindustrie teilhaben und zugleich nicht Teil davon sind. Nur als dialektische Nische ließe er sich aus Perspektive der Kritischen Theorie für einen emanzipatorischen Diskurs retten. Und in der Tat organisieren sich zentrale Akteure des Neo-Rock'n'Roll nach dem Prinzip von DIY (Do It Yourself), d.h. sie bleiben zur Vergemeinschaftung zwar verwiesen auf die Warenförmigkeit medialer Kanäle, partizipieren aber nicht unmittelbar an kulturindustriellen Strukturen.[18] Eine Band wie die Supersuckers aus Seattle etwa gründet nach vier Alben (1992-1997) auf dem Independent-Label Sub Pop ihre eigene Plattenfirma, nachdem Sub Pop anno 1995 zur Hälfte an die Warner Music Group verkauft worden ist; eine Band wie die Cynics aus Pittsburgh veröffentlicht seit 1986 auf Get Hip Recordings, dem Label ihres Gitarristen Gregg Kostelich; eine Band wie die B-Movie Rats aus Los Angeles

---

16 Siehe Diederichsen, Diedrich (1999): Der lange Weg nach Mitte. Der Sound und die Stadt. Köln, 272-286.

17 Adorno, Theodor W. (1976): Prismen. Kulturkritik und Gesellschaft. Frankfurt am Main, 25.

18 Zum Gedanken von DIY siehe O'Hara, Craig (2001): The Philosophy of Punk. Die Geschichte einer Kulturrevolte. Mainz.

ist nach Alben auf Dead Beat Records (1998) und Junk Records (2002) nun auf dem Label ihres Freundes Pat Todd gelandet, dem Frontmann der Lazy Cowgirls.

Abbildung 3: Aktuelles Eigen-Release der Supersuckers

Kulturindustrie aber darf im adornitischen Sinne nicht als bloßes Kulturmonopol begriffen werden, sie adressiert vielmehr die Funktion kultureller Produktion im Spätkapitalismus per se. Eine Alternative zur Totalität der Kulturindustrie scheint so schlichtweg nicht zu existieren. Denn einerseits nähren auch Praktiken subkultureller Provenienz kapitalistische Strukturen, indem sie auf einem Nischenmarkt neue Subjektivitäten schaffen, die gleichfalls als Konsumenten wie Produzenten an der Verwertung von Waren beteiligt sind. Andererseits wird die Dichotomie zwischen Nische und Mainstream von der Kulturindustrie selbst gespeist, wenn sie auf artifizielle Weise eine distinktive Konkurrenz von kulturellen Feldern generiert, deren hierarchische Struktur im Wechselspiel von Tradition und Innovation entscheidend zur Fortexistenz der kulturindustriellen Konfiguration beiträgt. Kulturelle Dissidenz fungiert demnach als produktiver Motor eines konformitätsstiftenden Marktes.

Dennoch, so glaube ich, lassen sich spezifische Inszenierungsformen festhalten, mit denen der Neo-Rock'n'Roll politische Aktion wenn schon nicht ausführt, so doch zumindest aufführt. Zum einen wäre hierzu das der Kritischen Theorie gegenüber situierte Gesellschaftsmodell der ebenso alinear wie undialektisch organisierten Plateaus anzuführen, wie Gilles Deleuze und Félix Guattari es als Pop-Analyse im Sinne einer mikropolitischen Beschreibung soziokultureller Strukturen vorgestellt haben. Deleuze/Guattari denken nicht geschichtlich, sondern geographisch, sie gehen von einer nicht-hierarchisch organisierten Struktur sozialer Schichten aus, die in sich selbst vibrierten, die ausfransten, die keiner Kontrolle unterlägen. Immer entgleite ihnen etwas an Leckstellen, die nicht zu schließen seien. So wie Gesellschaft stets nur als Provisorium existiere, werde sie ständig durch molekulare Strömungen in Frage gestellt. „Es heißt zu unrecht", sagen Deleuze und Guattari, vor allem mit Blick auf den klassischen Marxismus, „daß eine Gesellschaft durch ihre Widersprüche definiert wird. Das stimmt nur im großen und ganzen. Aus der Sicht der Mikropolitik wird eine Gesellschaft durch ihre Fluchtlinien definiert, die molekular sind. Immer fließt oder flüchtet etwas, das den binären Organisationen entflieht, dem Resonanzapparat, der Übercodierungsmaschine entgeht"[19]. Die oppositionelle Politik der Mikroebenen produziere fortwährend nicht zu nivellierende, asignifikante Brüche in der dominanten Kultur, wodurch eine Binarität zwischen Mainstream und Minderheit keine Relevanz besitze. Vielmehr seien alle kulturellen Felder in ständigen Prozessen des Austausches und der Umschichtung begriffen, sie brächten permanent Fluchtlinien hervor, die Räume der Differenz eröffneten. Ihr Potential sei es, durch produktives Chaos zu deterritorialisieren: „Deshalb kann man niemals einen Dualismus oder eine Dichotomie konstruieren"[20]. Stattdessen durchlaufe eine temporär formierte Polarität von Mainstream und Subkultur (auf der Makroebene) im Moment seiner Konstitution bereits die eigene Dekonstruktion durch molekulare Linien der Deterritorialisierung (auf der Mikroebene). Deleuze und Guattari geht es um die Bildung von Konsistenzebenen, d.h. sie wollen Linien von Intensitäten bündeln, die sich im sozialen Raum bewegen. Für sie existiert „ebensowenig eine Struktur wie eine Genese. Es gibt nur Verhältnisse von Bewegung und Ruhe, von Schnelligkeit und Langsamkeit, [...] nur Diesheiten, Affekte, Individuationen ohne Subjekt, die kollektive Gefüge bilden"[21]. Deshalb ist das Ziel von Deleuze und Guattari eine Mobilisierung der Gefüge und flottierenden Mehrwerte der Zeichen, ein Nomadisieren auf den Kompositionsebenen, ein permanentes In-Bewegung-Bleiben. Eben diese Fokussierung von nicht zielgerichteten Intensitäten zeigt sich im Neo-Rock'n'Roll in dadaistischen Versuchen, die den klassischen Rock'n'Roll und sein revolutionäres Pathos radikal in Frage stellen. Bands wie Nashville Pussy (Atlanta), Electric Frankenstein (New Jersey) oder die Supersuckers (benannt nach dem gleichnamigen Pornofilm) arbeiten an betont einfach strukturierten Stücken

---

19 Deleuze, Gilles/Guattari, Félix (2002): Tausend Plateaus. Kapitalismus und Schizophrenie II. Berlin, 294f.

20 Ebd., 19.

21 Ebd., 362.

(Strophe, Refrain, Gitarrensolo), die durch eine Strategie ästhetischer Reduktion gekennzeichnet sind. Sie verzichten auf politische Slogans, lassen hingegen ihre Songtitel bereits das Kanalisieren von Affekten indizieren. Bei Nashville Pussy heißt es „Go Motherfucker Go" und „Eat My Dust", „She's Got The Drugs" und „Piece Of Ass", „Blowjob From A Rattlesnake" und „Beat Me Senseless", „Raisin' Hell Again" oder „Speed Machine"; bei Electric Frankenstein heißt es „Fast & Furious" und „Rise & Crash", „It's All Moving Faster" und „Electrify Me", „Action High" und „Learn to Burn", „Naked Heat" oder „Rocket in My Veins".

Abbildung 4: High Voltage Rock'n'Roll von Electric Frankenstein

Bei den Supersuckers heißt es „Ron's Got the Cocaine" und „Run Like a Motherfucker", „I Want the Drugs" und „Rock Your Ass", „Psyched Out" und „Bloody Mary Morning", „A Goodnight for My Drinkin'" oder „Bubblegum and Beer". Nashville Pussy, Electric Frankenstein und die Supersuckers operieren mit Dissoziationen und Konnexionen, Abspaltungen und Neuverkettungen, sie fügen durch Schnitte zusammen. Als Höhepunkt kann hier das knapp dreißigsekündige Stück „I Say Fuck" vom ersten Supersuckers-Album „Smoke of Hell" (1992) gelten, dessen Text sich auf folgende Zeilen beschränkt:

> „I say fuck and you say yeah / I say fuck and you say yeah, yeah / I say fuck and you say yeah / I say fuck ... / Yeah! I say let's and you say go / I say let's and you say let's go, man / I say let's and you say go / I say let's ... / Go!"

Im Neo-Rock'n'Roll der Supersuckers, aber auch bei Nashville Pussy und Electric Frankenstein sind Klänge und ihre Verbindungen nicht mehr erkenntnisstiftend und/oder explizierend eingesetzt, sie können vielmehr „untrennbar davon einzigartige und ziellose

Intensitäten in Exodusbewegung sein"[22]. Alle drei Gruppen setzen auf den dekonstruktiven Effekt der Redundanz, auch Texte und Gesang fungieren nur als weitere Klangelemente, die im Rauschen der Rückkoppelungen verschwinden. Ihre Songs tendieren dazu, autosignifizierend zu operieren, auf eine Signifikantenkette ohne Signifikant oder besser: einer Leerstelle *als* Signifikat zu setzen. Diese Leerstelle bedeutet sich selbst oder andere Leerstellen und bleibt dabei in permanentem Fluss begriffen. „Sinn gibt es", so Roland Barthes' berühmter Aphorismus, „doch dieser Sinn lässt sich nicht ‚erfassen'; er bleibt fließend, in einem leichten Sieden erbebend"[23]. Jene Negativität des Sinns liegt jedem Verstehen zu Grunde, Nashville Pussy, Electric Frankenstein oder die Supersuckers verleihen ihr Nachdruck. Ihnen geht es um die Poesie des Rauschens, den Rausch der Poesie: „Das Poetische oder Ekstatische ist dasjenige, was *in jedem Diskurs* dem absoluten Verlust seines Sinns, dem Un-Grund des Heiligen, des Nicht-Sinns, des Un-Wissens oder des Spiels, und dem Wissensverlust sich erschließen kann, aus denen er mit Hilfe eines Würfelwurfs erwacht"[24]. In diesem Sinne verfolgen die Supersuckers, Nashville Pussy und Electric Frankenstein eine Strategie ästhetischer Negativität, die weder referentiell noch repräsentativ arbeitet, sondern vielmehr in der Betonung des Materials selbst ihr Telos findet. Als mediale Vermittlungsinstanz produzieren ihre Songs einen irreduziblen Eigenwert, der vor und jenseits aller Symbolisierung sich zur Erscheinung bringt. Ihre Ästhetik ist somit weniger bezogen auf prozessuale Kommunikation von Inhalten, vielmehr tritt ihre punktuelle Ereignishaftigkeit als performativer Akt ins Zentrum. Statt dem Inhalt apostrophieren sie den Ausdruck, und der soll nicht auditiv wirken, sondern korporeal affizieren. Er wirkt viszeral statt konzeptuell, will nicht interpretiert werden, zielt vielmehr direkt auf das Fleisch. Anstelle des Teils wird das Ganze adressiert, die Vibrationen des Trommelfells gehen in Schwingungen des Leibes über. Ein nicht fixierbares Rauschen der Klänge entsteht, das allen Sinn säuseln lässt: „Das Rauschen ist das Geräusch des gut Laufenden. Daraus folgt dieses Paradox: das Rauschen denotiert ein Grenzgeräusch, ein unmögliches Geräusch des perfekt funktionierenden Geräuschlosen; rauschen heißt, die Verflüchtigung des Geräuschs zu Gehör bringen: das Dünne, Verschwommene, Summende werden als die Zeichen einer Lautaufhebung rezipiert"[25]. Im Rauschen entfalten sich die materiellen Signifikanten, ohne einem Zwang zum Signifikat zu unterliegen. Ihre Inkommensurabilität und Opazität zerschlägt jede linguistische Kohärenz, bringt das leere Bedeuten zur Geltung, nichts anderes als die Bedeutung der Leere. Der Neo-Rock'n'Roll als Rauschen des Sinns konstituiert einen amorphen Raum des Hörens, jenseits diskursiver Kommunikation: als vorbegrifflich, d.h. rituell organisierter Sound. Er begreift Rock'n'Roll nicht mehr als „politics *in* popular culture", sondern basiert auf „politics *as* popular culture"[26]. Seine Sozialkritik ist Sprachkritik.

---

22 Lyotard, Jean-François (1984): Ökonomie des Wunsches. Bremen, 82.

23 Barthes, Roland (1976): Über mich selbst. München, 107.

24 Derrida, Jacques (1976): Die Schrift und die Differenz. Frankfurt am Main, 395.

25 Barthes, Roland (2005): Das Rauschen der Sprache. Frankfurt am Main, 89.

26 Combs, James E. (1984): Polpop. Politics and Popular Culture in America. Bowling Green, 16.

3. Neo-Rock'n'Roll als Aufstand der Zeichen

Durch den ihm eigenen erkenntniskritischen Ansatz erst kann der Neo-Rock'n'Roll
eine neue Form kulturellen Widerstands inszenieren. Konträr zu traditionalistischen
Musikerformationen wie The (International) Noise Conspiracy, Tokyo Sex Destruction
oder The Ghoulies, die auf klassischen Politrock rekurrieren und am alten Subversions-
modell der dialektischen Negation festhalten wollen, geht es Nashville Pussy, Electric
Frankenstein und den Supersuckers um eine differente Artikulation resistiver Gesten.
Sie verzichten auf Agitprop-Slogans, arbeiten allein an einem Aufstand der Zeichen.
Jean Baudrillard hat bekanntlich, gegen Adorno wie Deleuze und Foucault, die Existenz
oppressiver Machtstrukturen als disziplinierende und/oder pastorale Kraft auf radikale
Weise in Frage gestellt. Für Baudrillard manifestiert Macht sich nur dort, wo ihr eine
imaginative Präsenz zukommt, d.h. wo an ihr Dasein geglaubt wird. Ansonsten sei sie
abwesend und konstituiere gerade dadurch den perfekten Diskurs. Die im klassischen
Rock'n'Roll noch hypostasierte Omnipräsenz der Macht, gegen die Widerstand zu leisten
wäre, wird bei Baudrillard zum Simulakrum, das sich die virtualisierten Subjekte selbst
generieren. Macht existiert nur noch, um ihr Verschwinden in den medialen Maschinen
zu kaschieren:

> Die Macht hat sich nicht immer für die Macht gehalten, und das Geheimnis der großen
> Politiker war zu wissen, daß *es die Macht nicht gibt*, daß sie nur ein Simulationsraum ist
> wie der perspektivische Raum in der Renaissancemalerei. Wenn die Macht verführt, dann
> geschieht das, weil sie ein Trugbild ist […], weil sich in Zeichen verwandelt und auf Zei-
> chen hin entwirft.[27]

An die Stelle einer Omnipräsenz der Macht tritt für Baudrillard eine radikale Immanenz der
Zeichen, für die keine Referenten mehr existieren, die nach ihrer semiotischen Verdopplung
nur noch auf sich selbst verweisen. Macht wird zu einem Signifikanten ohne Signifikat, sie
implodiert und kehrt als Halluzination ihrer selbst wieder, als bloßer Machteffekt. So wie das
Zeichen sich vom Objekt löst, driftet die Macht ab vom ‚Realen'. In Baudrillards Modell sozialer Konstellation existiert keine Erfahrung mehr, die der Rock'n'Roll mobilisieren könnte.
Stattdessen herrscht eine in ihrer Heterogenität völlig homogene Welt, die nur noch Ereignisse aneinanderreiht, das bereits Bekannte wiederholt: Proklamationen von Dissidenz ebenso
wie ein Versprechen auf Veränderung. So werde noch einmal durchgespielt, was an großen
Erzählungen seit der Romantik die Moderne bestimmt hat, ein Spiel der Differenzen reproduziert, das längst der Indifferenz gewichen ist. Zeichen zirkulierten distanzlos in sich selbst,
schafften ein profanes Universum absolut gewordener Nähe, das keine Orientierung mehr
leiste, in dem Entfernungen aufgehoben wären und die Ursache der Wirkung nicht mehr vo-
ran ginge. Statt einer progressiven Logik der Finalität dominiert aus Baudrillard'scher Perspektive ein Prozess der Aufhebung von Antagonismen, Kontradiktorisches ist kurzgeschlos-

---

27 Baudrillard, Jean (1982): Oublier Foucault. München, 72.

sen in endloser Reduplikation: Establishment und Subkultur, Herrschaft und Rock'n'Roll. Die Rede von der Revolution produziert keine explosive Energie mehr, sie sorgt nur noch für permanente Implosion, utopische Potentiale kollabieren in sich selbst. Privates und Professionelles, Subjekt und Objekt fallen zusammen, Aktiv und Passiv verschränken sich inseparabel, werden vollständig reversibel. In einem solchen System ist alles wahr und alles falsch zugleich, alles simultan progressiv und reaktionär. Der Unterschied spielt hier keine Rolle mehr, er hat ausgespielt. Ein denkbar pessimistisches Fazit für alle ästhetische Produktion, inklusive kritischer Kunst: „Auch sie", so Baudrillard, „hat den Wunsch nach Illusion verloren, hat alle Dinge statt dessen [sic] einer ästhetisch banalen Erhöhung geopfert und ist folglich transästhetisch geworden"[28]. Dennoch, auch wenn Baudrillard den sozialen Status quo auf den ersten Blick durch ein „Ende der Kritik"[29] oder gar durch ein Ende jeder Möglichkeit von Kritik gekennzeichnet glaubt, so bringt seine apokalyptische, mitunter gar larmoyant durchsetzte Medien- und Kulturtheorie auf den zweiten Blick doch interessante Perspektiven auf inszenatorisch-performative Strategien des Neo-Rock'n'Roll. Baudrillard konstatiert nämlich – ohne Rekurs auf die Utopie einer transzendenten Kritik – in der Sprache des postindustriellen Spätkapitalismus eine zunehmende Tendenz zur Pathologie, eine Krankheit die eigentlich Mutation ist. Alles Verbale funktioniere nicht mehr symbolisch, sondern nur noch als Formel. Seine Viralität gehe hervor aus der beschleunigten Zeichenzirkulation, der Molekularisierung sozialer Systeme. Je komplexer deren Struktur, je überprotektierter die sozialen Körper, desto höher ihre Anfälligkeit für Viren, die sie selbst mitproduzieren. Es ist vor allem das Feld der Medien, also technischer Kommunikationskanäle, die durch ihre rapide Diffusion von Informationen für eine Auflösung von Sinn und Bedeutung sorgten; statt den entfremdeten Subjekten im Fordismus existierten nur noch fraktale, d.h. objektivierte Subjekte: telematische Menschen, die über integrierte virtuelle Schaltkreise mit sich selbst kurzgeschlossen seien und so im Imaginären lebten.[30] Auf Basis dieser neuen soziokulturellen Formation konstituiere sich das Potential für virale Strategien. Jedes Zeichen tendiere prinzipiell zur Generierung von deterritorialen Fluchtlinien, da die Relation der Äquivalenz zwischen Zeichen und Realem suspendiert sei: „Das Reale nimmt nicht mehr die Kraft eines Zeichens an, das Zeichen nicht mehr die Kraft eines Sinns. [...] Jedes System erfindet sich ein Gleichgewichts-, Tausch-, Wert-, Kausalitäts- und Finalitätsprinzip, das auf geregelten Gegensätzen beruht: auf dem Gegensatz von Gut und Böse, Wahr und Falsch, dem Gegensatz zwischen dem Zeichen und seinem Referenten, zwischen Subjekt und Objekt – der ganze Raum der Differenz und der Regulierung durch die Referenz, die, solange sie funktioniert, die Stabilität und die dialektische Bewegung des Ganzen gewährleistet. [...] Wenn diese bipolare Relation aber nicht mehr wirksam ist, wenn sich das System selbst kurzschließt, produziert es seine eigene kritische Masse und gibt den Weg frei zu einem exponentiellen Abdriften"[31]. Baudrillard fordert, die

---

28 Baudrillard, Jean (1996): Die Diktatur der Bilder. In: Spiegel Special, 12/1996, 41-43, 41.

29 Siehe Bolz, Norbert (1999): Konformisten des Andersseins. Ende der Kritik. München.

30 Zur Utopie einer telematischen Gesellschaft siehe Flusser, Vilém: Ins Universum der technischen Bilder. Göttingen 1985.

31 Baudrillard, Jean (2000): Der unmögliche Tausch. Berlin, 12.

Sprache selbst viral werden zu lassen, d.h. sie fragmentarisch zu organisieren. Die Sprache nähme ohnehin, ob wir nun wollten oder nicht, die Form dessen an, worüber sie referiere, bis Subjekt und Objekt der Kommunikation koinzidierten. So ließen sich dominante Systeme – jenseits von Transzendenz und Immanenz – infizieren. Ihre Metastasierung und Kontamination erfolge dualistisch, nicht dialektisch, d.h. ohne den Horizont einer Zukunftsorganisation, die gemäß einer linkshegelianischen Eschatologie durch soziale Gegensätze determiniert wäre. Stattdessen bleibe das Kommende zu antizipieren, jeweils operationell zu handeln. Ziel wäre es, einen leeren Raum zu erzeugen: „Die Physiker sagen heute, daß es nur einen leeren Raum mit allerlei Virtualitäten gibt. So einen leeren Raum entstehen zu lassen, der aber schwer von Virtualität wie ein schwarzes Loch wäre, das ist mein Versuch. Die Sprache würde dann mit sich selbst in einen Kreislauf geraten, in dem sie sich erschöpft oder an ihre äußerste Grenze gerät. Daraus würde kein Sinn mehr entstehen, wohl aber die katastrophische Virtualität eines Übersinns oder Unsinns, woran jeder seine eigenen Obsessionen oder Phantasmen entzünden könnte"[32]. Wenn die Kulturindustrie selbst den Gebrauchswert der Distinktion als Tauschwert aller Waren offeriert bzw. eine aleatorische Kombination von Zeichen politische Ökonomie nur noch simuliert und daher Sprache selbst weder historische noch negativierende Gewalt weiter transportieren kann, dann vermag sich als emanzipatorisch inszenierender Rock'n'Roll lediglich ungerichtet, ergo: ziellos operieren. Objektive Ziele müssten ersetzt werden durch objektale Prozesse, auch wenn hieraus eine elementare Nichtabgrenzbarkeit strategischer Interventionen von ihrem Gegner resultiert. Dadurch ist zwar keine Rückkehr zur Hoffnung auf Geschichtlichkeit möglich, wohl aber ein Verlassen der Bewegungsstarre. Das Denken wäre dann fatalistisch angelegt, die Wirkung (das Bewusstsein, die Aktion) ginge der Ursache (dem Sein, der Theorie) voraus. „Gegen ein hyperrealistisches System", sagt Baudrillard, wäre „die einzig denkbare Strategie gewissermaßen pataphysisch: die Strategie einer ‚Wissenschaft imaginärer Lösungen', d. h. eine *Science Fiction* der Kehrtwendung des Systems gegen sich selbst"[33]. Es ginge demnach weder darum, im Sinne einer nostalgischen Rückkehr zum Revolutionsrock mit dem Pathos des ‚richtigen' Bewusstseins vermeintliche Grenzen einzureißen noch im Sinne einer reaktionären Popkultur in der Rückkehr zu unpolitischem Rock'n'Roll den eigentlichen Emanzipationsakt zu lokalisieren. Vielmehr wäre die Ohnmacht gegenüber der (Simulations-)Macht zu akzeptieren und zum Schein an seinem Spiel zu partizipieren. Genau dadurch könnte sie zu überlisten sein: im Durchschauen der Systemlogik, das keine Utopie als Horizont mehr reklamiert. So operieren meiner Meinung nach Neo-Rock'n'Roll-Bands wie Nashville Pussy, Electric Frankenstein oder die Supersuckers. Sie machen nicht Retro-Rock, sondern Revival-Rock. Das heißt einen Rock'n'Roll, an den sich nicht erinnert wird, sondern der erinnert wird. Einen Rock'n'Roll, der nicht wieder hergestellt wird, sondern der hergestellt wird. Einen Rock'n'Roll, der nicht vergegenwärtigt wird, sondern der gegenwärtig wird. Darin liegt seine performative Dimension: Im Vollzug einer Aktualisierung von Traditionen. Nashville Pussy spielen Coverversio-

---

32   Baudrillard, Jean (1991): Viralität und Virulenz. In: Rötzer, Florian (Hrsg.): Digitaler Schein. Ästhetik der elektronischen Medien. Frankfurt am Main, 81-92, 91.

33   Baudrillard, Jean (1991): Der symbolische Tausch und der Tod. München, 13.

nen von frühen AC/DC und frühen Aerosmith, von Mitch Ryder und Rose Tattoo, von den Flamin' Groovies und Saints, das Layout ihrer dritten Platte „Say Something Nasty" (2002) ist eine detailgenaue Hommage an das erste Album von Nazareth (1971).

Abbildung 5a+b: Nazareth-Zitat bei Nashville Pussy

Electric Frankenstein haben anno 2004 ein Tribute-Doppelalbum veröffentlicht mit Songs von den Dictators und Fun Things, Generation X und den Dead Boys, Motörhead und den New York Dolls. Die Supersuckers covern auf ihren Konzerten mit Vorliebe klassische Stücke wie das ikonische „That Is Rock'n' Roll" der Coasters, dazu formen sie die Hand grinsend zum ‚Teufelsgruß'.

Abbildung 6: Selbststilisierung der Supersuckers zu Comicfiguren

Wo das zweite Album der Band (1994) dann auch tatsächlich „La Mano Cornuda" („Die gehörnte Hand') heißt, trägt ihre fünfte Platte (1999) gar den Titel „The Evil Powers of Rock'n'Roll".

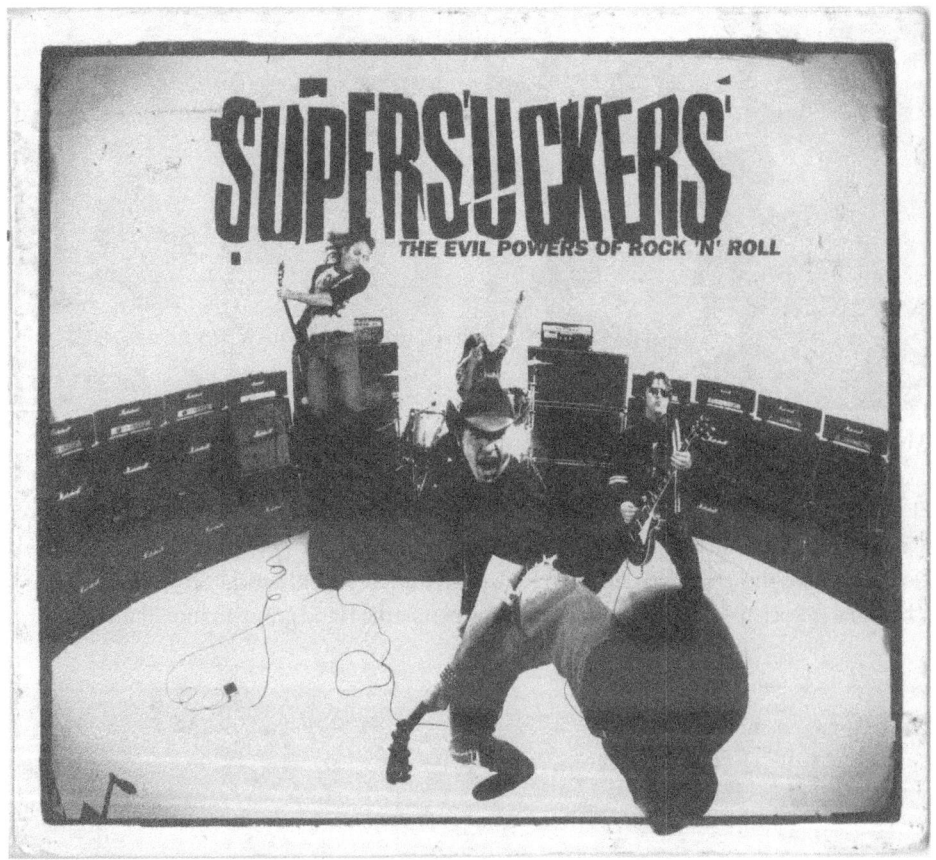

Abbildung 7: Album der Supersuckers

Das gleichnamige Stück kann als paradigmatisch gelten für den Zugriff der Supersuckers auf die Tradition des Rock'n'Roll. Ihm werden Qualitäten wie Aggression und Seduktion, Erotik und Gefahr, Rausch und Magie zugeschrieben, ohne dabei ein Augenzwinkern zu vergessen:

> The beat has made you weak / And you're a freak now, baby / So let's get it on / You might be crazy / I might be high / We're gonna do it 'till we get it right / And oh, my soul / They got a hold of me / The evil powers of rock 'n' roll.

Bei den Supersuckers erreicht der Neo-Rock'n'Roll einen semantischen Schwebezustand zwischen Nostalgie und Ironie, der das Stereotyp als eine Inszenierung zweiter Ordnung nutzt. „You call it cliché – I call it classic", so lautet das Motto der Gruppe, artikuliert von Bassist und Sänger Eddie Spaghetti. Seine Texte werden ebenso mit Anführungszeichen versehen wie die im Laufe der Jahre immer ausgedehnteren Soli der beiden Lead-Gitarristen Rontrose Heathman und Dan Bolton. Diese Markierung der medialen Inhalte, d.h. der Kommunikate macht gleichsam die spezifische Medialität wie Performativität des Neo-Rock'n'Roll aus. Seine offene, beliebig enkodierbare Struktur der Mitteilbarkeit ist genutzt für einen als Handlungsvollzug apostrophierten Darstellungsakt, der sich selbst zur Aufführung bringt. Neo-Rock'n'Roll ist hier eine autoreflexive Kunst des Posthistoire, wo alles wieder möglich scheint, die Rückwendung wie die Retrovision; wo man ungeniert mit den Coasters reimen kann: „Did you ever hear a guitar twang / Dingy, dingy, dingy, dang". Die Supersuckers sind eine Band, die im Posthistoire des Pop neoklassischen Rock'n'Roll spielt, nach dem putativen Ende von Pop-Geschichte und bürgerlicher Gesellschaft das Avantgardistische im Anachronistischen sucht. Für sie existieren nur noch folgenlose Ereignisse, „die nichts mehr verändern und nichts mehr verkünden, die also auf diese Weise ihren Sinn und ihre Bedeutung nur mehr in sich selbst absorbieren. […] Wenn erst einmal der Sinn von Geschichte verlorengegangen und der Punkt der Trägheit überschritten ist, wird jedes Ereignis zur Katastrophe und somit zum reinen, folgenlosen Ereignis"[34]. Der Zufall löst Ursachen und Wirkungen ab, es bleiben einzelne, reversible Ereignisse, aleatorisch akkumuliert – fatale Bewegungen. Es gibt dann keine verlässliche Perspektive mehr, weil das Ende im Anfang liegt, die Wirkung in der Ursache, die Zukunft in der Vergangenheit.

6. Conclusio

Aus dieser Warte betrachtet wären die Songs der Supersuckers avancierte Arbeiten an der Pop-Historie, konstativ und performativ zugleich: Rock'n'Roll, der zum einen vom Ende seiner Geschichte zeugt und zum anderen simultan einen Neuanfang vornimmt. Es wird eine „Unterscheidung zwischen Tun und Sagen"[35] deutlich, wobei das Tun das Sagen einschließt. Indem die Supersuckers agieren, konstituieren sie eine Handlung, und indem sie handeln, beschreiben sie einen Zustand. Sie weisen hin auf den Tod ‚klassischen' Rock'n'Rolls und vollziehen parallel dazu dessen postklassische Wiedergeburt. Ihr Neo-Rock'n'Roll rekombiniert Traditionelles unter Konstellationen der Gegenwart, bricht das Alte im Neuen. Bei den Supersuckers hören wir so noch einmal, was und wie wir einmal gehört haben. Und wir hören noch einmal, so dass wir begreifen, was und wie wir einmal gehört haben. Die Supersuckers apostrophieren, in genuin neoklassischer Manier, das Zeitlose, Indifferente, Statische, verlieren aber, in geradezu hochmoderner Praxis, nie das Vergängliche, Flüchtige, Ephemere aus dem Blick: den Geruch von Bier auf dem Boden, das Gefühl von Kaugummi im Mund.

---

34 Baudrillard, Jean (1985): Die fatalen Strategien. München, 19.

35 Austin, John L.: Zur Theorie der Sprechakte. Stuttgart 1972, 63.

Der performativ-inszenatorische Charakter von Neo-Rock'n'Roll liegt hier nicht mehr in der Ausbildung politisch-agitatorischer Strategien mit offen subversivem Anspruch. Vielmehr treten oppositionelle Rollenmodelle in den Blick, deren deviante Bildhaftigkeit aus einem liebevoll-ironischen Rekurs auf die Geschichte des ‚klassischen' Rock'n'Roll resultiert. Für die Populär- und Popkulturforschung könnte letzterer gerade dadurch eine neue Perspektive gewinnen. Auch er wäre einerseits danach zu befragen, wo sich jenseits explizit systemkritischer Impulse resistive Elemente finden. Auf welche Weise etwa fungiert ein dadaistischer Song wie „Surfin' Bird" der Trashmen bereits als Prä-figurationen der hier skizzierten postklassischen Tendenzen des Neo-Rock'n'Roll? An-dererseits ließe sich auch der konservativ-reaktionäre Strang ‚klassischen' Rock'n'Rolls unter performativem Fokus thematisieren. ‚Detroit Rock City' beispielsweise ist eben nicht nur die Heimatstadt der MC5, sie hat zur gleichen Zeit mit Ted Nugent auch einen offen chauvinistischen, sexistischen und rassistischen Rock'n'Roll-Star hervorgebracht, der sich selbst aber ebenfalls als Bürgerschreck inszeniert. Nugent wiederum bildet die wesentliche Inspiration für einen dezidiert unironischen Retro-Rock'n'Roll, wie er heu-te etwa bei Kid Rock (ebenfalls in Detroit) auftritt. Hier liegen unbearbeitete Felder ei-nes anderen Neo-Rock'n'Roll brach, der noch analytisch-kritischer Auseinandersetzung durch die Populär- und Popkulturforschung bedarf. Als popkulturelle Formation, die seit den frühen 1950er Jahren einen zentralen Strang Populärer Kultur bildet, ist Rock'n'Roll in seiner multidimensionalen Komplexität zwischen Affirmation und Dissidenz gegen-über dominanten Machtstrukturen noch immer nicht zur Erschöpfung betrachtet.

Literatur

Adorno, Theodor W. (1970): Ästhetische Theorie. Frankfurt am Main.
Adorno, Theodor W. (1976): Prismen. Kulturkritik und Gesellschaft. Frankfurt am Main.
Austin, John L.: Zur Theorie der Sprechakte. Stuttgart 1972.
Barthes, Roland (2005): Das Rauschen der Sprache. Frankfurt am Main.
Barthes, Roland (1976): Über mich selbst. München.
Baudrillard, Jean (2000): Der unmögliche Tausch. Berlin.
Baudrillard, Jean (1991): Der symbolische Tausch und der Tod. München.
Baudrillard, Jean (1996): Die Diktatur der Bilder. In: Spiegel Special, 12/1996, 41-43.
Baudrillard, Jean (1985): Die fatalen Strategien. München.
Baudrillard, Jean (1982): Oublier Foucault. München, 72.
Baudrillard, Jean (1991): Viralität und Virulenz. In: Rötzer, Florian (Hrsg.): Digitaler Schein. Äs-
    thetik der elektronischen Medien. Frankfurt am Main, 81-92.
Bolz, Norbert (1999): Konformisten des Andersseins. Ende der Kritik. München.
Büsser, Martin (2003): If the Kids Are United. Von Punk zu Hardcore und zurück. Mainz.
Büsser, Martin (2006): Popkultur und Politik – ein schwer bestimmbares Verhältnis. Pop als linker
    Mythos. 1968 und die Popkultur. In: Boggasch, Frank/Sittig, Dominik (Hrsg.): ELEND. Zur
    Frage der Relevanz von Pop in Kunst, Leben und öffentlichen Badeanstalten. Nürnberg, 139-151.
Chlada, Marvin/Kleiner, Marcus S.: Pop und Wahrheit. Die Sorge um die Subversion. In: Chla-
    da, Marvin/Dembowski, Gerd/Ünlü, Deniz (Hrsg.): Alles Pop? Kapitalismus und Subversion.
    Aschaffenburg 2003, 343-356.
Combs, James E. (1984): Polpop. Politics and Popular Culture in America. Bowling Green.

Deleuze, Gilles/Guattari, Félix (2002): Tausend Plateaus. Kapitalismus und Schizophrenie II. Berlin.

Derrida, Jacques (1985): Apokalypse. Von einem neuerdings erhobenen apokalyptischen Ton in der Philosophie. Graz/Wien.

Derrida, Jacques (1976): Die Schrift und die Differenz. Frankfurt am Main.

Diederichsen, Diedrich (1999): Der lange Weg nach Mitte. Der Sound und die Stadt. Köln, 272-286.

Fischer-Lichte, Erika (1999): „Ah, die alten Fragen ..." und wie Theatertheorie heute mit ihnen umgeht. In: Nickel, Hans-Wolfgang (Hrsg.): Symposion Theatertheorie. Berlin, 11-30.

Fischer-Lichte, Erika (1998): Verwandlung als ästhetische Kategorie. Zur Entwicklung einer neuen Ästhetik des Performativen, in: Dies./Kreuder, Friedemann/Pflug, Isabell (Hrsg.): Theater seit den 60er Jahren, Tübingen u.a., 21-91.

Flusser, Vilém: Ins Universum der technischen Bilder. Göttingen 1985.

Greil, Marcus (1996): Lipstick Traces – von Dada bis Punk. Eine geheime Kulturgeschichte des 20. Jahrhunderts. Reinbek bei Hamburg.

Holert, Tom/Terkessidis, Mark (1996): Einführung in den Mainstream der Minderheiten. In: Dies. (Hrsg.): Mainstream der Minderheiten – Pop in der Kontrollgesellschaft. Berlin 1996, 5-19.

Höller, Christian (2001): Pop Unlimited? Imagetransfers und Bildproduktion in der aktuellen Popkultur. In: Ders. (Hrsg.): Pop Unlimited? Imagetransfers in der aktuellen Popkultur. Wien, 11-27.

Lyotard, Jean François u.a. (1985): Immaterialität und Postmoderne. Berlin.

Lyotard, Jean-François (1984): Ökonomie des Wunsches. Bremen.

Karnik, Olaf (2003): Polit-Pop und Sound-Politik in der Popgesellschaft. In: Neumann-Braun, Klaus/Schmidt, Axel/Mai, Manfred (Hrsg.): Pop-Visionen. Links in die Zukunft. Frankfurt am Main, 103-120.

Kleiner, Marcus S. (2008): Pop fight Pop. Leben und Theorie im Widerstreit. In: Matejovski, Dirk/Kleiner, Marcus S./Stahl, Enno (Hrsg.): Pop in R(h)einkultur. Oberflächenästhetik und Alltagskultur in der Region. Essen, 11-42.

O'Hara, Craig (2001): The Philosophy of Punk. Die Geschichte einer Kulturrevolte. Mainz.

Savage, Jon (2001): Englands Dreaming. Anarchy, Sex Pistols, Punk Rock and Beyond. Berlin.

Street, John (1997): Politics and Popular Culture. Cambridge.

Im Schauen tanzen

Anmerkungen zur Aushandlung von Performativität und Medialität in einem populären Tanz

Franziska Buhre

Eine Band, die ihre Musik in einem mit Publikum inszenierten Setting performt, ein Publikum, das sich von der Performance anstecken lässt und selbst zum Akteur in diesem Geschehen wird – ein Szenario, das wir heute tausendfach in Musikvideos sehen können, dessen Anblick uns gewohnt erscheint.

Inszenierungen von Menschen, die einer Aufführung scheinbar zuhörend, zuschauend und/oder tanzend beiwohnen, sind ein spezifisches Merkmal der medialen Aufbereitung populärer Musik im Film. Sie können den Eindruck von Teilhabe verstärken und dem Zuschauer Vergnügen am vernehmbaren Klang signalisieren. Solche Szenen verweisen auf die grundlegende Bedeutung gegenseitiger Anblicke unter den Ausführenden, zwischen ihnen und sie umgebenden Zuschauenden, für die Bewegungsvollzüge in populären Tänzen.

Im Gefüge aus Wahrnehmung eines, und Reaktion auf ein tänzerisches Geschehen ist das Schauen hier nicht nur als medialer Modus der Rezeption zu begreifen, sondern auch als Auslöser für Bewegungen. Blickbewegungen sind in die Praxis populärer Tänze eingelassen, sie rahmen diese, wirken sich aus auf das Selbstverständnis von Tanzenden und ihre Präsentation in festgelegten Choreografien.

Die performative Dimension einer populären Tanzpraxis, so eine erste Hypothese, entfaltet sich, wenn Bewegungen auf Grundlage des Schauens unter Tanzenden und in der Ermöglichung von Blicken Außenstehender ausgehandelt werden.

Wo Affektion durch einen Anblick ausgelöst, und Übertragung von Blick- in Tanzbewegung stattfinden kann, tritt die Performativität dieser Praxis zutage. Die gemeinschaftsstiftende Wirkung solcher Szenen des Affiziertwerdens und Affizierens ist ohne einen Bezug auf die gesellschaftliche Verankerung Populärer Kulturen kaum zu denken. Gabriele Klein zufolge äußern sich in populären Tänzen soziale Erfahrungen, sie erzählen von „Mainstream und Widerstand, sozialem Ein- und Ausschluss, Globalität und Lokalität. Populäre Tänze erzählen diese Geschichte als Praxis des Performativen, als eine sinnliche Geschichte der Körperbeherrschung und -entfesselung, der traditionellen Geschlechterhierarchie und der Geschlechterneuordnung, der sozialen Differenz und kulturellen Heterogenität, des Triebverzichts und der Raserei, der Sehnsucht nach Verschmelzung und der Einsamkeit."[1]

---

1   Klein, Gabriele: Passagen. Zum Crossover von Tanzkulturen, in: Reto Clavadetscher/Claudia

Anders als Klein vertrete ich die Auffassung, dass populäre Tänze ebenso „soziale und kulturelle Erfahrungen und semantische Innovationen der Moderne reflektieren und in ästhetische Konzepte umsetzen", wie der „künstlerische Tanz".[2]

Allein darin, dass sich Tanzende den Blicken Anderer aussetzen und diese in ihre Praxis aufnehmen, ist Reflektion, im buchstäblichen Sinne der Spiegelung, bereits gegeben, das Spiel mit deren Möglichkeiten wird auch in populären Tänzen zu ästhetisch wahrnehmbaren Aufführungen und Choreografien.

Welche Bewegungsformen und Raumfiguren Tanzende dafür gefunden haben, möchte ich im Folgenden am Beispiel des populären Paartanzes Lindy Hop, dem Vorläufer von Jive, Rock'n'Roll und Hip Hop aufzeigen.

Ende der 1920er Jahre in Harlem/New York entstanden, zeigen sich im Lindy Hop Aushandlungen von Performativität und Medialität in der Herausbildung einer spezifischen Raumfigur, welche beiden Partnern gegenseitige Anblicke und die individuelle Zurschaustellung nach außen ermöglicht. Diese Raumfigur begründet auch die Attraktivität des Tanzes für Filme der 1930er/1940er Jahre – der in Entwicklung begriffene Tonfilm entdeckt Lindy Hop für die Repräsentation eines in Bewegung gesetzten Vergnügens an zeitgenössischer populärer Musik. Zu Swing-Musik entstanden, gehören einige Merkmale des Jazz wie Improvisation, Wechsel zwischen Solo und Unisono, der Wettstreit sowie die Jam-Session zur Lindy-Hop-Praxis. In den Aneignungen von Aufführungspraktiken der Musik spiegelt sich ein Wechselspiel zwischen Anschauung und Unvorhergesehenem, das ein weiteres performatives Moment im Lindy Hop begründet. Bewahrt sich die Performativität des Tanzes in Filmen, welche der Verbreitung populärer Musik dienen und den Aufführungscharakter der Praxis durch Schnitt und Montage transformieren? Wie haben sich Tanzende auf die Blickwinkel der Kamera eingestellt und umgekehrt, welche medialen Blickkonfigurationen des Tanzes hat sich der Film möglicherweise angeeignet? Vermag auch der im Film erscheinende Tanz zu affizieren und wie ließe sich diese Affektion beschreiben?

Vor dem Hintergrund dieser Fragen geht es mir in der genauen Beobachtung und Beschreibung der Tanzpraxis um die Erarbeitung eines gegenstandsorientierten Konzeptes von Performativität und Medialität. Am Beispiel von Lindy Hop lässt sich die Entwicklung einer populären Tanzkultur nachzeichnen, die spätere Blick-, Bewegungs- und Hörgewohnheiten beeinflusst zu haben scheint, ohne selbst schon der Popkultur anzugehören.

Anhand des kurzen Musikfilms "Hot Chocolate" von 1941 möchte ich verdeutlichen, wie im Lindy Hop entwickelte Anschauungen für die Repräsentation von Musik der Duke Ellington Band genutzt wurden, um Affektion zu erzeugen, in deren Folge ein Bedürfnis nach dem Hören dieser Musik, wenn nicht gar ein Bewegungsbedürfnis geweckt wird.

Bevor ich mich im Folgenden näher der Tanzpraxis widme, scheint mir zunächst eine Begriffsbestimmung des populären Tanzes angebracht. Da sich das Forschungsinteresse

---

Rosiny (Hg.): Zeitgenössischer Tanz. Körper – Konzepte – Kulturen. Transcript-Verlag, Bielefeld, S. 60-74, hier S. 64.

2   Ebd.

der deutschsprachigen Tanzwissenschaft diesem Tanzen eher sporadisch widmet, ziehe ich Erkenntnisse der Musikwissenschaft hinzu um einige Merkmale populärer Tanzpraktiken zu benennen.

Populärer Tanz – Populäre Musik

Claudia Jeschke verfolgt in ihren Fallstudien zum Verhältnis von Tanztheater und Gesellschaftstanz zwischen 1910 und 1965 einen „genre-übergreifenden und transkulturellen Ansatz"[3], für den sie das Populäre als wichtiges Kriterium benennt. Ihr zufolge ist der Begriff des Populären anwendbar auf verschiedene Genres, Zeiträume und Kulturen. Von der „Popularität eines Gesellschaftstanzes" sei dann zu sprechen, wenn sich dieser „außergewöhnlicher Beliebt- oder Bekanntheit innerhalb einer tanzenden Gruppe" erfreue.[4] Die Verwendung des Begriffes „Gesellschaftstanz" in Zusammenhang mit dem Populären birgt allerdings Widersprüche. Für die Popularität macht Jeschke unter anderem die „rezeptionsrelevante Quantität" an Lehrbüchern des Gesellschaftstanzes im bezeichneten Zeitraum geltend.

Äußerungen von Autoren solcher Lehrbücher und anderer Publikationen zum Tanz zwischen 1925 und 1962 lassen allerdings annehmen, dass sich Gesellschaftstänze nach damaligem Verständnis von populären Tänzen unterscheiden.

Max von Boehm und John Schikowski betonen, die „neuen Gesellschaftstänze" müssten „studiert" werden und erforderten „vollendete Körperbeherrschung".[5]

Praktiziert werden können diese Tänze also erst nach entsprechender Unterweisung und wiederholter Einübung. In dem gesellschaftlichen Rahmen, in dem sie dann ausgeführt werden, scheint es keinen Spielraum zu geben für Abweichungen von einer durch eine bestimmte Gesellschaft gesetzte und somit erwartete Norm tänzerischen Verhaltens. In diesem Sinne weist der Terminus Gesellschaftstanz auf eine räumliche Trennung zwischen Erlernen und Praktizieren eines Tanzes hin, die hierarchisch organisiert und einer bestimmten Gruppe vorbehalten ist.

Hingegen scheint mir eine Tanzpraxis, die einer Masse von Menschen zugänglich ist, sich ihr erschließt und im gleichen Raum erlernt und vollzogen werden kann, entscheidend für die Bestimmung des Populären in Verbindung mit Tanz.

Ein Tanz werde populär, so Jeschke weiter, wenn er neue und ungewöhnliche Partnerbeziehungen aufweise.[6] Darüber hinaus greife er den jeweiligen Zeitgeist auf, an seiner Verbreitung seien Strategien der Vermarktung populärer Musik beteiligt.[7]

---

3   Jeschke, Claudia: Tanz als BewegungsText: Analysen zum Verhältnis von Tanztheater und Gesellschaftstanz (1910-1965). Unter Mitwirkung von Cary Rick. Tübingen, Niemeyer 1999, S. 58.

4   Ebd., S. 60f.

5   Vgl. Von Boehn, Max: Der Tanz. Wegweiser Verlag, Berlin 1925, S. 130 und Schikowski, John: Geschichte des Tanzes. Büchergilde Gutenberg, Berlin 1926, S. 162.

6   Jeschke, Claudia: Tanz als BewegungsText. Analysen zum Verhältnis von Tanztheater und Gesellschaftstanz (1910-1965) Unter Mitwirkung von Cary Rick. Tübingen 1999, S. 61.

7   Jeschke 1999, S. 61.

Filme und Tonträger gehören wesentlich zu den Aufzeichnungs- und Verbreitungsmedien, welche für die Vermarktung populärer Musik genutzt werden. Sie erhöhen die, wie Jeschke formuliert, „Rezeptionsbreite und -Intensität"[8] populärer Tänze und erschließen ihnen eine breitere Öffentlichkeit, oftmals über andere Bevölkerungskreise und nationale Landesgrenzen hinweg. Populäre Tänze stellen sich demnach den veränderten Bedingungen und Möglichkeiten ihrer (technischen) Sichtbarmachung und Verbreitung in audiovisuellen Medien.

Die Erfahrung von Musik ist, Peter Wicke zufolge, „immer auch eine solche der Selbsterfahrung, Selbstvergewisserung und Selbstdarstellung eigener Körperlichkeit."[9]

Wicke stellt die Austauschbeziehungen zwischen Wahrnehmung, Wirkung und Wertschätzung von Musik in der Unmittelbarkeit des Erlebens in einen Zusammenhang mit der populären Musik, da sich nahezu alle ihrer Formen direkt oder indirekt mit Tanz verbänden.

Musik wird mit Speicher- und Wiedergabemedien im Alltag omnipräsent, jederzeit auch im Privaten verfügbar, sie kann massenhaft angeeignet werden, worin Wicke ein spezifisches Merkmal der populären Musik ausmacht.[10]

Populäre Musik sei als Resultat eines komplexen sozial-kulturellen Prozesses anzusehen, dessen Hauptakteure Musiker, Publikum und Industrie sind. Sie umfasse „praktisch angewandte Musik wie die Tanzmusik" aber auch „für das 20. Jahrhundert mit zunehmender Bedeutung die verschiedenen Formen der afroamerikanischen Musik bis hin zum Jazz".[11] Popularität verweist nach Wicke auf den Verbreitungsgrad und damit auf den realen Stellenwert von Musik in der Lebenspraxis großer Massen von Hörern.[12] Produktion und Rezeption bedingen sich dabei gegenseitig: „Massenhaft gleiche Lebensbedingungen führen zur Ausbildung massenhaft gleicher Bedürfnisse"[13], an denen sich Produktions- und Verbreitungstechnologien ausrichten, diese aber auch mitbestimmen. In Aufführungen populärer Musik werden Besetzungen den räumlichen Gegebenheiten angepasst, musikalische Abläufe den Bedürfnissen von Tanzenden auf Tanzveranstaltungen nach überschaubarer rhythmischer, harmonischer und melodischer Organisation körperlicher Bewegungsabläufe. Mit der Herausbildung alltäglicher Verfügbarkeit populärer Musik wird die Ökonomie zu einem ihrer immanenten Momente, bestimmte Elemente des Musikalischen können standardisiert und massenhaft abgesetzt werden und vermögen nationale Grenzen von Musikkulturen zu überschreiten.

Halten wir also fest, dass populäre Tänze unter den Augen einer breiten Öffentlichkeit aus- und aufgeführt werden, in ihnen äußern sich, um Klein erneut aufzugreifen, „so-

---

8   Jeschke 1999, S. 62.

9   Wicke, Peter: Von Mozart zu Madonna. Eine Kulturgeschichte der Popmusik. Kiepenheuer Verlag, Leipzig 1998, S. 25.

10 Wicke, Peter: Populäre Musik, in: Peter Wicke & Kai-Erik Ziegenrücker: Handbuch der populären Musik, Schott Music, Mainz 2007, S. 544-552, hier S. 544.

11 Ebd.

12 Wicke und Ziegenrücker 2007, S. 545.

13 Ebd., S. 546.

ziale Erfahrungen", aber auch Bedürfnisse an die sie begleitende Musik und die mit ihr ins Spiel gelangenden Medien. Die neuen und ungewöhnlichen Partnerbeziehungen, die Lindy Hop populär gemacht haben, nehme ich nun genauer in den Blick.

Blick- und Körperbewegung im Lindy Hop

Lindy Hop entwickelte sich zwischen 1927 und 1930 in Harlem, New York als eigenständiger Paartanz. Er erregte seinerzeit Aufsehen, weil die Tanzenden im so genannten Breakaway eine enge mit einer offenen Paartanzhaltung verbanden.[14] Mit dem Übergang von Diexieland zu Swing-Musik und der damit einhergehenden Bevorzugung des 4/4-Taktes gegenüber dem 2/4-Takt ersterer Spielart, entwickelten Tanzende den Breakaway zum so genannten Swingout fort. Diese Raumfigur ist bis heute Grundlage jeden Lindy-Hop-Tanzens, in ihr nähern und entfernen sich beide Tanzpartner gleichzeitig, mit Folgen für die Konfiguration ihrer Blicke.

Über die Handhaltung einer Seite gegenüberstehend miteinander verbunden, nähern sich Leader und Follower[15] einander und vollziehen dabei eine halbe Wendung. Sie verbinden die Arme ihrer anderen Körperseite, lösen diesen Kontakt erneut mit einer halben Wendung und bewegen sich voneinander weg. Der Swingout lässt sich beständig wiederholen, für das Gelingen gleichmäßiger Wechsel von Näherung und Entfernung ist der Einsatz des eigenen Körpergewichtes und Gewichtsübertragungen im Zusammenspiel mit dem Körpergewicht des Partners ausschlaggebend, nicht die Ausführung bestimmten Schrittmaterials. Folglich können beide Tanzende über die Ausgestaltung ihrer Raumwege individuell befinden, improvisieren und interagieren; eine Bewegung des einen kann zeitlich versetzt eine darauf reagierende Bewegung des anderen veranlassen. Zudem können sich die Tanzenden im Wechsel von Abstand und Nähe verbal und lautlich austauschen.

Der Swingout ermöglicht beiden Tanzenden, die individuelle Erscheinung und Bewegungsausführung des Gegenübers wahrzunehmen und ihm oder ihr die eigenen tänzerischen Fähigkeiten und Bewegungseinfälle zur teilnehmenden Anschauung zu stellen. Beobachtende sehen sowohl zwei Tanzende im Verbund miteinander, als auch individuelle Bewegungsgestaltungen. In der offenen Haltung wiederum können Blicke über die Tanzfläche schweifen und Bewegungen Anderer abgeschaut und ins eigene Tanzen integriert werden.

Carl Van Vechten beschreibt den Anblick von Lindy-Hop-Tanzenden in seinem Roman „Parties" von 1930 folgendermaßen: "After the fundamental steps of the dance have been published, the performers may consider themselves at liberty to improvise, embro-

---

14 In dem kurzen Musikfilm After Seben (USA 1929) sind frühe Beispiele Breakaway-tanzender Paare zu sehen.

15 Da beide Partner im Swingout den gleichen Bewegungsimpetus aufbringen, ist die Rolle, die im Tanzen angenommen werden kann, nicht zwangsläufig an ein Geschlecht gebunden. Daher bieten sich die englischen Bewegungsbezeichnungen an.

idering the traditional measures with startling variations, as a coloratura singer of the early nineteenth century would endow the score of a Bellini opera with roulades, runs, and shakes."[16]

Der Gebrauch des Verbs to publish erscheint in diesem Zusammenhang bemerkenswert. Die Tanzenden stellen sich der Öffentlichkeit, ihr Tanzen in einem öffentlichen Raum den Augen Anderer verfügbar und bereit, gelesen zu werden. Nachdem sie für deren Blicke durch Wiederholungen einen erkennbaren Grundstock an Bewegungen etabliert haben, können sie spontan improvisieren, Bewegungen hinzuerfinden oder variieren ohne den Boden der ihrem Tanzen unterliegenden raumzeitlichen Partitur und den mit Zuschauern geteilten Blick-Raum zu verlassen.

Die Beobachtung von Lindy Hop zeitigt Van Vechten zufolge körperliche und emotionale Wirkungen: "To observe the Lindy Hop being performed at first induces gooseflesh, and second, intense excitement, akin to religious mania, for the dance is not of sexual derivation, nor does it incline its hierophants towards pleasure of the flesh."[17]

Über das Zuschauen stellt sich eine Steigerung des Empfindens von Gänsehaut hin zur Erregung ein, welche den Betrachter involviert. Nicht die Geschlechter der Tanzenden stellt der Autor heraus und deutet mit seiner Formulierung vielmehr darauf hin, dass sich im Tanzen Beziehungen gleichberechtigter Teilhabe verwirklichen und die Ausübung von Lindy Hop nicht auf einer Ordnung von Begehren beruht.

Er verdeutlicht, dass in einem Partnergefüge getanzt wird, nimmt darin Tanzende aber auch als Individuen wahr: "It is danced, to be sure, by couples, but the individuals who compose these couples barely touch each other during its performance, and each may dance alone, if he feels the urge."[18]

In der Vielheit von Kollaboration und Selbstausstellung auf der Tanzfläche wird eine Vielzahl von Anblicken und Blickbewegungen ermöglicht. Hierin entfaltet sich eine mediale Reflexionsdynamik, die in den verschiedenen Wahrnehmungen performative Eigenleben entwickeln kann.

Medialität und Performativität im Lindy Hop

Für die Bestimmung der Aushandlung von Medialität und Performativität im Lindy Hop lassen sich Ausführungen von Dieter Mersch zur Modalität aisthetischer Medien nutzbar machen. Danach sind diese auf die „Herstellung von Wahrnehmung bezogen, in erster Linie auf Sichtbarkeiten und Hörbarkeiten durch Bild und Ton".19 Sie erfüllten sich im

---

16 Van Vechten, Carl: Parties. Alfred A. Knopf, New York 1930, S. 180-194. Die Textpassagen werden um der Genauigkeit willen im Original zitiert.., hier S. 184.

17 Ebd.

18 Ebd., S. 185.

19 Mersch, Dieter: Einleitung. Wort, Bild, Ton, Zahl – Modalitäten medialen Darstellens, in Ders.: Die Medien der Künste. Beiträge zur Theorie des Darstellens. München 2003, S. 9-49, hier S. 16.

„Eigensinn der Wahrnehmungen", ihr Format beruhe auf Präsenz und basiere auf „Praktiken der Ausstellung, Zelebrierung, des Vollbringens oder der Wirkung".[20]

Begreifen wir Lindy Hop als eine solche Praxis, werden im Tanzen sich fortwährend wandelnde Sicht- und Hörbarkeiten erzeugt. Vielfach ermöglichte Anblicke lassen das Schauen als medialen Modus hervortreten und in Bewegung transformiert erscheinen. Dem Schauen unter Tanzenden und sie umgebendem Publikum eignet sich eine Mitwirkung am Bewegungsvollzug. Da dieser auf Grundlage einer sehr offenen Partnerverbindung basiert, ist das Unvorhergesehene bereits in die Praxis eingelassen und fordert die Tanzenden spielerisch zur Improvisation auf.

Die Tanzenden setzen sich „den urteilenden Blicken anderer aus",[21] wie sie sich gleichzeitig präsentieren. Mit den Worten von Dieter Mersch eignet Lindy Hop in diesem Zuge die Grundlage von Performativität, denn die „Vorführung oder Selbstausstellung in Aktion" bedürfe der „Präsentation der Körper".[22]

Die Aushandlungen von Performativität im Lindy Hop zeitigen Wirkungen für Tanzende und Zuschauende: Die Möglichkeit des Bruchs einer Partnerverbindung in einem Bewegungsverlauf wird nicht ausgeschlossen, sie kann geschehen und gesehen werden. Zuschauende sind dazu aufgefordert, Anteil am Umgang der Tanzenden mit dem Unvorhergesehenen zu nehmen ohne ein Werturteil fällen zu müssen. Gleichzeitig bedeutet die Überantwortung der eigenen Preisgabe an die Gemeinschaft versammelter Blicke aber auch eine erhöhte Bereitschaft zu gegenseitiger tänzerischer Herausforderung und ein Schüren des Verlangens nach mehr Sensation, gar bis zum Spektakel für die Zuschauenden gesteigert.

Damit lässt sich der Einfluss von Wettbewerben um die Zuschauergunst auf die Entwicklung des Tanzes erklären.

Der Tänzer Frankie Manning beschreibt die Bedeutung von Wettbewerben im Savoy Ballroom[23] so:

> People wanted to have something special for these contests, so they would add to the steps they were getting in the ballrooms or come up with something new.[24]

Unablässiges An- und Abschauen von Bewegungen wird im Wettbewerb befördert, Bewegungen Anderer angeeignet und mit den eigenen in Verbindung gebracht.

Aus Anlass eines Lindy-Hop-Wettbewerbes im Savoy Ballroom tanzten Manning und seine Partnerin 1935 zum ersten Mal einen so genannten Air Step. Manning habe seine Partnerin dabei nicht anheben und wieder zu Boden bringen wollen wie im Gesellschaftstanz,

---

20 Mersch 2003, S. 17.

21 Mersch, Dieter: Körper zeigen, in: Erika Fischer Lichte/ Christian Horn/ Matthias Warstat (Hg.): Verkörperung. A. Franke Verlag, Tübingen 2001, S. 80.

22 Ebd.

23 Der Savoy Ballroom in Harlem/New York wurde 1926 eröffnet und 1943 wieder geschlossen. Die Äußerungen Mannings beziehen sich auf die dort an Samstagabenden ausgeübte Praxis in der ersten Hälfte der 1930er Jahre.

24 Manning, Frankie und Millman, Cynthia R.: Ambassador of Lindy Hop. Philadelphia 2007, S. 82f.

sondern einen Bewegungsablauf kreieren wollen, in dem die Partnerin im Timing der Musik durch die Luft gewirbelt wird und mit dem Taktschlag wieder landet.[25] Air Steps seien selten an regulären Tanzabenden aber in zum Teil inszenierten Wettbewerben vor prominenten Zuschauern im Savoy getanzt worden und hätten Lindy Hop aufregender gemacht. In der Tat scheinen in Air Steps Übertragungsbewegungen zwischen sensationsheischendem Schauen, kraft- und lustvollem Vorführen tänzerischer Fähigkeiten regelrecht zu kulminieren.

Ein weiterer Aspekt der Aushandlung von Performativität im Lindy Hop zeigt sich im Verhältnis der Raumfigur zu Musik im 4/4-Takt, weshalb die Blüte des Tanzes in jener des Swings aufgeht. Tanzende nutzen die beständige Näherung und Entfernung im Swingout über zwei Takte als Basis für die räumliche und rhythmische Ausgestaltung vorherhörbarer Liedstrukturen, wie sie sich in dieser Musik etablieren.

Laut Dieter Mersch setzt die „Arbeit am aisthetischen Medium Ton (...) eine Arbeit an der Zeit voraus."[26] Aufgrund des Ereignischarakters akustischer Phänomene, in der Zeit zu er- und zu verklingen, konstatiert Mersch eine besondere Beziehung des Musikalischen zum Mitvollzug, denn Klänge müssten aufgeführt werden, sie beanspruchten „Verkörperung".[27] Da Musik „etwas Spurloses anhaftet", sie eines anderen Mediums bedürfe, das sie buchstäblich überschreibt, folgert Mersch, dass der Klang als raumzeitliches Ereignis in die Anschauung gebracht, sein zeitlicher Augenblick mithin ins räumliche Medium transferiert werden müsse.[28] Insofern kann Lindy Hop als Praxis verstanden werden, die musikalische Strukturen in Raumbewegung überführt und ansichtig werden lässt.

Der Soundie[29] Hot Chocolate macht sich alle genannten Aspekte der Performativität im Lindy Hop, das heißt mediale Blickorganisation und ihre Transformation in Bewegung, das Wechselspiel zwischen Vorführung und Sensation und Aneignungen von Aufführungspraktiken der Musik zu Eigen und fordert Zuschauende auf, sich selbst als Hörende populärer Musik zu entdecken und dem durch das Anschauen geweckten Vergnügen in Bewegung nachzugeben.

Hot Chocolate (1941): Bewegte Beweger und bewegte Beobachter

Jürgen E. Müller hat am Beispiel des Filmmusicals TOP HAT[30] die Integration eines Zuschauers in das Setting des Spektakels eine „Arche-Situation" des frühen Tonfilms

25 Manning: Ambassador 2007, S. 101f.

26 Mersch: Einleitung, S. 36.

27 Ebd., S. 37.

28 Ebd., S. 39.

29 Soundies sind gleichermaßen kurze Musikfilme wie die so genannten Music Shorts. Ihr Format und Distributionsweg wurde aber erst Anfang der 1940er Jahre, ausschließlich von der Soundies Distributing Corporation of America entwickelt, während Music Shorts von mehreren Firmen produziert wurden. Beide konnten in speziellen Jukeboxes angesehen werden. Vgl. Mundy, John: Popular music on screen. From the Hollywood musical to music Video. Manchester University Press, New York 1999, S. 51 und S. 93.

30 TOP HAT (USA 1935, R: Mark Sandrich).

genannt,[31] die Rezeption des Spektakels bilde einen integralen Bestandteil seiner Repräsentation. Dem Filmzuschauenden wird Rezeption sichtbar vorgeführt, sein Schauen im Anblick des Schauenden im Film zurückgespiegelt. Darin mag eine Strategie der Filme aus diesem Genre liegen, den Zuschauenden zu affizieren.

Im Unterschied zu unbeteiligtem Publikum sind die Tanzenden in Hot Chocolate zugleich Beteiligte, mit Folgen für die Wirkung des Tanzes und der Musik. Zu ihrem Auftreten bemerkt Robert P. Crease:

> It is refreshing to see the Lindy Hoppers without a flimsy excuse for their appearance, and their dancing simply unfolds.[32]

Zunächst ist die Band zu sehen, die offenbar in einer Bühnenanordnung in einem Filmstudio spielt.[33] Es folgt eine Kamerafahrt auf Duke Ellington zu, der, während er spielt, in die Kamera blickt und den Namen des folgenden Solisten Ben Webster ankündigt. Dieser, wie in der zeitgenössischen Aufführungspraxis auch, steht auf und beginnt zu solieren.

Abbildung 1: Ben Webster, Screenshot Hot Chocolate

---

31 Müller, Jürgen E.: Intermedialität: Formen moderner kultureller Kommunikation. Münster 1996, S. 180-187, hier S. 184.

32 Crease, Robert P.: Divine Frivolity: Hollywood Representations of the Lindy Hop 1937-1942, in: Krin Gabbard (Hg.): Representing Jazz, New York 1998, S. 207-228, hier S. 222.

33 Der hier zugrunde liegende Film beginnt bereits im Musikstück, vermutlich am Ende des ersten Chorus.

Während seines Spiels sind zwei Frauen zu sehen, die hinter einer Kulisse im Filmstudio stehen und die Band zu beobachten scheinen, sie wiegen sich im Rhythmus der Musik. Die Großaufnahme der Band geht über in die Aufnahme eines Mikrofons, die in einer Blende zur Aufnahme eines Lautsprechers wird.

Abbildung 2: Mikrofon, Screenshot Hot Chocolate

Die Musik scheint nun auch in anderen Räumen gehört werden zu können, die kahle Wartehalle eines Bahnhofes taucht auf. Dort steht ein Bahnbeamter, der sich gleichfalls rhythmisch wiegt, von ihm aus fährt die Kamera eine Reihe von acht Menschen in Höhe ihrer Gesichter entlang, sie federn ebenfalls im Rhythmus der erklingenden Musik, ihr baldiges Tanzen lässt sich erahnen.

Abbildung 3: Musikhörendes Publikum, Screenshot Hot Chocolate

Nacheinander bewegen sie sich zu zweit als Tanzpaar aus dieser Reihe in den Raum zwischen ihnen und der Kamera, sie zeigen Swingouts und Air Steps. Während des zweiten Paares ist im Gegenschnitt eine offenbar entzückte Zuschauerin zu sehen, während des dritten Paares und dann im Wechsel mit dem folgenden, die Band.

   Die Tanzenden sind nicht zu hören, ihre Gesichter, das Händeklatschen der anderen im Hintergrund und deren gemeinsam rhythmisch ausgeführte Schritte und raumgreifende Armgesten lassen aber darauf schließen, dass sie auch fortwährend Laute der Anerkennung, des gegenseitigen Anfeuerns und des Vergnügens von sich geben.

Abbildung 4: Tanzendes Paar, Screenshot Hot Chocolate

Obwohl die Reihenfolge der Tanzenden, ihr sich unterscheidendes Tanzen von Swingouts und Air Steps offensichtlich auf einer festgelegten Choreografie für Kameraeinstellung, Schnitt und Montage basieren, die ihrerseits angelegt sind an den Strukturen des erklingenden Musikstücks, entsteht der Eindruck von freudiger Teilhabe am Tanzen der anderen und des unbedingten Zeigens eigener kraftvoller und gewagter Bewegungsabläufe.

Abbildung 5: Musiker, Screenshot Hot Chocolate

Nach dem vierten Paar ist wieder die Band zu sehen (Abbildung 5), als diese wieder im Zusammenklang den Abschluss eines B-Teils intoniert, um dann mit dem musikalischen Thema zu beschließen, tanzen alle Paare die gleiche Abfolge an Figuren, Air Steps inbegriffen (Abbildung 6).

Abbildung 6: Tanzende Paare, Screenshot Hot Chocolate

Sie verlassen den Raum mit "The Horses", bei der eine Person eine andere oder zwei auf dem Rücken trägt. Die Band im Bild und schließlich die Aufnahme Ellingtons beenden den Film.

Der Tenorsaxofonist Ben Webster ist zum Zeitpunkt des Films ein gefragter Musiker aus Ellingtons Band, sein Spiel ist geschätzt. Ellington hat hinreichend Erfahrungen mit Filmaufnahmen, seine Komposition "Black and Tan Fantasy" wurde bereits 1929 als Kurzfilm, mit ihm als Darsteller gedreht. Webster betont sein erstes Solo in Hot Chocolate nicht mit Arm- oder Rumpfgesten, der Klang seines Spiels wirkt anders als jenes seines Abbildes. Trotzdem ist er die gleiche Anzahl an Takten, also über die gleiche Dauer im Bild zu sehen wie die Instrumente der Klangverstärkung und -verbreitung und die verschiedenen Hörenden. Diese visuelle Entfaltung der Musik ermöglicht Einlassung des Zuschauenden auf den Klang Websters und die Bedeutung des Hörens für die folgenden Szenen.[34]

Dass die Tanzenden zuerst als Hörende ins Bild eingeführt werden, weist bereits auf die Grundlage ihrer Praxis hin. Zugleich wird der Zuschauende dem Verlauf erklingender Musik von der Tonverstärkung über die Wiedergabe bis hin zur Transformation in Bewegung ansichtig; Klangerzeugung, Klangrezeption und Tanz zur Musik scheinen auseinander hervorzugehen und einander fortzuschreiben. Das Hören, ein an sich unsichtbarer Vorgang, wird im Film visualisiert, von den technischen Medien der Klangvermittlung hin zur Transformation des Mediums Ton in Bewegung. Die Tanzenden in der Reihe sind so angeordnet, dass mit der Kamerabewegung besonders ihre Ohren ins Zentrum des Bildes rücken. Das „Darstellungsmedium Ton"[35] erfährt darin sein Zeigen, gelangt im rhythmischen Wiegen der noch nicht als Tanzende erkenntlichen Menschen

---

34 Es ist anzunehmen, dass das Musikstück auf Tonträger erhältlich ist und mit dem Soundie beworben wird.

35 Mersch, Dieter: Einleitung 2003, S. 9

zur Darstellung. Seine doppelte Vermittlung auf Ton- und Bildspur ermöglicht seine Wahrnehmung als Sichtbares, das die Eigenschaften des Hörbaren vermittelt, denn:

„Hörbares durchdringt den ganzen Körper: Musik wird nicht nur gehört, sie ist auch fühlbar. Das Hören hält keinen Abstand: Das Ohr ist im Unterschied zum Auge nicht verschließbar (...). Daher die Eindringlichkeit des Musikalischen, sein besonderer Zauber. Gerade rhythmische Klänge versetzen in Bewegung, sie sind ganz Tanz."[36]

Mersch spricht damit indirekt den Begriff movere an, wie ihn Gabriele Brandstetter für die Formulierung einer Affekttheorie der Bewegung aufgreift, um die „Dynamik des Affiziertwerdens und Affizierens" zu verfolgen.[37] Mit movere ließen sich Übertragungen beschreiben, die „von äußerer Bewegung über innere Bewegtheit zu wiederum äußerer Bewegung verlaufen."[38] Im Konzept des movere als stiftendes Moment von Übertragungsbewegungen, wie es auf die römische Rhetorik zurückgeht, ist die „emotionale Bannkraft" von Musik und Tanz bereits mit eingeschlossen.[39] Das Hören von Klang und Anschauen von Bewegung vermag folglich Gefühle hervorzurufen, die sich wiederum in Bewegung zeigen können. Möglichkeitsbedingung für diese Übertragungsbewegung ist nicht zuletzt die Fähigkeit des Klang- und Bewegungserzeugenden, sich selbst zu affizieren, eigene Gefühle zu stimulieren.

Auf das Szenario von Hot Chocolate übertragen, sehen wir Tanzenden im Moment der Selbstaffizierung zu, welcher uns gemeinsam mit dem rhythmischen Klang der Musik in (innere) Bewegung versetzt. Zuschauende und Hörende des Films gelangen mit den zunächst hörenden Tanzenden in ein „Entsprechungsverhältnis".[40]

Und so erscheint der beginnende Tanz gewissermaßen als Freisetzung der durch das Schauen und Hören angeregten Bewegtheit. Diese wiederum erfährt eine weitere Steigerung in der Spiegelung der Tanzenden als Zuschauenden, die uns „angeht"[41], unseren Blick aufnimmt.

Von uns bewegten Beobachtern angeschaute „bewegte Beweger"[42] sind zugleich „beobachtende Beweger", deren Doppelrolle uns zum Respons auf das Gesehene auffordert, zur Übertragung in äußere Bewegung, zum Tanzen einlädt. Hierin zeigt sich das „performative Potential des movere-Konzepts"[43] als wechselseitige Übertragungsbewegung zwischen Darstellung und Rezeption.

---

36 Mersch, Dieter: Einleitung 2003

37 Brandstetter, Gabriele: Übertragungen. Eine Einleitung, in: Dies./Bettina Brandl Risi/Kai van Eikels (Hg.): Schwarm(E)Motion. Bewegung zwischen Affekt und Masse. Rombach, Freiburg i.B. 2007, S. 7-54, hier S. 37.

38 Ebd., S. 38.

39 Ebd., S. 39.

40 Ebd., S. 42.

41 Mersch: Ereignis 2002, S. 49.

42 Brandstetter: Übertragungen, S. 43.

43 Ebd., S. 43f.

Die affizierende Beobachtung von Bewegung, in die wir uns gemeinsam mit den Tanzenden begeben, offenbart uns nicht zuletzt ein „(Körper-)Wissen"[44] um die Erzeugung und Verhandlung der Tanzbewegung selbst: Die Übergänge zwischen Beobachten und Bewegen sind fließend, die äußere Bewegung setzt die Anschauung als Bestandteil der Praxis um und fort. „Im Schauen tanzen" verweist somit auf die Möglichkeit der Aneignung von Bewegung durch die und in der Beobachtung. Der Tanz Lindy Hop zeigt sein affirmatives Moment, das Begegnung unter den gleichen Wahrnehmungsbedingungen von Sehen und Hören ermöglicht und nicht unter Voraussetzung dezidierter Expertise einer bestimmten Gruppe von Menschen.

Das Tanzen einzelner Paare kulminiert in einer Choreografie mit synchronisierten Air Steps und bewirkt in dieser Vervielfachung des Aufsehen erregenden Bewegungsablaufs einen gesteigerten Eindruck von Spektakel. Das Unisono als Resultat viel ge- und erprobter Handgriffe und der Regulation des aufzuwendenden Krafteinsatzes in Gegebenheiten von Zeit und Raum, bildet das größtmögliche Extrem zum Bewegungsspielraum im Swingout. Dass beide Bewegungsweisen im Film erscheinen, macht die Bandbreite von Lindy Hop augenfällig, sein Wechselspiel zwischen individueller, unvorhersehbarer Gestaltung und gemeinsam absichtsvoll kreierter Dynamik.

Hot Chocolate ist ein reiner Instrumentaltitel – es ist anzunehmen, dass zugunsten der Wirkung des Tanzes auf Gesang verzichtet wurde, denn gesungene Texte vermögen auf ihre Art zu affizieren. Arthur Knight bemerkt dazu: „(...) Songs compete for attention because we feel, in some way, that they address us in ways instrumental music does not."[45] Ein mit dem Song mögliches Narrativ und damit verbundene Lenkung der Aufmerksamkeit ist nicht gegeben und erscheint als Zugeständnis der klanglichen Ebene an den Tanz, visuell in den Vordergrund zu treten.

Ausblick

Auf die Frage, was Lindy Hop für den Film attraktiv gemacht habe, antwortete Norma Miller, eine der Tänzerinnen in Hot Chocolate:"Lindy Hop was the most exciting dance to come out of the ballroom. It's still the most exciting dance today. There's something about when a person swings out the public loves it. That was always the secret of its success. (...) If you look at our routines [d.h. die Choreographien in Filmen], one is better than the other. It's built that way, deliberately to keep the excitement going."[46] Wenn Tanzenden selbst die Ansteckung ein Anliegen ist, sollten wir uns fragen, welche (Blick-) Bewegungen sie dazu veranlasst. Sich bewusst darüber zu werden, wie das Aufregende einer populären Tanzpraxis erzeugt, in die Anschauung und in Umlauf gebracht wird, ist für die Auseinandersetzung mit Populären Kulturen, die untereinander

---

44 Brandstetter: Übertragungen 2007

45 Knight, Arthur: Disintegrating The Musical 2002, S. 297.

46 Norma Miller im Gespräch mit der Autorin am 12. August 2011.

Wirkungsbeziehungen unterhalten von erheblicher Bedeutung. Notwendig dafür scheint das Eingeständnis in die Wechselwirkung zwischen Praxis und den mit ihren Darstellungen ins Spiel gelangenden Medien.

Wir sollten in der Lage sein, die Faszination von Erscheinungen Populärer Kulturen in den Darstellungsmedien auf deren Aushandlungen von Performativität und Medialität zurückzuführen und anerkennen, dass in der Praxis von Schauen und Vorführung bereits die Affinität zu den Medien der Sichtbarmachung angelegt ist. Die Eigensinnigkeit des Populären zeigt sich in Aufführungen, die nach Teilhabe verlangen. Daher kann Populärkulturforschung stets mit einem Konzertbesuch oder dem Betreten einer Tanzfläche beginnen.

Literatur

Brandstetter, Gabriele: *Übertragungen. Eine Einleitung*, in: Dies./Bettina Brandl Risi/Kai van Eikels (Hg.): Schwarm(E)Motion. Bewegung zwischen Affekt und Masse. Rombach, Freiburg i.B. 2007.

Crease, Robert P.: *Divine Frivolity: Hollywood Representations of the Lindy Hop 1937-1942*, in: Krin Gabbard (Hg.): Representing Jazz, New York 1998.

Jeschke, Claudia: Tanz als BewegungsText: Analysen zum Verhältnis von Tanztheater und Gesellschaftstanz (1910-1965). Unter Mitwirkung von Cary Rick. Tübingen, Niemeyer 1999.

Klein, Gabriele: *Passagen. Zum Crossover von Tanzkulturen*, in: Reto Clavadetscher/ Claudia Rosiny (Hg.): Zeitgenössischer Tanz. Körper-Konzepte-Kulturen. Transcript-Verlag, Bielefeld 2007.

Knight, Arthur: Disintegrating The Musical 2002.

Manning, Frankie und Millman, Cynthia R.: Ambassador of Lindy Hop. Philadelphia 2007.

Mersch, Dieter: *Körper zeigen*, in: Erika Fischer Lichte/ Christian Horn/ Matthias Warstat (Hg.): Verkörperung. A. Franke Verlag, Tübingen 2001.

Mersch, Dieter: *Einleitung. Wort, Bild, Ton, Zahl – Modalitäten medialen Darstellens*, in Ders.: Die Medien der Künste. Beiträge zur Theorie des Darstellens. München 2003.

Müller, Jürgen E.: Intermedialität: Formen moderner kultureller Kommunikation. Münster 1996.

Mundy, John: Popular music on screen. From the Hollywood musical to music Video. Manchester University Press, New York 1999.

Schikowski, John: Geschichte des Tanzes. Büchergilde Gutenberg, Berlin 1926.

Van Vechten, Carl: Parties. Alfred A. Knopf, New York 1930.

Von Boehn, Max: Der Tanz. Wegweiser Verlag, Berlin 1925.

Wicke, Peter: Von Mozart zu Madonna. Eine Kulturgeschichte der Popmusik. Kiepenheuer Verlag, Leipzig 1998.

Wicke, Peter: *Populäre Musik*, in: Peter Wicke & Kai-Erik Ziegenrücker: Handbuch der populären Musik, Schott Music, Mainz 2007.

Filmquellen

Hot Chocolate (1941)

‚Das Theater wird Pop nicht finden'[1] – Medialität und Popkultur am Beispiel des Performance-Kollektivs She She Pop

Annemarie Matzke

Einleitung

Im gegenwärtigen Theater finden sich vermehrt Inszenierungen, die sich einerseits durch ein besonderes Verhältnis zur Populären Kultur auszeichnen und zugleich im Moment der Aufführung Situationen hervorbringen, in denen das Verhältnis von Akteuren und Zuschauern in seiner Prozessualität in besonderer Weise ausgestellt wird. Im Kontext der Theaterkritik werden diese Formen häufig als Pop-Theater gelabelt. Es deutet sich hier ein Zusammenhang zwischen der Medialität der Aufführungen als spezifische Vermittlungssituation, ihrer Performativität im Sinne des wirklichkeitskonstituierenden Charakters der präsentierten Handlungen und zugleich dem Bezug auf Formen und Formate Populärer Kultur an. Damit eröffnet sich eine neue Perspektive für die Theaterwissenschaft aber auch für die Populärkulturforschung. Wenn meist das Theater als Modell für die Beschreibung performativer Prozesse auch in der Populären Kultur dient, dann verschiebt sich hier die Perspektive. Denn über das Spiel mit Formen der Populären Kultur auf der Bühne wird in den Inszenierungen die besondere Performativität theatraler Prozesse ausgestellt. Daraus ergibt sich die Frage, wie das Verhältnis von Populärer Kultur und Performativität im Kontext der theaterwissenschaftlichen Forschung vor diesem Hintergrund zu bestimmen ist, um so auch neue Erkenntnisse für die Forschung der Populären Kultur zu erzielen. Dies wird in drei Schritten geschehen. Nach einer Diskussion des Verhältnisses von Medialität und Performativität, wie es in der neueren theaterwissenschaftlichen Forschung gefasst wird, wird im Mittelpunkt die Analyse einer konkreten Inszenierung der Gruppe She She Pop stehen. Dabei geht es auch darum einen differenzierten Begriff der Populären Kultur in den Diskurs um das so genannte Pop-Theater einzuführen und dessen Historizität deutlich zu machen. Während einerseits in den Inszenierungen verschiedenste Formate Populärer Kultur zitiert werden, zielt das Label Pop-Theater auf eine spezifische Haltung der Produzenten und wird in diesem Sinne abgegrenzt von einem weiten Begriff der Populären Kultur, der in Anschluss an Hans-Otto

---

1   Nikola Duric von Showcase Beat le Mot, zitiert nach Mitschrift der Podiumsdiskussion im Rahmen des Congresses 3000 der berlinbienale 1998. Dieser Aufsatz ist eine überarbeitete Version meines Textes: „Fangemeinschaften – Popkultur und Partizipation bei She She Pop", meines Textes „Fangemeinschaften - Popularkultur und Partizipation bei She She Pop", erschienen in dem von Martina Groß und Hans-Thies Lehmann herausgegebenen Band „Populärkultur im Gegenwartstheater", Berlin 2012.

Hügel[2] als spezifische Form der Unterhaltungskultur gefasst wird. Letztlich wird es damit um die Frage gehen: Was sucht das Theater in der Popkultur?

Der Performativitätsdiskurs in der Theaterwissenschaft

Die ursprüngliche Bedeutung des Begriffs *theatron* meint „Raum zum Schauen" und verweist damit bereits auf die Medialität des Theaters: als Raum, der Einsicht gibt, den der Blick durchquert, ein Raum, für den, der vermittelt. Jene Vermittlungsfunktion als Medialität des Theaters lässt sich aus phänomenologischer Sicht mit Bernhard Waldenfels fassen, der auf den „Zwischencharakter" der Medien hinweist, als eine „Mediatisierung, die nicht um eine Mitte kreist, sondern als ein Drittes interveniert, dazwischentritt"[3]. Jenes „Dritte" ist damit keine unabhängige Instanz, sondern moduliert die Formen der Wahrnehmung immer bereits mit. Die Theaterwissenschaft hat jene Überlegungen in ihren Diskussionen um den Begriff der Performativität aufgenommen. Mit dem *performative turn* findet eine Fokusverschiebung innerhalb der theaterwissenschaftlichen Forschung statt. Nicht mehr die Inszenierung als Umsetzung eines dramatischen Textes steht im Mittelpunkt des Interesses, sondern die Aufführung als dynamischer Prozess zwischen Produzieren und Rezipieren. In seiner *Phänomenologie des Theaters* fasst Jens Roselt in diesem Sinne die Aufführung als ein „dialogisches Zwischengeschehen", das „Krisensituationen zwischen den Teilnehmern stiftet"[4]. Der Blick wird damit auf die produktiven Formen des Zuschauens gelenkt, die etwas hervorbringen, das weder im Vorfeld geplant noch kontrolliert werden kann. Mit dem Fokus auf Medialität und Performativität tritt damit der Zuschauer als Produzent auf die Szene theaterwissenschaftlicher Forschung.

Zugleich erschließt sich die Theaterwissenschaft vor diesem Hintergrund neue Forschungsgegenstände: nicht mehr allein die Theaterinszenierung und ihre Aufführungen, auch andere Aufführungsformate aus Sport oder Popmusik werden erforscht. Meist geht es dabei allerdings darum, Formate der Populären Kultur unter theaterwissenschaftlicher Perspektive zu untersuchen. Seltener wird nach dem Verhältnis von Theaterästhetik und Populärer Kultur gefragt. Dabei zeichnen sich gerade gegenwärtige Formen des Performance-Theaters, die im Kontext von Performativität und Medialität von der Theaterwissenschaft analysiert werden, durch eine besondere Beziehung zu Formen Populärer Kultur aus, die sich nicht auf das Zitieren popkultureller Texte beschränkt, sondern durch eine spezifische Form der Medialität als Wechselverhältnis von Produzieren und Rezipieren auszeichnet. Dies möchte ich anhand einer aktuellen Inszenierung zeigen: der Inszenierung *Testament. Verspätete Vorbereitungen zum Generationswechsel*, der Gruppe She She Pop, der ich selbst angehöre. Wenn ich als Künstlerin über meine eigene Arbeit schreibe, nehme ich eine besondere Perspektive ein, die sich wiederum auf meine

---

2   Hügel, Hans-Otto: Handbuch der Populären Kultur, Tübingen 2003.

3   Waldenfels, Bernhard: Phänomenologie der Aufmerksamkeit, Frankfurt/Main 2004, S. 113.

4   Roselt, Jens: Phänomenologie des Theaters, München 2008, S. 194 sowie S. 363.

Fragestellung beziehen lässt. Eine Definition des Populären zielt auf die affektive Beziehung zwischen Texten und ihren Rezipienten. Eine solche affektive Beziehung will ich im Folgenden nutzen, wenn ich als Theaterwissenschaftlerin über meine eigene Arbeit als Performancekünstlerin mit dem Kollektiv She She Pop und deren Bezüge zur Populären Kultur schreibe. Aus der Position der Produzentin auf die eigene Arbeit zu schauen, impliziert auch immer wieder, die analytische und damit distanzierte Perspektive der Wissenschaftlerin zu verlassen. Auch wenn vielleicht die Perspektiven durcheinander geraten, ist doch die Hoffnung, dass sich daraus neue Perspektiven für das Verhältnis von Theater(-wissenschaft) und Populärer Kultur ergeben.

Ein echter Hit: She She Pops Testament

Im Frühjahr 2010 produzierte das Performance-Kollektiv She She Pop einen veritablen Hit: die Inszenierung *Testament*.[5] Ausgehend von Shakespeares *King Lear* – jenem Drama um Alter und Verfall, Erbe und Verrat, in dem der alte König abdanken will und aus diesem Grund zwischen seinen Töchtern einen rhetorischen Wettstreit inszeniert – baten wir Performerinnen unsere eigenen Väter mit uns auf die Bühne. Unter der Zeugenschaft des Publikums wird, entlang der Dramaturgie von Shakespeares Drama, über die gemeinsame Zukunft, Erbe und Pflege, Liebesschwüre und Generationswechsel verhandelt. Nicht nur die private Situation von Vater und Tochter ist Thema, auch die vorherigen Proben selbst sind Teil der Inszenierung. Probenmitschnitte, die live auf der Bühne nachgesprochen werden, dokumentieren Konflikte bei der Bearbeitung des Stücks, die wiederum als Kommentar zu Shakespeares Lear gelesen werden können: die Töchter als Arbeitgeber mit neu errungener Macht; die sich auflehnenden Väter, die Respekt fordern und mit Ausstieg drohen; die Töchter, die diesen Respekt heucheln, um den Vater nicht zu enttäuschen; Streit und Beschimpfungen von beiden Seiten.

Die Frage nach dem Verhältnis von Theater und Popkultur stellt sich allerdings weniger hinsichtlich dessen, was auf der Bühne zu sehen ist, als vielmehr angesichts der Reaktionen auf die Inszenierung. Die Inszenierung wurde bereits am Tag nach der Premiere auf dem Internetportal *www.theaterkritik.de* mit einer Kritik besprochen.[6] Der Kritiker verreißt die Aufführung mit dem Hinweis, dass die Ästhetik von She She Pop für die ungute Praxis im gegenwärtigen Theaters stehe, das Private auf der Bühne auszustellen und genau dies sei in der besprochen Inszenierung der Fall. Die Aufführung sei in „Privatismen steckengeblieben" und die Kritik endet mit dem Satz: „So bleibt der Abend das, was der Namen der Urheber vermuten ließ: Pop."[7]

---

5   Uraufgeführt am 21.02.2010 im Theater Hebbel am Ufer Berlin.

6   www.nachtkritik.de, zuletzt verifiziert am 18.03.2011.

7   Ebd.

Abbildung 1: Performance-Kollektiv She She Pop mit Vätern

Noch am gleichen Vormittag setzt auf dem Internetportal in den Kommentaren eine Diskussion um die Inszenierung und den Popvorwurf in der Kritik ein. Der Kritiker Tobi Müller von der Frankfurter Rundschau zeigt sich erstaunt über den Popbegriff aus den 50er Jahre, der hier verwendet werde. Eine Verteidigerin des Kritikers erklärt, dass man wohl von Pop sprechen könne, wenn das Publikum gejohlt habe. Ein anderer, der Aufführung kritisch gegenüberstehender Zuschauer spricht davon, dass die Inszenierung einem Kindergeburtstag gleiche und „süßlich" sei wie Pop. Während der Filmkritiker Ekkehard Knörrer in einer Verteidigungsrede erklärt: „Mir ist völlig unklar, was für eine komisch verdrehte Idee von Pop hier im einen oder anderen Kopf umgeht. Wenn damit die Möglichkeit gemeint ist, nicht-authentizistisch ehrlich zu sein und dem längst Vernutzten wieder Leben zu geben, dann ist ‚Testament' wunderbarer Pop."[8] Eine bessere Werbung für unser Stück als diese Diskussion konnten wir uns kaum wünschen.

Auch wenn die Debatte auf sehr verschiedenen theoretischen Niveaus geführt wurde, eröffnet sie doch grundlegende Fragen hinsichtlich der Diskussion um das Verhältnis von Theater und Populärer Kultur. Pop und Theater zeigen sich hier in einer spannungsvollen Wechselbeziehung, um deren Deutung gestritten wird. Es lassen sich zwei – längst bekannte – Positionen ausmachen: Pop als negative Folie – im Sinne einer Übermacht der Kulturindustrie und einer Trivialisierung des Theaters verbunden mit einer Oberflächlichkeit, die gerade durch die Thematisierung nicht-gesellschaftlich relevanter und meist privater Themen entstehe. In Anschlag gebracht wird der Vorwurf eines Theaters des Ba-

---

8   Ebd.

nalen, das jede gesellschaftliche Relevanz verloren habe und für eine Kommerzialisierung des Widerständigen der Avantgarde stehe. Das Theater steht in diesem Kontext für eine Hochkultur, der eine gesellschafts- und auch medienkritische Funktion zugesprochen wird. Dabei beruft man sich auf das Konzept des Theaters als Forum der Öffentlichkeit. Die andere, dem gegenüberstehende Position sieht gerade in der Auseinandersetzung mit popkulturellen Prätexten und in der Thematisierung der subjektiven Beobachterposition der Künstlerinnen und Künstler einen spezifischen Bezug zu einer außertheatralen Wirklichkeit, die durch popkulturelle Formen bestimmt ist. In der Auseinandersetzung, im Zitieren und Spielen mit popkulturellen Texten werde die Frage nach der Inszeniertheit dieser Wirklichkeit gestellt. Dieses Verfahren wird aus einem Verständnis von Pop hergeleitet, der sich subversiv gegen etablierte Kultur- und Kunstverständnisse richtet. Damit einher geht eine Neubestimmung des Theaters auch zu den anderen Künsten, das als eine Ausdrucksform unter anderen verstanden wird. Eine solche Verortung des Theaters im Popkontext zielt nur sekundär auf eine andere Theaterästhetik als vielmehr auf eine andere Haltung zur gesellschaftlichen Wirklichkeit und dem hegemonialen Kunstdiskurs. Während also die einen eine Anbiederung an Formate einer Medienkultur sehen und damit eine Aufgabe der gesellschaftskritischen Funktion des Theaters fürchten, sehen die anderen im Pop vor allem eine spezifische Haltung zu einer Wirklichkeit, die durch mediale Texte geprägt ist und über die nur in medialen Texten und Formaten gesprochen werden kann.[9]

Die Pop-Debatte im Theater

Was mich an dieser Diskussion interessiert, ist aber noch ein weiterer Punkt, der in den Kommentaren weder von den Kritikern noch von den Verteidigern angeführt wurde. Für uns war die Inszenierung eine besondere Herausforderung, weil wir – im Gegensatz zu vielen anderen unserer Inszenierungen – einen dramatischen Text als Ausgangspunkt wählten und kein konkretes Format aus der Populären Kultur zitierten. Die Verortung im klassischen Kanon – Shakespeare wird ja gemeinhin nicht in der Populären Kultur verortet, auch wenn sich viele popkulturelle Elemente in seinen Dramen finden lassen[10] – war für uns ein Novum. Für den Umgang mit Formen der Populären Kultur scheinen andere

---

9   Hier zeigt sich eine Parallele zu Diedrich Diedrichsens historischer Abgrenzung von „Pop I" als subversiv und „Pop II" als affirmativ. Während es im ersten Konzept gerade eine kritische Haltung zu etablierten Kulturbegriffen behauptet, kann im zweiten Konzept alles zu Pop werden, auch das Theater. Wenn Diedrichsen Popliteraten wie Benjamin Stuckrad-Barre zu „Pop II" zählt, dann lassen sich auch diese anderen Formen des Theaters in einem ähnlichen Kontext lesen. Vgl. Diedrichsen, Diedrich (1999): Der lange Weg nach Mitte. Der Sound und die Stadt., Köln 1999.

10   Wie sich der populäre Rezeptionskontext von Shakespeare Dramen historisch hin zur Hochkultur verschoben hat, zeigt Lawrence W. Levine exemplarisch anhand des amerikanischen Theaters. Vgl. Levine, Lawarence W.: Highbrow/Lowbrow. The Emerge of Cultural Hierarchy in America, Cambridge (Mass.) 1988.

Inszenierungen von She She Pop aussagekräftiger. Wir arbeiten seit Anfang der neunziger Jahre als feministisches Performancekollektiv, das sich seine Texte und Gegenstände immer wieder in der Populären Kultur gesucht hat. Sei es in der Table-Dance-Show wie in *Trust. Schließlich ist es ihr Geld* (1998), in der wir die Zuschauer im Moment der Aufführung für unsere Darstellungen bezahlen lassen und in eine Verhandlung über das Gezeigte und dessen Preis eintreten. Sei es in *She She Pop: Live. Erfolgreiche Selbstdarstellung in sechzig Minuten* (1999), eine Gameshow, in der die Performerinnen vor dem Publikum gegeneinander antreten, um das Publikum von sich als „Frau und/oder Künstlerin" zu überzeugen und die Abstimmung des Publikums den weiteren Verlauf des Abends bestimmt. Sei es in *Rules* (2001), das die Regeln und Bilder des American Football zitiert und dabei die Arbeitsstrukturen so genannter flacher Hierarchien reflektiert oder in der Inszenierung *Warum tanzt ihr nicht?* (2004), wo der Theaterraum in einen Ballsaal verwandelt wird, den das Publikum mit uns teilt. Die Texte der Populären Kultur sind immer wieder Ausgangspunkt unserer Inszenierungen. Mit Hilfe dieser popkulturellen Bezüge – beispielsweise Fernsehshows, Sport oder Star-Mythen – stellen wir immer auch die Parameter der theatralen Darstellung, wie das Verhältnis zum Publikum, die Position des Performers und die Frage nach der Rahmung der Inszenierung, in Frage.

She She Pop gehört damit zu einer Gruppe von Regisseuren und Performancekollektiven, die seit Anfang der neunziger Jahre Theaterinszenierungen machen, und die zu dem damaligen Zeitpunkt unter dem Label „Pop-Theater" gefasst wurden. Mit Stefan Pucher, Christoph Schlingensief, Falk Richter, Showcase Beat le Mot und Gob Squad wurden eine Reihe von jungen Performancekünstlern und Regisseuren auffällig, die sich – zum damaligen Zeitpunkt – bewusst von dramatischen Texten abwandten, die traditionellen Zuschauerpositionen aufhoben, Räume jenseits des Theaters suchten und Texte aus der Populären Kultur in ihren Inszenierungen zitierten. Die Künstler verorten sich selbst innerhalb der Popkultur und nehmen damit zugleich eine Antihaltung gegenüber dem als etabliert empfundenen Stadttheater ein. Theater soll Pop werden. Der Popbegriff, auf den hier rekurriert wird, bezieht sich auf eine historische Formation im Bereich der Musik seit den fünfziger Jahren und der damit verbundenen Jugendkulturen, die sich als Gegenkultur zur herrschenden Kultur verstanden.[11] Zugleich wird gegenüber diesen Formen bereits eine reflexive Position eingenommen. Pop meint somit in diesem Kontext eine spezifische Verfahrensweise, einen Blick auf die Welt: der Popkünstler als Wahrnehmungsexperte, der sich in der Position des *underdogs* im Theatersystem behauptet.[12]

---

11 Pop möchte ich als historische Ausdifferenzierung – beginnend in den 50er Jahren – Populärer Kultur fassen, die ich in Anlehnung an das Konzept von Hans-Otto Hügel - in Abgrenzung zu etablierten Konzepten von kulturellen Formen des Avantgarde-Theaters – als durch einen durch Unterhaltung geprägten Zugang definiert würde. Vgl. dazu: Hügel, Hans-Otto: Handbuch Populäre Kultur. Begriffe, Theorien und Diskussionen. Stuttgart 2003, S. 16 ff. Vgl. zur Problematik der Definition von Pop auch Hecken, Thomas: Pop. Geschichte eines Konzepts 1955-2005, Bielefeld 2009.

12 Beispielhaft für diese Geste sei hier auf das (Anti-)Manifest „Die Übernahme des Theaters findet statt" von Thomas Lemke und Nikola Duric, einem Mitglied von Showcase Beat le Mot verwiesen, das folgendermaßen beginnt: „Mitteilungen über das Theater in zwanzig Jahren. 1. Sei Dir im klaren darüber, daß das staatliche Theater korruptes Beamtentheater ist: es ist Dein

So sind es nicht nur die Absage an den dramatischen Text und ein anderer Umgang mit den theatralen Mitteln, die sich in diesen Theaterformen finden, sondern bezeichnend ist auch die Weigerung sich innerhalb einer theatralen Tradition zu verorten. Bezugspunkte sind weder die Stadttheater mit dem dramatischen Kanon noch das Freie Theater mit seinem Anspruch an politische Aufklärung, sondern Kontexte aus der Popkultur. Die Referenzen liegen damit außerhalb des Theaters und seinen Traditionen.

Die Arbeiten von Gruppen wie Gob Squad, She She Pop, Showcase Beat le Mot oder auch von Stefan Pucher entstanden im Kontext theaterwissenschaftlicher Studiengänge und waren geprägt von der Auseinandersetzung mit Vertretern der Popliteratur wie Burroughs oder Pynchon (sowie in deren Nachfolge Rolf Dieter Brinkmann in Deutschland). Es ging also immer schon nicht allein um eine Aneignung, sondern auch um eine Reflexion der Gesten der Popkultur. Damit verbunden wurde eine Hinwendung zu Themen, Texten und Formaten einer Populär- wie auch Alltagskultur.[13] Ziel war die Annäherung des Theaters an das, was als gegenwärtige gesellschaftliche Wirklichkeit erfahren wurde. Die Künstlerinnen und Künstler inszenieren sich selbst dabei als Co-Autoren von Texten, die in der Wirklichkeit gefunden wurden. Abgelehnt wurde das Konzept des Dramatikers als singulärer Autor der dialogischen Texte auf der Bühne wie auch das Konzept der Drameninszenierung als Präsentation einer Lesart des Textes durch den Regisseur. Nicht mehr der kanonisierte, dramatische Text sollte Ausgangspunkt des Theaters sein, sondern all die Bruchstücke und Fragmente von Texten der Populären Kultur – seien es Popsongs, Werbetexte, Fernsehformate oder populäre Mythen – die in der Alltagskultur gefunden wurden. Pop wurde in diesem Zusammenhang als ein Verfahren definiert, dem alles als Material zum Spiel erscheint – ohne jede Hierarchisierung.

In diesem Sinne wurden die Arbeiten auch von der Theaterwissenschaft analysiert. An die Stelle des Vokabulars einer dramenorientierten Theaterwissenschaft werden im Diskurs über diese Inszenierungen Begriffe der Popkultur gesetzt: vom Samplen und Covern ist die Rede,[14]

Gegner", in: SpoKK (Hg.): Kursbuch Jugendkultur, Mannheim 1997, S. 394. Die eigene Kunst wird nicht im Theater, sondern in einer Jugend- und Popkultur verortet.

13 Programm ist dabei auch die Aufhebung der Unterscheidung zwischen hoher und niederer Kunst. Daniel Fiedler sieht beispielsweise in seinem einflussreichen 1969 publizierten Essay „Cross the Border – Close the Gap (dt. „Überquert die Grenze – Schließt den Graben"), in: Welsch, Wolfgang (Hg.): Wege aus der Moderne. Schlüsseltexte der Postmoderne-Diskussion, Weinheim 1988, S. 57-75, die Funktion eines neuen Romans in der „Überbrückung der Kluft zwischen Elite- und Massenkultur" (Ebd., S. 62). Eine ähnliche Auffassung vertritt Susan Sontag in ihrem fünf Jahre zuvor erschienen Essay Notes on Camp. „Camp" definiert sie als „eine Art unter anderen, die Welt als ästhetisches Phänomen zu betrachten". Der Ausgangspunkt von Camp ist die Aufhebung der Unterscheidung von hoher und niederer Kunst: „Camp bietet neue – ergänzende Normen der Bewertung von Kunst (und Leben)". Sontag, Susan: „Notes on Camp", in: dies.: Kunst und Antikunst, Frankfurt/Main 1991, S. 324 sowie S. 334.

14 Techniken aus der Musik erweitern dabei die Perspektive des Theaters und werden für die Bühne nutzbar gemacht. Beim Covern wird ein fremder Song benutzt, um eine neue Version zu erstellen: das Original bleibt erkennbar. Anders als bei der Interpretation eines Dramas, die sich selbst als Inszenierung als Original versteht, spielt die Technik des Covern mit der Kopie. Das Verhältnis von Original und Interpretation wird offen ausgestellt. Vgl. dazu Manovich, Lev: „Wer ist der Autor/ Sampling/Remixen/Open Source", in: ders: Black Box – White Cube,

Regisseure und Schauspieler werden mit DJs verglichen,[15] das Ensemble mit einer Band. Als ein Theater des „Cool Fun" beschreibt es Hans-Thies Lehmann in seinem Postdramatischen Theater. Dahinter verbirgt sich ein Theater, das sich durch ein medienbestimmtes Verhältnis zur Wirklichkeit, den „Hang zur Parodie" und das Spiel mit Zitaten auszeichne: „Theater äfft dabei, reflektiert, die allgegenwärtigen Medien in ihrer Suggestion von Unmittelbarkeit nach, sucht aber zugleich eine Form von Sub-Öffentlichkeit, hinter deren vordergründiger Ausgelassenheit Melancholie, Einsamkeit und Verzweiflung wahrnehmbar werden."[16] Das Verhältnis zur Medien- und Popkultur zeichnet sich durch seine Ambivalenz aus. Jens Roselt sieht hier die Möglichkeit einen spezifischen Schauspielstil zu beschreiben, der sich Strategien der Populären Kultur annähert, in dem das Spiel mit Effekten an die Stelle der Produktion von Affekten tritt.[17]

Der Begriff Pop-Theater wird allerdings weder von den Künstlerinnen und Künstlern noch von der Theaterwissenschaft geprägt. Es sind vielmehr die Festivalmacher, Intendantinnen und Intendanten wie auch das Feuilleton, die diesen Begriff einführen und gebrauchen. Ähnlich wie bei dem Begriff der Popliteratur wurde Pop-Theater vom Feuilleton schnell als Abgrenzungsbegriff aufgegriffen – meist ohne auf die Reflexion der Künstler hinsichtlich ihrer Verortung innerhalb der Tradition eines Popbegriffs zu verweisen. Pop-Theater ist dabei vor allem auch ein Label, unter dem diese neuen Theaterformen von Festivalleitern zu vermarkten waren: es versprach eine Verjüngungskur des Theater und zugleich in Abgrenzung zu etablierten Begriffen wie Freies Theater oder Performance Art, ein Theater, das Spaß macht. So tauchen Mitte der neunziger Jahre verschiedene Begriffe auf, um neue Theaterformen zu fassen, die sich durch eine Nähe zur Popkultur auszeichnen. Neben den Begriff des Pop-Theaters wird das Konzept der *Live Art*[18] gestellt – verstanden als eine Kunstform, die strenge Gattungsgrenzen hinter sich lässt und selbst Pop sein will. Live Art kommt aus Großbritannien und fasst als La-

---

Berlin 2005, S. 7-28.

15 Die Figur des DJs wurde zum Vorbild für das Spiel mit Erinnerungen und Wahrnehmungsweisen: „Das Abrufen an die Erinnerung an ein bestimmtes Stück Musik bei der Auswahl unter den hundert von Stücken, die ein DJ für ein Set bereithält, an das Erlebnis, das sich damit verbindet, ist ein ebenso komplexer innerer Vorgang, wie er im Schauspieler abläuft, während er sein Rolle spielt." Tiedemann, Kathrin: „Das Märchen vom DJ als Regisseur", Freitag 44, 23.10.1998, S. 15.

16 Lehmann, Hans-Thies: Postdramatisches Theater, Frankfurt/Main 1999, S. 214.

17 Jens Roselt sieht damit in diesen Theaterformen Authentizität als Label, in dem Effekt und Affekt sich gegenseitig aufeinander beziehen: „Ob die deutliche Ausstellung und Beschränkung auf dieses Image am Ende gar wahrhaftiger ist, als alle artistische ‚Fühlerei' im konventionellen Theater, bleibt paradox". Roselt überschreibt seinen Artikel mit „Vom Affekt zum Effekt" und endet mit einem Zitat des Regisseurs Stefan Pucher: „‚Vom Affekt zum Effekt?' Sehr gut. Nur umgekehrt". Roselt, Jens: „Vom Affekt zum Effekt", in: Erika Fischer-Lichte/Doris Kolesch/Christel Weiler (Hg.): Transformationen im Theater der Neunziger Jahre, Berlin 1999, S. 111-120, hier S. 119.

18 Kaye, Nick: „British Live Art", in: Art & Design. Performance Art into the 90s, London 1994, S. 87-91.

bel das zusammen, was dort lange Zeit als Performance Art galt: ein „Einzelkind einer verbotenen Hochzeit zwischen bildender Kunst und experimentellem Theater" (Louis Keidan), ein Sammelbegriff für verschiedenste Formen künstlerischer Produktion zwischen Theater, Musik und bildender Kunst. Verwandtschaften gibt es zur Popmusik, zum zeitgenössischen Film, aber auch zu den Codes des Computers und des Internets. Unter dem Label Live Art werden Gruppen wie Forced Entertainment oder Gob Squad in Deutschland eingeführt, damit kann dieses Label auch als Exportschlager des englischen Theaters gelten.

Bereits Anfang der neunziger Jahre schlägt der niederländische Journalist Edgar Jager den Begriff des *Ambient Theatre*[19] für eine neue Theaterform vor, die darauf zielt Theaterräume als Orte zum Leben zu konzipieren. Ambientmusik wird für ihn zu einem Modell für das Theater: Ein Theater, das Zuschauer und Akteure einlädt, einen gemeinsamen Raum zu teilen, einen Abend miteinander zu verbringen. Der norwegische Theaterwissenschaftler Knut Ove Arntzen wiederum greift Jagers Begriff auf und bringt ihn mit dem Konzept eines *Recycling-Theatre* zusammen: Gemeint sind Inszenierungen, die verschiedene Theaterstile und Textsorten zitieren. Schaut man sich diese verschiedenen Definitionsversuche an, dann wird deutlich, dass unter dem Begriff des Pop oder dem Verweis auf die Popkultur ganz unterschiedliche Formen und Tendenzen des Theaters vereint werden: das Öffentlichkeitsarbeitskonzept der Volksbühne, die Aktionen Christoph Schlingensiefs, die Dramendekonstruktionen Castorfs, Performancekollektive wie Gob Squad oder auch wir. Pop wird zum (undifferenzierten) Oberbegriff für ein junges Theater.

Der Begriff des Pop ist in diesem Diskurs somit differenzierter zu betrachten. Er umfasst verschiedene Definitionen und Funktionen. So dient er erstens unserer Selbstbestimmung als Künstlerinnen und Künstler, die sich in einer avantgardistischen Abgrenzungsgeste jenseits etablierter Theaterstrukturen und innerhalb der Tradition einer Pop-Avantgarde verorten. Zweitens werden Verfahren und Techniken der Popmusik von den Künstlerinnen und Künstlern für das Theater nutzbar gemacht und von der Theaterwissenschaft als Beschreibungs- und Analysekriterien gebraucht. Und schließlich wird Pop zum Markenzeichen mit dem Theaterleiter und den Festivalmacherinnen für eine Erneuerung des Theaters werben. Und noch auf einer weiteren Ebene wird dieser Diskurs geführt: In der Theaterkritik wird dieses Phänomens beschworen und verworfen. Die Kritiker sprechen vom „Oberflächendesign des Pop-Theaters"[20] und sehen in diesen Formen vor allem eine Trivialisierung des Theaters – sie führen einen Kampf für die Hochkultur als widerständige Position. Somit lässt sich über das Nachvollziehen der verschiedenen Diskursebenen ein Spannungsfeld eröffnen, das durch Ambivalenzen und Widersprüche geprägt ist: zwischen dem subversiven Anspruch einer Popkultur gegenüber den machtvollen Positionen der Hochkultur und der gleichzeitigen Affirmation massenmedialer

---

19 Vgl. dazu Arntzen, Knut Ove: „Marginality, pop-ambient and mainstream-jamming in new forms of theatre", in: Patrick Primavesi/Olaf A. Schmitt (Hg.): AufBrüche. Theaterarbeit zwischen Text und Situation, Berlin 2004, S. 371-374.

20 Müller, Katrin Bettina: „Die Stelle nach dem Anschluss", taz vom 19.05.2003.

Phänomene, zwischen der Absage an eine dramatische Theatertradition und der gleichzeitigen Verortung innerhalb der Geschichte einer Pop-Avantgarde, zwischen dem Spiel mit den Mechanismen der Vermarktung und ihrer gleichzeitigen Kritik.

Doch diese Diskussion fand in den späten neunziger Jahren statt. Viele der damals als Popregisseure Gefeierten inszenieren heute mit großem Erfolg dramatische Texte und längst sind es andere Schlagworte, unter denen unser Theater kritisiert oder gefeiert wird: so zum Beispiel Selbstinszenierung oder auch Partizipation. Der Begriff „Pop-Theater" scheint in die Jahre gekommen und als Label und Werbestrategie nicht mehr schlagkräftig. Aber vielleicht ermöglicht gerade das, den Diskurs mit Abstand differenziert zu betrachten. Denn was von dieser Debatte übrig bleibt und immer noch brisant ist, ist die Frage, wie das Theater gegenüber einer durch massenmediale Formate bestimmten Wirklichkeit eine eigenständige und sogar widerständige Position einnehmen kann. Und zugleich ist zu fragen, wie die Auseinandersetzung mit Formen und Texten Populärer Kultur andere Formen des Theaters ermöglicht.

Und damit komme ich zurück zur eingangs zitierten Debatte. Ist also unsere Inszenierung *Testament* Pop? Und wenn ja, wie wäre das Konzept Pop zu definieren? Vorweg noch zwei Worte zur Inszenierung selbst: Shakespeares *King Lear* ist, wie gesagt, der Ausgangspunkt. Jenes Drama, in dem der alte König sein Reich unter seinen drei Töchter aufteilt und dazu einen Liebeswettstreit zwischen ihnen inszeniert, von seiner jüngsten Tochter Cordelia enttäuscht wird – weil sie ihm beteuert, ihn wie eine Tochter zu lieben, nicht mehr, nicht minder; sein Reich seinen anderen beiden Töchter übergibt, bei ihnen sein Altenteil verbringen will, sich mit seinen Töchtern überwirft, in den Sturm auf die Heide rennt und wahnsinnig wird. Ein Drama, das verstört und sich kausaler Erklärungen entzieht. Reduziert auf diesen Handlungsstrang werden auf der Bühne verschiedene Lesarten des Dramas verhandelt. In Ansprachen wenden sich die Darsteller an das Publikum und präsentieren ihre jeweilige Lesart und ihre Lösungsversuche für die Konflikte des Dramas. Dabei werden Vorstellungen von Theater ebenso diskutiert, wie Möglichkeiten einer Übertragung der Situation Lears auf aktuelle Probleme aufgezeigt werden. In dieser Präsentation von individuellen Lesarten des Dramas zeigt sich ein eigenes Verhältnis von Theater und Popkultur.

Medialität und Performativität in der Inszenierung Testament

Um dies zu erläutern, möchte ich zwei Szenen der Inszenierung genauer betrachten. Die Bühnensituation ist folgende: Die Väter sitzen in Sesseln am Rande der Bühne, die an ein Wohnzimmer erinnert, und schauen ihren Töchter zu. Dabei werden sie von Videokameras gefilmt. Ihre Portraits werden dabei (als Videos) in Bilderahmen im Bühnenhintergrund projiziert. Der vierte Akt – in Shakespeares Drama das Wiedersehen mit Cordelia, der jüngsten Tochter, die sich einem Liebesschwur verweigerte und deshalb verstoßen wurde –, wird auch bei uns zu einer Inszenierung eines Wiedersehens. Die räumliche Situation löst sich auf. Die Väter legen Schallplatten mit Songs auf, die sie gehört haben, als sie in unsrem Alter waren und die ein spezifisch kulturelles Gedächtnis widerspiegeln: *Imaste Dio* von Miki Theodorakis, *Wenn Teeanger träumen* von Peter Kraus oder auch *The Hard Way Every Time* von Jim Croce erzählen die Geschichten dieser Väter-Töchter Beziehungen auf besondere Weise: der griechische Bürgerkriegsflüchtling, der es nicht geschafft hat, seiner Tochter Griechisch beizubringen; der schwule Sohn, der mit seinem Vater von jungen Männern, die zu küssen sind, singt oder das Nebeneinander der Generationen beim Anhören des Jim Croce-Songs. Tochter und Vater sitzen nebeneinander und ihre Portraits werden groß in die Bilderahmen projiziert. Die Auswahl der Songs und die Haltung, mit der sie gehört werden, wird hier zum Bild für das Verhältnis zwischen den Generationen: Wie gehen Väter, wie Töchter mit diesem musikalischen Material um? Jede Regung, Freude wie auch Scham, zu den Songs wird sichtbar. Erzählt wird von der affektiven Beziehung der Väter zu den Titeln – und von der Scham der Kinder, mit jenen Affekten identifiziert zu werden. Das gemeinsame Anhören der Songs erzwingt persönliche Anteilnahme und zeigt zugleich die Entfremdung zwischen den Generationen – und ihre mögliche Annäherung im gemeinsamen Singen. In Szene gesetzt wird die Frage der Identifikation von Vater und Tochter mit der Musik des jeweils anderen oder auch der Generation der Väter. Gezeigt wird damit ein Generationenportrait, das unterschiedliche Rezeptionsmodi zwischen Identifikation und Abgrenzung zur Aufführung bringt. Was im Akt des Hörens der Songs hervorgebracht wird und sich in der Übertragung im Videoportrait zeigt, ist ein Generationsportrait in Bewegung. Performativität als Moment des Hervorbringens und Medialität als Moment der Übertragung werden in besonderer Weise ausgestellt.

In den Fokus rückt die Haltung der Darsteller zu diesen popkulturellen Texten. Ich möchte aber mein Augenmerk auf die Position des Performers richten: Es ist die Haltung, mit der jene Texte vor den Augen des Publikums und in dessen Anwesenheit präsentiert werden, die Figur des Performers, der sich selbst zum Gegenstand seiner Darstellung macht, die das Potenzial des Spiels mit Textens der Popkultur auf dem Theater ausmacht. Die Väter präsentieren sich als Fans der gespielten Songs: Sie hören konzentriert und wissend zu, zeigen, dass mit der Musik Erinnerungen verbunden sind. Und sie werden selbst zu Produzenten: Im Mitsingen wird die genaue Kenntnis der Texte offensichtlich. Es sind Lieder, die schon hundertmal mitgesungen wurden. Die Darsteller – Väter wie Töchter – nehmen im popkulturellen Kontext betrachtet nicht die Position von Stars ein: Sie produzieren keine popkulturellen Objekte, sondern stellen die Rezeptionssituation im gemeinsamen Hören der Songs aus. Sie sind Rezipienten von popkulturellen Texten und machen ihre Beziehung zu diesen Texten zum Gegenstand der Inszenierung.

All dies entspricht der popkulturellen Rezeptionsfigur des Fans. Aneignungsweisen der Fans sind in großem Maße affektiv. Sie versuchen, die ausgewählten Texte in Besitz zu nehmen, in dem sie diese weiter- und umschreiben und so selbst zu Produzenten von popkulturellen Texten werden: „Gemeinsam ist diesen Such- und Auswahlprozessen, daß die Fans die Relevanz der Produkte für ihre persönliche und soziale Lebenssituation herausfinden müssen. Dies unterscheidet die populäre Ereignisweise damit von jener kulturellen Sensibilität, die für den Umgang mit Werken der Hochkultur typisch und durch Distanz zum Kunstwerk geprägt ist. Nicht der Bezug zum eigenen Leben, sondern die werkimmanente Qualität und Ästhetik dominieren in der Beurteilung der Hochkultur."[21] Wenn also auf der Bühne dieser Auswahlprozess thematisiert wird, der Akt des Produzierens eigener Texte vorgeführt wird, dann zeigt sich darin ein Spiel mit eben jener Position des Fans, die sowohl durch einen subjektiven Zugang wie auch durch die Ablehnung einer distanzierten Lesart geprägt ist. Es geht um ein Verhandeln von Rezipientensituationen, den eigenen Zugang zu den popkulturellen Texten, die intime Erfahrung, die öffentlich gemacht und geteilt wird. Dies zeigt sich auch in einer anderen Szene der Inszenierung. Auf der Bühne wird der Generationswechsel ausgerufen: Eine Tochter erklärt, dass mit achtzig Jahren jeder Dritte pflegebedürftig werde. Sie habe eine Liste mit den Tätigkeiten zusammengestellt, die auf die pflegenden Verwandten zukommen werden. Und sie beginnt aufzuzählen: „Einmal in der Woche anrufen. Einmal im Monat einen Besuch abstatten. Den Spargel lieber zu weich kochen." Und sie beendet ihre Liste: „Den Schleim absaugen. Lächeln. Seine Hand halten und ruhig mit ihm sprechen, als könne er dich verstehen." In der Aufzählung der Tätigkeiten wird der zunehmende Verfall des Vaters nachvollziehbar. Musik setzt ein: *I will always love you.* Und ihr Vater beginnt zu singen, in brüchigem Englisch, übertragen in der Großaufnahme im Videobild: „If I stayed, I would be in your way." Präsentiert wird ein Duett um Pflege und den Wunsch, nicht zum Pflegefall zu werden. Dabei bekommt der Song *I will always love you* einen eigenen Part: ein Zitat aus dem Film *Bodygard* mit Kevin Costner und Whitney Huston, die in dem Film einen Star spielt, der sich von seinem Bodyguard, den sie liebt, trennen muss, da dieser sie nicht mehr schützen kann. Eine weitere Parallele zur Liebesfrage in Shakespeares *Lear.* [22]

Das ausgestellt private Verhältnis von Vater und Tochter, wie auch die Sorge um die Pflege, wird durch den Song in einen anderen Kontext verschoben. Ausgestellt wird der Song als Zitat und zugleich persönliche Ansprache des Vaters an die Tochter. Es entsteht ein doppeltes Spiel mit Inszenierung und Eindruck von Authentizität durch das reale und das ausgestellte Vater-Tochter-Verhältnis. Diese Überlagerung der verschiedenen Ebenen eröffnet verschiedene Lesarten, die wiederum einen Kommentar auf das private Verhältnis machen. Der Songs ist sowohl ironisch gemeint als auch als Effekt, der konkrete Affekte hervorruft, genutzt. Es lässt sich nicht mehr zwischen eigentlicher und rhetorischer Bedeutung unterscheiden: Geht es um konstruierte Effekte oder reale Affekte? Gerade die Differenz zwischen Gezeigtem und *Nicht-Gemeintem* ermöglicht verschiedene Lesarten: ernst gemeint, ironische Aussage, authentische Überschreitung des notwendig Vermittelten, Darstellung der Unmöglichkeit dieser Überschreitung.

Hier lässt sich die oben zitierte Debatte um das Verhältnis von Theater und Pop neu perspektivieren und soll zugleich auf weitere Formate der Populären Kultur erweitert

---

21 Winter, Rainer: „Medien und Fans. Zur Konstitution von Fankulturen", in: SpoKK (Hrsg.): Kursbuch Jugendkultur, Mannheim 1997, S. 42.

22 Zugleich lässt sich der Song aber noch auf einer anderen Ebene lesen, denn er ist selbst bereits wieder ein Cover eines Dolly Parton Songs, deren Song über ihren Vater (Daddy Working Boots) bereits präsentiert wurde.

werden, denn gerade das Fernsehen ist für die Künstlerinnen und Künstler ein wichtiger Bezugspunkt. Dem Vorwurf, die Künstlerinnen und Künstler würden eine Oberflächenästhetik zeigen und durch die Präsentation ihrer subjektivistischen Weltsicht jede kritische Perspektive verlassen, kann mit einem anderen Verständnis des Verhältnisses zur Populären Kultur begegnet werden, in dem sich die Position des Kritikers verschiebt. Kritik impliziert eine Position außerhalb des zu Kritisierenden und damit einen Abstand, von dem aus die Strukturen und Mechanismen durchschaut werden können. Jedoch ist es dieser Abstand zur Populären Kultur, der in unseren Inszenierungen selbst in Frage steht. Wir gehören alle einer Generation an, die mit Medien aufgewachsen ist. Wir sind seit dem Kleinkindalter gewöhnt, dass Erlebnisse mit Hilfe von Fotoapparaten, Video- oder Super8-Kameras dokumentiert werden. Schon früh haben wir gelernt, Kassettenrekorder, Fernsehgeräte und Stereoanlagen zu bedienen. Und vor allem das Fernsehen mit den ihm eigenen Erzählstrukturen gehört untrennbar zum Alltag dieser Generation. Jens Roselt weist daraufhin, dass durch diese „totale multimediale Verfügbarkeit" sich nicht nur die Wahrnehmungsweisen verändern, sondern Populäre Kultur und ihre Texte sich in die Erfahrungen des Einzelnen einschreiben. So sind für den Regisseur Stefan Pucher Medienerfahrungen „längst keine Sekundärerfahrungen mehr"[23]:„Wir erinnern uns doch eher an die Filme, die wir gesehen haben, als an die Dinge, die wir mit unseren Eltern gemacht haben."[24] Die Bewertungskriterien *real* und *medial vermittelt, authentisch* und *inszeniert* verlieren in einer solchen Wirklichkeitserfahrung an Bedeutung. Das Verhältnis der Theatermacher zur Populären Kultur wird deshalb nicht nur dadurch bestimmt, dass sie in dieser Kultur leben, sondern auch dadurch, dass sie diese als untrennbaren Teil ihrer Identität erfahren. Der Blick auf die Popkultur ist von der Einsicht geprägt, keine Außenperspektive einnehmen zu können. So schreibt Tim Etchells: „I guess TV was really in our blood – and like any blood you have to live with it, spill it, transfuse it, clean it, test it. You don't have much choice about your blood, but it always needs dealing with it."[25] Das Gefühl des Ausgeliefertseins als Künstler mündet nicht darin nach ande-

---

23 Stefan Pucher im Interview mit Bettina Masuch: „Den Kitsch zu Ende träumen", in: Theater der Zeit 2/1998, S. 51-53, S. 52.

24 Stefan Pucher zitiert nach Diez: „DJ und Dieb", in: SpiegelKulturExtra 9/1997, S. 14.

25 Etchells, Tim: „On Performance and Technology", in: ders.: Certain Fragments, London/New York, S. 96. Etchells Beschreibung erinnert an Marshall McLuhans programmatische Aussage „The medium is the message". Nach McLuhan zeichnet sich ein Medium weniger durch den Transport von Inhalten als vielmehr dadurch aus, dass es die Wahrnehmung des Menschen verändert und somit soziale Effekte produziert. Er konstatiert, dass das einzige Instrumentarium, etwas über die mediale Welt, in der wir leben, zu erfahren, die Medien selbst sind: „Die Medien haben sich selbst an die Stelle der älteren Welt gesetzt. Auch wenn wir den Wunsch hätten, diese ältere Welt wiederzuentdecken, könnten wir das nur durch intensives Studium der Methoden erreichen, mittels deren die Medien sie verschlungen haben." Die Auseinandersetzung mit der Medienkultur kann also nicht außerhalb ihrer eigenen Verfahrensweisen stattfinden. Marshall McLuhan zitiert nach Susan Sontag: Über Fotographie, Frankfurt/Main 1980, S. 187.

ren Erfahrungen jenseits der Populären Kultur zu suchen, sondern nach einem eigenen Standpunkt innerhalb der durch Massenmedien vermittelten Diskurse.

Beispielhaft lässt sich dies an Christoph Schlingensiefs Talkshows *Talk 2000*, *U 3000*, *Freakstars* und *Piloten* zeigen, die für das Fernsehen produziert wurden, und in denen er bestimmte Strategien – das Spiel mit Rahmungen und deren Konventionen –, die für seine Theaterarbeit kennzeichnend sind, ins Fernsehen holt. Schlingensief zielt nicht auf eine Parodie oder eine kritische Distanz des Formats Talk-Show, sondern die Auseinandersetzung mit dem Medium wird zum Selbstversuch. Im Vorfeld erklärtes Ziel seiner ersten Talk-Show *Talk 2000* in der Kantine der Berliner Volksbühne am Rosa-Luxemburg-Platz ist es, zu beweisen, dass „jeder eine Talkshow machen könnte". Seine Legitimation als Talkmaster beruht auf keinem besonderen Können. Dieses Nicht-Können spielt er bewusst aus. Schlingensief verletzt Talk-Show-Regeln – es gibt beispielsweise kein vorher abgesprochenes Frage- und Antwortschema, oder er überlässt einem Zuschauer die Moderation – und die Gesetze des Fernsehens – er verlässt die Bühne und damit den Bildschirm oder fällt während seiner Moderation in dreiminütiges Schweigen. Durch diese Regelverletzungen schafft er wiederum Irritationen bei seinen Gästen. Indem er bewusst ein Scheitern produziert, macht er seine Unfähigkeit (gemessen an einem professionellen Talkmaster) produktiv. Er unterläuft mit diesen Strategien die Autorität des Talkmasters und stellt dessen Position zur Disposition. Der Anspruch an eine perfekte (mediale) Inszenierung wird ausgestellt. Das, was sonst aus der Medieninszenierung ausgegrenzt wird, findet Einlass. An dieser ausgestellt fehlerhaften Beherrschung der Regeln des Formats Talk-Show zeigt sich Schlingensiefs Verhältnis zum Medium Fernsehen: „[...] es ist die Selbsthaftung und nicht dieses kontrollierte `Wir werden das Medium jetzt ad absurdum führen´, das mir daran gefällt – gerade weil ich mich in dem Medium bewege, in dem ich aufgewachsen bin. Ich habe nicht diesen pädagogischen Ansatz, das Medium total in die Ecke zu hauen. Der Ausgangspunkt ist: Ich bin eigentlich in diesem Trauma gefangen, in diesem Aquarium zu sitzen und irgendwie raus zu wollen."[26]

Die Talk-Show als Selbstversuch wird zum Versuchsaufbau, in den Schlingensief sich nicht nur hinein begibt, sondern in dem er auch versucht, eine eigene Position zu finden. Seine Formulierung „irgendwie raus zu wollen" zeigt einerseits die Sehnsucht nach einem Außenblick und den Wunsch, sich außerhalb der Medien zu stellen, gleichzeitig aber zeigt sie auch die Ungerichtetheit dieser Bewegung, die keinen Ausweg sieht. Inszeniert wird eine verzweifelte Suche nach Handlungsmöglichkeiten in der Ohmacht gegenüber der Allmächtigkeit der Medienkultur. Schlingensief setzt sich den Medien aus, indem er sich in deren Strukturen hineinbegibt, die bereits Teil seiner Identität sind und die er nicht beherrschen kann.

In diesem Sinne lässt sich auch das Verhältnis von She She Pop zur Populären Kultur bestimmen: weder in einer kritischen Außenperspektive oder in einer parodistischen Verfremdung, noch formulieren wir einen emanzipatorischen Anspruch. Der Versuch

---

26 Christoph Schlingensief im Interview mit Olaf Karnik: „Modell Schockintellektueller", in: Spex 1/1998, S. 20-23, hier S. 22.

sich mit den Formen und Texten der Populären Kultur auseinanderzusetzen, die untrennbar mit der eigenen Biographie verbunden sind, findet innerhalb der medialen Strukturen oder in einer wieder erkennbaren Form der Populären Kultur statt. Ein solches Verfahren geht nicht im reinen Konsumieren und Reproduzieren populärer Formate auf, sondern versucht, eine eigene Position innerhalb der Populären Kultur zu erobern, die weder die medialen Einschreibungen, die Teil der Identität sind, ablehnt, noch völlig in ihnen aufgeht. Es wird nicht versucht, in einen Dialog über die Populäre Kultur zu treten, sondern die Wirklichkeit der Populären Kultur soll in deren eigener Sprache zum Sprechen gebracht werden. In der Wiederholung, die immer auch eine Affirmation der Formate mit einschließt, wird versucht, eine kritische Position zu finden.

Die Haltung der Darsteller unterscheidet sich damit nicht grundlegend von der Rezeptionshaltung, die auch dem Zuschauer nahegelegt wird. Die ist keine Rezeptionshaltung einer kritischen Distanz, die auf eine reflexive Abgeklärtheit zum ästhetischen Objekt zielt und meist ein Vorwissen, um das Drama, seine Geschichte, andere Inszenierungen voraussetzt. Das Spiel mit dem populären Kanon – deutlich an der Figur des Fans – verschiebt diese Parameter. Auch er kennt den populären Kanon, allerdings nicht aus der Theater- sondern seiner Alltagssituation. Aus dieser Perspektive auf die Wirklichkeit leitet sich auch ein verändertes Verhältnis zum Zuschauer ab. Denn nicht nur die Darsteller sind durch ihre Erfahrungen mit der Populären Kultur geprägt, sondern auch die Zuschauer. Wie wir Darstellerinnen sind sie Rezipienten einer Populären Kultur und verbinden mit deren Hervorbringungen Erinnerungen und Affekte. Der Rückgriff auf Texte und Formen der Populären Kultur zielt auf eine Teilbarkeit des Materials. Statt eines Dramenkanons werden nun Texte, Musik, Film- und Fernsehzitate der Populären Kultur zum gemeinsamen Archiv. Gezeigt wird keine Interpretation, sondern eine persönliche Haltung zu den zitierten Texten. Wir sind nicht nur Produzentinnen kultureller Texte, sondern auch in der Position der Rezipientinnen popkultureller Texte.[27]

Dies impliziert ein partizipatives Element auch im Hinblick auf die Zuschauer. Nicht im Sinne einer Programmatik der Emanzipation der Zuschauer durch ein Mittun, als vielmehr im Sinne einer Teilhabe an ähnlichen Positionen des Rezipierens. Für die Position des Zuschauers eröffnen sich damit nämlich zwei Möglichkeiten: einerseits eine Form der Identifikation mit dem Lektüreprozess. Der Zuschauer kann auf eine ähnliche Medienbiografie wie wir zurückblicken, findet Anknüpfungspunkte an seine eigene Lebenspraxis. Ebenso entsteht aber auch eine Perspektive der Fremdheit: Wir präsentieren uns als Stellvertreter, die ihren Umgang und Zugang zur Medienkultur auf der Bühne ausstellen. Einen Umgang, der dem Zuschauer fremd und ungewohnt erscheinen mag, ihn aber auch auf seine Position zu den Texten der Populären Kultur verweist. Durch das Aufeinandertreffen von Väter- und Töchtergeneration werden diese Identifikations- und Abgrenzungsangebote noch potenziert: da Väter wie Töchter die Position von Rezipien-

---

27 „They said they liked the media culture, the cargo cult of TV and movie detritus, but perhaps it would be truer to say that that was the world in which they found themselves, and so, like everyone else, they did their best, to make sense of it all." Etchells, Tim: „A Decade of Forced Entertainment", in: ders: Certain Fragments, London/ New York 1999, S. 36-38.

ten wie Produzenten als Fans von Texten einnehmen. Mit beiden Positionen kann der Zuschauer sich identifizieren, sich (gemeinsam mit den jeweiligen Darstellern) von ihnen abgrenzen. Beide Rezeptionsweisen überlagern sich und eröffnen einen Raum zur Reflexion der eigenen Haltung gegenüber der Medienkultur.

Damit eröffnet sich auch ein anderer Umgang mit dem dramatischen Text. Keine gemeinsame Lesart wird gesucht, sondern der Text dient als Folie, um verschiedenste Anknüpfungspunkte in der Populären Kultur oder der Alltagserfahrung der Performer zu finden. Pop heißt in diesem Sinne ein Verfahren, in dem der persönliche oder sogar affektive Bezug zu den präsentierten Texten – seien es Zitate aus der Popkultur oder des Dramas – im Vordergrund steht. Dabei werden verschiedene Lesarten und Interpretationen in ihrer Widersprüchlichkeit nebeneinander gestellt – immer als eine mögliche subjektive Perspektive auf das Problem *Lears* präsentiert. Ein populäres Theater im ursprünglichen Sinne des Wortes: in unseren Ansprachen an das Publikum, den wiederholten Erklärungsversuchen, die sich auf verschiedene Beispiele und Texte beziehen, wird das Anliegen eines gemeinsamen Verstehens offenbart und zugleich in seiner Unmöglichkeit ausgestellt. Das Drama zeigt sich in Fragmenten, Zitaten und Bildern, die aufeinandertreffen und nebeneinander stehen bleiben.

Es geht also nicht allein um eine Hinwendung zur Wirklichkeit im Spiel mit Formen der Populären Kultur, nicht um die Demaskierung der Wirklichkeit als inszeniert, sondern darum, einer Komplexität der Wirklichkeit mit den Mitteln der Bühne (aber auch populärkultureller Inszenierungsstrategien) in gleichwertiger Komplexität zu begegnen. Wiederholt wie thematisiert wird damit das Problem eines selbstbestimmten Lebens und Handelns innerhalb hyperkomplexer Wirklichkeitsinszenierungen: als Frage der Übertragung und Übersetzung im Zwischenraum von Rezipieren und Produzieren.

Fazit

Aus der Analyse der Inszenierung wird deutlich, dass über den Bezug auf Formate der Populären Kultur und das Spiel mit Haltungen und Rezeptionsweisen der Popkultur – beides ist wie gezeigt zu unterscheiden – die Prozessualität der theatralen Situation auf der Bühne herausgestellt wird. Gefasst werden kann diese Prozessualität durch Konzepte von Medialität, als Moment der Vermittlung, und Performativität, als Moment des Hervorbringens einer Situation, die niemals abgeschlossen ist noch vollständig geplant werden kann. Jene Inszenierungen können damit als Reflexion von wirklichkeitskonstituierenden Verfahren auch in der Popkultur gelesen werden. Damit eröffnen sich sowohl für die Theaterwissenschaft als auch für die Populäre/Popkulturforschung mit Blick auf diese Formen des Theaters neue Perspektiven: Wie ist das Verhältnis Rezipieren und Produzieren zu fassen? Welche Bedeutung spielt hier ein (mediales) Wissen der Beteiligten? Wie verändert sich damit auch das Verhältnis der Konzepte von Wirklichkeit und Inszenierung?

Literatur

Arntzen, Knut Ove: „Marginality, pop-ambient and mainstream-jamming in new forms of theatre", in: Patrick Primavesi/Olaf A. Schmitt (Hg.): *AufBrüche. Theaterarbeit zwischen Text und Situation*, Berlin 2004.

Diedrichsen, Diedrich (1999): *Der lange Weg nach Mitte. Der Sound und die Stadt.*, Köln 1999.

Etchells, Tim: „On Performance and Technology", in: ders.: *Certain Fragments,* London/New York.

Etchells, Tim: „A Decade of *Forced Entertainment",* in: ders: *Certain Fragments,* London/ New York 1999.

Fiedler, Daniel: „Cross the Border – Close the Gap (dt. „Überquert die Grenze – Schließt den Graben"), 1969, in: Welsch, Wolfgang (Hg.): *Wege aus der Moderne. Schlüsseltexte der Postmoderne-Diskussion,* Weinheim 1988.

Hecken, Thomas: *Pop. Geschichte eines Konzepts 1955-2005,* Bielefeld 2009.

Hügel, Hans-Otto: Handbuch der Populären Kultur, Tübingen 2003.

Hügel, Hans-Otto: *Handbuch Populäre Kultur. Begriffe, Theorien und Diskussionen.* Stuttgart 2003.

Kaye, Nick: „British Live Art", in: *Art & Design. Performance Art into the 90s,* London 1994.

Lehmann, Hans-Thies: *Postdramatisches Theater,* Frankfurt/Main 1999.

Levine, Lawarence W.: *Highbrow/Lowbrow. The Emerge of Cultural Hierarchy in America,* Cambridge (Mass.) 1988.

Manovich, Lev: „Wer ist der Autor/ Sampling/Remixen/Open Source", in: ders: *Black Box – White Cube,* Berlin 2005.

Matzke, Annemarie: „Fangemeinschaften – Popkultur und Partizipation bei She She Pop", Band *Theater und Popkultur,* Hans-Thies Lehmann/Martina Groß (Hrsg.) *Theater der Zeit.* Herbst 2011.

McLuhan, Marshall zitiert nach Susan Sontag: *Über Fotographie,* Frankfurt/Main 1980.

Müller, Katrin Bettina: „Die Stelle nach dem Anschluss", *taz* vom 19.05.2003.

Pucher, Stefan zitiert nach Diez: „DJ und Dieb", in: *SpiegelKulturExtra* 9/1997.

Pucher, Stefan im Interview mit Bettina Masuch: „Den Kitsch zu ende träumen", in: *Theater der Zeit* 2/1998.

Roselt, Jens: „Vom Affekt zum Effekt", in: Erika Fischer-Lichte/Doris Kolesch/Christel Weiler (Hg.): *Transformationen im Theater der Neunziger Jahre,* Berlin 1999.

Roselt, Jens: *Phänomenologie des Theaters,* München 2008.

Schlingensief, Christoph im Interview mit Olaf Karnik: „Modell Schockintellektueller", in: *Spex* 1/1998.

Sontag, Susan: „Notes on Camp", in: dies.: *Kunst und Antikunst,* Frankfurt/Main 1991.

SpoKK (Hg.): *Kursbuch Jugendkultur,* Mannheim 1997.

Tiedemann, Kathrin: „Das Märchen vom DJ als Regisseur", *Freitag 44,* 23.10.1998.

Waldenfels, Bernhard: *Phänomenologie der Aufmerksamkeit,* Frankfurt/Main 2004.

Winter, Rainer: „Medien und Fans. Zur Konstitution von Fankulturen", in: SpoKK (Hrsg.): *Kursbuch Jugendkultur,* Mannheim 1997.

Internetquellen

www.nachtkritik.de, zuletzt verifiziert am 18.03.2011.

www.theaterkritik.de

»Chop that record up!«

Zum Sampling als performative Medienpraxis

Malte Pelleter

1. Intro

Musik – was auch immer das sein mag – passiert und passierte immer als ein kaum auf-lösbares Durcheinander aus Klängen, Techniken, Instrumenten, Praxen, Theorien, Sen-sibilitäten, Medienapparaten und nicht zuletzt (hörenden, tanzenden) Körpern. Noch als bloße Struktur aus Tonhöhen, Tondauern und deren Verhältnissen, existiert sie nicht für sich, autonom, sondern als Aktualisierung von tradierten Strukturregeln, notiert in ei-nem spezifischen System und gebunden an umfangreiche Wissenskomplexe, die ihren Nachvollzug *als Struktur* erst möglich machen. Als unweigerlich verklingendes Klange-reignis wiederum benötigt sie spezielle Einrichtungen, die sie als Klang wahrnehmen, erinnern, aufschreiben und verfügbar halten. Verfügbar gerade auch als ein ästhetisches Material, mit dem auf spezifische Weise umgegangen werden kann. Aus diesem Grund ist Musik für Antoine Hennion zwangsläufig eine »vaste théorie des médiations en acte«[1], eine ganz praktische Theorie der Mediationen, der Übersetzungsprozesse. Ohne jenes Hin und Her in einem dichten Netz aus beispielsweise Luftdruckschwankungen, Memb-ranen, akademischen Einlassungen, Nervenbahnen, Notenpapieren, DSP-Chips, Opern-häusern, Hitparaden, etc. bliebe sie *als Musik* undenkbar.

Popmusik, zunächst pragmatisch verstanden als Differenzkategorie zu dem, was sich gemeinhin ›ernste‹ Musik nennt, bietet hier vielleicht eine besondere Möglichkeit, die-ses Durcheinander in den Blick (oder besser: ins Gehör) zu nehmen, weil sie als ein sol-ches zumeist leichter erkennbar war und ist. Als ein Fließen (von Schweiß, elektrischen Strömen, etc.) und ein Vibrieren (von Saiten, Lautsprechern, Hautoberflächen, etc.), als ein ›Ereignen‹ also, das niemals zu jenem fixen, einträchtigen Gegenüber von ›Werk/Objekt‹ und ›Produzent/Rezipient/Subjekt‹ auskristallisierte, das allen verdienstvollen Ausbruchsversuchen zum Trotz noch immer den Mainstream des Nachdenkens über Musik bestimmt. Mit ›Popmusik‹ meine ich dann nicht zuerst eine quantitativ – und in-sofern meist ökonomisch – bemessene ›Popularität‹,[2] sondern vor allem eine spezifische

---

1   Hennion 2007a [1993], S. 14.

2   Zu einer heuristischen Unterscheidung ›Pop/Populär‹ vgl. Kleiner 2010, insb. S. 49/50: »Pop und Popkultur sind Teil des Populären sowie der Populären Kultur, gehen aber nicht in dieser auf.«

(wenn auch höchst diffuse) Traditionslinie musikalischer Praxis, die Mitte des vergangenen Jahrhunderts gerade im Abseits der europäischen Kunstmusik ihre zahlreichen Ausgangspunkte nimmt – nicht zuletzt etwa in dem, was Paul Gilroy den ›Black Atlantic‹ genannt hat.[3] Wichtig ist mir dabei hier allerdings vor allem die »spezifische ästhetische Relation [von Popmusik] zu den medientechnischen Vorrichtungen [...]. Sie ist *die* Musik der phonographischen Reproduktion und Übertragung«[4]. Insofern gehe ich davon aus, dass gerade der selbstverständliche und experimentelle Einsatz *medienästhetischer Strategien* eine wichtige Eigensinnigkeit von Popmusik darstellt.

Die verzweigten Zeichen- und Bezugssysteme, die Praxen und Umgangsweisen, die um die Popmusik herum wuchern, sollen dann heuristisch ›Popkultur‹ genannt, ›Pop‹ also im Sinne eines »weit gefassten musikzentrierten Traditionsbegriff[s]« *(Kleiner 2008, S. 15)*. verstanden werden. Und wenn solche Popkultur immer auch eine Art »Welterklärungs- bzw. -bewältigungsmodell«[5] ist, dann lässt sich mit Blick auf die Perspektive dieses Bandes folgende leitende These formulieren:

Popkultur im Allgemeinen und Popmusik im Besonderen stellen eigene Konzepte und Modelle darüber bereit, wie mit einem Grundzug unserer zeitgenössischen Wirklichkeit umzugehen wäre: der allgegenwärtigen Verschränkung kultureller, gesellschaftlicher, ästhetischer Prozesse mit technischen Medien. Diese Konzepte und Modelle werden allerdings nicht ausformuliert, sondern *vollziehen sich* – mit dem Eingangs zitierten Antoine Hennion gesprochen – als eine Medientheorie ›en acte‹.

Ich möchte also Fragen stellen *erstens* nach der ›Medialität‹ popmusikalischer Praxis, im Sinne eines ästhetischen Materialbegriffs, der explizit medienästhetische Strategien ins Zentrum rückt. *Zweitens* nach einer besonderen ›Performativität‹ solcher Musik, die gerade jene Medialitäten ausstellt, präsentiert und erprobt. Und *drittens* schließlich soll im Fazit gefragt werden, welche Schlüsse eine explizite Theorie der ›elektronischen und digitalen Soundcultures‹[6] (des Pop) hieraus zu ziehen hätte.

Ein ganz konkretes Ensemble aus Musikern und Klängen, Medienapparaten und Praxen soll mir für meine Überlegungen als Beispiel dienen, das bereits seit einigen Jahren immer wieder Aufmerksamkeit in den verschiedenen (medien-)kulturwissenschaftlichen Diskussionen gefunden hat:[7] die ästhetische Strategie des Sampling; hier besonders im HipHop und seinen diversen aktuellen Mutationen. Als eine genuin medienmusikalische Strategie wird diese dabei die paradoxe aber spannende Frage stellen, inwieweit der Begriff des Performativen, der eng mit Konzepten von Körperlichkeit und Präsenz

---

3   Vgl. Gilroy 1995; in stärkerem Bezug auf auditive Kultur: Eshun 1999.

4   Großmann 2008, S. 123 (Herv. i. O.).

5   Kleiner 2008, S. 11.

6   Vgl. Kleiner/Szepanski 2003.

7   Vgl. bspw. Bartlett 2004; Binas 2004; Bonz 2006; Großmann 2005a; Manovich 2005; Pelleter/ Lepa 2007; Porcello 1991; Rose 1994, S. 62-98; Schloss 2004.

verwoben ist, auf solche ›Medienpraxis‹ – auf Samples als ›Klänge ohne Körper‹[8] – übertragbar ist.

Zunächst soll mit einem konkreten Beispiel begonnen werden – dem ähnlichen und doch unterschiedlichen Sampling bei den Musikern Madlib und Flying Lotus –, um das Netz aus Medienapparaten, Diskursen und Praxen, das diese Musik(en) umgibt, dann als ein ›Mediendispositiv‹ genauer zu kennzeichnen. Es soll daraufhin das spezifische performative Moment des Sampling genauer betrachtet werden, um anschließend einige notwendige Anpassungen am Begriff der ›Performativität‹ vorzunehmen. Zwei weitere Beispiele sollen die Überlegungen dann noch einmal konkretisieren und abschließen. Das oft abrupte Springen zwischen Gegenstand und Theorie wird dabei gewusst gewählt, um weder von der Theorie ausgehend die Phänomene in die vielleicht zu engen etablierten Konzepte zu pressen, noch hinter den knisternden Samples ihre immanente Theorie zu überhören. Stattdessen möchte ich eher Schnittflächen finden, Punkte, an denen sich diese Konzepte sinnvoll an die Futurhythmaschine[9] Sampling ankoppeln ließen.

2. Vom ›ill loop digga‹ zum ›computer face‹: Madlib und Flying Lotus

I make beats, every day of the week... (Madlib, Raw Addict Pt. 2, LP *The Further Adventures of Lord Quas*. Stones Throw Records 2005)

Madlib macht Beats – jeden Tag. Jeden Tag gräbt der HipHop-Musiker aus Oxnard, Kalifornien, dafür neues Rohmaterial im wörtlichen Sinne aus den Tiefen seiner Plattensammlung aus. Jeden Tag kämpft er sich durch stapelweise verstaubtes Vinyl, hört eine alte Soul-Platte, eine obskure Jazz- oder Rock-LP nach der anderen, immer auf der Suche nach einzelnen Kick Drums, nach Fender Rhodes Licks oder funky Bass-Lines, die jenes ganz handfeste Medienmaterial bilden, aus dem er seine Beats eben ›macht‹. Und jeden Tag wird er fündig: Die x-te Platte läuft, als ein kurzer eintaktiger Loop Madlib's Interesse findet. Er dreht die Platte zurück, lässt die Sequenz noch einmal laufen und drückt einige Knöpfe an seinem BOSS SP-303 Sampler – einem Gerät, nicht größer als dieses Buch. Erneutes Zurückdrehen der Platte, erneutes Knöpfe-Drücken – und schon ertönt besagter Loop nicht mehr aus den Rillen der Schallplatte, sondern als digitales Sample[10] aus dem Speicher des SP-303.

---

8 Vgl. Harenberg 2010.

9 Vgl. zum Begriff: Eshun 1999.

10 Im ›Sample‹ verschränken sich an dieser Stelle zwei Bedeutungsdimensionen: Zum einen die technische, in der das ›Sampling‹ das Prinzip des Digitalen meint – die doppelte Rasterung in Zeit und Amplitude. Das analoge Signal der kontinuierlichen Schallspur auf der Vinylplatte wird in einzelne, binär codierte Messwerte (›Samples‹) übersetzt, aus denen es sich anschließend (mehr oder weniger verlustfrei) wieder rekonstruieren lässt. Zum anderen meint ›Sampling‹ hier jene Strategie der auditiven Kultur, die dieses Medienmaterial der digitalen Phonographie wiederum explizit ästhetisch nutzbar macht. Ein Sample wäre dann ein »Datencluster

Der favorisierte Aufenthaltsort des ›Ill Loop Digga‹, wie Madlib sich auch nennt, ist naturgemäß der Plattenladen. Einer der unzähligen Besuche dort findet sich vertont auf dem Track ›Return of the Loop Digga‹:[11] Nachdem die erste Strophe von einer Kombination aus einem Drumloop und einem eintaktigen Bass-Riff getragen wird, bricht nach einer knappen Minute unvermittelt ein neuer Loop hinein, der schon wenige Sekunden später von einem Dritten abgelöst wird. Wie Madlib, der sich durch die Plattenkisten wühlt, hört man jetzt eine LP nach der anderen, jede nur für wenige Takte. Darüber entspinnt sich eine fiktive Konversation Madlib's mit dem Verkäufer des Plattenladens, der die speziellen Wünsche des Musikers (›Grant Green? Chic Corea? Breaks? Reggae?‹) allerdings nicht bedienen kann. Dieser zieht enttäuscht von dannen, woraufhin schließlich ein weiterer Loop einsetzt, über den dann die zweite Strophe folgt. Auch auf der klanglichen Ebene werden also jene Loops und Breaks, von denen der gerappte Text erzählt, als klangliche Fundstücke präsentiert und hörbar gemacht.

Abbildung 1: Madlib beim Crate Digging. Screenshot aus dem Musikvideo Slim's Return. Regie: David Ahuia, 2003.

Joseph G. Schloss hat in seiner ethnographischen Studie *Making Beats* diese Praxis des Digging, der pathologischen Variante des Schallplattensammelns, wie folgt beschrieben:

> The process of acquiring rare, usually out-of-print, vinyl records for sampling purposes has become a highly developed skill and is referred to by the term ›digging in the crates‹ [...]. Evoking images of a devoted collector spending hours sorting through milk crates full of records [...] the term carries with it a sense of valor and symbolizes an unending quest for the next record.[12]

---

zur Rekonstruktion einer kohärenten Figur der auditiven Wahrnehmung« (Großmann 2005a, S. 322).

11 Vgl. ›Return of the Loop Digga‹ von der LP Quasimoto: *The further Adventures of Lord Quas.* Stones Throw Records 2005. (Der Track ist Teil einer ganzen Serie von Stücken über verschiedene Alben hinweg, auf denen Madlib sein obsessives Crate Digging thematisiert.)

12 Schloss 2004, S. 79/80.

Das Digging ist also eine Medienpraxis, ein Umgehen mit Medienmaterial im ganz handfesten Sinne. Madlib wühlt sich durch das Vinyl, um daraus ganz besondere Sounds auszugraben und um derer dann ganz materiell habhaft zu werden. Damit er ein Album kauft, muss dieses nicht einmal insgesamt überzeugen, es reicht vollkommen, wenn sich einige wenige nutzbare Sounds darauf finden, wie Madlib selber erläutert:

> I'm gonna buy a record for four seconds, for just a sound, [...] like if that's a sound I've never heard, and that's what I'm looking for, sounds I don't hear. (Madlib, o.J., Online-Videointerview)

Der Sound, von dem Madlib hier spricht, ist etwas ganz anderes als beispielsweise jene abstrakten Töne und ihre Verhältnisse, wie sie im Medium der Notenschrift codiert werden. Sound wird hier nicht erdacht und aufgeschrieben, er wird in den Medienarchiven gesucht, gefunden und ausgebuddelt.

Während der Loop Digga also durch die Plattenläden streift, finden wir bei einem weiteren Musiker aus Los Angeles, Flying Lotus, ein wiederum ganz anderes Umgehen mit Sound. Der Großneffe von Alice Coltrane durchforstet keine Plattenkisten mehr, sondern scannt die Festplatte seines Laptops und das weltweite Netz. Auf dem Desktop der universellen Medienmaschine wird Klang zum Soundfile, zum verschiebbaren Icon auf einer Ebene mit unzähligen anderen Medienobjekten. Flying Lotus ist dann eher ›Computer Face‹[13] als ›Crate Digger‹, wie er selbst im Interview betont:

> Beim HipHop gibt es immer diese Regeln, du musst die Dinge so und so machen, du darfst nur von Vinyl samplen und so weiter. Das ist nicht mein Ding, ich bin kein Purist.[14]

In Madlib's Beats verweist das unüberhörbare Rauschen und Knistern unweigerlich auf deren medien-materiale wie -kulturelle Grundlage im staubigen Vinyl[15] wie in den Praxen des Crate Digging.[16] Bei Flying Lotus nun wird diese Figur des Rauschens vielmehr selber eine gestalterische Option. Auch bei ihm knistert und knackt es oft, wie etwa auf dem Track ›Beginners Falafel‹ von seinem zweiten Album *Los Angeles*. Hier allerdings wird das Knistern zu einem inszenierten Effekt, einem weiteren Element in jenem dichten Gewebe aus kurzen Vocal-Samples, Filter-Sweeps und eingestreuten Synthesizer-Arpeggios, in dem letztlich nicht mehr zu sagen ist, was hier Sample ist und was nicht. Die

---

13 Vgl. den Track ›Computer Face/Pure Being‹ auf Flying Lotus' dritter LP *Cosmogramma*, Warp 2010.

14 Flying Lotus zit. n. Raffeiner 2008, S. 26.

15 Vgl. hierzu Dieter Mersch: »Man kann diese Figur des Rauschens als ›Spur‹ der Materialität auffassen, die am Medium sowohl das Unfügliche als auch das Unverfügbare hervorhebt.« Mersch 2002, S. 65.

16 Madlib verwahrt sich in einem Rap explizit dagegen, von CDs zu samplen: »I got CDs in my crates like crack in my pocket; yeah right, neither of the above...« Auf dem Track ›Crate Diggin‹ von der LP *Lootpack: Soundpieces: Da Antidote!* Stones Throw Records 1998.

einzelnen Sounds referenzialisieren keine äußere Quelle mehr (und wenn doch, dann nur den Medienapparat, auf dem sie sich zusammengefunden haben). Das Netz aus Diskursen und Praxen, in dem sie funktionieren, ist nicht mehr primär jenes des Diggings, der ewigen Suche nach dem perfekten Break, und so zieht denn auch Flying Lotus ganz unweigerlich eine Parallele zwischen Musik und seiner anderen großen Leidenschaft – den Videogames:

> Yeah, I'm from the Nintendo generation, man, I'm used to hearing bleeps and all those things, and whatever it is I'm listening to. I think [...] that's a comforting sound to some people, man.[17]

In beiden Fällen – bei Madlib's Beats ebenso, wie bei denen von Flying Lotus – handelt es sich ohne Frage um Ergebnisse eines »höchst komplexen, technisch wie intellektuell anspruchsvollen Vorgang[s] der Materialanalyse«[18], jedoch ist das Material, das beide bearbeiten ein ähnliches aber unterschiedliches. Nicht so sehr, weil sie unterschiedliche Apparate nutzen – den Hardware-Sampler SP-303 oder eine Software-Variante auf dem Rechner mit dem unvermeidlich strahlenden Apfel. Sondern vor allem, weil diese Apparate in unterschiedlichen Ensembles aus Diskursen und Praxen, aus bestimmten Wissenskomplexen und (technischen wie kulturellen) Schnittstellen zu anderen Apparaturen (Vinylschallplatten, Internet, Videogames, etc.) eingebettet funktionieren. Als Effekt dieser Ensembles bilden die Medien-Sounds, mit denen beide umgehen, je unterschiedliche Medialitäten aus. Wobei ›Medialität‹ an dieser Stelle dann explizit nicht eine Zeichenfunktion, eine Intentionalität oder Lesbarkeit dieser Sounds bedeuten soll. Stattdessen sind damit die spezifischen Qualitäten jener medialen Übersetzungsprozesse angesprochen, denen sich jedes Umgehen mit Klang erst verdankt. Diese umfassen dabei niemals nur technologische Umformatierungen (Schall in Wechselspannung oder in binären Code), sondern immer gerade deren Verschränkung mit performativen – d.h. zunächst (medien-)wirklichkeitskonstituierenden – Umgangsweisen, mit Diskursivierungen, mit ausgebildeten Sensibilitäten.

3. Klangliche Medialität und das Mediendispositiv Sampling

Eine solche Versammlung heterogener Elemente möchte ich hier ›Mediendispositiv‹ nennen. So problematisch dieser vielfältig verwandte und daher oft unscharfe Begriff auch ist, er bietet hier die Möglichkeit, eine Heuristik zu entwickeln, die das Verhältnis von ›Musik‹ und ›Medien‹ nicht vorschnell in Richtung einer eindeutigen Ursache-Wirkungs-Achse vereinfacht, sondern es stattdessen als jenes eingangs umrissene ›Durchei-

---

17 Flying Lotus, Online-Videointerview.
18 Großmann 2008, S. 131.

nander‹ analysierbar macht. Dabei ist mit dem ›Dispositiv‹ hier allerdings nicht so sehr die räumlich-architektonische Verfassung eines Rezeptions-Settings angesprochen, wie es in Anschluss an die Kinotheorie Jean-Louis Baudrys[19] oder Michel Foucaults[20] Besprechung von Bentham's Panopticon zumeist passiert. Eine Anschlussmöglichkeit bietet eher Foucaults Rede vom Dispositiv als einem ganz und gar ›heterogenen Ensemble‹ aus Elementen von Diskursen, über Institutionen, bis hin zu wissenschaftlichen Aussagen.[21] Dieses Ensemble prozessiert im dynamischen Zusammenspiel seiner Elemente einen machtvollen Wissenskomplex, der dann wiederum subjektives Handeln zugleich ermöglicht und strukturiert, indem er dieses mit je ›spezifischen Rationalitäten‹[22] ausstattet. Schließlich versteht Jean-François Lyotard Dispositive als ›energetische Schaltpläne‹, die den Zufluss und Abfluss von Energien im Laufe gerade auch ästhetischer Prozesse kanalisieren und regulieren. Ein solches Dispositiv zieht dann immer bestimmte Grenzen in die Energieflüsse ein, die wiederum von den verschiedenen künstlerischen Praxen auf unterschiedliche Weise bearbeitet, im besten Falle – so Lyotard – verflüssigt werden.[23]

An Stelle der Verhältnisse von Gefängnisarchitektur und Disziplinierungsdiskursen, von Kinosaal und Ideologie, geht es mir nun darum, ganz spezifische, ganz lokale Kopplungen zwischen dem Medienapparat Sampler, bestimmten ästhetischen und kulturellen Diskursen, künstlerischen Selbstverhältnissen und Strategien sowie entsprechenden Wahrnehmungsweisen zu untersuchen. Der hier verwandte Begriff eines Mediendispositivs lässt sich dann entlang von vier Fluchtlinien in aller Kürze umreißen: *Heterogenität, Subjektpositionen, Wahrnehmung* und *Macht*. Medien selber sind ›heterogene Ensembles‹ und verschalten in sich verschiedenste Elemente (Apparate, Diskurse, Praxis, etc.), die gerade aus ihrem dynamischen Verhältnis heraus bestimmte Effekte zeitigen, bestimmte Wirksamkeiten ausbilden. Sie entwerfen spezifische *Subjektpositionen*, von denen aus ein ›Medienhandeln‹ zugleich ermöglicht wie strukturiert und begrenzt wird, indem es mit entsprechenden Wissenskomplexen und Konfigurationen der Wahrnehmung verkoppelt und mit ›spezifischen Rationalitäten‹ ausgestattet wird. Subjekte in diesem Sinne verfügen dann nicht souverän über Medienapparate oder -inhalte, führen aber ebenso wenig nur technische Optionen aus.[24] Eher handeln sie innerhalb von medialen Möglichkeitsräumen, die gerade durch Experimente, durch Hereinnahme alternativer, abweichender Wissenskomplexe etwa, stets im Wandel sind.[25] Weiterhin stiften, gestalten und lenken Medien unsere *Wahrnehmung*, bleiben dabei selber aber hinter den Phänomenen meist verborgen. Besonders interessant

---

19 Vgl. Baudry 1993, 1994.

20 Vgl. Foucault 1994a.

21 Vgl. Foucault 1978, S. 119/120.

22 Vgl. Foucault 1994b.

23 Vgl. Lyotard 1978, 1982.

24 Vgl. hierzu einschlägig Foucault 1994b, S. 246/247 (Herv. i. O.): »Das Wort Subjekt hat einen zweifachen Sinn: vermittels Kontrolle und Abhängigkeit jemandem unterworfen sein und durch Bewußtsein und Selbsterkenntnis seiner eigenen Identität verhaftet sein.«

25 Vgl. hierzu auch das Konzept der ›Medienheterotopie‹ als einem ›alternativ-medialen Möglichkeitsraum‹ bei Marcus S. Kleiner (Kleiner 2006, S. 340ff.).

scheint hier die Frage danach, wie Medien Wahrnehmungen nicht nur mit bestimmten Formen des Wissens verknüpfen, sondern Wahrnehmungen gestaltbar machen; wie sie also ein
›Be-Handeln‹ von (oft flüchtigen) Wahrnehmungsangeboten ermöglichen. Medien wären
dann – mit Lyotard – nicht nur als technische, sondern gerade auch als ›ästhetische Schaltpläne‹ zu studieren. Und schließlich haftet auch Mediendispositiven immer ein *machtvolles
Moment* an. Nicht im Sinne einer politischen Souveränität, sondern mit Foucault als ein
›Handeln in Bezug auf mögliche Handlungen‹.[26] Solche Macht wäre dann nicht nur in dem
zu suchen, was Medien unterdrücken, ausschließen oder verunmöglichen, sondern explizit
auch in dem, was sie erst hervorbringen und als Option anbieten.

›Medialität‹, wie sie hier verstanden werden soll, ist dann keine gegebene Eigenschaft ge-
gebener Objekte, sondern wird als Effekt ebensolcher heterogener Versammlungen sichtbar
(und hörbar?), als deren Elemente ich heuristisch unterscheiden möchte: Subjektpositionen,
technische Apparaturen, sowie diskursiv/explizit aber auch performativ/implizit verhan-
delte Wissensformationen und kulturelle Praxen. Insofern geht Medialität nicht im symbolischen Funktionieren auf, sondern beschreibt das Ergebnis spezifischer ›Übersetzungsprozesse‹ innerhalb jener Ensembles, die es erst ermöglichen, einrichten, dass etwas für
etwas anderes steht: Signifikant für Signifikat oder eben elektronische Spannung für Luft-
druckschwankung. Auch ein ›Medienhandeln‹ wie das Sampling wäre dann nicht mehr
auf ein Umgehen mit Zeichen zu reduzieren, sondern als ein praktisches Erproben von und
Experimentieren mit den Begrenzungen wie den Möglichkeiten dieser Medialitäten.

Genau für ein solches Medienhandeln gibt das Sampling ein geeignetes Beispiel ab. Es
wurde bereits über die Diskurse und Praxen des Crate Digging gesprochen, die Madlib's
Umgehen mit Klang, sein Handeln aus der Subjektposition ›Loop Digga‹ leiten. Jetzt soll
noch einmal kurz die apparative Ebene dieses Dispositivs genauer in den Blick genommen
werden. Madlib ist zwar mit einem ganzen Gerätepark an unterschiedlichsten akustischen
wie elektronischen Musikinstrumenten ausgestattet, wie ein Blick in sein Heimstudio deutlich macht.[27] Für viele seiner Produktionen greift er aber ausschließlich auf einen einzelnen
sowohl in seinen Ausmaßen als auch in seiner Funktionalität überschaubaren Sampler zurück: Den schon mehrfach genannten Dr. Sample SP-303 der Firma BOSS.

Abbildung 2: Sampler *BOSS Dr. Sample SP-303.*
Foto: Hendrik Frank

26 Vgl. Foucault 1994b, S. 255.
27 Fotos hiervon finden sich in Raph 2005.

Dieser ist in seinen Gestaltungsmöglichkeiten allerdings äußerst beschränkt. Weder lässt er ein umfangreiches Editing einzelner Samples zu, noch ist es möglich, die Samples zu transponieren und etwa über ein MIDI-Keyboard zu spielen. Für eine musikalische Gestaltung unter dem Paradigma der europäischen Kunstmusik, also dem Gestalten von Tonhöhen und Tondauern zu komplexen linearen Strukturen in der Zeit, scheint der SP-303 daher bestenfalls als ein Spielzeug. Warum aber nutzt Madlib dann ausgerechnet dieses Gerät?

Hier hilft ein genauerer Blick auf Madlib's Dispositiv: Die Diskurse und praktischen Umgangsweisen, die Wissenskomplexe aus denen heraus Madlib handelt, sind andere, weshalb auch der Apparat SP-303 eine andere Position einnimmt. Der Beatmaker verfolgt in seinem Umgang mit Klang andere ›spezifische Rationalitäten‹, die gerade in der Praxis des Crate Digging gründen. Als ein Wissen darüber, wie mit jenen Mediensounds aus den verstaubten Rillen umzugehen ist, strukturiert das Digging dann auf fundamentale Weise die klangliche Materialität, die Madlib be- und verhandelt.

In dieses Netz eingebettet, erscheint der Sampler SP-303 auf der apparativen Ebene als ein geeignetes Interface, ein veritables ›Instrument‹, das über Klang – als ein vorhandenes und behandelbares, aber durchaus auch ›geistfähiges‹ Medienmaterial in Form von Schallplatten – verfügen lässt. Gerade diese Materialität des Vinyls wird dabei in den resultierenden Tracks betont und performativ inszeniert – mit Lyotard gesprochen: sie wird energetisch besetzt. Nicht also der Sampler selber steht hier im Zentrum, sondern die Medientechnologie der analogen Phonographie. Wie sehr sein Dispositiv von dieser geprägt ist und eben nicht von den Flip-Flop-Schaltungen der digitalen Speicherung, zeigt sich, als Madlib, der sich weigert einen Computer für seine Musik zu benutzen, gefragt wird, ob er sich nicht mittlerweile auch Pro-Tools – eine professionelle Studio-Software – zulegen wolle. Madlib verneint: »I'd buy more records.«[28]

Und hier lässt sich dann auch der Unterschied zum Sampling bei Flying Lotus genauer benennen. Bei ihm wird nicht nur ein anderer Apparat genutzt – Laptop statt Hardware-Sampler –, dieser wird auch an neue Diskurse und Praxen angeschlossen. Etwa wenn er, wie oben bereits angeklungen, eine direkte Verbindung zwischen seiner Vorliebe für Spielekonsolen und seiner Musik zieht, sich hier aber zugleich dagegen verwahrt, die Ästhetik der Videogames einen allzu offensichtlichen Einfluss auf sein Beatmaking nehmen zu lassen:

> I spent a lot of time by myself playing Nintendo. So all those songs [die Soundtracks der Videogames; MP] they just loop over and over and over again. I'm trying to wean myself off of that stuff just because it's almost become sort of a subgenre, a niche thing and I'm not really interested in that.[29]

---

28 Madlib (o.J.) Online-Videointerview.
29 Flying Lotus zit. n. May (2010).

Das Dispositiv, in dem Flying Lotus' Musik stattfindet, ist ganz offensichtlich nicht mehr jenes der analogen Phonographie, der Turntables und Vinyl-Alben, das noch für Madlib's Arbeiten mit (digitalen!) Hardware-Samplern so zentral ist. Hinter dieser Musik steht nicht mehr das Plattenregal, sondern eher die digitale Datenbank, die nach passenden Sounds gescannt wird. Software-Sampler und virtuelle Synthesizer fallen zusammen in ein unentwirrbares Gestrüpp verschiedenster Medienklänge. Diese verweisen nicht mehr auf ein ›Außen‹, sondern vor allem auf ihre eigene Medialität, ihre Existenz als ein verfügbares ›Sound-Gadget‹ (Großmann). Hier wird nicht mehr (zuerst) die Überlegenheit der eigenen Plattensammlung inszeniert, sondern eher ein *selbstverständliches und spielerisches Umgehen mit digitalen Medien.*

Es gilt festzuhalten: Es geht nicht darum, so etwas wie eine folgerichtige historische Entwicklung zu konstruieren; weg von den analogen Rillen des Vinyls bei Madlib und hin zum Binärcode auf Flying Lotus Festplatte. Vielmehr soll gezeigt werden, dass sich Medialität nicht allein aus einem technologischen Prinzip herleiten lässt, sondern stattdessen innerhalb konkreter Dispositive performativ be- und ausgehandelt wird.[30]

Beide, der ›Ill Loop Digga‹ ebenso wie das ›Computer Face‹, machen Musiken, die sich als Medienpraxis hören ließen, als Ergebnis eines selbstverständlichen und intuitiven Umgehens mit Medien. Sie wären dann – das soll vorausgeschickt werden – in dem Maße ›performativ‹ zu nennen, in dem sie Verhältnisse ganz praktisch austesten und experimentell erproben: Verhältnisse zwischen Mensch und Medienmaschine, zwischen Praxis und Apparat, zwischen verschiedenen, stetig konkurrierenden Wissenskomplexen, die diese je zueinander ausrichten. Kurz: In dem sie genau jene Verhältnisse erproben, die hier Mediendispositive genannt wurden.

4. Sampling als (performative) Medienpraxis?

Madlib und Flying Lotus weben in ihren Beats und Tracks dichte Strukturen aus Verweisen und Referenzen, etwa auf den spezifischen Sound bestimmter Genres und Musiker.[31] Zuallererst aber be-*handeln* sie Klangmaterial: suchen sie LPs oder digitale Soundfiles heraus, ›choppen‹ – d.h. zerschneiden – sie längere Passagen in oft filigrane Einzelteile, um sie schließlich mit Effekten zu versehen und neu zusammenzusetzen.

Es wären also die verschiedenen Ansätze, die das Sampling auf dessen Zeichen- und Bedeutungsfunktionen hin befragen, um eine weitere Fragerichtung zu ergänzen. Denn obwohl die hochkomplexen Verweisstrukturen des Sampling unbestritten von funda-

---

30 Und es wäre noch hinzuzufügen, dass der hier gezogene Unterschied zwischen beiden, in absoluten Feinheiten besteht. Zwischen den Musikern ließen sich weitaus mehr Verbindungslinien ziehen als oben angedeutet, etwa den geteilten Bezug auf Jazz oder auch den Umstand, dass beide in den letzten Jahren vor allem Instrumentals – also Tracks ohne Rap-Vocals – veröffentlichten.

31 Beide sind etwa erklärte Verehrer von Sun Ra, auf dessen Arbeiten sie in ihrer Musik immer wieder Bezug nehmen.

mentaler Bedeutung sind für kulturbildende Prozesse gerade der afroamerikanisch geprägten HipHop-Kultur, aber auch globaler Populärer Kulturen überhaupt, geht jenes in seiner Konzeption als ein Bedeutendes, als ein zu entzifferndes Text nicht auf. Sampling wird auf diese Weise zum Medium eines ihm äußerlichen Inhalts erklärt, anstatt selber *als eine Medienpraxis* erklärt zu werden.

Eine solche ergänzende Fragerichtung hätte sich dann an den drei folgenden Vektoren zur orientieren:

Erstens wäre nicht nur nach der Zeichenhaftigkeit eines Samples zu fragen – was dieses sogleich hinter ein Anderes, seinen Inhalt, zurücktreten lässt. Mit Jean-Luc Nancy ließe sich formulieren: Das Sample wäre nicht so sehr als ein ›sinnhafter Sinn‹ zu ›vernehmen‹, vielmehr gälte es, zuzuhören, zu horchen, zu lauschen, um »eher die Klanglichkeit zu fassen oder zu erhaschen als die Botschaft«.[32] Das Sample müsste also nicht sogleich als ein Zeichen gelesen, sondern als ein gestaltbares und gestaltetes Wahrnehmungsereignis zuerst gehört werden.

Zweitens gilt es, das Sampling als eine genuin technik-kulturelle Praxis beschreibbar zu machen, die auf vorhandenes, präformiertes Material zurückgreift. Als solche verweigert es sich einer ästhetischen Betrachtung, die auch heute noch in den so oft bereits verabschiedeten Kategorien des Künstlers/Subjekts und des Werks/Objekts denkt. Und dies auf gleich zweifache Weise: Zunächst weil ein einsames Künstler-Genie nicht auszumachen ist. Ein Beatmaker wie Madlib schöpft nicht aus den Weiten seiner schieren Einbildungskraft heraus ein so genanntes ›Neues‹. Er bearbeitet Material, de- und rekombiniert Medienklänge, die andere zuvor in die Rillen der unzähligen LPs in den Archiven seiner Plattenkisten gepresst haben. Zum anderen, weil die Technizität der Praxis nicht zu überhören ist. All die verschiedenen Medienapparate haben ihre Spuren in den Klängen hinterlassen: Knisterndes Vinyl, Quantisierungsrauschen, die abrupten Schnitte des Cut & Copy.[33] Der Sample-Beat ist also niemals ein gänzlich intendiertes, verfügbares Objekt, sondern eher Ergebnis eines Ereignisses – des Aufeinandertreffens unterschiedlicher menschlicher und technischer Akteure.

Sampling meint schließlich in einer weiteren Bedeutungsdimension das Prinzip des Digitalen per se: Die Rasterung unserer kontinuierlich gedachten Welt in eine Folge diskreter Elemente, die dann wiederum quantisiert, als binäre Zahlen ausformuliert werden. Sampling macht also diese Welt, oder bescheidener: zumindest erst einmal Klänge, berechenbar; macht ihre elektronischen Abziehbilder algorithmischer Bearbeitung verfügbar, bietet die

---

32 Nancy 2010, S. 12.

33 Für Dieter Mersch sind es – wenn auch auf ganz anderem Gebiet – gerade diese Störungen und Brüche, die einen Ausgangspunkt für Medienreflexion erst bieten können: »[Das Rauschen] erweist sich im Modus von Wahrnehmung gerade als das ›Andere‹ des Mediums, das ›Amediale‹, das die Weisen medialer Gewahrung invertiert. Es entfunktionalisiert das Medium, setzt es außer Kraft, gebietet Abstand. [...] Erst vermöge solcher Zäsuren sind Medien in ihrer spezifischen Funktionalität theoretisch faßbar. *Die Materialität des Mediums erweist sich damit zugleich als Ort buchstäblicher Re-Flexion, von Medienreflexion zumal.*« (Mersch 2002, S. 66, Herv. i. O.).

verlustfreie Kopie, die ewige Reproduktion. Als eine musikalisch-ästhetische Strategie passiert Sampling heute zu aller meist mit Hilfe digitaler Geräte. Digitale Signalprozessoren, verbaut in Sampling Workstations wie dem angesprochenen SP-303, aber auch zunehmend in Laptops mit entsprechenden Software-Samplern und virtuellen Studio-Umgebungen, rechnen Klänge. Vorläufer lassen sich aber auch in genuin analogen Techniken ausmachen, wie dem Backspinning und Cutting an den Turntables der HipHop-DJs oder den Bandmontagen der musique *conrète*. Es wäre also *drittens* zu klären, inwiefern Sampling als eine explizit digitale Medienpraxis zu verstehen ist. Insofern stellt das Sampling die Frage nach einer spezifischen Medialität des Digitalen und nach solchen ästhetischen Strategien, die diese Medialität erprobten und erfahrbar machten.

Es ginge also kurz gesagt darum, Sampling nicht zuerst als ein Umgehen mit Zeichen, Bedeutungen, Sinn zu hören, sondern als eine *(medien-)ästhetische Strategie* – ein Gestalten von Wahrnehmungsangeboten, ein Umgehen mit ›sinnlichem Sinn‹ also[34] – ernst zu nehmen. Genau hier ist dann der Punkt, an dem meine Überlegungen an den Begriff der Performativität anschließen möchten. Denn gerade die Frage nach einer spezifischen Performativität des Sampling scheint diese Ebene des praktischen Gestaltens von Medienklängen potentiell ›ins Gehör‹ zu rücken.

Das Performative beschreibt, wie Sybille Krämer zusammenfasst, »eine Entwicklung, die von der Kommunikation zur Wahrnehmung, vom Regelwerk zum Phänomen, vom Sagen zum Zeigen, vom universalen Zeichentyp zur singulären Äußerung, von der Sozialität zur Körperlichkeit, von der Referenzialität zur Indexikalität, vom Symbolischen zur Überschreitung des Symbolischen verläuft.« (Krämer 2004, S. 20.). Eine Verschiebung der Perspektive also, wie sie mir auch für ein Nachdenken über Sampling (und auditive Medienkultur im Allgemeinen) gewinnbringend schiene.

Jedoch, es wird einige »Begriffsgymnastik«[35] vonnöten sein, um ein solches semantisches Schwergewicht wie die ›Performativität‹ für diesen Zweck zu mobilisieren. Man könnte sagen: Ich möchte die ›Performativität‹ hier für meine Zwecke samplen. Dabei werde ich den Großteil des begrifflichen Materials ungenutzt zurücklassen und mir nur kleine, funktionale Passagen herausschneiden, werde diese filtern und mit anderen Frequenzen überlagern und zum Resonieren bringen. Kurz: Ich werde die Performativität choppen, auch auf die Gefahr hin, dass Liebhaber des ›Originals‹ dieses nicht mehr wiedererkennen und mir Banalismus vorwerfen werden.

5. Choppin' up Performativity

Den Begriff der Performativität gibt es (selbstverständlich) nicht. Er funktioniert in seiner klassischen sprachtheoretischen Formulierung[36] anders als in den Theaterwissen-

---

34 Vgl. Nancy 2010.

35 Latour 2010, S. 90.

36 Vgl. Austin 2005 (1962).

schaften[37] oder schließlich in seinen wiederum unterschiedlichen, medientheoretischen[38] Varianten. Es kann an dieser Stelle nur allzu grob und verallgemeinernd zusammengefasst werden: Anstatt kulturelle Praktiken immer auf ihre Bedeutung hin zu befragen – ihrem Einstehen für ein Anderes, einen Inhalt, eine Botschaft – und sie von dieser her zu erklären und damit sogleich hinter diese zurücktreten zu lassen, will die Frage nach der Performativität den Blick öffnen – oder in unserem Fall: die Ohren – für die Phänomene selbst, bevor diese in ihrem Funktionieren als Signifikant oder Symbol verschwinden. Im Unterschied zu einem Zeichenhandeln ist performatives Handeln dann durch zwei Eigenschaften gekennzeichnet: durch erstens seine Selbstreferenzialität und zweitens seinen wirklichkeitskonstituierenden Charakter.[39] Das heißt: Solche Handlungen schreiben keine neuen Bedeutungen in die Welt, die sich dann richtig oder auch falsch verstehen ließen, sondern sie bedeuten zuerst sich selbst als wahrnehmbare Wirklichkeiten.

Wenn schon die ›performative Wende‹ in den Sprachwissenschaften die Perspektive verschob von der repräsentativen Funktion der Sprache, von ihrer Bedeutung, hin zur Ebene auf der Bedeutung zuerst erzeugt wird, so gehen diese Bemühungen zunächst parallel zu jenen Positionen in der Medientheorie, die seit dem einschlägigen Diktum McLuhans nicht mehr Botschaften sondern Medien selbst analysieren – und dies nicht mehr in Hinblick darauf, wie diese Welt abbilden, sondern wie sie Welt(en) zuallererst konstituieren.

Auf diese Ähnlichkeit zwischen dem, was sie ›Mediengenerativismus‹ nennt, und eben der Debatte um Performativität weist Sybille Krämer hin[40] und fordert zu Recht ein konzeptuelles fine-tuning, um einer drohenden Universalisierung zu entkommen: jener nämlich, der Absolut-Setzung einer scheinbar letztbegründenden technischen Performanz. Einen Ausweg sieht sie vor allem im Konzept einer ›korporalisierenden Performativität‹, die nicht mehr so sehr von der wirklichkeitskonstituierenden Funktion sprachlicher Äußerung her gedacht wird, sondern eher von der theatralen Performance.[41] Im Theatersaal geht der Körper des Schauspielers nie in einer Repräsentation eines abstrakten Textes auf, er verweist immer auch auf seine eigene Körperlichkeit als einem inszenierten Wahrnehmungsvorgang, auf seine ›Aisthetisierung‹. Die Dualität eines Zwei-Welten-Modells[42] von materiellem Zeichenträger und ideeller Zeichenbedeutung wird aufgebrochen, indem das performative Moment nicht auf der einen oder anderen Seite, sondern je im Dazwischen verortet wird.

Im Mittelpunkt eines solchen Konzepts steht bei Krämer, aber auch besonders bei Erika Fischer-Lichte, dann der Begriff der ›Aufführung‹. Anders als die klassische Vorstellung von einem ›Text‹, die davon ausgeht, dass eine Bedeutung fix in den Zeichen

---

37 Vgl. bspw. Fischer-Lichte 2004.
38 Vgl. bspw. Krämer 2004; Winkler 2004; Mersch 2002.
39 Vgl. hierzu etwa Fischer-Lichte 2003, S. 15.
40 Vgl. Krämer 2004, S. 22-24.
41 Vgl. Krämer 2004, S. 18.
42 Vgl. Winkler 2004.

gegeben ist, die dann in einem zweiten Schritt wahrgenommen, entziffert werden, betont die ›Aufführung‹, dass erst im Akt der Wahrnehmung sich eine Bedeutung konstituiert, die sich nicht auf einen fixierbaren Inhalt runterbrechen ließe. Statt des Herauslesens eines Sinns verweist die Aufführung auf das Wahrnehmen eines Sich-Ereignens. Die Wahrnehmung selber wird damit als kreativer, als performativer Prozess hervorgehoben.[43] In eben diesem Sinne ist korporalisierende Performativität begründet in Prozessen der Aisthetisierung und gekennzeichnet durch einen Ereignischarakter, eine Flüchtigkeit und damit letztlich Unverfügbarkeit. So wird nicht nur die Idee eines fest umrissenen Inhalts, einer lesbaren Bedeutung, demontiert, sondern, so Fischer-Lichte, eine solcherart zugespitzte Lesart des Performativen destabilisiert potentiell jede Art von dichotomischen Begriffsbildungen überhaupt.[44] Zeichen und Bezeichnetes, Werk und Betrachter, Subjekt und Objekt verlieren ihre strikten Konturen und beginnen zu verschwimmen. Die Aufführung kann dann nicht mehr als eine Form der Repräsentation verstanden werden, sondern als ein Ort der Aushandlung:

> Die Aufführung wird nicht nur als der Ort begriffen, an dem auf letztlich mysteriöse Weise Handlungen und Verhalten von Akteuren und Zuschauern aufeinander einwirken und die Beziehungen zwischen ihnen ausgehandelt werden. Sie erscheint zugleich als der Ort, an dem das spezifische Funktionieren dieser Wechselwirkungen und der Ablauf der Aushandlungsprozesse erforscht werden. (Fischer-Lichte 2004, S. 61.)

Eine stärkere Fokussierung auf das performative Moment ›musikalischer Medienpraxis‹ wäre dann insofern vielversprechend, als sie bedeuten muss, Medienapparate nicht mehr als bloße Reproduktions- oder Simulationsmedien zu verstehen, die eine Musik bloß abbilden, zu der sie aber letztlich akzidentiell bleiben, die außerhalb dieser Apparate ihren Platz hat. Gleichzeitig kann aber, wie Sybille Krämer gezeigt hat, durch die Kopplung des Performativen an das Aisthetische einer Verabsolutierung der apparativen Ebene aus dem Weg gegangen werden. Entscheidend ist aus dieser Perspektive nicht das technische Prozessieren an sich, sondern die Art und Weise, wie dieses die Möglichkeiten der Wahrnehmungen gestaltet, die die Folie aller performativen Vorgänge abgeben.

Die oben skizzierte Perspektive ließe sich also dahingehend zuspitzen, dass Sampling nicht mehr als ein kreativer Schöpfungsakt zu denken wäre, in dem ein Künstler-Subjekt ein mehr oder weniger gelungenes, fest umrissenes Werk-Objekt schafft, das dann ein für alle Mal in der Welt ist und für sich rezipiert und verstanden (oder auch missverstanden) werden kann. Stattdessen ginge es darum, den Sample-Beat *als ein Medienhandeln zu hören;* eben als ein performatives Ereignis, das sich erst aus dem Zusammengehen ganz heterogener Instanzen – nämlich menschlichen Akteuren (Beatmaker), aber eben auch unterschiedlichen technischen Apparaturen (z.B. Sampler, Plattenspieler, Vinyl) sowie kulturell tradierten Praxen und Wissenskomplexen (z.B. Crate Digging) und durchaus

---

43 Vgl. Fischer-Lichte 2003, S. 22.
44 Vgl. Fischer-Lichte 2004, S. 34.

auch den vielfältig vorhandenen popkulturellen Zeichenvorräten – ergibt und auch nur aus diesem Zusammengehen, als ein Aushandlungsprozess im Sinne Fischer-Lichtes, erklärt werden kann.

Es bleibt aber ein Problem: Medienmusiken wie der Sample-Beat sind eben immer an so genannte Speichermedien gebunden und diese scheinen jene Ereignishaftigkeit, jene Flüchtigkeit des Performativen unweigerlich zu bannen. Selbst die Klänge ziehen mit der Phonographie ein in das Zeitalter ihrer technischen Wiederholbarkeit, ließe sich polemisieren. Durch technische Mediatisierung, so Dieter Mersch paradigmatisch, ist alles »auf Genauigkeit geeicht: Dem Phantasma der Maschine ist das Phantasma einer verlustlosen Identität immanent. Sein Fetisch ist machtförmig: *Die Präzision der Gleichheit multipliziert die Verfügbarkeit.* Sie schließt Abweichungen aus: Beherrschung des Gesetzes als Un-Endlichkeit, die *die Zeit auslöscht* und sich die Idee der Ewigkeit als überwundenen Todes einverleibt.« (Mersch 2002, S. 94/95 (Herv. MP)). Die Wiederholung bannt jene Unverfügbarkeit des Klanglichen, die in dessen unweigerlichem Verklingen begründet ist, indem sie dieses potentiell aufschiebt, aufhebt. Medientechnologien wie eben die Schallplatte, Audio-CD aber auch Festplatten und Flash-Speicher machen darüber hinaus jenen Objektcharakter allzu manifest, den die Rede von der Performativität doch auflösen sollte. Und ›körperlose Klänge‹, die sich nur mehr der »universelle[n] Membran« (Großmann 1995, S. 159). des Lautsprechers verdanken, zerreißen schließlich jene ›körperliche Ko-Präsenz‹, die die Theateraufführung kennzeichnet: Beatmaker und Hörer finden sich wieder allein einer Medienmaschine gegenüber.[45] Von hier aus fiele es schwer, das Hören einer Platte oder wohlmöglich bloß eines MP3-Files als eine Form der ›(sich) ereignenden Aufführung‹ begreifen zu wollen. Wenn also »die gleichzeitige leibliche Anwesenheit von Akteuren und Zuschauern die Bedingung der Möglichkeit einer Aufführung ist«[46], dann scheint ein von dieser her gedachtes Konzept von Performativität auf Medienmusik kaum übertragbar.

Wie aber ließen sich die Überlegungen zu einer korporalisierenden Performativität dann überhaupt an Medienmusik anschließbar machen? Hierzu müsste das Konzept an jenen beiden Sollbruchstellen umgebaut werden: Ereignishaftigkeit und Körperlichkeit, bzw. Präsenz.

Dieter Mersch schlägt in seiner Arbeit zu einer Ästhetik des Performativen einen Bogen vom Begriff des Ereignisses zur Benjamin'schen Aura: »Es ist: ›Ereignis‹. Es ereignet sich als Sprung in dem Sinne, daß plötzlich Anderes aufspringt: Erscheinen, das unvermittelt ›angeht‹ oder ›anspricht‹ und fortreißt, bevor ›etwas‹ erscheint oder ein Ausdruck gegeben ist. Nichts anderes beinhaltet Benjamins Aura-Begriff.«[47] Sich etwas – einem Ereignis – ausgesetzt zu finden, das in seiner Ereignishaftigkeit unverfügbar, fremd, ›An-

---

45 Vgl. Mersch 2002, S. 104/105: »Dann geht ein definitiver Bruch durch die Erfahrung von Präsenz, die einer Spaltung der Alterität gleichkommt, weil die Dimension des Sichaussetzens fehlt, die für Beziehungen überhaupt konstitutiv ist. Vielmehr reduziert sich das Geschehen auf die Verkopplung mit einer Maschine.«

46 Fischer-Lichte 2003, S. 16.

47 Mersch 2002, S. 49.

deres‹ bleiben muss; das meint, hier grob vereinfacht, auratische Erfahrung. Diese würde durch die technisch-mediale Ausrüstung der Wahrnehmung jedoch demontiert: »Die Rache des Mediums, das ›alles‹ verbildlicht, aufzeichnet, hörbar macht und *darin den Kreis des Verfügbaren ständig erweitert*, besteht so gerade in der Stillstellung, der Vernichtung des Wahrnehmbaren.« (Mersch 2002, S. 97 (Herv. MP)). Phonographie schreibt Klänge auf und lässt uns – hierfür wäre das Sampling paradigmatisch – (scheinbar) frei über sie verfügen, bietet sie buchstäblich ›auf Knopfdruck‹ dar und überbrückt damit jene Distanz, die ihnen zuvor schon qua ihrer Vergänglichkeit eigen war. Und trotzdem: Dem Hören phonographischer Klänge jede Ereignishaftigkeit, jede Herausforderung der Wahrnehmung von einem Anderen her[48] absprechen zu wollen, scheint hier vorschnell. So beschreibt etwa Kodwo Eshun das (Wieder-)Hören eines bekannten Samples und gibt dabei geradezu ein Beispiel für eine ›auratische Wahrnehmung‹, wie sie oben umrissen wurde; nicht der Hörer erkennt dabei das Sample, statt dessen bemächtigt sich das Sample des Hörers:

> *[D]iese kleinen Abschnitte erkennen dich wieder*, denn was sie tun, ist, sie erkennen die Gewohnheitsmäßigkeit, mit der du sie abrufst. *Wenn du einen Sound hörst, trifft dich ein Erinnerungsblitz*, aber du hast fast schon eine Art muskuläres Gedächtnis, du erinnerst dich daran, weil du dazu getanzt hast. [...] Wenn du also den Sound, den du so sehr liebst, abspielst, wenn du das erkennbare Sample inmitten des fremden Sounds hörst, erkennt dieser Sound deine Gewohnheit wieder, und das ist wirklich unglaublich, du bekommst auf einmal einen Einblick in die Tatsache, daß dein Ich eine Gewohnheitsform ist [...] Das sind neue Empfindungen, die es nie zuvor gab: dieses Gefühl, vom Sound wiedererkannt zu werden. Das ist neu [...]. Definitionsgemäß KONNTE das nur in der sampladelischen Generation geschehen.[49]

Es geht dabei *nicht* um ein ›Lesen‹ der Samples als ein ›Zeichen‹, das auf ihr ›Original‹ verweise. Eher wäre es gerade die ›Unlesbarkeit‹, das Nicht-Sagen-Können, das einen umtreibt, wenn man einen Sound erkannt zu haben glaubt, ohne seine Quelle aber benennen zu können. Denn genau in diesem Sinne ist es eher der Sound gewesen, der einen erkannt, der von einem Besitz ergriffen hat. Eben in diesem Sinne wäre das Sample ›Ereignis‹, bevor es ›Zeichen‹ wird.

Eshun's Rede von einem ›muskulären Gedächtnis‹ gibt einen Hinweis auf den zweiten kritischen Punkt: Das Sample spricht wiederum nicht nur ein ›sinnhaftes‹ Gedächtnis an, sondern genauso immer ein ›körperlich sinnliches‹. Medientechnologien bilden eben nicht nur etwas ab, sondern vor allem auch leibliche, sinnliche Präsenz(en) aus; genau das macht dann ihre performative Dimension aus. Daher scheint mir die absolute Unterscheidung zwischen Medialität/Code und Materialität/Wahrnehmung an dieser Stelle problematisch, weil sie im Dunkeln lassen muss, wie (technisch-)mediale Codierungsprozesse neue klangliche Materialitäten, neue Sinnlichkeiten stiften.[50] Es scheint hier sinnvoller, das enge Kon-

---

48 Vgl. Mersch 2002, S. 52.

49 Eshun 1999, S. 228/229 (Herv. MP).

50 So ist es gerade die Verkopplung von elektronischer Spannungsschwankung und akustischer

zept von ›leiblicher Ko-Präsenz‹ explizit auch auf Medienapparate als nicht-menschliche, technische Akteure im Sinne etwa der ANT auszuweiten, um sie konkret danach befragen zu können, wie sie nicht das Ende, sondern ein oft entscheidendes Element in jenen Netzen bilden, die unsere zeitgenössischen Hörräume öffnen. Denn, so Antoine Hennion:

> It is the radical transformation of *all its material intermediaries* that has truly created the musical space of current listening.[51]

Mit Sybille Krämer lässt sich zusammenfassen: Medien spannen ein »Sinnlichkeitskontinuum« (Krämer 2004, S. 25). auf und sollen deshalb hier nicht als Speicher betrachtet werden, die noch jede Ereignishaftigkeit einfrieren und jeder Wahrnehmung ihr ›Anderes‹ nehmen, sondern als explizit aisthetische Apparate, die das was sie speichern auf ganz spezifische Weise erst wahrnehmbar machen. Ereignishaftigkeit wäre dann nicht mehr auf die Ko-Präsenz menschlicher Akteure zu beschränken, sondern würde eher das plötzliche Schlagen von Falten, von Sprüngen und Verbindungen auf diesem Kontinuum bedeuten – wie es etwa Eshun mit dem ›Erinnerungsblitz‹ benennt.[52] Und eben diese Faltung geschieht zumeist durch die (sinnliche!) Präsenz von nicht-menschlichen, hier: medientechnologischen Akteuren, weshalb diese nicht das Ende, sondern eine wichtige Instanz im Laufe performativer Prozesse darstellen können.

6. Back to the Basement

Es soll nun noch einmal zurückgekehrt werden: von den luftigen theoretischen Höhen zurück in den staubigen Keller zu Plattensammlung und Sampler. Zwei weitere Beispiele sollen abschließend noch einmal in aller Kürze verdeutlichen, inwiefern Sampling als performative Medienpraxis gehört werden kann.

Der HipHop-Produzent J. Dilla, der mit dem bereits genannten Madlib für ein gemeinsames Album *Jaylib* zusammengearbeitet hat, erklärt in einem 2003 geführten Interview, dass er für seine letzten Beats gerade auf solche klassischen Breakbeats zurückgegriffen hat, die oft schon unzählige Male gesampled und deswegen auf speziellen Compilations, wie der ›Dusty Fingers‹-Serie zusammengefasst und (meist inoffiziell) wiederveröffentlicht wurden:

> What I do naturally is listening to these breakbeats, and chop shit [...] I come from that hip-hop shit. [...] My last volumes, that I'm actually chopping, like this year has all been [from] ›Dusty Fingers‹ albums [...] I'm looking for straight common breakbeats, *just shit that's been used* [...] (J. Dilla (2003): Videointerview (Herv. MP))

Schwingung, vermittels Verstärkertechnologie und ›Universalmembran‹ Lautsprecher, welche die unbestreitbare ›Eindrücklichkeit‹ der Subbässe aus der berühmten Function-One-Anlage, installiert etwa im Berliner Club Berghain, ausmacht.

51 Hennion 2007b (2001), S. 3 (Herv. MP).

52 Vgl. zur Faltung auch die Unterhaltungen zwischen Michel Serres und Bruno Latour zum Zeit-Begriff. (Serres 2008).

Abbildung 3: J. Dilla in seinem Studio, 2000. Screenshot aus dem Film Still Shining, Regie: Brian Atkins, 2011]

Es geht hier also gerade nicht darum, die eigene Kompetenz als ›Loop Digger‹ herauszustellen, da ja bereits bekannte und insofern leicht zu findende Breakbeats benutzt werden. Stattdessen wird gerade dadurch, dass ein bekanntes Medienmaterial als Ausgangspunkt genutzt wird, dessen Behandlung durch J. Dilla für den Hörer nachvollziehbar. Performativ ausgestellt und inszeniert wird hier also nicht die Praxis des Digging, sondern das besondere Chopping, die Art und Weise, mit der die Breakbeats in kleinste Einzelteile zergliedert und dann neu arrangiert werden. Besonders deutlich wird dies beim Hören des ›Man's World Chop‹-Beat von einer von J. Dilla's Beat-CDs,[53] der das Chopping bezeichnender Weise schon im Titel trägt. Samplequelle ist hier der James Brown Klassiker ›It's a man's man's man's world‹ von 1966. Das ›Original‹ bleibt dabei zu jeder Zeit deutlich erkennbar. Nachdem er das berühmte Intro zu Beginn mehrmals unregelmäßig wiederholt hat, setzt der Beat ein, der als Hauptbestandteile die fein zerschnittenen ersten Takte nutzt. Durch sein Chopping und leichte Beschleunigung kann J. Dilla dabei das auf den Achteln triolisch gespielte Original in eine Version mit geraden Achteln bei einer HipHop-typischen Geschwindigkeit von ca. 95 bpm überführen. Über diesen Grundbeat werden dann noch die einzelne Textzeile »This is a man's world« sowie kurze Streicher-Passagen gelayered. Der verblüffende Effekt dieses Beats ist dann mit dem ›Erinnerungsblitz‹ bei Eshun oder auch einem ›gefalteten Sinnlichkeitskontinuum‹ gut beschrieben. Sofort erkennt man den James Brown Track und doch ist etwas anders. Man hört hier eben nicht mehr James Brown, sondern J. Dilla, wie er diesen choppt, wie er also mit James Brown *als einem Medienmaterial* umgeht.

---

53 Diese Beat-CDs waren eigentlich eine Art Werksschau, die nur an verschiedene Rapper verschickt wurde. Über Internettauschbörsen gelangten allerdings mehrere dieser CDs, die jeweils mit sehr kurzen, skizzenartigen Beats bestückt sind, an eine größere Öffentlichkeit.

Bei dem Dubstep-Produzenten Burial findet sich, wenn auch in anderer Variante, ein wiederum ähnlicher Effekt. Für den Track ›Archangel‹ seines 2007er Albums *Untrue* benutzt er neben haufenweise Rauschen, Knistern und Field-Recordings vor allem zwei Samplequellen: Eine Art Flächensound, der aus der Introsequenz eines bekannten Videospiels stammt, sowie einer kurzen Passage aus den Lead-Vocals zu einer ›seichten‹ R&B-Ballade von 2005.[54] Interessant ist dabei hier nicht so sehr, wie sich im Gegensatz zum Crate Digging der HipHop-Produzenten die popkulturellen Bezugssysteme ein weiteres Mal verschoben haben – in Richtung von Videogames und zeitgenössischer Popmusik. Spannender noch ist auch hier wieder die Art und Weise, auf die der Produzent sein Material behandelt und die sich also als performative Medienpraxis hören ließe. Auch Burial choppt nur einige äußerst kurze Passagen aus verschiedenen Zeitpunkten der Vocal-Spur des ›Original‹-Tracks heraus, die dort keinerlei zentrale Stellung einnehmen. Diese setzt er dann zu neuen Folgen zusammen. Während J. Dilla durch sein Chopping die rhythmische Gestaltung des Originals veränderte, greift der Dubstep-Produzent nun in die tonale Gestaltung der Samples ein. Durch Verwendung so genannter ›Elastic Audio‹-Algorithmen[55] kann er die gesungenen Tonhöhen individuell verändern. Dies wird besonders in der gesampelten Zeile »Couldn't be alone« deutlich, die drei Mal wiederholt wird, jedes Mal mit variiertem tonalen Verlauf. Durch die teilweise extremen Verschiebungen der Tonhöhen bleiben die Eingriffe durch resultierende Artefakte deutlich hörbar. Während die so bearbeiteten Vocal-Samples in Burial's Track eine sehr prominente Funktion übernehmen, kann man sie im ›Original‹ leicht überhören. Auch hier blitzt die Erinnerung kurz auf, merkt aber im Moment, in dem das Sample erkannt oder erkannt wird, dass hier nicht ein Verweis, ein Zeichen zu entziffern ist, sondern ein Medienhandeln, ein Umgehen mit Medienmaterial gehört wird.

7. Outro

Madlib und Flying Lotus, J. Dilla und Burial machen Medienmusik(en). Sie inszenieren in ihren Beats und Tracks ihre eigene Auseinandersetzung mit den Möglichkeiten wie mit den engen Grenzen phonographisch-technischer Medien und sie vermessen damit schließlich – wenn auch nur im ganz Kleinen, im ganz Lokalen – auf intuitive und eben spielerische Art und Weise die noch immer größtenteils ungeklärten Verhältnisse zwischen ästhetischen, kulturellen und letztlich gesellschaftlichen Prozessen und der (so genannten) Medientechnik. Im besten Falle könnten sie damit vielleicht »Ausgangsmaterial zur Orientierung in den noch weitgehend unbekannten, virtuellen Referenzräumen des Digitalen werden.«[56]

---

54 Es wird hier bewusst darauf verzichtet, die Quellen explizit zu nennen.

55 ›Elastic Audio‹ meint Algorithmen, die es möglich machen, Zeit- und Tonhöhen-Verlauf von digitalisierten Klangereignissen unabhängig voneinander zu bearbeiten. Sie basieren auf dem Verfahren der digitalen Granularsynthese und sind mittlerweile fester Bestandteil von virtuellen Studioumgebungen wie Cubase oder Logic.

56 Harenberg 2010, S. 41.

Die Beats und Tracks enthalten – unter all den (pop-)kulturellen Verweisstrukturen – immer bereits ihre je eigenen Konzepte von Klanglichkeit und Medialität, von Mediensound. In genau diesem Sinne wären sie eine Medientheorie ›en acte‹, die ihre Axiome nicht ausformuliert, sondern sie vielmehr immer wieder performativ verhandelt. Aufgrund der besonderen Rolle, die Medienapparate für die ästhetischen Strategien der Popmusik spielen,[57] wäre es die wichtige Aufgabe einer Pop(-Musik-)Theorie, Methoden zu entwickeln, um genau jene impliziten Konzepte und Modelle, jene Wissensformationen,[58] anschlussfähig und nutzbar zu machen. Poptheorie hätte also nicht ›die Medien‹ lediglich als einen Distributionskanal des quantitativ Populären zu betrachten, sondern Pop-Phänomene gerade in ihrer je eigensinnigen ästhetischen Nutzbarmachung ›der Medien‹ zu verstehen. Konkrete Forschungsfragen, die in exemplarischen Fallstudien und dichten Materialanalysen – wie sie in den hier angeführten Beispielen nur angedeutet werden konnten – geklärt werden müssten, wären dann etwa: Welche Wissenskomplexe und Rationalitäten leiten Popmusik als ein Umgehen mit Klang an? Welche technischen Parameter werden dabei besonders genutzt und vielleicht offensiv ausgestellt? Welches Verhältnis nehmen menschliche (MusikerInnen) und technische Akteure (Apparate) zueinander ein? Und schließlich: Wie werden gerade auch Medialitäten performativ inszeniert und hervorgebracht?

Ziel einer solchen Theorie kann es insofern nicht sein, neue »*Polizeidiskurse* über Pop« (Kleiner 2010, S. 49 (Herv. i. O.)). zu installieren – Unterscheidungen zwischen ›Wahrem‹ und ›Falschem‹. Gerade weil es, mit Lyotards Dispositiv-Begriff gesprochen, eine wichtige Eigenheit des Pop darstellt, dass diese Traditionslinie immer ihre eigenen Wege durch die rigiden Schaltpläne der etablierten ästhetischen Theoriebildung und ihre Module ›Künstler-Subjekt‹, ›Werk‹, ›Authentizität‹ gefunden hat. Dank der zumindest teilweisen ›Liquidierung‹ dieser ästhetischen Dispositive konnten technische Apparate (E-Gitarre, Synthesizer, Sampler, etc.) hier von Beginn an andere Gestalten ausbilden, als es innerhalb der Kunstmusik möglich war. Popmusik wäre dann nicht ›freier‹ oder ›unmittelbarer‹ als ihr ›ernster‹ Gegenpart, sondern anders – und wäre in dieser Andersheit nur durch eine eigene Theorie zu verstehen, die nicht sofort Ordnung schafft zwischen ›wahr‹ und ›falsch‹, sondern stattdessen die immanenten, oft performativ verhandelten Konzepte der Popmusik verstärkt, neu verteilt und (dann auch sprachlich) anschlussfähig macht. Denn »natürlich ist die richtige Art, Theorie einzuführen, die, daß man versteht, daß sich die Musik schon selber ganz gut theoretisiert.« (Eshun 1999, S. 220).

Literatur

Austin, John L. (2005 [1962]): Zur Theorie der Sprechakte (How to do things with words). Stuttgart: Reclam.

Bartlett, Andrew (2004): Airshafts, Loudspeakers, and the Hip-Hop Sample: Contexts and African American Musical Aesthetics. In: Forman, Murray; Neal, Mark Anthony (Hg.): That's The Joint! The Hip-Hop Studies Reader. New York: Routledge. S. 393–406.

---

57 Vgl. Großmann 2008, S. 123.

58 Zum Verhältnis von ›Wissen‹ und ›Musik‹ vgl. auch Großmann 2005b.

Baudry, Jean-Louis (1993): Ideologische Effekte erzeugt vom Basisapparat. In: Eikon. Internationale Zeitschrift für Photographie und Medienkunst, H. 5. S. 36–43.

Baudry, Jean-Louis (1994): Das Dispositiv. Metapsychologische Betrachtungen des Realitätseindrucks. In: Psyche - Zeitschrift für Psychoanalyse und ihre Anwendungen, Jg. 48, H. 11, November 1994. S. 1047–1074.

Binas, Susanne (2004): Echte Kopien – Sound-Sampling in der Popmusik. In: Fehrmann, Gisela; Linz, Erika; Schumacher, Eckehard; Weingart, Brigitte (Hg.): OriginalKopie – Praktiken des Sekundären. Frankfurt/M.: DuMont. S. 242-257.

Bonz, Jochen (2006): Sampling: Eine postmoderne Kulturtechnik. In: Jacke, Christop; Kimminich, Eva; Schmidt, Siegfried J. (Hg.): Kulturschutt. Über das Recycling von Theorien und Kulturen. Bielefeld: transcript, S. 333–353.

Eshun, Kodwo (1999): Heller als die Sonne. Abenteuer in der Sonic Fiction. Berlin: ID.

Fischer-Lichte, Erika (2003): Performativität und Ereignis. In: Dies.; Horn, Christian; Umathum, Sandra; Warstat, Matthias (Hg.): Performativität und Ereignis. Tübingen und Basel: A. Francke. S. 11-37.

Fischer-Lichte, Erika (2004): Ästhetik des Performativen. Frankfurt/M.: Suhrkamp.

Flying Lotus (o.J.): Online-Videointerview. Online abrufbar unter: http://www.xlr8r.com/tv/60. (Zugriff am 28.05.2011).

Foucault, Michel (1978): Ein Spiel um die Psychoanalyse. Gespräch mit Angehörigen des Departement de Psychoanalyse der Universität Paris/Vincennes. In: Foucault, Michel: Dispositive der Macht. Über Sexualität, Wissen und Wahrheit. Berlin: Merve, S. 118–175.

Foucault, Michel (1994a): Überwachen und Strafen. Die Geburt des Gefängnisses. Frankfurt/M.: Suhrkamp.

Foucault, Michel (1994b): Warum ich Macht untersuche: Die Frage des Subjekts. In: Dreyfus, Hubert L.; Rabinow, Paul: Michel Foucault. Jenseits von Strukturalismus und Hermeneutik. Weinheim: Beltz Athenäum, S. 243–261.

Gilroy, Paul (1995): The Black Atlantic. Modernity and Double-Consciousness. Cambridge: Harvard University Press.

Großmann, Rolf (1995): Sechs Thesen zu musikalischen Interfaces. In: Denckert, K. P. (Hg.): Weltbilder Bildmedien. Computergestütze Visionen. Hamburg: Interface 2. S. 156-162.

Großmann, Rolf (2005a): Collage, Montage, Sampling - Ein Streifzug durch (medien-)materialbezogene ästhetische Strategien. In: Segeberg, Harro; Schätzlein, Frank (Hg.): Sound. Zur Technologie und Ästhetik des Akustischen in den Medien. Marburg: Schüren. S. 308–331.

Großmann, Rolf (2005b): Wissen und kulturelle Praxis. Audioarchive im Wandel. In: Gendolla, Peter; Schäfer; Jörgen (Hg.): Wissensprozesse in der Netzwerkgesellschaft. Bielefeld: transcript. S. 239-256.

Großmann, Rolf (2008): Die Geburt des Pop aus dem Geist der phonographischen Reproduktion. In: Bielefeldt, Christian; Dahmen, Udo; Großmann, Rolf (Hg.): PopMusicology. Perspektiven der Popmusikwissenschaft. Bielefeld: transcript. S. 119–134.

Harenberg, Michael (2010): Mediale Körper – Körper des Medialen. In: Ders.; Weissberg, Daniel (Hg.): Klang (ohne) Körper. Spuren und Potenziale des Körpers in der elektronischen Musik. Bielefeld: transcript.

Hennion, Antoine (2007a [1993]): La passion musicale. Une sociologie de la médiation. Paris: Éditions Métailié.

Hennion, Antoine (2007b [2001]): Music Lovers. Taste as Performance. Online abrufbar unter: http://hal.archives-ouvertes.fr/docs/00/19/31/24/PDF/Hennion2001MusLoversThCultSoc.pdf. (Zugriff am 30.05.2011).

J. Dilla (2003): Videointerview. Von der DVD: In Living the true Gods. Stones Throw Records 2007.

Kleiner, Marcus S.; Szepanski, Achim (Hg.) (2003): Soundcultures. Über elektronische und digitale Musik. Frankfurt/M.: Suhrkamp.

Kleiner, Marcus S. (2006): Medien-Heterotopien. Diskursräume einer gesellschaftskritischen Medientheorie. Bielefeld: transcript.

Kleiner, Marcus S. (2008): Pop fight Pop. Leben und Theorie im Widerstreit. In: Matejovski, Dirk; Kleiner, Marcus S.; Stahl, Enno (Hg.): Pop in R(h)einkultur. Oberflächenästhetik und Alltagskultur in der Region. Essen: Klartext Verlag. S. 11-42.

Kleiner, Marcus S. (2010): Pop-Theorie. Ein deutscher Sonderweg. In: Jacke, Christoph; Ruchatz, Jens; Zierold Martin (Hg.): Pop, Populäres und Theorien. Forschungsansätze und Perspektiven zu einem prekären Verhältnis in der Medienkulturgesellschaft. Münster: Lit. S. 45-63.

Krämer, Sybille (2004): Was haben ›Performativität‹ und ›Medialität‹ miteinander zu tun? Plädoyer für eine in de ›Aisthetisierung‹ gründende Konzeption des Performativen. In: Dies. (Hg.): Performativität und Medialität. München: Fink. S. 13-32.

Latour, Bruno (2010): Eine neue Soziologie für eine neue Gesellschaft. Einführung in die Akteur-Netzwerk-Theorie. Frankfurt/M.: Suhrkamp.

Lyotard, Jean-François (1978): Adorno come diavolo. In: Lyotard, Jean-François: Intensitäten. Berlin: Merve, S. 35–58.

Lyotard, Jean-François (1982): Die Malerei als Libido-Dispositiv. In: Lyotard, Jean-François: Essays zu einer affirmativen Ästhetik. Berlin: Merve, S. 45–93.

Madlib (o.J.): Online-Videointerview. Online abrufbar unter: http://www.mixeryrawdeluxe.de/index.php/news/index/style/specials/id/67. (Zugriff am 27.11.2009)

Manovich, Lev (2005): Wer ist der Autor? Sampling/Remixen/Open Source. In: Manovich, Lev: Black Box – White Cube. Berlin: Merve.

May, Hana (2010): Feature/Flying Lotus. Onlineinterview. Online abrufbar unter: http://hearty-magazine.com/features/flying-lotus-interview-photos. (Zugriff am 31.05.2011)

Mersch, Dieter (2002): Ereignis und Aura. Untersuchungen zu einer Ästhetik des Performativen. Frankfurt/M.: Suhrkamp.

Nancy, Jean-Luc (2010): Zum Gehör. Zürich/Berlin: Diaphanes.

Pelleter, Malte; Lepa, Steffen (2007): Sampling als kulturelle Praxis des HipHop. In: Bock, Karin; Meier, Stefan; Süss, Gunter (Hg.): HipHop meets Academia. Globale Spuren eines lokalen Kulturphänomens. Bielefeld: transcript, S. 199–213.

Porcello, Thomas (1991): The ethics of digital audio-sampling: engineers' discourse. In: Popular Music, H. 10, S. 69-84.

Raffeiner, Arno (2008): Flying Lotus. Die Zeit ist reif für radikale Brüche. In: Groove. Elektronische Musik und Clubkultur, H. 113, S. 22–26.

Raph (2005): Behind The Beat. Hip Hop Home Studios. Corte Madera: Gingko Press.

Rose, Tricia (1994): Black Noise. Rap Music and Black Culture in Contemporary America. Middletown: Wesleyan University Press.

Schloss, Joseph G. (2004): Making Beats. The art of sample-based hip-hop. Middletown: Wesleyan University Press.

Serres, Michel (2008): Aufklärungen. Gespräche mit Bruno Latour. Berlin: Merve.

Winkler, Hartmut (2004): How to do Things with Words, Signs, Machines. Performativität, Medien, Praxen, Computer. In: Krämer, Sybille (Hg.): Performativität und Medialität. München: Fink. S. 97-111.

*»Don't forget our DJ / with all the skills
Go off, Mr. Mixx / scratch at will!«*
Luke Skywalker / 2 Live Crew, 1986

Put the needle on the record!

Zur Performativität und Medialität des Scratchens

Thomas Wilke

Vergesst nicht unseren DJ mit seinen Fähigkeiten! Diese Aufforderung richtet der Rapper Luke Skywalker am Ende der ersten Strophe in *Word II* an den DJ der Band *2 Live Crew*. Daraufhin beginnt dieser in einer refrainartigen Scratch-Sequenz seine Fertigkeiten unter Beweis zu stellen. Von all seinen »skills« ist das Scratchen dasjenige, was ihm Gehör und Raum zur Entfaltung verschafft. Damit meldet er sich allerdings nicht im rationalen Sinne zu Wort, sondern ist nur durch sein Handeln wahrnehmbar. Hörbar wurden umgesetzte taktile Reize und Signale, die mit dem Gebrauch einer Schallplatte verbunden sind. Für einen gestrengen audiophilen Hörer ist das eng an ein Sakrileg geknüpft: die Finger auf die Rillen des Fetisch-Objekts zu legen. Vor Staub und Fettflecken warnend, sollte mit der entsprechenden Vorsicht die Platte an der Außenkante auf den Plattenteller gelegt und ebenso wieder abgenommen werden. Genau das funktioniert aber beim Scratchen nicht: Die Platte wird angefasst, berührt, man stellt rücksichtslos einen Kontakt von Dauer her, bewegt sie gnadenlos und manuell vor und zurück. Aus diesem Kontakt und dem daraus folgenden dysfunktionalen Gebrauch von Plattenspieler und Schallplatte entsteht bei aufliegender Nadel ein Geräusch, dass in den letzten 35 Jahren nach technisch-ästhetischen Geburtswehen eine mannigfaltige Entwicklung durchgemacht hat. Dieses Geräusch, der Scratch, seine Performativität und Medialität sind Gegenstand der folgenden Ausführungen. Dabei wird im Folgenden weniger ein deskriptiver Gestus eingenommen, um zu beschreiben, was man hört und auch keine additive Reihung der mittlerweile sehr ausdifferenzierten Scratch-Formen.[1] Im Vordergrund stehen vielmehr die Fragen, wie Scratchen als eine performative Praxis verstanden werden kann und wie es um die Medialität des Scratchens in einem technischen Ensemble bestellt ist. Dafür erfolgt eine Differenzierung zwischen dem Scratch als einen Gegenstand und dem Scratchen als eine spezifische Handlungspraxis. Beide, der Gegenstand und die Praxis, werden als substantielle Elemente von populärer Musik eingeordnet. Dabei liegt es auf der Hand, dass es sich hierbei nur um einen Ausschnitt innerhalb des vielschichtigen Handlungsfeldes der populären Musik handelt. Doch dabei bleibt es keinesfalls, mittlerweile finden

---

1 Eine umfassende Typologie mit entsprechender Notation und unter Berücksichtigung der dazu zugänglichen Literatur findet sich bei Rappe 2010: 133-143. Anleitend und mit umfangreichen Bildbeschreibungen ebenso Niemczyk/Schmidt 2000: 223-238.

sich Scratches als trennendes oder verbindendes Element im Musikprogramm von Radiosendern, als Verpackungselement in Radio-Jingles oder auch in der Werbung und im Film, die die dynamische Charakteristik des Scratches für sich nutzen. Populäre Musik selbst wird im Folgenden nicht als in sich geschlossenes, statisches und klar abgrenzbares musikalisches Substrat aufgefasst, sondern vielmehr als ein «diskursives Instrument kultureller Auseinandersetzungsprozesse auf dem durch kommerzielle Musikproduktion abgesteckten Territorium»[2]. Populäre Musik wird hier stark verkürzt der Populärkultur als wesentlicher Bestandteil zugerechnet. Unter Populärkultur wiederum werden hier in einem ganz allgemeinen und grundlegenden Verständnis alle Formen kultureller Vergemeinschaftung verstanden, die aus einem musikzentrierten Pop-Verständnis seit Mitte der 1950er Jahre mit dem Aufkommen des Rock 'n Roll resultieren.[3] Inmitten einer solchen Rahmung wird nun Scratchen als eine spezifische Praxis verstanden, deren wahrnehmbares Ergebnis der Scratch ist. Dass dies wiederum zu einem Bestandteil von rhythmischen und musikalischen Strukturen wird, ist ebenfalls eine naheliegende und diskutable Folge. Aus einer medienkulturwissenschaftlichen Perspektive, die vor allem die medialen Dimensionen von Kultur hervorhebt[4], werden neben den bereits genannten Aspekten der Performativität und Medialität im Weiteren eine unterstellte Komplexitätssteigerung sowie beobachtbare Transformationen des Scratchens thematisiert.

1. Störung eines Flusses oder Don't Scratch Where It Doesn't Itch

Seit ungefähr 1975, der genaue Zeitpunkt lässt sich nicht bestimmen, hatten hauptsächlich New Yorker DJs bemerkt, dass das rhythmische und rhythmisierte Hin- und Herbewegen einer laufenden Schallplatte interessante Geräusche erzeugt.[5] Man könnte es als kleine mechanische Bewegung mit einer langanhaltenden Wirkung auf die Wahrnehmung und das Gefüge populärer Musik bezeichnen. Diese Bewegung war keinesfalls in der Nutzanwendung der Schallplatte vorgesehen, Schellackplatten verfügten über keine allzu große Rillentiefe, und der Riemenantrieb von Grammophonen und Schallplattenspielern führte eher zu nudeligen Anlaufgeräuschen, als dass die jeweilige Musik ohne Verzögerung hörbar war. Auch die Nadeln waren dafür anfangs nicht vorgesehen, die Industrie reagierte jedoch auf diesen Bedarf und entwickelte spezielle Nadeln und Abtast-

---

2   Wicke, 1997, zit. nach Fuhr 2006: 23. Zur weiteren zusammenfassenden Begriffsbestimmung von Konzepten Populärer Musik vgl. Fuhr 2006: 20-25.

3   Vgl. hierzu Kleiner 2008: 14-15, sowie 2011: 13-18.

4   In einem solchen – prominent von Knut Hickethier – vertretenen Ansatz schließt eine medienkulturwissenschaftliche Analyse die Ästhetik, die Technik, den institutionellen Charakter und die gesellschaftliche Funktion einzelner Medien, deren Zusammenhang und die Beziehungen zwischen Einzelmedien, auch in ihrer historischen Dimension, und dem Verhältnis zwischen den Medien und Kommunikation mit ein. Vgl. Hickethier 2003: 455.

5   Als Gründungsvater des Scratchens gilt weitestgehend diskussionsfrei Kool DJ Herc. Vgl. Toop 1992, ebenso die Dokumentation von Doug Pray mit Interviewpassagen von 2002.

systeme für den DJ- und Scratch-Gebrauch. Im Wesentlichen gibt es die flachgeformten *Banana*-Systeme und die etwas höheren Head-Shells, beide finden hinsichtlich der Benutzerfreundlichkeit Befürworter und Gegner. Die Nadeln selbst unterscheiden sich im sphärischen und elliptischen Schliff, die dadurch unterschiedlich in der Rille liegen und demzufolge auch unterschiedlich auf die Beanspruchung reagieren.[6] Durch eine relativ simple Steck- und Schraubverbindung können Nadeln und Systeme im laufenden Einsatz relativ schnell und unkompliziert gewechselt werden.

Abbildungen 1+2: Aufliegendes *Banana*-System *Ortofon*, Scratch-Nadel (eigene Quelle)

Es bedurfte von Beginn an einer gewissen Taktilität, um die laufende Platte anzuhalten, sie manuell hin und her zu bewegen und schließlich punktgenau wieder loszulassen. Unterstützt wurde dieses Handling durch untergelegte Filzmatten, die so genannten Slipmates. In der Folge entwickelte sich das technische Umfeld: Noch vor den speziellen Nadeln produzierte beispielsweise die Firma Matsushita ab 1972 einen populären Plattenspieler mit Direktantrieb unter dem Brandnamen *Technics*, den MK II oder SLK 1200/1210, dessen Produktion 2010 eingestellt wurde. Mit diesem Plattenspieler verringerte sich die Anlaufzeit auf 0,5 Sekunden und die Platte konnte bei sich unverändert weiterdrehendem Plattenteller problemlos angehalten werden. Ebenso ließ sich die Geschwindigkeit der einzelnen Platten untereinander angleichen, was den musikalischen Fluss ermöglichte. Im Weiteren bastelten DJs wie Grandmaster Flash an Mixern, um sie den eigenen Anforderungen an das Auflegen anzupassen: Es entstand der Crossfader, ein horizontal eingesetzter Fader im Mixer, der zwei Kanäle miteinander verband.[7] So konnte nun direkt zwischen Kanal eins und zwei gewechselt werden. Das verkürzte radikal den Weg der

---

6   Die Ortofon Scratch Nadel wird seitens des Produzenten folgendermaßen angepriesen: »Wie der Name schon sagt, ist das Scratch speziell fuer die Disziplinen Scratching und Backcueing entwickelt worden. Wie beim Q.Bert hatten bei der Gestaltung dieses Abnehmers DJs das Sagen, so dass es genau auf Tanzflaechen-Koenige zugeschnitten ist. [...] Maximale Scratch-Performance ist natuerlich garantiert!« zit. nach DJ Planet, o.J.

7   Vgl. Toop 1992: 75.

musikalischen Blende um die Hälfte und befreite eine Hand. Die vertikalen Linefader mussten nicht mehr bewegt werden und so entstand ein kreativer Freiraum, der Effekte wie das Scratchen hervorbrachte. Mit einer solchen Weiterentwicklung veränderte sich das technische Handling. Aus dem alleinigen Fokus auf die zu bewegende Schallplatte wird nun durch das integrierende Element des Crossfaders in den Handlungsablauf eine zu koordinierende Bewegung zwischen Schallplatte und Regler. Diese vollzieht sich sowohl synchron als auch asynchron. Dadurch ergeben sich unterschiedliche Hörereignisse, die auf eine variable Gestaltung der Unterbrechungen zurückzuführen sind. Der Fluss des zu Hörenden wird durch die jeweilige Faderbewegung unterbrochen.

2. Performativität und Medialität des Scratchens

Die bisherigen Beschreibungen des Procedere legen eine integrierende Überlegung in bestehende Performativitätskonzepte nahe. Ohne dabei die Theoriegenese und -diskussion hier entfalten zu wollen, zeigt es sich recht deutlich, dass das Handeln und das Ergebnis des Handelns nur über ein Verständnis von Performativität zugänglich sind. Äußerlich greift hier der von Fischer-Lichte als Grundkonstituens von Performativität verstandene Aufführungscharakter.[8] Das heißt, es wird vorerst von einer Live-Situation ausgegangen, in der erstens der Scratch in einer Live-Situation durch Handeln entsteht und ein zweitens sich der Handelnde – zumeist ein DJ – vor einem Publikum befindet und Musik auflegt. In einer solchen Situation bemisst sich die Augenblicklichkeit der Aufführung an der situativen Gegebenheit durch das Publikum und der Inszenierung des DJ-Handelns. Die Aufführung wird damit ein Teil der (Gesamt-)Ausführung, die im Sinne des Wortes wirklichkeitskonstituierend ist. Das Scratchen als Handlung ist im Moment der Ausführung Teil einer komplexen Performance. Diese konstituiert sich im gesamten Handlungssetting performativ. Das bedeutet, dass nicht alles, was geschieht, per se performativ ist, sondern lediglich der Handlungsteil des Settings, der zur Konstitution einer spezifischen Wirklichkeit beiträgt.[9] Der hör- und wahrnehmbare Scratch ist für den Hörer dann das Handlungsresultat und steht in Beziehung zu dem bereits zu Hörenden und dem noch nicht Hörbaren.

Wird vom Scratch über das Ergebnis einer performativen Handlung hinaus von einer materialen Manifestation gesprochen, so bieten sich zwei Differenzierungsebenen an: ei-

---

8   Mit einschränkendem Bezug auf die Theateraufführung: »Was immer Akteure tun, es hat Auswirkungen auf die Zuschauer, und was immer Zuschauer tun, es hat Auswirkungen auf die Akteure und die anderen Zuschauer. In diesem Sinne läßt sich behaupten, daß die Aufführung von einer selbstbezüglichen und sich permanent verändernden *feedback*-Schleife hervorgebracht und gesteuert wird. Daher ist ihr Ablauf auch nicht vollständig planbar oder vorhersagbar.« Fischer-Lichte 2004: 59, Herv. i.O.

9   Searle formulierte bezüglich sprachlicher Äußerungen den expliziten Unterschied zwischen *performance* und *performative* folgendermaßen: »[...] tough every utterance is indeed a performance, only a very restricted class are performatives.« Searle 1989: 536, zit. nach Hempfer 2011: 14.

nerseits ein technischer und andererseits ein inhaltsanalytischer Zugang. Formalästhetisch gelangt man dann relativ schnell zu einer Beschreibung von Scratchen und den Differenzen in der Ausführung und in der auditiven Wahrnehmung. Hinsichtlich der Wahrnehmung eines Scratches ist es für einen Laien allerdings relativ schwer, ohne konkretes Vokabular ein deskriptives oder gar kontextualisierendes Verständnis im Sinne eines Erkennens und einer technischen Zuschreibung („Ah, das war jetzt ein *Flare*....") für einen Scratch zu bekommen. Vielmehr greift im Sinne einer wahrnehmbaren Form ein ästhetischer Aspekt, der sehr viel stärker zwischen angenehm und unangenehm pendelt und dem sich alle anderen Zuschreibungen weitestgehend unterordnen bzw. ableiten: Lautstärke, Können des DJs, Verweisstruktur über Zitat erkennen, die Dialogstruktur in Verbindung mit dem MC oder ›nur‹ den performativen Akt, der als Konsequenz zu der Aufforderung »Scratch at will« gesehen werden kann.

Eine solche Wahrnehmungsweise des Scratchens zielt nicht auf die rationale Erfahrung einer dadurch konstituierten Klangwirklichkeit. Die Wahrnehmung des Publikums lässt den Schluss zu, dass das performative Hervorbringen des speziellen Klangs wirklich ist, allerdings kann es nicht auf das ›Wie‹ des Hervorbringens schließen, sondern nur phänomenal auf das ›Was‹. Im Prozess des performativen Hervorbringens ist zugleich ein wirklichkeitsverändernder Aspekt eingeschlossen. Der Ton, das Geräusch, das Wort wird im Moment der Reproduktion in seiner reproduzierenden potentialen medialen Wirklichkeit verändert. Wird beispielsweise ein Wort gescratcht, dann vollzieht sich im Scratch eine Transformation vom reproduzierten verständlichen Ganzen (des Wortes) zur geteilten, verzerrten, rhythmisierten, gedehnt unverständlichen Wiedergabe (des Wortes), die sich dann in die rezente musikalische Struktur einfügt bzw. einfügen kann. Der Sprecher des Originals wird durch die mediale Verfügbarkeit seiner Aussage im Reproduktionsprozess grundsätzlich der Autonomie seines Sprechens beraubt. Durch die Schallplatte und dem Setting der technischen Reproduzierbarkeit ist es dem DJ gegeben, die Aussage wirklichkeitsverändernd zu (re-)produzieren. Innerhalb dieses Prozesses wird das bereits Gesagte durch den manuellen Zugriff des DJs und seiner performativen Praxis neu konstituiert und damit ästhetisch als etwas Anderes wahrnehmbar. Dies stellt eine Form des Gebrauchs der Schallplatte als einer manifesten medialen Äußerung dar, die Michel de Certau bereits modellhaft für die Sprache vorgelegt hat: »Diese Elemente (realisieren, aneignen, sich in die Relationen einschreiben, sich in die Zeit einordnen) machen aus der Äußerung und sekundär auch aus dem Gebrauch einen Knoten von Umständen, eine unauflösliche Verknüpfung mit dem ›Kontext‹, von dem sie abstrakt getrennt werden. Untrennbar vom gegenwärtigen *Augenblick*, von den *besonderen* Umständen und von einem *Tun* (Sprache produzieren und die Dynamik einer Relation modifizieren) ist der Sprechakt ein Gebrauch *der* Sprache *mit* der Sprache.«[10] Für das Scratchen bedeutet das die Suche nach scratchfähigem Material, den permanenten Prozess der Aneignung, der sich im Üben und Trainieren widerspiegelt, das Finden von musikalischen Zwischenräumen für Scratches, die sich zudem in einer musikzeitlichen Relation befinden. Scratchen ist demnach der Gebrauch der Schallplatte mit

---

10 Certeau, 1988: 84.

der Schallplatte. Der Gebrauch führt über seine Wiederholung zu einer Verfestigung, die schließlich in Konventionen eines Systems münden.[11]

Durch den performativen Vollzug und die Handlungsautonomie des DJs wiederum lässt sich eine performativ konstituierte tendenzielle Entgrenzung des musikalischen Moments beobachten. Es liegt – im Sinne des Wortes – in der Hand des DJs und seiner Kompetenz, wie weit und wie lange er dieses Spiel treiben kann. Sein Handeln ist demnach für den Moment der musikalischen Reproduktion wirklichkeitsverändernd und hebt die Fixierung der Musik in einem zeitlichen Verlauf tendenziell auf. Die Nadel kommt als äußerer Risikofaktor ins Spiel, da diese aus der Rille springen kann. Wenn dies passiert, ist die Performance – zumindest kurz – unterbrochen und es liegt in der situativen Entscheidungsgewalt des DJs weiterzumachen oder die Performance zu beenden. Eine solche Performance setzt sich aus fixen kombinierbaren Fragmenten zusammen, die in Variationen wiederholbar sind und zugleich auch Anschlüsse ermöglichen. Diese Wiederholung setzt die lineare Fortführung des Scratch-Materials außer Kraft und wird dem vorgegebenen Rhythmus – in der Imagination des DJs und des zu hörenden – unterworfen.

Der DJ als Akteur einer spezifischen Praxis ist in ein triadisches Verhältnis eingebunden: Er verhält sich zu der zur Verfügung stehenden Technik, zu seinem Handlungswissen und zum zu scratchenden Material. Damit ergibt sich eine Dreiheit, die ganz eigene Bestimmungsverhältnisse aufweist: das zu scratchende Material ist lediglich in seiner Möglichkeit bestimmbar. Die Realisation lässt sich in der Tat nur im performativen Vollzug wahrnehmen und beobachten. Der Scratch selbst erfährt einen transitorischen Seinsmodus, indem er im Moment seiner Produktion wieder verfliegt – außer er wird aufgezeichnet, die Aufzeichnung wäre dann jedoch nicht mehr performativ, sondern konstatierend. Über Handlungsroutinen und Wiederholungen wird der Scratch wiederholt hör- und damit erfahrbar. Mit seinem transitorischen Dasein im Moment der Produktion verweist der Scratch auch auf ein fundamentales Problem in Bezug auf seine Medialität. Das Wahrnehmen des Scratches überdeckt die Tatsache seiner flüchtigen Existenz, die sich im Moment der Aufführung auflöst. Der Scratch befindet sich in direkter Abhängigkeit zu der Performativität der Handlung, da diese im Vollzug zugleich den propositionalen Prozess mit sich trägt. Hieraus ergibt sich ein wechselseitiges Bedingungsgefüge – die Performativität des Scratchens verweist auf den Scratch und vice versa.

Zwei Aspekte zeigen sich hierbei: Die Vermittlung funktioniert nach wie vor primär über die eigene Erfahrung, die (über Tutorials fremdgeleitete) Aneignung und das Training. Seit Mitte der 1990er Jahre gibt es Meisterschafts- und Lehrvideos, anhand derer Scratchen in kleinste Einheiten geteilt und durch die Wiederholbarkeit lernbar wird.[12] Gerade die zu

---

11 Dieser legt Hartmut Winkler eine »dialektische Vorstellung« von »performativer Einzeläußerung und Systembezug« zugrunde, die wiederum beide wechselseitig und »zyklisch aufeinander bezieht«: »Insofern der Äußerungsakt Wiederholung ist, was Austin selbst für die Performative zugesteht, und Wiederholung in Konventionalisierung, und somit in Kodifizierung mündet, ist es die Wiederholung selbst, die den Code nährt.« Winkler 2004, 228.

12 Beispielsweise die 2004 erschienene DVD *Various Artists - Scratch DJ Academy presents Semes-*

Beginn der 1990er sich etablierenden Meisterschaften – als bedeutendste sind die DMC und *Vestax* zu nennen – lassen sich als wettbewerbsorientierte Bemessungsgrundlage verstehen, die das technische Können, die Variabilität, die Varianz und der Stil zugleich als einen möglichen Standard definieren. Über das Internet und Portale wie Youtube ist die Anzahl solcher Tutorials weiter exponentiell angewachsen.[13] Damit reiht sich die Vermittlung in die orale Kultur des Hip Hop ein. Zweitens ist das jeweilige Scratch-Tool individueller Ausdruck eines DJs. Es gibt zwar eine überschaubare Anzahl an fixen Scratches, diese werden jedoch unterschiedlich gekonnt, ausgebaut und kombiniert. Dieses Set an mittlerweile klar beschriebenen und definierten Scratches repräsentiert schließlich die dritte Ebene der Verhältnisse, indem es als Bezeichnetes auf die auditiv und visuell wahrnehmbaren Möglichkeiten des Scratches verweist. Dieser Verweis steht zudem in seiner Relation zwischen menschlichem Können und technischen Kapazitäten.

Prinzipiell lässt sich jeder Ton, der auf Schallplatte reproduzierbar ist, auch mit jener modulieren. Das bedeutet, dass es in der analogen Zeit noch eine substantielle Eingrenzung gab – nur das, was auch tatsächlich auf Schallplatte gepresst wurde, ließ sich scratchen. Im Umkehrschluss bedeutete das, dass jeder Scratch auf seine Medialität verwies, denn er konnte nur vermittels einer Schallplatte produziert worden sein. Mit dem umfangreichen Prozess der Digitalisierung löste sich diese Einschränkung auf, denn mit DJ-orientierten Computerprogrammen wie beispielsweise Traktor, Final Scratch und anderen, kamen zugleich Analog-Digital-Wandler auf. Diese machen mittlerweile eine materielle Bindung des Tons an die Schallplatte nicht mehr notwendig. Das zu scratchende Material existiert nun neben seiner nach wie vor bestehenden analogen Form ebenso als diskrete Information im Dateiformat auf Festplatten. Durch die Wandlung des digitalen Signals auf die Schallplatte wird selbige zur funktionalen Hülle des digitalen Audiosignals. Die Schallplatte ist damit nicht mehr der originäre Datenträger, sondern der Mittler, der die Modulation der digitalen Information ermöglicht. Das zeigen neuere Entwicklungen wie die die scratchfähige Handhabung von mp4-Dateien, bei denen die Software Audio- und Video-Daten in Echtzeit verarbeitet.

Systematisierende Zugriffe

Im Folgenden wird die Ebene der Live-Performance verlassen, um Scratches als ein manifestes Ergebnis zu betrachten, die sich in der populären Musik finden lassen. Werden nun Scratches zu einem Bestandteil populärer Musik – und das ist seit 1982 mit Grandmaster Flashs *Adventures oft the Wheels of Steel* ein klar zu beobachtender Befund[14] – hat das auf den ersten Blick zwei wesentliche Konsequenzen. Durch die Aufnahme bei der

---

ter 01, von Rough Trade Distribution GmbH, auf der verschiedene DJs Einblicke in ihr Können zeigen.

13 Bei einer bewusst unscharf gehaltenen Stichworteingabe „Scratch" gab allein YouTube im Dezember 2011 ca. 319000 Ergebnisse an.

14 Vgl. hierzu Rappe 2010: 161-167.

Songproduktion wird der Scratch in seiner Medialität für ein disperses Publikum rezipierbar und reproduzierbar. Daraus erwächst das Potential akustischen Lehrmaterials, das wiederum als Rückkopplungsschleife Eingang in die Praxis des Scratchens findet. Die zweite Konsequenz berührt den Charakter populärer Musik. Indem der Scratch zu einem Bestandteil dieser wird, zeigt sich die potentielle Veränderbarkeit eines popmusikalischen Selbstverständnisses. Es gibt keine genrespezifische Einschränkung der Praxis, sondern vielmehr zeigen sich musikalisch die Möglichkeiten der Integration. Wenn also auch bei Rockmusik oder Techno gescratcht wird, dann ist diese Praxis keine ausschließliche der Hip-Hop-Musik mehr.

Eine inhaltliche Differenzierung des Scratch-Materials ergibt sich auf den ersten Blick durch eine Trennung der ‚akustischen Gegenstände', also das, was letztlich hörbar gemacht wird. Diese sind bereits dekontextualisiert, indem es sich um Samples, also Versatzstücke von Songs, Instrumental- oder Gesangsparts, Geräuschen und Tönen handelt.[15] Letztere beinhalten bspw. Sinustöne, die in der Tonhöhe moduliert werden, ebenso einzelne Elemente eines Beats, wie Bassdrum, Percussion, Hi-Hat etc. Eine erste systematisierende Unterteilung des Scratch-Materials bewegt sich demnach inhaltlich auf einer horizontalen Ebene, indem phänomenal zwischen den akustischen Gegenständen unterschieden wird. Eine weitere Differenzierung betrifft die Verortung eines Scratches innerhalb eines Songs und zeigt so eine mögliche strukturelle Positionierung. Der Scratch kann:

- den Titel einleiten, als Intro fungieren
- nach dem Intro den Auftakt für den Beat geben
- (Grund-)Bestandteil des Beats sein, indem der Beat als ein Sample regelmäßig wiederkehrend gescratcht wird oder als Scratchsample wiederkehrt
- während der Strophe mit textlichem Input unterbrechen
- auf eine (textuelle) Aufforderung reagieren
- innerhalb der rhythmischen Gesamtstruktur einzelne Teile verbinden
- Bestandteil der Bridge oder die Bridge selbst sein
- Bestandteil des Refrains oder der Refrain selbst sein
- den Titel beenden.

Aus einem solchen systematisierenden Zugriff heraus, der lediglich einen Song in seiner Struktur betrachtet, lassen sich nun verschiedene inhaltliche Funktionen des Scratches herausarbeiten und bestimmen. Sind diese nun subversiv-kritisch, ästhetisch-aufwertend, verbindend oder narrativ angelegt, indem sie selbst etwas erzählen? Ein einzelner oder kombinierter Scratch könnte formal eine Referenz an die »Scratch-Geschichte« sein oder das gescratchte Sample ergänzt inhaltlich den Text. Indem ein Scratch auf eine textliche Aufforderung reagiert, steht er zugleich in einem Call-Response-Modus, der selbst gerade innerhalb des Gospels, des Rhythm and Blues sowie des Souls eine lange Tradition hat. Insoweit wird im konkreten Handlungsvollzug technisch eine Tradition wie die des

---

15 Vgl. hierzu den Beitrag von Malte Pelleter in diesem Band.

Songifyin' auf musikalischer Ebene oder des *Signifyin'* auf der Gesangs- und Inhaltsebene aufgegriffen und fortgeführt.[16] Diese Funktionen sind selbst nur selten einzeln und trennscharf vorhanden, sondern überlagern sich. Mit einer solchen Systematik lassen sich im Weiteren die bestehenden musikalischen Strukturen diskutieren. Es lässt sich fragen, ob durch die Platzierung des Scratches die Strukturen ornamental bereichert oder gar destruktiv aufgelöst werden.

Ein Scratch lässt sich in Bezug auf die Einordnung in das komplexe musikalische Gefüge eines Songs wahrnehmen. Wird beispielsweise nicht auf eine halbe Note, sondern auf eine 32tel Note gescratcht, ergibt sich in der Wahrnehmung eine Dynamisierung des Rhythmus' durch eine gefühlte Geschwindigkeitssteigerung. Das kommt einer Stärkung des Rhythmusgefüges gleich und so lässt sich von einer integrativ-unterstützenden Funktion sprechen. Dies ist ebenfalls der Fall, wenn Vokal-Scratches die Aussage der Strophe oder Teile davon im Refrain oder auch unmittelbar aufnehmen und dann im Sinne eines Call-Response-Arrangements wahrnehmbar sind. Arbeitet er gegen den Rhythmus, dann lässt sich eher von einer kontrapunktische Funktion sprechen.

Aus dieser Funktionalität des Plattenabspielens – einem systemisch verstandenen Zusammenspiel von Subjekt, Schallplattenspieler und Schallplatte – entwickelte sich bis zum Ende der 1990er Jahre eine ausgefeilte «Scratch-Sprache» mit einer eigenen Syntax. Diese verfügt mittlerweile nicht nur über Notationen, sondern findet bereits seit Mitte der 1990er Jahre als Turntablism weltweite Verbreitung.[17] Die untenstehende Abbildung zeigt einen Ausschnitt aus einem Transkriptionssystem, das um 2000 entstand. Visuelle Verlaufsformen sollen die Dynamik und die Möglichkeiten zur Vielfalt nicht nur darstellen, sondern auch über eine ›artifizielle Präsenz‹ (Lambert Wiesing) außerhalb des Moments der Ausführung und Aufführung zugänglich machen. Nach verschiedenen Parametern werden die Dauer, das Auf- und Absteigen der Tonhöhe, die Scratchart, Modifikationen des Standards zeichenhaft festgelegt und reproduzieren visuell das Gehörte. Das hörbare Resultat des Tuns wird in eine abstrakt-visuelle Reproduzierbarkeit überführt, die durch ihre Lesbarkeit eine andere Imagination und Kompetenz erfordert. Das Erfassen und Verstehen des auditiven Hörereignisses unterliegt hier einem Transformationsprozess. Der Scratch wird segmentiert und die einzelnen Segmente, deren zeichenhafte Fixierung arbiträr ist, sind »die Korrelation eines Signifikanten mit einer Einheit (oder einer Hierarchie von Einheiten), die wir als Signifikat definieren«.[18]

---

16 Vgl. hierzu ausführlich Rappe 2010.

17 Vgl. http://www.ttmethod.com/ Der Begriff des Turntablism geht auf DJ Babu Mitte der 1990er Jahre zurück. Vgl. Pray 2001.

18 Eco 1977: 167.

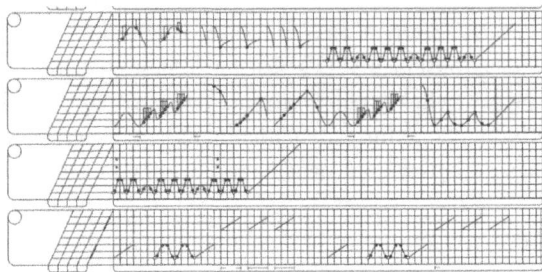

Abbildung 3: Beispielscratches nach der Transkriptionsmethode der TTM[19]

Die Intension dieser Transkriptionsmethode besteht demnach darin, das nach Gehör
Angeeignete aufschreibbar zu machen und dem zu hörenden Scratch ein lesbares Zeichen zuzuordnen analog zu Notationssystemen in der Musik. Allerdings ist dies für den
praktizierenden DJ umständlich, denn das setzt die Reflektion und die Reproduktion der
Routine voraus und ignoriert den performativen Anteil im Prozess der Aufführung. Dieser steht in seiner Substanz für sich, denn es ist in einer solchen improvisierten Routine –
analog zu Jazz-Sessions – nicht immer im Vorfeld klar, was passieren kann und wird. Ist
die Routine schließlich als Routine reproduzierbar, gehört sie zum Bestandteil der beherrschten und zur Verfügung stehenden Techniken und muss nicht mehr zwangsläufig
notiert werden. In der Praxis finden sich dementsprechend auch nur wenige Beispiele der
konsequenten Anwendung dieses Notationssystems.

Scratchen führt zu einer Ausdifferenzierung innerhalb der Statusgruppe DJ, denn nicht
jeder DJ scratcht. Im Umkehrschluss heißt das auch nicht, dass derjenige der scratcht
zugleich auch so souverän im Club auflegen kann.[20] Das liegt zum einen am Handling,
dem je eigenen technischen Bemühen, des Selbstverständnisses des eigenen Tuns und der
zu investierenden Zeit, zum anderen jedoch, und das ist deutlich höher zu bewerten, an
der entsprechenden Musikrichtung. Scratchen als Praxis ist ziemlich eindeutig mit Hip
Hop konnotiert und über entsprechende Schnittmengen und Wechselverhältnisse in der
Genrekonvergenz der letzten Jahre zwar auch in anderen musikalischen Genres wieder-
zufinden, jedoch ergibt sich das nicht aus dem Selbstverständnis der jeweiligen Musik.
Scratchen ist demzufolge als eine Kompetenz zu betrachten, die durch ihre Performativität das Handlungsrepertoire des DJs erweitert.

Wie bisher deutlich wurde, inkludiert das Scratchen spezifische Wissensformen, die
in Routinewissen übergehen und sich doch – durch weiteres Training – weiter modifizieren. Das berührt zum einen die Praxis des Scratchens in der Form der Weiterführung
einer spezifischen DJ-Tradition und zum anderen den Scratch als Gegenstand. Damit

---

19 Screenshot: http://www.ttmethod.com/TTMv1_Eng.pdf

20 Hierzu der britische DJ Norman Jay: »Ich bin in erster Linie ein Mann der Musik und kein
    Techniker. Das sind auch die beiden Extreme, zwischen denen sich die DJ-Kultur abspielt:
    manche können nicht mal die Anlage vernünftig einstellen, doch dafür haben sie großartige
    Platten. Andere wiederum mixen, scratchen und tricksen wie die Weltmeister und spielen da-
    bei Scheißmusik.« zit. nach Niemczyk/Schmidt 2000: 61.

kann das Scratchen terminologisch als eine kulturelle Praxis verstanden werden, die einen Effekt auf das historisch kontingente und sich im weiteren Verlauf verfestigende Zusammenspiel von Mensch, Technik und speziell von Medien darstellt. Diese Praxis wird diskursiv – und damit beobachtbar und gegenständlich – verstanden als Handlung, Geste und Technik, die einen Prozess der Normalisierung durchläuft.[21] Ein solcher Zuschnitt erlaubt, Scratchen als kulturelle Praxis neben anderen Praxen zu verorten, ohne dass sich aus der ergebenden Vielzahl und Heterogenität kultureller Praxen ein Hegemonieanspruch einer einzelnen innerhalb eines Gefüges medialen Handelns ableiten lässt.

3. Komplexitätssteigerung – Digitalisierung und DJ-Teams

Die strukturelle Orientierung beim Scratchen liegt in der populären Musik zumeist beim Vierviertakt, um einen Anfang anvisieren und ein Ende realisieren zu können. Die ersten Scratches wie der Baby-Scratch waren durch eine einfache Vor- und Rückwärtsbewegung recht simpel strukturiert. Durch die Steigerung des Tempos von beispielsweise vier Vor- und Rückbewegungen auf 16 Bewegungen innerhalb eines Taktes und das genaue Einhalten der rhythmischen Grundfigur steigert sich bereits in der Anfangszeit die Komplexität hinsichtlich des Timings, der zu koordinierenden manuellen Bewegungen und einer konvergierenden Wahrnehmung. Der Punkt der konvergierenden Wahrnehmung zielt darauf, dass der DJ beim Scratchen auf das hören muss, was bereits hörbar ist und das, was noch nicht zu hören ist. Der DJ hat sich kognitiv vorzubereiten und vorzuarbeiten, um dem Rhythmus, dem Takteinsatz, der Harmonie, der eigenen Routine entsprechen zu können. Beim Baby-Scratch kamen mögliche Betonungen durch auf- oder absteigende Triolen hinzu. In der rhythmischen Wiederholung eines solchen Scratches findet sich die Figur der Kadenz wieder, die wiederum einen Hinweis auf sich wiederholende Scratch-Muster gibt.[22] Eine weitere Steigerung lässt sich in der Kombination von Einzelscratches beobachten. Werden diese bei einer Live-Performance so verdichtet, dass im Moment des Scratchens von der Musik nichts mehr zu hören ist, ist eine weitere Stufe der Komplexitätssteigerung erreicht. Was heißt das konkret? In einer Phase des verdichtenden Scratchens übernimmt das akustische Ereignis Scratch erst durch die Imitation die laufende rhythmische Grundfigur und löscht diese schließlich aus. Sie wird durch den Scratch ersetzt.

---

21 Zur Auseinandersetzung von Medium, Technik und Kultur und deren Zusammenfließen im Terminus *Kulturtechniken* führt Erhard Schüttpelz mit Bezug auf Marcel Mauss und Lévi-Strauss Folgendes aus: »Techniken ›téchnai‹ sind durch Anweisungen, Nachahmungen und Training lernbare und lehrbare nützliche Praktiken jeder Art, bei denen man weiß, was man tut und bei denen man tut, was man weiß, ohne sie außerhalb ihrer Nützlichkeit begründen zu müssen oder zu können, seien sie materielle, verbale, mediale oder rituelle Techniken.« Schüttpelz 2006: 90.

22 In einem filmischen Zusammenhang sprach Marcus Stiglegger von der performativen Kadenz, eine überlegenswerte und ausbaufähige Terminologie, die hier in einem analogen Übertrag durchaus angebracht scheint. Vgl. Stiglegger, Marcus 2011: Augen/Blick. Überlegungen zum Motiv des Auges im Film. In: Rabbit Eye. Zeitschrift für Filmforschung. http://www.rabbiteye.de/2011/3/stiglegger_auge.pdf

Eine Verdichtung ergibt sich hier durch die Reihung und Variation von Scratch-Techniken in einer relativ kurzen Zeit, deren Abfolge in den meisten Fällen in einem Viervierteltakt eingebunden ist. Trotz einer hohen Verdichtung bleibt die vertikale Schichtung in der herkömmlichen Verwendung eines DJ-Sets – zwei Plattenspieler und ein Mischpult – überschaubar, denn es wird über die laufende Musik zumeist nur ein Sample nach dem anderen gescratcht. Diese vertikale Überschaubarkeit verschwindet tendenziell durch die Verwendung von DJ-Software, denn diese ermöglicht nun im Mehrspurtonverfahren eine Montage verschiedenster Sound-, Musik- und Sprachsamples, die im weiteren Verlauf mit verschiedenen Effekten bearbeitet werden können.

Der unten stehende Screenshot zeigt den Anfang eines Mixtapes von DJ Primetime aus Halle/Saale aus dem Jahr 2010. Mixtapes sind seit langer Zeit Visitenkarten von DJs, auf denen sie nicht nur aktuelle Musik vorstellen, sondern zugleich ihre Virtuosität im Umgang mit den Platten zeigen. Damit sind sie unter anderem auch – zumindest vor der kommerziellen Zweitverwertung ab Mitte der 1990er Jahre über CDs und Mix-Schallplatten – begehrte Sammlerobjekte innerhalb der Kassettenkultur und finden als Präsentationsform eine quantitative und qualitative Zunahme im digitalen Zeitalter.[23] Das vorgestellte Beispiel umfasst lediglich die ersten zwei Minuten des digitalen ‹Mixtapes› und es zeigt auf acht Spuren die Verwendung von insgesamt 48 verschiedenen Samples. In der Abbildung werden die Überlagerungen deutlich, die aufgrund ihrer Kürze und Dekontextualisierung nicht ohne das entsprechende Wissen um den Originalzusammenhang eingeordnet werden können. Zudem stößt hier die kognitive Verarbeitung aufgrund der sehr hohen Dichte an ihre Grenzen. Inhaltlich ist das Intro hochgradig selbstreferenziell, in mehrfachen Variationen aus unterschiedlichsten musikalischen und vokalen Versatzstücken geht es um den DJ, den Mixtapenamen ›Come Clean 6‹ sowie um die Party. In einem analogen Verständnis von linearen Mixen und Scratchen ist das nicht zu realisieren. Allein das dafür notwendige Handling – innerhalb des laufenden Prozesses die Platte zu wechseln und die passende Stelle des nächsten Samples zu suchen – verdeutlicht die gestiegene Komplexität auf der vertikalen Ebene. Denn beim Hören werden der eklektizistische Charakter des Mixes und die Montage keineswegs kaschiert, sondern überaus wahrnehmbar und virtuos herausgestellt. Allerdings bemisst sich die reflektierende Dekonstruktion am jeweiligen Wissensstand und der Merkfähigkeit des Hörers. Damit wird die Geschlossenheit eines Titels prinzipiell aufgehoben und über den Scratch als verbindendes Element innerhalb des Gesamtgefüges im Mix neu konstituiert. Das bedeutet, dass die eingesetzten Versatzstücke in ihrer Verwendung einem performativen Handeln im Sinne eines wirklichkeitsverändernden Handelns unterliegen, die Speicherung und Montage jedoch diese Versatzstücke in eine Performance integrieren. Diese weist dann performative Elemente auf, die Performance selbst ist nicht mehr performativ.

Das kompositorische Moment steht hier in Abhängigkeit zu den zur Verfügung stehenden Samples, die dann mittels der Handlungskompetenz des Scratchens miteinander verbunden werden. Die Komplexität insbesondere der hier vorgestellten zwei Minuten Intro, die exemplarisch für den Mix und weitere Mixe stehen, ermöglicht einen Hörgenuss, dessen Potential in

---

23 Vgl. hierzu aktuell: Adrian Johns: Die Moral des Mischens. Audiokassetten, private Mitschnitte und ein neuer Wirtschaftszweig für die Verteidigung des geistigen Eigentums. In: Zeitschrift für Medienwissenschaft 6, 1/2012, S. 17-35.

der Wiederholbarkeit des zu Hörenden liegt. Denn aufgrund der kognitiven Wahrnehmungs- und Aufmerksamkeitsgrenzen werden iterativ Neuentdeckungen von Elementen möglich, die beim vorherigen Hören überhört wurden. Das ist ebenso für eine spezifische Rezeptions- situation zu berücksichtigen, in der das in der Abbildung sichtbare Programm visuell nach- vollzogen wird und so ein Wechsel zwar sichtbar, jedoch nicht sofort hörbar gemacht wird.[24] Eine solche Arbeitsweise erinnert stark an Mashups und zeigt eine neue Herangehensweise an die Bearbeitung, Veränderbarkeit und die Produktion von Musik. Das Neue hieran liegt grundsätzlich nicht in der möglichen Veränderung und Bearbeitung von musikalischem Ma- terial sondern sehr viel mehr in der potentiellen Streuung des medientechnischen Angebots und der Senkung von Zugangsbeschränkung respektive Hemmschwellen durch anwender- freundliche Interfaces. Das befördert und steigert eine Produktivität, insbesondere bei nach- wachsenden Generationen, für die Digitalisierung, rechnergestützten Umgang mit medialen Angeboten und eigenständige Distribution im Internet tendenziell selbstverständlich sind.[25]

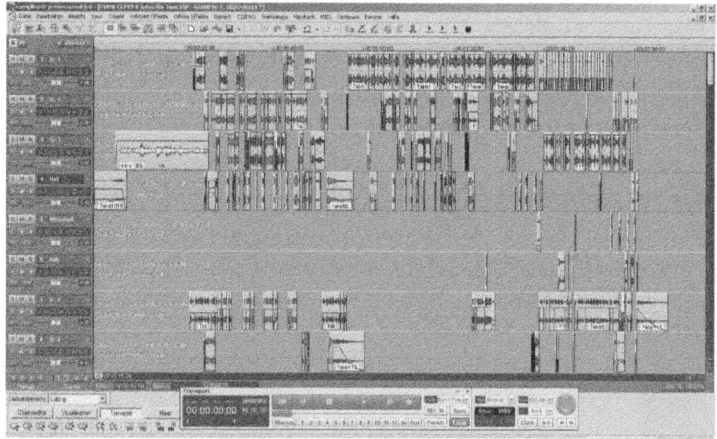

Abbildung 4: Screenshot DJ Primetime *Come Clean 6* (Quelle: DJ Primetime)

Eine andere Form der Komplexitätssteigerung findet sich in den sich Mitte der 1990er Jahre entstandenen DJ-Teams wie den britischen *Scratch Perverts* oder den US-amerika- nischen *Invisible Scratch Picklz*, die ihr Programm bereits im Namen tragen. Diese Teams sind Zusammenschlüsse von DJs, die nicht mehr daran interessiert sind, das Scratchen als ornamentales Element innerhalb einer Live-Show oder beim Auflegen im Club zu

---

24 Eine empirisch zu belegende Vermutung ginge in die Richtung, dass für den Rezipienten die Wahrnehmung des Scratches im Mix durchaus noch performativ ist, im Gegensatz zum DJ als den ›Macher‹.

25 Der BITKOM-Studie vom November 2010 Jugend 2.0 zufolge trauen es sich mittlerweile 28 Prozent der Jugendlichen zwischen 10 und 18 Jahren selbst zu, am Computer Filme zu schnei- den. In der Binnendifferenzierung der Studie liegt der Anteil der 16-18-Jährigen bei 49 Pro- zent, die Filme schneiden. 21 Prozent können nach Eigenaussage Musik komponieren. Vgl. BITKOM 2011, S. 17.

betrachten, sondern die Eigenständigkeit des Scratchens als Kunstform herauszustellen.[26] Beim Auftritt als Kollektiv werden von jedem DJ einzelne Samples bearbeitet, die im Zusammenspiel zu rhythmischen und musikalischen Strukturen konvergieren, indem sich Parameter wie Takt, Melodie, Kadenzen etc. wiederfinden lassen. So ist beispielsweise ein DJ für den Bass, der zweite für die Percussion, der dritte für das Hi Hat, der vierte für Word-Cuts etc. verantwortlich. Jedes einzelne Sample unterliegt der Performativität im Sinne einer Ausführung, die innerhalb derselben wiederum in ein kollektives Zusammenspiel der einzelnen DJs überführt wird. Aus einer solchen Handlungsweise entwickelte sich ein Bedürfnis nach verdichtetem Scratch-Material, denn diese arbeitsteilige Performance ermöglichte für jeden einzelnen Akteur die Konzentration auf Vielfalt, die jedoch durch den ständigen Wechsel der Schallplatte zeitlich eingeschränkt war. Es entstanden ›besondere‹ Schallplatten, die genau auf dieses Bedürfnis der DJs reagierten, bereits kompiliertes Scratch-Material verwenden zu können. Auf diesen dann ab Mitte der 1990er Jahre zahlreich erschienenen Platten fanden sich ausgesuchte Instrumentals und unterschiedlich lange Parts, auf denen scheinbar wahllos Geräusche, Breaks, Samples, Wortfetzen und Phrasen ohne Pause hintereinander weg zusammengestellt waren.[27] Diese ermöglichten nun einen horizontal verdichtenden Übergang von einem Scratch zum nächsten, da die Schallplatte für das nächste Sample nicht mehr gewechselt werden musste.

Eine der bekanntesten Schallplatten aus dem Jahr 1996 zeigt die nachfolgende Abbildung, die zugleich auch den offen zur Schau getragenen Unernst mit Autorschaft abbildet. Es erscheint kein zuweisbarer Klarname, der Comic-Strip ironisiert den DJ-Status und untertitelt wird die Platte mit »Manipulated by the turntablist for soundtoucher Productions«.

Abbildungen 5+6: Plattencover *Superduckbreaks ... The Saga begins* (eigene Quelle)

---

26 Interessanterweise bestand hier bei einigen DJs das Motiv, selbst Platten mit den kompositorischen und performativen Techniken des Scratchens aufzunehmen, wie beispielsweis die X-Ecutioners mit ihrer ersten LP *X-Pressions* von 1998 und weiter folgenden Platten.

27 Ein sehr frühes Beispiel dafür ist die Maxi-Single *Last night a DJ saved my live* (1983, Indeep), auf deren B-Seite sich einige wenige Elemente des Songs, wie das Telefonklingeln extrahiert auf einem Extra-Part befanden.

4. Transformationen als performative Aneignungsprozesse

Eine Transformation kann als Indiz für einen Prozess der Normalisierung und der – möglicherweise kritischen – Auseinandersetzung mit einem Gegenstand betrachtet werden. Wenn das Neue nicht mehr als neu sondern als (selbst-)verständlicher Bestandteil des Handelns verstanden wird, entstehen Variationen, die das ehedem Neue als Referenz tragen oder semantisch neu aufladen. Zugleich können Transformationen und die darin erkennbaren Aneignungsprozesse auch ein Hinweis auf die Attraktivität des Ausgangsgegenstandes sein.[28] Auf das Scratchen und den Scratch bezogen hieße das, dass der ursprünglich eng gefasste Kontext des medialen Handelns verlassen wird und sich Scratches in anderen sozialen, technischen und kulturellen Bereichen wiederfinden lassen. In der Tat lassen sich derartige Transformationen beobachten, für die hier zwei Beispiele etwas näher ausgeführt werden sollen.

Die neuen Generationen der Smartphones, deren Funktionen über ein Touchpad aktiviert werden, verfügen auch über ein stetig wachsendes Speichervolumen und die dafür notwendige Prozessorgeschwindigkeit. Insoweit ist in den letzten Jahren für das Handy eine Medienkonvergenz beobachtbar geworden und die Applikationen, anwenderorientierte Kleinstprogramme zur persönlichen Verfügung, sind inzwischen zum alltäglichen Bestandteil der Handynutzung geworden.[29] Interessanterweise finden sich dann auch Anwendungen, die außerhalb der Softwareanwendung nur scheinbar eine relativ enge Nutzergruppe anzusprechen scheinen. Neben kostenpflichtigen gibt es auch kostenlose Applikationen, wie die in der Abbildung aufgeführte *Async BabyScratch*-App. Diese führt als Referenz den oben beschriebenen ersten Scratch im Namen und simuliert im Arrangement einen Plattenspieler mit aufgelegten Tonarm sowie einem Crossfader.

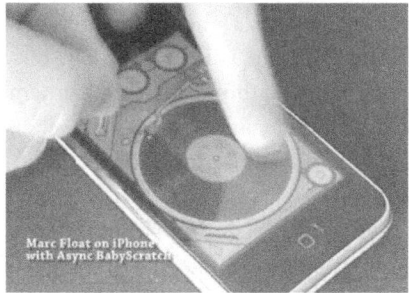 

Abbildungen 7+8: *iPhone*-App *Async BabyScratch* und Erweiterung für das *iPad* (Quelle: *YouTube*)

---

28 Vgl. hierzu aktuell: Thomas Düllo 2011: Kultur als Transformation. Eine Kulturwissenschaft des Performativen und des Crossover. Bielefeld, transcript.

29 Zu den Geschäftspotentialen und der Innovationsbreite mobiler Endgeräte vgl. Michael Amberg 2011: Innovation durch Smartphone & Co. Die neuen Geschäftspotentiale mobiler Endgeräte. Düsseldorf. Zur Integration von Smartphones in den Unterrichtsalltag verschiedener Klassenstufen und Schularten vgl. Ben Bachmair, Katja Friedrich, Marie Risch 2011: Mobiles Lernen mit dem Handy. Herausforderung und Chance für den Unterricht. Weinheim.

Die Applikation enthält weiterhin ein kleines Sample-Repertoire, das auf ›Knopf-druck‹ aktiviert und gewechselt werden kann. Die Finger simulieren dabei die Bewe-gungen auf der Schallplatte und am Crossfader, die hier nur über den Kontakt zum Touchpad hergestellt und übertragen werden. Es ist bemerkenswert, dass die Nadel des Tonarms hier als Risikofaktor entfällt, ebenso fehlt die haptisch-taktile Reizver-arbeitung, die die Medialität von Platte und Technik betreffen. Mit einer solchen Ap-plikation nähert man sich unter Umständen dem ›realen‹ Scratchen; durch fehlende sensorische Qualitäten, einer Miniaturisierung des technischen Arrangements und der mangelnden Überprüfbarkeit des eigenen Handelns ist diese Transformation auf der Ebene der Simulation zu verorten. Eine in der Logik der Anwendung naheliegen-de Erweiterung dieser Applikation findet sich – wie in der obigen Abbildung sichtbar wird – im Übertrag auf das iPad, bei dem nun das komplette DJ-Set simuliert wer-den kann. Vorgänger dieser visuellen Repräsentation sind in *iTunes DJ* zu finden, al-lerdings noch an Mousepad und Tastatur gekoppelt.[30] Die Touchscreen-Anwendung zwingt hier aufgrund der fehlenden haptisch-taktilen Reize zu einer erhöhten visuel-len Konzentration auf die Oberfläche.

Das zweite Beispiel bewegt sich auf der Ebene der Imitation. Beatboxen oder Human Beatbox, das rhythmisierte Imitieren von Geräuschen, Gesang und Me-lodien ist – als fünftes Element neben DJing, MCing, Breakdance und Graffiti – ein Bestandteil der Hip-Hop-Kultur.[31] Das Erstaunen über die Möglichkeiten der menschlichen Sprechwerkzeuge sicherte dem Beatboxen in den letzten Jahren eini-ge mediale Aufmerksamkeit, da es neben dem nahezu unmöglichen visuellen Nach-vollzug einen hohen Unterhaltungswert garantierte.[32] Eine der beliebtesten Routi-nen beim Beatboxen besteht in der Imitation eines DJ-Sets, der Beatboxer arbeitet sich vermittels von sichtbaren Gesten an den DJ-Routinen ab. Dabei unterstreichen die gemachten Gesten genau das, was zu hören sein soll: das Cutten, das Zurück-drehen der Schallplatte und das Scratchen. Die Human Beatbox imitiert in einem solchen Falle ein technisches Arrangement und lässt das Zusammenspiel zwischen DJ, Technik und Handeln verschmelzen. Auf Youtube und anderen Videoplattfor-men lassen sich zahlreiche kurze Übungsfilme und Anleitungen finden, die eine genaue Erklärung dazu geben, wie man ‚Scratchen mit dem Mund' lernen kann. Die Klickzahlen der unterschiedlichen Clips und ihre vielgestaltige Anzahl belegen ein hohes Attraktivitätsniveau.

---

30 Vgl. hierzu ausführlich Wilke 2012c.

31 Stellvertretend für viele Netzangebote, allerdings mit einer repräsentativen Tendenz: Make the music with your mouth <www.humanbeatbox.com>.

32 So beispielsweise 2008 in der M6-Show »La Nouvelle Star«, dem französischen Pendant zum deutschen DSDS, in der Joseph Poolpo durch dreistimmiges Beatboxen die Jury sprachlos machte und daraufhin auch in Werbespots auftrat. Oder der britische Beatboxer Shlomo, der mit seinem Beatbox-Orchester Popsongs mittels der Beatbox performt, akustisch neu arran-giert und variiert. Vgl. http://www.shlo.co.uk/.

Abbildung 9: Screenshot aus Tugay-Beatbox-Tutorial (Quelle: YouTube)

Bei diesem Beispiel zeigt sich die enge mediale Verquickung kommunikativer Prozesse: Der DJ scratcht innerhalb eines vorgegebenen musikalischen Grundmusters und kreiert eigene Rhythmusstrukturen. Der Beatboxer löst den Scratch aus dieser Verbindung und weist ihm einen eigenständigen Status zu, der nicht mehr zwangsläufig innerhalb einer musikalischen Struktur verortet werden muss. Er eignet sich das Gehörte an und reproduziert das stimmlich, indem er es produziert. Mit anderen Worten: In der Produktion vollzieht sich die Präsentation einer Repräsentation. Damit werden die technischen Schallplatten-Scratches transformiert und im Prozess der Imitation durch die Stimm- und Sprechwerkzeuge neu begründet. Dabei muss es noch nicht einmal so sein, dass der scratchende Beatboxer selbst mit der Schallplatte scratchen kann.

5. Fazit

Wie in den vorangegangenen Ausführungen gezeigt wurde, ist das Scratchen ein substantieller Bestandteil im Selbstverständnis und im Handlungshorizont von Praxen in Populären Kulturen. Dabei kommt der Praxis dieses spezifischen medialen Handelns ein performativer Gehalt und Eigenwert zu. Dieser fügt sich nicht nur in bestehende musikalische Strukturen ornamental ein, sondern ist ebenso künstlerischer Ausdruck von musikalischen Konventions- und Genrebrüchen, Word-Art und Collagen. Es handelt sich phänomenal um eine Verbindung von Subjekt und (Medien-)Technik, deren Resultat in einer performativen und medialen Rahmung begründen lässt. Medien(-techniken) werden hier nicht unsichtbar sondern konstitutiv für das Handeln und das wahrnehmbare Resultat – das Scratchen und der Scratch.

Ein reproduziertes Signal wird zum Ausgangspunkt einer neuen Bedeutungsebene, indem die Reproduktion durch einen manuellen Eingriff zur modulierenden Produktion des Ausgangssignals wird. Scratchen stört den musikalischen Fluss solange, bis es sich in den selbigen einfügt. Es steigert als eine produktive Störung in einem laufenden Prozess die Komplexität vertikal durch Schichtung und horizontal durch Referenzen. Scratchen als eine kulturelle Praxis verstanden, durchläuft insbesondere ab Mitte der 1980er Jahre, angestoßen durch Titel wie *Rock it* von Herbie Hancock und dem scratchenden Grandmaster DST sowie *Buffalo Gals* von Malcolm McLaren, weitere Differenzierungs- und Normalisierungsprozesse. Diese entwickeln wiederum ein integratives Potential insbesondere für populäre Musik. Neben diesem integrativen Potential differenziert sich die Formsprache immer weiter aus: Die Scratches werden im Laufe der Zeit, ausgehend vom Baby-Scratch, immer komplexer und anspruchsvoller. Dabei unterliegt die Praxis selbst einem Normalisierungsprozess, der sich nicht mehr nur auf die unmittelbare Live-Situation und die Wahrnehmung des Scratches als Bestandteil populärer Musik beschränkt, sondern es erlaubt, diese auch in anderen Bereichen, wie dem Rundfunk und dem Film, einzusetzen. In der Logik einer solchen Normalisierung liegt es begründet, dass es zu Transformationen dieser Praxis kommt, die sich derzeit in Smartphone-Applikationen und seit Längerem in der Human Beatbox beobachten lassen.

Grundvoraussetzungen für das Scratchen sind die Medialität der Schallplatte, die Technik im technischen und kulturellen Sinne sowie die dazugehörigen Informationen, die nach entsprechenden Bewertungsprozessen und Klassifikationen in ein spezifisches Wissen münden. Diese drei eng miteinander verzahnten Bereiche sind determinierend für das Zusammenspiel, allerdings determinieren sie sich nicht gegenseitig.

Scratchen wird als eine performative Praxis verstanden, die sich aufgrund ihres eigensinnigen Charakters den Prozeduren der Schrift verweigert, auch wenn sie selbst wahrnehmbare Spuren in den Rillen des Vinyls hinterlässt. Dabei ist zwischen dem konstituierenden und dem konstatierenden Moment zu unterscheiden. Im Moment der Live-Performance, der (Gesamt-)Ausführung, sind die ausführende Geste des Scratchens und ihr wahrnehmbares Resultat performativ. Im Scratchen lässt sich die Realisation einer spezifischen Wirklichkeitskonstitution beobachten, die sich im Augenblick des Tuns und nur durch ihr Tun sowie die besonderen (technischen) Umstände realisiert. Im Moment der Aufnahme verändert sich der mediale Status des Scratches, der sich nun potentiell reproduzierbar der unmittelbaren Wahrnehmung und Überprüfung entzieht. Gleichwohl trägt er in der technischen Reproduktion das Wissen um den performativen Charakter in der Live-Situation mit. Das Besondere dieser Praxis besteht im Weiteren darin, dass analoge und digitale Tonträger, verstanden als manifeste Gegenstände der Kulturproduktion, keinen Abschluss finden und autonom für sich stehen, sondern in einer Perspektive der produktiven Weiterverarbeitung gesehen werden müssen. Und nur so kann schließlich Mr. Mixx, der DJ der 2 Live Crew, Luke Skywalkers Aufforderung » Go off, Mr. Mixx / scratch at will!« nachkommen, indem er die einzelne und schlachtrufartige Phrase *We will rock you!* des auf Vinyl gepressten Titels von Queen *We will rock you* über acht Viervierteltakte scratcht. Diese Phrase zerhackt, dehnt, unterbricht und wiederholt Mr. Mixx vermittels des Scratchens auf den refrainartigen Zeitraum. Die produktive Weiterverarbeitung von Originalmaterial zeigt sich nicht nur im Material selbst, sondern auch in der Adaption: Das musikalische Animationsprogramm von Queen betont den

Dreivierteltakt, indem der vierte Takt eine Pause ist, Mr. Mixx scratcht es im Vierviertakt ohne Pause.

Literatur und Quellen

Agamben, Giorgio (2008): Was ist ein Dispositiv? Zürich: Diaphanes

Breidbach, Olaf (2008): Neue Wissensordnungen. Wie aus Informationen und Nachrichten kulturelles Wissen entsteht. Frankfurt/Main: Suhrkamp

Certeau, Michel de (1988): Die Kunst des Handelns. Berlin: Merve

Coman, Mihai; Rothenbuhler, Eric W. (Hrsg.) 2005: Media Anthropology. California.

DJ Planet, o.J: < http://www.djplanet.de/shop/ortofon-concorde-scratch-nadel.html?tracker=13> [30.08.2011]

Eco, Umberto 1977 (1973): Zeichen. Einführung in einen Begriff. Frankfurt/Main: Suhrkamp.

Fischer-Lichte, Erika (2004): Ästhetik des Performativen. Frankfurt/Main: Suhrkamp.

Foucault, Michel (1978): Dispositive der Macht. Über Sexualität, Wissen und Wahrheit. Verschiedene Übersetzer. Berlin: Merve

Fuhr, Michael (2007): Populäre Musik und Ästhetik. Die historisch-philosophische Rekonstruktion einer Geringschätzung. Bielefeld: transcript.

Gunter Yang, o.J.: Baby Scratch with Mixer (iPhone) http://www.youtube.com/watch?v=bYNyUM VQu0Q&feature=related [30.08.2011]

Hartling, Florian; Wilke, Thomas (2005): Das Dispositiv als Modell der Medienkulturanalyse: Überlegungen zu den Dispositiven Diskothek und Internet. In: SPIEL: Siegener Periodicum zur Internationalen Empirischen Literaturwissenschaft. Jg. 22 (2003 [2005]). H. 1, S. 1-37.

Hartmann, Frank (2000): Medienphilosophie. Wien: UVK.

Hecken, Thomas (2009): Pop. Geschichte eines Konzeptes 1955-2009. Bielefeld: transcript.

Hempfer, Klaus W. (2011): Performance, Performanz, Performativität. Einige Unterscheidungen zur Ausdifferenzierung eines Theoriefeldes. In: Hempfer, Klaus W., Jörg Volbers (Hg.) (2011): Theorien des Performativen. Sprache – Wissen – Praxis. Eine kritische Bestandsaufnahme. Bielefeld: transcript, S. 13-41.

Hickethier, Knut (2003): Medienkultur. In: Bentele, Günter; Brosius, Hans-Bernd; Jarren, Otfried (Hg.) (2003): Öffentliche Kommunikation. Handbuch Kommunikations- und Medienwissenschaft. Wiesbaden: Westdeutscher Verlag, 435-457.

Jacke, Christoph; Ruchatz, Jens; Zierold, Martin (Hrsg.) (2010): Pop, Populäres und Theorien. Forschungsansätze und Perspektiven zu einem prekären Verhältnis in der Medienkulturgesellschaft. Münster: LIT.

Klein, Gabriele, Malte Friedrich (2003): Is this real? Die Kultur des HipHop. Frankfurt am Main: Suhrkamp.

Kleiner, Marcus S. (2008): Pop fight Pop. Leben und Theorie im Widerstreit. In: Matejovski, Dirk/ Kleiner, Marcus S./Stahl, Enno (Hg.): Pop in R(h)einkultur. Oberflächenästhetik und Alltagskultur in der Region. Essen.

Kleiner, Marcus S.; Rappe, Michael (Hrsg.) 2011: Methoden der Populärkulturforschung: Interdisziplinäre Perspektiven auf Film, Fernsehen, Musik, Internet und Computerspiele. Münster: LIT.

Marc Float, o.J.: Scratching with iPhone App "Baby Scratch" http://www.youtube.com/ watch?v=1LA64TXatWk [30.08.2011]

Niemczyk, Ralf; Schmidt, Torsten (Hrsg.) (2000): From Scratch. Das DJ Handbuch. Köln: Kiepenheuer & Witsch.

Pray, Doug (2002): Scratch. DVD. Firewalk Films, Palm Pictures.

Rappe, Michael (2010). Under Construction. Kontextbezogene Analyse afroamerikanischer Popmusik. Köln: Dohr.

Sandkühler, Hans Jörg (2009): Kritik der Repräsentation. Einführung in die Theorie der Überzeugungen, der Wissenskulturen und des Wissens. Suhrkamp, Frankfurt/Main.

Schüttpelz, Erhard (2006): Die medienanthropologische Kehre der Kulturtechniken. In: Lorenz Engell / Joseph Vogel / Bernhard Seigert (Hg.), Kulturgeschichte als Mediengeschichte (oder vice versa?). Archiv für Mediengeschichte. Weimar: Verlag der Bauhaus-Universität Weimar 2006, S. 87-110.

Toop, David (1992): Rap Attack #3. African Jive bis Global HipHop. 3. Auflage. Höfen.

Trültzsch, Sascha; Wilke, Thomas (2011): Zum Schwellenwert des Populären. Überlegungen und Bausteine zu einer Theorie des Populären. In: Jacke, Christoph, Jens Ruchatz, Martin Zierold, (Hg.) 2010: Pop, Populäres und Theorien. Forschungsansätze und Perspektiven zu einem prekären Verhältnis in der Medienkulturgesellschaft. Münster: LIT, S. 219-235.

Trültzsch, Sascha; Thomas Wilke (Hrsg.) (2010): Heißer Sommer – Coole Beats. Zur medialen Repräsentation popkultureller Angebote in der DDR. Frankfurt/Main: Peter Lang.

TugayBeatbox o.J.: BEATBOX CRAB SCRATCH TUTORIAL...!! (Deutsch): http://www.youtube.com/watch?v=uPlFqKIWp6U [30.08.2011]

Wilke, Thomas (2009): Das Plattenregal als Informationsmuster. Zu veränderten Gebrauchsweisen und Präsentationsformen von populärer Musik im Web 2.0. In: Pscheida, Daniela; Trültzsch, Sascha (Hrsg.) (2009): Das Web 2.0 als Agent des kulturellen Wandels. Web 2.0 as agent of cultural change. Sonderheft SPIEL (Siegener Periodicum zur Internationalen Empirischen Literaturwissenschaft) Band 26 (2007) Heft 2. Frankfurt/Main: Peter Lang, 339–358.

Wilke, Thomas (2012a): Die Vernetzung der Populärkultur. Überlegungen zur methodischen Verwendung des Dispositivs am Beispiel von DJ Tomekks Rhymes Galore. In: Kleiner, Marcus S.; Rappe, Michael (Hrsg.) (2011): Methoden der Populärkulturforschung: Interdisziplinäre Perspektiven auf Film, Fernsehen, Musik, Internet und Computerspiele. Münster: LIT, S. 299-330.

Wilke, Thomas (2012b): Mashup-Kultur und Musikvideos. Aktuelle Entwicklungen audiovisueller Auflösung und Verdichtung in Mashup-Videos. In: Reinhold Viehoff (Hg.) 2012: Sonderheft SPIEL (Siegener Periodicum zur Internationalen Empirischen Literaturwissenschaft) Jg. 29 (2010) Band 3/4, Frankfurt/Main: Peter Lang, S. 151-179.

Wilke, Thomas (2012c): Vom Platten- zum Datenreiter: Digitalisierung und DJing in Populären Kulturen. In: Breitenborn Uwe/ Düllo, Thomas: Gravitationsfeld Popkultur, Bielefeld, o.S. (im Druck).

Winkler, Hartmut (2004): Diskursökonomie. Frankfurt am Main: Suhrkamp.

Die Macht der Vielen

Eine performative Perspektivierung der kollaborativen Kommunikationskultur im Web 2.0

Ramón Reichert

In der Theorie- und Methodenbildung der rezenten Internetforschung spielt die theoretische Aufwertung performativer Konzepte eine zunehmende Rolle (vgl. Sporton 2009: 61-72). In Anknüpfung an einen weiter gefassten Begriff der Performanz, der vor dem Hintergrund unterschiedlicher Fachbereiche wie der Theater- und Literaturwissenschaft (Fischer-Lichte 2002, 2004), der Soziologie und der Wissenschaftstheorie entwickelt wurde (vgl. Bachmann-Medick 2009: 104-143), erkundet der Beitrag die Kommunikationskultur der Sozialen Medien im Web 2.0 entlang ihrer konkreten Praktiken und partizipiert somit an der Grundidee der Performativitätsforschung, welche davon ausgeht, „dass Sinn oder symbolische Bedeutung konstitutiv an den materialen Vollzug ihrer (Wieder) Aufführung gebunden sind" (Hempfer/Volbers 2011: 8). In Anlehnung an das Forschungskonzept des Sonderforschungsbereiches „Kulturen des Performativen" können die vermittels der Sozialen Medien generierten performativen Prozesse folglich auch als „Transformationsprozesse" bestimmt werden, die „Spiel- und Freiräume" eröffnen: „(...) immer wieder taucht in ihnen Ungeplantes, Nicht-Vorhersagbares auf, das den Prozess der Transformation wesentlich mitbestimmt. Intention und Kontingenz, Planung und Emergenz sind in ihnen untrennbar miteinander verbunden" (www.sfb-performativ.de/ seiten/frame_gesa.html). Mit dieser sich am Konzept des Performativen orientierenden Perspektivierung können die Peer-to-Peer-Netzwerke als hochgradig instabile Kommunikationsräume untersucht werden. Ihre dynamischen Bedeutungs- und Ausverhandlungsprozesse können auch als charakteristisches Merkmal der Rezeptionsfreiheit von *Populärer Kultur* geltend gemacht werden: „Ohne Rezeptionsfreiheit, verstanden als Freiheit, das zu Rezipierende auszuwählen, als auch den Bedeutungs- und Anwendungsprozess mitzubestimmen – also ohne ein bestimmtes Maß an bürgerlichen Freiheiten –, gibt es keine populäre Kultur" (Hügel 2003: 6). In dieser Hinsicht verorte ich das Populäre nicht im Allgemeinheitsanspruch eines eigenständigen Theoriezugriffs (vgl. Schmidt 2010: 106-125), sondern in einer konkreten Analyse von spezifischen populärkulturellen Praktiken und Technologien (vgl. Kleiner 2011: 56) und untersuche dabei das Populäre als ein „diskursives Phänomen" im Kontext von „Definitionsmacht als Diskursmacht" (ebd.: 54).

Die Theoriekonzepte des *Performativen* und des *Populären* eignen sich also in mehrfacher Hinsicht zur Untersuchung der digitalen Medien und Technologien, die es ihren Nutzer/innen ermöglichen, ihre Inhalte individuell oder kollektiv zu gestalten und sich miteinander auszutauschen. In ihren Selbstverständigungsdiskursen thematisieren sich die Sozialen Medien als offene Medienkanäle heterogener Bedeutungsproduktion, die durch die soziale Interaktion, die aktive Beteiligung und Zusammenarbeit (in Anlehnung an den englischsprachigen Begriff auch „Kollaboration" genannt) von User/innen ermöglicht wird. Die sowohl theoretisch-abstrakte Miteinbeziehung als auch praktisch-appellative Ermächtigung von Rezipient/innen kann aber in unserem Gegenstandsfeld der digitalen Informations- und Kommunikationsmedien nicht ohne die Problematisierung des Mensch-Maschine-Interface – der graphischen Benutzeroberfläche – gelöst werden. Folglich muss mit der Frage nach dem methodologischen Stellenwert von *Medialität* zwingend auch der technische Medienbegriff und damit einhergehend die strukturellen Forschungsaspekte seiner Materialkultur – Hardware (Maschinenschnittstelle), Programm (Softwareschnittstelle), Interface (Benutzerschnittstelle) – Berücksichtigung finden. Vor diesem Hintergrund müssen interaktive Anwendungsprozesse also immer auch als medienspezifische Praktiken verortet werden, da sie einerseits als ein Resultat technologischer Rahmenbedingungen (Dezentralisierung, Non-Linearität und Kontingenz) gefasst werden können; andererseits muss der performative Ermächtigungshaushalt immer auch im Verhältnis zu seiner Medialität gesetzt werden und folglich die Frage nach den sozialen und kulturellen Reproduktionsmechanismen im Medium der Netzwerkkommunikation berücksichtigt werden.

In den digitalbasierten Kommunikationsräumen haben sich interaktive Anwendungsressourcen und Produktionsprozesse und damit einhergehend kollektiv und kollaborativ organisierte Medienpraktiken herausgebildet, die sämtliche Bereiche der Herstellung, Verbreitung, Nutzung und Bewertung von Medieninhalten umfassen. Entlang dieser Verschiebung haben sich im Bedeutungs- und Anwendungsprozess populärkulturelle Praktiken im Sinne der erwähnten „Rezeptionsfreiheit" (von parodistischen Bedeutungsverschiebungen bis zu oppositionellen Lektüremodi) herausgebildet, die sich an den anonymen, flexiblen und veränderlichen Strukturen und Konstellationen der Sozialen Medien im Web 2.0 ansiedeln und eine Alternative zu den traditionellen Formen des Publizierens von Medieninhalten eröffnen. Diese im Werden begriffene kollaborative Kommunikationskultur lässt sich zwar nicht auf ein Werk als Eigentum oder ein homogenes Autorensubjekt und seine Intentionalität zurückführen und lässt sich auch nur bedingt und eingeschränkt als ein distinktes und stabiles Wissensobjekt demonstrieren – andererseits ist sie immer auch eingebettet in performative Rahmungsstrategien (vgl. Wirth 2002: 403-433), mit denen versucht wird, zumindest eine geschwächte Autorenfunktion zu etablieren. In diesem Sinne können kollaborative Autorschaftskonzepte, in denen Medieninhalte durch die Kollaboration von mehreren Autoren geschaffen werden, mit dem Begriff der „schwachen Autorschaft" (Hartling 2009: 286) auf produktive Weise verknüpft werden, um die in den kulturellen Praktiken marginalisierten Autorenfunktionen aufzuwerten.

Aus performativer Perspektive kann folglich eine dynamische und sich provisorisch gebende Bedeutungsproduktion der Sozialen Medien des Web 2.0 freigelegt werden, mit welcher die Produktivität und die Prozessualität kollaborativer Praktiken in den Analysefokus einrückt. In ihrer medientheoretischen Problemstellung rekurrieren die performativen Rahmungsprozesse im Netz jedoch nicht auf einen spontaneistischen Voluntarismus, der den Aspekt des Performativen genuin von der kreativen Leistung eines Individualsubjektes ableiten würde, da die dynamischen Rahmungsprozesse performativer Praktiken immer zugleich ein Resultat der technischen Potenziale der digitalen Kommunikationsräume darstellen. Infolgedessen müssen die rahmenkonstitutiven Beiträge der User/innen, die sie im Namen von realen Autor/innen, fiktiven Figuren oder anonymen Nicknames vollziehen, immer auch als ein technisches Artefakt der Ermöglichung von Rede- und Verhandlungspositionen in Betracht gezogen werden. Dieser im Ansatz gegebene Technikdeterminismus muss aber unter anderem dahingehend relativiert werden, insofern die hier untersuchten Praktiken zur Informations- und Kommunikationsgestaltung immer auch auf eine grundlegende populärkulturelle Reorganisation der netzbasierten Wissensproduktion und -rezeption abzielen und damit das Netzwissen einer performativen Aneignungsrhetorik – vom assoziativen Indexing der Fans bis zum editorialen Framing der so genannten Webmaster – überantworten (vgl. Klein 2010: 192-212). So gesehen inhäriert der kollektiven Bedeutungsproduktion immer auch ein kontextgebundener ‚Anti-Essentialismus' wie ihn richtungsweisende Theoretiker der Cultural Studies für die Theorie der Populärkultur veranschlagt haben (vgl. Winter 1997: 52, Hepp 2010: 227). Vor dem Hintergrund der methodologischen Verortung der Cultural Studies als „Disziplin der Kontextualität" (Grossberg 2000: 264) untersuche ich populärkulturelle Praktiken von Web 2.0-User/innen, welche die Effektivität hegemonialer Objekte, Symbole und Images durch die Herstellung veränderter Kontexte in Frage stellen.

Im Folgenden soll es nun darum gehen, die hier angesprochenen Verfahrensweisen der Peer-to-Peer-Kommunikation von Online-Plattformen und Social-Media-Formaten entlang von drei unterschiedlichen Performativitätsstrategien zu thematisieren. Die Hauptargumentation des Textes gliedert sich in drei Bereiche. Im ersten Beispiel wird der Stellenwert kollaborativer Rahmungsprozesse bei Schminkvideos auf YouTube untersucht. Mit der Selbststilisierung als „schwache Autorin" werden die Zuseher/innen kollektiv zur kritisch-teilnehmenden Lektüre des Videos aufgefordert. Das zweite Beispiel untersucht die kollaborativen Prozesse auf der Ebene der Bildästhetik von umfunktionierten Computerspielen, den Machinimas. Im dritten Beispiel werden alle ausgelegten Fäden der Medienpraktiken und der Theoriebegriffe am Gegenstandsfeld der Webcomics zusammengeführt und mit der Frage nach der Medialisierung des Performativen und des Populären konfrontiert.

1

In der Auseinandersetzung mit den von User/innen generierten Bewegtbildinhalten auf dem Videoportal YouTube geht es um die Frage, welche performative Rolle die

Initiatoren von Videouploads einnehmen. Welcher netzdiskursiven Rahmungspraktiken bedienen sie sich, wenn sie für sich eine diskursmoderierende Rolle reklamieren
wollen? Welchen Stellenwert haben kollektive und kollaborative Rahmungsprozesse
in Bezug auf die Bedeutungsproduktion, Ausverhandlung und Distribution von Be-
wegtbildern in Onlineportalen und Social-Media-Formaten?

2

Die in der Internetkultur ausgeprägte Tendenz zur Resignifizierung und Reiterati-
on von bereits bestehenden Inhalten (Mashup, Remix) verweist auf einen Aspekt des
Performativen, der nahtlos an die kollektiven und kollaborativen Rahmungsprozesse
anschließt. Auch hier zeigt sich die performative Praxis in erster Linie als etwas, das
einen Überschuss erzeugt, der sich keinem intersubjektiv kontrollierbaren Diskursfeld
mehr zuordnen lässt. In diesem Sinne erweist sich „die produktive Kraft des Performativen nicht einfach darin, etwas zu erschaffen, sondern darin, mit dem, was wir
nicht selbst hervorgebracht haben, umzugehen" (Krämer 1998: 48). So gesehen kann
der performative Vollzug als Überschuss von Bedeutung verstanden werden, der nicht
nur eine neue performative Rahmung realisiert, sondern rückwirkend auch den bereits bestehenden Inhalt modifiziert.

3

Performative Prozesse im Internet sind das Resultat technischer Ermöglichung. Speziell sind es die computergestützten Informations- und Kommunikationstechnologien,
welche die Modi, die Geltung und die Verbreitung der von User/innen generierten
Inhalte regulieren. Folglich sind die Netzmedien und ihr technisch generierter Handlungsvollzug an der Produktion von Sinn und Bedeutung maßgeblich beteiligt und
müssen in die Methodologie der Untersuchung performativer Prozesse miteinbezogen
werden. Diese Fragestellung hat nicht nur eine heuristische Bedeutung in der wissenschaftlichen Diskurspraktik, sondern eröffnet auch jenseits der Dichotomie von
Technikdeterminismus versus Technikeuphorie kritische Fragen nach dem Hand-
lungsspielraum performativer Ermöglichung in technischen Umgebungen.

Kollektive und kollaborative Rahmungsprozesse

Mit dem Aufstieg der Sozialen Medien im Web 2.0 hat sich der Stellenwert des Bewegt-
bildes im Web auf umfassende Weise verändert. Es ist zum Schauplatz offener Bedeutungsproduktion und permanenter Ausverhandlung geworden. Geregelte Kommentar-
funktionen, Hypertextsysteme, Ranking- und Votingverfahren durch kollektive und
kollaborative Rahmungsprozesse verorten audiovisuelle Inhalte in multimedialen und
diskursiven Umgebungen.

Da in den neuen subjektzentrierten Internet-Medien Schminken als ein wichtiger Bestandteil der visuellen Selbstinszenierung gilt, hat sich mit dem Genre der Make-up-Tutorials ein außerordentlich beliebtes Online-Videoformat herausgebildet, das wesentlichen Einfluss auf die Identitätskonstruktion und die Partizipationskultur seiner Userinnen und User ausübt. Make-up-Tutorials sind für den Gebrauch bestimmt und können daher als *Gebrauchsfilme* gesehen werden. Sie werden überwiegend von weiblichen Jugendlichen als Selbstinszenierungen produziert und vermitteln in erster Linie persönliches Erfahrungswissen im Feld des Lifestyles und der Körpertechnik, das im Unterschied zu einem Handbuch oder einem Nachschlagewerk ein *Show How* in Peer-to-Peer-Netzwerken anbietet.

Meine Kernthese ist, dass Schminkvideos weniger darauf abzielen als *Werk* wahrgenommen zu werden, sondern entlang einer taktisch ‚schwachen' Autorschaft vielmehr als *Ermöglichung* von kulturellen und sozialen Aushandlungs*prozessen* in kollektiven und kollaborativen Rahmungen firmieren. Wenn davon ausgehend Schminkvideos als „Ensembles diskursiver Ereignisse" (Foucault 1998: 33-38, hier: 37) verstanden werden, dann orientiert sich diese Untersuchung an der Performativität des Medialen und ermöglicht eine Sichtweise, die Schminkvideos in zweierlei Hinsicht als Beitrag zu Aushandlungsprozessen zu denken versucht. Erstens treten sie als ein improvisierendes Wissen in Erscheinung, das Umordnungen explizit einfordert: „Mein aller erstes Schmink Video, ich hoffe ihr seid nicht zu streng mit mir. Nützliche Kritik oder Tipps nehme ich gerne an." (Carpediem1201 ad YouTube-Video „Natürliches Augen Make-Up"). Zweitens versuchen die diversen Zeichenregister der Schminkvideos, das interaktive Potenzial sozialer Netzwerkseiten zu motivieren. Ein signifikantes Muster der Make-up-Tutorials ist die mediale Herstellung von kommunikativer Nähe. Nähe ist vielschichtig und nicht immer im Videobild selbst zu finden. Jenseits der Mise en scène wird im schriftlichen Kommentar oft eine entscheidende Geste gesetzt: sie deklariert das Video als work-in-progress, das ohne Absicht auf Vollendung gedreht wurde: „This is all to say that this is more like a ‚work in progress' kind of look." (temptalia ad YouTube-Video „Makeup Tutorial and Tips: Stream of Consciousness").

Im Hinblick auf die Geschichte von Mediendiskursen können die performativen Rahmungen, die Produzentinnen ihren Make-up-Tutorials beifügen, auch als Fortsetzung der Debatten um den Paradigmenwechsel der Interaktivität (Intermedia, Happening, Fluxus) und das „offene Kunstwerk" („Opera aperta", Eco 1962 [dt.1977]), die seit den 1960er Jahren intensiv geführt werden, verstanden werden. In diesem Zusammenhang können strukturelle Homologien zwischen den Bestrebungen, das Autorensubjekt als begründende Instanz und das Werk als abgeschlossene Entität in Frage zu stellen, und die in den Sozialen Medien des Web 2.0 geäußerte Aufforderung zu Interaktion und Kollaboration hergestellt werden. Wenn in diesem Sinne Make-up-Tutorials zu Schauplätzen kultureller Zirkulation und ästhetischer Konflikte werden, dann eröffnet sich die Möglichkeit, diese nicht nur als ein Genre der Film- und Medienwissenschaft einzugrenzen, sondern sie in einem weitsichtigeren Blick als kulturelle und mediale Praxis zu thematisieren (vgl. Reichert 2008).

Mit Hilfe der Titel, des Taggings und der Kommentierungen versuchen die Filmemacherinnen, die Intention ihrer Make-up-Tutorials offen zu legen und die Rezeption ihrer
Videos zu lenken. Mit der taktischen Schwächung der Position ihrer Autorschaft versuchen sie Aushandlungsprozesse auf das Video zu lenken und damit Aufmerksamkeit zu
lukrieren. Dieses taktische Manöver der Selbstkritik als Nähebeweis hat dazu geführt,
dass der Titel „My First Makeup Tutorial" bei YouTube gegenwärtig über 6.000 Treffer
erzielt und eine Kultur konspirativer Amateurpraktiken in Gang gesetzt hat, die improvisierten Low-Tech-Formaten grundsätzlich positiv gegenübersteht. In ihrem Modeblog
„Kosmetik & Beauty Blog. Alles rund ums' Thema Beauty, Make-Up, und Kosmetik"
bekennt sich eine Bloggerin explizit zur Low-Tech-Ästhetik: „Wir ‚Schminkmädels' von
YouTube tun unser Bestes, unser Möglichstes unsere Videos zu einer angenehmen und zu
gewissen Teilen auch wertvollen und bereichernden Erfahrung zu machen. Im Gegensatz
zur Meinung vieler machen wir uns ausführliche Gedanken zu technischen Problemen,
Atmosphäre und Beleuchtung in den Videos. Klar haben es die mit 1000-2000€ Kamera-
ausrüstung und Software über 500€ besser gemacht mit ihren Videos. Nur ist das etwas,
was man voraussetzen darf? Das bei dem Motto "Broadcast Yourself"? War nicht wacke-
liges Webcambild, zischelnder Ton und Zeitverzögerung mal der Inbegriff von Youtube?
Darf man es sich anmaßen private Kanalbesitzer wegen mangelnder technischer Ausrüstung nieder zu machen?" (http://cuddlecow.blogspot.com/). Der überwiegende Anteil der Selbstpräsentationen verweist auf den improvisatorischen Charakter der Videos
und inszenieren Nähe als kollektiven und kollaborativen Kommunikationsprozess: „Ich
weiß es ist nicht perfekt und ich weiß ich bin kein Profi im Schminken ich hoffe ihr habt
trotzdem Spaß beim anschauen falls ihr Anmerkungen oder Verbesserungsvorschläge
habt einfach unten hin posten." (schminktutorial_gorgeouslysky). Zahlreiche Selbstbeschreibungen verdeutlichen, dass die Adressatinnen der Tutorials Freunde und Bekannte
aus dem bereits bestehenden sozialen Umfeld der Videoproduzentinnen sind: Zu ihrem
„SchminkTutorial für Amy xD" schreibt die Userin PODxLadyAga: „Das Video hab ich
nur ma schnell für Amy gemacht, um ihr zu zeigen wie man ein Lidstrich zieht bzw wie
ICH ihn ziehe! Ich mach das nich professionell & hab es nich vor. Wollt nur zeigen, dass
wir in der POD-Community uns wirklich gegenseitig helfen – bei ALLEM!" (PODxLadyAga, 30.7.2010).

Dem ersten Anschein nach vermitteln Make-up-Tutorials nichts anderes als ein
praktisches Gebrauchswissen, das darauf abzielt, dem äußeren Erscheinungsbild mehr
Ausdruck zu verleihen. In einem größeren Zusammenhang entfalten sie jedoch eine
Tiefenwirkung, die individuelle und kollektive Identitäten generiert und auf den Körper und das Leben ausgreift. Da Schminkvideos auf die Transformation von Verhalten
und Lebensstilen abzielen, können sie als eine Machttechnik verstanden werden, mit
der vitale Werte wie körperliche Schönheit und Fitness als soziales Kapital in Szene
gesetzt werden. In diesem Sinne treten Make-up-Tutorials nicht bloß zur individuellen
Belehrung, sondern immer auch als Medien in Erscheinung, welche auf die praktische
Bearbeitung von Subjekten an der Schnittstelle körperlicher Praktiken und medialer
Techniken abzielen.

Der Stellenwert von Make-up-Tutorials zur Verhandlung von Geschlechterrollen und weiblicher Handlungsfähigkeit zeigt sich folglich nicht nur alleine auf der Ebene der *Repräsentation* (die eine filmwissenschaftliche Analyse nahe legen würde), sondern auch darin, wie in der Zirkulation der Videos durch Feedback, Approbiation und Hyperlinks Bedeutungsproduktionen von Weiblichkeit hervorgebracht werden, die maßgeblich dafür verantwortlich sind, welchen Stellenwert ein spezifisches Video innerhalb der Rezeptionskontexte einnehmen kann. Als Online-Formate sind Make-up-Tutorials einer permanenten, non-linearen und heterogenen Wahrnehmungskultur unterworfen. In diesem Sinne verändert sich der Rezeptionskontext der Videos andauernd und bleibt offen und unabgeschlossen. Die Bedeutung der Make-up-Tutorials für die Konstruktion weiblicher Subjektivität entsteht aus einem vielschichtigen Geflecht von historisch spezifischen und kulturell heterogenen Diskursen und Praktiken. Somit befinden sich die Produzentinnen und Konsumentinnen von Schminkvideos grundsätzlich in einer offenen und unabgeschlossenen Austauschbeziehung der gegen- und wechselseitigen Konstitution. Innerhalb dieser Beziehungen können sie von einer Reihe externer Techniken ergriffen, geformt und kontrolliert werden, sie sind jedoch auch imstande, sich diesem institutionellen Zugriff zu entziehen und neue Formen, Affekte und Intensitäten zu erfinden.

Die vermittels der Schminkvideos praktizierte Subjektkonstitution oszilliert zwischen einer schwachen Subjektposition der Selbstadressierung und einer Beziehungsdynamik der Subjektwerdung. Die Selbstadressierung schwächt das Autorensubjekt und stärkt dadurch die partizipative Anerkennung. Obwohl Make-up-Tutorials auf eine bestimme Weise Darstellungs- und Wahrnehmungskonventionen verfestigen, die zur kulturellen und medialen Konstruktion von individuellen und kollektiven Identitäten beitragen (Hilderbrand: 2007: 48-57), ermöglichen sie den beteiligten Subjekten immer auch Spielräume abweichender Bedeutungsproduktionen (diese Ansicht vertritt auch Hoskins 2009: 15-17). Der Aufführungscharakter von Schminkvideos muss folglich weiter gefasst werden. Schminkvideos sind nicht nur eine Bühne für Selbstdarstellungen, sondern vor allem ein Ort *produktiver Feedbackschleifen* zwischen Produktion und Rezeption. In diesem Sinne bleiben Schminkvideos im Aggregatzustand unterschiedlicher Verhandlungsprozesse und Mitbestimmungsmöglichkeiten uneindeutig, ephemer und umkämpft.

Performative Modifikation

Performative Praktiken im Netz haben neue Perspektiven auf oppositionelle Lesarten entwickelt. Ihr produktives Potenzial entfalten sie im Feld der subkulturellen Medienpraktiken. Die Destabilisierung hegemonialer Bedeutungsarchitekturen und Sinnzuweisungen im Modus der performativen Modifikation soll hier am Beispiel der User/Innen-generierten Aneignungspraktiken des Computerspiels *Sims 2* thematisiert werden. Performative Modifikation meint in diesem Zusammenhang, dass User/Innen Computerspiele als iterierbare Aussagesysteme verstehen, deren Bedeutungen sich grundsätzlich modifizieren lassen (vgl. Derrida 1988: 309). Die Modifikation macht aus den programmierten Games Schauplätze einer allgemeinen Zitathaftigkeit und Iterierbarkeit und sorgt dafür, dass die Games von einer ihnen ‚ursprünglich' anhaftenden Spieleintention enthoben werden können.

Die *Sims* ist die bisher meistverkaufte PC-Spielserie. Sie hat in über 100 Millionen Exemplaren dazu beigetragen, Managementwissen und Lebensführungstechniken weltweit zu verbreiten. Die Sims-Computerspiele sind als Rollenspielsimulation konzipiert und fordern von ihren Gamerinnen und Gamern, das Leben simulierter Spielfiguren, genannt Sims, *erfolgreich zu managen.* Entgegen dieser autoritären Regelstruktur der Sims kultivierte die Fancommunity eine Vielzahl von dissidenten Praktiken, um sich dem permanenten Steuerungszwang zur Bedürfnisbefriedigung der Spielfiguren entziehen zu können. Dabei ging es nicht bloß darum, ein von der Regelvorgabe abweichendes Spiel zu eröffnen, sondern auf der Grundlage von so genannten Machinimas die Logik des Spiels grundlegend in Frage zu stellen. Was versteht man unter „Machinima"?

Im September 2004 bot die im Handel erhältliche Folge „The Sims 2" die Möglichkeit, digitale Animationen mit Hilfe der *spielimmanenten Kamerafunktion*, d.h. in Echtzeit und ohne zusätzliche Animationstools, herzustellen. Die mit dem spielimmanenten Story-Modus verschalteten In-Game-Technologien der Bildaufzeichnung (Kameraoptionen für die Spielkamera, Kameraschnappschüsse und Videoaufnahmen) haben Medienpraktiken ermöglicht, *die an die Stelle des levelbasierten und zielgerichteten Spielens ein offenes Netz von Erzählformen rücken konnten. Vor diesem Hintergrund ist eine kleine Form des digitalen Storytellings entstanden: das Machinima.*

Die damit gegebene Möglichkeit, Animationsfilme ohne finanziellen und technischen Aufwand produzieren zu können, hat das Gaming nachhaltig und grundlegend verändert. Heute hat sich der Begriff „Machinima", der gleichzeitig auf „machine", „cinema" und „animation" anspielt, zur Bezeichnung von Animationsfilmen, die mit Hilfe der Game Engine von Consumer-Hardware hergestellt werden, durchgesetzt (vgl. McFedries 2000). Eine Game Engine ist eine Software, welche sowohl die Physik der virtuellen Welt als auch die der möglichen Aktivitäten der Gamerinnen und Gamer darin steuert. Machinimas sind in einem Computerspiel in Echtzeit erstellte Animationsfilme, die keine interaktive Komponente mehr aufweisen (vgl. Lowood 2005: 10-17). Sie bedienen sich der technischen Gegebenheiten einer definierten virtuellen Spielumgebung, die als Handlungsrahmen für die Spielhandlung benutzt wird (vgl. Kelland/Morris/Hartas 2005: 17f.). Ein weiteres Merkmal der Machinima-Filme ist, dass sie gänzlich ohne filmische Aufnahme einer äußeren Wirklichkeit auskommen. Mit Hilfe einer Screen-Capture-Software, die die Spielhandlungen als Videodatei aufzeichnet, können Einstellungen und Szenen mit einem Videoschnittprogramm weiterbearbeitet werden. Machinimas sind in diesem Sinn kokreative Produkte und fungieren als ein Medienhybrid zwischen Computerspiel und Film. Medienrezeption folgt also nicht zwangsläufig einem autoritären und manipulierenden Top-down-Mechanismus. Im Gegenteil: Die Fans der Machinima-Szene ‚hacken' vorhandene Programme von Computerspielen, benutzen ihre Engines für ihre Zwecke, dekonstruieren dabei Spielelemente und -inhalte gemäß ihren Alltagsinteressen und bilden dabei spezielle Medienkompetenzen aus.

Machinimas haben ein eigenes Praxisfeld im Digital Storytelling etabliert, in dem sich Gamedesign, Clipästhetik und industrialisierte Genrekonventionen im populären Spielfilm (Actionplots, charakterdominierte Stoffe) hybridisieren. Machinimas, die mit Hilfe der Sims 2 oder der Sims 3 produziert werden, bilden eine extreme Form der Mods, die in der Community als Total Conversion bezeichnet wird. Die Total Conversion eröffnet ein neues Spiel, das die ursprünglichen Spielaussagen gegen den Strich liest. Ein weiteres Charakteristikum der Sims-Machinimas ist im Bereich des Bild-Ton-Verhältnisses angesiedelt. Die Sound Engine des Computerspiels ist in der Regel vollkommen ausgeschaltet und durch eine eigene Soundspur ersetzt, die den Machinima-Produktionen einen zusätzlichen Gestaltungsspielraum für parodierende und/oder immersive Stilmittel eröffnet. Im Unterschied zu Gamemovies, die ausschließlich mit Gameassets gedreht werden und dadurch nahe am programmierten Spielinhalt bleiben, generieren Machinimas sowohl neue Spielinhalte als auch neue Spielfiguren und erzählen mit Hilfe eigenproduzierter Assets Geschichten, die dem Imagedesign und den Brandingstrategien der Games oft diametral gegenüberstehen.

Sims 2 hat ein neues Subgenre von Machinima-Filmen hervorgebracht. Obwohl dieses Subgenre über keinen einheitlichen Eigennamen verfügt, weist es eine Reihe von spezifischen Eigenschaften aus, die es wiedererkennbar machen. In allen Versionen und Varianten ist die Erzählhandlung der von Teens und Twenty-Teens produzierten Sims-Machinimas im Einschließungsmilieu kleinfamiliärer Strukturen angesiedelt. Im Zentrum der innerdiegetischen Organisation ihrer Erzählungen steht eine kindliche oder jugendliche Identifikationsfigur, die mehr oder weniger dem Schauspiel eines innerfamiliären Konfliktes ausgesetzt ist. Der Plot ist wenig abwechslungsreich und verläuft nach dem Prinzip der dramatischen Steigerung. Er kreist um die Kernfamilie und entwirft einen Spannungsbogen zwischen der kindlichen Sehnsucht nach der Familienidylle und dem unwiederbringlichen Zerfall der Familie.

Auf den ersten Blick erscheint diese Gruppe von Sims-Machinimas als stereotype Erzählhandlung, die zwischen kindlicher Naivität und väterlicher Gewalt oszilliert und damit versucht, erlebten Familienalltag selbsttherapeutisch durchzuarbeiten. Die Sims-Machinimas als Abbildung familiärer Biografien zu lesen, würde sie aber auf den Status eines bloßen Erfahrungs- und Erlebnisberichtes reduzieren. Diese Sichtweise geht immer auch von einer gewissen lebensweltlichen Spekulation aus, die nicht gänzlich abgestreift werden kann.

Verallgemeinernd können Sims-Machinimas als kulturelle Praxis der Umgestaltung familiärer Erinnerung verstanden werden. Ihre Narrative sind mehr als spielerische Fußnoten innerhalb der Spielkultur der jeweiligen Sims-Sequels, denn sie markieren ein soziales Begehren, die traditionelle Medialisierung der Familie aufzubrechen. Andererseits muss eingeräumt werden, dass die Sims-Machinimas *über* die Melodramen familiärer Ödipalisierung oft reödipalisierend verfahren: ihr Storyspace ist mit ödipaler Nostalgie gesättigt. Schließlich entwickeln sie auch Fluchtlinien, welche zumindest die familiäre Organisation dezentrieren.

Die Erinnerungskultur des Familiären ist immer auch das Ergebnis von medialen Anordnungen und Verfügbarkeiten. Betrachten wir die letzten hundertfünfzig Jahre

Familiengeschichte, dann kann diese auch als eine Abfolge medialer Aufzeichnungs-
und Übertragungstechniken beschrieben werden. Fotografie, Film und Video sind die
maßgeblichen Bildmedien, mit denen bis in die Gegenwart überwiegend männliche
Amateure die Geschichte ihrer Familien dokumentieren. Die Überlieferung von Fa-
miliengeschichten und -bildern verweist immer auch auf spezifische Herrschafts- und
Machttechnologien, welche die Familien selbst generieren. Jenseits des väterlichen Auf-
zeichnungs-, Speicherungs- und Übertragungsmonopols familiärer Geschichte eröffnen
Sims-Machinimas überwiegend in weiblichen Fankulturen neue Nutzungsperspektiven.
Mit den Sims-Machinimas verändert sich das Register der Überlieferung. Die bisheri-
ge Amateurkultur hat vor allem das Außeralltägliche der Familien dokumentiert: Ge-
burten, Hochzeiten, Weihnachtsfeiern, Osterspaziergänge und Urlaubsbilder prägen bis
heute die audiovisuellen Archive der Amateure. Im Unterschied zum Euphemismus der
bürgerlichen Fotoalben und zur inszenierten Familienidylle der Home Movies erzählen
die von – überwiegend weiblichen – Jugendlichen produzierten Sims-Machinimas von
familiärer Repression und von körperlicher Gewalt. Die Thematisierung der Familie als
personengebundenes Autoritätsverhältnis bringt charakteristische Filmstile hervor, die
genrebildend sind und eine Typologie der affektiven In-Game-Kommunikation begründen (expressive Gesten, subjektive Kamera, Täter-Untersicht, Spiegelszenen als Gewis-
senserforschung etc.).

Machinimas sind *kleine Formen*, also Formate, die innerhalb weniger Minuten Er-
zählhandlungen fokussieren und Figurenkonstellationen verdichten, um den Rezepti-
onsgewohnheiten der Internetnutzung entgegen zu kommen. Die Häufigkeit von halb-
nahen und nahen Einstellungen ist ein Indiz dafür, dass Machinimas Erzählformen als
zeitkritisch interpretieren und daher versuchen, möglichst rasch die Aufmerksamkeit
des betrachtenden Publikums zu wecken. Zur zusätzlichen Steigerung des Aufmerksam-
keitswertes werden oft Bezüge zu wiedererkennbaren Filmszenen und Filmfiguren des
Hollywood-Kinos gesucht. Insgesamt verdichten sich intermediale und intertextuelle
Bezüge, die aus der zwingenden Rahmenbedingung zeitlicher Begrenztheit hervorgehen.

Obwohl die Games Produkte der so genannten ‚Kulturindustrie' sind, bedeutet dies
nicht, dass ihre Userinnen und User zwangsläufig zu passiven Medienmarionetten werden müssen. So ist etwa der parodistische Counter Discourse der Machinimas in der
Lage, die neoliberale rechte Diskursposition des konsumistischen Subjekts, das den besten Gebrauch von den ihm angebotenen Konsumgütern machen soll, zu durchkreuzen.
Andererseits heroisiert die Machinima-Szene ihre Praktiken der Bedeutungsverschiebungen und der Umdeutungen durch die Konsument/innen der Games, ohne die Fragen
der Produktionsverhältnisse und -bedingungen zu stellen. Müssen die Sims-Machinimas
aufgrund des in ihnen sichtbar gemachten Vergnügens an ihrem dissidenten Gebrauch
somit als ‚Aufstand' gegen die Dominanz der Spielhersteller und ihre restriktiven Spie-
levorschriften zelebriert werden? Diese rein affirmative Aufwertung der Medienreflexion
erscheint mir in zweierlei Hinsicht problematisch. Erstens lässt sie den Kanon populärer
Spiele als Rahmenbedingung, innerhalb dessen die dissidenten Praktiken möglich sind,
unberücksichtigt und zweitens begründet sie mit der Aufwertung reflexiver Medienprak-

tiken (Formalität, Intertextualität, Kontextunabhängigkeit) die Verachtung gegenüber lebensbezüglichen Formen und Praktiken. Um die theoretische Bevorzugung eines medienreflexiven Elitismus abzuwenden, darf die Machinima-Bewegung nicht auf emanzipatorische Vorzeigebeispiele subkultureller Ermächtigungsstrategien eingeschränkt werden.

Die Hervorhebung des subversiven Potenzials der resignifikativen Praktiken bedeutet nicht zwangsläufig, dass Konsumation *per se* widerspenstig sein muss. So muss andererseits eingeräumt werden, dass sich nicht jede mediale Aneignung der Sims-Games ohne weiteres durch Widerspenstigkeit oder Oppositionalität auszeichnet und darf daher nicht als eine ‚typische' Rezeptionsweise missverstanden werden. Die Rezeption und Aneignung der Sims als globale Medienprodukte ist ein aktiver sozialer Prozess, der sich nicht auf marginalisierte und subordinierte Gruppen beschränken lässt, die ‚immer und überall' kulturelle Ressourcen zur Identitätsbildung oder Bedeutungsverschiebung nutzen. Folglich erscheint es aus der Sicht einer politischen Kritik der Produktionsbedingungen und Strategien der semiotischen Macht der Game Designer problematisch, den Aneignungspraktiken *per se* ein kritisches Potenzial zu unterstellen.

Die kulturellen Aneignungspraktiken von Computerspielen können nur Optionen benennen, die unter den Bedingungen der Situation, der Singularität und der Kontingenz entstehen können: sie sind den Games als unkontrollierbare Möglichkeiten inhärent, die augenblicksartig aufblitzen und wieder verschwinden können. Bekommen die Gamerinnen und Gamer Zugriff auf die Programmcodes, um in die Abläufe des Spiels einzugreifen, können sie sich die Produktionsbedingungen der semiotischen Macht aneignen. Diese Möglichkeit ‚hinter' die Spieloberflächen zu gelangen, steht ihnen jedoch nur in Ausnahmefällen zur Verfügung. Demzufolge firmieren Machinimas weniger als frei und ungezwungen produzierte Artefakte, sondern eher als Formate eines *taktischen Mediengebrauchs*, der die Bedingungen seiner Möglichkeiten zwar selbst nicht hervorgebracht hat, aber dazu neigt, seine Beschränkung als etwas anzunehmen, mit dem sich spielen und erzählen lässt.

Technologien der Performativität

Webcomics bezeichnen ein Comicformat, das ausschließlich oder zumindest an erster Stelle im Internet veröffentlicht wird. Sie sind das Produkt technischer Medienumbrüche von analogen zu digitalen Medien und kultureller Praktiken im Feld der Internetkommunikation. Digitale Bildgebungsverfahren, Computernetze und Soziale Medien im Web 2.0 haben nicht nur die technischen Rahmenbedingungen der *Verbreitung* von Comics verändert, sondern beeinflussen maßgeblich die *Produktions-*, *Darstellungs-* und *Rezeptionsästhetik* von Comics. In diesem Sinne generieren die digitalen Informations- und Kommunikationstechnologien im Netz sowohl die inhaltlichen als auch die formalen Aspekte der performativen Bildinszenierungen von Online-Comics. In diesem Sinne unterliegen die kollektiven und kollaborativen Praktiken zur Erstellung von Web-Panels zwar bestimmten technischen Rahmenbedingungen – diese können aber auch auf einer Metaebene als Ausgangspunkt einer medienreflexiven Überwindung der Technikdetermination inauguriert werden.

Dennoch kann konstatiert werden, dass die im kollaborativen Prozess entstandenen Webcomics in Bezug zu künstlerischen Praktiken wie der *Performance Art*, der es um eine situationsbezogene und handlungsbetonte Kunstpraxis geht und damit das Kunstwerk als Endprodukt und Warenform in Frage stellt (vgl. Causey 2006: 17f.). Schließlich entstehen im Produktions- und Rezeptionskontext von Computer- und netzbasierten Comics auch medienreflexive Praktiken, die den multimedialen Oberflächen der Bedienungssoftware kritisch gegenüberstehen. Sie machen die hinter den graphischen Benutzerschnittstellen versteckten Programmcodes und -texte explizit sichtbar und benutzen sie als künstlerisches Gestaltungsmaterial für performative Prozesse. Im Unterschied zu den Printcomics stehen bei diesen experimentell angelegten Comics nicht unbedingt das Werk oder das Endprodukt im Zentrum, sondern Ausverhandlungsprozesse, die von den Webprojekten explizit angeregt werden. Um die Bandbreite der Webcomics als Schauplätze kultureller Zirkulation und ästhetischer Konflikte zu erfassen, soll hier auf ihre medienspezifischen Ausprägungen näher eingegangen werden.

Kollaborative Webcomics aus gemeinschaftlicher Beteiligung nutzen die Strukturen vernetzter Medien. Sie können aber nicht alleine aus den technologischen Interaktionsmöglichkeiten abgeleitet werden. Denn die im kollaborativen Schaffensprozess entstandenen Comics erzählen ihre Geschichten nicht nur anders, sondern stellen die traditionellen Strukturen und Funktionen der Comicproduktion weitgehend in Frage. Kollaborative Comicprojekte kritisieren traditionelle Konzepte der Autorschaft und grenzen sich auch von der Arbeitsteilung industrieller Comicproduktionen ab.

Die Medien der elektronischen Kommunikationsnetze der Comicproduktion bieten neue Gelegenheitsstrukturen für kollaborative Projekte in räumlich entgrenzten Netzwerken. In diesem Zusammenhang sind neue Möglichkeiten computervermittelter Partizipation und kollektiver Interaktion entstanden, die auf die Präsentationstechniken und Erzählformen von Comicproduktionen starken Einfluss ausüben. Das Internet hat sich innerhalb weniger Jahre zum zentralen Konvergenzraum der Comicproduktion entwickelt. In offenen und kollaborativen Produktionsprozessen erzeugen Online-Communities gemeinsam und unentgeltlich Comicprojekte in diskursiven Aushandlungsprozessen. Damit kann ein weiteres Merkmal, über das die digitalen Umgebungen der Webcomics verfügen, kenntlich gemacht werden: die *Transformation*. Diese bezeichnet die permanente Weiterentwicklung des Comics auf allen Ebenen der *Produktions-, Darstellungs-* und *Rezeptionsästhetik* – von der erzählerischen Rahmenstruktur bis zur Reorganisation der Arbeitsprozesse. So ermöglicht beispielsweise das Online-Comicprojekt *Comicsconvergence* (vgl. Sticka/Wooley 2006ff.) eine Vielzahl von kollaborativen Interaktionen mit anderen User/innen, die sich während der gemeinsamen Arbeit an einem Comicprojekt wechselseitig vernetzen und mit ihren Umgestaltungen dazu beitragen, dass sich einzelne Panels oder Sequenzen auf ungeplante Art und Weise weiterentwickeln und mit oft divergierenden Erzählperspektiven und -versionen vernetzt werden können.

Die kontinuierliche Transformation der Ästhetik und Narrativität von kollaborativen Online-Comicprojekten verweist auf eine Rezeptionskultur, die dem klassischen Autor/innenmodell ablehnend gegenübersteht und demgegenüber versucht, kollektive Praktiken zu fördern. Die Bedingungen der permanenten Variabilität eröffnet den User/innen die Möglichkeit, den Verlauf der Erzählung endlos umzuschreiben. Die aggregatähnlich organisierten Erzählräume der digitalen Graphic Novels verleihen dieser kollaborativen Haltung einen angemessenen Ausdruck. Damit verändern sich nicht nur die Rezeptionskontexte, sondern auch die Handlungsrollen im Produktionsprozess. An die Stelle der klar und eindeutig definierten Aufgabenbereiche und Kompetenzen lösen sich die klassischen arbeitsteiligen Ordnungen der Comicproduktion auf und neue Ausverhandlungsprozesse treten auf. So geht etwa das Comiczine *Reihenhaus* weit über die übliche Zusammenarbeit in der Comicproduktion hinaus. Es gibt keine Arbeitsspezialisierung im klassischen Sinne: „Bei unseren Comics haben alle getextet, Figuren erfunden, skizziert und ins Reine gezeichnet. Mithilfe der schreibgestützten Erzählwerkstatt entwickeln wir Handlungsstränge und Figuren. Erst nach einem intensiven gemeinsamen Prozess entsteht das fertige Comic-Heft." (Schmidt/Backes/Möhring 2006ff.).

In *Hamlet on the Holodeck*, ihrem Buch über die Narrativität in elektronischen Medien, führt die US-amerikanische Medientheoretikerin Janet Murray den Begriff der „procedural authorship" ein, um den Aspekt veränderter Handelsrollen in Bezug auf interaktive Medien herauszustellen: „Procedural authorship means writing the rules by which the text appears as well as writing the texts themselves. It means writing the rules for the interactor's involvement, that is, the conditions under which things will happen in response to the participant's actions. [...] The procedural author creates not just a set of scenes but a world of narrative possibilities." (Murray 2000: 152) In diesem Zusammenhang begreift sie die interaktive Einflussnahme als choreografisches Rezeptionsmodell: "In electronic narrative the procedural author is like a choreographer who supplies the rhythms, the context, and the set of steps that will be performed. The interactor, whether as navigator, protagonist, explorer, or builder, makes use of this repertoire of possible steps and rhythms to improvise a particular dance among the many, many possible dances the author has enabled." (Murray 2000: 152)

Partizipatorische Comics verlangen von ihren prozeduralen Autor/innen eine grundsätzliche Bereitschaft zur Verhandlung, die alle Bereiche des Storytellings umfassen kann. Sie leisten damit eine doppelte Rahmung des Geschichtenerzählens. Erstens formulieren sie vermittels ihrer Interaktionen neue Konventionen des Erzählens, indem sie ihre Erfahrungen, Kommentare und Bewertungen in die digitale Umgebung der Webcomics einfließen lassen (vermittels Ranking-, Voting- und Response-Tools). Damit wird eine editoriale Rahmung bevorzugter Figurenkonstellationen und Erzählformen hergestellt. Zweitens etablieren sie eine stochastische Komponente, indem sie Möglichkeiten für programmierte Zufallsprozesse oder aber für Eingriffe durch User/innen schaffen. Vor dem Hintergrund dieser hyperfiktionalen Struktur erschließen sich User/innen ihren eigenen Lektüreweg und haben dabei – wie im Computerspiel – immer wieder abduktive Entscheidungen zu treffen.

Die Aufwertung der aktiven Rolle der Leser/innen bei der Lektüre eines Textes zählt heute zum fixen Forderungskatalog der Rezeptionsästhetik. Die Anerkennung der interaktiven Einflussnahme darf aber nicht darüber hinwegtäuschen, dass die Freiheit der multimedialen Rezeption durch die technischen Möglichkeiten des Computers beschränkt bleibt. Im Webcomic sind die Regeln, nach denen der Leseprozess abzulaufen hat, Bestandteil von Skriptsequenzen, die im Rahmen der interaktiven Beteiligung nicht modifiziert werden können. Insofern beschränkt sich die vielbeschworene Freiheit der Interaktivität mehr oder weniger auf den Beteiligungsmodus des Point-and-Click und reduziert damit die kognitive Aktivität im Rezeptionsprozess auf wenige Bedienbefehle. Die überwiegende Mehrzahl der traditionellen Webcomic-Hyperfictions zeigt, dass die User/innen den Linkstrukturen, die vorgegeben sind, ausgeliefert bleiben. Murray fordert daher zu Recht „a distinction between playing a creative role within an authored environment and having authorship of the environment itself." (Murray 2000: 157)

Genau an diesem Punkt setzen *medienreflexiv orientierte Comics* an, die sich nicht mit der bloßen Steigerung von Interaktivität und Partizipation zufrieden geben, wenn nicht auch die Rolle des Mediums und die medialen Bedingungen reflektiert werden, welche die Inhalte und ihre symbolischen Repräsentationen, die Kommunikationskultur und unsere Medienerfahrungen prägen. *Medienreflexive Webcomics* ermöglichen eine Reflexion von Software. In Anlehnung an die Projekte der *Generative Art* und der *Software Art* machen sie die aus der Bildschirmästhetik ausgeblendete Softwarearchitektur zur Struktur und Form narrativer Beteiligungsprozesse. Sie betrachten Software nicht als etwas, das hinter die Bild- und Textoberflächen der Comicgeschichte zurücktreten soll, sondern lenken die Aufmerksamkeit auf den Programmcode und rücken ihn in den Vordergrund.

Webcomics werden oft mit der Immaterialisierung und der Virtualität der Neuen Medien in Verbindung gebracht. Dabei wird jedoch meist eine andere Seite vergessen. Denn das Immaterielle und Virtuelle beruht auf einer spezifischen Struktur von materiellen Bedingungen, die aber meist ausgeblendet bleiben. Wenn Webcomics über die Gegebenheiten ihrer eigenen Medialisierung reflektieren, dann ist ihr unhintergehbarer Ausgangspunkt die Frage nach dem Stellenwert von technischen Medien. Eine ihrer zentralen Anliegen fokussiert daher den Prozess hinter den grafischen Benutzeroberflächen, den sie sichtbar und zugänglich machen wollen, um zu verdeutlichen, dass ein Computer weniger ein Bild-, sondern vielmehr ein Schriftmedium ist, das seine multimedialen Oberflächen mit Programmiercodes und -texten generiert.

Ihre Frage nach der Materialität von Bildsystemen lenkt die Aufmerksamkeit also auf die Träger, Orte und Kontexte der Bedeutungsgenese von Bildsystemen. Mit der Frage nach den Materialitäten soll ihres Erachtens die Aufmerksamkeit für die Tatsache geschärft werden, dass die von den Webcomics genutzten Kommunikationssysteme wie Sprache, Schrift, Bild, Ton, Film, Video oder Computernetze eines spezifisch materiellen Trägers bedürfen sowie eines spezifischen Ortes und einer spezifischen Zeitstruktur.

Da der Computer nicht nur als ein Speicher-, sondern auch als ein Rechenmedium wirksam ist, ist er selbst als ein *erzählerisches Medium* wirksam, indem er spezifische Regeln, Strukturen und Möglichkeiten der teilnehmenden Interaktion und der sinnstiftenden Interpretation vorgibt. Dies tut er in seiner Funktion als Hardware. In diesem Sinne tritt der Computer als prozedurales Medium in Erscheinung, indem er Eingaben unterschiedlich berechnet und auf diese Weise unterschiedliche Aktionen generiert. Christiane Heibach problematisiert in ihrer Studie zur elektronischen Literatur im Internet den künftigen Reflexionsbedarf digitaler Medienkultur:

> Die Visualisierung der Strukturen (die Vollversion von Storyspace bietet diese Möglichkeit in Form einer „Landkarte" an) ist ein wesentliches Element zum Verständnis von Hypertexten, wird aber von den Autoren oft nicht bewusst eingesetzt. Die vielgelobte „Interaktivität" des Lesers bei der Rezeption elektronischer Literatur wird schnell auf die rein zufallsgesteuerte Klicktätigkeit mit der Maus reduziert. Der Leser ist doppelt ausgeliefert: den Vorgaben des Autors sowie den unterschwellig ablaufenden elektronischen Prozessen. Denn die elektronische Leseumgebung – die graphische Benutzeroberfläche mit den Funktionsicons – führt schon zu einem gewissen Entfremdungseffekt vom Text, der durch die Auslösung der textperformierenden Abläufe noch verstärkt wird, meist aber von der Erscheinungsform der Texte nicht reflektiert, geschweige denn ästhetisch produktiv gemacht wird. (Heibach 2003: 220)

Vor diesem Hintergrund postuliert Anja Rau eine stärkere Einbeziehung der grafischen und symbolischen Software-Tools in die ästhetische Gestaltung der Netzliteratur (Rau 1999: 119). Medienreflexive Comics greifen diese Meta-Diskurse zu elektronischen Texten auf und erinnern uns daran, dass digitale Comicerzählungen immer auch Prozesse von Datenverarbeitung sind. Mit ihren Projekten versuchen sie, die User/innen, die in den für sie undurchschaubaren Simulationen mittels Maus, Cursor und graphischer Oberfläche für dumm gehalten werden, zu emanzipieren. Auf welche Weise geschieht dies nun? Das im Jahr 2001 an der Bauhaus-Universität Weimar entwickelte Comicprojekt *The Church of Cointel* (Niepold/Wastlhuber 2001ff.) versucht, die üblicherweise verborgenen Strukturen der Softwarearchitektur für die User/innen sichtbar und benutzbar zu machen. Die User/innen sehen die gesamte narrative Struktur und Organisation des Comics und können an einem beliebigen Punkt einsteigen und einen Strip in jede mögliche Richtung weiterentwickeln:

> So entstehen immer wieder neue Comic-Zweige. Allerdings muss man sich mit jedem neuen Bild erst einmal der Abstimmung der anderen Nutzer stellen. Die Interaktivität wird gepaart mit Basisdemokratie. Fällt die Abstimmung knapp aus, wird das Bild schlicht der Anfang eines neuen Comic-Astes. Es ist in erster Linie ein Assoziationsspiel und ein Test für neue Kooperationsformen. Daher kann jeder, der die offenen Enden der Geschichten besucht, über alternative Verläufe abstimmen. Die Möglichkeiten Cointels sind unendlich. Völlige Brüche in den Geschichten sind daher die Regel, Personen wechseln Aussehen und Charakter, tauschen mit anderen die Rollen und wecken so entweder die Lust, weiterzusurfen oder ganz im Gegenteil selbst einzugreifen. (Heckmann 2001)

Die meisten multimedialen Webcomics beschränken die Beteiligung von User/innen auf Point-and-Click-Aktivitäten. Die User/innen können ihren eigenen Lese- und Entscheidungsweg nicht antizipieren. Das Comicprojekt *Cointel* stülpt demgegenüber die im Softwareskript verborgenen Datenpräsentationen an die Oberfläche und macht diese Strukturen zum Spielmaterial ästhetischer Interventionen. Es verdeutlicht, dass Interaktivität kein neutraler Vollzug sein kann, sondern immer auf Herrschafts- und Machtverhältnisse verweist, auch wenn diese nicht sichtbar sind. Denn üblicherweise verläuft Interaktion zwischen zwei asymmetrischen Seiten. Auf der einen Seite steht ein Software-Programm, dessen Rechenschritte in einer geordneten und berechenbaren Weise durchgeführt werden. Eingaben können zwar diesen Prozess unterbrechen, aber die Entscheidung, ob eine Interaktion nach der Eingabe stattfindet, ist letztlich doch im Programm festgeschrieben. Folglich kann Interaktion weniger als ein verteilter Prozess verstanden werden, bei dem sich zwei Akteure miteinander verständigen würden, sondern als ein asymmetrisches Verhältnis, bei dem die Programmschrift Situationen determiniert, die den User/innen die Gelegenheit geben, zwischen vorab festgelegten Eingaben auszuwählen. Medienreflexive Webcomics wie das Projekt *The Church of Cointel* machen die Programmcodes also in zweierlei Weise sichtbar. Erstens, sie machen ihn als pragmatisch-funktionales Werkzeug zur Bedienung der Comics verfügbar; und zweitens stellen sie Programmcodes als künstlerisches Gestaltungsmaterial zur Disposition. In ihren Projekten thematisieren die medienreflexiven Webcomics ihre eigenen medialen Bedingungen, integrieren diese in den eigenen ästhetischen Entstehungsprozess und beziehen sich dabei auf die kulturelle und soziale Bedeutung von Software.

Fazit

Aus den hier aufgeworfenen Überlegungen können folgende Schlussfolgerungen für die Forschung der Populärkultur gezogen werden: Die populärkulturellen Praktiken entfalten sich in den Sozialen Medien des Web 2.0 heterogen und inhomogen. Sie siedeln sich am Mainstream der massenmedialen Unterhaltungskultur der Homevideos, Games und Comics an, um sich abweichende Bedeutungskontexte, intermediale Beziehungen oder kulturelle Kooperationen zu erschließen. Das entscheidende gemeinsame Merkmal der hier untersuchten kollaborativen Praktiken (schwache Autorschaft, Modifikation, Paratexte, Medienreflexion) besteht in der Produktion von Grenzfiguren der Repräsentation, die klare Entscheidungen und eindeutige Unterscheidungen herausfordern, erschweren und unterlaufen. Diese prozessualen Praktiken der Bedeutungsproduktion durch die User/innen entspringen jedoch nicht der Autonomie einer spontaneistischen Ausdruckssopulenz individueller Beiträger/innen, sondern weisen aber immer auch eine historische Dimension auf, die in den unterschiedlichen Praktiken der Referentialisierung und Hybridisierung von Medienformaten nachgewiesen werden kann.

Um einer essentialistischen Verallgemeinerung entgegen zu wirken, ist es also angebracht, ihre unterschiedlichen Ausprägungen und Möglichkeiten möglichst differenziert zu betrachten. Populärkultur im Netz hat zwar die Schranken zwischen Produktion und Rezeption weitgehend beseitigt, dennoch bleiben konventionelle Prinzipien der Rahmung, Moderation, Redaktion und Regulation von Inhalten aufrecht erhalten. Dementsprechend darf die Eigensinnigkeit des Populären nicht alleine auf den Inhalt bezogen werden, sondern ist von einer technologischen Analyse ihrer medialen Vermitteltheit daher nicht zu trennen. In diesem Sinne sind populäre Bedeutungsprozesse immer auch im Wechselverhältnis mit den rechnergestützten und digitalbasierten Informations- und Kommunikationstechnologien zu sehen. Dieses Verhältnis zwischen Computer, Software und Anwender/innen ist aber letztlich nicht als determiniert aufzufassen, denn Informations- und Kommunikationstechnologien konstituieren zwar spezifische Beteiligungs- und Ausverhandlungsprozesse, deren performative Rahmungen im Rezeptionskontext wirken jedoch wieder auf die Technologien zurück und verändern diese nachhaltig. Der Befund, dass die populärkulturellen Praktiken der Medienaneignung geeignet sind, die Machtstrukturen und Aufmerksamkeitsmärkte der Medienkanäle zu transformieren und zu verschieben, trifft keine Aussage über den politischen Stellenwert der Signifikationen und Resignifikationen. Die entscheidende Frage bleibt daher, ob die Verfahren der Kontextmodifizierung, der Dekonstruktion oder das Hypertextifizieren in den *signifying practices* ausreichen, um die intrinsischen Widersprüche von Machtkonstellationen derart zu dynamisieren, damit populärkulturelle Produktionen nicht erneut den Funktionsweisen bestehender Machtverhältnisse untergeordnet werden können.

Literatur

Bachmann-Medick, Doris (2009): „Performative Turn", in: dies.: *Cultural Turns. Neuorientierungen in den Kulturwissenschaften*, 3. neu bearb. Aufl., Reinbek: Rowohlt, S. 104-143.

Causey, Matthew (2006): *Theatre and Performance in Digital Culture: From Simulation to Embeddedness*, London [u.a.]: Routledge.

Derrida, Jacques (1988): „Signatur Ereignis Kontext", in: Peter Engelmann (Hg.): *Randgänge der Philosophie*, Wien: Passagen, S. 291-362.

Eco, Umberto (1977): *Das offene Kunstwerk*, Frankfurt/Main: Suhrkamp.

Fischer-Lichte, Erika (2002): „Grenzgänge und Tauschhandel. Auf dem Wege zu einer performativen Kultur". In: Uwe Wirth (Hg.): *Performanz. Zwischen Sprachphilosophie und Kulturwissenschaften*, Frankfurt/Main: Suhrkamp, S. 277-300.

Fischer-Lichte, Erika (2004): *Ästhetik des Performativen*. Frankfurt/Main: Suhrkamp.

Foucault, Michel (1998): *Die Ordnung des Diskurses*, Frankfurt/Main: Suhrkamp.

Grossberg, Lawrence (2000): *What's going on? Cultural Studies und Popularkultur*, Wien: Turia + Kant.

Hartling, Florian (2009): *Der digitale Autor: Autorschaft im Zeitalter des Internets*, Bielefeld: transcript.

Heibach, Christiane (2003): *Literatur im elektronischen Raum*, Frankfurt/Main: Suhrkamp Verlag.

Hempfer, Klaus W./Volbers, Jörg (2011) (Hg.): *Theorien des Performativen. Sprache – Wissen – Praxis. Eine kritische Bestandsaufnahme*, Bielefeld: transcript.

Hepp, Andreas (2010): „Medienkultur kritisch erforschen: Cultural Studies und Medienanalyse", in: Monika Wohlrab-Sahr (Hg.), *Kultursoziologie. Paradigmen, Methoden, Fragestellungen*, Wiesbaden: Verlag für Sozialwissenschaften, S. 227-250.

Hilderbrand, Lucas (2007): „Youtube: Where Cultural Memory and Copyright Converge", in: *Film Quarterly* 61 (1), S. 48-57.

Hoskins, Deb (2009): „'Do You YouTube?' Using Online Video in Women's Studies Courses", in: *Feminist Collections* 30 (2), S. 15-17.

Hügel, Hans-Otto (2003): *Handbuch Populäre Kultur. Begriffe, Theorien und Diskussionen.* Stuttgart: Metzler.

Kelland, Matt/Morris, Dave/Hartas, Leo (2005): *Machinima: Making Animated Movies in 3D Virtual Environments*, Lewes: Ilex.

Klein, Gabriele (2010): „Popkulturen als performative Kulturen. Zum Verhältnis von globaler Imageproduktion und lokaler Praxis", in: Udo Göttlich/Winfried Gebhardt/Clemens Albrecht (Hg.), *Populäre Kultur als repräsentative Kultur. Die Herausforderung der Cultural Studies*, Köln: Herbert von Halem, S. 192-212.

Kleiner, Marcus S. (2011), „Pop-Theorie. Ein deutscher Sonderweg", in: Christoph Jacke/ Martin Zierold/Jens Ruchatz (Hg.), *Theorie(n) des Populären*, Münster: LIT Verlag, S. 45-63.

Krämer, Sybille (1998): „Sprache – Stimme – Schrift. Sieben Thesen über Performativität als Medialität", in: *Paragrana* 7, S. 33-57.

Lowood, Henry E.: „Real-Time Performance: Machinima and Game Studies", in: *The International Digital Media & Arts Association Journal 2/1* (2005), S. 10–17.

Murray, Janet H. (1997): *Hamlet on the Holodeck: The Future of Narrative in Cyberspace*, Cambridge [Mass.]: MIT Press.

Rau, Anja (1999): "Towards the Recognition of the Shell as an Integral Part of the Digital Text", in: Klaus Tochtermann et.al. (Hg.): *Hypertext '99. Returning to Our Diverse Roots. Proceedings of the 10th ACM Conference on Hypertext and Hypermedia*, New York: ACM Press, S. 119-120.

Reichert, Ramón (2008): *Amateure im Netz. Selbstmanagement und Wissenstechnik im Web 2.0*, Bielefeld: transcript.

Schmidt, Siegfried J. (2010): „Es gibt keine Kultur – aber wir brauchen sie", in: Udo Göttlich / Clemens Albrecht/Winfried Gebhardt (Hg.): *Populäre Kultur als repräsentative Kultur. Die Herausforderung der Cultural Studies*, Bielefeld: transcript, S. 106-125.

Sporton, Gregory (2009): „The Active Audience: the Network as a Performance Environment", in: Alison Oddey/Christine White (Hg.): *Modes of Spectating*, Bristol: Intellect, S. 61-72.

Winter, Rainer (1997): „Cultural Studies als kritische Medienanalyse Vom ‚encoding/decoding'-Modell zur Diskursanalyse", in: Hepp, Andreas/ders., (Hg.), *Kultur – Medien – Macht. Cultural Studies und Medienanalyse*, Opladen: Westdeutscher Verlag, S. 47-63.

Wirth, Uwe (2002): „Performative Rahmung, parergonale Indexikalität. Verknüpfendes Schreiben zwischen Herausgeberschaft und Hypertextualität", in: ders., *Performanz. Von der Sprachphilosophie zu den Kulturwissenschaften*, Frankfurt/Main: Suhrkamp, S. 403-433.

Internetquellen

Paul McFedries: „Machinima", in: *Word Spy* 2000, Online unter: http://www.wordspy.com/words/machinima.asp (Letzter Zugriff: 01.08.11)

Heckmann, Carsten (2001): „Wir wollen eure Hirne melken". In: *Spiegel Online. Netzwelt*. Online unter: http://www.spiegel.de/netzwelt/web/0,1518,126623,00.html (Letzter Zugriff: 01.08.11)

Webcomics

Niepold, Hannes/ Wastlhuber, Hans (2001ff.): *The Church of Cointel.* Online unter: www.cointel.de (Letzter Zugriff: 01.08.11)

Schmidt, Imke/Backes, Ellen/Möhring, Jonas (2006ff.): *123comics nach Maß.* Online unter: www.123comics.net (Letzter Zugriff: 01.08.11)

Sticka, Tyler/Wooley, Peter (2006ff.): *Comicsconvergence.* Online unter: www.danmoynihan.com (Letzter Zugriff: 01.08.11)

Interdisziplinäre Wege und Grenzen der Forschungen zur Performativität und Medialität Populärer Kulturen

Thomas Wilke

1. Einleitendes zum Ausleitenden

Ausleitende Worte führen den Leser zu einem weiter zu beschreitenden Weg, weisen diesen vielleicht, ohne das von Vornherein klar ist, wohin dieser Weg führen kann und soll. Genau das versucht die folgende Ausleitung[1], die metatextuell sehr viel mehr als eine kontextualisierende Zusammenführung der vorangegangenen Textbausteinen der vorangegangenen Texte zu verstehen ist, als dass hier ein weiteres close reading erfolgt. Eine solches Vorhaben verfolgt neben dem Ziel, die im Band versammelten Beiträge zueinander in Beziehung zu setzen, im Weiteren das Ansinnen, Anschlüsse und Diskussionsanregungen zu schaffen, die über den Band selbst hinausweisen. Einer Vernetzung nach innen folgt eine anschlussfähige Öffnung nach außen.

In der vorliegenden Auseinandersetzung mit der Performativität und Medialität Populärer Kulturen gibt es einige Schlüsselbegriffe, die sich durchgehend in den unterschiedlichen Beiträgen wiederfinden lassen. Solche Begriffe sind beispielsweise das konzeptionell verstandene Handeln, die Wahrnehmung von und durch Medien, die Inszenierung in und durch Medien, die Aneignung, der Stil, die Stilisierung etc. Diese Begriffe rekurrieren auf bestehende Diskurspositionen aus unterschiedlichen Wissenschaftsdisziplinen, so unter anderem aus der (Sprach-)Philosophie, der Theaterwissenschaft, der Sozial- und Kulturwissenschaft und der Medienwissenschaft. Die individuelle und aus verschiedenen wissenschaftlichen Teildisziplinen erfolgte Auseinandersetzung umschließt die fokussierten Themenfelder, nämlich die der Populären (Medien-)Kulturen, der Performativität und der Medialität. Diese können – das zeigen die Einzelbeiträge – nicht streng voneinander getrennt werden, sondern weisen Schnittmengen und -punkte auf. Eng verbunden mit diesen Themenbereichen ist der Rückgriff auf handlungstheoretische Erklärungszusammenhänge, auf die Marcus S. Kleiner in der Einleitung ausdrücklich hinwies. Es wird

---

1 In der deutschen Sprache gibt es für das Ende eines Textes kein entsprechendes Pendant zur Einleitung. Mit dem Begriff ›Ausleitung‹ weiß man zwar, was gemeint ist, gleichwohl findet er sich nur umgangssprachlich wieder, keinesfalls in aktuellen Wörterbüchern. So wird gern auf die literarischen Begriffspaare Prolog und Epilog bzw. die Anglizismen Intro und Outro zurückgegriffen, weniger auf Vorspiel und Nachspiel, oder es gibt schlicht ein Fazit. Was sich in der Literatur zwischen Prolog und Epilog abspielt, ist der genreunabhängige Kern des zu Erzählenden, das durch Vorangesetztes und Nachgetragenes eine Rahmung bekommt. Gleichwohl setzt der Epilog einen Schlusspunkt, etwas ist demnach zu Ende erzählt. Eine Conclusio fasst das Vorangegangene zusammen.

etwas praktiziert, getan und dieses Tun bringt etwas auf eine spezifische Art und Weise hervor, die dem Handlungsergebnis eine besondere Qualität oder „Mehrwert" beimisst. Diese Praxen sind nicht sui generis Bestandteil Populärer Kulturen, sondern werden es erst durch ihre Performativität und Medialität. Sie sind ebenso nicht einfach Handlungen im Sinne einer monokausalen, zielführenden oder ausschließlich auf sich selbst bezogenen Tätigkeit, sondern sie stehen in einem unauflösbaren Zusammenhang mit den Gegenständen Populärer Kulturen. Im Folgenden wird dies anhand der thematisierten Gegenstände, der Handlungsräume und den Praktiken zusammenführend diskutiert.

2. Gegenstände

Die Diskussion um die Gegenstände populärer Kulturen ist keinesfalls widerspruchsfrei, denn die vereinnahmenden und ausgrenzenden Positionen schwanken zwischen Einzelfallanalyse, Feldforschung und Verallgemeinerungen. So wird beispielsweise nach wie vor kontrovers verhandelt, ob „der Film" aufgrund seines industriellen Produktions- und Distributionsprozesses zu Populärkultur zu zählen ist oder ob aufgrund genrespezifischer Zuschreibungen, im Sinne einer grobmaschigen Differenzierung á la Hollywood-Blockbuster ja und Autorenfilm nein, Differenzierungen vorgenommen werden. Der Film spielt in mehreren Beiträgen (Olaf Sanders, Patricia Feise-Mahnkopp, Herbert Schwaab, Franziska Buhre) in der Auseinandersetzung mit Performativität und Medialität eine tragende Rolle. Die geschieht allerdings sehr viel weniger auf einer formalen oder gar formalästhetischen Ebene, sondern sehr viel mehr in der Diskussion der audiovisuellen Inhalte und der (Re-) Präsentation von Handlungszusammenhängen. Dementsprechend identifiziert Franziska Buhre in ihrem Beitrag im Film intersubjektive Aushandlungsprozesse in »Inszenierungen von Menschen, die einer Aufführung scheinbar zuhörend/zuschauend und/oder tanzend beiwohnen«. Das veranschaulicht sie anhand des populären Tanzes *Lindy Hop*, der beispielhaft als »spezifisches Merkmal der medialen Aufbereitung populärer Musik im Film« zur Analyse herangezogen wird. Damit kommt im Weiteren methodisch unter anderem die Perspektive des Remediation-Ansatzes zum Tragen, indem sich ein Medium nicht nur in einem anderen wiederfindet, sondern zum narrativen Bestandteil wird, ohne dass Prozesse der Performativität in den Hintergrund treten.[2] Diese sind nicht nur im Film beobachtbar sondern ebenso in der TV-Serie (Marcus S. Kleiner, Jens Schröter), in der Sitcom (Herbert Schwaab) und in Kochshows (Stefan Meier). Damit nähern sich audiovisuelle Formate einer Reflexion von »Wissensordnungen im Alltag« (Tanja Thomas), die über die Inszenierung und Darstellung performativer Gesten nicht nur ihre Medialität zur Schau stellen, sondern gesellschaftliche Prozesse diskursivieren und reflektieren. So lässt sich in medialen Angeboten »Alltags(er)leben und -handeln« nicht nur beobachten, sondern auch aufzeigen, wie permanent »(Re-)Produktionen sozialer Wissensbestände hinsichtlich „Klasse" und Geschmack sowie Geschlecht, Körper und Schönheit/Gesundheit vorgenommen wer-

---

2   Vgl. hierzu Bolter / Grusin 1999 sowie Seier 2007.

den.« Insoweit werden – und das reduziert sich nicht auf audiovisuelle Angebote – »weniger Lebensstile, denn Modelle der Lebensführung vorgeführt«, die über ihre Attraktivität für Rezipienten »an einer Reproduktion und Legitimierung gesellschaftlicher Verhältnisse maßgeblich beteiligt sind, wenn ihre Deutungsangebote an alltägliche Praktiken und Erfahrungen von Menschen anknüpfen und ihnen eine Sinn geben.«[3] Diese tendenziell normative Sinnstiftung durch mediale Deutungsangebote erzeugt spezifische Erfahrungen und damit Stilgemeinschaften, die, so Jochen Venus, innerhalb von populären Kulturen Quasi-Vergesellschaftungen vermitteln.

(Pop)Musik ist Bestandteil des Alltags, sie bestimmt Handeln und entsteht durch Handeln – sie ist ein vielfältiger Gegenstand in der Auseinandersetzung mit Performativität und Medialität. Das betrifft im hier vorliegenden Roundtable erstens die Ästhetik der Produktion (Rolf Großmann, Malte Pelleter), zweitens die gesellschaftliche Stellung und Reflektion (Ivo Ritzer, Marcus Stiglegger), drittens die Aneignung (Susanne Binas-Preisendörfer), viertens den Zusammenhang von Star-Image-Identität (Lisa Huwyler, Christopher Jost), fünftens (Produktions-)Praktiken, die aus dem Umgang mit Musik entstehen (Malte Pelleter, Thomas Wilke) sowie sechstens der Verbindung von Musik und (Gesangs-)Stimme (Moritz Baßler, Martin Butler). Dieses Spektrum zeigt bereits eine Vielfalt, die paradigmatisch in Chris Blackwells, dem Gründer von Island-Records und Bob-Marley-Produzenten, mündet, dass Pop immer Musik und »attitude« sei. Attitüde als Haltung ist eng verknüpft mit einem Image respektive einer Imagebildung. Dieser dauerhaft stattfindende Prozess findet sich ebenfalls in einem anderem Kontext und in einem anderen Raum: im Internet; und zwar als einem Ort der Auseinandersetzung um das persönliche Image (Ramon Reichert), das sich hier auf der Grundlage einer ›schwachen Autorschaft‹ bildet und indirekt einen tendenziell mediatisierten Alltag widerspiegelt.

3. Handlungsräume, Schau- und Hörplätze

Die etwas additiv anmutende Gegenstandsbenennung der einzelnen Beiträge verweist aus sich heraus auf verschiedene Orte der Auseinandersetzung mit Performativität und Medialität. Nicht alle können und sollen hier noch einmal umfassend diskutiert werden, es zeichnen sich jedoch Überschneidungen ab.

Die Bühne diskutieren sowohl Annemarie Matzke als auch Christofer Jost und Lisa Huwyler als einen spezifischen Raum performativen Handelns, allerdings in zwei ganz unterschiedlichen Ausprägungen. Matzke sieht die Bühne pars pro toto für das Theater, als einen Ort der Aufführung, der Platz für Pop macht. So werden im performativen Grundverständnis theatralen Handelns zugleich Auseinandersetzungen gesellschaftlicher Wirklichkeit auf der Bühne gebracht und dort reflektiert. Diese richten sich nicht nach narrativen oder dramaturgischen Mustern, sondern sehen ihre kritische Substanz

---

3   Ebd. Zu einer übergeordneten, philosophischen Problematisierung von Lebensführung, Souveränitätsausübung des Subjekts und Biopolitik vgl. Agamben 2012.

in der popmusikalischen Sozialisation der Protagonisten. Das heißt, die Theaterbühne transzendiert keinen gesellschaftlichen, literarischen oder zwischenmenschlichen Konflikt, sondern »über das Spiel mit Formen Populärer Kultur auf der Bühne wird in den Inszenierungen die besondere Performativität theatraler Prozesse ausgestellt«. Diese »Formen Populärer Kultur«, von außen in das Theater eindringend, werden nun eben nach Matzke nicht mit den Mitteln des Theaters aufbereitet und so in eine Tradition theatraler Auseinandersetzung gestellt, sondern sie offenbaren durch ihre Nicht-Theatralität in einem Theater-Kontext die »Performativität theatraler Prozesse«. Das heißt dann, der Argumentation Matzkes folgend, dass auf der Bühne »ein Auswahlprozess thematisiert wird«, der die subjektive Kontingenzbewältigung medialer Aneignungsprozesse reflektiert und dabei den »Akt des Produzierens eigener Texte vor[führt]«. Beides, Auswahl- wie Produktionsprozess, sind sowohl Bestandteil als auch Kontext von Identitätsprozessen und von Alltagswirklichkeiten. Es handelt sich hier um Referenzen, die als Thema und als Reflektion auf die Bühne gebracht werden. Diese Referenzen sind in ihrer Gegenständlichkeit der Grundstoff des beschriebenen „Pop-Theaters" und werden durch die Aufführung nicht einfach abgebildet, sondern konstituieren sich in der Aufführung. Dadurch wird die Bühne zu einem Akteur, indem sich dort präexistente »theatrale Prozesse« Sujets Populärer Kulturen annehmen. Man könnte demnach von einem Koinzidieren zweier Welten sprechen, wenn auf der Bühne Pop zum Gegenstand des Theaters wird, ohne dass dadurch Pop durch das Theater vereinnahmt wird.

Ganz anders ist der Zugang zur Bühne als einem Ort der Aufführung bei Christofer Jost und Lisa Huwyler, die diesen am Beispiel der Band *Muse* in einen dispositiven Zusammenhang stellen. Die Bühne bei Rock- und Popmusikkonzerten ist kein Raum für die Imagination oder Transzendenz eines in der Aufführung zu verarbeitenden Stoffes, auch wenn sich imaginative Aspekte und transzendente Momente bei Rock- und Popmusik-Aufführungen finden lassen. Sehr viel stärker ist die Bühne hier der Ort der (Re-)Produktion und (Re-)Präsentation von Musik. Zwar finden sich zwischen beiden Parallelen: in der Abgrenzung und Anordnung des Raumes, in der Trennung zwischen Akteuren und Publikum und in der Konstituierung einer Interaktionssituation durch das frontale Gegenüber von Akteuren und Publikum. Die Konzertbühne baut jedoch auf anderen Voraussetzungen auf als eine Theaterbühne. Für Jost und Huwyler sind dass das komplexe Zusammenspiel des technischen Arrangements und der Live-Performance, indem die »Bühnen der populären Musik als „Technik-Inseln" in Erscheinung« treten. Die musikalische Aufführung auf der Bühne wird demnach in der Argumentation zu einem »medial gerahmte[n] Impressions-Management«, das sich »als soziales Ereignis konstituiert, [und] auf die Erzeugung ästhetischer Erlebniswerte hinzielt«. Derartige Erlebniswerte stehen in einem „institutionellen Gebrauchszusammenhang" (Peter Wicke) von Fankultur und Künstleridentität. Beide bedingen sich gegenseitig, allerdings verfügt der Künstler sensu Star über andere diskursive Strategien – bzw. ist diesen ausgesetzt – als die Fankulturen, die sich ihres kollektiven Fan-Da-Seins unter anderem bei Konzerten vergewissern. So bleibt in der weiteren Argumentation von Jost und Huwyler die Aufführung und die damit einhergehende Live-Performance nicht ohne Auswirkungen auf die Staridentität, sei es durch Selbstinszenierung auf der Bühne oder durch diskursive Zuschreibungen. Zu den Wechselwirkungen zwischen Live-Performance, (Studio-)Musikproduktion und Star-Identität bemerkt der belgische DJ und Musiker David Dewaele (Soulwax, Flying Dewaele Brothers, 2Many DJs)): »Als wir vor zehn Jahren angefangen haben, hat uns die Plattenfirma bezahlt, damit wir auf Tournee gehen, um unser Album zu bewerben. Heute ist es genau umgekehrt: Wir machen Alben, damit wir auf Tour gehen können, weil der Plattenverkauf total in den Keller gegangen ist. [...] Wir machen Alben und wir verkaufen sie auch, aber es gibt da ein massives Missverhältnis. Auf der kommenden Tour [...] werden wir dreimal so viele Leute mit unseren Konzerten erreichen, wie wir Alben verkaufen. Das heißt, die Leute wollen nicht mehr 15 Euro für ein Album bezahlen, aber sie zahlen offenbar sehr gerne 30 Euro für ein Konzert und haben einen guten Abend.« Das in dem Beitrag von Jost und Huwyler differenziert betrachtete (Wechsel-)Spiel von Identität und Image »[b]ei einer Star-Werdung [...] als medienvermittelte Handlungsgeschichte« spielt sich jedoch nicht nur auf der Bühne ab, sondern wird über Medienangebote fortgeschrieben.

Dieser Prozess der Konstitution und Pflege von Identität und Image ist nicht zwangsläufig konsensorientiert, sondern ihm wohnt ebenso ein subversives Potential inne, wie Marcus Stiglegger anhand von »provokativen Kulturtechniken schwarzromantischer Subkulturen« ausführt. Dabei ist die Bühne nicht mehr alleiniger Aufführungsort der Performance, der medialen Repräsentation und der Selbstdarstellung subkultureller Musikerinnen und Musiker, sondern es vollzieht sich ein Übergang zu einer »eigenen Lebenspraxis, einer per se performativen Lebenshaltung« von »role models für ihre Fans«. Eine solche Grenzüberschreitung enthebt eine instantane Kunstrezeption ihrer Bindung an Orte und provoziert mit ihrer performativen Ästhetik eine Kollision im (medialen) Alltag. Das führt Stiglegger zu dem »Tabubruch als Kulturtechnik der Popkultur in der medialen Performance«, der sich in der Verwendung historisch-politischer Symbole wie dem Eisernen Kreuz, dem Hakenkreuz, Uniformen, oder anderen aus ikonografischen und magischen Kontexten ganz offen zeigt. Die scheinbare Identifizierung eines Zusammenhangs von Musik, Symbolverwendung und Performance provoziert Publikum und Rezipienten und zwingt diese geradezu zu einer Neupositionierung. Eine nicht nur auf der Bühne erfolgende »Neukombination bekannter Symbole« führt zu einer Über-Identifizierung, die in der Offenlegung ideologischer Abgründe Distanz verunmöglicht. Aus Unkenntnis erfolgt Stigmatisierung, die eine Auseinandersetzung mit derartigen performativen Kulturtechniken nicht erleichtert, soll doch nicht »formal Ähnliches für inhaltlich Gleiches« gehalten werden. Gleichwohl speist sich daraus – wie an unterschiedlichen Performances von *Laibach* bis *Der Blutharsch* gezeigt wird – ein subversives Potential, das auf die Eigensinnigkeit der Popkultur referiert, indem sich in Nischen Kulturtechniken ausformen und entfalten. Diese bilden wiederum über »Tabubrüche, Provokationen, Neucodierung von historisch belasteten Symbolen« Kontinuitäten, die in Live-Performances, der medialen Aufbereitung von Konzertvideos und der »performativen Rezeption in der Selbstdarstellung der Fans« beobachtbar werden.

Begreift man nun den letzten Punkt als genau den Moment der Grenzüberschreitung und Auflösung von Rezeptionsräumen, dann wird ein tendenziell populärkulturell geprägter (Medien-)Alltag zu einer allumfassenden Bühne performativer Aneignungsstrategien und -manifestationen. Dass Medien dabei eine nicht zu vernachlässigende Rolle spielen, scheint mittlerweile Konsens und doch wird nur so deutlich, dass das, was Medien übertragen »keineswegs invariant und stabil [gehalten wird], sondern [...] als apparative Erzeugungsprozeduren Spuren in Materialien und Bedeutung bildenden Praktiken« hinterlassen, wie Susanne Binas-Preisendörfer als eine Prämisse formuliert. Als generierende und konturierende Dispositive schreiben sich diese »in die betreffenden Kommunikationspraktiken und -prozesse ebenso ein, wie soziale Hierarchien in Körperpraktiken«. So wird wiederum der Körper – im Anschluss an Michel Foucault und Judith Butler – zum Austragungsort von gesellschaftlichen Mikro- und Makroprozessen. Das demonstriert der Beitrag anschaulich anhand der künstlerischen Studie zur Fankultur von Candice Breitz, indem Fans »die Songs ihrer Idole (mit)singen« und vor der Kamera performen. In dieser Performance manifestiert sich die jeweilige Aneignungspraxis der Fans und der Grad der Identifikation. Es zeigt sich noch mehr, nämlich die Bereitschaft der Protagonisten, sich in ihrem Fan-Sein von einer Kamera beobachten zu lassen. Damit stellen sie sich also nicht einfach zur Schau, sondern sie inszenieren sich vielmehr im Modus des „Beobachtet-werden-wollens". Die Präsentation wird zur Repräsentation individueller Aneignungspraktiken und deckt zugleich die medialen Vorgaben auf, die in der jeweiligen Ausführung als mimetisches Handeln zum Tragen kommen. Der Fan eignet sich aus dem sedimentierten Wissen der eigenen Rezeption und Identifikation den Song an und zeigt so eine Inanspruchnahme und In-Besitznahme des Songs sowie ferner in der Identifikation zudem den Wunsch sozialer Teilhabe. Auf der Bühne eines solch verstandenen (Medien-)Alltags lassen sich noch weitere relevante Handlungsorte ausmachen: das Internet und die Küche, worauf später noch eingegangen wird.

Auch im Film findet sich die Bühne als ein konkreter Auftrittsort: einerseits Gegenstand der Auseinandersetzung und zugleich als Handlungsraum spezifischer performativer Praktiken. Das zeigt sich in dem bereits erwähnten Beitrag von Franziska Buhre, die den Lindy Hop der 20er Jahre als eine durch performative Aushandlungsprozesse entstehende Raumfigur diskutiert, die wiederum Eingang in den Film – hier Hot Chocolate von 1941 – findet. Dort unterliegt der Tanz den innerfilmischen Gestaltungslogiken, die den Blick des Zuschauers lenken und in diesem Beispiel stets drei Aufmerksamkeitsfelder fokussieren: die Zuschauenden, die Tanzenden und die Musikkapelle. Das sind auch nach Buhre alles performative Aspekte: »mediale Blickorganisation und ihre Transformation in Bewegung, das Wechselspiel zwischen Vorführung und Sensation und Aneignungen von Aufführungspraktiken der Musik«. Der Film »fordert Zuschauende auf, sich selbst als Hörende populärer Musik zu entdecken und dem durch das Anschauen geweckten Vergnügen in Bewegung nachzugeben«. Ein in der Struktur ähnlich lautendes Argument formuliert Olaf Sanders, der den Film als ein »Zeitdokument« bezeichnet, »in dem man sehen kann, wie die Leute früher gelebt haben« und sich dieser, als Teil von Populärer Kultur, als »ein Feld der Suche und des Experiments [zeigt], das sich selbst immer wieder als etwas Geteiltes und

Gemeinsames herstellen muss. Sie [die Populäre Kultur, TW] wirkt auf sehr grundlegende Weise als Medium indem sie Lücken zwischen den Individuen durch Praxen und Performatives, Artefakte und Immaterielles füllt«. Einerseits zeigt der Film also Erfahrenes, Umgesetztes, Realisiertes, zugleich sucht er genau das im Spannungsfeld des gelebten Lebens und der potentiellen Möglichkeiten. Konkret fragt Olaf Sanders, wie in den beiden Filmen *Nordsee ist Mordsee* (1976) und *Hölle Hamburg* (2007) »Widerstand und Abweichung entwickelt und erprobt« wird. Handlungsort und Performer zugleich ist dabei der Hamburger Hafen. Das mag erst einmal verwirren, inwieweit der Hafen selbst zu einem Performer werden kann, Olaf Sanders verortet hier »Werdensprozesse«, die »dem Sein als zweiter Strang einer doppelten Artikulation als reine Performanz« korrespondieren. Der Hafen verbindet als Handlungsort die beiden Filme, gliedert sie, produziert bestimmte Handlungsweisen und artikuliert sich so einen spezifischen und bestimmenden Handlungsrahmen. Im Vergleich der beiden Filme zeigt sich: »Die Disziplinargesellschaft schuf Individuen mit Plänen, die Kontrollgesellschaft löst Pläne und Individuen auf. Hafen und Strom tragen nicht mehr.« Aus diesem Auflösungsprozess ergeben sich nicht einfach Pluralismen sondern vielmehr Mannigfaltigkeiten, deren Performativität »sich nicht in Aktionen erschöpft« und das Potential [hat], Bildungsprozesse anzustoßen.« Das unterstellt beiden Filmen eine Kraft und Wirkmächtigkeit, der die Abgeschlossenheit und die zeitliche Beschränktheit in der Produktion und Wahrnehmung entgegenstehen. Das Serienformat hat hier per se die Möglichkeit, andere Handlungsstrategien anzulegen, die in ihrem Fortsetzungscharakter reflexiv, integrativ, kontrovers, kontrastierend, deskriptiv, problematisierend oder auch relativierend sein können. Jens Schröter bezeichnet dementsprechend in seinem Beitrag die Serie als »Makro-Film lang genug, um komplexe soziotechnische Selbstbeschreibungen ästhetisch inszenieren zu können [...], damit Selbstbeschreibungen der Gesellschaft als mediatisierter möglich werden.« Das exemplifiziert er anhand der amerikanischen TV-Serie *The Wire,* die als »Gesellschaftspanorama [...] ein hochdifferenziertes Bild der sozialen Wirklichkeit Amerikas« zeichnet, und zwar anhand des »Mikrokosmos Baltimore«. Interessanterweise spricht Herbert Schwaab in seinem Beitrag den populärkulturellen Serien genau diese Qualität ab, da sie »was die Performance angeht, nur selten etwas Signifikantes beizutragen haben.« Vor dem Hintergrund einer sich für Figuren interessierenden Sitcom böten die Serien »ein nichtssagendes, schematisiertes Spiel, das die äußeren Kennzeichen eines psychologischen Realismus erfüllt«. In Schröters Beitrag nun werden Medien nicht als fixe Entitäten betrachtet sondern prozessual, indem »die Inszenierung der Performativität von Medien in *The Wire*« eine antizipierte Stabilität problematisiert und Potentiale von Devianz und Destabilisierung von »in ständiger Transformation begriffene Netzwerke menschlicher und nichtmenschlicher Akteure« hervorbringt. Die Destabilisierung des Gegebenen nicht als ein Aushandlungsprozess für Stabilisierung, sondern als ein permanentes Infragestellen ist das große Thema des fiktionalen Films *The Matrix,* was sich dann entsprechend in der audiovisuellen Ästhetik immer wiederkehrend finden lässt. Was ist glaubwürdig, warum und welche »sozio-ästhetische Implikationen« konstituieren sich? Patricia Feise-Mahnkopp belässt es in ihrem Beitrag nicht bei einer Auseinandersetzung mit scheinbar gesellschaftlich stabilen Strukturen, sondern weitet das Problemfeld zu einer »ästhetischen Analyse, im

Sinne einer Hermeneutik des Populären‹,« aus. Dabei wird *The Matrix* »als selbstreflexives ›Meta-Pop‹-Artefakt« zu einer »Denkfigur«, die nach Feise-Mahnkopp als »die Vorstellung einer kollektiven Kontrolle durch die Simulation von Wirklichkeit, nicht losgelöst von der aktuellen Wissenschafts- und Technologieentwicklung betrachtet werden« kann. Mit dieser Argumentation wird ein Anspruch postuliert, sich kritisch auf gesellschaftliche Wirklichkeit zu beziehen und gleichsam selbstreferenziell auf »Geschichte(n), Figuren und Formensprache der medialen Popkultur«. Hier gelingt im Ansatz ein Anschluss an Jochen Venus' Ausführungen zur spektakulären Selbstreferenz Populärer Kulturen als einem ästhetischen Programm. Eine Analyse von gesellschaftlicher Wirklichkeit erfolgt bei Feise-Mahnkopp durch die Auseinandersetzung mit metadiskursiven Aspekten von Macht, Religion, Glauben, Wissen, die in ihrem Zusammenspiel und unter Einbeziehung von Kant »eine meta-rationale Entgrenzung bewirk[en]« und innerhalb der Trilogie zu einer »Wahrnehmung eines solchermaßen Erhabenen« beitragen. Eine solche Wahrnehmung lässt dann die Kontingenz und die Bedingungen der alltäglichen Lebensformen vergessen und gelingt aufgrund der Performance des Mediums Film, die von der Performance der Schauspieler zu unterscheiden ist. Diese auf spezifische Gelingensbedingungen angewiesene Performance des Mediums kaschiert nicht mehr die im klassischen Hollywoodfilm beobachtbare Vermittlungsaufgabe, sondern spielt den Aufführungscharakter offen aus. Genau das demonstriert Herbert Schwaab in seinem Beitrag und insbesondere in der Diskussion der amerikanischen Filmkomödie sowie der Fernseh-Sitcom, der in seinen Argumenten maßgeblich von der Philosophie Stanley Cavells geleitet ist. Für Schwaab ist der Film »naiv und selbstverständlich und spricht die Menschen unmittelbar an«, da »die mediale Eigenschaft des Films, dessen Apparat ohne menschliches Zutun Bilder hervorbringt, die eine spezifische Subjektwirkung erzielt, ohne dass sich Film im Unterschied zur Malerei mit seinen eigenen Grundlagen beschäftigen müsste.« Das unmittelbare Ansprechen gerade im klassischen Hollywoodfilm entspringt einer artifiziellen Gewöhnlichkeit, die das Schauspielerische nicht als schauspielerisches, sondern als tatsächliches Handeln erscheinen lässt, aus dem sich Bedeutungsgehalte ergeben und die den Betrachter des Films vorerst vernachlässigen. Mit dem Autorenkino und anderen technischen Entwicklungen der 60er Jahre wird der Betrachter vom Film als Betrachter angesprochen und die vormalige »therapeutische Wirkung auf das Publikum« löst sich auf. Mit einer solchen Wandlung zu einer zunehmenden Theatralisierung des Kinos – aktuell technisch durch 3D und computer generated imagery noch verstärkend – vollzieht sich nach Schwaab eine Performance, in der »der Betrachter kein ungesehener Betrachter mehr ist, vor dessen Augen sich eine Welt entfaltet, sondern der einem Ereignis beiwohnt, das er auch als ein Ereignis erfährt«. Hier lassen sich Vergleichslinien zu den Argumentationen von Annemarie Matzke und Olaf Sanders ziehen.

4. Handlungen und Praktiken

Es ist bereits mehrfach angeklungen, dass eine unmittelbare Kopplung in der Auseinandersetzung mit Performativität und Medialität an einen Handlungsbegriff bzw. ein

Handlungskonzept unabdingbar ist. Die Beobachtung von Handlungen, die zum Teil zwingende Eigenlogik medialer Phänomene an eine anschlussfähige Handlungsfähigkeit und Handhabbarkeit zeigten das in den vorangegangenen Ausführungen zu den Gegenständen und Handlungsräumen. Das bedeutet, dass in dem hier vorgelegten begrifflichen Kulturverständnis das Entstehen von und der Umgang mit Populären Kulturen überwiegend an Aktion im Sinne einer Praxis geknüpft ist. Das heißt auch, dass sie nicht präexistent sind, sie entstehen, bestehen und verändern sich in und durch die jeweiligen Praxen, so dass wir mit Jochen Venus Beobachtung »heute nicht mehr in *einer* Kultur [leben], sondern im Einzugsbereich einer Vielzahl uns umwerbender, konfrontierender oder schroff exkludierender *populärer Kulturen*.« (Herv. i. O.) Daran ist eine notwendige Differenzierung anzuschließen: Zum einen wird Handeln in Medien beobachtbar. Damit zeigt sich Handeln beispielsweise in audiovisuellen Medien als Repräsentation kultureller Muster, die eine notwendige und keine hinreichende Voraussetzung für Reproduktion von performativ wahrnehmbaren ›Wissensordnungen‹ darstellt.[4] Diese werden in der medialen Hervorbringung bestätigt und zugleich verfestigt. Evident und vielleicht etwas plakativ ist das eigenständige Kochen etwas anderes, als eine Kochshow zu sehen. Wenn das selbst Kochen allerdings die Nachahmung der Kochshow darstellt, dann sind beide Tätigkeiten zwar ähnlich, unterscheiden sich jedoch auf eine mehr als nur graduelle Art und Weise. In einem weiteren Blick scheint das Kochen nicht sofort performativen Praktiken innerhalb Populärer Kulturen zurechenbar. Durch eine audiovisuelle Überformung wird jedoch eine Auseinandersetzung notwendig, die im Resultat eine solche Verortung zutage fördert. Diese ergibt sich aus dem beobachtbaren Erfolg von Kochshows nicht einfach aus sich selbst heraus, sondern scheint sie strategisch angelegt zu sein, indem das Kochen als eine kulturell verankerte alltäglich (notwendige) Tätigkeit zur Essenszubereitung zu der audiovisuellen Inszenierung ins Verhältnis gesetzt wird.[5] Aus einer soziosemiotischen Perspektive heraus analysiert Stefan Meier für das Kochen »drei Praktiken der Stilisierung, die in den konkreten (visuellen) Design-Handlungen verkoppelt realisiert sind«. Meier versteht diese sich manifestierenden Stilpraktiken zudem »als Äußerungen eines Lifestyles«, die damit »populärkulturell semantisiert sind«. Kochen lässt sich demnach weniger als eine ausschließlich soziokulturell vermittelte funktionale Praxis verstehen, als vielmehr eine medienkulturell geprägte, wenn »die massenmediale Inszenierung des Kochens als Stil-Handlung nun nicht mehr auf das Essen selbst fokussiert ist«. Das heißt dann auch, dass der (Fernseh-)Koch nicht mehr nur einfach Koch

---

4   Der Begriff der ›Wissensordnung‹ ist nicht ganz unproblematisch, da er eine modellhafte oder gar strukturierte Ordnung von Wissen als Orientierungsraster suggeriert und dabei nur schwer Öffnungen für Unbekanntes zulässt. Breidbach (2008: 33) formuliert hierzu: »Die Begriffe konturieren in ihrer so gewonnenen [sprachlichen, T.W.] Zuordnung die Momente des Realen, die die für unser Wissen bedeutenden Größen darstellen. Sie können sich je nach Erkenntnisinteresse und Vorwissen verlagern.« Zu den aus Wissensordnungen resultierenden Wissenskulturen und deren Diskussion vgl. Sandkühler 2009.

5   Vgl. hierzu Buck, Matthias (2008): Ritual und Drama der Fernsehköche. In: Fahlenbrach, Kathrin, Ingrid Brück, Anne Bartsch (Hrsg.) 2008: Medienrituale. Rituelle Performanz in Film, Fernsehen und Neuen Medien. Wiesbaden, S. 125-136.

sondern sehr viel mehr jemand ist, der geschmacks- und stilbildend für mehr steht, als nur das Gericht, um das es gerade geht. Für den Rezipienten hat das durchaus Konsequenzen, in dem man sich Lebensstil-Vorbilder sucht und diese »für bestimmte soziale Praxisfelder der Freizeit und des Privaten selbstdarstellend zu adaptieren«. Eine solche Adaption der »Kulturpraxis des Kochens« hat noch weitere Folgen, wenn sie »zu einer unterhaltsamen Freizeitbeschäftigung und einem Lifestyle-bezogenen Gesprächsanlass stilisiert [wird]. Die vermeintlich langweilige Essenszubereitung soll Spaß machen, ist ferner anspruchsvoll und kann auch im Sinne der Familie zunehmend Perfektionalisierung und Professionalisierung erfahren.«[6]

So wie beim Kochen Handeln in Medien beobachtbar wird, das dann wiederum unter Umständen handlungsleitend für Rezipienten wird, wird andererseits ebenso Handeln durch Medien beobachtbar. Aus dieser Perspektive heraus lässt sich Benjamin Beils Beitrag über Retro-Gaming und Computerspiele, das Spielen an und mit Computern, Konsolen, Tablets, und Handys als mimetisches und performatives Handeln verstehen.[7] Galt dieses Spielen noch bis vor wenigen Jahren als Ausdruck hauptsächlich adoleszenten Verhaltens, das mit Eintritt in das „Erwachsenenleben" eine ganz natürliche Distanz zum Spielen aufbrachte, kann dieses nun als akzeptierter Teil gesellschaftlicher Wirklichkeit betrachtet werden, das nicht mehr ausschließlich an einzelne Lebensphasen gekoppelt ist.[8] Hieran direkt angeschlossen sind die technischen Entwicklungen der Smartphones, die durch entsprechende Angebote das Spielen vom Computer entkoppeln bzw. Alternativen dazu anbieten. Spielerisches Handeln wird hier durch die technische Anordnung und der Anforderung des Spiels zu einem performativen Handeln, das innerhalb des Spielangebots zu einer medialen Wirklichkeitskonstituierung führt, einer Binnenperformativität des Spiels. Denn, wie Beil ausführt und eine grundsätzliche Forderung des Gegenstandes darstellt: »Computerspiele bedingen einen *performativen Mediengebrauch* – denn sie müssen gespielt werden«. Das beinhaltet zugleich Aspekte mimetischen Handelns, indem die im Spiel geforderten Handlungen – bspw. Laufen, Springen, Ausweichen,

---

6   Vgl. hierzu aus einer soziologischen Perspektive: York Kautt 2012: Kochende Medien: (Trans-) Regionalität, (Trans-)Nationalität und (Trans-)Kulturalität im Kontext televisueller Koch-Formate. Preprint Giessener Elektronischen Bibliothek (GEB): http://geb.uni-giessen.de/geb/volltexte/2011/8503/ sowie ders.: Televisuelle Koch-Formate: zur Kulturbedeutsamkeit eines Bereichs der Massenmedien. In: Sociologia Internationalis, 2/2010, S. 211-247.

7   Die Beobachtung und Diskussion um den (ästhetischen) Wert des Spielens in den Handlungsdimensionen des Menschen, als anthropologische Konstante, findet sich bereits bei Friedrich Schiller in *Über die ästhetische Erziehung des Menschen in einer Reihe von Briefen* von 1794/95, immer wieder bei Walter Benjamin, so unter anderem in *Über das mimetische Vermögen* von 1933, natürlich die bekannte Studie Johan Huizinga Homo Ludens. Vom Ursprung der Kultur im Spiel von 1939 bis hin zu Herbert Marcuse *Der eindimensionale Mensch. Studien zur Ideologie der fortgeschrittenen Industriegesellschaft* von 1964.

8   Das zeigen immer wieder die intensiv geführten Diskussionen über die Reduktion der Computerspiele auf Gewalt- und Suchtpotentiale. Vgl. aktuell zur Marktsituation, Internetaffinität: BITKOM 2011 sowie zum Überblick: www.vgchartz.com/

Schießen etc. – nachahmenden Charakter aufweisen und sich schließlich die geglückten Gelingensbedingungen am Ende als Punktestand im Highscore aufgelistet wiederfinden.

Machinimas stellen im Internet und darüber hinaus »die Logik des Spiels grundlegend in Frage«, indem sie das vorgegebene Regelwerk auflösen und als in Echtzeit erstellte Animationsfilme ohne interaktive Komponente »das Gaming nachhaltig und grundlegend verändert« haben. Das zeigt Ramón Reichert in seinem Beitrag über kollaborative Kommunikationskultur im Web 2.0. Mimetische Spielhandlungen konvergieren mit performativen Medienhandlungen durch das Digital Storytellung in einer virtuellen Spielumgebung und die kreative Weiterbearbeitung mit Videoschnittprogrammen.[9] Diese Bearbeitung und Weiterverarbeitung erfolgen nicht mehr nur innerhalb des bestehenden Gamerepertoires, sondern durch eigene Soundspuren, neue Spielfiguren und Geschichten generieren Machinimas neue Inhalte und Ästhetiken und Gestaltungsspielräume: »Machinimas sind in diesem Sinn kokreative Produkte und fungieren als ein Medienhybrid zwischen Computerspiel und Film. Medienrezeption folgt also nicht zwangsläufig einem autoritären und manipulierenden Top-down-Mechanismus. Im Gegenteil: Die Fans der Machinima-Szene ‚hacken‘ vorhandene Programme von Computerspielen, benutzen ihre Engines für ihre Zwecke, dekonstruieren dabei Spielelemente und -inhalte gemäß ihren Alltagsinteressen und bilden dabei spezielle Medienkompetenzen aus.« Machinimas sind in diesem Sinne sowohl neue »kleine Formen« als auch Manifestationen einer praktischen Reflexion von Medialisierungs- und Aneignungsprozessen.

Zwei der eben aufgeführten Aspekte finden sich modifiziert in den Online-Videos der Schmink-Tutorials als charakteristische Elemente einer im Web 2.0 aufzufindenden kollaborativen Kommunikationskultur: Nachahmung und Professionalisierung. Ramón Reichert hinterfragt die performative Rolle von Videoupload-Initiatoren und den angewandten »netzdiskursiven Rahmungspraktiken« vor dem Hintergrund kollektiver und kollaborativer Rahmungsprozesse. Diese zielen weniger darauf ab, »als Werk wahrgenommen zu werden«, als dass sie in einer solchen Rahmung kulturelle und soziale Aushandlung prozesshaft ermöglichen. Damit verliert eine „starke Autorschaft“ ihre Kraft, da diese nicht das Ziel von Gebrauchsfilmen zur Vermittlung von praktischem Wissen sind, wie Reichert ausführt. Dieses praktische Wissen, dass einer Ästhetisierung des äußeren Erscheinungsbild dient und ein wie auch immer formuliertes Schönheitsideal nachahmt, ist keineswegs normativ zu verstehen, sondern es unterliegt in seiner Unabgeschlossenheit, Veränderbarkeit, Heterogenität ständigen Kämpfen. Das geschieht nicht nur auf einer Ebene individueller Subjektbildung, sondern ebenso bei der Konstitution kollektiver Identitäten, wenn über solche Plattformen »vitale Werte wie körperliche Schönheit und Fitness als soziales Kapital in Szene gesetzt werden. In diesem Sinne treten Make-up-Tutorials nicht bloß zur individuellen Belehrung, sondern immer auch als Medien in Erscheinung, welche auf die praktische Bearbeitung von Subjekten an der

---

9   Inwieweit im Videogame-Bereich eine solche Konvergenz als Mashup zu diskutieren ist und welche ästhetischen, produktions- und rezeptionstheoretischen Implikationen sich daraus ergeben, ist noch eine offene Frage. Zur Diskussion von Mashups und Musikvideos vgl. Wilke 2012b.

Schnittstelle körperlicher Praktiken und medialer Techniken abzielen.« Diese kritische Sichtweise findet sich bereits in Günther Anders Ausführungen zur prometheischen Scham des Menschen.[10] Schmink-Tutorials werden so »zu Schauplätzen kultureller Zirkulation und ästhetischer Konflikte« und lassen sich zugleich »als kulturelle und mediale Praxis« thematisieren, indem sie eine »Bühne für Selbstdarstellungen« sind, sowie »ein Ort produktiver Feedbackschleifen zwischen Produktion und Rezeption.« In diesem Sinne argumentiert auch Herbert Schwaab, der beispielsweise Youtube »als Medium einer narzisstischen Selbstdarstellung [sieht], die das Spielen in Film und Fernsehen verstärkt auf den Alltag überträgt, aber damit auch auf extreme Art und Weise den Alltag theatralisiert«.

Das Musizieren, gemeinhin die Produktion von Musik im Moment eines spezifischen Handelns scheint nunmehr eine veraltete, anachronistische Terminologie. Sie induziert das Bild des Apolls mit der Leier, als dem idealisierten musikalischen Ausdruck technischen Könnens eines genialen Autors. Heute wird vielmehr ganz umgangssprachliche vom ›Musik-machen‹ gesprochen.[11] Dass sich bei der Popmusik auf der Produktionsebene technische Geräte eingebracht haben, die unmittelbar Folgen für die ästhetische Wahrnehmung und die Produktion von Musik als einer »digitalen Verarbeitung musikalischer Daten« hatten, demonstriert Rolf Großmann. Diese Geräte »definieren die instrumentalen Konfigurationen, mit denen die rationalen Konzepte, die Automatismen und die neuen Schriftlichkeiten spielbar werden.« Popmusik liegt damit nicht mehr in der Hand des Musizierenden, sondern entsteht in Verbindung mit Geräten wie den *Grooveboxen* und *Drummachines*, die »Teil des technikkulturellen Dispositivs der Medien« sind. Diese analysierten Geräte werden – mit Bezug auf Sybille Krämer – zu einer »zentralen Instanz der „Zeichenbildung", in der sich Medientechnik, Performanz, kulturelle Praxis und Tradition treffen«. Diese Geräte konstituieren eine neue musikalische Praxis, nämlich eine »Praxis der Dekonstruktion und Rekombination, der Komposition und der Aufführung phonographischer Musik«. Die Möglichkeit der digital unbegrenzten Kopierbarkeit und Speicherung führt gerade bei Drum-Samplern dazu, »Breakbeats und ihre Teile, Chords und Flächen direkt zu spielen, übereinander zu schichten und programmgesteuert abzurufen«. Diese sich daraus ergebende Ästhetik von Popmusik bzw. eines »popmusikalischen Grooves« ist nicht mehr an eine diatonische Ordnung gebunden und bisher eigenständige Instrumente, deren Beherrschung Übung erforderte, lösen sich in einer Konfiguration von standardisierter

---

10 Günther Anders sieht in der prometheischen Scham – ohne hier die Frage der Vermittlung eines solchen Ideals zu thematisieren – eine affirmative Verdinglichung des Menschen im Spiegel der von ihm selbst entworfenen Maschinen. Das Make-up ist für ihn bereits ein Beispiel für die Selbstverdinglichung: »Ohne make-up unter Leute zu gehen, kommt für girls nicht in Betracht. [...] : ausschlaggebend ist, wann, d. h. , in welchem Zustand sie sich adrett fühlen, wann sie als ›gepflegt‹ gelten, wann sie sich nicht zu schämen müssen glauben. Antwort: Dann, wenn sie sich in Dinge, in Kunstgewerbegegenstände, in Fertigwaren verwandelt haben. [...] wenn sie den gleichen toten und polierten Ding-»finish« aufweisen wie diese; wenn sie ihr organisches Vorleben verleugnen können, also so wirken, als wären auch sie gemacht.« Anders 1956 (1980): 30 f.

11 Vgl. hierzu Kleiner 2012.

Computerhardware auf. Virtuelle auditive Gadgets brechen »Reservate musikalischer Ausbildung wie die ‚saubere' Intonation der trainierten Stimme [auf] und [überführen diese] in die ›profane‹ Pop-Praxis vom Freestyle-Hiphop bis zum Partygag«. In einer ähnlichen Richtung, allerdings nicht vor dem Hintergrund einer digitalen Musikästhetik, analysieren Moritz Baßler und Martin Butler in ihrem Beitrag die Stimme von Marcus Wiebusch indem sie »von der semiotischen Lesbarkeit von Stimme« als einem theoretischen Konzept sprechen, das »die überkommenen Beschreibungskategorien (Präsenz, Körperlichkeit, Performanz) zunächst bewusst zur Seite legt«. In diesem konkreten Fall beschreiben sie die Funktionen der Stimme, ihre divergierenden Kontexte und Veränderungen. Die nachvollziehbaren Veränderungen der semiotisch gelesenen Stimme lassen sich in der Argumentation von Baßler und Butler auch auf den Verlust der »Authentizitätsgesten des Punk« respektive ihrem Wandel »zu überstrapazierten Klischees« zurückführen. Damit findet sich zugleich eine Popularisierung von »role models«, die hier – im Gegensatz zu Stigleggers Argumentation – durch Akzeptanz ihr subversives und widerständiges Potential verloren haben. Dieser Wandel des musikalischen Genres mit spürbarer Veränderung für Marcus Wiebusch gibt den Grundtenor nicht auf, allerdings ist der Prozess der Selbsterkenntnis performativ: »Seine Stimme trägt die Erkenntnis von der Prekarität der eigenen Situation durch eine nicht gleichgültige, aber sicherlich resignierende Abgeklärtheit und einen längeren Atem. Unter neuen Vorzeichen, aber mit gleichbleibender Bilanz macht die (veränderte) Stimme hier – im wahrsten Sinne des Wortes – Sinn.« Aus einer solch logisch nachvollziehbaren Argumentation heraus, wird die »semiotische Lesbarkeit der Stimme« als einem »performativen Steuerungsinstrument« deutlich, da der Zweifel hörbar zu einem integralen Bestandteil des Authentizitätskonzeptes von Marcus Wiebusch wird.[12] Baßler und Butler demonstrieren in ihrem Beitrag, dass dieser Wandel von Marcus Wiebusch und seiner Punkband ... *But Alive* auch noch von anderen wahrnehmbaren Faktoren beeinflusst wird: »[Sie] entdecken Streich- und Blasinstrumente sowie Keyboards und Synthesizer für sich, deren Klänge neben der schon auf früheren Alben immer wieder erprobten Technik des *sampling* immer öfter Eingang in die Songs finden.« (Herv. i. O.) Die »Technik des *sampling*« im Hip Hop – speziell bei Madlib und Flying Lotus – beschreibt Malte Pelleter in seinem Beitrag als eine grundlegend neue performative Medienpraxis mit entsprechenden Einfluss auf die Ästhetik und Produktion der Musik. Doch ist es dafür notwendig – um »das performativen Moment des Sampling« zu klären – das Sample in seinem wiedererkennbaren Sound ereignishaft zu begreifen, ehe Prozesse der zeichenhaften Bedeutungszuschreibung stattfinden. Für die Technik des Samplings vergleicht Pelleter exemplarisch zwei Protagonisten, die sich weniger in ihrem Ergebnis als in ihrem Handeln grundsätzlich unterscheiden. Madlib sucht und findet sein Material auf Platten, seine Beats sind das Ergebnis einer herkömmlichen analogen Suche und repräsentieren damit eine Sammlung und ausschließlich Madlib zur Verfügung stehendes Archiv. Beats sind demzufolge ein Ergebnis von des Suchens und Findens »nutzbarer Sounds«, die kein Ergebnis eines kollektiven Mu-

---

12 Zu einer weiteren Verhältnisbestimmung von Beat, Sound, Stimme im Hip Hop vgl. die aufschlussreiche Fallstudie von Dietmar Elflein 2009.

sizierens sind, sondern auf bestehende Produktionsweisen verweisen. Dieser Verweis steht in direkter Abhängigkeit des genutzten Hardwaresamplers. Flying Lotus hingegen arbeitet bei Musikrecherche und -produktion digital mit dem Rechner und »scannt die Festplatte seines Laptops und das weltweite Netz. Auf dem Desktop der universellen Medienmaschine wird Klang zum Soundfile, zum verschiebbaren Icon auf einer Ebene mit unzähligen anderen Medienobjekten«. Die Verweise auf Vinyl wie Rauschen und Knistern sind nachträgliche Bearbeitungsentscheidungen für Filter und Effekte, weniger der erzwungene Umgang mit dem Ausgangsmaterial. Der für die Beats gefundene Sound ist kein andauernder Findungsprozess in einem Studio, sondern eine eher soundtechnische (Re-)Konfiguration des gefundenen Materials. Daraus ergeben sich immer wieder praktisch ausgetestete und neu erprobte »Verhältnisse von Mensch und Medienmaschine, zwischen Praxis und Apparat, stetig konkurrierenden Wissenskomplexen, die diese je zueinander ausrichten.« Pelleter fragt weiter, wie anschlussfähig die grundlegenden Überlegungen von Fischer-Lichte und Krämer in Bezug zu einer korporalisierenden Performativität von Medienmusik sind und konstatiert hier im Wesentlichen mit Bezug auf Dieter Mersch zwei ausschlaggebende Aspekte als »Sollbruchstellen«: die bereits angesprochene Ereignishaftigkeit und die Körperlichkeit. Die Ereignishaftigkeit des Samples wird hier in ihrer Charakteristik – vor der Zeichenhaftigkeit – als unlesbar und im Moment des Hörens als nicht verfügbar verstanden. So lässt es sich als eine dispositionale Konstellation zwischen Subjekt, Sample und System begreifen und begründet so eine modifizierte Praxis des musikalischen Hörens. Das Subjekt des Hörens wird so zum Objekt des Systems, in dem es hört. Und so wird deutlich, wieso ein durch Medien aufgespanntes »Sinnlichkeitskontinuum« (Sybille Krämer), das, was es speichert, auf eine spezifische Weise erst einmal wahrnehmbar macht.

Ähnlich dazu verhält es sich mit dem Scratch(en), wie ich es in dem entsprechenden Beitrag dargelegt habe. Der Scratch als manifester Ausdruck der Praxis entsteht nur durch dieselbe und befindet sich in einem dispositiven Wechselverhältnis zwischen technischem Arrangement, Subjekt und dem musikalischem Programm. Der Hörer eines Scratches, nimmt diesen in einer Vorannahme phänomenal wahr, indem er weiß, dass hier eine Platte in einer spezifischen Form bearbeitet wurde. Auch wenn der (naive) Hörer nur bedingt den Scratch von anderen zu differenzieren weiß, so erkennt er im Wahrnehmungsprozess den Scratch an sich und die dazu notwendige Handlung durch den DJ. In der von Pelleter durchgeführten Gegenüberstellung von Madlib und Flying Lotus lassen sich hier analog ebenfalls zwei Positionen markieren: der DJ, der ausschließlich analog, das heißt nur mit den ihm zur Verfügung stehenden Platten scratcht und dem, der über einen analog-digital-Wandler im Computer befindliche Samples bearbeitet. Beiden Positionen schließen sich nicht aus und finden ihre Argumente: einerseits das repräsentative Moment der eigenen Sample-Suche über das inszenierte Plattenarchiv, das letztlich in einem Musiktitel auftaucht, sowie andererseits das souveräne Umgehen mit dem Material, das digital die eigene Medialität tendenziell zurückstellt. Das Scratchen zeigt sich als eine performative Praxis, die nicht nur auf die Kenntnis der Platten und der Musikgeschichte referiert, sondern sie bezieht sich in ihrer Performativität zugleich auf sich selbst, indem sie eine permanent zu übende Praxis darstellt, die nur in ihrer Manifestation präsent ist. Diese Form der Selbstreferenz normalisiert sich über den Eingang in die populäre Musik und erzielt spätestens 1983 mit Herbie Hancocks *Rock it* einen mit einem Grammy ausgezeichneten Aufmerksamkeitserfolg. Anschlussfähig sind diese und andere dargelegte performative Praxen an Jochen Venus folgende Überlegung:»Wann immer populäre Kulturen einen Aufmerksamkeitserfolg erzielen, kristallisiert an diesem Erfolg sofort ein Konvolut ähnlicher Produkte. Jedes Faszinosum geht unmittelbar in Serie, strahlt aus, metastasiert und bezieht immer mehr Rezipienten in die spezifische Form spektakulärer Selbstreferenz ein. Auf diese Weise emergieren *Stilgemeinschaften normalisierten Spektakels*.«

Musikalische Texte unterliegen performativen und inszenatorischen Strategien, so Ivo Ritzer in seinem Beitrag über Neo-Rock'n'Roll, denn sie finden »in der Aufführung ihre eigentliche Bestimmung« und rekurrieren damit auf spezifische Kulturtechniken. Am Beispiel der drei Bands Nashville Pussy, Electric Frankenstein und Supersuckers demonstriert Ritzer »eine Strategie ästhetischer Negativität, die weder referentiell noch repräsentativ arbeitet, sondern vielmehr in der Betonung des Materials ihr Telos findet.« Die Songs produzieren »einen irreduziblen Eigenwert«, der sich einer Symbolisierung entzieht: »Ihre Ästhetik ist somit weniger bezogen auf prozessuale Kommunikation von Inhalten, vielmehr tritt ihre punktuelle Ereignishaftigkeit als performativer Akt ins Zentrum.« Musik, und insbesondere hier der Neo-Rock'n'Roll, würde zwar nach wie vor gemacht, produziert, aufgeführt und rezipiert, aber sie schaffe es demnach nicht (mehr), Grenzen einzureißen, denn eine Rückkehr zum Revolutionsrock wäre nostalgisch und die vermeintlich reaktionäre Rückkehr zu einem unpolitischen Rock'n'Roll bliebe eine leere Geste. Die einzige Möglichkeit – durch die Erkenntnis einer Baudrillardschen (Simulations-)Macht und dem »Durchschauen der Systemlogik« – bliebe im scheinbaren Partizipieren des Spiels der Kulturindustrie. Wenn nun alles Verbale nicht mehr symbolisch, sondern nur noch formelhaft funktioniere, dann liegt die performative Dimension, so Ritzer, »[i]m Vollzug einer Aktualisierung von Traditionen«. In den Songs der Supersuckers sieht er beispielsweise »avancierte Arbeiten an der Pop-Historie«, die »konstativ und performativ zugleich« sind. »Rock'n'Roll, der zum einen vom Ende seiner Geschichte zeugt und zum anderen simultan einen Neuanfang vornimmt.« Es geht demzufolge nicht mehr um »die Ausbildung politisch-agitatorischer Strategien mit offen subversiven Anspruch«, sondern es treten vielmehr performativ und inszenatorisch »oppositionelle Rollenmodelle in den Blick, deren deviante Bildhaftigkeit aus einem liebevoll-ironischen Rekurs auf die Geschichte des „klassischen" Rock'n'Roll rekurriert«. Neo-Rock'n'Roll wird, um überhaupt verstanden werden zu können, zu einer ineinander verschränkten selbstreferenziellen Affirmation und einer affirmativen Selbstreferenz.

5. Schluss und Folgerungen

Die in diesem Band versammelten Beiträge zeigen deutlich, dass eine Auseinandersetzung mit Performativität und Medialität weit über die bisherigen Ansätze einzelner Wissenschaftsdisziplinen hinausgeht. Sie zeigen in ihrer Anschlussfähigkeit auch, dass die begriffliche und konzeptuelle Öffnung des Performativitätsverständnis ein notwendiger Schritt war. Die zum Teil sehr heterogenen Zugänge und Perspektiven sind durch die jeweilige Wissenschaftsdisziplin zwar präfiguriert, sie zeigen durch ihren Forschungshorizont interdisziplinare Wege und Möglichkeiten auf. Die vorgenommene Unterteilung in Theorien, Ästhetiken und Praktiken sagt jedoch noch nichts über die innere Vernetzung der Beiträge aus, die mit einer solch orientierenden Kategorisierung lediglich ein Dach bekommen. Das markieren die inhaltlichen Berührungspunkte der Gegenstände, der Handlungsräume und der Praktiken.

Jochen Venus' mehrfach angeklungenes Plädoyer für eine kritische Phänomenologie Populärer Kulturen zielt auf Erfahrung bzw. die Erfahrbarkeit derselben. In einer solch neutralisierenden Reflexion des gesellschaftlichen Scheins, ihrer eigenen Kontingenz und Konstruiertheit käme die transgressive Dynamik zum Ausdruck, die für die unterschiedlichen Gegenstände, Orte und Handlungen scheinbar differenzierte Erfahrungsbereiche absteckt. Gehen wir mit Jochen Venus davon aus, dass Populäre Kulturen tendenziell global, egalitär und selbsterklärend sind, dann arbeiten die drei Tendenzen mit- und gegeneinander. Sie stärken sich, stützen, beeinflussen sich wechselseitig und bekämpfen sich in ganz unterschiedlichen Ausprägungen und Akteuren. Daraus lässt sich ableiten, dass innerhalb derartiger dynamischer Aushandlungsprozesse voneinander divergierende Handlungsmuster entstehen, die nebeneinander existieren, sich überlagern und abgrenzen, ohne dass hier von ausschließlich einer Dominanzkultur mit hegemonialem Anspruch gesprochen werden kann. Populäre (Medien-)Kultur »wird nicht einfach gewusst sondern gelebt«. Damit einher geht ein Prozess der Umwertung traditioneller Kultur bzw. kultureller Artefakte: »War aber im traditionellen Virtuosentum die ins Äußerste getriebene Könnerschaft zumeist das ästhetische Alleinstellungsmerkmal, geht es in populären Kulturen um diese Könnerschaft nur als Ingredienz zur Erzeugung des packenden Effekts. Es geht in populären Kulturen um das Packende per se, was immer seine Produktionsmittel sein mögen [...] Populäre Kulturen subvertieren die bestehenden sozioökonomischen Zusammenhänge und scheinen alles Denkbare zu ermöglichen.« Daraus resultieren Unzuverlässigkeit und Kontingenz. Wenn nun Entitäten immer nur im Vollzug von Handlungen existieren, dann schafft Performativität in Populären Kulturen auf ihre ganz eigene Art und Weise eine Form von Gewissheit, und zwar etwas Faktisches durch eine Setzung. Im Prozessualen verstandener Akt des Vollzugs. Hierbei handelt es sich allerdings nach wie vor um eine scheinbare Stabilität, denn es stellt sich die Frage nach ontologischen Voraussetzungen für Praxis. Inwieweit ist das wiederum auf der Ebene des Individuums mit Kontingenzbewältigung verknüpft, wenn Kultur nur unter Entscheidungszwang und Stress entsteht und deshalb zu einer individuellen Signatur wird. Hier schließt nach Venus eine Kritik des normativen Kulturverständnis von Adorno und Horkheimer, wenn innerhalb von Kontingenzbewältigung die Schaffung von Entitäten im Vollzug von Handlungen Populäre Kultur spektakuläre Selbstreferenz darstellt. In der Populären Kultur – wie in jeder anderen auch – steckt aufgrund der Heterogenität von Handlungsfeldern, Akteuren und Gegenständen der Bereich der Erfahrung, hier allerdings die einer figurativen Praxis. Spektakuläre Selbstreferenz ist also auf die eigene Objektklasse bezogen, die auf ein selbstähnliches Formenrepertoire verweist und hier Stilgemeinschaften normalisierten Spektakels erzeugen. Einerseits ist das Handeln in Populären Kulturen das Ergebnis von Entscheidungszwang und Stress und wird so zur individuellen Signatur. Sie gewinnt keinesfalls sicher und permanent sondern nur scheinbar Stabilität. Stabilität ist keine ontologische Voraussetzung für Praxis. Mit einem solchen Verständnis von eigenem und beobachtenden Handeln entsteht Luzidität über das Handeln, gleichsam als Reflexion, das zugleich Ausdruck von Selbstgewissheit im doppelten Sinne darstellt. Erstens bezieht sich das auf die Zweiteilung in „Selbst" und „Gewissheit"als selbstreflexive Note sowie das Kompositum „Selbstgewissheit" in Bezug zur individuellen Lebenswelt. Zweitens entsteht Luzidität als Ausdruck von Selbstgewissheit durch den Zwang zur Wiederholung. Hier ergibt sich dann die Notwendigkeit zur Differenzierung zwischen reversiblem und irreversiblen Handeln. Reversibles Handeln verweist auf Könnerschaft und kann wiederholt werden, im Sinne eines Vermögens und technischen Könnens. Könnerschaft wäre dann ein Charakteristikum zur Erzeugung des Effekts als Ergebnis einer performativen Äußerung. Diese Effekte – sei es die Stimme, das Sample oder der Scratch etc. – sind eingebettet in Anordnungsstrukturen, die in den Beiträgen zum Teil diskursiv und nicht-diskursiv in ein weiter gefasstes Dispositiv-Verständnis münden. Die Verwendung des Dispositivs erschöpft sich nicht in einer strukturellen oder ästhetischen Beschreibung, sondern zeigt deutlich, wie hier relationale Gefüge auf unterschiedliche Art und Weise Subjektbildungsprozesse beeinflussen.[13] Damit zeigt sich nicht nur eine methodische und theoretische Anschlussfähigkeit, sondern auch die Belastbarkeit der bisher ausformulierten Dispositiv-Konzepte.

In den meisten Beiträgen ging es zumindest implizit um spezifische Wissensformen. Wissen ist angebunden an spezifische Praxen, die teilweise diskursiv, teilweise erfahrungsbezogen vermittelt werden. Unabhängig davon gibt es stets eine Lern- und Lehrpraxis und einen spezifischen Inhalt, der im individuellen Prozess der Aneignung und der Wieder- bzw. Weiterverwendung transformiert wird bzw. wieder neu geschaffen wird. Spezifische Praxen, die an Wissen angebunden sind, müssen nicht zwangsläufig immer (selbst-)explikativ sein und bedürfen auch nicht zwangsläufig einer diskursiven Praxis. Das heißt, dass sich im Tun, im Handeln neben einer wirklichkeitskonstituierenden Komponente eine Bedeutungskomponente beobachten lässt, die gedeutet wird, ob sie etwas bedeutet, also ob sich das Handeln in den Sinnhorizont der jeweiligen Beobachter einpasst oder Konsequenzen zeigt. Wissen resultiert demnach aus Bildungsprozessen, die – so Marcus S. Kleiner – in Populären Medienkulturen bei Individuen verortet werden können, da diese potentiell sogenannte Selbstbildungsprozessen initiieren und stimulieren. Kleiner zeigt anhand der amerikanischen Serie *Walking Dead* auf, dass es in der Serie nicht darum geht, dass sich die Hauptprotagonisten vor größeren Problemen des Zusammen- und Überlebens in einer postapokalyptischen Welt befinden, sondern wie diese Probleme angegangen werden. Welche Problemlösungsstrategien werden ge-

---

13 Zum Dispositiv und Subjektbildungsprozessen vgl. Agamben 2008, zu Dispositiv und Populärer Kultur vgl. Wilke 2012a.

funden, welche sind möglich aufgrund welcher individueller Voraussetzungen und wie
werden diese letztlich umgesetzt. Das geht nur durch permanent stattfindende – und in
der Serie beobachtbare – performative Selbstbildungsprozesse in der Konfrontation mit
der eigenen Wertesozialisation und unausweichlichen Grenzsituationen. Daran schließt
sich eine Ethik des Performativen an.

Abbildung 1: Florian Süssmayrs »Hey!«, Ramones-Zyklus 2012, Optimal München

Aufbruch, Dynamik, Bewegung und gleichzeitig Achtung, Stopp! Das und noch viel
mehr könnte in dem visualisierten Ausruf von Florian Süssmayrs »Hey!« von 2012 stehen. Dieser Ausruf, der einem Ansprechen gleich kommt, steht in einem Zitat-Verhältnis,
das ohne die Bildunterschrift nicht sofort als ein Zitat identifiziert werden kann. Marcus
S. Kleiner begann in der Einleitung mit den Ramones, das Ende greift das ausführlich
diskutierte *Hey! Ho! Lets Go!* nicht nur auf, sondern sucht und findet es in der 1992 veröffentlichten Single *Hip Hop Hooray* der amerikanischen Rapper Naughty by Nature.
Verstetigte und modifizierte Iteration. Das *Hey! Ho! Lets Go!* der Ramones verfügt über
einen performativ pointierten Mobilisierungscharakter, da *Hey! Ho!* jeweils eine Viertel-
note einnehmen und das synkopierte *Lets go!* mit einer halben Note den Takt schließlich
vervollständigt. Die im Refrain lediglich zwei Mal mit Nachdruck gerufene und weniger
gesungene performative Äußerung – die sich auch nicht anders als mit einem Ausrufezeichen transkribieren lässt – hat zugleich einen rhythmisierten Abschluss und verstetigt
sich in ihrer Wiederholbarkeit. Das *Hey! Ho! Lets go!* ist nicht ineinander verschränkt
sondern erfolgt im Takt abgeschlossen nacheinander. Wie ebenfalls in der Einleitung
dargestellt, wurde der Ausruf nur durch die »permanente Wiederholung und Aktualisierung bei Konzerten und v.a. durch die Annahme des Publikums [...] zu einer ritualisiert

performativen Sprachhandlung«, so Kleiner. Ausgangspunkt dafür war 1976 und es ist davon auszugehen, dass dieser performative Konzert-Schlachtruf des aktivierenden *Hey! Ho!* nicht nur bei den Ramones blieb. 1992 erschallt nun ein lang gezogenes *Hip Hop Hooray* durch die Boxen und über den MTV-Fernsehbildschirm, das sich sowohl in den britischen als auch in den amerikanischen Pop-Charts platzieren konnte. In diesem Song findet sich das 1976er *Hey! Ho!* in modifizierter Form wieder, denn im achttaktigen Refrain bewegen Rapper und Publikum die Arme rhythmisch in der Luft von rechts nach links und performen euphorisch und langanhaltend ein ineinandergreifendes *Hey ... Hoo ...* Signifikanter Unterschied zu den Ramones sind hier die – nicht nur in der Transkription – fehlenden Ausrufezeichen. Das *Hey ... Ho ...* überlappt sich, es greift ineinander und wird jeweils über einen halben Takt gezogen, es fehlt das Abschließende mit dem Takt. Das gleichwohl durchaus aktivierende des *Hey ... Ho ...* performt – im Video sichtbarer Teil der Performance – das sich auf der Straße befindliche Publikum. Es muss demnach nicht mehr aktiviert werden, sondern ist bereits aktiv und so konditioniert, dass dieses performative Wechselspiel manifester Bestandteil des Songs wird. Der Ausruf *Hey! Ho!* der Ramones steht als aktivierender Aufruf, das *Lets Go!* ist die antizipierte affirmative Reaktion des Publikums. Das *Hey ... Ho ...* von Naughty by Nature hingegen ist nicht nur die Aktivierung sondern zudem die Reaktion auf das vorangegangene *Hip Hop Hooray*. Das *Hey! Ho!* der Ramones steht am (Zeilen-)Anfang, für die Bereitschaft, für einen Aufbruch, das *Hey ... Ho ...* von Naughty by Nature steht am (Zeilen-)Ende als eine Konzeptbestätigung, nämlich in diesem speziellen Falle das des Hip Hop. Diese Bestätigung ist nicht einfach verschwunden, sondern sie zirkuliert als bedeutungsvolle Geste im kollektiven Popgedächtnis weiter und wird iterativ immer wieder neu hergestellt. Mit dem Song der Ramones ist der Aus- und nicht weiter konkretisierte Aufruf schließlich medial reproduzierbar in der Welt, die Aufführung und die Ausführung fallen nach Austin zusammen (vgl. Krämer 2001: 131).

Über die Transformation konkreter Raum- und Zeitverhältnisse, die Marcus S. Kleiner für die *Ramones* durch die japanische Band Shonen Knife konstatiert, lässt sich also wie auch in diesem Beispiel gezeigt, die Verselbstständigung performativer Äußerungen feststellen. Diese Verselbstständigung ist das Ergebnis von Vergemeinschaftungsprozessen, die auf die spezifischen Gelingensbedingungen angewiesen sind. Da diese wiederum stringent auf Interaktionssituationen verweisen, ist der Handlungsbegriff – wie auch andere Beiträge gezeigt haben – in der Diskussion elementar, denn dadurch werden neben dem Glücken/Missglücken die sozialen Komponenten beobachtbar. Diese machen die spezifische Qualität performativer Prozesse deutlich. In diesem Sinne kann 2009 Mayer Hawthorne, amerikanischer Retro-Soul-Künstler mit Hip-Hop-Hintergrund aus Michigan, die performative Äußerung *Hey ... Ho ...* von 1992 mit der damit verbundenen Geste der winkenden Arme in seine Show erklärungsfrei einbinden und wird vom Publikum verstanden. Auf die kurze Ansage »*Let's do the Hip Hop Hooray-Thing*« hebt das Publikum die Arme und performt zum Instrumentalpart der Band kollektiv *Hey ... Ho ...* Das passiert ohne weiteren Anschluss, den es auch nicht bedarf, denn die Geste kann in ihrer iterativen Verfestigung als bekannter Bestandteil eines popkulturellen Handlungsgedächtnisses verstanden werden. Die Reaktion des Publikums zeigt die Verselbständigung der performativen Äußerung und ist ein Indiz für die spezifischen Gelingensbedingungen. Diese sind Ausdruck einer aktiven Vergemeinschaftungspraxis in Populären Medienkulturen, deren performativer und medialer Anteil nicht gradueller sondern substantieller Natur ist.

Literatur

Agamben, Giorgio (2005): Profanierungen. Frankfurt/Main: Suhrkamp.

Agamben, Giorgio (2008): Was ist ein Dispositiv? Zürich: Diaphanes.

Auslander, Philip (1999): Liveness. Performance in a mediatized culture. New York/London: Routledge.

Auslander, Philip (2002): Live from Cyberspace: Performance on the Internet. In: Eming, Jutta; Lehmann, Annette Jael; Maassen, Irmgard (Hrsg.) (2002): Mediale Performanzen: Historische Konzepte und Perspektiven. Freiburg: Rombach, S. 321-337.

Austin, John L. (1998): Zur Theorie der Sprechakte. Stuttgart: Reclam.

Bachmann-Medick, Doris (2010): Cultural Turns. Neuorientierungen in den Kulturwissenschaften. Reinbek: Rowohlt.

Benjamin, Walter (2002): Das Kunstwerk im Zeitalter seiner technischen Reproduzierbarkeit. In: Ders.: Medienästhetische Schriften. Frankfurt/M.: Suhrkamp, S. 351-383.

Blaseio, Gereon; Pompe, Hedwig; Ruchatz, Jens (Hrsg.) (2005): Popularisierung und Popularität. Köln: Dumont.

Bolter, David; Grusin, Richard (2000): Remediation. Understanding New Media. Cambridge/Massachusetts/London: MIT Press.

Brandstätter, Ursula (2008): Grundfragen der Ästhetik. Bild – Musik – Sprache – Körper. Köln/Weimar/Wien: Böhlau.

Breidbach, Olaf (2008): Neue Wissensordnungen. Wie aus Informationen und Nachrichten kulturelles Wissen entsteht. Suhrkamp, Frankfurt/Main.

Büsser, Martin (2000): Popmusik. Hamburg: Europäische Verlagsanstalt.

Büsser, Martin (2004): On the Wilde Side. Die wahre Geschichte der Popmusik. Hamburg: Europäische Verlagsanstalt.

Butler, Judith (1991): Das Unbehagen der Geschlechter. Frankfurt/M.: Suhrkamp.

Butler, Judith (1998): Haß spricht. Zur Politik des Performativen. Frankfurt/M.: Suhrkamp.

Butler, Judith (2002): Performative Akte und Geschlechterkonstitution. Phänomenologie und feministische Theorie. In: Wirth, Uwe (Hrsg.): Performanz. Zwischen Sprachphilosophie und Kulturwissenschaften. Frankfurt/M.: Suhrkamp, S. 301-322.

Chomsky, Noam (1965): Aspects of the Theory of Syntax. Cambridge: The MIT Press.

Cohn, Nick (1969): A WopBopaLooBopAlopBamBoom. Pop from the Beginning. London: Weidenfeld and Nicolson.

Elflein, Dietmar (2009): Mostly tha Voice? Zum Verhältnis von Beat, Sound und Stimme im Hip Hop. In: Hörner, Fernand; Kautny, Oliver (Hrsg.) (2009): Die Stimme im HipHop. Untersuchungen eines intermedialen Phänomens. Bielfeld: transcript, S. 171-194.

Eming, Jutta; Lehmann, Annette Jael; Maassen, Irmgard (Hrsg.) (2002): Mediale Performanzen: Historische Konzepte und Perspektiven. Freiburg: Rombach.

Engell, Lorenz (1999): Wege, Kanäle, Übertragungen – Zur Einführung. In: Pias, Claus; Vogl, Joseph; Ders.; Fahle, Oliver; Neitzel, Britta (Hrsg.): Kursbuch Medienkultur. Die maßgeblichen Theorien von Brecht bis Baudrillard. Stuttgart: DVA, S. 127-133.

Engell, Lorenz; Vogl, Joseph (1999): Vorwort. In: Pias, Claus;Vogl, Joseph;Engell, Lorenz; Fahle, Oliver;Neitzel, Britta (Hrsg.): Kursbuch Medienkultur. Die maßgeblichen Theorien von Brecht bis Baudrillard. Stuttgart: DVA, S. 8-11.

Erstic, Marijana; Schuhen, Gregor; Schwan, Tanja (Hrsg.) (2004): Avantgarde – Medien – Performativität. Inszenierungs- und Wahrnehmungsmuster zu Beginn des 20. Jahrhunderts. Bielefeld: transcript.

Fischer-Lichte, Erika (2004): Ästhetik des Performativen. Frankfurt/M.: Suhrkamp.

Fischer-Lichte, Erika; Kolesch, Doris (Hrsg.) (1998): Kulturen des Performativen. Sonderheft der Zeitschrift Paragrana. Zeitschrift für Historische Anthropologie. Berlin: Akademie Verlag.

Fischer-Lichte, Erika (2001): Ästhetische Erfahrung: Das Semiotische und das Performative. Tübingen, Basel: A. Francke Verlag.

Fischer-Lichte, Erika; Wulf, Christoph (Hrsg.) (2001a): Theorien des Performativen. Sonderheft der Zeitschrift Paragrana. Zeitschrift für Historische Anthropologie. Berlin: Akademie Verlag.

Fischer-Lichte, Erika; Wulf, Christoph (Hrsg.) (2001b): Praktiken des Performativen. Sonderheft der Zeitschrift Paragrana. Zeitschrift für Historische Anthropologie. Berlin: Akademie Verlag.

Goffman, Erving (1983): Wir alle spielen Theater. Die Selbstdarstellung im Alltag. München/Zürich: Pieper.

Göttlich, Udo; Gebhardt, Winfried; Albrecht, Clemens (Hrsg.) (2002): Populäre Kultur als repräsentative Kultur. Die Herausforderung der Cultural Studies. Köln: Herbert von Halem.

Hecken, Thomas (2007): Theorien der Populärkultur. Dreißig Theorien von Schiller bis zu den Cultural Studies. Bielefeld: Transcript.

Hecken, Thomas (2009): Pop. Geschichte eines Konzepts 1955-2009. Bielefeld: Transcript.

Hempfer, Klaus W. (2011): Performance, Performanz, Performativität. Einige Unterscheidungen und Ausdifferenzierungen eines Theoriefeldes. In: Ders.; Volbers, Jörg (Hrsg.): Theorien des Performativen. Sprache – Wissen – Praxis. Eine kritische Bestandsaufnahme. Bielefeld: transcript, S. 13-41.

Hempfer, Klaus W.; Volbers, Jörg (Hrsg.): Theorien des Performativen. Sprache – Wissen – Praxis. Eine kritische Bestandsaufnahme. Bielefeld: transcript.

Höller, Christian (1996): Widerstandsrituale und Pop-Plateaus. Birmingham School, Deleuze/Guattrai und Popkultur heute. In: Holert, Tom; Terkessidis, Mark (Hrsg.): Mainstream der Minderheiten. Pop in der Kontrollgesellschaft. Berlin/Amsterdam: ID Verlag, S. 55-71.

Hügel, Hans-Otto (Hrsg.) (2003a): Handbuch Populäre Kultur. Begriffe, Theorien und Diskussionen. Stuttgart/Weimar: Metzler.

Hügel, Hans-Otto (2007): Lob des Mainstreams. Zu Begriff und Geschichte von Unterhaltung und Populärer Kultur. Köln: Herbert von Halem.

Jacke, Christoph (2009): Einführung Populäre Musik und Medien. Münster: Lit.

Keller, Katrin (2008): Der Star und seine Nutzer: Starkult und Identität in der Mediengesellschaft, Bielefeld: transcript.

Kiefer, Bernd/Stiglegger, Marcus (Hrsg.) (2004): Pop & Kino: Von Elvis bis Eminem. Mainz: Bender.

Kleiner, Marcus S. (2006): Medien-Heterotopien. Diskursräume einer gesellschaftskritischen Medientheorie. Bielefeld: transcript.

Kleiner, Marcus S. (2008): Pop fight Pop. Leben und Theorie im Widerstreit. In: Matejovski, Dirk; Kleiner, Marcus S.; Stahl, Enno (Hrsg.): Pop in R(h)einkultur. Oberflächenästhetik und Alltagskultur in der Region. Essen: Klartext, S. 11-42.

Kleiner, Marcus S. (2012a): Die Methodendebatte als ‚blinder Fleck' der Populär- und Popkulturforschungen. In: Kleiner, Marcus S.; Rappe, Michael (Hrsg.): Methoden der Populärkulturforschung. Interdisziplinäre Perspektiven auf Film, Fernsehen, Musik, Internet und Computerspiele. Münster: Lit, S. 11-42.

Kleiner, Marcus S. (2012b): You can see me aging! Altersbilder im Populären Film – *The Wrestler*. In: Niedlich, Florian (Hrsg.): Facetten der Popkultur. Über die ästhetische und politische Kraft des Populären. Bielefeld: transcript, S. 15-49.

Krämer, Sybille (2002): Sprache – Stimme – Schrift: Sieben Gedanken über Performativität als Medialität. In: Wirth, Uwe (Hrsg.): Performanz. Zwischen Sprachphilosophie und Kulturwissenschaften. Frankfurt/M.: Suhrkamp, S. 323-346.

Krämer, Sybille (Hrsg.) (2004a): Performativität und Medialität. München: Fink.

Krämer, Sybille (2004b): Was haben ‚Performativität‘ und ‚Medialität‘ miteinander zu tun? Plädoyer für eine in der ‚Aisthetisierung‘ gründende Konzeption des Performativen. In: Krämer, Sybille (Hrsg.): Performativität und Medialität. München: Fink, S. 13-32.

Krämer, Sybille (2008): Medium, Bote, Übertragung. Kleine Metaphysik der Medialität. Frankfurt/M.: Suhrkamp.

Krämer, Sybille/Stahlhut, Marco (2001): ‚Das Performative‘ als Thema der Sprach- und Kulturphilosophie. In: Fischer-Lichte, Erika; Wulf, Christian (Hrsg.): Theorien des Performativen. Berlin: Akademie Verlag, S. 35-64. (= Paragrana. Internationale Zeitschrift für Historische Anthropologie, Bd. 10, Heft 1.)

Leschke, Rainer (2003): Einführung in die Medientheorie. München: W. Fink.

Luhmann, Niklas (1996): Die Realität der Massenmedien. Opladen: Westdeutscher Verlag.

Mersch, Dieter (2002): Ereignis und Aura. Untersuchungen zu einer Ästhetik des Performativen. Frankfurt/M.: Suhrkamp.

Mersch, Dieter (2006): Medientheorien zur Einführung. Hamburg: Junius.

Münker, Stefan (2005): Was ist ein Medium? Ein philosophischer Beitrag zu einer medienwissenschaftlichen Debatte. In: Ders.; Roesler, Alexander (Hrsg.): Was ist ein Medium? Frankfurt/M.: Suhrkamp, S. 322-337.

Navas, Eduardo (2012): Remix-Theory. The Aesthetics of Sampling. New York: Springer.

Nestler, Sebastian (2011): Performative Kritik. Eine philosophische Intervention in den Begriffsapparat der Cultural Studies. Bielefeld: transcript.

Oster, Martina, Waltraud Ernst, Marion Gerards (Hrsg.) (2008): Performativität und Performance. Geschlecht in Musik, Theater und Medienkunst. Hamburg u.a.: LIT Verlag 2008

Paech, Joachim; Schröter, Jens (Hrsg.) (2007): Intermedialität – Analog/Digital: Theorien, Methoden, Analysen. München: Fink.

Rappe, Michael (2010): Under Construction. Kontextbezogene Analyse afroamerikanischer Popmusik. 2. Bde. Köln: Dohr.

Roesler, Alexander (2003): Medienphilosophie und Zeichentheorie. In: Münker, Stefan; Ders.; Sandbothe, Mike (Hrsg.): Medienphilosophie. Beiträge zur Klärung eines Begriffs, Frankfurt/M.: S. Fischer, S. 34-52.

Sandkühler, Hans Jörg (2009): Kritik der Repräsentation. Einführung in die Theorie der Überzeugungen, der Wissenskulturen und des Wissens. Frankfurt am Main.

Schanze, Helmut (2002): Medialisierung. In: Ders. (Hrsg.): Metzler Lexikon Medientheorie Medienwissenschaft. Ansätze – Personen – Grundbegriffe. Stuttgart/Weimar: Metzler, S. 199.

Searle, John (1969): Speech Acts. An Essay in the Philosophy of Language. London: Cambridge University Press.

Searle, John (1989): How Performatives Work. In: Linguistics and Philosophy, 12, S. 535-558.

Searle, John (1995): The Construction of Social Reality. New York: Free Press.

Seier, Andrea (2007): Remediatisierung. Die performative Konstitution von Gender und Medien. Münster: Lit.

Tholen, Georg Christoph (2002): Die Zäsur der Medien. Kulturphilosophische Konturen. Frankfurt/M.: Suhrkamp.

Thomas, Tanja (2010): Wissensordnungen im Alltag. In: Röser, Jutta/ Thomas, Tanja/ Peil, Corinna (Hg.) (2010): Alltag in den Medien – Medien im Alltag. Wiesbaden: VS, S. 25-47.

Wegener, Claudia (2008): Medien, Aneignung und Identität: »Stars« im Alltag jugendlicher Fans. Wiesbaden: VS.

Wirth, Uwe (Hrsg.) (2002a): Performanz. Zwischen Sprachphilosophie und Kulturwissenschaft. Frankfurt/M.: Suhrkamp.

Wirth, Uwe (2002b): Der Performanzbegriff im Spannungsfeld von Illokution, Iteration und Indexikalität. In: Ders. (Hrsg.): Performanz. Zwischen Sprachphilosophie und Kulturwissenschaft. Frankfurt/M.: Suhrkamp, S. 9-62.

Wirth, Uwe (2008): Die Frage nach dem Medium als Frage nach der Vermittlung. In: Münker, Stefan; Roesler, Alexander (Hrsg.): Was ist ein Medium? Frankfurt/M.: Suhrkamp, S. 222-234.

Wulf, Christoph (2004): Theorien und Praktiken des Performativen. In: Ders.: Anthropologie. Geschichte, Kultur, Philosophie. Hamburg: rowohlt, S. 173-190.

Wulf, Christoph (2005): Zur Genese des Sozialen. Mimesis, Performativität, Ritual. Bielefeld: transcript

Wilke, Thomas (2012a): Die Vernetzung der Populärkultur. Überlegungen zur methodischen Verwendung des Dispositivs am Beispiel von DJ Tomekks Rhymes Galore. In: Kleiner, Marcus S., Michael Rappe (Hg.) 2011: Methoden der Populärkulturforschung: Interdisziplinäre Perspektiven auf Film, Fernsehen, Musik, Internet und Computerspiele. Münster, S. 299-330.

Wilke, Thomas (2012b): Mashup-Kultur und Musikvideos. Aktuelle Entwicklungen audiovisueller Auflösung und Verdichtung in Mashup-Videos. In: Reinhold Viehoff (Hg.) 2012: Sonderheft SPIEL (Siegener Periodicum zur Internationalen Empirischen Literaturwissenschaft) Jg. 29 (2010) Band 3/4, Frankfurt/Main, S. 151-179.

Bildnachweis

Abb. 1: Florian Süssmayer »Hey!«: 30 Jahre Optimal & Florian Süssmayr zeigen »Die 20 besten Songs von den Ramones« < http://shop.optimal-records.com/> [letzter Zugriff: 31.07.2012]

Kurz-Viten

Moritz Baßler, Prof. Dr., *1962, Professor für Neuere deutsche Literatur an der Universität Münster. Studium der Germanistik und Philosophie in Kiel, Tübingen und Berkeley, 1993 Promotion in Tübingen, bis 1998 Redakteur des *Reallexikons der deutschen Literaturwissenschaft,* bis 2003 Wiss. Assistent bei Helmut Lethen in Rostock, bis 2005 Professor of Literature an der International University Bremen. Fellow am IFK Wien (2001), am ZfL Berlin (2007) und am FRIAS (2009/10). Gastdozenturen und Masterclasses u.a. in Athens/GA, Kopenhagen, Uetrecht und Ferrara. Zahlreiche Publikationen mit den Schwerpunkten Literatur der Klassischen Moderne, Literaturtheorie, Literatur und Popkultur (*Der deutsche Pop-Roman. Die neuen Archivisten,* München: C.H. Beck 2002) und Popmusik in Deutschland (u.a. Mithrsg.: *Stadt – Land – Pop. Popmusik zwischen westfälischer Provinz und Hamburger Schule,* Bielefeld: Aisthesis 2008).

Benjamin Beil, Dr. phil., *1980, Universität Siegen, Medienwissenschaftliches Seminar, wiss. Mitarbeiter im Projekt „Die Fernsehserie als Reflexion und Projektion des Wandels" (DFG Schwerpunktprogramm „Mediatisierte Welten"). Lehr- und Forschungsgebiete: Game Studies, TV-Serien, Prosumentenkulturen, Inter- & Transmedialität. Aktuelle Publikationen: Avatarbilder. Zur Bildlichkeit des zeitgenössischen Computerspiels (Bielefeld: transcript 2012); First Person Perspectives. Point of View und figurenzentrierte Erzählformen im Film und im Computerspiel (Münster: LIT 2010); Prosumenten-Kulturen (hg. mit S. Abresch, A. Griesbach und E. Schüttpelz, Siegen: Universi 2009).

Susanne Binas-Preisendörfer, Prof. Dr. phil., *1964, Universitätsprofessorin für Musik und Medien an der Universität Oldenburg und Gastdozentin am Institut für Kultur- und Medienmanagement der Hochschule für Musik und Theater Hamburg. Ihre Lehr- und Forschungsgebiete sind Theorie und Geschichte mediatisierter Musik- bzw. Kulturformen, Musik und Globalisierung, Transkulturalität, Musik und Migration, Jugendkulturen und populäre Musik, Kultur- und Kreativwirtschaft, Kultur- und Kunstpolitik. Monographien: *Klänge im Zeitalter ihrer medialen Verfügbarkeit. Popmusik auf globalen Märkten und in lokalen Kontexten* (Bielefeld: transcript-Verlag 2010); *Erfolgreiche Künstlerinnen - Arbeiten zwischen Eigensinn und Kulturbetrieb* (Essen: Klartext-Verlag 2003). Arbeit als Jurorin, Sachverständige (Enquete-Kommission Kultur in Deutschland des Bundestages 2003-2007) und Kuratorin.

Franziska Buhre, MA, *1978, ist Journalistin, Tanzwissenschaftlerin, Tänzerin und Tanzpädagogin. Sie ist derzeit beschäftigt bei der Zeitschrift „tanz" und verfasst Beiträge für verschiedene öffentlich-rechtliche Rundfunkanstalten. Freiberufliche Tätigkeit als Projektleiterin des „Berliner Jazztreffs" beim Landesmusikrat Berlin e.V. seit 2010, Kuratorin der Ausstellung „Valeska Gert. Ein bewegtes Leben in Tanz, Film und Kabarett.", (Haus der Brandenburgisch-Preußischen Geschichte, Potsdam 2011). Lehrt Lindy Hop, Yoga, Pilates und Rehasport. Ihre Forschungsgebiete sind Populäre Tanzkulturen, Bewegungsanalyse, Aufführungsanalyse, Tanzhistoriografie, Tanz und Medienkulturen. Beiträge in «Tanzforschung 2010» (Hg. Helga Burkhard/Hanna Walsdorf): Partner-Vermittlung im Paartanz. Wie Lindy Hop Bewegung in die Beziehung zweier Tanzenden bringt (Leipzig, Henschel 2010)und im «Wegweiser Jazz 2010/2011» (Hg. Jazzinstitut Darmstadt).

Martin Butler, Prof. Dr., *1974, studierte Englisch, Pädagogik und Sozialwissenschaften, 2003 Erstes Staatsexamen, 2005-2007 Koordinator des interdisziplinären BA/MA-Studiengangs „Kulturwirt" an der Universität Duisburg-Essen. Seit 2010 Juniorprofessor für amerikanische Literatur und Cultural Studies an der Universität Oldenburg. Forschungsschwerpunkte sind Theorie Populärer Kulturen, Mythen und kultureller Erinnerung, amerikanischer Puritanismus, sowie Urban Cultures. Aktuelle Buchpublikationen: Sound Fabrics: Studies on the Intermedial and Institutional Dimensions of Popular Music. Trier, 2009 (Zusammen mit Patrick Burger und Arvi Sepp), Hybrid Americas: Contacts, Contrasts, and Confluences in New World Literatures and Cultures. Inter-American Perspectives / Perspectivas Interamericanas. Münster, AZ: Bilingual Review Press, 2008 (Zusammen mit Josef Raab).

Patricia Feise-Mahnkopp, Dr. phil., Universität Oldenburg, seit 2006 Lehrbeauftragte für besondere Aufgaben für Medienwissenschaft und -didaktik am Institut für Germanistik, Promotion an der Humboldt-Universität zu Berlin (2008): Die Ästhetik des Heiligen. Kunst, Kult und Geschlecht in der ‚Matrix'-Filmtrilogie Lehr- und Forschungsgebiete: Ästhetik und Epistemologie medialer Popkultur, Gender und Medien, Religion und Gender in postsäkularer Medienkultur, Ästhetik und Religionsphilosophie des 18./19. Jahrhunderts sowie der Moderne und der Postmoderne. Aktuelle Publikationen: Science, Sex und Gender in der Fernsehserie ‚Akte X': Analyse eines popkulturellen Paradigmenwechsels" (Berlin: trafo 2005), Die Ästhetik des Heiligen. Kunst, Kult und Geschlecht in der Matrix-Filmtrilogie (Köln: Böhlau 2011).

Rolf Großmann, Prof. Dr., *1955, Studium der Musikpädagogik und -wissenschaft, Germanistik, Philosophie, Physik an den Universitäten Bonn, Siegen und Gießen; Promotion über „Musik als Kommunikation". Apl. Professor für ‚Digitale Medien und auditive Gestaltung'; seit 1997 Leiter des Schwerpunktbereichs „((audio)) Ästhetische Strategien" im Institut für Kultur und Ästhetik digitaler Medien der Leuphana Universität Lüneburg, dort Lehre in den Studienprogrammen „Digitale Medien/Kulturinformatik" und „Musik und auditive Kultur". Lehraufträge zur digitalen Musikproduktion, -ästhetik und Medienkunst an der Kunsthochschule für Medien Köln, der Popakademie Baden-Württemberg, der Hochschule der Künste Bern, sowie den Universitäten Basel, Siegen und Hamburg. Seine Arbeitsschwerpunkte sind Technikkultur und Medienästhetik der Musik, Ästhetik zeitgenössischer Musik (E und U) sowie Studioproduktion. Publikationen zur Ästhetik und Technikkultur der Musik, zuletzt: „Reproduktionsmusik und Remix-Culture." In: Saxer, Marion (Hg.): Mind the Gap. Medienkonstellationen zwischen zeitgenössischer Musik und Klangkunst. Saarbrücken: PFAU 2011, S. 116-127; „Distanzierte Verhältnisse? Zur Musikinstrumentalisierung der Reproduktionsmedien". In: Michael Harenberg, Daniel Weissberg (Hg.): Klang (ohne) Körper, Bielefeldt: transcript 2010, S. 183-200; zus. mit Christian Bielefeldt, Udo Dahmen (Hg.): PopMusicology. Perspektiven der Popmusikwissenschaft. Bielefeld: transcript 2008.

Lisa Huwyler, geboren 1988, studierte von 2007 bis 2011 Medienwissenschaft und Rechtswissenschaft (BA) an der Universität Basel. Seit 2011 studiert sie dort im Master European Studies. Die Zusammenarbeit mit PD Dr. Christofer Jost ist ihr erstes größeres wissenschaftliches Projekt. Ihre Forschungsschwerpunkte sind Populäre Kulturen, Neue Medien, europäische Politik und EU-Recht.

Christofer Jost, Christofer Jost, PD Dr., *1977, lehrt und forscht aktuell an der Universität Basel. Er ist Leiter der Forschungsgruppe Populäre Musik und Medien am Seminar für Medienwissenshaft der Universität Basel. Seine Lehr- und Forschungsgebiete sind: Populäre Musik/Kultur, computergestützte Medienanalyse, Musikdidaktik, Medienbildung. Buchpublikationen u.a.: Populäre Musik und schulische Bildung. Ein Neuordnung pädagogischer, musikpädagogischer und curricularer Semantiken in Deutschland nach 1945 (Baden-Baden: Nomos 2010); Populäre Musik, mediale Musik? Transdisziplinäre Beiträge zu den Medien der populären Musik (Baden-Baden: Nomos 2011); Musik, Medien und Verkörperung. Transdisziplinäre Analyse populärer Musik (Baden-Baden: Nomos 2012); Computergestützte Analyse von audiovisuellen Medienprodukten (Wiesbaden: Springer VS 2012). Adresse: PD Dr. Christofer Jost· Seminar für Medienwissenschaft · Universität Basel · Holbeinstr. 12 · CH – 4051 Basel

Marcus S. Kleiner, Dr. phil.,*1973, lehrt aktuell Medienwissenschaft an der Universität Siegen und arbeitet(e) an den Universitäten Duisburg, Düsseldorf, Dortmund (FH), Bonn, Magdeburg, Mannheim (Popakademie) Paderborn und Klagenfurt. Seine Lehr- und Forschungsgebiete sind Medientheorie, Medienkultur, Mediengeschichte, Mediensoziologie, Medienanalyse, Neue Medien, Populäre Kulturen und Populäre Medienkulturen. Aktuelle Buchpublikationen u.a.: Medien-Heterotopien. Diskursräume einer gesellschaftskritischen Medientheorie (Bielefeld 2006); Pop in R(h)einkultur. Oberflächenästhetik und Alltagskultur in der Region (Essen 2008, zus. m. Dirk Matejovski und Enno Stahl); Grundlagentexte zur sozialwissenschaftlichen Medienkritik (Wiesbaden 2010); Methoden der Populärkulturforschung. Interdisziplinäre Perspektiven auf Film, Fernsehen, Musik, Internet und Computerspiele (Münster 2011). Freiberufliche Arbeit als Medienberater, Projektmanager, Veranstalter, Texter, PR-Redakteur, Publizist und Hörspielautor.

Annemarie Matzke, Dr. phil., studierte Angewandte Theaterwissenschaft an der Justus Liebig-Universität in Gießen. 2001-2004 wissenschaftliche Mitarbeiterin am Institut für Medien- und Theaterwissenschaft der Universität Hildesheim und von 2004-2009 am Institut für Theaterwissenschaft der Freien Universität Berlin. 2009 Habilitation am Fachbereich Philosophie und Geisteswissenschaften der Freien Universität mit einer Schrift zum Thema Arbeit am Theater. Eine Diskursgeschichte der Probe. Seit Oktober 2009 hat sie eine Professur für Experimentelle Formen des Gegenwartstheaters an der Stiftung Universität Hildesheim inne. Seit 1994 ist sie Mitglied der Gruppe She She Pop, ausgezeichnet mit dem Friedrich-Luft-Preis 2011 und der Wild Card/Ruhr 2010 des Theaterfestival Favoriten 2010 sowie dem Preis des Goethe-Instituts beim Festival Impulse. Ihre Forschungsgebiete sind Geschichte und Theorie der Theaterprobe, Schauspieltheorien, theatrale Raumkonzepte, Improvisation sowie Tanz- und Bewegungskonzepte. Aktuelle Buchpublikationen: Das Buch der Angewandten Theaterwissenschaft. (Gemeinsam mit Isa Wortelkamp und Christel Weiler), Berlin 2012. Arbeit am Theater. Eine Diskursgeschichte der Proben. Bielefeld 2012.

Stefan Meier, Dr. phil., *1970, seit 2001 wissenschaftlicher Assistent an der Professur Medienkommunikation der TU Chemnitz, vorher Volontariats-Ausbildungen zum Online-Redakteur und Webdesigner am Europäischen Zentrum für Medienkompetenz (ecmc) in Marl und Lehramtsreferendariat. Er ist Schatzmeister der Gesellschaft für interdisziplinäre Bildwissenschaft, wissenschaftlicher Beirat für Sub- und Jugendkultur in der Deutschen Gesellschaft für Semiotik, Mitglied in den DGPuk-Fachgruppen Visuelle Kommunikation, Soziologie der Medienkommunikation. Seine Lehr- und Forschungsschwerpunkte bilden Visual Culture Studies, Mediensemiotik, Diskursanalyse, Internet-Forschung, Populärkultur, er habilitiert zum Thema visuelle Medienstile. Buchpublikationen: Fraas, Claudia / Meier, Stefan / Pentzold, Christian (Hg.) (i. V.): Online-Diskurse. In der DGOF-Reihe, Halem: Köln.; Fraas, Claudia / Meier, Stefan / Pentzold, Christian (2012): Online-Kommunikation. Grundlagen, Perspektiven, Methoden, München: Oldenbourg; Meier, Stefan (2008): (Bild-)Diskurs im Netz. Konzept und Methode für eine semiotische Diskursanalyse im World Wide Web, Köln: Halem; Bock, Karin / Meier, Stefan / Süß, Gunter (Hg.) (2007): HipHop meets Academia - Globale Spuren eines lokalen Kulturphänomens, Bielefeld: Transcript.

Malte Pelleter, M.A., *1983, ist Promotionsstipendiat am Schwerpunktbereich ((audio)) Ästhetische Strategien des Instituts für Kultur und Ästhetik Digitaler Medien (ICAM) der Leuphana Universität Lüneburg und lehrt dort in den Bereichen Musik und auditive Kultur sowie Digitale Medien/Kulturinformatik. Seine Lehr- und Forschungsinteressen sind Theorie und Ästhetik auditiver Medien, Populäre Musik als Medienreflexion, Breakbeat Science. Publikationen: Rückführung der Kunst in Medienpraxis! Verlangen die Neuen Medien einen neuen Avantgarde-Begriff? (In: positionen. Texte zur aktuellen Musik. H. 84 [2010]. S. 18-22); Sampling als kulturelle Praxis des HipHop. (zus. m. Steffen Lepa, In: Bock, Karin; Meier, Stefan; Süss, Gunter (Hg.): HipHop meets Academia. Globale Spuren eines lokalen Kulturphänomens. Bielefeld: transcript, S. 199–213).

Ramón Reichert, Dr.phil.habil., *1966, lehrt als Univ.Prof. für Neue Medien am Institut für Theater-, Film- und Medienwissenschaft der Universität Wien und ist als Lektor für Medientheorie an der Johannes Kepler Universität Linz, am Mozarteum Salzburg und an der Donau-Universität Krems tätig. Stipendien und Preise des FWF, des ÖAD, der ÖFG, der Science Foundation, des Theodor-Körner-Fonds und der Universität Wien. Er war 2008/09 Research Fellow am Internationalen Forschungszentrum Kulturwissenschaften (IFK) in Wien. Seine Lehr- und Forschungsschwerpunkte sind: Audiovisuelle und digitale Medien im gesellschaftlichen Kontext, Medien- und Filmtheorie, Digitale Ästhetik, Vernetzungskultur, Visuelle Politik. Buchpublikationen u.a.: Governmentality Studies. Analysen liberal-demokratischer Gesellschaften im Anschluss an Michel Foucault (2004, Hg.); Reader Neue Medien (2006, Hg.); Im Kino der Humanwissenschaften. Studien zur Medialisierung wissenschaftlichen Wissens (2007); Amateure im Netz. Selbstmanagement und Wissenstechnik im Web 2.0 (2008); Das Wissen der Börse. Medien und Praktiken des Finanzmarktes (2009); Theorien des Comics. Ein Reader (2011); Die Macht der Vielen. Zum Kult der digitalen Vernetzung (erscheint 2012).

Ivo Ritzer, Dr. phil, lehrt Mediendramaturgie und Filmwissenschaft an der Johannes Gutenberg-Universität Mainz; Bild-, Kultur- und Medientheorie an der FH Mainz. Seine Lehr- und Forschungsgebiete sind Film- und Medientheorie, Filmgeschichte und Filmästhetik, Interkulturalität und kulturelle Globalisierung, Körpertheorie, Populäre Kulturen und Populäre Medienkulturen. Buchpublikationen u.a.: Walter Hill. Welt in Flammen (Berlin: Bertz + Fischer 2009); Mythos der pate. Francis Ford Coppolas godfather-Trilogie und der Gangsterfilm (Berlin: Bertz + Fischer 2011); Fernsehen wider die Tabus. Sex, Gewalt, Zensur und die neuen US-Serien (Berlin: Bertz + Fischer 2011); Polar – Französischer Kriminalfilm (Mainz: Bender 2012); Crossing Frontiers. Intercultural Perspectives on the Western (Marburg: Schüren 2012); Film|Körper. Beiträge zu einer somatischen Medientheorie (Siegen: Universitätsverlag Siegen 2012); Global Bodies. Mediale Repräsentationen des Körpers (Berlin: Bertz + Fischer 2012). Freiberufliche Arbeit als Autor und Essayist für die Frankfurter Allgemeine Zeitung, Süddeutsche Zeitung, Splatting Image, Testcard u.v.a.

Olaf Sanders, PD Dr. phil., *1967, lehrt Erziehungswissenschaft an der Universität zu Köln und der Kölner Hochschule für Musik und Tanz. Im Sommersemester 2012 vertritt er die Professur für Allgemeine Pädagogik an der Universität Tübingen. Seine Lehr- und Forschungsschwerpunkte sind Bildungs- und Erziehungsphilosophie, neuere französische Philosophie sowie Theorien populärer Kulturen und Medien. Bücher: Romantik, Zerstörung, Pop (Opladen: Leske + Budrich 2000), Bildung / Transformation (hrsg. gemeinsam mit Werner Friedrichs, Bielefeld: Transcript 2002), Bildung der Universität (hrsg. gemeinsam mit Andrea Liesner, Bielefeld: Transcript 2005). Bildungsprozesse und Fremdheitserfahrung (hrsg. gemeinsam mit Hans-Christoph Koller und Winfried Marotzki, Bielefeld: Transcript 2007), Greatest Misses. Über Bildung, Deleuze und neuere Medien (Hamburg: Katzenberg 2012, in Vorbereitung) und Deleuzes Pädagogiken (2012 in Vorbereitung).

Herbert Schwaab, Dr. phil., *1969, Akademischer Rat am Lehrstuhl für Medienwissenschaft der Universität Regensburg. Hat in Bochum, Hildesheim, Lüneburg, Dortmund und Braunschweig gelehrt. Assoziiertes Mitglied im Teilprojekt „Die Fernsehserie als Reflexion und Projektion des Medienwandels" des von der DFG geförderten Schwerpunktprogramms „Mediatisierte Welten". Lehrt und forscht zu Filmphilosophie, Kino und Populärkultur, dem Begriff des Gewöhnlichen, Sitcom, Heavy Metal, Mediatisierung und Neuen Medien, zur Kunst von Menschen mit Autismus und zum Fernsehen. Wichtige Publikationen: Erfahrung des Gewöhnlichen. Stanley Cavells Filmphilosophie als Theorie der Populärkultur (LITverlag, Münster 2010); Heavy Metal als Kultur und Welt (herausgegeben mit Rolf F. Nohr, LITverlag, Münster 2011); „Erwachsene Tiere und infantile Zuschauer" (in: Der Film und das Tier, herausgegeben von Sabine Nessel et al., Bertz + Fischer, Berlin 2012), Reading Contemporary Televsion, das Ende der Kunst und die Krise des Fernsehens (in ZfM-Zeitschrift für Medienwissenschaft, 02/2010).

Prof. Dr. Jens Schröter, geb. 1970 in Darmstadt. 1999-2002 wissenschaftlicher Mitarbeiter, Stiftungsprofessur Theorie und Geschichte der Fotografie Universität Essen, seit 2002 wissenschaftlicher Mitarbeiter im Projekt „Virtualisierung von Skulptur. Rekonstruktion, Präsentation, Installation" des Siegener kulturwissenschaftlichen Forschungskollegs *Medienumbrüche*. Seit 2008 Professor für „Theorie und Praxis multimedialer Systeme" an der Universität Siegen. Leiter der Graduiertenschule „Locating Media" an der Universität Siegen. Projektleiter (zusammen mit Prof. Dr. Lorenz Engell, Bauhaus-Universität Weimar) des Forschungsprojekts „Die Fernsehserie als Projektion und Reflexion des Wandels" im Rahmen des DFG-Schwerpunktprogramms 1506: Mediatisierte Welten. Letzte Publikationen: Hrsg. [zusammen mit Gundolf Winter und Joanna Barck]: *Das Raumbild. Bilder jenseits ihrer Flächen*, München: Fink 2009; Hrsg. [zusammen mit Stefan Rieger]: *Das holographische Wissen*, Berlin: diaphanes 2009; *3D. Geschichte, Theorie und Medienästhetik des technisch-transplanen Bildes*, München: Fink 2009, Hrsg. [zusammen mit einer studentischen Projektgruppe]: *Kulturen des Kopierschutzes* I + II, Siegen: universi 2010; *High Definition Cinema* Hrsg. [zusammen mit Marcus Stiglegger], Siegen: universi 2011; *Eine Theorie der Medienumbrüche 1900/2000* [zusammen mit Nicola Glaubitz et al., kollektive Monographie], Siegen: universi 2011. Forschungsschwerpunkte: Theorie und Geschichte digitaler Medien, Theorie und Geschichte der Fotografie, Dreidimensionale Bilder, Intermedialität, Medientheorie in Diskussion mit der Wertkritik, Auditive Medienkultur. Visit www.multimediale-systeme.de. Visit www.theorie-der-medien.de. Lebt in Netphen.

Marcus Stiglegger, PD Dr. habil., lehrt in Siegen, ebenso an der Universität Mannheim, Internationale Filmschule Köln, Filmakademie Baden-Württemberg und der Clemson University. 1999 Promotion an der Johannes Gutenberg-Universität Mainz mit der Studie Sadiconazista – Faschismus und Sexualität im Film. 2006 erfolgte die Habilitation mit Ritual und Verführung, wo er die Seduktionstheorie des Films begründete. Regelmäßige Beiträge für die Filmzeitschriften filmdienst und Epd Film sowie das Poptheorie-Magazin Testcard, Mitherausgeber der Zeitschrift Rock and Pop in the Movies. 2002 gründete er das regelmäßig erscheinende Kulturmagazin :Ikonen: – Zeitschrift für Kunst, Kultur und Lebensart. Freiberuflicher Musiker, Filmemacher und Drehbuchautor. Aktuelle Buchpublikationen: Nazi Chic & Nazi Trash. Faschistische Ästhetik in der populären Kultur. Zusammen mit Ivo Ritzer: Film/Körper. Beiträge zu einer somatischen Medientheorie

Thomas Wilke, Dr. phil., studierte von 1996-2003 Medien- und Kommunikationswissenschaften, Geschichte, Philosophie und Germanistik an der MLU Halle und in Lille, Frankreich. 2008 Dissertation über DJs und Diskotheken in der DDR an der MLU Halle, seitdem dort im Fachbereich Medien- und Kommunikationswissenschaften als wissenschaftlicher Mitarbeiter. Forschungsgegenstände sind schwerpunktmäßig auditive und populäre Medienkulturen, Radioästhetik, Me-

dienanthropologie und Wissenskulturen. Mediengeschichte des 19. Jh. Zu seinen Interessensge-
bieten gehören Mashups, Filmmusik- und Sound, Performativitäts- und Dispositivforschungen
sowie die crossmediale Funktionalität von Musik und ihrer Akteure. Mitherausgeber und Redakteur der Online-Zeitschrift *Rock and Pop in the Movies*. Letzte Veröffentlichungen (Auswahl):
Trültzsch, S. & Wilke, Th. (Hg.) (2010): *Heißer Sommer – Coole Beats. Zur populären Musik und
ihren medialen Repräsentation in der DDR*. Frankfurt/Main: Peter Lang.; *Schallplattenunterhalter
und Diskothek in der DDR*. Leipzig, Universitätsverlag.

Journalismus

Klaus-Dieter Altmeppen /
Regina Greck (Hrsg.)
Facetten des Journalismus
Theoretische Analysen
und empirische Studien

2011. ca. 250 S. Br. ca. EUR 29,95
ISBN 978-3-531-17524-9

Volker Banholzer
**Technikjournalismus in
Redaktion und Public Relations**
Zielgruppengerecht Technik vermitteln

2012. ca. 240 S. Br. ca. EUR 29,95
ISBN 978-3-531-18071-7

Sascha Demarmels /
Wolfgang Kesselheim (Hrsg.)
Textsorten in der Wirtschaft
Zwischen textlinguistischem Wissen
und wirtschaftlichem Handeln

2011. ca. 200 S. Br. ca. EUR 24,95
ISBN 978-3-531-17869-1

Beatrice Dernbach /
Wiebke Loosen (Hrsg.)
Didaktik der Journalistik
Konzepte, Methoden und Beispiele
aus der Journalistenausbildung.

2011. ca. 300 S. Br. ca. EUR 34,95
ISBN 978-3-531-17460-0

Frank Littek
Storytelling in der PR
Wie Sie die Macht der Geschichten
für Ihre Pressearbeit nutzen

2011. ca. 180 S. Br. ca. EUR 19,95
ISBN 978-3-531-17624-6

Christoph Neuberger / Christian
Nuernbergk / Melanie Rischke (Hrsg.)
Journalismus im Internet
Profession – Partizipation – Technisierung

2., akt. und erw. Aufl. 2011. ca. 400 S. Br.
ca. EUR 39,95
ISBN 978-3-531-18076-2

Christoph Neuberger / Peter Kapern
Grundlagen des Journalismus

2012. ca. 180 S. (Kompaktwissen
Journalismus) Br. ca. EUR 19,95
ISBN 978-3-531-16017-7

Erhältlich im Buchhandel oder beim Verlag.
Änderungen vorbehalten. Stand: Juli 2011.

 Springer VS

Einfach bestellen:
SpringerDE-service@springer.com
tel +49(0)6221/345–4301
springer-vs.de

Medien

Thomas Schick / Tobias Ebbrecht (Hrsg.)
Kino in Bewegung
Perspektiven des deutschen
Gegenwartsfilms
2011. 386 S. (Film, Fernsehen, Medien-
kultur. Schriftenreihe der Hochschule für
Film und Fernsehen „Konrad Wolf") Br.
EUR 29,95
ISBN 978-3-531-17489-1

Susanne Eichner / Lothar Mikos /
Rainer Winter (Hrsg.)
Transnationale Serienkultur
Theorie, Ästhetik, Narration
und Rezeption neuer Fernsehserien
2011. ca. 380 S. (Film, Fernsehen, Medien-
kultur. Schriftenreihe der Hochschule für
Film und Fernsehen „Konrad Wolf") Br.
ca. EUR 39,95
ISBN 978-3-531-17868-4

Andreas Hepp
Medienkultur
Die Kultur mediatisierter Welten
2011. ca. 160 S. (Medien – Kultur –
Kommunikation) Br. ca. EUR 14,95
ISBN 978-3-531-17217-0

Hans J. Kleinsteuber
Radio
Eine Einführung
2011. ca. 280 S. Br. ca. EUR 24,95
ISBN 978-3-531-15326-1

Peter Ludes
**Module internationaler
Medienwissenschaften**
Eine Einführung
2011. ca. 200 S. mit Online-Service. Br.
ca. EUR 19,95
ISBN 978-3-531-18247-6

Claudia Wegener / Mariann Gibbon /
Jesko Jockenhövel
3D-Kino
Studien zur Rezeption und Akzeptanz
2011. ca. 144 S. (Film, Fernsehen, Medienkultur. Schriftenreihe der Hochschule für
Film und Fernsehen „Konrad Wolf") Br.
ca. EUR 19,95
ISBN 978-3-531-17901-8

Michael Wedel (Hrsg.)
**Special Effects in der
Wahrnehmung des Publikums**
Beiträge zur Wirkungsästhetik
und Rezeption transfilmischer Effekte
2012. ca. 280 S. (Film, Fernsehen, Medien-
kultur. Schriftenreihe der Hochschule für
Film und Fernsehen „Konrad Wolf") Br.
ca. EUR 29,95
ISBN 978-3-531-17465-5

Erhältlich im Buchhandel oder beim Verlag.
Änderungen vorbehalten. Stand: Juli 2011.

Einfach bestellen:
SpringerDE-service@springer.com
tel +49 (0)6221 / 3 45 – 4301
springer-vs.de

 Springer VS

The manufacturer's authorised representative in the EU is Springer
Nature Customer Service Centre GmbH, Europaplatz 3, 69115 Heidelberg,
Germany. If you have any concerns regarding our products, please
contact ProductSafety@springernature.com

Printed and bound by CPI Group (UK) Ltd, Croydon, CR0 4YY

27/04/2026

02097647-0004